# 马克思主义人权观

## 引领人类权利思想的变革与治理

鲍宗豪 ———— 著

MARXIST
VIEW OF HUMAN RIGHTS

中国出版集团
东方出版中心

**图书在版编目（CIP）数据**

马克思主义人权观：引领人类权利思想的变革与治
理 / 鲍宗豪著. —上海：东方出版中心，2023.5
ISBN 978-7-5473-2183-6

Ⅰ.①马… Ⅱ.①鲍… Ⅲ.①马克思主义—人权—研
究 Ⅳ.①A811.64

中国国家版本馆 CIP 数据核字（2023）第 058809 号

马克思主义人权观：引领人类权利思想的变革与治理

著　　者　鲍宗豪
策划组稿　张爱民
责任编辑　黄　驰　刘　叶
装帧设计　钟　颖

出版发行　东方出版中心有限公司
地　　址　上海市仙霞路 345 号
邮政编码　200336
电　　话　021-62417400
印 刷 者　昆山市亭林印刷有限责任公司

开　　本　710mm×1000mm　1/16
印　　张　40.25
字　　数　588 千字
版　　次　2023 年 5 月第 1 版
印　　次　2023 年 5 月第 1 次印刷
定　　价　150.00 元

# 序　言

奚洁人

　　鲍宗豪教授是我 20 多年的挚友，出于信任和友情，不久前他邀我为其新作《马克思主义人权观：引领人类权利思想的变革与治理》作序，自然非常高兴，也十分荣幸！宗豪教授几十年来一直在学术研究领域耕耘不辍，执着于学术真知的探索，博学慎思，勤学笃行，奋力攀登马克思主义人权观研究的学术高峰，精神可嘉，令我钦佩。

　　20 世纪 90 年代宗豪教授就开始研究权利——人的权利与人权问题。之后他撰写的《权利论》一书，获得上海市哲学社会科学学术著作出版基金资助，并于上海三联书店出版。近年来，宗豪教授根据习近平总书记关于"加强马克思主义人权观研究"的要求，为了更好地揭示马克思主义人权观在人类权利思想发展中的伟大变革和杰出贡献，回应西方各种人权思潮挑战，体现马克思主义人权观在应对各种歪曲人权、践踏人权挑战中的生命力，体现马克思主义人权观对指导中国特色社会主义人权事业建设，促进全球人权治理的价值，宗豪教授又重新修订撰写了《马克思主义人权观：引领人类权利思想的变革与治理》。本专著具有以下四个鲜明特点：

　　第一，构建了马克思主义人权观的科学理论体系。长期以来，由于对马克思主义人权观一直缺乏全面系统的研究，学界没有把马克思主义人权观当作科学系统的理论来宣传阐释，因而未能在理论上有效地批判澄清西方社会认为马克思主义没有全面系统人权理论的谬误，也给了他们不断地歪曲和贬低马克思主义人权观，试图以"进取性人权政策"等所谓的新概念以继续渲染其人权理论的可乘之机。也正因为如此，宗豪教授在全面系统深入研读《马克思恩格斯全集》《列宁全集》《资本论》等原著，以及大量的有关马克思主义的权利思想和当代西方人权研究文献资料的基础上，以20章的篇幅，初步构建了马克思主义人权观的理论体系，显示出宗豪教授扎实的学术功底，更为科学系统地宣传马克思主义人权理论，占领国际人权理论制高点作出了有益的贡献。

第二，全面系统地梳理并界定了马克思主义人权观的基本范畴，即马克思主义的生存权、劳动权、自由权、平等权、民主权，以及马克思主义人权观中"三大"重要范畴，即马克思主义的环境权、种族权、民族自决权；提出了马克思主义人权观的命题，如"无产阶级民主比任何资产阶级民主要民主百万倍"，"每个人的自由发展是一切人的自由发展条件"；阐释了马克思主义人权观的原理，如"权利决不能超出社会的经济结构以及由经济结构制约的社会的文化发展"[1]等等。上述各种范畴、命题、原理，在马克思主义人权观理论体系中具有不同的地位和意义，它们互相联系，互相作用，是建构马克思主义人权观理论体系的基本要素，并服务于马克思主义人权观理论的体系化。

第三，分析研究了从"五四"运动前后到新民主主义革命、新中国马克思主义人权观的"中国化"实践，再到改革开放以后中国特色社会主义人权观的形成，充分肯定了新中国成立以来，中国人权事业的快速发展和取得的历史性成就，并在理论上阐释了毛泽东、邓小平、江泽民、胡锦涛在形成中国人权道路、促进中国人权事业发展中的贡献。本专著设专章着重探讨了党的十八大以来，习近平同志围绕新时代尊重和保障人权提出了"以人民为中心"的人权理论，强调"人民至上、生命至上"，人民幸福生活是最大的人权，明确人民在人权事业中的主体地位，将"人民满意"作为人权事业发展的衡量标准。坚持走中国特色人权发展道路，积极参与国际人权治理，推动构建人类命运共同体，从而在理论和实践上，将马克思主义人权观的"中国

---

[1] 《马克思恩格斯选集》第3卷，人民出版社，2012年，第364页。

化""时代化"，推进到一个发展的新境界、新高度，形成了中国特色社会主义人权观，丰富发展了世界人权文明的多样性。

第四，本专著以习近平总书记提出的"中国人权发展道路"为研究的目标任务，从理论上研究并回答了什么是中国人权发展道路，中国人权发展道路为什么坚持将保障人民生命权、生存权和发展权作为中国的首要人权。如果说，生存权和发展权作为中国人权发展道路、人权事业发展的基石，那么，它与中国人权发展道路的法治保障，中国人权发展道路的文化精神，中国人权发展道路的现代化，共同支撑起中国特色人权发展道路"四位一体"的新模式，从而使中国人权发展道路从根本上区别于西方的人权发展道路，有助于更好地弘扬中国人权精神，推动中国人权事业发展，展示世界人权发展道路的多样性。

"马克思主义人权观"理论体系的建构和完善，是一项具有开创性、系统性、社会性和高标准的宏大理论和实践工程。宗豪教授的《马克思主义人权观：引领人类权利思想的变革与治理》，无疑是前沿性的重要理论成果，它的出版，将为这项宏大工程的建设做出有益的探索。当前，世界正处于百年未有之大变局，人权问题也面临着诸多新的挑战，马克思主义人权观的"中国化""时代化"还有许多理论和实践问题需探讨研究，尤其是如何使马克思主义人权观以及中国特色人权发展道路能为国际社会认同，获得一种主流人权话语权，进而引领未来人类权利理论和实践的发展，促进人类命运共同体构建，还有很长的路要走。

期待和相信宗豪教授《马克思主义人权观：引领人类权利思想的变革与治理》的出版，能在上述各方面发挥积极的作用。


（奚洁人，中国浦东干部学院首任常务副院长、中共上海市委党校原常务副校长，教授、博导）

# 目　录

## 上编　马克思主义人权观的理论逻辑

## 下编　马克思主义人权观的"中国化"及其当代价值

# 导论　百年未有之大变局视域下的
## 马克思主义人权观

　　2022 年 2 月 24 日俄乌战争的正式打响，进一步推动了百年未有之大变局的演变，促使国际秩序进入动荡调整期。动荡调整期的到来凸显出世界权力中心和人权斗争焦点已经从西方转移到了东方，突出了如何运用马克思主义人权观回应西方种种人权观的挑战，如何正本清源、全面系统地阐释马克思主义人权观，进而反映马克思主义人权观对于人类权利思想变革和治理所具有的重要地位和重大意义。

## 一、 百年未有之大变局的新特征

　　百年未有之大变局，概括起来说，就是当前国际格局和国际体系正在发生深刻调整，全球治理体系正在发生深刻变革，国际力量对比正在发生近代以来最具革命性的变化，世界范围内普遍呈现出影响人类历史进程和趋向的重大态势。在百年未有大变局形势下研究和传播马克思主义人权观，更彰显其重大价值。

　　（一）人类的发展孕育于百年大变局之中

　　纵观人类历史，世界发展从来都是各种矛盾相互交织、相互作用的综合结果，大变局孕育于其中，并在复杂多变的演进中促进人类社会的发展。

　　15 世纪至 16 世纪，新航路开辟和西方大航海时代到来，人类历史迈出向"世界历史"转变的第一步。17 世纪，为结束欧洲三十年战争而签订的《威斯特伐利亚和约》，确立了国家主权平等的原则。

18 世纪 60 年代从英国开始的第一次工业革命后，给人类社会发展带来了巨大生产力，深刻改变了世界发展的既有格局。

"从 19 世纪初的维也纳体系，到第一次世界大战后的凡尔赛—华盛顿体系，再到第二次世界大战后的雅尔塔体系，这种演变反映了世界大格局的演进发展。苏联解体、东欧剧变后世界两极格局瓦解，美国成为唯一超级大国，但世界各种力量不断发展壮大，多极化趋势愈加清晰。"①

（二）百年未有之大变局的新特征

21 世纪初，世界大格局的调整呈现出一系列新特征和新现象。新一轮科技革命和产业变革带来的发展不仅有力重构了全球创新版图、重塑了全球经济结构，而且给国际格局和国际体系带来了广泛深远影响。这种广泛深远的影响，有以下四个方面的特征。

第一，中国与世界的关系发生了根本性的变化，这是百年未有之大变局中的最大变局。中国从半殖民地半封建社会变为当今世界经济总量第二的大国，从处于世界格局的边缘日益走近世界舞台中央的负责任大国，中国的国际影响力、感召力、塑造力提高了，改变了世界格局。在世界格局中担当的责任、受到的关注、承受的压力也随之加重加大。

中国实现了从富起来到强起来不可阻挡的伟大飞跃，中国积极促进"一带一路"国际合作，打造国际合作新的平台，形成共同发展的新动力，即使被扣上"中国国际地缘政治战略"的帽子，横加指责，但是中国不断走近世界舞台中央的进程是不可阻挡的。

第二，全球化、信息网络化逐步加快，使世界各个国家、各个民族乃至人类社会日益紧密交织在一起，成为我中有你、你中有我的命运共同体。这是世界百年未有之大变局的第二个本质特征。正如习近平所说的："今天，人类交往的世界性比过去任何时候都更深入、更广泛，各国相互联系和彼此依存比过去任何时候都更频繁、更紧密。"② 全球化在给世界各国带来新机遇的同时，也给全球带来了风险。

全球不仅命运与共，而且风险与共、风雨同舟。风险全球化的趋势，要

---

① 李庚香：《新大同论——中华文明视野下的世界大同论》，《领导科学》，2022 年第 7 期。
② 《习近平在纪念马克思诞辰 200 周年大会上的讲话》，《人民日报》，2018 年 5 月 5 日。

求我们重视防止国际风险演化为国内风险，防止本国风险扩散为全球风险。百年未有之大变局在促使人类更紧密地融入命运共同体的同时，必须高度关注防范种种损害命运共同体的风险。

第三，和平与发展仍然是时代的主题，但是影响全球的突发性事件日益增多。从英国"脱欧"、法国"黄马甲"运动，到美国种族矛盾、大规模骚乱等事件，其背后是西方国家贫富差距不断扩大，催生出政治极化、民粹主义、种族冲突等问题。尤其是 2020 年以来的全球新冠肺炎疫情大流行，成为世界百年未有之大变局的新变量。这次百年一遇的重大公共卫生事件，凸显出西方资本主义主导下的国际体系的严重弊端，宣告了新自由主义的彻底破产，加快了国际格局的演变。

第四，在世界大变局中，中国持续快速发展，成为世界格局演变背后的主要推动力量。习近平强调，中华民族伟大复兴，是造成世界百年未有之大变局的重要原因；世界面临百年未有之大变局，给中华民族伟大复兴带来重大机遇。中国从一百多年前的半殖民地半封建社会，逐步发展成为世界第二大经济体、最大的社会主义国家，对世界经济增长的贡献率连续多年超过30%。2021年我国创新指数升至世界第 12 位，在一些重要领域实现了历史性跨越。① 中国在科技革命中的角色由跟跑者、参与者向并跑者、变革者转变。

中国在全球治理领域承担更大责任、发出更多声音，成为多边合作的积极倡导者。中华文明在世界上的影响力与日俱增，成为文明多样发展中不容忽视的重要力量。更重要的是，由于中国特色社会主义不断成功，冷战结束后世界社会主义万马齐喑的局面得到很大程度的扭转，社会主义在同资本主义竞争中的被动局面得到很大程度的扭转，社会主义优越性得到很大程度的彰显，中国特色社会主义成为振兴世界社会主义的中流砥柱。

不过，世界百年未有之大变局，在为中华民族伟大复兴带来新的发展机遇、生长空间、资源条件的同时，也带来了新的外部环境风险。中华民族复兴，需要一个相对稳定、可预期可控制的环境。国际环境与国内环境相比，具有更多的不确定性和不可控性，这些不确定性和不可控性，都有可能干扰

---

① 中宣部 2022 年 6 月 28 日 "中国这十年" 系列主题新闻发布会。

冲击民族复兴的进程。即使我们有应对外部环境风险包括外部环境突发性风险的思想准备和相应对策，但还不能精准测定这种风险爆发的类型、缘由、时间、空间、危害等，不易完全做到未雨绸缪、防患未然，会有可能因外部环境风险的影响而不同程度地改变民族复兴的既定轨道和进程。[1] 但有一点是肯定的，世界与中国命运攸关，只有合作互助、共济共存，战胜新冠肺炎，才能迎来美好的明天。

值得关注的是，中华民族伟大复兴的战略全局，内在于世界大变局之中，并已成为世界大变局的一个重要变量。中国通过战略运筹，影响甚至改变世界大变局的走向和走势，使之朝着有利于中国和世界的方向转变。中国面对整个世界，面对世界各国，面对不同的种族、宗教、文化、民族、国家、制度，世界的复杂性决定了新时代中国特色大国外交的复杂性。因此，必须运用复杂性思维对待复杂性风险，力图使中国在国际关系中扩大"朋友圈"，在国际关系中始终处于主动和有利地位。[2]

## 二、 在百年未有之大变局中弘扬<br>马克思主义人权观的价值

在百年未遇大变局中弘扬马克思主义人权观，既是在新时代发展马克思主义人权观的需要，又是为了回应西方歪曲马克思主义人权观的需要。为此，必须研究马克思主义人权观，揭示马克思主义人权观在人类权利思想发展中的伟大变革，体现马克思主义人权观对促进全球人权治理的价值。

人类对权利问题的探索源远流长。可是，对人的权利（人权）的认识，只有在马克思主义人权观那里才获得了科学意义和价值。马克思主义人权观的形成，是人类权利思想发展中具有里程碑意义的一次伟大的革命变革。

（一）马克思主义人权观的形成是对资产阶级人权论和空想社会主义人权思想的批判继承

"人权"概念最早是由文艺复兴时期人文主义先驱但丁提出来的。17—

---

① 颜晓峰：《新时代增强忧患意识与防范风险挑战》，《中国特色社会主义研究》，2020 年第 2 期。
② 同上。

18 世纪，随着欧美各国资产阶级革命斗争的发展，荷兰的政治思想家格劳秀斯提出了"天赋人权论"。以后，英法资产阶级启蒙思想家霍布斯、洛克、卢梭、伏尔泰等人，将"天赋人权论"进一步系统化、理论化。这些资产阶级思想家的人权理论，主要有以下一些观点：

第一，人权是造物主或自然赋予的，与生俱来的。卢梭说："人人都生来平等和自由。"法国 18 世纪《百科全书》说："自然的平等（天赋权利）是所有人之间的、仅仅依据他们的天性构成的平等。"美国《独立宣言》直接说人权是造物主（上帝）赋予的。这就是有名的天赋人权说。它的合理之处是反对封建特权羁绊而主张一个人从出生之日起就应该具有人权，但这种观点的根本错误是把人权看作是抽象的、普遍的、超阶级的。在"资本"利益高于人民利益、以"资本"为核心而形成的"资本主义"社会，"人权就不可能成为全民、全人类普遍地充分地享有的东西，也不可能消灭有产者和无产者之间、民族与民族间、国家与国家间的贫富悬殊的现象"。[①]

第二，个人的人权是基石，人民的人权是由此派生出来的。资产阶级人权观认为个人最初处于自然状态，通过契约才组成社会和国家。所以，提出人权概念正是为了反对君主、神权、封建贵族对个人的迫害。这些观点在历史上起过进步作用，但由于其理论上的局限，即以抽象的人性论为根据，又局限于"私有制"，它的积极意义是有限的，在一定条件下甚至成为反对人类权利思想进步和变革的工具。

从 16 世纪到 19 世纪 40 年代，空想社会主义者从不同的角度吸取资产阶级"天赋人权"论来建立自己的人权论，因而它与资产阶级人权论具有某些共同之处。他们也都把人权看作是天赋的，宣扬抽象的人的权利。但是空想社会主义人权论同资产阶级人权论在阶级基础、权利内容、批判对象、历史作用方面，又有很大的差别。值得重视的是，空想社会主义者提出的生产资料公有制、劳动与享乐统一、要求实现经济和社会地位平等、消灭阶级特权乃至消灭阶级本身等权利思想，给马克思主义人权观的形成提供了思想材料。马克思主义关于平等就是消灭阶级的论断，以及社会主义人权思想，与

---

① 黄楠森，陈志尚：《关于人权的若干理论问题》，《中国高校社会科学》，1991 年第 3 期。

批判地继承空想社会主义人权思想是分不开的。

马克思主义创始人在革命实践中分析和批判了资产阶级启蒙思想家和空想社会主义的人权理论，并以历史唯物主义的观点和方法，阐明了自己的人权观。首先，人权不是抽象的、表面的，而是具体的、实际的。它不仅应当在国家上层建筑领域里实行，"还应当在社会的、经济的领域中实行"。其次，人权不应成为少数人的特权，不应属于个别阶层和阶级专有，而应属于人民共有。"一切人，或至少是一个国家的一切公民，或一个社会的一切成员，都应当有平等的政治地位和社会地位"。再次，就人权要求来说，是分阶级的。"从中世纪的等级转变为现代的阶级的时候起，资产阶级就由它的影子即无产阶级不可避免地一直伴随着。同样地，资产阶级的平等要求也由无产阶级的平等要求伴随着。"① 这里说的无产阶级的"平等要求"，按恩格斯在《反杜林论》中的说法，就是指无产阶级的人权要求。显然，马克思主义的人权观是科学的、革命的人权观。马克思主义人权观的形成，使人类的权利思想发生了革命的变革。

（二）马克思主义人权观在人类的权利思想史上所实现的革命变革在于：对人权问题的认识发生了四个根本性转变

第一，人权的理论前提：从抽象的人到现实的人、自然的人到社会的人的转变。不管是在资产阶级思想家还是在空想社会主义者那里，作为人权问题载体的人，都是一种抽象的、孤立的人，是一种超社会关系的、抽象的"自然人"。也就是说，他们都是以抽象的人性论作为人权问题的立论前提，结果就不能说明人权的实质。马克思认为，这种以抽象的人性论为前提的人权学说，在理论上是一种"鲁滨逊一类故事所造成的美学上的假象"②，在实践中常常会导致个人主义的人权观。

马克思、恩格斯批判了这种把抽象的人性论作为解决人权问题的理论前提的唯心史观。他们认为，对人权问题的解释，必须"从现实的前提出发，它一刻也不离开这种前提。它的前提是人，但不是处在某种虚幻的离群索居和固定不变状态中的人，而是处在现实的、可以通过经验观察到的、在一定

---

① 《马克思恩格斯选集》第 3 卷，人民出版社，2012 年，第 484 页。
② 《马克思恩格斯选集》第 2 卷，人民出版社，2012 年，第 683 页。

条件下进行的发展过程中的人"。① 马克思主义正是从现实的人、在一定社会关系中活动的人出发，来研究人权问题，从而使人权问题的理论前提发生了根本的转变，使人权有了坚实的载体——现实的人。

第二，人权的来源：从"天赋"到"商赋"的转变。资产阶级思想家们提出的"天赋人权"说，虽然在反对封建专制的斗争中有其历史进步性，但是它把人权的来源看作是"天赋"的，并将其描绘成一种非历史、非社会的东西，这显然是一种唯心主义的形而上学的人权观。

马克思主义坚持从一定社会的生产方式来说明作为观念的、政治的或法律的上层建筑的"人权"，并认定"人权"只要脱离了作为它们基础的经验的现实，就可以像手套一样地任意翻弄。② 那么，人权的来源究竟是什么呢？列宁说："《资本论》一书已经证明，滋长自由平等思想的土壤正是商品生产。"③ 事实正是如此。马克思当时写作《资本论》时也多次说："如果说经济形式，交换，确立了主体之间的全面平等，那么内容，即促使人们去进行交换的个人材料和物质材料，则确立了自由。可见，平等和自由不仅在以交换价值为基础的交换中受到尊重，而且交换价值的交换是一切平等和自由的生产的、现实的基础。"④ 这说明，自由、平等这一人权思想的萌芽、产生以及近世传播于全球，也是和商品经济的萌芽、产生以及近世雄踞全球并质变为有计划的商品经济、社会主义市场经济的进程吻合的；人权及其观念根源于现实的商品经济。正是在这个意义上我们说人权是"商赋"的。

人权从"天赋"到"商赋"，是人类人权思想史上的一个重大的根本性的转变，"商赋人权"论从根源上戳穿了"天赋人权"说的荒谬，把科学人权理论的建立奠定在现实的社会经济基础之上。

第三，人权的核心：从个人向集体的转变。把孤立的、抽象的人作为人权问题的立论前提，实际上也就是从个人出发，以个人为核心，去说明人的权利。资产阶级思想家所倡导的"天赋人权"，实际上是一种以私人权利为

① 《马克思恩格斯选集》第 1 卷，人民出版社，2012 年，第 153 页。
② 《马克思恩格斯全集》第 3 卷，人民出版社，1960 年，第 374 页。
③ 《列宁全集》第 1 卷，人民出版社，2017 年，第 413 页。
④ 《马克思恩格斯全集》第 46 卷（上），人民出版社，1979 年，第 197 页。

核心的人权论。它在本质上是片面、狭隘的。马克思主义批判了这种以个人为核心的人权观，指出了这种人权观在实践中的矛盾与错误。在马克思主义看来，既然人的本质是一切社会关系的总和，那么人只能在一定的社会和集体中才能独立；人的权利的获得一刻也不能离开社会和社会关系的制约，任何外在于社会、独立于社会的权利都是不存在的。因此，马克思主义人权观强调社会集体的人权高于个人的人权。没有集体，个人人权就不可能实现；离开集体的人权，个人人权便无从谈起。当然，这并不是在否认个人人权。个人人权不仅重要，而且应受到法律保护。同时，集体人权的实现，本身内在地包含着个人人权。

马克思主义对个人人权与集体人权关系的科学解决，使人权的核心发生了根本性的转变。这种转变的深刻意义，从今天中国特色社会主义人权事业发展实践中还可找到它的印记。

第四，人权的实现：从空想到科学的转变。资产阶级思想家和空想社会主义者的人权理论，在实践中之所以难以通行，甚至碰壁，除了他们在人权理论的立论前提、来源等问题上的缺陷外，还在于没有提出一套科学的保障人权实现的途径和方法。资产阶级思想家提出的人权要求，其目的并非要废除私有制，而是要在保留私有制的前提下，自由、平等地不受任何阻碍地发展资本主义。有的空想社会主义者（如欧文）虽然明确地提出了废除私有制，实现人的真正自由与平等的人权，但是，由于空想社会主义者的自由、平等观念仍然是以抽象的人性论为基础的和历史唯心主义的，还不懂得无产阶级革命和无产阶级专政的重要意义，因而也只能陷于空想之中。正如普列汉诺夫指出的："援引人的本性，即援引脱离特定社会关系的一般人的本性，就等于抛弃历史现实的基础，……这条路通向空想。"[1]

马克思主义创始人不仅批判了资产阶级思想家的人权理论的抽象性，指出了空想社会主义者的人权论的空想性质，而且在参加革命实践的过程中，逐渐认识了社会发展的客观规律，指出了通过无产阶级革命的途径，摧毁旧的剥削制度，使无产阶级上升为统治阶级，争得真正民主、自由、平等的人

---

[1]　[俄] 普列汉诺夫：《普列汉诺夫哲学著作选集》第 3 卷，生活·读书·新知三联书店，1974 年，第 637 页。

权。社会主义公有制的建立，使人民真正开始享有在经济、政治、文化等方面的权利。但是，在社会主义这个共产主义社会的第一阶段还保留着分工，所以，在生活资料的分配上还只能实行"按劳分配"的原则。人的自由、平等权利还不能充分实现。只有到了共产主义高级阶段，随着分工和三大差别的消灭，个人的全面发展和产品的高度丰富，真正完全的自由、平等人权才能彻底实现。

显然，马克思主义的人权理论之所以没有停留于"空想"，在于它把实现人权的最终目标与实现这一目标的途径、方式统一起来了，把对真正自由、平等人权的理想描述与不同历史阶段客观能给人提供的自由、平等人权的分析统一起来了，从而使人权的实现第一次从空想转变为现实。马克思主义人权理论的创立，是人类权利思想演进中的一场根本的革命性的变革，具有划时代的重大意义。

## 三、加强马克思主义人权观研究，<br>应对各种人权思潮的挑战

（一）百年未有之大变局加速演进下的人权思潮

在百年未有之大变局加速演进的形势下，流行于 20 世纪的"现代主义"、"后现代主义"和"人权高于主权"等各种人权观、人权学说又有了新的变化。主要有以下五个方面：

第一，西方的"三代人权"，从第一代"消极人权"到第二代"积极人权"，再到第三代"连带关系权"，强调全球面临的诸多维持和平、保护环境以及促进发展等问题，并成为西方国家国际法学思潮中的一个值得注意的动向。

第二，20 世纪 90 年代在美国理论界形成了"人权高于主权"的理论。该理论主要有三个方面的内容：一是人权不是一国内部管辖的事情，人权是没有国界的。如果一个国家有不尊重人权的现象，别国均可以关心或干涉。二是国家主权应当受到限制和弱化。三是"不干涉内政原则"已经过时，要让位于人权保护这一更高目标。由此，人权与主权的关系问题成为国家人权

领域中争论最激烈的一个重大的理论和现实问题。

第三，20世纪90年代以来，西方以"人权卫士"自居，将"人权高于主权"改头换面为"维护世界人权"，同时打着"维护世界人权"的旗帜，侵犯世界各国人权。

第四，21世纪初，美国又奉行"进取性人权政策"，以人权的"双重标准"，推动其霸权主义。

第五，由于学界对马克思主义人权观缺乏全面系统的研究，没有把马克思主义人权观当作科学系统的理论来宣传阐释，结果把现代国际社会的人权与马克思主义人权观并列为两种思潮。

也正因为如此，西方社会不仅认为马克思主义没有全面系统的人权理论，而且又不断地歪曲和贬低马克思主义人权观，以"进取性人权政策"，挽救自身走向衰退的趋势。也正因为如此，面对加速演进的百年未有之大变局，必须加强马克思主义人权观理论体系的研究，宣传和传播马克思主义人权观。

（二）马克思主义人权观的科学理论体系

本书在全面系统深入研读《古希腊罗马哲学》《十六至十八世纪西欧各国哲学》《马克思恩格斯全集》《列宁全集》《资本论》等原著，以及马克思主义的权利思想和当代西方人权研究文献资料的基础上，构建了马克思主义人权观的理论体系。

马克思认为，一种理论，只有当它由一定的理论结构、构成该理论的基本要素（范畴、命题、原理等），揭示了"它们的必然性和它们的内部联系"的时候，"才取得了科学的形式"。① 这就是说，马克思主义人权观作为一种科学的理论体系，必须形成马克思主义人权观的理论结构、基本的范畴、命题和原理等，而且它们之间必须具有必然的逻辑关联。根据这一精神，本书从以下两大板块构建马克思主义人权观的理论体系。

1. 第一板块，马克思主义人权观的理论结构

具体有以下五个方面。一是研究马克思主义人权观的宗旨和方法论原

---

① 《马克思恩格斯全集》第1卷，人民出版社，1956年，第657页。

则：根本宗旨是"实现每个人都能全面而自由发展权利的社会"；方法论原则是客观性、过程性、系统性原则。二是马克思主义人权观的逻辑起点和精神实质：权利与义务的辩证统一。三是马克思主义人权观的社会经济基础。四是马克思主义人权观的基本内容，马克思、恩格斯在批判资本主义人权理论的过程中，论述了人的生存权、劳动权、自由权、平等权、民主权五种"基本人权"的内容。五是对未来理想社会人的权利的追求及其实现条件、途径与方式。

2. 第二板块，马克思主义人权观的基本要素

一是马克思主义人权观的基本范畴，即马克思主义的生存权、劳动权、自由权、平等权、民主权；二是马克思主义人权观中"三大"重要范畴，即马克思主义的环境权、种族权、民族自决权；三是马克思主义人权观的命题，如"无产阶级民主比任何资产阶级民主要民主百万倍"、"每个人的自由发展是一切人的自由发展条件"；四是马克思主义人权观的原理，如"权利决不能超出社会的经济结构以及由经济结构制约的社会的文化发展"[①] 等等。上述各种范畴、命题、原理，在马克思主义人权观理论体系中具有不同的地位和意义，它们互相联系，互相作用，构成马克思主义人权观理论体系的基本要素，并服务于马克思主义人权观的理论体系。

通过全面系统地发掘马克思主义人权观的思想、观点、原理和范畴，进而建构起来的马克思主义人权观理论体系，不仅能更好地回应百年未有之大变局中各种人权错误思潮的挑战，而且对促进马克思主义人权观的"中国化"，发展中国特色社会主义人权事业具有重要的价值。

所以本书的第三部分便是研究阐释马克思主义人权观的当代价值。

## 四、 在应对百年未有之大变局挑战中实现马克思主义人权观的当代价值

马克思主义人权观在中国社会主义革命和社会主义建设实践中，获得了

---

① 《马克思恩格斯选集》第3卷，人民出版社，2012年，第364页。

新的生命和发展的活力。中国共产党以马克思主义人权观为指导，团结带领人民为争取人权、尊重人权、保障人权、发展人权而进行不懈努力，坚定不移地走中国人权发展道路，推动了中国特色人权事业的发展。在本书的下编：《马克思主义人权观的"中国化"及其当代价值》中，共有十章四个板块。

1. 马克思主义人权观的"中国化"实践

这一部分分析研究了从五四运动前后到新民主主义革命、新中国马克思主义人权观的"中国化"实践，再到改革开放以后中国特色社会主义人权观的形成，分别阐释了毛泽东、邓小平、江泽民、胡锦涛在形成中国人权道路、促进中国人权事业发展中的贡献。

2. 新时代马克思主义人权观发展的新境界

这一部分着重探讨了中共十八大以来，习近平围绕尊重和保障人权提出了"以人民为中心"的人权理论，明确人民幸福生活是最大的人权，强调人民在人权事业中的主体地位，坚持将"人民满意"作为人权事业发展的衡量标准，从而将马克思主义人权观的"中国化"，推进到一个发展的新境界、新高度，形成了中国特色社会主义人权观。

3. 中国人权发展道路的基石、法治保障、文化精神和现代化，"四位一体"地支撑起中国特色的人权发展道路

该板块共有四章。一是中国人权发展道路的基石，主要阐释了中国共产党坚持人民至上，坚持将保障人民生命权、生存权和发展权作为中国人权发展道路、人权发展事业的基石，坚持在保障人民生命、生存和发展权的实践中，为人民谋幸福，不断增强人民群众的获得感、幸福感、安全感；二是中国人权发展道路的法治保障，主要阐释了加强人权法治保障建设的重要意义，新时代中国人权保障立法的新成就以及以人民为中心加强人权法治保障建设；三是中国人权发展道路的文化精神，分析阐释了中国人权文化的生成基础及其境界追求，中国人权文化的对外传播与交流，有助于更全面更深刻地把握中国人权发展道路的特征和文化底蕴；四是中国人权发展道路的现代化，分析阐释了中国人权发展现代化的理念和特征、人权治理体系现代化和人权治理能力现代化。

4. 以中西方人权保障和治理比较研究为基础，构建引领全球人权治理的"命运共同体"

该板块共有两章。一是将中国特色人权发展道路置于全球人权治理的视域，通过定性和定量的比较研究全球治理视域下的中西方的人权保障和治理水平，体现中国特色人权实践为全球人权治理所贡献的"中国方案"，展示中国特色社会主义制度的优越性；二是发挥社会主义制度下人权治理的优势，通过"人类命运共同体"的构建，参与并推进全球人权治理体系建设，丰富了全球人权文明多样性。

马克思主义人权观以其科学理论体系所具有的生命力和活力，在当今百年未有大变局加速演进下，以马克思主义人权观的"中国化"载体——中国人权发展道路、中国特色社会主义人权事业的发展，保障中国人民享有全面充分的人权，并在参与全球人权治理中贡献中国方案、中国智慧。

上 编

马克思主义人权观的
理论逻辑

马克思主义人权观研究，作为一项全面系统地构建马克思主义人权观理论体系的工作，必须将《马克思恩格斯全集》《列宁全集》等马克思主义经典作家在不同时期、不同场合、不同方面有关人权、人的权利的种种论述和观点，全面系统地予以发掘、梳理、分析和研究，进而构建起由一定的理论结构、该理论的基本范畴和命题组成的，且这些元素具有内在逻辑关系的人权观理论体系。

本书的上编，就是通过研究马克思主义人权观的发轫、马克思主义人权观的逻辑起点和精神实质、马克思主义人权观的社会经济基础，以及马克思主义人权观的基本范畴、主要命题和原理，对未来理想社会人的权利的追求等分析研究，进而构建起马克思主义人权观的理论体系。

# 第一章 马克思主义人权观之发轫

在百年未有之大变局背景下，中国学术界在批判反击西方挥舞"人权"大棒给全球带来了各种灾难和动荡的过程中，深化和拓展了中国特色社会主义人权观的研究。中国特色社会主义人权观是马克思主义人权观"当代化""中国化"的成果。要发扬马克思主义人权观的优势，就必须对马克思主义人权观作全面系统深入的研究，揭示马克思主义人权观对人类权利思想史上一代又一代思想家人权思想的继承和超越，反映马克思主义人权观作为人类权利思想的科学系统"集成"，是人类权利思想跨时代的宝贵遗产。因此，我们要把握马克思主义人权观的丰富思想，构建马克思主义人权观的理论体系，就得先分析研究马克思主义人权观产生以前的各种权利学说。

## 第一节 人的权利：西方思想家的探索历程

在欧洲，人的权利思想萌发于封建社会行将没落的文艺复兴时期，盛行于英、法资产阶级革命时期。但权利思想的萌芽，可以追溯到古希腊哲学开始产生的年代。

### 一、古代西方的权利理论

古希腊罗马奴隶主民主制时期，科学文化和哲学都得到了较大的发展。古希腊罗马权利思想的产生和发展，是古代西方权利思想的一个缩影。它大体经历了以下两个阶段：

（一）从政治和道德角度提出的"正义"概念

古希腊哲学家柏拉图在《理想国》中首次从政治和道德角度提出了"正义"概念。他认为，最理想的国家应当由三个不同的等级组成，这三个等级具有不同的德行，在国家中执行不同的职责。第一等级是统治者，这些人是神用金子做成的，是国家的统治阶级，通晓"善"的理念和治国哲学，他们的德性是智慧；第二等级是武士，是神用银子做成的，他们的职责是保卫国家，其德性是勇敢；第三等级是农民和手工业者，是神用铜铁做成的，他们的职责是从事生产劳动，供养第一、第二等级，其德性是节制。在柏拉图看来，只有当这三个等级在国家里都各守其位，"在国家里面各做各的事而不互相干扰的时候，便是有了正义，从而也就使一个国家成为正义的国家了"。① 反之，如果这三个等级在国家中"互相干扰和互相代替"，这种情况是国家的祸害，就是"不正义"。至于奴隶，柏拉图认为其在"理想国"中毫无地位可言，因为柏拉图根本不把奴隶当作人。

可见，柏拉图的"正义"概念包含两个方面的内容：一方面，奴隶根本不是人，因而奴隶受奴役是理所当然的，"正义"的；另一方面，在自由民中，劳心者治人，劳力者治于人，统治者与被统治者拥有不同的权利，也是由神命定的，天经地义的，"正义"的。对这两方面，柏拉图的学生亚里士多德均进行了发挥。亚里士多德一方面认为，有的人天生就是奴隶，有的人天生就是统治者，这是"自然的区分"，优劣高下及其统治与被统治的关系是"自然的关系"。在他看来，"奴隶是本于自然而成为奴隶的"，奴隶根本不是人，而是"一切工具中最完善的"工具。奴隶是"会说话的工具"，就是亚里士多德的一句名言。因此，他认为在一个社会中，"奴役既属有益，而且也是正当的"。② 另一方面，亚里士多德又提出"中庸之道"的概念，对柏拉图的"正义"概念作了进一步发挥。他说："过度和不足乃是恶行的特性，而中庸则是美德的特性。"③ 在他看来，道德上的美德与人的激情和行为有关，人的激情和行为有过多、不足和中间三种状态，激情和行为过多是

---

① 北京大学哲学系外国哲学史教研室：《古希腊罗马哲学》，商务印书馆，1982 年，第 230 页。
② ［古希腊］亚里士多德：《政治学》，商务印书馆，1988 年，第 11—13 页。
③ 北京大学哲学系外国哲学史教研室：《古希腊罗马哲学》，商务印书馆，1982 年，第 321 页。

一种失败的形式，不足也是这样，中间是一种受称赞的成功的形式，而受赞扬和成功都是美德的特性。"因此，美德乃是一种中庸之道。"①

作为奴隶主阶级思想家，柏拉图和亚里士多德提出的"正义"概念，比较集中地反映了"奴隶主阶级的权利"要求的观念。与此相反，一些思想家提出了与柏拉图等人相对立的观点。著名的辩证法奠基人赫拉克利特认为，奴隶主与奴隶的区分不是天生不变的，在他看来，是战争"使一些人成为神，使一些人成为人，使一些人成为奴隶，使一些人成为自由人"。② 因此，他反对那种要求各个等级各守本分的"正义"观，认为"正义就是斗争"③，以此来论证广大平民反对奴隶主斗争的合理性。另一些智者认为，根据自然，没有一个人生而为奴隶。"断言主人对奴隶的统治是违背自然的，奴隶与自由人的区别只是因法律而存在，并不是自然的，因此妨碍自然是非正义的。"④ 显然，权利观念从其萌芽时起便具有鲜明的阶级性质。

当然，古希腊哲学中的"正义"概念，严格地说还不是哲学、法律意义上的权利概念，它是从政治和道德角度论证奴隶主和奴隶的权利的。

（二）法律意义上的权利概念

真正法律意义上的权利概念最早发端于罗马法。在罗马帝国时期，存在于希腊社会的希腊人与野蛮人之间、公民与被保护民之间、罗马公民与罗马臣民之间的等等区别都消失了，只剩下了自由民与奴隶之间的区别，这样，"至少对自由民来说产生了私人的平等"⑤，正是在这种平等的基础上产生了罗马法和"一般的权利"概念。

关于罗马法中出现的这一概念，梅因指出，"所谓一般的权利是各种权利和义务的集合……它只能是属于一个特定人的一切权利和义务所组成的。把财产权、通行权、遗赠权、特种清偿义务、债务、损害赔偿责任——这样一些法律权利和义务结合在一起而成为一个一般的权利的纽带，是由于它们附着于某一个能够行使这些权利和义务的个人这样一个事实。……我们应该

① 北京大学哲学系外国哲学史教研室：《古希腊罗马哲学》，商务印书馆，1982 年，第 321 页。
② 同上书，第 23 页。
③ 同上书，第 26 页。
④ 同上书，第 144 页。
⑤ 《马克思恩格斯选集》第 3 卷，人民出版社，2012 年，第 481 页。

设法把我们每一个人对世界上其余人的全部法律关系，聚集在一个概念之下。不管这些法律关系的性质和构成怎样，这些法律关系集合起来后，就成为一般的权利"。①

从梅因的论述可以看出，罗马法中的"一般的权利"概念有三点值得重视：（1）这种权利概念指的是私人权利或个人权利。它的基础是自由，主体是"一个特定人"或"个人"。（2）这种"一般的权利"概念的核心是"财产权"。在《查士丁尼民法大全》中，我们译为"权利"的拉丁字"jus"仅仅出现在与个人财产有关的地方。这说明"权利"概念与财产的私人占有关系有着不可分割的联系。（3）"一般的权利"概念在形式上具有某种普遍性，因为它指的是"每一个人对世界上其余人的全部法律关系"。这些特点对后世，特别是对资产阶级的"人权"概念产生过一定程度的影响。

与罗马法中以私有财产为核心的"权利"概念相反，罗马帝国时期的思想家琉善提出了一些反映下层劳动人民和广大奴隶权利要求的思想，他认为罗马奴隶制社会是"黑暗的时代"，最好的社会是财产公有，人人平等，大家按自己的实际贡献领取报酬的社会。斯多葛派提出了什么人是具有自由权的思想。埃皮克提特宣称，"他们的监狱、锁链和武器奴役不了我的心灵，他们可以缚住我的身体，但是我的心灵是自由的，谁也无法扰乱它，因为按照我所愿意的那样生活"。因此，在他们看来，在现实生活中处于奴隶地位的人，心灵仍然可以自由，具有自由权，因为任何强者只能奴役人的身体，无法奴役人的灵魂。这反映了奴隶对自由权的向往与追求。在这些思想的影响下，奴隶反抗奴隶主，争取做人权利的斗争从未停止过。著名的奴隶领袖斯巴达克斯在斗争中喊出的"宁可为自由而战死，决不为主人而卖命"的战斗口号，正是这种思想影响的反映。奴隶的反抗斗争动摇了奴隶社会的根基，推动了社会向封建制度的发展。而当资本主义生产关系在封建社会中萌芽并发展起来的时候，自由、平等权利便成了新世界开拓者手中高举的火炬，点燃了摧毁封建专制制度的烈焰。

---

① ［英］梅因：《古代法》，沈景一译，商务印书馆，1959 年，第 102 页。

## 二、资产阶级权利学说的形成

资产阶级的权利学说，是资本主义经济发展要求在思想理论上的表现。资产阶级的权利学说，是反对封建专制最直接的锐利思想武器，它在本质上反映了资产阶级的根本利益，是为了建立有利于资本主义发展的经济秩序和资产阶级的政治统治。

资产阶级的权利学说产生在欧洲封建社会的后期。随着生产力的发展，出现了水力和风力的牵引机、脚踏纺车和织布机以及熔铁炉等生产工具，生产方式从行会手工业逐步向工场手工业过渡。15世纪末地理上的新发现，促进了商品交换的发展，商品贸易不仅在欧洲各国内部和各国之间进行，而且扩大到了美洲和印度。资本主义生产方式是建立在雇佣劳动的基础上的。它要求生产资料私人占有，自由生产，自由贸易，需要自由出卖劳动力的工人，要求工人和厂主平等地订立雇工契约，要求一切按等价原则进行交换。这表明，资本主义生产方式要求人们具有资本主义性质的自由、平等和所有权等权利。

对此，马克思在《资本论》中作了详细的分析。恩格斯在《反杜林论》中也作了简要的概括。他说："大规模的贸易，特别是国际贸易，尤其是世界贸易，要求有自由的、在行动上不受限制的商品占有者，他们作为商品占有者是有平等权利的，他们根据对他们所有人来说都平等的、至少在当地是平等的权利进行交换。从手工业向工场手工业转变的前提是，有一定数量的自由工人（所谓自由，一方面是他们摆脱了行会的束缚，另一方面是他们失去了自己使用自己劳动力所需的资料），他们可以和厂主订立契约出租他们的劳动力，因而作为缔约的一方是和厂主权利平等的。最后，一切人类劳动由于而且只是由于都是一般人类劳动而具有的等同性和同等意义，在现代资产阶级经济学的价值规律中得到了自己的不自觉的，但最强烈的表现，根据这一规律，商品的价值是由其中所包含的社会必要劳动来计量的。"① 这样，资本主义性质的个人权利充分地表现出来了。在这种情况下，一些资产

① 《马克思恩格斯选集》第3卷，人民出版社，2012年，第482—483页。

阶级思想家提出了自由、平等、所有权等权利思想，开始了争取人的自由、平等权利的运动。这是一场绵延数百年之久，范围扩及整个欧洲乃至西方世界的伟大的思想解放运动，它迎来的是人类第一次精神大解放，它的社会政治成果是欧洲封建制的灭亡和资产阶级共和国的成立，它最重要的直接理论成果就是资产阶级自由学说的形成。资产阶级权利思想的形成和发展，可分为如下三个阶段。

（一）文艺复兴时期人文主义权利观的兴起

欧洲的文艺复兴运动是借着复兴古代欧洲文明以反对封建专制的一场思想和文化的解放运动。在这场运动中，人文主义者高举的一面旗帜便是"自由""平等"。

中世纪神学一向将自由与平等视为"神国"或"上帝之城"的特点，视为上帝的恩赐和特权。与此相反，人文主义者在反对神学的斗争中第一次将"自由""平等"作为人类的本性提了出来，认为人的本质不应从神的本质来了解，而应从人自身来确定。他们认为，自由是人的天性，人的本性不为任何限定所约束，可凭自己的自由意志决定自己的命运，通过自己的自由选择成为他自己想成为的那种人。因此，人按其本性来讲是"无拘无束"的，"人人都可富有钱财，自由自在地生活"。总之，人不应"屈辱于压迫和束缚之下"，而应当是"自由"的，"他们的规则只有一条：想做什么便做什么"。① 同样，在他们看来，人类就其本性来说也是平等的。薄伽丘说："我们人类的骨肉都是用同样的物质造成的，我们的灵魂都是天主赐给的，具备着同等的机能和一样的效用。我们人类是天生一律平等的。"② 莎士比亚说："皇上就跟我一样，也是一个人罢了。一朵紫罗兰花他闻起来，跟我闻起来还不是一样，他头上和我头上合顶着一方天；他也不过用眼睛来看，耳朵来听。把一切荣衔丢开，还他一个赤裸裸的本相，那么他只是一个人罢了。"③ 人文主义者还提出了政治上的平等。有的人文主义者认为，对君主与人民、国王与马夫、主人与仆人、男人与女人，在政治上都应该平等看待。薄伽丘

① ［法］拉伯雷：《巨人传》，刊载于北京大学西语系资料组：《从文艺复兴到十九世纪资产阶级文学家艺术家有关人道主义人性论言论选辑》，商务印书馆，1973 年，第 34—35 页。
② ［意］卜伽丘：《十日谈》，方平、王科一译，上海译文出版社，1981 年，第 357 页。
③ ［英］莎士比亚：《亨利第五》，方平译，人民文学出版社，1958 年，第 86 页。

说："主人怎样对待仆人，仆人也可以怎样对付主人"，"法律对于男女，应该一律看待"。① 莎士比亚认为，在理想的国度里，应该"没有地方官的设立""没有君主"②，所有的人都平等相待。

在这里，我们看到，人文主义者直接从"赤裸裸"的人的本性中推论出了人的自由和人的平等。他们要求剥开封建制度的神圣外衣，用"人"的眼光，而不是"神"的眼光来观察人的权利和其他社会问题。人文主义的自由和平等思想一方面是资产阶级对宗教神权和封建君权及等级制度的一种批判，另一方面也是资产阶级要求摆脱一切封建的政治束缚，自由、平等地进行竞争和发财致富的愿望的体现。它直接剥开了封建主义君权神授和君贵民贱的等级观念的神秘外衣，论证了资产阶级的自由、平等权利的主张，从而为资产阶级的"天赋人权"概念直接奠定了哲学基础。但在这个时期，关于人的权利的思想还没有取得比较完整的理论形态。它向理论的升华，形成较为系统的学说是在英国资产阶级革命的过程中完成的。

（二）英国资产阶级革命前后资产阶级权利学说的形成

1. 荷兰格劳秀斯的"自然权利"学说

自由和平等的权利要求，是资本主义经济发展在思想观念上的表现。这种要求的理论形式便是"天赋人权"或"自然权利"论。荷兰的格劳秀斯（1583—1645）是"自然权利"学说的创始人。他认为，宇宙由合乎理性的自然法统治着。对人来说，自然法来源于人的理性和人的自然本性，"是固定不变的，甚至神本身也不能更改。因为神的权力，虽然是无限的，但是，仍然有多少事物是他的权力所不能达到的。……例如某些行为一经与理性的存在相比较，便觉其怙恶。所以神的本身，他的行动也要受这一规则的裁判"。③ 因此，人拥有一种自然权利，这种权利是人作为理性动物所固有的一种"品质"，由于这种"品质"，一个人拥有某些东西或做某些事是正当的和正义的。国家建立在人的理性和本性之上，它有赖于其成员的同意即契约，

---

① ［意］卜伽丘：《十日谈》，方平、王科一译，上海译文出版社，1981 年，第 649、558 页。
② ［英］莎士比亚：《莎士比亚戏剧集（三）》，朱生豪译，人民文学出版社，1962 年，第 147 页。
③ 北京大学西语系资料组：《从文艺复兴到十九世纪资产阶级哲学家政治思想家有关人道主义人性论言论选辑》，商务印书馆，1973 年，第 224 页。

因此，它永远也不能废除个人的自然权利。在这里，格劳秀斯已经初步提出了天赋人权不可剥夺的思想，不过，他却把自然法与自然权利混为一谈了。

2. 托马斯·霍布斯的"自然状态"论

托马斯·霍布斯（1588—1679）第一次明确地将"自然法"和"自然权利"区分开来，并提出了一个非常著名的"自然状态"理论。他认为，人类最初生活在一种没有任何联系的"自然状态"中，在这种状态中，每一个人都按照自己的本性生活，享有将一切占为己有的"自然权利"。但是，由于每个人都是自私的，都拥有平等的"自然权利"，结果势必使"自然状态"成为"一切人对一切人战争"或"人对人像狼一样"的全面敌对状态，人们反而享受不到自己的自然权利，为了避免这种危险，保障个人生命财产，实现和平，人们就通过"契约"将自己的权利转让出来，交给第三者，于是就出现了国家。在这里，霍布斯显然已经用资产阶级利己主义的眼光来观察社会和国家问题了。他的"自然状态"和"自然权利"理论最经典地描绘了资产阶级"市民社会"中"人对人像狼一样"的真实状况和资产阶级利己主义的要求。他关于国家是人们保护私有制要求的产物，王权是以契约的方式授予的权利的学说，公开否定了"君权神授"说，具有反封建意义。

3. 约翰·洛克的"自然权利"和"社会契约"论

约翰·洛克（1632—1704）是资产阶级权利学说中"自由主义的始祖"。[①] 为了彻底粉碎"君权神授"的谬论，他也举起了"自然权利"和"社会契约"论的旗帜。不过，他的说法与霍布斯不同。在他看来，"自然状态"不是"一切人对一切人战争"的状态，而是"和平、自由、平等"和个人拥有财产的"完备无缺的自由状态"。在这种状态中，每个人都天生地享有自由、平等和占有财产等"自然权利"。[②] "人民有天赋的权利"，这种权利"既不能变更，更无从否认"。[③] 因为"没有一个人享有多于别人的权

---

① ［英］罗素：《西方哲学史》下卷，马元德译，商务印书馆，1976 年，第 134 页。
② 北京大学哲学系外国哲学史教研室：《十六至十八世纪西欧各国哲学》，商务印书馆，1975 年，第 474 页。
③ 同上书，第 472 页。

利"，人人生来就平等，"不存在从属或受制关系"。① 不过，人类为了确保其生命财产的安全和更好地解决相互间的纠纷，便通过"契约"组成一个共同体并受制于"公民社会"，于是便产生了国家。不过，与霍布斯不同，他认为国家元首也是订约的一方，也要受契约限制，当他不能履行契约，不能维护人们的自由、平等和私有财产权利时，"人民享有恢复他们原来的自由的权利"。②

这样，洛克便在历史上第一次明确地提出了自由、平等和私有财产权利神圣不可侵犯的"权利"命题和主权在民的民主原则，从而奠定了资产阶级权利学说的基础，对后来资本主义社会政治思想产生了重大影响。恩格斯指出，自由思想正是从英国输入法国的。洛克是这种自由思想的始祖。③

（三）法国大革命推动资产阶级权利说的发展

在欧洲大陆，随着风起云涌的资产阶级革命运动的爆发，权利问题也逐渐成了理论探索的主要课题。一些哲学家对权利学说的形成和发展也做出了重要贡献，其中突出的是法国大革命期间的一些启蒙思想家。

1. 伏尔泰、孟德斯鸠对洛克权利说的继承

法国的启蒙思想家是洛克权利学说的继承者，他们以法国人当时所特有的鲜明性、尖锐性和战斗性发展了这个学说，使之成为颇具特色的法国"权利"理论。法国启蒙思想家的这些特点，在18世纪30年代他们开始宣传洛克自由、平等权利学说时就已经表现了出来。伏尔泰（1694—1778）编写的《哲学辞典》在"平等"这一条目中是这样说的："一切享有各种天然能力的人，显然都是平等的；当他们发挥各种动物机能的时候，以及运用他们的理智的时候，他们是平等的。中国的皇帝，印度的大莫卧儿，土耳其的帕迪夏，也不能向最下等的人说：'我禁止你消化，禁止你上厕所，禁止你思想。'一切种类的一切动物彼此之间都是平等的。"④ 孟德斯鸠（1689—1755）则在洛克自由权利说基础上对最敏感的政治和法律问题作了进一步探

① 北京大学哲学系外国哲学史教研室：《十六至十八世纪西欧各国哲学》，商务印书馆，1975年，第471页。
② 同上书，第480页。
③ 《马克思恩格斯全集》第7卷，人民出版社，1959年，第249页。
④ 北京大学哲学系外国哲学史教研室：《十八世纪法国哲学》，商务印书馆，1963年，第88页。

讨。他认为，"自由就是做一切法律许可的事的权利"①，为了保障自由这一不可转让的天赋人权，不仅要有良好的刑法，而且要有一个能钳制有权力的人滥用权力的体制，从而提出了至今仍为资产阶级十分推崇的"三权分立"说。他说："如果不把司法权与立法权和行政权分开，也没有自由可言。"②此外，他还对政治自由权作了更细致的分析，把它分为公共自由和公民自由（包括人身自由、信仰自由、思想自由、言论自由）等等。

2. 卢梭全面阐释"天赋人权"

法国启蒙运动的杰出代表卢梭（1712—1778）是资产阶级权利学说的集大成者。他从文艺复兴以来确立的资产阶级抽象的人性论出发，全面系统地阐述了"天赋人权"和"社会契约"理论。

卢梭从"自然状态"说出发，进一步证明了自由和平等是人类的自然本性和"天赋人权"。卢梭认为，人类最初生活在"自然状态"之中，不过，这个"自然状态"并不像霍布斯所说的那样"人对人像狼一样"，也不像洛克所说的那样已经出现了私有财产。在他看来，在"自然状态"中，每一个人都是孤立的，处于只关心自己的最初感情中，人与人之间没有任何社会联系，因而也没有奴役和统治。"每个人都生而自由、平等。"所以，在他看来，"放弃自己的自由，就是放弃自己做人的资格，就是放弃人类的权利，……这样一种弃权是不合人性的"。③ 卢梭的"天赋人权"论，就"自然状态"和"自然人"而言，尽管与霍布斯、洛克的有所不同，但他们都是以抽象的人性论为基础的，在本质上都反映资产阶级唯利是图的利己主义本性。当然，这种理论在当时的历史条件下对于反对封建神权、君权和等级特权具有重大的积极意义。

卢梭的突出贡献在于，他进一步揭示了自由和平等的发展过程，并最后通过其"社会契约"论论证了"公民"权利。卢梭认为，在"自然状态"中，人人都是自由、平等的，那时没有私有财产，没有罪恶。后来进入了"公民社会"，出现了私有财产，于是有些人就成为富人，另一些人成为穷

---

① 北京大学哲学系外国哲学史教研室：《十八世纪法国哲学》，商务印书馆，1963年，第39页。
② 同上书，第41页。
③ ［法］卢梭：《社会契约论》，何兆武译，商务印书馆，1980年，第9—16页。

人，社会上出现了不平等，一切罪恶也就随之而来了。恩格斯说卢梭关于不平等起源的思想是辩证法的杰作，"卢梭把不平等的产生看做一种进步。但是这种进步是对抗性的，它同时又是一种退步"。"文明每前进一步，不平等也同时前进一步"，"登峰造极的不平等又重新转变为自己的反面"，"这样，不平等又重新转变为平等，但不是转变为没有语言的原始人的旧的自发的平等，而是转变为更高级的社会契约的平等"。① 卢梭揣测到了社会不平等以经济为转移的事实，进而反对财富分配不平均，这是很有意义的。不过他并非普遍地反对私有制，只是反对有些人财产过多，他所论证的平等和不平等也是以私有制为基础的。

卢梭还认为，"社会契约"在公民之间确立的平等也是"道德和法律的平等"，即每一个公民全都遵守同样的条件并且全都应该享有同样的权利。换句话说，每一个公民作为主权者的一个成员在国家和法律面前是平等的。在这里，卢梭从其著名的"人民主权"论出发，第一次把自由和平等提到了"政治"权利的高度，并以非常突出的方式把"政治自由"和"政治平等"与封建专制制度对立起来，一方面突破了"自然权利"的外壳，直接提出了资产阶级最激进的民主主义的政治要求，另一方面论证了资产阶级反对封建政治"特权"（君权、等级特权）的合理性。人民主权和公民"政治权利"概念的提出堪称对"权利"观念的一个关键性突破，也的确抓住了封建社会的要害。就当时而言，人民还从未行使过"政治权利"，但卢梭却大胆宣布主权属于人民，公民应享有自由、平等的政治权利，这无疑是对封建专制制度的公开挑战和坚决否定，对法国资产阶级大革命以及后来的人们都产生了较为深远的影响。

法国大革命是一场较为彻底的资产阶级革命运动。作为这场革命运动产物的《人权宣言》，它奠定了资产阶级民主国家的基本原则，反映了资产阶级自由、平等权利学说的基本内容。《人权宣言》所规定的自由、平等权利原则，至今仍然是西方许多资产阶级国家的立国之本。当然，《人权宣言》的立足点是保护和发展资本主义的私有制，反映的只能是资产阶级的根本利

---

① 《马克思恩格斯全集》第 26 卷，人民出版社，2014 年，第 147—148 页。

益，毋庸讳言有其历史的局限性。

### 三、空想社会主义"权利"思想的演进

科学的权利思想和任何一种新的学说一样，不是离开世界文明发展大道而凭空产生的。对空想社会主义关于权利的思想材料的批判吸取，是马克思主义人权观理论的又一重要来源。空想社会主义的"权利"思想的发展，经历了以下两个阶段。

（一）"三次决战"① 时期空想社会主义的权利思想

这一时期空想社会主义的权利论，集中表现为对资产阶级的"自由、平等"权利思想的批判与改造。

在 16 世纪，当欧洲资产阶级高举"人文主义"旗帜，发动宗教改革，与封建制度进行"第一次决战"时，闵采尔领导的农民起义爆发了，产生了以德国的托马斯·闵采尔（1489—1525）、英国的托马斯·莫尔（1478—1535）和意大利的托马索·康帕内拉（1568—1639）为代表的早期空想社会主义思想。他们一方面与资产阶级一起以"人文主义"为武器向封建神权、君权和等级特权开火，另一方面对资产阶级原始积累的惨无人道的行为表示愤慨，并强烈要求改变私有制。他们都以不同的形式提出了对未来社会的设想。但是，他们还找不到实现自己理想社会的正确道路，只能是"梦中的王国"。

到 17 世纪，当欧洲资产阶级高举"自由""平等""天赋人权"的旗帜发动反封建斗争的"第二次大起义"即英国资产阶级革命时，出现了"掘地派"运动的代表杰腊德·温斯坦莱（1609—1652）的空想共产主义思想。这一时期虽然建立了所谓"自由""平等"的资产阶级"共和国"。但是，生活在这种"共和国"之下的广大劳动人民除了失业和贫困之外，一无所得，而且在政治上也仍然处于无权地位。残酷的现实教育了劳苦大众：要为自己的权利进行斗争。于是，在温斯坦莱的号召下，劳动人民举起了"真正平等派"的旗帜，与资产阶级的"自由""平等"概念相抗衡。他们自己动手占

---

① "三次决战"指资产阶级反对封建主义的三次斗争。

有土地，共同劳动，平均分配。温斯坦莱写了《真正平等派举起的旗帜》和《自由法》来揭露资产阶级"天赋人权"和民主共和国的虚伪性，阐述他的空想共产主义观点。但是，他并不懂得私有制产生的真正的历史根源，因而也不知道消灭私有制的真正道路。

18世纪，当欧洲资产阶级以"天赋人权"和"社会契约"启蒙思想做先导与封建制展开"第三次大决战"即法国大革命时，爆发了以巴贝夫为首的平等派运动。与此相应，这一时期产生了以摩莱里（约1700—1780）、加布里埃尔·博诺·马布利（1709—1785）和格拉古·巴贝夫（1760—1797）为代表的空想共产主义思想家。摩莱里和马布利都受到了资产阶级启蒙思想的影响，一方面赞同人人生而自由、平等的"天赋人权"观，另一方面又在不少方面突破了资产阶级启蒙思想的限制。他们认为，只要私有制还存在，自由平等的共和国就只能是一种欺人之谈。不过，他们仍不知道私有制是怎样产生的，也不知道怎么消灭它。

巴贝夫的思想比以往的空想共产主义进了一步。他看穿了资产阶级自由、平等、民主的阶级实质。他明确指出，用"自由、平等、人权"等词句装饰起来的法律条文，不过是授予新的掠夺者以"权力证书"。资产阶级民主共和国与其他旧的奴隶制一样，其根源在于私有制。巴贝夫还从对资产阶级"自由平等"口号的批判中，对法国启蒙学者的"自由平等"思想进行了一定程度的改造，从而提出了铲除私有制，建立人人平等的公有制社会的主张。他的"平等"思想是建立在通过革命消灭私有制、消灭阶级的基础之上的，它和以私有制为基础的资产阶级"自由平等"的法权观念是根本对立的。所以，马克思和恩格斯称赞巴贝夫的思想是"超出整个旧世界秩序的思想范围的思想"[1]，对以后的空想共产主义者有过很大的影响。但是，他把绝对平均主义看作共产主义的特点，这显然是错误的。这是当时无产者还没有完全从小生产者分化出来的状况的反映。他的平均共产主义仍然具有空想的性质。

（二）19世纪初批判的空想社会主义的权利思想

19世纪初期是资产阶级"自由、平等、博爱"的神话正在破产的时代，

---

[1] 《马克思恩格斯全集》第2卷，人民出版社，1957年，第152页。

也是无产阶级开始独立发展的时代。因此，在这个时代，出现了以法国的克劳德·昂利·圣西门（1760—1825）、沙利·傅立叶（1772—1837）和英国的罗伯特·欧文（1771—1858）为代表的批判的空想社会主义和共产主义思想家。

1. 傅立叶、圣西门对"天赋人权"的批判

首先，他们批判了资产阶级的"天赋人权"和"社会契约"的理论。傅立叶指出，按照资产阶级哲学家们的说法，订立"社会契约"是为了保障人民的自由、平等、幸福这些"天赋权利"，但是，在文明社会中，人民却被剥夺了最起码的权利，即劳动的权利和吃饭的权利，如果稍加反抗，就要被逮捕、监禁，甚至送上绞刑台。因此，所谓"社会契约"和"天赋人权"全都是骗人的鬼话。他还揭露了资本主义在"人权"口号之下对妇女权利的践踏。他说，在文明社会中，婚姻变成一种商业投机，妇女被当成商品任意买卖。妇女除了卖淫以外，就没有其他的生活来源。"侮辱女性"在文明制度下获得了"伪善的存在形式"。在批判中，傅立叶第一次以精辟的见解提出了妇女权利的问题。他说，在任何社会中，妇女的解放都是社会解放的一般尺度。这个思想受到了马克思和恩格斯的高度评价。

其次，在批判资本主义社会的基础上，圣西门等人对未来社会及其人权状况提出了一系列积极的主张。圣西门提出了劳动者的"平等权"的思想。他说，在新社会中，一切人都要劳动，都要把自己看成属于某一工场的工作者。在那里，不再存在寄生的集团，整个社会是一个从事各种有益工作的人们的联合体。而且，在将来的社会里，各人应该根据他的能力，占据某种地位，并按照他的工作获得报酬。实际上，圣西门在这里提出了一条社会主义的按劳分配原则。在他看来，人人都有按劳动贡献获得报酬的权利，这才是真正的平等。毫无疑问，这是对资本主义社会劳资对立、贫富对立的一种否定。但是，他还没有看到，"按劳分配"的平等只是向着更高的平等的过渡阶段，只有实现了"按需分配"才会实现真正的平等。

傅立叶最早使用了"劳动权"的概念并作了系统的阐述。他认为，劳动是人的基本权利。在"和谐制度"里，人人享有劳动的权利，人人都可自由选择劳动。他说，人们在"情欲引力"的支配下，天生爱好某些劳动，社会

应让他们自由选择劳动。人们既可参加农业劳动，也可参加工业劳动；既可参加体力劳动，又可参加脑力劳动。旧式的分工将由自由选择工种、经常调换工种代替。这样，使劳动者得到精神和物质的"双重快乐"，使劳动从痛苦的负担变成乐生的需要，成为人们的一种享受。这样的劳动能满足人们的情欲，从而大大地提高劳动生产率。恩格斯指出："正是傅立叶第一个确立了社会哲学的伟大原理，这就是：因为每个人天生就爱好或者喜欢某种劳动，所以这些个人爱好的全部总和就必然会形成一种能满足整个社会需要的力量。从这个原理可以得出下面一个结论：如果每个人的爱好都能得到满足，每个人都能做自己愿意做的事情，那末，即使没有现代社会制度所采取的那种强制手段，也同样可以满足一切人的需要。这种论断尽管听起来是非常武断，可是经过傅立叶论证以后，就像哥伦布竖鸡蛋一样，成了无可辩驳的、几乎是不言而喻的道理。……我在这里当然不能把傅立叶的自由劳动理论全部加以叙述，可是我想上面讲的已足以使英国社会主义者相信，傅立叶主义是完全值得他们注意的。"①

2. 欧文关于不消灭私有制就没有人权的思想

与傅立叶、圣西门相比，欧文进一步揭露了资本主义上述各种祸害的社会经济根源。他指出，私有制是造成贫富对立和其他社会灾难的主要原因。私有制使人变成利己主义者，彼此仇视、欺骗和敲诈，甚至发生战争。私有财产把人的思想封闭在关心自己的利益和琐事的圈子里，它使人们的思想彼此隔阂，是社会经常产生仇视的原因，是人与人之间发生欺骗和敲诈的根源。私有制"把富人变成两脚兽"，使"富人经常剥夺穷人的工作"，其结果是贫困遍地。总之，私有财产是贫困以及由此而在全世界造成的无数罪行和灾难的唯一原因。不消灭私有制，就谈不上自由、平等，就没有人权。

所以，欧文明确提出了废除私有制的目标，他的理想社会是建立在公有制基础之上的。因此，马克思把圣西门和傅立叶称为空想社会主义者，而把欧文称为空想共产主义者。欧文进一步发挥了傅立叶关于未来社会中的劳动权思想。欧文认为，劳动是人们的基本权利与义务。在未来公社里，人人参

---

① 《马克思恩格斯全集》第 1 卷，人民出版社，1956 年，第 578 页。

加劳动，人人都可以按自己的年龄和能力选择一定的工作和劳动。"因为以完全平等为基础的宪法保证人人在一生中都按照年龄和能力得到同样的教育、职业和地位，所以人人都有十分广泛的选择机会。"①他认为，机器将减轻人们的劳动。人们每天劳动四小时，既参加体力劳动，又参加脑力劳动，使脑力劳动与体力劳动广泛地结合起来。尤其重要的是，在他看来，未来社会的成员的"平等"将是权利和义务两方面的平等。这种"平等"将由于生产力水平的高度发展，产品极大丰富，而达到"各尽所能，按需分配"那种意义的平等。而且在他看来，未来社会的成员将按照教育与生产劳动相结合的原则受到全面的教育，从而成为在才智、道德、体育和劳动技能等方面都得到发展的全面的人。马克思非常赞赏欧文的这一思想。他说："正如我们在罗伯特·欧文那里可以详细看到的那样，……未来教育……就是生产劳动同智育和体育相结合，它不仅是提高社会生产的一种方法，而且是造就全面发展的人的唯一方法。"②

总之，圣西门、傅立叶和欧文三位思想家的空想社会主义的权利说，比以往思想家的权利说大大地前进了。他们的各种有益的主张为马克思主义的科学人权论的产生创造了一个理论条件。但是，空想社会主义者的自由、平等观念仍然是以抽象的人性论为基础的。对他们来说，"社会主义是绝对真理、理性和正义的表现，只要它被发现了，它就能用自己的力量征服世界"。③他们还不懂得阶级斗争和无产阶级专政的重要意义，因而也只能陷于空想之中。正如普列汉诺夫指出的："援引人的本性，即援引脱离特定社会关系的一般人的本性，就等于抛弃历史现实的基础，……这条路直接通向空想。"④

马克思主义的诞生标志着社会主义从空想到科学的发展，也标志着社会主义的自由、平等的人权观从空想到科学的发展。完成这一过程的主要标志是，马克思对唯物史观和剩余价值学说的发现。正如恩格斯指出的："以往的社会主义固然批判过现存的资本主义生产方式及其后果，但是它不能说明

① ［英］欧文：《欧文选集》第 2 卷，柯象峰、何光来、秦果显译，商务印书馆，1984 年，第 139 页。
② 《马克思恩格斯全集》第 42 卷，人民出版社，2016 年，第 500—501 页。
③ 《马克思恩格斯选集》第 3 卷，人民出版社，2012 年，第 394 页。
④ ［俄］普列汉诺夫：《普列汉诺夫哲学著作选集》第 3 卷，生活·读书·新知三联书店，1974 年，第 637 页。

这个生产方式，因而也就不能对付这个生产方式；它只能简单地把它当作坏东西抛弃掉。它愈是义愤填膺地反对这种生产方式必然产生的对工人阶级的剥削，就愈是不能明白指出这种剥削在哪里和怎样发生。但是，问题是在于：一方面说明资本主义生产方式的历史联系和它对一定历史时期的必然性，从而说明它灭亡的必然性，另一方面揭露这种生产方式内部的一直还隐蔽着的性质。"[①] 这两方面问题，由于唯物史观和剩余价值学说的发现，得到了科学的解决。

## 第二节　马克思主义人权观形成和发展的思想脉络

马克思主义人权观同他的整个思想理论体系一样，也有一个形成、发展和成熟的过程。在革命民主主义阶段，马克思的人权观受到法国启蒙思想、黑格尔哲学和青年黑格尔派的影响，带有自然权利论的明显印迹；在从革命民主主义向辩证唯物主义和历史唯物主义转变的阶段，马克思开始抛弃自然权利观，确立新的人的权利思想；在唯物史观形成以后，马克思、恩格斯创立了科学社会主义学说，也随之创立了科学的人权观。[②] 考察不同阶段中马克思主义的人权思想，不仅可以使我们清楚地看到它变化发展的思想脉络，而且可以使我们更好地把握它的精神实质和深远意义。

### 一、马克思主义人权观的萌发

在这一时期，马克思对人的权利的认识还停留在资产阶级自然权利观的水平上。其表现是立足于资产阶级的自由、民主和人权理论来分析问题，对旧制度下国家和法律的认识存在着某些幻想，对人权的看法还没有跳出资产阶级人权学说的窠臼。这种情况的出现，同他当时的革命民主主义立场和客观唯心主义倾向是分不开的。从当时马克思在《莱茵报》上发表的一系列文章来看，他的权利思想主要涉及以下四个方面的内容。

---

① 《马克思恩格斯全集》第 19 卷，人民出版社，1963 年，第 226 页。
② 朱锋：《马克思人权理论论要》，《中国社会科学》，1992 年第 3 期。

（一）关于出版自由权

1. 针对封建文化专制主义提出出版自由

1842 年初，年轻的马克思初次登上政治舞台，就为争取出版自由大声疾呼。他说："没有出版自由，其他一切自由都是泡影。"① 出版自由是一个历史的概念，它是针对封建文化专制主义提出来的。封建阶级为了维护自身的统治，实行思想统治政策，取消言论出版自由，把人们的思想禁锢在死水一潭的圈子里。不冲破思想禁锢，不争得出版自由的权利，真理的声音就无从传播，人民就不可能从愚昧状态中觉醒过来。② 所以，马克思对普鲁士的封建文化专制主义进行了深刻的揭露和批判。

（1）马克思针对反动的"舆论一律"政策指出，精神（思想）是世界上最丰富的东西，绝不能要求它只有一种存在的形式；每一滴露水在太阳的照耀下都闪耀着无穷无尽的色彩，而精神的太阳，"却只准产生一种色彩，就是官方的色彩"③，这是多么荒谬！所以，规定报刊言论只能发出一种声音，就如同要求玫瑰花和紫罗兰发出同样的芳香一样，是违反精神本性的。

（2）封建文化专制主义否定报刊言论的客观标准，一切以书报检查官的意志为转移。马克思认为，这种专横行为践踏了正义，践踏了普通人的权利。书报检查官的专横，就像法官、原告和辩护人都集中在一个人身上一样，它绝对不可能作出任何客观、公正的判决。

（3）封建文化专制主义对思想方式实行惩罚。马克思从法学上对普鲁士政府发布的书报检查令中的种种规定，进行了有力的驳斥。马克思指出，行为是同法律打交道的唯一领域，除了人的行为以外，其他都不是法律的对象。人正是由于自己的行为才受到现行法的支配。"我只是由于表现自己，只是由于踏入现实的领域，我才进入受立法者支配的范围。"④ 可是普鲁士政府的书报检查法却"不仅要惩罚我所做的，而且要惩罚我所想的，不管我的行为如何"。⑤ 马克思把这种法律称作"专制法""恐怖法"，是"对非法行

① 《马克思恩格斯全集》第 1 卷，人民出版社，1956 年，第 94 页。
② 孟羽：《〈莱茵报〉时期马克思论出版自由》，《杭州大学学报（哲学社会科学版）》，1989 年第 5 期。
③ 《马克思恩格斯全集》第 1 卷，人民出版社，1956 年，第 7 页。
④ 同上书，第 16 页。
⑤ 同上书，第 17 页。

为的公开认可"。不仅如此，这种法律还是"一个党派用来对付另一个党派的法律"，因而这不能叫法律，只能是一种特权，一种取消法律平等，怂恿少数权势者胡作非为，压制多数人自由思想的特权。[①]

（4）封建文化专制主义用抽象的前提掩盖事物的本质。马克思指出，普鲁士封建文化专制主义除了实行惩罚措施外，又辅之以欺骗手段。例如，书报检查令说："书报检查不得阻挠人们严肃和谦逊地探讨真理，不得使作家遭受无理的限制，不得妨碍书籍在书市上自由流通。"说得似乎十分动听。其实，在抽象的词句背后，事情的本质没有丝毫改变。

2. 对出版自由本性的阐释

马克思在揭露封建文化专制主义的同时，对出版自由的本性作了深刻的论述。他说，出版自由本身就是自由思想的体现，自由的体现就是肯定的善；与此相反，检查制度是不自由的体现，是以表面的世界观来反对本质的世界观的斗争，它只具有否定的本性。也就是说，人的思想本质上是自由的，人要求自由地思考，自由地表达自己的真实想法，说他想说的话。如果人不能自由地思考，只能屈从于外在的意志，以别人的思想为思想，尽说一些违心的话，这无异被套上了精神的镣铐，对人来说是极大的不幸。

但是思想自由只是一种"潜在"的自由，还不是"实在"的自由。要使潜在的自由转变为实在的自由，必须使行为主体获得按照自己意志去行事的权利。不过，马克思并没有把自由看成孤立主体的权利，而是在主客体的关系中来谈主体的自由权利的。他认为，如果把自由看成孤立主体的权利，必然把注意力集中于"自我"，从而把自我与环境、人的内在本性与外在条件割裂开来，对立起来。所以，他一方面强调主体的自由权利，另一方面又强调主体的相互交往对自由的制约性。针对德国的某些自由主义者向往自然状态下的自由的观点，他嘲笑地问道："假如我们自由的历史只能到森林中去找，那末我们的自由历史和野猪的自由历史又有什么区别呢？"[②]

马克思在论述出版自由的问题时，多次谈到自由与任性的区别。任性（不论是个别人的，还是社会集团的、政府机关的），是主观主义的随心所

① 孟羽：《〈莱茵报〉时期马克思论出版自由》，《杭州大学学报（哲学社会科学版）》，1989年第5期。
② 《马克思恩格斯全集》第1卷，人民出版社，1956年，第454页。

欲，是利己主义的非理性表现。而马克思所说的自由，是要尊重理性，按照普遍的、本质的、合乎规律的客观意志行事。所以他强调自由的出版物必须按照事物本质的要求去对待各种事物，绝不是要把出版物引到任性的歪路上去。

由上可见，出版自由不是抽象的，它既要受事物客观规律的制约，又要受社会阶级和集团利益的制约。而马克思反对封建文化专制主义，争取出版自由的权利，目的全在于使自由报刊服务于人民的解放事业。

（二）关于代表人民利益的代表制

马克思对莱茵省议会关于出版自由权的剖析使他认识到，等级的从属性直接影响着政治利益的代表、政治的立场与意见。马克思从诸侯阶层与骑士阶层的政治特权和社会特权中，探求这些等级作为出版自由的敌对者出现的原因。同时，马克思考察了城市的，主要是资产阶级代表的立场。他们的有些代表否定出版自由，有些代表则希望有限地承认出版自由。马克思从这些代表的不同社会地位与经济要求角度考察他们的不同立场，从中看到了"资产者反对派"[1] 跟诸侯等级与骑士等级代表之间的某种共同性。

马克思在《关于林木盗窃法的辩论》一文中，继续批判封建等级制。他研究了莱茵省议会对普鲁士立法所采取的态度，从而证明：决议的确定不取决于普遍的人权，即公民的平等，而是表明等级维护它们的特权、私人利益与特殊利益。[2] 马克思在《〈奥格斯堡总汇报〉第 335 号和第 336 号关于普鲁士的等级委员会的文章》一文中，更明确地指出，等级代表制主要保障了封建地主的特权，它是普鲁士国家政治制度固有的部分。只有人民代表制才能适应历史的要求。他主张在等级代表制中扩大资产阶级的权利，并使知识分子参与这一制度。同时，他提倡实行真正代表人民利益的代表制。在人民代表制中，人民代表不应该代表私人利益，无论是地产或者其他形式的财产，而应该代表自由的人，他相信：人民代表制是人民智慧的自觉的代表。

（三）关于城乡公民权利平等

当时莱茵省最重要的政治斗争就是实行自治体改革运动，这一运动的核

---

① "资产者反对派"指的是莱茵城市代表组成的反对派，他们否定出版自由。
② 《马克思恩格斯全集》第 1 卷，人民出版社，1956 年，第 179—180 页。

心是维护城乡公民权利平等。马克思在《市政改革和〈科伦日报〉》和《〈科伦日报〉记者和〈莱茵报〉的立场》等文中，引用法国革命的原理——"对于一切人，即对于市民与农民的平等"，从民主主义观点阐明了权利平等。他赞同莱茵省实行的不同于普鲁士其他省份的法律，即维护城乡的权利平等。他抨击封建反动势力试图废除这种权利的阴谋，维护了这种有效的权利。

马克思在维护城乡权利平等时，重新肯定了社会的政治组织的必要性。他间接地既摆脱了把单个人的需要与目的提高为最后原则的主观主义的见解，又超越了空想共产主义的权利平均观点。

（四）关于"幼树的权利和人的权利"

这是马克思在《关于林木盗窃法的辩论》中论及的一个问题。对这一问题的辩论，标志着马克思开始从精神领域进入物质利益的领域，从代表人类精神本性的要求，转向自觉地为政治上和社会上的备受压迫的贫苦群众的物质利益辩护。

1. 对莱茵省议会"牺牲人"的权利的林木盗窃法的批判

在马克思看来，封建专制制度就某种意义上说不是人的社会，而是"精神的动物世界，是被分裂的人类世界"，它同"人类世界是相反"[1] 的。普鲁士就是这样一种社会。莱茵省议会企图把农民拣拾枯枝列为盗窃，通过颁布所谓林木盗窃法来加重对农民的掠夺，"他们所要求的不是法的人类内容，而是法的动物形式"。[2] 即把法变成动物界一个种族掠夺另一个种族的手段。马克思以人的名义对普鲁士专制制度的不法行为进行抗争。

在莱茵省议会的辩论中，有些人借口在他们地区的森林里，常有人先把幼树砍伤，待树枯死后作为枯枝，因而主张把拣拾枯枝列为盗窃。马克思斥责这种观点是"为了幼树的权利而牺牲人的权利"。[3] 如果这条提案被通过，必然会把许多不是存心违法的人投入犯罪、贫困和耻辱的地狱。马克思大声疾呼，这样做，"胜利的是木头偶像，牺牲的却是人"！林木占有者"拿一块

① 《马克思恩格斯全集》第 1 卷，人民出版社，1956 年，第 142 页。
② 同上书，第 143 页。
③ 同上书，第 137 页。

木头换得了曾是人的那种东西",即为了树木而剥夺"除了自身以外一无所有"的"生命"、"自由"和"人道".① 同莱茵省议会为了树木而牺牲人的做法相反,马克思宣称,"人应该战胜林木占有者",即莱茵省的居民应该战胜林木占有者的等级代表,应该责成他们代表全省的普遍利益。

为什么莱茵省的议会要制定这种"牺牲人"的权利的林木盗窃法呢? 马克思进一步探讨了这一问题的深层原因,即私人利益和立法者的本质外化的问题。在马克思看来,林木是林木占有者的财产。林木盗窃法是维护林木占有者的利益的。当立法者把私人利益作为最终目的,作为立法根据,他们就会把一切触犯他私人利益的人看成图谋不轨的可怕的恶徒,把法律的罪行和惩罚,被告的生命"降低到私人利益的物质手段的水平"②,企图通过颁布法律来对付他们。正如同哑巴并不因为人们给了他一个喇叭就会说话一样,私人利益也并不因为被推上立法者的王位就能制定公正的法律。相反,由于私人利益成为立法的动机和根据,因而立法者的本质发生异化,他们制定的法律不可能是人道的。

2. 立法者的私人利益具有反人道性质

马克思把剥削者的私人权益和人道对立起来,因为他看到了这种私人利益必然具有的反人道的性质。例如,他把枯枝看成是自然的赐予,看成是自然对穷人的怜悯。自然界也有贫富,一方面是脱离了有机生命而被折断了的枯树枝,另一方面是根深叶茂的枝干。人间的贫富同自然界的贫富是"同病相怜"的。如果根深叶茂的树干属于林木所有者的话,那枯树枝,即自然界的贫穷则应该是贫民的财产。所以马克思说:"在自然力的这一作用中,贫民感到一种仁慈的、比人类力量还要人道的力量。代替特权者的偶然任性而出现的,是自然力的偶然性,这种自然力夺取了私有制永远也不会自愿放手的东西。正如富人不应该要求大街上的施舍物一样,他们也不应该要求自然界的这种施舍物。"③ 人类社会是夺不足以补有余,而自然力是夺有余以补不足,在一种人靠另一种人为生的封建制度下,似乎天道是比人道更可亲的力

---

① 《马克思恩格斯全集》第 1 卷,人民出版社,1956 年,第 172 页。
② 同上书,第 176 页。
③ 同上书,第 147 页。

量。当然，马克思并没有把自然人格化，也没有认为自然有自觉的意图，但他从自然中直接引申出有利于穷人的习惯法的思想，显然受到法国启蒙学派关于自然权利思想的影响。尽管马克思在道德上、感情上对私人利益表示愤慨，说它是"下流的唯物主义"，认为"没有比自私的逻辑更恶劣的东西"。① 但是，在理论上他已开始看到了物质利益的作用，正是私人物质利益在扩大着所有者的权利，缩减着无产者群众的权利。

总而言之，这一时期马克思主义人权观正处于萌发阶段，所以它具有如下主要特征：诉诸国家和法律以反对极端的私人利益，诉诸人的自由本性以反对普鲁士的专制和暴政，诉诸代表人民利益的代表制以反对封建等级制，诉诸城乡公民权利平等以反对一切封建特权。这些特征一方面充分显示出马克思对普鲁士专制制度强烈的憎恶和不妥协的抗争精神以及他对广大贫困人民深切的同情和责任心，反映了他当时所持的激进民主主义的政治倾向，但另一方面，其中的不少地方也可看出他所受到的唯心主义自然权利观与西方传统政治思潮中有关人的权利的基本思想的影响。

## 二、马克思主义人权观的形成

当马克思运用人权观萌发时期的权利思想分析现实的权利问题时，他常常发现他原有的观念同具体的现实之间存在着深刻的对立。他希望通过法来实现理性，保障人权，但书报检查令本身就是法和人权的对立物，有了这种法律，"哪里还存在着新闻自由，它就取消这种自由"。但他希望国家维护普遍人权，然而在林木盗窃法中，国家出面保护了有产者的权利，而在保护无产者这个更大的阶级的权利方面却没有做任何事情。因此，国家远非实现法律的、伦理的、政治的自由的机构，现实中的人的普遍权利在有产者的私人利益面前四处碰壁，近代最自由的法律也仅仅是私有财产者们的工具。

马克思在 1843 年撰写的《黑格尔法哲学批判》，是对当时所遇到的理论和现实间巨大矛盾的解答。在这一著作中，马克思围绕着同人的权利密切关联的国家、法、私人利益、市民社会等问题进行了深入的研究，理清了自己

---

① 《马克思恩格斯全集》第 1 卷，人民出版社，1956 年，第 160、180 页。

在上述问题上存在的黑格尔客观唯心主义思想影响，从而使他的人权观开始形成并上升到了一个全新的理论高度。这一时期马克思在《德法年鉴》上发表的文章同前一时期在《莱茵报》上发表的文章相比，马克思的人权观已经实现了以下几个方面的自觉转变。

（一）从诉诸先验的人的人权转变为由人的现实社会本质来认识人权

1. 资本主义私有制下的人权是一种形式上的"普遍权利"

在前一时期，马克思认为以极端的私利为取向的特权是反常规的、非理性的，是缺乏教化的反映，因此希望诉诸自由报刊，通过人民的理性的汇集和上升来对抗官僚和等级议会的种种非理性，以"哲学的世界化"和"世界的哲学化"来改造社会，实现普遍、公正的人权。而在《德法年鉴》上发表的文章中，马克思完全否定了他的上述看法。他指出，在现实生活中并没有普遍的绝对理性存在，决定人的现实权利追求的是人的现实的社会本质，即私有制对人的异化，这种具有具体社会本质的人"永远是这一切社会组织的本质"。[①]"由于资本主义私有制的存在，私有财产的物的规定性支配了人的一切权利行为，个人的权利要求完全是粗糙的、无灵魂的物质体现，是人应有的类本质的直接对立物。这时，不仅人权中的人——具体的权利主体由于异化而失去了追求普遍、平等、公正的人权时的一切人的主体性，而且，人权的具体的权利内容也由于人的极端物质性的、私利的权利追求，失去了它原来应有的自由、平等、公正的真实性。因此，人权作为一种普遍权利，客观上只能在形式上存在。"[②]

2. 资本主义社会普遍公民权利的虚假性

马克思剖析了资本主义人权的实质。他指出，虽然资本主义国家的建立使人有了公民的普遍身份，也有了以人权的形式存在的普遍的公民权利，但这并不能掩盖由于人的现实社会本质所造成的公民权利的虚假性。现代资本主义国家的历史特点是国家和市民社会的二元化，这就决定了人都具有作为公民和市民的双重本质。公民是国家政治领域内虚假的普遍物，"作为国家

---

① 《马克思恩格斯全集》第 1 卷，人民出版社，1956 年，第 293 页。
② 朱锋：《马克思人权理论论要》，《中国社会科学》，1992 年第 3 期。

的理想主义者，公民完全是另外一种存在物"。① "以人权形式出现的公民权利同样只是政治领域内的虚假的形式存在，人的市民身份和市民的利己主义权利才是真实的、具体的存在。市民的自然权利受到了资产阶级政治革命的解放，完全是物质欲的、排他的和利己的，是同人权所要求的普遍、平等和公正格格不入的。因此，资产阶级所宣布的人权，并非是超阶级的平等权利，乃是以私有财产为取向的市民社会个人的自然权利。"② 人权的存在本身是同市民自私的权利行为相适应的，它鼓励不同阶级的个人因财产占有的不同而导致的不平等的权利状态。

（二）从诉诸国家理性以保障人权转变为否认国家是人权的中介

在《黑格尔法哲学批判》中，马克思驳斥了黑格尔的国家理性观，指出把现存国家制度认定为理性的体现是主客观颠倒的唯心主义观念。通过对国家和市民社会二元化的分析，马克思指出，现实国家只是彼岸世界的普遍物，它不是人民真正自由存在的制度寄托。国家现实生活中不存在普遍权利和特殊权利可以统一的要素，人民还没有成为国家制度的根本原则。资本主义国家接受和发展了私有制，私有财产不仅成了国家的最高规定，也成了普遍的国家联系，国家的一切方面都表现出私有财产的性质，事实上取消了个人权利追求中的伦理和道德束缚。这时，"道德是非国家的，而国家也是非道德的"。③ 个人的私有制所决定的社会本质和国家的私有制本质形成了统一。因此，国家不仅不能保障人与人之间关系的普遍人权，反而成了纵容私人权利特殊性和不平等性的实体。资本主义国家不可能是人权的中介。

（三）从主张社会改良转向彻底的社会革命来保障人权

在前一时期，马克思希望通过提高人民的理性和改造普鲁士宗教国家等社会改良措施来为广大劳动人民争取人权。而在《德法年鉴》上所发表的一系列文章，马克思已转而追求彻底的社会革命来实现真正的人权。

1. 资本主义国家制度不能给人民带来自由和人权

马克思指出，现存的国家制度既然都是以私有制为最高形式，那么就不

---

① 《马克思恩格斯全集》第 1 卷，人民出版社，1956 年，第 341 页。
② 朱锋：《马克思人权理论论要》，《中国社会科学》，1992 年第 3 期。
③ 《马克思恩格斯全集》第 1 卷，人民出版社，1956 年，第 380 页。

存在以私有制为前提的理想的国家目标，也不存在不改变私有制就能给人民带来自由和人权。因为国家政治生活的本质内容并不来源于国家这一普遍物的客观理念，而是决定于私有财产的个体活动。所以，国家不可能以普遍的、公正的姿态出现，在现实的政治行为中捍卫抽象于具体私有财产差别之上的"人"——整体的人的人权。马克思在深刻地揭示了资本主义国家中无产阶级无人权的客观状况之后指出，以往一切资产阶级革命和所建立的资本主义国家并不能真正解决人的权利问题。犹太人希望诉诸人权来获得和基督徒平等的政治权利，其实并不能满足犹太人真正的权利要求。资产阶级革命虽然完成了市民社会的政治解放过程，使市民都获得了公民权利，但只不过是使人"从一切普遍内容的假象中获得解放"。①

2. 只有人类解放（共产主义革命）才能使人民获得真正的人权

为了克服资产阶级革命的巨大局限性，真正实现人与人之间平等、和谐、自由的权利关系，马克思提出了人类解放的思想。在《〈黑格尔法哲学批判〉导言》这篇文章中，马克思明确地把使人们获得真正人权的人类解放表述为共产主义革命，并阐明了无产阶级在其中的伟大历史作用。马克思指出，进行这样一场革命的依据就在于"形成了一个被彻底的锁链束缚着的阶级"——无产阶级。他们不是特殊的无权，而是一般的无权，本身表现为人的完全丧失。所以无产阶级的解放不能通过点滴权利的争取来实现，而只能通过人的全面恢复才能得到真正平等的权利——完整的人权。

## 三、马克思主义人权观由确立到成熟

马克思主义人权观由确立到成熟的标志，主要可从以下几个方面来认识：

（一）深刻揭示了资本主义社会人权的阶级性

马克思在《德法年鉴》上发表的文章，虽然已经把人权同无产阶级特定的阶级状况联系在一起，但还没有发现两大阶级间不可调和的阶级斗争这一基本的社会历史发展规律，在从阶级角度看待资本主义人权问题时还带有较

---

① 《马克思恩格斯全集》第 1 卷，人民出版社，1956 年，第 442 页。

浓厚的抽象人性色彩。在马克思、恩格斯合著的《德意志意识形态》《共产党宣言》中，他已扭转了这一理论倾向，科学阐述了阶级和人权之间的辩证关系。

1. 资产阶级与无产阶级没有平等人权

马克思、恩格斯认为，由于对阶级的划分起决定作用的不是财产的多寡、收入的多少，或是职业的种类，而是经济活动的方式和由它所决定的社会成员在社会经济结构中的地位。因此，由这种经济活动方式和经济地位的根本差异所形成的资产阶级和无产阶级的斗争，在现存的生产关系中具有不可调和的性质。正是由于不同阶级在生产关系中的不同地位和不可调和的矛盾，他们彼此所享有的权利在本质上是不平等的。"资产阶级在资本主义生产关系中处于主导地位，占有一切生产资料，无产阶级事实上不享有同资产阶级对等的平等和自由。资本家占有了一切生产资料，就无偿地占有了工人的剩余劳动；直接从事生产的工人则没有决定自己劳动产品分配的权利。这种不平等的占有情况是两大阶级间没有平等人权可言的直接根源。资产阶级利用手中掌握的生产资料支配、奴役无产阶级，使无产阶级在经济上和政治上都处于无权地位。"①

2. 政治和经济权利是资产阶级权利的两种不同表现

马克思、恩格斯指出，资本主义政治和经济权利是完全统一的，是资产阶级权利的两种不同表现。"无产者同政治统治当然毫无共同之点，因为政治统治直接属于财产。"② 资本主义国家是资产阶级为了保卫自己的财产关系和生产方式而建立起来的。资本主义的国家权力说到底是资产阶级的政治权力。"这个阶级的由其财产状况产生的社会权力，每一次都在相应的国家形式中获得实践的观念的表现。"③

马克思、恩格斯并不否认资本主义国家中确也有"人权"，但这只是统治阶级内部的人权。"如在国家等等中，个人自由只是对那些在统治阶级范围内发展的个人来说是存在的，他们之所以有个人自由，只是因为他们是这

① 朱锋：《马克思人权理论论要》，《中国社会科学》，1992年第3期。
② 《马克思恩格斯全集》第4卷，人民出版社，1958年，第330页。
③ 《马克思恩格斯选集》第1卷，人民出版社，2012年，第170页。

一阶级的个人"①, 而对于被统治阶级来说, 只有受剥削、受奴役的自由。

(二) 社会主义社会才能真正实现人权

马克思从无产阶级历史使命的高度, 回答了什么是真正的人权以及如何实现真正的人权。在《论犹太人问题》一文中, 马克思指出犹太人即使获得和基督徒一样平等的政治权利, 也并不能因此获得真正的人的权利。这是因为人权中残存着资产阶级革命的一切局限, 人通过人权获得的自由、平等权利仅仅是表象, 人的真正的权利解放并没有完成。但当时马克思对于什么是人的真正的权利解放的理解还不太明确, 他引用卢梭有关政治人的定义对人类解放做了一个宽泛的解释。马克思、恩格斯创立了科学共产主义学说之后, 对这一问题的认识进一步深化了, 解决了真正人权实现的具体途径和内容这两方面的问题。

马克思、恩格斯指出, 工人阶级的解放和人权的真正实现, 并不在于单纯的政治革命, 而在于通过无产阶级彻底的社会革命, 改变同不合理的阶级关系联系在一起的旧的所有制基础, 并在公有制的条件下实现人的自由、平等的联合。为此, 马克思提出, "要使被压迫阶级能够解放自己, 就必须使既得的生产力和现存的社会关系不再能够继续并存"。② 无产阶级要获得平等、自由的人权, 必须通过革命改变不合理的所有制关系和阶级关系, 从占有的不平等状态中解放出来, 彻底推翻维护私有制的国家制度。"无产者本身并没有什么必须加以保护的东西, 他们必须打破至今保护过和保障过私有财产的一切。"③ 只有消灭了阶级和私有制, 建立了以公有制为基础的共产主义社会, 才是人权真正得以全面实现的社会。这时, "人终于成为自己的社会结合的主人"。④ (通览马克思恩格斯全集, 马克思说的"共产主义社会"与社会主义社会基本上是一致的。因为马克思生活在资本主义社会, 不可能"先验"地对两种社会的差异作出分析界定——作者注)

(三) 资本主义国家人权的虚伪性和内在矛盾

马克思从对资本主义经济现象和经济规律的分析入手, 揭示了资产阶级

---

① 《马克思恩格斯选集》第 1 卷, 人民出版社, 2012 年, 第 199 页。
② 同上书, 第 274 页。
③ 《马克思恩格斯全集》第 4 卷, 人民出版社, 1958 年, 第 477 页。
④ 《马克思恩格斯选集》第 3 卷, 人民出版社, 2012 年, 第 817 页。

人权同资本主义生产方式的有机联系，说明了资本主义商品经济和主导这种经济的生产方式必然要求对人权和自由作出有利于资产阶级的法的规定。

马克思在《资本论》中，一方面承认资本主义社会中确有"公正、自由"的人权制度，另一方面又深刻阐明了这种自由和人权的虚伪性和内在矛盾。他指出，人权在资本主义国家之所以具有广泛的普遍性，主要是由资本主义生产方式决定的。人权的形式适合于资本主义社会的商品经济运动，是资本主义生产方式在社会关系中的客观反映。正是由于人权同资本主义生产方式具有普遍的本质联系，资本主义国家一般人权才表现出普遍化和平等化的趋势，这符合资本主义生产方式历史和现实的双重要求。恩格斯生前曾给马克思的这一历史性的发现以高度评价。他指出："从资产阶级社会的经济条件中这样推导出现代平等观念，首先是由马克思在《资本论》中作出的。"[1]

## 第三节　马克思主义人权观对人类权利思想变革的重大贡献

### 一、马克思主义人权观形成和发展的特征

第一，马克思主义人权观的形成并没有离开人类思想文明发展的大道。马克思、恩格斯在革命实践中认识到了资产阶级思想家以及空想社会主义者人权理论的意义与局限性。因而，他们对先前思想家的人权学说予以批判地继承，摒弃了其中唯心主义和形而上学的东西，吸取了人类权利思想的精华，并在为工人阶级解放和人权真正实现的革命实践中，不断完善马克思主义人权理论，进而奠定其在人类权利思想发展中所不可替代的重要地位。

第二，马克思主义的人权观，是马克思在《莱茵报》时期开始转向唯物主义之后所撰写的一系列政论文章中首先提出来的。在《论犹太人问题》《黑格尔法哲学批判》中，他又把人的权利与无产阶级的历史使命结合起来，

---

[1] 《马克思恩格斯选集》第 3 卷，人民出版社，2012 年，第 483 页注①。

明确地把使人们获得真正人权的人类解放表述为共产主义（在马克思恩格斯的著作中，"共产主义"与"社会主义"基本上是一个具有相同意义的概念）革命，从而使马克思主义人权观上升到一种全新的高度；在《德意志意识形态》《共产党宣言》中，关于人的权利和阶级之间的辩证关系，关于通过无产阶级革命的途径和方式来真正实现人的权利，以及在《资本论》中所完成的对资本主义人权的科学的辩证批判，标志着马克思主义人权观由确立走向成熟。

第三，马克思、恩格斯一开始的实践与认识活动，并不是有意识地以创立科学人权观为目标的。但是，从抽象地追求人的自由、平等权利到谋求人类解放的道路，却成为一条引导线，把他们带到了科学人权观的大门口。马克思、恩格斯那种以人类解放为目标的人权意识，使权利与义务在无产阶级革命的伟大目标中实现了高度的统一。马克思主义人权观也正是在为无产阶级革命伟大目标、实现人类解放、促进人的全面而自由发展的奋斗中，实现了其推动人类权利思想的伟大变革。

第四，从马克思主义人权观理论的形成和发展过程我们可以看到，马克思主义科学的人权观与唯物史观的形成过程是一致的。马克思、恩格斯的人权观科学化的过程，也就是一系列辩证唯物主义和历史唯物主义原理的形成过程。因此，当我们抓住了科学人权观这条线索时，我们也就在一定意义上把握了马克思主义人权观思想的精髓。

## 二、人类权利观的革命变革

马克思主义人权观的形成，使人类的权利观发生了革命性的变革。这种革命变革的标志在于，对权利问题的认识发生了四个根本性转变：

（一）权利的理论前提，从抽象的人到现实的人、自然的人到社会的人的转变

不管是在资产阶级思想家还是在空想社会主义者那里，作为权利问题载体的人，是一种抽象的、孤立的人，是一种超社会的、抽象的"自然人"。也就是说，他们都是以抽象的人性论作为人的权利问题的立论前提的，结果就不能解释权利关系（一种受一定物质利益关系支配的人与人的关系）、权

利观念（以一定的社会经济为基础）的实质。马克思认为，这种以抽象的人性论为前提的权利学说，在理论上是一种"鲁滨逊一类故事所造成的美学上的假象"①，在实践中常常会导致个人主义的权利观。

马克思、恩格斯批判了这种把抽象的人性论作为解决权利问题的理论前提的唯心史观。他们认为，对人的权利、人权问题的解释，必须"从现实的前提出发，它一刻也不离开这种前提。它的前提是人，但不是处在某种虚幻的离群索居和固定不变状态中的人，而是处在现实的、可以通过经验观察到的、在一定条件下进行的发展过程中的人"②。马克思主义正是从现实的人、在一定社会关系中活动的人出发，来研究人的权利、人权问题，从而使人权问题的理论前提发生了根本的转变，使人权观有了坚实的载体——现实的人。

（二）权利本位，从个人向集体的转变

把孤立的、抽象的人作为人权问题的立论前提，实际上也就是从个人出发，以个人为中心和本位，离开人的社会关系去理解"人"和"人的权利"。资产阶级思想家所倡导的"天赋权利"，如本章第一节所分析的，实际上就是市民社会成员即"私人"权利，是一种以私人权利为本位的权利说、人权说。这种以个人权利为本位的论点，从本质上说是狭隘的、自私的。这些论点在实践中被后来占统治地位的资产阶级所利用。他们为了本阶级的统治与私利，不仅不与人民分享政治权力，而且把本阶级的利益置于人民的、国家的和别的民族利益之上。例如，1789 年法国大革命期间，资产阶级一面颁布《人权宣言》，一面又以财产多寡把法国人分为"积极公民"和"消极公民"，从而剥夺了大革命的主力军——人民群众参政、议政的权利。1792 年，法国资产阶级又以传播人权为借口，把军队开进比利时。在殖民地问题上，即使是当时的著名革命家罗伯斯庇尔和圣茹斯特等人，尽管都是《人权宣言》的起草者或其精神的体现者，但充其量只反对奴隶制，却不愿放弃法国在美洲安的列斯群岛的殖民统治。③

---

① 《马克思恩格斯选集》第 2 卷，人民出版社，2012 年，第 683 页。
② 《马克思恩格斯选集》第 1 卷，人民出版社，2012 年，第 153 页。
③ 段启增：《试论马克思主义经典作家的人权观》，《上海社会科学学术季刊》，1990 年第 12 期。

马克思主义批判了这种以个人为本位的人权观，指出了这种人权观在实践中的矛盾与错误。在马克思主义看来，既然人的本质是一切社会关系的总和，那么人只能在一定的社会和集体中才能独立，人的权利的获得一刻也不能离开社会和社会关系的制约，任何外在于社会、独立于社会的人权都是不存在的。因此，马克思主义人权观强调社会集体的权利高于个人权利。没有集体，个人权利就不可能实现；离开集体的权利，个人权利便无从谈起。因为"只有在共同体中，个人才能获得全面发展其才能的手段，也就是说，只有在共同体中才可能有个人自由"。① 当然，这并不否认个人权利。个人权利不仅重要，而且应该受到法律保护，但是，社会的、国家的、民族的、集体的权利更为重要，更应受到尊重和保护。

马克思主义对个人权利与社会集体权利关系的科学合理的解决，使权利的本位发生了根本性的转变。

（三）权利的来源，从"天赋"到"商赋"② 的转变

资产阶级思想家们提出的"天赋权利"说，虽然在反对封建制的斗争中有其历史进步性，但是它把权利的来源与基础看作是"天赋"的，并将其描绘成一种非历史、非社会的东西，这种"天赋"的权利是不可剥夺、不可转让、永恒的权利，这显然是一种唯心主义的形而上学的权利观，因而很容易被后来取得了政权的资产阶级用作宣扬以财产多寡划分人权的根据。

马克思主义坚持从一定社会的经济关系、经济基础来说明作为观念的、政治的或法律的上层建筑的"权利"，并认定"权利"只要"脱离了作为它们基础的经验的现实，就可以像手套一样地任意翻弄"。③ 那么，"权利"的来源与基础究竟是什么呢？列宁说，"《资本论》一书已经证明，滋长自由平等思想的土壤正是商品生产"。④ 事实正是如此。马克思当时写作《资本论》时也多次说："如果说经济形式，交换，确立了主体之间的全面平等，那么内容，即促使人们去进行交换的个人材料和物质材料，则确立了自由。可见，平等和自由不仅在以交换价值为基础的交换中受到尊重，而且交换价值

---

① 《马克思恩格斯选集》第 1 卷，人民出版社，2012 年，第 199 页。
② "商赋权利"，指的是与"天赋权利"相对立的、在商品经济基础上产生的权利。
③ 《马克思恩格斯全集》第 3 卷，人民出版社，1960 年，第 374 页。
④ 《列宁全集》第 1 卷，人民出版社，2017 年，第 413 页。

的交换是一切平等和自由的生产的、现实的基础。"① 这说明，自由、平等权利的萌芽、产生以及近世流播于全球，也是和商品经济的萌芽、产生以及市场经济的形成和发展过程吻合的，任何人的权利及其观念都根源于现实的商品经济，都以现实的商品经济为基础。正是在这个意义上我们说人权是"商赋"的。

人权从"天赋"到"商赋"，是人类权利思想史上的一个重大的根本性的转变，"商赋人权"论从理论的最深层戳穿了"天赋人权"论的荒谬，为科学人权理论的建立奠定了坚实的基础。

（四）权利的实现：从空想到现实的转变

资产阶级思想家的空想社会主义者的人权理论，在实践中之所以难以通行，甚至碰壁，除了他们在人权理论的立论前提、基础等问题上的缺陷外，还在于没有提出一套科学的保障人的权利实现的途径和方式。前面已经说明，资产阶级思想家提出的人权要求，其目的并非要废除私有制，而是要在保留私有制的前提下，自由、平等地不受任何阻碍地发展资本主义。有的空想社会主义者（如欧文）虽然明确提出了废除私有制，实现人的真正自由与平等的权利，但是，由于空想社会主义者的自由、平等观念仍然是以抽象的人性论为基础和历史唯心主义的，还不懂得无产阶级革命和无产阶级专政的重要意义，因而也只能陷于空想之中。

马克思主义创始人不仅批判了资产阶级思想家人权说的抽象性，指出了空想社会主义者人的权利论的空想性质，而且在参加革命实践的过程中，逐渐认识了社会发展的客观规律，指出了通过无产阶级革命的途径，摧毁旧的剥削制度，使无产阶级上升为统治阶级，争得真正民主、自由、平等的权利。社会主义公有制的建立，使人民真正开始享有在经济、政治、文化等方面的权利。但是，在社会主义这个共产主义社会的第一阶段还保留着分工。所以，在生活资料的分配上还只能实行"按劳分配"的原则。因而，"资产阶级权利"依然是"社会各个成员间分配产品和分配劳动的调节者（决定者）"。② 自由权利的实现还有一定程度的限制，人还没有摆脱社会分工和

---

① 《马克思恩格斯全集》第 46 卷（上），人民出版社，1979 年，第 197 页，并见下册，1980 年，第 477 页。
② 《列宁全集》第 31 卷，人民出版社，2017 年，第 90 页。

"三大差别"而获得"自由"。所以，人的真正自由，平等权利的实现不能停留于社会主义社会，还必须向更高的阶段发展。按照马克思的设想，只有到了共产主义高级阶段，随着分工和三大差别的消灭，个人的全面发展和产品的高度丰富，真正完全的自由、平等权利才能彻底实现。

显然，马克思主义的人权观之所以没有停留于"空想"，在于它把实现人的权利的最终目标与实现这一目标的途径、方式统一起来了，把对真正自由、平等权利社会的理想描述与不同历史阶段客观现实能给人提供的自由、平等权利的分析统一起来了，从而使权利的实现第一次从空想转变为现实。

总之，马克思主义的人权观之所以是一种科学的理论，最根本的是因为它在实践的基础上实现了无产阶级革命性与科学性的统一。马克思主义人权观的创立，是人类权利思想演进中的一场根本的革命性的变革，具有划时代的重大意义。

# 第二章 马克思主义人权观的理论逻辑

20世纪90年代，我国学术界开始讨论马克思主义人权观的理论。30年来，我国学术界对马克思主义人权观主要有以下三个方面的观点：一是认为马克思没有人权方面的专著；二是马克思对人权是否定的，或认为"马克思主要是批判资本主义人权的局限性、虚伪性，没有正面建构人权理论"；三是认为马克思、恩格斯较少直接使用"人权"概念，更不要说马克思主义人权观。西方一些思想政治家更是攻击马克思，说马克思主义反对人权，实现社会主义制度的中国压制人权。我国学术界对马克思主义人权观的模糊认识，西方思想家、政治家对马克思主义人权观的攻击，更需要我们全面系统地研究并形成马克思主义人权观的理论逻辑结构，以更好地推进"学习宣传马克思主义人权观"工作，营造尊重和保障人权的良好氛围。

## 第一节 如何研究马克思主义人权观

为了回应对马克思主义人权观的种种模糊认识，回击西方思想家、政治家的种种歪曲、攻击，中国学者必须对马克思主义人权观做全面科学系统的研究，以建构起马克思主义人权理论，揭示马克思主义人权观的真谛。

### 一、研究马克思主义人权观的宗旨

研究马克思主义人权观的宗旨，也就是首先要弄清为什么要研究马克思主义人权观，研究马克思主义人权观如何体现科学性、客观性原则。今天，我们研究马克思主义人权观的宗旨，是由马克思主义经典作家探索人的权利问题的根本目的所决定的。

（一）为无产阶级的权利的真正实现求助人权

马克思、恩格斯像历史上所有伟大的进步思想家一样，毕生献身于全人类的解放事业，与其他伟大思想家的不同之处在于，他们致力于人民群众的解放，把人的权利的实现寄托在无产阶级身上，认为真正实现人权的根本途径就在于无情地揭露资产阶级人权口号的虚伪性，号召人民群众起来消灭剥夺劳动者权利的资本主义剥削制度，最终实现无阶级、无剥削和压迫的共产主义理想社会。

早在 1843 年底和 1844 年初，马克思就在《黑格尔法哲学批判》的导言中明确指出，无产阶级唯一可能实现的解放是从宣布人本身是人的最高本质这个理论出发的解放，这种解放只能求助于人权。马克思说，无产阶级"不要求享有任何一种特殊权利，因为它的痛苦不是特殊的无权，而是一般无权，它不能再求助于历史权利，而只能求助于人权"。[①]

（二）人权不再是阶级的特权，而是真正的人的权利

马克思在 1864 年起草的、1866 年经代表大会批准的《国际工人协会共同章程》中宣布，人的普遍的、平等的权利是工人阶级要努力争取的伟大目标。马克思说，"工人阶级的解放应该由工人阶级自己去争取；工人阶级的解放斗争不是要争取阶级特权和垄断权，而是要争取平等的权利和义务，并消灭一切阶级统治"。[②]

"马克思主义所追求的人权是彻底的、真正的人的权利，这种人权不再是阶级的特权，而是一切人按其本性而应当享有的权利。"[③] 在著名的《反杜林论》中，恩格斯非常清楚地表述了这种观点："一切人，作为人来说，都有某些共同点，在这些共同点所及的范围内，他们是平等的，这样的观念自然是非常古老的。但是现代的平等要求与此完全不同；这种平等要求更应当是从人的这种共同特性中，从人就他们是人而言的这种平等中引申出这样的

---

① 《马克思恩格斯全集》第 1 卷，人民出版社，1956 年，第 466 页。
② 《马克思恩格斯选集》第 3 卷，人民出版社，2012 年，第 171 页。
③ 俞可平：《人权与马克思主义》，《马克思主义与现实》，1990 年第 6 期。

要求：一切人，或至少是一个国家的一切公民，或一个社会的一切成员，都应当有平等的政治地位和社会地位。"①

（三）要实现每个人都能全面而自由发展权利的社会

马克思和恩格斯虽然身处 19 世纪资本主义时期，但他们对真正的人的权利前景充满着信心。他们把共产主义的理想社会当作是人的全面而自由发展的联合体，毫无疑问，人的全面而自由的发展也就是人的权利的彻底实现。马克思在《资本论》中就反复指出，未来的共产主义社会是"以每个人的全面而自由的发展为基本原则的社会形式"，它以"造就全面发展的人"为最终目的。恩格斯在晚年所著的《家庭、私有制和国家的起源》这部重要著作中，赞许地引用摩尔根评价文明时代的一段话来作为全书的结束语，表明了对未来社会的人的真正权利的向往和信心："管理上的民主，社会中的博爱，权利的平等，教育的普及，将揭开社会的下一个更高的阶段，经验、理智和科学正在不断向这个阶段努力。这将是古代氏族的自由、平等和博爱的复活，但却是在更高级形式上的复活。"②

由上可见，马克思、恩格斯探讨人的权利问题的根本目的在于：为人类的解放，实现每个人都能全面而自由发展权利的社会，即共产主义社会，指出一条根本途径和方式。因此，我们今天研究马克思主义的人权观，根本宗旨就是要科学合理地阐释马克思主义经典作家关于权利、人的权利即人权的真实思想，为我们研究和建构马克思主义人的权利理论，形成马克思主义人权观奠定科学的基础。

## 二、全面客观研究马克思主义人权观的原则

在马克思不同时期不同的著作中，不仅有有关权利、人的权利以及人权的不同阐释，有的看起来似乎是对立的，以至不同的研究者会从中得出不同的结论。西方一些思想家更是曲解马克思主义的人权思想，因此，为了还原马克思主义人权观的本真面貌，我们提出"回到马克思"研究"马克思人权观"的方法论原则。

① 《马克思恩格斯选集》第 3 卷，人民出版社，2012 年，第 480 页。
② 《马克思恩格斯选集》第 4 卷，人民出版社，2012 年，第 195 页。

（一）客观性原则

客观性原则，也就是"实事求是"地研究和阐释马克思主义的人权观。

人权概念作为一种思想观念，总是一定的社会经济关系的反映，势必因社会经济关系性质的不同而不同。以往这方面的失误是，一些学者在解释马克思主义经典作家对资产阶级"天赋人权观念"的批判中，经常主观随意地推论：既然马克思主义否定了抽象的"天赋人权观"，它又是资产阶级反封建的思想武器，与社会主义的经济关系是不相适应的，因而社会主义是反对提倡人权的。实际上，人权概念，它的产生和发展始终是与一定的社会经济关系的产生、发展和更替相适应的。因为人总是一定社会中的人，是一切社会关系的总和，他在该社会中的政治地位和社会地位，他在一切社会关系中的权利和义务，始终是由一定社会经济关系的性质决定并与该社会的政治制度相适应的。所以，客观地分析人权概念，就应从研究一定社会经济关系的性质以及它与其他社会经济关系的本质区别入手，来揭示特定的"人权"概念的形成和发展。按照这一逻辑思路，就不会把人权概念简单地当作资产阶级的东西加以抛弃，也不会认为社会主义与人权是截然对立、水火不容的。

坚持用客观性的原则研究马克思主义的人权观，不仅要看到马克思、恩格斯对各种人的权利的形式的揭示，更应善于把握人的权利形式深层所反映的社会的利益关系。权利不管是以特权、公民权还是自由权、平等权等形式来表现，它本质上所反映的都是人与人之间的关系，更确切地说是以一定的利益关系为基础的人与人之间的关系。在阶级社会中，不同的利益集团、不同的阶级对利益有不同的要求，而被压迫阶级的人权又总是得不到保障。因此，纵观整个人类的文明史，"人的权利"始终是被压迫阶级和民族进行革命斗争的武器，是他们在艰苦的斗争中提出和争得的，其内容也是在他们的革命斗争中丰富和发展起来的。所以，马克思主义总是透过不同的权利形式、不同的权利观念，来揭示它们深层的利益关系。因为"'思想'一旦离开'利益'，就一定会使自己出丑"。① "每一个社会的经济关系首先是作为利益表现出来。"② 因此，从实际存在或实际发生着的利益关系入手，是客观

---

① 《马克思恩格斯全集》第 2 卷，人民出版社，1957 年，第 103 页。
② 《马克思恩格斯全集》第 18 卷，人民出版社，1964 年，第 307 页。

地把握人的权利关系及其人权观念的根本途径。

（二）过程论原则

事物总是作为过程而出现的。马克思主义的人权观也有个从形成到完善、成熟的过程。马克思主义的人权观是对早期思想家的人权观的批判和继承，而要科学且合理地批判与继承，不仅取决于社会历史文化的发展水平、阶级关系的成熟程度，也同批判者本人的立场、世界观的转变密切相关。例如，马克思在唯物史观形成之前，虽然重视人的权利，认为使人民享有普遍的自由权是社会发展的必要条件之一，但是他的哲学观则含有康德和黑格尔的唯心主义，在法学观上则属于欧洲自然法学派体系。如马克思在1842 年 4 月写的《第六届莱茵省议会的辩论（第一篇论文）》里说："哪里的法律成为真正的法律，即实现了自由，哪里的法律就真正地实现了人的自由。"[①] 这里所说的"真正的法律"，即属于自然法学派的观点。从以后成熟的理论看，法律是统治阶级意志的体现，人的自由的实现程度取决于生产力发展程度，而真正的自由和平等只有在阶级消灭之后才能实现。在这个意义上说，自然法学派眼中的"真正的法律"不能保证"自由"的真正实现。

列宁曾经指出：为了用科学眼光观察社会问题，"在社会科学问题上有一种最可靠的方法，它是真正养成正确分析这个问题的本领而不致淹没在一大堆细节或大量争执意见之中所必需的，对于用科学眼光分析这个问题来说是最重要的，那就是不要忘记基本的历史联系，考察每个问题都要看某种现象在历史上怎样产生、在发展中经过了哪些主要阶段，并根据它的这种发展去考察这一事物现在是怎样的"。[②] 同样，研究马克思主义的人权观，也必须坚持历史的发展的观点，既要看到马克思和恩格斯在科学世界观形成之前和之后在人权问题上不同观点的区别，但又不能把这种区别绝对化，需要的是揭示马克思主义经典作家在人权问题上曾产生的矛盾，以及解决这种矛盾形成科学人权观的内在逻辑。离开了辩证过程论的方法论原则，是很难做到这一点的。

---

① 《马克思恩格斯全集》第 1 卷，人民出版社，1956 年，第 72 页。
② 《列宁选集》第 4 卷，人民出版社，2012 年，第 26 页。

（三）系统性原则

现代系统科学证明，世间一切事物都是以系统的形式存在的，系统内各要素相互联系、相互依存、相互制约，并按照一定的结构组成有机整体。因此，对马克思主义人权观的研究，也应贯彻这一方法论原则。

坚持系统性原则，那么我们就不能囿于马克思主义经典作家关于人权观的个别观点和结论，而是要把它放到马克思主义人的权利思想体系中加以考察，看它在马克思主义人权思想这一整体中的意义，以更准确地阐释马克思主义人权观的本质。

坚持系统性原则，也就是要全面地、辩证地认识马克思主义关于人权问题的论述。在马克思主义人权观中，辩证法贯穿始终。它不仅表现在马克思、恩格斯关于人的权利观念的产生和发展，以及实现人的普遍权利的途径和方式之中，还体现在民主、自由、平等权利，个人权利与他人权利、个人权利与社会集体权利，权利与义务等权利概念和权利关系之中。

上述三个原则，根本上也就是要辩证地、客观地研究与阐释马克思主义人的权利理论，才能把握马克思主义人权观的精神本质。

## 第二节　马克思主义人权观的科学形态

一种理论，只有当它由一定的理论结构、构成该理论的基本要素（范畴、命题、原理等），揭示了它们的必然性和它们的内部联系的时候，才取得了科学的形式。也就是说，一种理论只有成为系统，即构成一种有机统一体，才获得了理论的科学形态，才能成为科学。马克思主义人权观的理论逻辑就是通过分析阐释马克思主义人权观的基本要素（即马克思主义人权观的范畴、命题、原理）、马克思主义人权观的理论结构，揭示马克思主义人权观的科学形态。

### 一、马克思主义人权观的基本要素

有的学者认为，马克思主义关于人的权利的思想、人权的观念，体现在这一学派不同时期的不同著作中，其中有的观点是在批判地总结前人的权利思想、人权观中提出的，有的是在与错误思潮的论战中提出的，因而很难说有什么理论体系。实际上，这种看法仅仅停留在对马克思关于人权问题的表面认识上。只要深入马克思主义人的权利理论、人权观的体系之中，经过深入的发掘和探索、梳理和思考之后，就会发现它所具有的科学形态。

马克思主义人权观的构成有其基本的要素：（1）马克思主义人权观的范畴，诸如权利与义务、民主、自由、平等、人权等等。这些概念虽然资产阶级思想家早已提出，但是，在他们那里，这些范畴是抽象的、超历史的、永恒的。马克思主义经典作家并没有简单地抛弃这些范畴，因为这些范畴的提出，标志着人类对自然与社会的一种认识水平，从一个侧面反映着社会进步的程度。所以，马克思主义经典作家对这些范畴进行了批判的改造，为其赋予了全新的含义。（2）马克思主义人权观的命题，马克思主义经典作家提出了很多关于人权的命题，其中的核心命题，诸如"无产阶级平等要求的实际内容都是消灭阶级的要求"①，"无产阶级民主比任何资产阶级民主要民主百万倍"②，"每个人的自由发展是一切人的自由发展的条件"。③ 由这些命题不难发现马克思主义人权观同资产阶级人权观的本质区别。马克思主义人权观整个理论体系基本上都是围绕这些命题（关于无产阶级的自由、平等、民主等权利）展开并为论证这些命题服务的。另外，还有基础命题，诸如"没有无义务的权利，也没有无权利的义务"。④ 这个权利与义务关系命题，是马克思主义人权观的逻辑起点。马克思主义人权观是从这个基础命题出发来构筑其整个理论体系的。（3）关于马克思主义人权观的原理，诸如"权利决不能超出社会的经济结构以及由经济结构制约的社会的文化发展"。⑤ 这是权利以一定社会经济关系为基础的原理。权利与义务关系命题，是权利与义务相关性原理，也是权利现象世界统一性的理论根据，等等。

上述各种范畴、命题、原理，在马克思主义人权观理论体系中具有不同的地位和意义，它们互相联系、互相作用，作为构成马克思主义人权观的基

---

① 《马克思恩格斯选集》第 3 卷，人民出版社，2012 年，第 484 页。
② 《列宁全集》第 35 卷，人民出版社，2017 年，第 249 页。
③ 《马克思恩格斯选集》第 1 卷，人民出版社，2012 年，第 422 页。
④ 《马克思恩格斯全集》第 17 卷，人民出版社，1963 年，第 476 页。
⑤ 《马克思恩格斯选集》第 3 卷，人民出版社，2012 年，第 364 页。

本理论要素而服务于整个理论体系。

## 二、马克思主义人权观的理论结构

马克思主义人权观的理论结构，主要由以下四个部分组成。这里概要说明，具体在第三、四、五节分析阐释。

一是马克思主义人权观的逻辑起点。如同列宁把一般和个别范畴看作唯物辩证法的逻辑起点一样，权利和义务作为马克思主义人权观的逻辑起点是由它在马克思主义人权思想中的地位决定的。权利和义务范畴还具有作为权利关系体系逻辑出发点的最简单、最基本、最抽象的特性。因此，我们把权利与义务范畴作为马克思主义人权观的逻辑起点。

二是马克思主义人权观的理论基础。马克思主义人权观的形成，不仅在于其科学合理地确立了人权观理论的逻辑起点，还在于其对以往人权观的基础进行了批判的改造。马克思主义把"人的本质"的社会性作为研究人权问题的方法论基础；马克思主义还提出了人权的社会经济基础，强调人的权利及其观念实质上是商品经济生存和发展的客观过程的一种神圣化了的投射映象，从而使人权及其观念奠定在一定社会的经济基础之上。

三是马克思主义人权观的基本内容。马克思主义对权利、人的权利、人的论述，内容广泛，涉及面广。但它可归结为两大部分的内容：一部分是马克思、恩格斯在批判资本主义人权理论，揭示资本主义人权实质的过程中，论述了人的"五大基本权利"的内容，即人的生存权、劳动权、自由权、平等权、民主权；论述了三大"重要权利"，即环境权、种族权和民族自决权。另一部分是马克思、恩格斯对未来理想社会人的权利的追求、憧憬，以及实现社会主义社会、共产主义社会人的权利的条件、途径与方法。

四是马克思主义人权观的实现。马克思、恩格斯不仅对未来理想社会人的权利进行了科学预测，把人的普遍权利的真正实现当作无产阶级的伟大奋斗目标，而且以辩证唯物主义与历史唯物主义观点阐述了实现社会主义社会、共产主义社会人的权利的条件、途径与方式。

对此，我们将在下编《马克思主义人权观的"中国化"及其当代价值》的不同章节中展开分析与论证，以中国人权发展道路、中国特色人权发展事业，验证马克思主义人权观的科学预言。

## 第三节　马克思主义人权观的逻辑起点

### 一、如何确立马克思主义人权观的逻辑起点

马克思明确指出："从实在和具体开始，从现实的前提开始，因而，例如在经济学上从作为全部社会生产行为的基础和主体的人口开始，似乎是正确的。但是，更仔细地考察起来，这是错误的。"① 而从抽象到具体，显然是科学上正确的方法。这里所说的抽象是通过对表象中的具体的分析，所达到的最简单的规定，这就是逻辑进程的起点。一经正确地确定了逻辑起点，也就等于抓住了整个逻辑结构。从马克思《资本论》体系的典范中，我们可以看到，作为一个逻辑起点，应该满足这样三个条件：（1）普遍性。它必须是反映本质的最简单、最概括、最基本、最常见的东西。（2）矛盾性。这种简单的抽象所包含的内在矛盾是以后整个发展过程中一切矛盾的胚胎②，潜在着尚未展开的该问题的应有的丰富规定性。（3）独立性。这一最抽象的范畴是自明的，而无须通过对象中的其他范畴就可以直接提出；它是事物历史进程的逻辑起点。

那么，什么范畴可以作为马克思主义人权观的逻辑起点呢？

我们首先想到了"公民权利"这个范畴。这个范畴虽然由资产阶级思想家所提出，但是马克思主义经典作家对其进行了批判的改造，剔除了其中"抽象的"意义，使它从观念的世界回到了尘世的生活，把仅仅局限于政治要求的"公民权利"扩展到经济、社会、文化等各个方面。所以，马克思主张，无产阶级的社会革命不仅要把"人"从政治国家中解放出来，而且要消灭市民社会中的私有制和利己主义，从而将"人"从社会经济生活中彻底解放出来，实现社会经济生活中人人自由、平等的权利。

显然，公民权利在马克思主义人的权利理论中占有很重要的地位。但

① 《马克思恩格斯选集》第2卷，人民出版社，2012年，第700页。
② 景天魁：《历史唯物论的逻辑起点》，《哲学研究》，1980年第8期。

是，"公民权利"是一个合成概念，它是"公民"与"权利"的综合。在不同的社会历史条件下，"公民"的内涵是不确定的。因而"公民权利"概念不是最简单的规定。再者，公民权利总是法律确定的权利。就其逻辑顺序而言，它总是一定法律思想的表现和结果，而不是开端。所以，尽管公民权利范畴在马克思主义人权观形成中起了很大的作用，但它并不是逻辑过程的起点。

我们对"公民权利"这个概念作进一步抽象，可得到"权利"本身这个概念。可是，在马克思、恩格斯那里，权利不再是资产阶级的特权、"财产权"，权利具有了独特的鲜明含义，在权利关系体系中，权利与义务又具有密切的相关性。这样，我们要确立马克思主义人权观的逻辑起点，不能不考虑义务。

## 二、权利与义务是马克思主义人权观的逻辑起点

具体地说，把权利与义务作为马克思主义人权观的逻辑起点，具体可从以下三个方面论证。

（一）任何社会主体的权利，都离不开义务，社会主体是权利与义务的统一体

权利，总是处于一定社会历史条件下的人（主体）的权利，即在一定社会群体关系中生活的人的权利。在这一社会群体关系中，个人权利的获得，或享有某项权利，既是个人为发展与完善自己所需要的权利的实现，对自身价值的一种确证，又是社会对他所获得的权利的一种认定。个人在行使自己的权利时，必然要顾及自己所处群体的利益、关系，要考虑自己的权利行为是否会被社会群体所承认，对社会群体有利还是有害。这种思考或顾虑（不管是有意识的还是无意识的）实际上就是对他人、集体的一种义务观念。

在阶级社会中，由于阶级对立和阶级压迫，所以，"对一些人是好事，对另一些人必然是坏事，一个阶级的任何新的解放，必然是对另一个阶级的新的压迫"。① 对一个阶级是"权利"，对另一个阶级必然是"义务"。正如

---

① 《马克思恩格斯选集》第 4 卷，人民出版社，2012 年，第 194 页。

恩格斯指出的，在文明社会中，权利与义务两者之间的"区别和对立连最愚蠢的人都能看得出来，因为它几乎把一切权利赋予一个阶级，另方面却几乎把一切义务推给另一个阶级"。① 权利与义务的分裂，是一切剥削阶级社会所共有的基本特征，也是一切剥削阶级思想家人权理论的基本特征。所以，马克思、恩格斯在建立科学人权观理论的过程中，首先揭示了造成这种分裂的社会经济根源和阶级根源，使其返朴还真。马克思指出："没有无义务的权利，也没有无权利的义务。"② 离开义务的权利，没有义务的权利，只能是阶级特权；离开权利的义务，没有权利的义务只能是阶级压迫和奴役。只有权利与义务的统一（当然，这种统一的真正实现要以社会主义公有制为基础），才是建构一种科学的人的权利理论（马克思主义人权观）的新的起点。

（二）权利与义务关系，是唯物辩证地认识和解释权利现象的途径

为什么权利与义务范畴对于马克思主义人权观来说具有不可替代的意义呢？这是由对权利现象的科学解释决定的。

1. 权利现象是一个多面体

权利现象是一个普洛透斯式的多面体。从权利所包含的客体内容上看，可以分为两大类，即基本权利和普通权利。基本权利包括生存权、劳动权、自由权、平等权、民主权、发展权、智能权等等。普通权利包括财产权（物权）、亲族权、债权、人身权、文化娱乐权、婚姻权、人际交往权、隐私权等等。从权利的属性看，又可分为自然权利与社会权利。自然权利主要是指人在自然界中的地位，人对自然资源开发、利用的资格，如生态平衡、海洋和宇宙空间利用，以及人类自身生殖繁衍的权利等等。社会权利是指人在经济、政治、文化和社会生活等方面的权利。自然权利侧重于权利的自然属性，社会权利侧重于权利的社会属性。在人类历史的发展过程中，最先发展起来的是普通权利，到近代以后才发展起基本权利。社会发展的最初阶段是以土地为中心内容的财产权和以父权、族权为内容的宗族权，以及由宗族进而发展成的皇权。这期间的一切法律，都是为维护这些权利而制订，都是把保护这些权利作为根本目标的。以后，随着分工和交换的发展，随着商品经

---

① 《马克思恩格斯选集》第 4 卷，人民出版社，2012 年，第 194 页。
② 《马克思恩格斯全集》第 17 卷，人民出版社，1963 年，第 476 页。

济的发展，以契约形式存在的债权关系发展起来，债权成为法律保护和调整的主要内容。社会发展到了近代，基本权利开始凸现出来。基本权利内容的日益充实、完善，是人类社会向高级阶段发展的一个标志。

2. 以"自然权利"为基础解释权利现象的局限

权利现象复杂多样，如何揭示这些现象背后的本质呢？近代资产阶级思想家总的说来是以"自然权利"为基础来解释权利现象的。他们认为，任何权利都是与生俱来的、超时空的、永恒的、不可转让的。空想社会主义者批判了以往剥削阶级社会中种种不平等的权利现象，扬弃了资产阶级思想家的"天赋权利"论，并对未来理想社会中真正自由、平等的权利进行了预测。两种权利说在历史上所起的作用不可同日而语，我们在前面第一章第一节中的分析已经表明了这一点，这里不再赘述。但是，他们在对权利现象的解释中采用的方法、思路（或模式）具有相同之处，即以抽象的人性论为基础，就权利谈权利，就权利预测权利。个别空想社会主义者（如欧文）虽然设想了未来社会义务和权利平等的意义，但是以抽象人性论为基础的理论解释，使其只能停留于空想的水平。

3. 从权利与义务的辩证关系角度解释"权利现象"

马克思、恩格斯摒弃了在权利现象的认识与解释中的唯心主义的单一思路、单一模式，不仅科学地解释了权利主体——人的社会本质，把对权利现象的认识与解释奠定在一定的经济基础之上，而且找到了一条认识和解释权利现象的新的途径，即权利与义务关系的辩证思维模式。[①]

在马克思、恩格斯看来，纷繁复杂的权利现象，本质上是权利主体——人以及人与人之间权利关系的映象。人与人之间的关系主要是权利关系，权利关系是人与人之间关系最重要的表现形式。"政治国家的建立和市民社会分解为独立的个人——这些个人的关系通过权利表现出来。"[②] 人与人之间的物质关系是人的现实权利关系的直接基础。"他们的物质关系形成他们的一切关系的基础。这种物质关系不过是他们的物质的和个体的活动所借以实现

---

① 鲍宗豪：《论马克思主义的权利理论》，《江汉论坛》，1992年第8期。
② 《马克思恩格斯全集》第1卷，人民出版社，1956年，第442页。

的必然形式罢了。"① 既然权利本质上是人与人之间社会关系的表象，是人与人之间社会关系中的一种重要表现形式，那么，任何人的权利——不管是对权利的追求、获得或享受，都不能脱离一定的社会关系，客观上都会对他人或集体产生一定的后果。于是追求或享受权利，客观上要考虑自己对他人、集体和社会应尽的义务、职责，只有在对他人、集体和社会尽义务的过程中，才能更好地追求、享受权利，实现权利。

所以，马克思、恩格斯总是从权利与义务关系的角度来认识与解释权利现象。例如，马克思给自由下的一个定义是，"自由就是从事一切对别人没有害处的活动的权利"。② 恩格斯在批评德国社会民主党的爱尔福特纲领草案中的错误观点时，对资产阶级只讲平等的权利作了修改。他说："我建议把'为了所有人的平等权利'改成'为了所有人的平等权利和平等义务'等等。平等义务，对我们来说，是对资产阶级民主的平等权利的一个特别重要的补充，而且使平等权利失去道地资产阶级的含义。"③ 可见，对权利现象的认识与解释由唯心主义的单一思维模式向唯物辩证的思维模式的转换，是确立马克思主义人权观的必经途径。

（三）权利和义务关系是说明社会关系历史发展的一个逻辑起点

既然权利现象本质上表现的是人与人之间的关系，对权利现象的认识和解释又必须导入权利与义务双向关系的思维模式，那么，权利与义务关系的历史演变也可作为说明社会关系历史发展的一个逻辑起点。

在人类历史上，权利与义务关系的演进，大致经历了三个阶段：由原始社会里权利与义务的无差别、素朴的统一，到阶级社会里权利与义务的分裂，再到社会主义社会权利与义务在公有制基础上的真正统一。这一演变过程，与人类社会关系的历史发展过程基本上是一致的。正是在这个意义上说，权利与义务关系本质上可作为说明社会关系发展的一个逻辑起点。④ 关于权利与义务关系演变的历史进程，我们将在第三章马克思主义人权观的精

---

① 《马克思恩格斯选集》第 4 卷，人民出版社，2012 年，第 409 页。
② 《马克思恩格斯全集》第 1 卷，人民出版社，1956 年，第 438 页。
③ 《马克思恩格斯全集》第 29 卷，人民出版社，2020 年，第 285 页。
④ 鲍宗豪：《人类权利思想的伟大革命变革——论马克思的权利理论》，《学术月刊》，1992 年第 12 期。

神实质中作详尽的阐述。

具体地，我们还可从劳动权利确立的历史过程分析入手，来说明这一点。劳动作为客观的物质活动本来就是人类社会历史的起点。人一旦以劳动者的姿态进入"劳动活动"，即作为现实的人的"活劳动"作用于自然对象时，同时也就表明了劳动者以相对独立的地位、身份与自然界发生关系了。劳动活动发生之际所伴随着的劳动者相对独立的地位与身份的确立，实际上也就确立了劳动者的权利。

人类的劳动总是以群体的方式进行的。这样，劳动者在劳动中不仅有以工具作用于自然对象、满足自己生存与发展需要的权利，同时也承担着对本群体的义务。因此，我们可以说，劳动活动的发生，标示着劳动权利和劳动义务的形成。当然，在原始社会低级的劳动中，人们还没有也不可能在思想意识中对劳动权利和劳动义务加以相对的区分，两者是浑然一体的。劳动的进化，在阶级社会中劳动的异化，迫使被压迫、被剥削的劳动者只享有劳动的义务，即为剥削阶级生产劳动的义务，而丧失了劳动的权利。劳动权利与义务的分裂，深刻地表明了阶级社会中的剥削与压迫关系。劳动权利与义务的真正统一，在人与人之间建立了真正平等关系的社会主义社会开始实现。显然，劳动、劳动者的权利与义务关系，客观上标示着社会关系历史发展的一个起点。

以上分析也表明，权利与义务范畴是权利现象、权利关系中最简单明了、最抽象的范畴，且又蕴含着权利关系体系中有待展开的丰富的内涵。因此，权利与义务范畴是能满足作为马克思主义人权观逻辑起点的基本条件。

## 第四节　马克思主义人权观的社会经济基础

权利与义务的统一作为马克思主义人权观的逻辑起点，之所以能超越以往种种资产阶级思想家和空想社会主义、空想共产主义思想家种种关于人的权利、人权观的思想，建构起具有人权观的范畴、命题和原理以及理论结构的科学形态，最根本的原因是基于马克思主义找到了奠定人权观理论的社会经济基础，科学地阐释并解决了两大问题：一是作为权利主体"人"的社会本质，即立足于社会人去阐释人权；二是将对"权利"及其观念的阐释建立在商品经济基础之上。以下将概要阐释马克思主义人权观的社会经济基础，也是对马克思主义人权观理论逻辑的社会经济基础分析。

## 一、马克思主义人权观的社会基础

马克思主义之前的思想家在权利、人权理论问题上的一个根本缺陷在于：把人理解为抽象的人，从抽象的人出发去阐释权利和人权。"抽象的人"犹如一个巨大的"怪圈"，困扰着当时整个思想理论界，影响了整整几代思想家。马克思、恩格斯当时也曾受到影响，对人的权利问题的认识停留于资产阶级启蒙思想家的水平。那么，马克思、恩格斯以后又为什么能走出单个"抽象人"的"怪圈"，把人看作"现实的"人，从现实的社会人出发去确立人权观的基础呢？根本原因在于他们坚持在革命中不断批判与修正自己对人的本质的认识，直至走出"抽象"的"怪圈"，得出人的本质是一切社会关系总和的科学论断，从而为马克思主义人权观奠定社会基石。

（一）用费尔巴哈的"类本质"解释"人"

在青年马克思的著作中，对人的本质的探讨一直是他关心的一个重要课题。但是，在他参加青年黑格尔派活动的初期，由于受到黑格尔的影响，他对人的本质的认识，是从人的自我意识、从人和周围环境相互作用这种观点出发的。从总的方面看来，这种观点是唯心的，但却贯穿一种历史的辩证的思想。

在《德法年鉴》时期，马克思受到费尔巴哈的影响，转到唯物主义的立场上来，因而抛弃了从人的自我意识出发去考察人的本质的唯心主义观点，把人看成是一个"活生生"的具体的、感性的存在，他像费尔巴哈一样认为"人是人的最高本质"。但他又与费尔巴哈不同，他始终坚持历史的辩证的思想，从未离开人的社会生活和人的历史发展去考察人，因而认为"人并不是抽象的栖息在世界以外的东西。人就是人的世界，就是国家，社会"。[①] 此时，他已开始意识到人的本质的社会性。

---

① 《马克思恩格斯全集》第 1 卷，人民出版社，1956 年，第 452 页。

到《1844 年经济学哲学手稿》阶段，马克思仍然采用费尔巴哈"类本质""类存在物"的概念。但他在实际阐明这种本质的时候，不像费尔巴哈那样把这种本质归结为一种自然属性、一种"共同性"，不是把人看作是只能适应自然的"感性的存在"，而是同意黑格尔这样一个观点，即人的发展是历史的辩证的自我创造过程，人是自己劳动的产物，人区别于动物的本质就是劳动。在这个问题上，马克思吸取了黑格尔哲学的合理因素。但马克思又与黑格尔把人的劳动归结为精神活动根本不同，他把人的劳动看作是一种物质的、现实的过程，是改造自然界的实践活动过程。所以，从这时开始，马克思就从人的生产活动出发去考察人的本质。不过，这时马克思还没有完全摆脱费尔巴哈人本主义的影响，他还采用费尔巴哈"类本质"等不科学的术语，他对人的本质还不能做出完全成熟的科学论断。

（二）马克思超越费尔巴哈，提出人的社会本质论断

1845 年春，马克思写了《关于费尔巴哈的提纲》（以下简称《提纲》），它标志着马克思对人的本质的认识达到了一个新的高度。针对费尔巴哈的观点，马克思提出了"人的本质不是单个人所固有的抽象物，在其现实性上，它是一切社会关系的总和"[1] 的著名论断。这个论断不仅对人的本质给予了科学规定，更重要的是摒弃了费尔巴哈关于个体、类、类本质的观点，真正走出了"抽象的人"的"怪圈"，为确立科学人权观理论的基础清除了最后的障碍。

1. 马克思关于人的本质的论断，摒弃了费尔巴哈式的人类个体的观点

毫无疑问，现实的人都表现为个体，离开了个体，人必然是一个不可捉摸的抽象存在。但人们直观中的人类个体，并不是彼此孤立的。彼此无关的人类个体只存在于想象之中，不是现实的人。以这种人类个体作为出发点，只能是人本主义的。

人是社会存在物，这一点马克思在《提纲》之前就论述过。但人的社会性，不但是人不能离开社会，而且是任何人都生活在一定的社会形态之中。《提纲》强调的正是这一点。马克思在批评费尔巴哈关于"个体"的观念时

---

[1] 《马克思恩格斯选集》第 1 卷，人民出版社，2012 年，第 135 页。

指出，费尔巴哈"所分析的抽象的个人，是属于一定的社会形式的"。① 当然，社会不是个人的简单集合，而是表示这些现实个人的彼此发生的那些联系和关系的总和。因此，属于一定社会形式的个人，是处于一定的社会结构之中的。例如，在阶级社会中，个人—集团（阶级）—社会是统一的，个人属于一定的集团（阶级），而各个集团（阶级）构成特定的社会。所以人类社会的关系是个人—集团—社会，而不是个体—亚种—类，马克思后来把后一个公式称为对历史科学的"奚落"。

2. 马克思关于人的本质的论断，摒弃了费尔巴哈关于个体和类的观点，把人与人的关系从个体和类转变为人与社会的关系

在《提纲》之前，马克思对费尔巴哈的"类"的认识并不明确。他有时把它同社会相提并论，这在 1844 年 8 月 11 日致费尔巴哈的信中表现得很明显。人作为社会存在物和作为类存在物似乎是可以相互代替的。1845 年的《提纲》消除了这种混乱。

"社会"同"类"的概念是不同的。"类"强调的是个体的自然同一性，它对个体是一视同仁的，而社会则是积极活动的个人之间的全部联系和关系。马克思所说的全部社会关系的总和，指的就是社会。他在《雇佣劳动与资本》中明确地指出了这一点："生产关系总合起来就构成所谓社会关系，构成所谓社会，并且是构成一个处于一定历史发展阶段上的社会，具有独特的特征的社会。"②

如果说把人作为个体和类的关系，在生理学、解剖学、体质人类学范围内是允许的话，用以考察社会则不行。把人从个体和类的关系变成人与社会的关系，对于历史观是非常重要的。从前一种观点出发，必然把研究的重点集中在探求个体的类本质，即寻找个体的永恒不变的本质；从后一种观点出发，必然是研究人与人之间的关系，即社会及其发展规律。从类的观点来考察人类个体，只能看到抽象的同一性——人就是人，他们的差异是同一个类中的差异：性别、肤色、年龄等等。而从社会的角度来考察人，则能看到他的社会属性。特别是在阶级社会中，能看到他的阶级属性。

---

① 《马克思恩格斯选集》第 1 卷，人民出版社，2012 年，第 135 页。
② 同上书，第 340 页。

根据前面两点，马克思完全摒弃了费尔巴哈从孤立的个体中探求人的本质，把人的本质理解为类，理解为每个个体内在所固有的，把所有的个体自然地联系在一起的共同性，而是从人与社会的关系，把人摆在一定的社会形式中，作出了人的本质在其现实性上是一切社会关系总和的科学结论，从而最终突破了个体和类的框框，实现了由抽象的人向现实的人的过渡。

马克思对人的本质问题的科学解决，使确立人权观的基础的价值取向发生了根本的变化，即不是借助于"天赋"或"抽象的人性论"，而是从现实的人及其社会关系出发，为马克思主义人权观的建立奠定了社会基础。

## 二、马克思主义人权观的经济基础

马克思、恩格斯深入研究了资本主义商品经济的产生与发展，科学地说明了商品经济与人的权利的关系。

### （一）权利及其观念是资本主义商品经济的产物

马克思在《政治经济学批判》中第一次提出了关于商品经济问题的科学理论。如果说《政治经济学批判》主要是分析了一般商品经济，从而为商品经济理论奠定了最重要的基础的话，那么，《资本论》则进一步深入、全面地发挥了《政治经济学批判》中的思想，从而建立了商品经济的科学理论。其中，关于商品经济与人的权利内在关系的论述，很多，很丰富，这里择其要义而阐释。

从人的权利及其观念的经济基础来说，它只能是资本主义商品经济的产物。资本主义商品经济的形成过程也就是自然经济的解体过程。因为"交换价值本身的统治地位和生产交换价值的生产的统治地位所要求的是：他人的劳动能力本身是交换价值，也就是说，活的劳动能力与其客观条件相分离；对客观条件的关系——或劳动能力对自己的客体性的关系——成了对他人的财产的关系；一句话，对客观条件的关系，成了对资本的关系"。[①] 所以，随着自然经济的解体，人们对各种共同体的依赖关系也纷纷解体了，这就导致了劳动本身与劳动的客观条件的彻底分离。一方面是自由的工人，他们唯一

---

① 《马克思恩格斯全集》第 46 卷（上），人民出版社，1979 年，第 513 页。

的财产是他们的劳动能力，和把劳动能力与现有价值交换的可能性；另一方面，所有客观的生产条件作为他人财产，和这些个人相对立，但同时这些客观条件作为价值是可以交换的，因而在一定程度上可以由活的劳动占有，这正是自然经济的解体为商品经济的充分发展所创造的历史前提。①

（二）商品是"天然的平等派"

商品经济一旦形成，就出现了这样一种新景象：不管你在城市以外的农村庄园中和封建都城中拥有什么爵位、什么封号，属于什么高贵的等级，拥有多大的庄园和领地，握有多少钦定特权……只要你进入商品经济领地，从事交换活动，人们衡量你的尺度仅仅只是你出卖或购买商品的能力，而你的其余一切人身特性，一切可能使你在宫廷、教会、城堡和庄园中耀武扬威、作威作福的社会身份，在这里是不被人们承认的，是不起任何作用的；如果你向这里的人们炫耀你的那一切，人们是不买账的。因为作为商品所有者发生关系，是按照等价交换的原则平等地进行的。用马克思的话来说，商品是"天然的平等派"。

（三）商品交换是"个人完全自由的表征"

马克思在《政治经济学批判》《资本论》等著作中，还专门分析了自由、平等权利与商品经济的关系。马克思明确地说，"自由这一关系同交换的经济形式规定没有直接关系"，而是同交换的"内容即同使用价值或需要本身有关"。② 他还具体分析说，一是在商品生产中，生产者依"本身的精神和天然的特性"来生产，这种生产通过交换又"采取一种社会特性的形态"，从而使"个性"既"是人类整个发展中的一环，同时又使个人能够以自己的特殊活动为媒介而享受一般的生产，参与全面的社会享受，——从简单流通的观点出发而得出的这种看法，是对个人自由的肯定"。二是"个人及其需要的这种自然差别，是他们作为交换者而实行社会组合的动因。他们起初在交换行为中作为这样的人相对立：互相承认对方是所有者，是把自己的意志渗透到自己的商品中去的人，并且只是按照他们共同的意志，就是说实质上是以契约为媒介，通过互相转让而互相占有，这里边已有人的法律因素以及其

---

① 鲍宗豪：《论社会主义人权的特征和意义》，《毛泽东邓小平理论研究》，1991 年第 12 期。
② 《马克思恩格斯全集》第 46 卷（下），人民出版社，1980 年，第 473 页。

中包含的自由因素"。三是在商品交换中，"每个人在交易中只有对自己来说才是自我目的；每个人对他人来说只是手段；最后，每个人是手段同时又是目的，而且只有成为他人的手段才能达到自己的目的，并且只有达到自己的目的才能成为他人的手段"，因而"每个主体都作为全过程的最终目的，作为支配一切的主体而从交换行为本身中返回到自身。因而就实现了主体的完全自由"。四是在商品交换中，"任何一方都不使用暴力"，这是"自愿的交易"，它也是个人的完全自由的一种表征。在马克思的这种分析中，自由首先成为超越一切具体社会制度和阶级壁垒的通过商品生产求生存发展的客观趋势，以及这种客观趋势在社会关系和观念形态上的反映。从这里出发，不仅从古至今在人类社会中一直存在的对自由生活的向往和追求可以获得经济上的解释，而且，古往今来的哲学家们对自由权的理论阐释，也变成了有经济依据的精神现象。①

（四）平等权利是商品交换形式的产物

马克思不仅把自由与人类自然需求的社会实现（即商品生产的内容）相联系，还把平等权利看成商品交换形式的产物。在马克思的思路中，"商品交换就其纯粹形态来说是等价物的交换"②，在这种等价交换中：第一，所有交换者的社会职能和社会地位"处在同一规定中"，"他们只是作为主体化的交换价值即作为活的等价物"互相对立；第二，"每个主体所给出的和获得的是相等的东西"，即交换物价值量相等；第三，交换过程使交换双方"实现为平等的人，而他们的商品（客体）则实现为等价物"；第四，商品使用价值的差别是交换的"动因"，也是交换者社会平等的"前提"，这样，平等不过是人类自然需求的社会实现借助商品交换得以完成的一种形式；第五，货币是社会平等的"物质体现"；等等。很显然，平等可以被理解为价值规律在社会关系和观念形态上的映射，人类借商品经济求生存发展的必要形式。

以上分析表明，产生自由、平等权利及其观念的土壤正是商品经济。马克思在写作《资本论》时得出的结论也是如此，"如果说经济形式，交换，

---

① 鲍宗豪：《人类权利思想的伟大革命变革——论马克思的权利理论》，《学术月刊》，1992 年第 12 期。
② 《马克思恩格斯全集》第 42 卷，人民出版社，2016 年，第 146 页。

确立了主体之间的全面平等，那么内容，即促使人们去进行交换的个人材料和物质材料，则确立了自由。可见，平等和自由不仅在以交换价值为基础的交换中受到尊重，而且交换价值的交换是一切平等和自由的生产的、现实的基础。作为纯粹观念，平等和自由仅仅是交换价值的交换的一种理想化的表现；作为在法律的、政治的、社会的关系上发展了的东西，平等和自由不过是另一次方的这种基础而已"。① 因此，任何脱离商品经济的基础去说明人的权利、人权的产生，只能误入歧途，人权，无论是以政治要求或社会关系的形式出现，还是以观念形态或法律规范的形式出现，都只能是商品经济的一种反映。

## 第五节　马克思主义人权观的基本范畴

建构马克思主义人权观的理论逻辑，不仅要揭示其固有的科学形态、科学精神，回到马克思主义人权观的逻辑起点及其社会经济基础，而且必须阐释马克思主义人权观的基本范畴。为了科学阐释马克思主义人权观的基本范畴，必须先从哲学上界定人的"权利"和"人权"概念。

### 一、"权利"范畴的哲学界定

在哲学层面上阐释马克思主义人权观，首先必须从哲学上界定"权利"。

在政治学或法学的意义上，权利一般指的是人们享有的权力和利益。这种权利由国家法律所确认，并得到法律的保护。在经济学的意义上，权利又侧重于人们的经济利益以及个人的财产权。对于马克思主义对权利的分析不能停留于政治学、法学等层面的认知，而应从哲学的最一般的意义上对它作出概括。

（一）从人的价值实现定义"权利"

马克思主义对权利范畴的哲学界定，首先是以对人的自由自觉的活动的分析为基础，进而说明"权利"是主体在实践中实现自由价值的一种标志。

---

① 《马克思恩格斯全集》第46卷（上），人民出版社，1979年，第197页。

### 1. 劳动是人的自由自觉的活动

马克思在研究资本主义私有制条件下所产生的异化劳动现象的过程中发现，英国古典经济学派（如李嘉图等人）重视劳动而敌视人；费尔巴哈发现了人而不懂劳动，黑格尔虽然把劳动看作人的本质，但他把劳动理解为抽象的精神劳动，即哲学思维活动。马克思则不同，他在《1844 年经济学哲学手稿》（以下简称《手稿》）中，从资本主义的异化劳动中看到了劳动的主体——劳动者，即从事物质资料生产的劳动者。这个劳动的主体既不是黑格尔的绝对观念和费尔巴哈的自然的人，也不是纯经济学形态上的一般劳动，而是现实的具体的劳动实践中的人。

劳动按其本性来说应该是自由自觉的。因为劳动活动如马克思在《资本论》中所说的是人的"正常的生命活动"①或"生命的表现和证实"。②人的生命活动方式同其他动物的生命活动方式不同。动物和它的生命活动是直接同一的，它的全部特性就体现在它的生命活动之中。动物不能把自己同自己的生命活动区分开来。而人不同，人的生命活动方式是一种有意识的活动，而不是无意识的本能活动。人使自己的生命活动本身变成自己的意志和意识的对象，也就是说，人的活动是自觉的、受自己的意识支配的。所以马克思说，"人的类特性恰恰就是自由的自觉的活动"。③这种自由自觉活动的集中表现就是劳动。

### 2. 分析两种不同制度下的劳动自由权利

人正是在这种自由自觉的劳动中，发现了自己的力量，确证着自身的价值。人能够在劳动中实现自身的价值，意味着人的劳动具有一定的自由权利，并且是具有自觉意识指导的。反之，没有或丧失了自由权利的劳动，人不仅不能在劳动中确证自己的价值，反而是劳动越多，越发感到压抑；人在劳动中不是通过自己所创造的劳动产品来肯定自己的价值，而是感到劳动使自己丧失了尊严、人格，丧失了权利与价值。④马克思通过对资本主义制度下雇佣劳动的分析说明了这一点。他认为，从形式上看，资本主义制度下的

---

① 《马克思恩格斯全集》第 44 卷，人民出版社，2001 年，第 60 页。
② 《马克思恩格斯全集》第 46 卷，人民出版社，2003 年，第 923 页。
③ 《马克思恩格斯全集》第 42 卷，人民出版社，1979 年，第 96 页。
④ 鲍宗豪，李其彦：《当今人权研究中的若干问题》，《毛泽东邓小平理论研究》，1993 年第 2 期。

雇佣劳动是一种"自由劳动"。资产者并不是通过政治的强迫，或用棍棒迫使工人劳动；就工人与资本家的关系而言，也没有人身依附关系，不像奴隶或农奴属于某一个主人。实际上雇佣劳动是不自由的劳动。它不是直接的政治强迫，而是间接的经济强迫；不是棍棒纪律，而是饥饿纪律。工人虽然不属于某一个资本家，但他属于整个资产阶级。因此工人劳动不是满足爱好劳动的天性，而是为了满足劳动以外的其他各种需要，即将劳动作为生存手段。只要肉体的强制或其他强制一停止，人们就会像逃避瘟疫那样逃避劳动。结果，人在实现自己的动物机能——吃、喝、繁殖时，才觉得自己是自由活动，而在真正实现人所特有的机能，即从事任何动物都没有的劳动机能时，反而觉得自己不过是动物。所以马克思说，由于资本主义条件下的劳动异化，使人与动物的机能发生了一个颠倒："动物的东西成为人的东西，而人的东西成为动物的东西。"① 要恢复劳动的自由自觉本性，就要消灭劳动异化，扬弃私有制。只有在公有制条件下，劳动者成了生产资料的主人，劳动者才开始真正享有劳动的自由权利，才能在自由自觉的劳动中实现自身的价值。

3."权利"是主体在实践中实现自由价值的一种标志

由上述分析不难看到，主体的权利与价值是一致的。主体在实践中获得某种权利，那么这种权利在客观上确证着主体所追求的价值的实现；主体在实践中实现了自身的价值，那么这种价值本身标示着对主体所拥有的权利的肯定。在这个意义上我们可以说，权利是社会主体在实践中实现自身价值的一种标志。分析到这里，我们还不能给权利下定义，还需沿着马克思、恩格斯的思路，再深入一步。

（二）从人的解放意义上阐释"权利"

马克思主义经典作家从人的解放的意义上说明，权利作为一种价值取向，集中地体现了社会主体对自身价值、尊严、地位以及责任使命感的执着期待或追求，反映了主体的一种特定的目标、目的或方向。

1."权利"是社会主体所追求的价值目标

人的历史是人类有意识地通过自己有目的的对象性活动创造的历史。只

---

① 《马克思恩格斯全集》第42卷，人民出版社，1979年，第94页。

有在人的社会历史领域，我们才真正看到了有意识有目的的自觉活动。人作为社会活动的主体，并不是简单地直观客体和适应客体，而是按照一定的需要和利益来改造客体，使客体人化。在权利现象世界进行活动的，全是具有意识的、经过思虑或凭激情行动的、追求某种目的的人。既然主体把权利的获得看作是自身价值的确证，那么，对于社会主体来说，权利本身构成了人所追求的价值目标。如同实际创造一个对象、改造无机的自然界，乃是人作为有意识的类存在物的自我确证一样，人的创造性社会活动的最高目的，就是要创造促进人的全面发展的条件，实现人的解放，确立"每个人的自由发展是一切人的自由发展的条件"的社会①，即共产主义社会。

2. 人在对权利目标的追求中实现尊严和价值

人对权利目标的追求，是推动人自身发展和完善的巨大动力。人的权利目标并不是单一的，而是多方面、多层次的；人不会因为满足了自己生存的权利而不再追求享受的权利，也不会因为获得了享受的权利而停止追求。因为人的享受需要会随着实践的发展而发展。所以拉甫罗夫说，"人不仅为生存而斗争，而且为享受，为增加自己的享受而斗争……准备为取得高级享受而放弃低级的享受"。人正是在对生存权利、享受权利、发展权利等权利的追求中，实现自己的尊严和价值的。人的解放，作为权利的最高的综合的价值取向，吸引着一代又一代人的不懈追求与奋斗，它集中体现了人们对自己的尊严、地位和价值的执着期待与求索。人自身的发展和完善，也就在对这种权利目标的追求中不断实现。

概括上述两个方面的分析，我们可对马克思主义视域中的"权利"范畴做出如下哲学界定："权利"是人在自由自觉的实践活动中所追求的价值目标，是人对自身所具有的价值、尊严、地位和资格的确证。② 权利本质上标示的是一种人与人之间的关系。

## 二、"人权"是权利的一般形式

在对权利范畴作出哲学界定之后，必须进一步阐明权利范畴与人权范畴

---

① 《马克思恩格斯选集》第 1 卷，人民出版社，2012 年，第 422 页。
② 鲍宗豪：《人类权利思想的伟大革命变革——论马克思的权利理论》，《学术月刊》，1992 年第 12 期。

的关系。按照马克思的看法，"权利的最一般的形式即人权"。① 因此，人权也是一种权利，但它不能包罗权利现象世界中的一切方面，不能涵括权利的所有内容。诸如某人某日要到某地去，吃什么东西、穿什么衣服、交什么朋友，这些是不同个人的意愿、情感及其生活习惯，并不能作为人权的内涵在宪法或法律中加以规定。对马克思关于"人权是权利的最一般形式"的论断，我们可从以下三个方面去理解。

（一）人权的概念是在近代资产阶级反封建的斗争中形成的

马克思在《〈政治经济学批判〉导言》中说，最初的权利——占有权，"表现为比较简单的家庭团体或氏族团体的关系"。② 在《黑格尔法哲学批判》中他又说："人们常常说，在中世纪，权利、自由和社会存在的每一种形式都表现为一种特权……这些特权都以私有财产的形式表现出来。"③ 而中世纪的斗争归根到底是"为土地所有权进行的"。④ 显然，权利的概念、思想观念古已有之。但是，近代以前的权利，并不集中表现为人权，而是表现为族权、财产权、土地权等等。

只是在文艺复兴时期，一些资产阶级思想家明确提出以"人权"的口号反对封建的君权与神权之后，人权问题才引起了人们的重视，争人权的斗争才成为人们追求权利活动的普遍表现形式。那么，资产阶级思想家为什么把他们所争取的权利称作"人权"呢？因为资产阶级思想家所要争取的人权，实际上是在一定历史阶段上产生的、市民社会成员的权利，即脱离了人的本质和共同体的利己主义的人的权利。马克思指出，"资产阶级为了达到它的目的，就必然要取得自由讨论自身利益、观点以及政府的行动的可能。它把这叫做'出版自由权'。它必然要取得毫无阻碍地结成社团的可能。它把这叫做'结社自由权'。同样，它必然要取得信仰自由等等，而这是自由竞争的必然后果"。⑤ 显然，马克思从资产阶级为达到自己阶级的利益出发，从而提出了"出版""结社""信仰"等自由的权利，这就深刻地揭示了有关人

① 《马克思恩格斯全集》第 3 卷，人民出版社，1960 年，第 228 页。
② 《马克思恩格斯全集》第 46 卷（上），人民出版社，1979 年，第 39 页。
③ 《马克思恩格斯全集》第 1 卷，人民出版社，1956 年，第 381 页。
④ 《马克思恩格斯全集》第 28 卷，人民出版社，2018 年，第 362 页。
⑤ 《马克思恩格斯全集》第 6 卷，人民出版社，1961 年，第 121 页。

权是"权利的最一般形式"产生的时代背景和阶级实质。同时，他又指出了这种权利产生的历史意义和社会价值。他说：1648 年和 1789 年资产阶级革命的胜利是"资产阶级法权对中世纪特权的胜利"。①

（二）人权是具有普遍意义和价值的权利

人权作为权利的一般形式，反映的是权利中带有普遍性意义和价值的权利。诸如政治、经济、社会、文化方面的权利，民族、国家、环境、和平与发展等方面的权利，它撇开了权利现象世界中的细枝末节的东西，以对人和经济、社会、文化等发展具有普遍价值的"人权"的形式把它凸现了出来。

当然，这并不意味着不带有普遍意义、只适用于局部范围、局部对象的权利，都不属于人权或不是人权。诸如残疾人的某些特殊权利，对健康人不适用；罪犯的某些特殊权利，对一般公民不适用；等等。这些权利也是重要的，无疑应属于人权的范畴。人权作为权利的一般形式，只是强调人的权利中最基本、最普遍需要的东西；最普遍、最基本需求的权利也只是相对于非普遍、非基本的权利而言的；同时，普遍权利寓于特殊权利之中，特殊权利中包含着普遍权利的内容。因此，我们应辩证地看待作为一般权利的人权与其他权利的关系。

（三）人权作为权利的一般形式，是一个社会历史范畴

今天，国际上一般公认的人权所包含的内容，就与早期资产阶级思想家的人权概念有了很大的区别。由于社会主义国家和发展中国家人民的不断斗争，人权概念的内容与形式，已由过去抽象意义上的自由、民主、平等权利，演变为发展中国家对生命权、生存权、发展权等人权的追求；由过去单一的个人人权发展为今天的集体人权、民族人权；由单属"资本主义"的人权，发展为社会主义人权、中国特色社会主义人权。人权内涵的充实，外延的扩充，是人们在对权利现象世界的认识和实践中，所获得的最具普遍意义的成果的发展。但是，即便如此，现今人权的内容，也没有包罗权利现象世界中的一切方面、一切层次，更没有穷尽人们对权利现象世界的认识。实践和认识的发展，还会把权利现象世界中具有普遍意义的新东西，不断充实到

---

① 《马克思恩格斯全集》第 6 卷，人民出版社，1961 年，第 125 页。

人权的内容中去。

因此，马克思主义人权观所界定的"人权"，是以最具普遍意义的方式反映权利现象世界中的东西，人权是权利的一般形式。在这个意义上说，马克思主义人权观：（1）不是法律层面上的权利或权利关系，也不是简单地立足于人权的具体内容，而是立足于权利的主体——人以及人和人之间现实的权利关系，从哲学意义上研究权利及其权利关系；（2）在马克思主义哲学视野中的权利及其权利关系，是具有一般意义和价值的权利及其权利关系。换句话说，本书将"在回到马克思"意义上阐释马克思、恩格斯关注的具有一般意义的人的权利（即人权）内容：生存权、劳动权、自由权、平等权等等。这是一般意义的"权利"，实际上也就是马克思主义人权观的基本范畴。

### 三、马克思主义人权观基本范畴的提出

马克思、恩格斯在批判资本主义人权的过程中，逐渐提出他们对人权基本范畴的思考，逐渐形成马克思主义人权观的基本范畴。

（一）对资本主义人权的无情揭露和深刻批判

马克思、恩格斯在《德意志意识形态》中明确指出，"至于谈到权利，我们和其他许多人都曾强调指出了共产主义对政治权利、私人权利以及权利的最一般的形式即人权所采取的反对立场"。[①] 马克思、恩格斯之所以强调共产主义要反对资产阶级人权，这同他们对资本主义人权以下五个方面的无情揭露和驳斥是分不开的。

1. 资产阶级人权是一项异化的权利

马克思认为，在资本主义制度下，物质利益变成了个人存在的规定，变成了社会等级差别的标准，政治领域也变成了私人特殊权利追求的对象，因而人的本性中应有的道德感、伦理精神等反而成了人的非本质的社会规定，于是人发生了异化。资本主义制度下人的异化必然导致人权的异化。因为这时人权中的人不是具有普遍形式的公民，而是带有私人的全部物质社会属性和人的异化。这种私人的特点是"无教化、非社会的人，偶然存在的人，本

---

① 《马克思恩格斯全集》第3卷，人民出版社，1960年，第228—229页。

来面目的人，被我们整个社会组织败坏了的人，失掉自身的人，自我排斥的人，被非人的关系和势力控制了的人"。① 这种私人的权利追求，必然是"每个人不是把别人看做自己自由的实现，而是看做自己自由的限制"。② 人权的性质也"无非是市民社会的成员的权利，即脱离了人的本质和共同体的利己主义的人的权利"。③

因此，资产阶级人权观割裂了社会作为一个共同体中人与人之间的本质联系，把人和社会连接起来的唯一纽带变成了"天然必然性"，即"需要和私人利益"，纵容了市民社会利己主义的权利活动，加剧了人与人之间的敌对、孤立和相互排斥。为此，马克思指出，"任何一种所谓人权都没有超出利己主义的人，没有超出作为市民社会的成员的人，即作为封闭于自身、私人利益、私人任性、同时脱离社会整体的个人的人"。④

2. 资产阶级人权是资本主义国家的历史性权利

资产阶级在进行革命时，为了使自己成为革命的领导力量，不得不通过人权把本阶级的利益提升为各阶级的利益。但资产阶级革命所建立的资本主义国家并没有真正以人权为原则。它虽然着眼于个人的解放，但却是人的非本质存在的解放，是使人受私有财产的物的规定性的解放。资本主义国家标榜人权，确实有"构成共同体、人民的普遍事务"的一面，但却是"不受市民社会上述特殊因素影响而独立存在于观念中的东西"⑤。由于统治阶级利益的存在和资本主义私有制，有产者通过人权获得"解放了"的私人权利，但广大无产者并没有获得平等的人权。以普遍人权面目出现的公民权利只是人权的形式，因为公民，即"政治人""只是抽象的、人为的人，寓言的人，法人"。⑥

那么，资产阶级革命建立的资本主义国家为什么要实行这样一种人权呢？这是由资本主义国家的历史性质所决定的。人权也是资本主义国家的历史性权利。马克思指出："封建社会已经瓦解，只剩下了自己的基础——人，

---

① 《马克思恩格斯全集》第 1 卷，人民出版社，1956 年，第 434 页。
② 同上书，第 438 页。
③ 同上书，第 437 页。
④ 同上书，第 439 页。
⑤ 同上书，第 442 页。
⑥ 同上书，第 443 页。

但这是作为它的真正基础的人，即利己主义的人。"① 资产阶级政治国家不经改造和批判全部接受了这些人，并把他们当作国家的基础和前提。这也是资本主义国家基础和性质的客观要求。"现代国家既然是由于自身的发展而不得不挣脱旧的政治桎梏的市民社会的产物，所以，它就用宣布人权的办法从自己的方面来承认自己的出生地和自己的基础。"② 资本主义国家通过人权来表明自己的国家历程和出生地。正如同古代奴隶制国家必须承认奴隶、保护奴隶主的利益才能成为奴隶制国家一样，现代国家只有承认人权，承认人权对市民社会物质利益的保护，承认私有制对人的异化，才会成为资本主义国家。正是在这个意义上，马克思指出，"现代国家承认人权同古代国家承认奴隶制是一个意思"。③ 人权是现代资本主义国家必然要表现其历史性质的国家权利。

3. 人权是资本主义国家中资产阶级的阶级特权

资本主义社会虽然取消了封建等级和特权，但两大阶级的对立和冲突不仅加深了社会关系的对抗性质，而且使一切社会不平等都带有了强烈的阶级压迫和阶级奴役的性质。占统治地位的资产阶级对无产阶级奴役、剥削和压迫，是现代社会不平等的最主要形式。仅仅要求增加工人工资、改善工人待遇的做法并不能使工人获得真正的人权。马克思指出，"不消灭一切奴役制，任何一种奴役制都不可能消灭"。④ 不推翻资产阶级的统治，无产阶级就不可能获得真正的人权。

虽然人权在某种程度上表现出资产阶级和无产阶级共同的权利意识和权利需要，资本家要靠人权来保障私有财产和对无产阶级的剥削，工人要靠人权来保障相应的经济收益和改善生活、工作条件，但马克思认为，在存在着两大阶级对立和斗争的情况下，是没有平等人权可言的。在资本主义社会中，共同利益的最大代表是国家，人权是以国家的普遍利益和超阶级的姿态宣布和实施的，国家是统治阶级手中用来进行阶级统治和阶级压迫的工具，

---

① 《马克思恩格斯全集》第1卷，人民出版社，1956年，第442页。
② 《马克思恩格斯全集》第2卷，人民出版社，1957年，第145页。
③ 同上书，第145页。
④ 《马克思恩格斯全集》第1卷，人民出版社，1956年，第467页。

是统治阶级实现其特殊的、利己的本阶级利益的暴力手段。[①]"国家不外是资产者为了在国内外相互保障各自的财产和利益所必然要采取的一种组织形式。"[②] 人权也不外是一项形式上的普遍、公正的权利，它的超阶级的外观并不能掩盖其阶级特权的实质。

4. 资本主义私有制条件下人们只能享受"偶然性"的自由和权利

马克思指出，资本主义私有制是资本主义生产关系的总和。在资本主义私有制状态下，劳动和分工是自发的。人的活动的产物"聚合为一种统治我们、不受我们控制、使我们的愿望不能实现并使我们的打算落空的物质力量"。[③] 人本身的活动就会一直成为一种"异己的、同他对立的力量"。[④] 这时，个人利益与公共利益通常是对抗性的。由这样的人组成的国家和社会是"虚幻的集体"。集体的权力（或者说国家权力）是与人相分离的；同时，个人也成了偶然的个人，不仅每个人的发展是相互脱离的，而且其个性的表现也是偶然的。个人的自由发展的条件都受到偶然性支配，因为他们"作为个人是相互分离的，是由于分工使他们有了一种必然的联合，而这种联合又因为他们的相互分离而成了一种对他们来说是异己的联系"。[⑤] 这些制约着人的自由与人权的偶然性，是由同生产力发展的一定水平相联系的生产关系所决定的。

然而，生产力是最活跃、最革命的因素，它总是要突破旧的交往形式，形成新的与它相适应的交往形式。但在物质生产力不断提高，以至于突破旧的交往形式之前，由旧的交往形式所决定的种种偶然性总在束缚着人的自由和人权，人们只能享受偶然性的自由和权利。这时的人还不是自由自觉的人，还没有形成真正的人的联合。资本主义社会就是充满了这样的偶然性的社会，人还没有因为有了人权而享有真正的、必然的自由。[⑥] 马克思指出：过去的联合只是一种"关于这样一些条件的必然的联合"，"在这些条件下，各个人有可能利用偶然性"。[⑦] 资本主义人权正是这样一种"在一定条件"下的权利。"这种

---

① 朱锋：《马克思人权理论论要》，《中国社会科学》，1992 年第 3 期。
② 《马克思恩格斯选集》第 1 卷，人民出版社，2012 年，第 212 页。
③ 同上书，第 165 页。
④ 同上书，第 165 页。
⑤ 同上书，第 202 页。
⑥ 朱锋：《马克思人权理论论要》，《中国社会科学》，1992 年第 3 期。
⑦ 《马克思恩格斯选集》第 1 卷，人民出版社，2012 年，第 202 页。

在一定条件下无阻碍地享用偶然性的权利，迄今一直称为个人自由。"①

5. 对资本主义人权虚伪性和欺骗性的揭露批判

马克思曾经痛斥蒲鲁东派的经济平等要求，指出这是他们混淆了资本主义"现实的形态和观念的形态之间必然存在的区别"。② 1877 年 10 月，马克思在给弗·左尔格的信中更是尖锐地写道，在科学社会主义产生以后，还用关于正义、自由、平等和博爱的女神的现代神话来代替它的唯物主义基础，只能是"愚蠢的、无聊的和根本反动的"。③

马克思、恩格斯在批判资本主义人权的过程中，又论述了无产阶级自己的人权要求。无产阶级人权要求的根源在于资本主义生产方式的内在矛盾及其发展趋势。资本主义社会生产社会化和私人占有的矛盾的发展，要求以公有制代替私有制，消灭阶级剥削，实现人与人的真正平等；要求消除资本主义的压迫和奴役，实现人的真正自由；要求在新的基础上实现人的身心的全面发展。

无产阶级的人权要求正反映了资本主义生产方式的这种发展趋势。同时，无产阶级的人权要求也是对资产阶级扼杀无产阶级和劳动人民权利所作出的反应。在资本主义制度下，资产阶级为了榨取最大利润和维护他们的统治，千方百计地限制和剥夺无产阶级和劳动人民的权利，无产阶级不得不针锋相对地进行反抗，要求夺回被资产阶级夺去的权利，因而提出了自己的争取人权的要求。恩格斯在揭露 1844 年英国颁布新济贫法对无产阶级的迫害时指出："这样就宣布了无产阶级是不受国家和社会保护的；这样就公开地宣布了无产者不是人，不值得把他当人看待。但是我们确信，不列颠王国的无产者是会争回自己的人权的。"④ "总有一天无产阶级的力量会强大起来，觉悟会提高起来，他们再也不愿载负着一直压在他们肩上的整个社会大厦的重担，他们会要求更公平地分配社会的负担和权利。"⑤

（二）从无产阶级人权要求中提炼马克思主义人权观的基本范畴

马克思主义诞生以前，空想社会主义者的人权思想反映了还不成熟的无

---

① 《马克思恩格斯全集》第 3 卷，人民出版社，1960 年，第 85 页。
② 《马克思恩格斯全集》第 46 卷（下），人民出版社，1980 年，第 478 页。
③ 《马克思恩格斯选集》第 4 卷，人民出版社，2012 年，第 523 页。
④ 《马克思恩格斯全集》第 2 卷，人民出版社，1957 年，第 582 页。
⑤ 同上书，第 618 页。

产阶级的人权要求，其中包含着许多合理思想，但从总体上说是不科学的。马克思、恩格斯运用唯物辩证的观点和方法，考察了资本主义生产方式的固有矛盾及其发展趋势，总结了无产阶级革命斗争的经验，在批判资本主义人权的过程中，科学地阐述了资本主义条件下无产阶级的人权要求，并对这些人权要求从理论上加以提炼、概括，使其成为马克思主义人权观思想的基本范畴。这里，我们将马克思主义人权观基本范畴的逻辑序列作一概要阐释。

1. 生存权

马克思主义认为，自然界赋予人类以生命，但人类的生存权利一开始就受到自然和社会两方面的威胁，因此，马克思从人类生存与发展的基础——两种生产（即物质资料的生产和人类自身的生产）入手，分析了人类在自身生产（包含着"自然关系"和"社会关系"）和物质资料生产方面，为争取生存与发展的权利所进行的斗争，尤其剖析了资本主义社会里无产阶级生存状况恶化、贫困化的根源。

因此，无产阶级必须为争取生存权而斗争，必须进行社会主义革命。正如恩格斯指出的，当时的"所谓生存斗争就采取了如下的形式：必须保护资产阶级的资本主义社会所生产出来的产品和生产力，使之免遭这个资本主义社会制度本身的毁灭性的、破坏性的作用的影响，办法是从不能办到这一点的居于统治地位的资本家阶级手中夺取社会生产和社会分配的领导权，并把它转交给生产者群众——这就是社会主义革命"。[①] 另外，马克思、恩格斯还从对近代中国的系列论述中，说明了生存权与国家主权的关系。

2. 劳动权

马克思主义认为，劳动权是获得生存权的必要条件。所以，马克思通过对人类劳动一般本质的揭示，考察和分析了资本主义私有制条件下劳动异化所导致的劳动者主体地位、劳动所有权的丧失，进而预言人类扬弃异化劳动，在公有制条件下实现劳动者主体地位、劳动所有权的复归，并随着人类未来劳动的发展而不断完善的趋势。

---

① 《马克思恩格斯选集》第 3 卷，人民出版社，2012 年，第 987—988 页。

### 3. 自由权

马克思、恩格斯对自由权的认识有一个在实践中深化的过程，自由虽然可以从政治、法律、哲学的不同角度去研究，哲学上的自由还可分为认识论与社会历史观意义上的自由。但是，在马克思主义哲学中，认识论与社会历史观是统一的，人的自由权利的获得，总是在劳动实践中，在认识与改造对象世界中实现的。

### 4. 平等权

马克思、恩格斯不仅以商品经济为基础，对平等权作出了辩证解释，说明平等作为一种权利在一定程度上伴随着不平等；而且在考察平等观念的历史发展中，揭示了平等的阶级实质，指出无产阶级平等的要求就是消灭阶级本身，"随着阶级差别的消灭，一切由这些差别产生的社会的和政治的不平等也自行消失"。①

### 5. 民主权

马克思、恩格斯在对作为国家制度的民主（尤其是社会主义国家民主）的考察中，阐明了自己所追求和要实现的民主目标，即人民的权力、人民真正享有当家作主的权利。它与资产阶级民主权是根本对立的。在中国特色社会主义新时代，中国坚持以人民为中心的全过程人民民主，用全面、广泛、有机衔接的制度体系充分保障人民当家作主。

马克思主义不仅在批判资产阶级人权观、总结提炼无产阶级的人权要求中，提出了马克思主义人权观的五大基本范畴，同时着眼于人和人类的生存发展需求，阐释了环境权、种族权和民族自决权三大重要范畴。基本范畴和特殊范畴构成马克思主义人权观的基本范畴。

以上五节对马克思主义人权观理论逻辑的分析研究，全面系统地勾勒了马克思主义人权观的科学理论体系。以后各章，将深入马克思主义人权观理论逻辑的体系之内，深入阐释马克思人权观的精神实质、基本范畴及其"中国化"实践和当代的价值。

---

① 《马克思恩格斯选集》第 3 卷，人民出版社，2012 年，第 371 页。

# 第三章　马克思主义人权观的精神实质

在马克思主义人权观的理论逻辑体系中，权利与义务的统一是马克思主义人权观的逻辑起点。不仅如此，马克思、恩格斯对权利与义务统一的辩证历史唯物主义的阐释，及其在公有制条件下的实现，成为马克思主义人权观的精神实质，是马克思主义人权观的灵魂，也是马克思主义人权观能超越以往种种资产阶级的权利说、人权观，引领人类权利思想实现革命变革，促进人类权利治理不断走向美好明天的根本所在。

## 第一节　马克思主义人权观视域中的"义务"

在第二章，为了阐释马克思主义人权观的逻辑演进，笔者从分析权利、权利的一般形式——人权入手，提出了马克思主义人权观对权利义务统一关系的科学解释，从而形成了马克思主义人权观的逻辑构架。这一节要重点探讨"义务"是如何进入马克思主义人权观的视域，以及马克思主义对"义务"的特点、根源和实质的分析。

### 一、"义务"的特点

凡是有人群活动的地方，就有义务存在。在人类社会这个有机的整体中，任何个人都不能离开社会而孤立地生活，必须与他人保持各种联系才能生存。在这种个人对他人的关系中，必然会产生义务。

义务可以从个人对同志、朋友、家庭等个人与个人的关系中发生，也可以从个人对民族、国家、阶级、政党、团体等的关系中发生。人作为一定民族、社会、阶级、集体、家庭等的成员，就负有对民族、社会、阶级、集体和家庭的义务，负有必须履行这些社会义务的使命。马克思说："作为确定的人，现实的人，你就有规定，就有使命，就有任务，至于你是否意识到这一点，那都是无所谓的。"① 因此，一般说来，义务是指个人对社会、对他人应尽的责任。

但是，这还不能作为马克思主义在哲学上对义务范畴的界说。为了说明这一点，我们不妨先看一下政治、法律和道德上的义务的特点。政治上和法律上的义务，是伴随着权利的行使而必然要求履行的相应的义务。这种义务与权利具有紧密的相关性，带有强制性，并通过一定的法律条文予以体现。例如，一个国家的公民要想享有公民的权利，必须遵守公民的义务，否则就要受到法律的制裁。一个政党的党员，要想享有党员的权利，必须尽党员的义务，否则就要受到党的纪律处分。然而，道德上的义务不同。道德义务的特点不带有强制性，也不以享受某种权利为前提。道德义务是人们在道义上应尽的责任，即在人们内心信念的驱使下，自觉履行对社会、对他人的责任。虽然一个人在履行了一定的道德义务之后，可以得到社会舆论的赞扬，但是，对于一个道德高尚的人来说，他的动机绝不是为了追求某种权利才去履行道德义务的。

无论是政治上、法律上所说的义务，还是道德上所说的义务，它们有三个共同的特点：（1）义务都是从人与人之间的关系中所产生的一种个人为他人、集体，或某一集体为民族、国家尽责，完成一项任务、使命的需求；个人或集体在履行义务之后，又会产生一种义务需求的满足感，即思想心理上对义务的感受。对义务的需求和满足，乃是主体的一种义务感。（2）义务，作为一种使命、任务，也是主体的一种价值目标，一种理想追求。无产阶级所肩负的解放全人类的历史使命，便体现了该阶级（集体主体）对人类理想社会的一种追求，是该阶级的一种最高价值目标。（3）义务的履行中，总包含着对权利的享受。即使道德义务，在履行过程中，客观上也或多或少地会享有某种权利。前面对道德义务特点的说明，已表明了这一点。

———————

① 《马克思恩格斯全集》第 3 卷，人民出版社，1960 年，第 329 页。

以上三点，还未完成从哲学上对义务特点的概括。为此，还需进一步认识马克思主义对义务的根源和实质的分析。

## 二、"义务"的根源和实质

在马克思主义之前的西方哲学家，站在不同的基点上，探讨了义务的来源和实质问题。

（一）唯心主义哲学家对义务产生根源的分析

客观唯心主义者企图从某种绝对不变的观念或神的意志中来解释义务产生的根源。柏拉图曾经说过，上帝确定每一个人在社会上的地位，要求他们严格执行自己的义务。经院哲学的最大代表托马斯·阿奎那就宣扬"君权神授"。他认为没有上帝的统治，社会就不能存在，封建等级是人们共同生活所必需的分工，等级的划分是上帝规定的，各个等级的人都应按上帝的旨意尽自己的义务。

主观唯心主义哲学家则从人的内心世界来寻找义务的根源。康德就是一个代表。在康德看来，"义务"就是应该做的，就是执行"绝对命令"；义务产生于人们内心的"善良意志"。他说，"因为道德的意义就在于这种科学应该出于义务心，不是出于爱好"，义务范畴的"第一个意义"是："行为要有道德价值，一定要是为义务而实行的。"[1] 这就是康德著名的"为义务而义务"的公式。康德这里讲的"善良意志"和义务，是与人们的现实利益和需要毫无关系的，其内容完全是由主观的"善良意志"决定的。所以，黑格尔公正地把康德的这种义务观称为"空洞的形式主义"，指出："为义务而不是为某种内容而尽义务，这是形式的同一，正是这种形式的同一，排斥一切内容和规定。"[2] 当然，脱离具体内容本身也可以说是一种"内容"，它所表现的是康德哲学的历史时代所具有的阶级特色。马克思、恩格斯一针见血地批评道："康德只谈'善良意志'，哪怕这个善良意志毫无效果他也心安理得，他把这个善良意志的实现以及它与个人的需要和欲望之间的协调都推到彼岸

---

[1] 北京大学哲学系外国哲学史教研室：《十八世纪末—十九世纪初德国哲学》，商务印书馆，1975年，第105页。

[2] ［德］黑格尔：《法哲学原理》，范扬、张企泰译，商务印书馆，1961年，第138页。

世界。康德的这个善良意志完全符合于德国市民的软弱、受压迫和贫乏的情况。"① 这就是说，尽管康德把义务范畴说成是先验的、超阶级的、永恒的观念，但他的义务观仍然表达了德国资产阶级的意志和利益。

（二）唯物主义哲学家把"义务"的根源从"天国"引向"人间"

在自然观上坚持唯物主义的哲学家，虽然反对从"神""绝对观念"中引申出义务，但他们却从抽象的人性出发，从人的生理要求和欲望出发，认为义务的源泉是人的身体健康和幸福。费尔巴哈说："对于自己应尽的各种义务不是别的，而是一些行为的规则，这些规则为了保持或获得身体的和精神的健康是必要的，并且是由追求幸福而出现的……"② 费尔巴哈把义务的根源从虚幻的天国引向了人间，从神的意志变为人的需要，这虽是一种进步，但由于他把人的本质理解为"类"，没有看到人的本质绝不是什么"单个人所固有的抽象物"，"而是一切社会关系的总和"，他所津津乐道的幸福，也不过是人的生理要求与求生的本能罢了。这种从生理欲望出发的理论，表面上似乎强调了人的需要，实际上把人降到了动物的水平。恩格斯在《路德维希·费尔巴哈和德国古典哲学的终结》中批评道，费尔巴哈的义务观和它的一切先驱者一样，"它是为一切时代、一切民族、一切情况而设计出来的；正因为如此，它在任何时候和任何地方都是不适用的，而在现实世界面前，是和康德的绝对命令一样软弱无力的"。③ 所以，无论是康德的义务观，还是费尔巴哈的义务观都是非科学的。

（三）马克思主义对"义务"实质及其根源的阐释

马克思主义批判了历史上的唯心主义和旧唯物主义的义务观，第一次科学地阐明了义务范畴。马克思、恩格斯指出："'使命、职责、任务、理想'或者是（1）关于物质条件所决定的某一被压迫阶级的革命任务的观念；或者是（2）对于通过分工而分到各种不同行业中去的那些个人的活动方式的简单的唯心的解释或相应的有意识的表达；或者是（3）对个人、阶级、民族随时都必须通过某种完全确定的活动去巩固自己地位的这种必要性的有意

① 《马克思恩格斯全集》第 3 卷，人民出版社，1960 年，第 211—212 页。
② ［德］费尔巴哈：《费尔巴哈哲学著作选集》上卷，荣震华、李金山等译，商务印书馆，1984 年，第 562 页。
③ 《马克思恩格斯选集》第 4 卷，人民出版社，2012 年，第 247 页。

识的表达；或者是（4）以观念形式表现在法律、道德等等中的统治阶级的存在条件（受以前的生产发展所限制的条件），统治阶级的思想家或多或少有意识地从理论上把它们变成某种独立自在的东西，在统治阶级的个人的意识中把它们设想为使命等等；统治阶级为了反对被压迫阶级的个人，把它们提出来作为生活准则，一则是作为对自己统治的粉饰或意识，一则是作为这种统治的道德手段。这里像通常一样，关于这些思想家应当指出，他们必然会把事物本末倒置，他们认为自己的思想是一切社会关系的创造力和目的，其实他们的思想只是这些社会关系的表现和征兆。"①

在这里，马克思、恩格斯深刻地阐明了产生义务的社会根源，揭示了义务范畴在阶级社会里的阶级实质，指出了剥削阶级义务范畴的基本特征。在马克思、恩格斯看来，义务是由社会物质生活条件和人们在社会关系中所处的地位决定的，人们一旦进入一定的社会关系，处于一定的社会物质生活条件中，就必然要担负一定的使命、职责和任务，对这些使命、职责、任务的理解和体验，就是义务认识与义务感。所以，义务不是来自上帝的启示、人们的善良意志或自然本能的需要，而是来源于历史发展的客观进程、社会进步的要求，以及阶级利益和社会分工的要求。正是这些不同的社会物质生活条件和社会关系，决定着义务的不同类型，它或者是对人类和民族的义务，或者是对阶级和政党的义务，或者是对职业和家庭的义务，或者是对他人的义务。所有这些类型的义务，都不是与他人和社会的利益无关的，也不是建立在假想的他人和社会的利益之上，而是现实地把个人的力量用于为他人和社会的利益服务，为他人和社会尽到自己应尽的职责，完成应当完成的使命和任务。唯心主义的义务观之所以错误，就在于它脱离客观存在的物质生活条件和社会关系，把义务观念或范畴变成独立存在的东西，把思想形式看作是社会关系的创造力和目的，因而是本末倒置的空洞抽象。

（四）"义务"范畴的哲学界定

依据马克思、恩格斯对义务的特点、根源和实质的分析，我们可从哲学上对义务范畴作出如下界定：义务是主体在一定的社会关系中所产生的一种

---

① 《马克思恩格斯全集》第 3 卷，人民出版社，1960 年，第 491—492 页。

对他人与社会所负有的使命、职责、任务；它与权利相关，并反映一定的利益关系；它既是主体在实践中的一种感受与认识，又是主体所追求的一种价值目标。显然，哲学上的义务范畴，在它作为主体所追求的价值目标、反映一定的利益关系的意义上，同权利处于同构的水平和框架之中。也正因为如此，权利与义务关系范畴不仅是马克思主义人权观理论的逻辑的起点，而且始终贯穿于马克思主义人权观的命题、范畴和原则及其理论的精神实质之中。

## 第二节　马克思主义人权观精神实质的形成

权利与义务的辩证关系作为马克思主义人权观的精神实质，并不是马克思、恩格斯对历史上不同思想家关于权利与义务关系简单的批判反思的结果，而是将两者关系置于人类社会演变的进程中，以历史唯物主义观点分析研究不同社会形态下权利与义务关系的状况，进而提出关于权利与义务相统一的辩证关系，并将对权利与义务关系的科学解决结论作为其人权观的核心、灵魂的实践过程。

马克思、恩格斯以对人类不同社会形态下权利与义务关系的科学解释为主线，凸显其人权观的精神实质。

### 一、原始社会无差别的权利与义务关系

马克思主义认为，权利与义务的关系，反映了人们在社会中的地位及其相互关系。在生产力十分低下的原始公有制社会中，由于人与人之间不存在统治和压迫的关系，所以，"在氏族制度内部，还没有权利和义务的分别；参与公共事务，实行血族复仇或为此接受赎罪，究竟是权利还是义务这种问题………是不存在的"[①]，在原始人那里，"这种问题正如吃饭、睡觉、打猎究竟是权利还是义务的问题一样荒谬"。[②] 人们把对社会承担某种义务看作是在行使自己的权利；同时，也把行使某种权利看作是自己应尽的义务。权利和义务并没有分离开来成为某些人所特有；义务也没有同权利分离开来成为

---

① 《马克思恩格斯选集》第 4 卷，人民出版社，2012 年，第 175 页。
② 同上书，第 175 页。

某种外加的负担，或者专门由某些人所承担。

但是进入奴隶社会之后，由于人们对生产资料的占有不同，在政治、经济生活中的地位不同，权利和义务也就随之发生了分离。正如恩格斯所说的："如果说在野蛮人中间，像我们已经看到的那样，不大能够区别权利和义务，那么文明时代却使这两者之间的区别和对立连最愚蠢的人都能看得出来，因为它几乎把一切权利赋予一个阶级，另方面却几乎把一切义务推给另一个阶级。"① 这一结论可从奴隶社会、封建社会、资本主义社会中权利与义务分离、对立的不同情况中，得到充分说明。

## 二、奴隶社会，奴隶只有做牛马的义务

奴隶社会是人类历史上第一个阶级社会。在那个社会里，权利和义务是分离和对立的。奴隶主阶级占有生产资料和奴隶，掌握着国家权力。在奴隶主阶级眼里，只有他自己才配称作人，并自吹为所谓"大人""圣人""智者"，而奴隶则根本不算人。奴隶和牲畜一样，只不过是为奴隶主增加财富的工具。所以马克思说："劳动者在这里只是作为会说话的工具，同牲畜作为会发声的工具，无生命的劳动工具作为无声的工具相区别。"② 因此，"奴隶主可以任意买卖、屠杀奴隶，想怎样处置就怎样处置。在我国古代奴隶主专政的殷商社会里，各种名目繁多的人祭人殉现象，就是奴隶主不把奴隶当人看的一种突出表现。当时，奴隶连人都不算，还谈得上什么权利！一切权利归奴隶主所有，而奴隶只有做牛马的义务"。③

## 三、封建社会权利异化为神权、君权和等级特权

马克思主义对封建社会里权利与义务的分离及其对立现象，即人的权利异化为神权、君权和等级特权作了透彻的剖析，提出了精辟的见解。

（一）封建社会通行的是"等级"和"特权"

马克思说："中世纪的精神可以表述如下：市民社会的等级和政治意义上

---

① 《马克思恩格斯选集》第 4 卷，人民出版社，2012 年，第 194 页。
② 《马克思恩格斯全集》第 44 卷，人民出版社，2001 年，第 229 页注 17。
③ 许启贤：《论权利和义务的辩证统一》，《法学研究》，1980 年第 4 期。

的等级是同一的，因为市民社会就是政治社会，因为市民社会的有机原则就是国家的原则。"① 他又说："在中世纪，财产、商业、社会团体和每一个人都有政治性质；在这里，国家的物质内容是由国家的形式规定的。在这里，一切私人领域都有政治性质，或者都是政治领域；换句话说，政治也是私人领域的特性。在中世纪，政治制度就是私有财产的制度，但这只是因为私有财产的制度就是政治制度。在中世纪，人民的生活和国家的生活是同一的。在这里，人是国家的真正原则，但这是不自由的人。所以这是不自由的民主制，是完成了的异化。"②

　　马克思的论述，可从三个方面来理解。第一，封建社会是一个高度政治性的社会，在这种社会中，至高无上的"君权"支配一切，人是"不自由的人"。所谓"政治性"的社会，就是说，在该社会中"行政权力支配社会"。封建的"政治"是典型的君主专制政治。在封建社会中，封建专制的政治权力统治着一切社会领域，支配着一切社会关系。政治的魔爪伸入到社会生活的每一个角落，因而，社会的每一个要素、每一种社会团体，乃至社会的每一个"人"均处于专制政治的统治与严格控制之下，均具有"政治"性质。这样，在封建社会中，一方面，包括农奴在内的一切人在成为社会成员的同时也就成了国家的成员，这就是说，人民的生活与国家的生活是"同一"的，人成了"国家的原则"；另一方面，由于封建的"国家"是君主专制国家，所以，在此种国家中，一切人均没有独立的私人生活领域（因为"一切私人领域都有政治性质"）和自由活动的余地，均丧失了自己的独立意志和主权，处于君主专制权力的压迫和奴役之下。只有国王才是"体现私人对国家的关系的唯一的私人"，是"包含着国家本身的抽象的人"。③ 因此，在这里，人是"不自由的人"，人民"无非是一种非人民"。也就是说，在这里，"实际上发生作用的不是人，而是人的异化。唯一发生作用的人，即国王，是与众不同的存在物"。④ 正是在这一意义上，马克思说："君主政体的原则

---

① 《马克思恩格斯全集》第 1 卷，人民出版社，1956 年，第 334 页。
② 同上书，第 284 页。
③ 同上书，第 294 页。
④ 同上书，第 433—434 页。

总的说来就是轻视人，蔑视人，使人不成其为人。"① 君主专制的实质就是树立君权，抹杀人的权利。

　　第二，在"市民社会就是政治社会""市民社会直接地具有政治性质"②的封建社会中，人与人之间根本谈不上"民主、自由、平等"的权利，到处存在的只是"等级"和"特权"。用恩格斯的话来说，封建社会"建立了空前复杂的社会的和政治的等级制度，从而在几个世纪内消除了一切平等观念"。③ 在封建社会，市民社会是按照私人占有财产的原则组织起来的，而在那里，市民社会与政治国家是直接同一的，因此，"私有财产的制度就是政治制度"。这就是说，在封建社会，个人（私人）在社会中是否占有财产（主要是土地）以及占有多少财产这种人与人之间的"特殊的"经济关系，直接表现为人与人之间在国家中的"一般"的关系，个人在经济生活中的地位，直接意味着个人在政治国家中的地位。因为"市民生活的要素，如财产、家庭、劳动方式，已经以领主权、等级和同业公会的形式升为国家生活的要素。它们以这种形式……确定了个人的政治地位"，从而使个人在市民社会中的特殊关系变成了他和人民生活的"普遍个人关系，使个人的特定市民活动和特定的市民地位具有普遍性质"。④ 所以，以私人对财产占有的差别为基础的市民社会的等级差别，就会直接表现为政治国家中的等级特权（政治上的不平等）。

　　第三，由于封建社会本质上是"政治"社会，所以，等级差别的本质意义是"政治不平等"。一句话，等级在封建社会本质上是"政治等级"，"这些等级有一定严格限定的特权"。⑤ 例如，在大革命前的法国封建社会，就存在着三个等级，天主教僧侣和封建贵族是第一、第二等级，他们在政治上享有一切特权（如不纳税等），把持着教会和国家机器。他们只占全国人口的2%，却占有全国 60% 的土地，是统治者和剥削者。农民、城市平民和资产阶级是第三等级，他们在政治上没有任何权利，却承担着全国的赋税和劳

---

① 《马克思恩格斯全集》第 1 卷，人民出版社，1956 年，第 411 页。
② 同上书，第 441 页。
③ 《马克思恩格斯全集》第 26 卷，人民出版社，2014 年，第 110 页。
④ 《马克思恩格斯全集》第 1 卷，人民出版社，1956 年，第 441 页。
⑤ 《马克思恩格斯全集》第 4 卷，人民出版社，1958 年，第 197 页注①。

役，是被统治者和被剥削者。

（二）封建社会的主权、特权都是私有资产权

在封建社会，由于市民社会与政治国家的直接同一，所以，一方面市民社会的等级差别（私人对财产占有的差别）在本质上表现为"政治等级"和"特权"，另一方面"政治等级"和"特权"也采取了"私有财产"的形式。

正如马克思所说："在中世纪，权利、自由和社会存在的每一种形式都表现为一种特权"，都表现为隶属一定等级的特殊权利，而且"这些特权都以私有财产的形式表现出来"。[①] 各种类型的商业和工业是各种特殊的同业公会的私有财产；宫廷官职和审判权是各个特殊等级的私有财产；各个省是个别的诸侯等等的私有财产，掌握国家大事的权利等是统治者的私有财产，精神是僧侣的私有财产，国家的主权是皇帝的私有财产，如此等等。一言以蔽之，"私有财产是特权即例外权的类存在"。[②] 因为在这里，"国家利益成为一种同其他私人目的相对立的特殊的私人目的"。皇帝这个私人既是封建社会中最大的地主、最大的私有财产占有者（所谓"普天之下莫非王土"），又是封建国家中拥有至高无上权力和特权的最高统治者（所谓"率土之滨莫非王臣"），因而国家实际上是皇帝的私有财产（所谓"朕即国家"）。

用马克思的话说，"在封建制度中正好显示出王权就是私有财产的权力"。[③] 同样，其他政治"特权"也是一定"私人"或"私人等级"的私有财产，是"私有财产的政治意义"或"政治意义即普遍意义下的私有财产"。[④]

（三）封建社会的政治"特权"是世袭的

尤其值得注意的是，在封建社会中，这些政治"特权"也像私有财产一样是"世袭的"，特定的社会地位和特定的社会职能都是由某个"私人或私人等级"世袭的。某些个人的肉体的出生就直接注定了"他的社会权利"，自然界就像生出眼睛和鼻子一样"直接生出王公贵族"。马克思称这种世袭

---

① 《马克思恩格斯全集》第 1 卷，人民出版社，1956 年，第 381 页。
② 同上书，第 381 页。
③ 同上书，第 381 页。
④ 同上书，第 380 页。

的等级特权为"动物的世界观"。因为"由于出生，某些个人同国家要职结合在一起，这就跟动物生来就有它的地位、性情、生活方式等等一样"。① 在这里，"国家在自己的要职中获得了一种动物的现实"。② 但因此，王公贵族及其特权的秘密就是"动物学"。③ 因为等级特权不仅建立在社会内部的分裂之上，而且还"使人脱离自己的普遍本质，把人变成直接受本身的规定性所摆布的动物"。正是在这一意义上，马克思说："中世纪是人类史上的动物时期，是人类动物学。"④

（四）封建社会"人权观"带有浓厚的神学色彩

在封建社会，在现实世界生活的人虽不享有人的"权利"，但在宗教中，在天国中却幻想出了一种人权，即神权。

马克思指出："中世纪的历史只知道一种形式的意识形态，即宗教和神学。"⑤ 基督教神学在中世纪欧洲的封建社会中处于"万流归宗"的地位。因此，中世纪的"权利"观念也势必带有浓厚的神学色彩。总的说来，基督教神学的核心是崇扬神权，否定人权，并为封建社会的君权和等级特权做论证。基督教神学一方面主张，在现实世界中，人是注定要受奴役、受压迫，是无法要求自由和平等的；另一方面，又幻想出了一种天国中的自由和平等。在它看来，人类按其本性来说是自由的。但是，人的自由具有向善和向恶的两重性。人类在现世中之所以受奴役，是因为人类的始祖亚当滥用了这种自由，选择了"犯罪"而没有选择永恒的、神圣的自由。结果自由被罪恶战胜，人成了自由的奴隶，这不是真正的自由。真正的自由是神的自由。这种自由就是舍弃感性，趋向至善和神。

因此，人在现世中只有忍受各种苦难，追求、信仰上帝，才能最终得救，在彼岸的天国中获得自由。同样，按照基督教神学，平等也只是虚幻的彼岸世界的平等。这种平等一方面是一切人在上帝面前的平等，即"原罪的平等"；另一方面是基督徒在天国一律平等，即"上帝的选民的平等"。⑥ 一

① 《马克思恩格斯全集》第 1 卷，人民出版社，1956 年，第 376 页。
② 同上书，第 376 页。
③ 同上书，第 377 页。
④ 同上书，第 346 页。
⑤ 《马克思恩格斯选集》第 4 卷，人民出版社，2012 年，第 242 页。
⑥ 《马克思恩格斯选集》第 3 卷，人民出版社，2012 年，第 481 页。

句话，基督教神学的自由和平等观念都是"天堂"或"来世"的自由和平等。

（五）基督教神学的自由平等观是人的本质的异化

基督教神学的这种自由和平等观念实际上是一种幻想中和虚幻化了的"权利"观念，是人的本质的一种异化。正是由于在现实社会中"人的本质不具有真正的现实性"，所以，"宗教是人的本质在幻想中的实现"。① 正是因为在现实社会中人是没有主权的、不自由的和不平等的，所以，人们便到"天国的幻想的现实性"中去寻求。在那里，基督教把"人的主权"作为"想像情景、幻觉和教条的事物"提了出来，但却是"作为不同于现实人的那种人——外在的存在物——的主权"② 提出来的，在那里，人的主权即自由和平等获得了超人和非人的形式，即变成了上帝的主权，但这不外乎是"人的本质的想像中的形象"③，是那些"还没有获得自身或已经再度丧失自身的人的自我意识"而已。④ 因而这种观念在一定程度上也反映了封建社会被压迫者的要求。后来出现的普遍的"权利"概念，正是在批判宗教神学中将宗教天国中的自由、平等直接发展为对现实世界的要求的结果。

## 四、资本主义社会的"权利"是资产阶级的"特权"

在资本主义社会中，权利与义务分离的突出表现就是：权利成了资产阶级的特权，无产阶级只有被剥削和被奴役的义务，资产阶级所提出的自由、平等、财产、安全等各项"天赋权利"，相对于封建专制制度是一个巨大的进步。但是，这些权利实际上只是资产阶级的阶级特权，对无产阶级并无真正的意义，无产阶级只有被剥削的义务。对此，马克思、恩格斯也进行了深入的剖析。

（一）私有财产是资产阶级对财产占有的特权

马克思主义认为私有财产这项权利无非是资产阶级对财产占有的特权。在市民社会中，人的主权表现为人对财产的所有权。市民社会成员即"私

---

① 《马克思恩格斯选集》第 1 卷，人民出版社，2012 年，第 2 页。
② 《马克思恩格斯全集》第 1 卷，人民出版社，1956 年，第 434 页。
③ 同上书，第 431 页。
④ 《马克思恩格斯选集》第 1 卷，人民出版社，2012 年，第 1 页。

人"的主权就是私有财产权。资产阶级宣布"财产是神圣不可侵犯的权利"，实际上就是宣布"私人"占有财产的权利。马克思曾说过："私有财产的真正基础，即占有，是一个事实，是不可解释的事实，而不是权利。只是由于社会赋予实际占有以法律的规定，实际占有才具有合法占有的性质，才具有私有财产的性质。"① 在资本主义社会中，资产阶级占有一切生产资料，占有一切财产，而工人阶级则一无所有。在这种情况下，资产阶级将私有财产宣布为一项神圣不可侵犯的"天赋权利"，其实质无非是把资产阶级私人占有财产的"特权"合法化、神圣化罢了。

（二）自由权利实际上只是资本和资本所有者的自由

马克思指出，自由这项权利在市民社会中是"利己主义的人的自由"，因此，"承认这种自由，无非是承认构成这种人的生活内容的精神要素和物质要素的不可阻挡的运动"。② 这里的"物质要素"是指财产、资本、金钱等等，"精神要素"则是指宗教信仰、言论、出版等等。

既然在资本主义社会中，资产阶级占有一切财产、资本，占有一切生产资料，而无产阶级一无所有，那么，财产自由对无产阶级来说就是一无所有的自由和出卖劳动力的"自由"，因而只是遭受被剥削和被奴役的义务；而"对小资产者和小农说来就变成了失去财产的自由"③，逐渐陷入贫困，承受被剥削的义务。所以，在这里，自由的并不是个人，而是资本。"只不过是让资本能充分地自由活动罢了。"④ 什么是"资本的自由"呢？这就是资本所有者即资本家之间的竞争自由、贸易自由、买卖自由。

而所谓人身、出版、言论、结社、集会等自由，在资本主义社会中也是很有限的、虚伪的，也只是"在一般词句中标榜自由，在附带条件中废除自由"。⑤ 它们和宗教信仰自由一样，都不过是资产阶级之间的自由竞争在这些领域里的反映而已。

可见，在资本主义社会中，"自由"这项"天赋权利"并不是要把人从

---

① 《马克思恩格斯全集》第 1 卷，人民出版社，1956 年，第 382 页。
② 同上书，第 442 页。
③ 《马克思恩格斯选集》第 3 卷，人民出版社，2012 年，第 779 页。
④ 《马克思恩格斯选集》第 1 卷，人民出版社，2012 年，第 373 页。
⑤ 同上书，第 682 页。

"私有财产"和"宗教信仰"中彻底解放出来，从而使人真正摆脱"世俗桎梏"和"宗教桎梏"，获得真正的自由；相反，它恰恰是要通过将"财产自由"和"宗教自由"神圣化和永恒化为"天赋权利"，从而更加巧妙地也是一劳永逸地束缚住广大劳动人民的思想和行动。马克思指出，在这里，"人并没有从宗教中解放出来，他反而取得了宗教自由。他并没有从财产中解放出来，反而取得了财产自由"。① 而"财产自由"和"宗教自由"实质上是无产阶级在物质上和精神上受资产阶级任意宰割的自由。

（三）"平等权利"是资产阶级剥削无产阶级的机会平等

"平等"作为"天赋权利"无非是资本家阶级剥削无产阶级的机会平等。在市民社会中，"平等"的权利是以社会分裂为两大阶级以及它们对财产的不平等占有为前提的。这就是说，它是以资产阶级占有一切生产资料和财产，而无产阶级一无所有这种"不平等"为前提的，因此，在这两大阶级之间根本谈不上"平等"。那么这种"平等"权利究竟指的是什么呢？用恩格斯的话来说，就是"商品所有者平等"。② 它一方面是商品所有者之间进行交换的平等，即等价交换；另一方面是资产阶级竞争者之间机会的平等。一句话，"平等"这项权利实际上就是资产阶级对无产阶级进行剥削的平等。

正因为"平等"这项"权利"实际上只是资产阶级的阶级"特权"，它是以资产阶级和无产阶级之间对财产的完全"不平等"的占有为前提的，所以，财产问题即社会不平等的问题在现代资本主义社会不但没有得到解决，反而成了"最重要的社会问题"。而且资产阶级社会在政治上越成熟，问题就越尖锐。

马克思还强调，既然"安全"这项权利不外乎是指社会每一个成员的人身、财产受保障的权利，既然无产阶级在资本主义社会中，既没有财产，也不享有权利，甚至还不得不把出卖自己的劳动力作为义务，那么，"安全"权利对无产阶级来说便无实际价值，它只是对占有财产和享有特权的资产阶级才有意义。

---

① 《马克思恩格斯全集》第 1 卷，人民出版社，1956 年，第 442 页。
② 《马克思恩格斯全集》第 19 卷，人民出版社，1963 年，第 229 页。

总之，资本主义与封建主义相比，虽然在争取民主、自由、平等权利的道路上向前迈进了具有世界历史意义的一步，但是，"资本主义始终是雇佣奴隶制度，始终是极少数现代（"morderne"）奴隶主即地主和资本家奴役千百万工农劳动者的制度"。① 在那里，权利和义务是由财产状况决定的。一方面权利既是用来维护财产占有关系及其经济利益的，另一方面权利又是以财产为基础的。权利和义务在资产阶级或无产阶级的身上是分离的，它在形式上的一致实际上是由社会中两个对立的阶级来表现的，即广大劳动者为社会的存在和发展尽种种义务，而由少数剥削者享受种种权利。因此，只有消灭资本主义私有制，广大劳动人民真正享有各种权利，权利与义务才会真正由分离走向统一。

## 第三节　马克思主义人权观精神的"社会化"

马克思主义经典作家在批判反思人类社会演进的不同社会形态中权利与义务关系的种种局限，提出以权利与义务的辩证统一作为其人权观精神实质的基础上，进一步提出了马克思主义人权观精神走向实践、革命实践的价值取向，并强调了公有制将成为权利与义务统一的基础，解决了马克思主义人权观精神如何走向实践、走向社会的"社会化"问题。

马克思主义人权观精神之所以能走向实践，走向社会，成为无产阶级和广大人民争取人权、争取人的解放的指导和精神力量，在于其内在的"社会化"价值取向及其哲学根据。

### 一、马克思主义人权观精神"社会化"的哲学依据

马克思主义在批判反思德国哲学家关于权利与义务关系哲学分析的基础上，在指导无产阶级革命斗争的社会实践中，唯物辩证地解决了权利与义务的关系。

（一）德国哲学家对权利与义务统一性的哲学分析

马克思主义之前的一些思想家，就论述了权利与义务的统一问题。如在

---

① 《列宁全集》第 37 卷，人民出版社，2017 年，第 111 页。

德国古典哲学家康德那里，义务（责任）的原则是"理性绝对地，并且客观地和普遍地以命令的形式向个人提出的关于他应该如何行事的命令"。①

从这种理性主义的义务观出发，康德强调正义的责任就是法律上的责任。这种正义的责任可以通过三个公式反映出来：第一个公式是"公正地生活"，即是说人不能把自己看作供别人使用的手段，对他人来说自己同样是目的；第二个公式是不侵犯任何人；第三个公式是"各人自己的东西归给他自己"，亦即每个人成为国家的成员，享受国家的保护。康德一再强调，每个人都具有不受他人约束的权利，同时每个人必须履行正义的义务、责任，人与人之间应当和谐相处。显然，这种理性主义的权利义务观，带有主观构想的色彩，在现实中是行不通的。黑格尔从普鲁士的国家利益出发，指出"国家的利益在于它的普遍的最终目的和个人的特殊利益的统一，即个人对国家尽多少义务，同时也就要有多少权利"。② 因此，他认为权利与义务相结合，是国家内在力量之所在。诚然，黑格尔强调权利与义务的不可分离，有其合理性因素，但是，在他那里，突出的是个人要对国家尽义务。

（二）对德国哲学家权利与义务统一关系的批判继承

马克思主义批判地继承了德国哲学家关于权利与义务相统一的思想，认为社会主体所具有的权利总是与承担一定的义务相联系。这是因为，作为社会存在物的个人，在一定的社会活动中，与他人、集体乃至整个社会结成密不可分的联系，个人的每一个行为及其后果，不仅对他本身，而且对他人、集体以及整个社会都具有重要意义。"个人与个人、个人与集体、个人与社会的这种连带关系，派生出个人的社会义务。个人的社会义务与个人的主观任性是格格不入的，它意味着个人必须用社会中占统治地位的规范来衡量自己的行为及其后果，它的本质意义在于个人对一定义务的认识以及对所认识的义务的完成。"③

马克思主义认为，在个人的权利与个人的社会义务之间，存在着辩证统一的关系。一方面，个人的自由权利是他的社会义务、社会责任的必要前

① 法学教材编辑部西方法律思想史编写组：《西方法律思想史资料选编》，北京大学出版社，1983 年，第398 页。
② ［德］黑格尔：《法哲学原理》，范扬、张企泰译，商务印书馆，1961 年，第 216 页。
③ 公丕祥：《权利现象的价值分析——马克思权利思想论述》，《南京社会科学》，1991 年第 5 期。

提。"一个人只有在他以完全自由的意志去行动时，他才能对他的这些行动负完全的责任。"① 如果没有一定的权利，就不应当存在行为的责任问题，也不会产生对社会的义务问题。因此，"任何社会成员在为社会尽义务、履行社会责任时，必须以拥有一定的权利为前提。否认主体权利的外在的社会义务与责任，不过是霍布斯心目中的'利维坦'式的外来强加物。不可能设想，一个尽义务、尽责任的人，竟会是丧失独立个性、没有权利的木偶。另一方面，从来就不存在拒绝一定社会义务和责任的抽象主体权利。任何具有健全理智而清醒的社会成员，当他们在一定条件下形成直接的社会权利要求进而转化为法定权利时，总是相应地承担社会义务，使自己的行为及权利的行使尽可能符合社会一般意志的要求"②。一旦社会成员选择了对社会统治关系的行动，就会招致随之而来的惩罚结果，并被强制承担一定的社会责任或法律责任。因之，马克思的结论是：在现实中，"没有无义务的权利，也没有无权利的义务"③。显然，马克思提出了只有在人的社会实践活动中，才能实现权利与义务的统一。

权利与义务的不可分离性表明，义务在客观上对个人行为的选择以及运用社会赋予他的权利时具有一定的抑制意义。一个人若能自觉地认识这种客观的抑制，为社会尽了义务，那么他也就得到了行使权利的自由。因此，黑格尔说："具有约束力的义务，只是对没有规定性的主观性或抽象的自由……才是一种限制。但是在义务中个人毋宁说是获得了解放。""义务仅仅限制主观的任性，……义务所限制的并不是自由！而只是自由的抽象，即不自由。义务就是达到本质、获得肯定的自由。"④ 黑格尔上述见解是深刻的。尽管义务是一种使命、职责或任务，具有不以人们的主观意志为转移的客观的约束力，但从主观方面说，它是在人们理解和认识了客观要求，自觉认识到自己的使命、职责、任务的基础上形成的一种内心的信念和意志，因而履行义务的行为又是自由的。一个人只要能充分认识马克思主义关于基于人的社会实践活动的权利与义务的辩证关系，在运用权利时自觉地履行义务，他

① 《马克思恩格斯选集》第4卷，人民出版社，2012年，第91页。
② 公丕祥：《权利现象的价值分析——马克思权利思想论述》，《南京社会科学》，1991年第5期。
③ 《马克思恩格斯选集》第3卷，人民出版社，2012年，第172页。
④ ［德］黑格尔：《法哲学原理》，范扬、张企泰译，商务印书馆，1961年，第167—168页。

便会在其中感受到自由。所以，实现权利与义务辩证关系的价值取向，不能停留于精神现象世界，必须以"社会化"为其价值取向，在社会实践中把握权利与义务的辩证关系。

（三）防止对权利与义务辩证关系理解的片面性

值得注意的是，在对马克思主义的权利与义务的辩证关系的理解中，还存在着两种片面性：或是以"义务为本位"，或是以"权利为本位"。

19世纪末20世纪初，资产阶级思想家提出了一种只讲义务不讲权利的"绝对义务论"。如孔德认为，"权利的概念将永远消失了，每个人只有义务，而且是对一切人的义务"；狄骥认为，社会中任何人都没有权利，只有义务，亦即"社会职能"。[①] 按照这种理论，在资本主义社会中，任何人、任何组织都没有权利，都只是在履行义务。资本家占有资本、剥削工人，工人为资本家做工、遭受剥削，都是完成各自的"社会职能"或义务而已。这种义务观的错误性是显而易见的。

与此相反，近代以来的许多国家的人权宣言和宪法大多强调权利的一面。实际上，这是由过去的历史状况造成的。因为作为弱者的一般民众的权利，一向遭到作为强者的统治者和特权阶层的过多的蹂躏，所以明确地伸张权利是不可侵犯的，鲜明地突出权利的地位。但是这种强调并不是意味着权利可以脱离义务。罗马俱乐部创始人意大利著名实业家、学者 A. 贝恰非常中肯地指出："明确了义务与责任，才能保护和研讨权利资格。……比如，联合国人权宪章意图是保护弱小者和被压迫民族，是为这一有价值的目的服务的。但它有可能给人们一种错误的印象，以为我们人类是不负有各种义务连尊重他人的权利的义务也不负——的天生的权利的保持者。"[②] 尤其是在当今社会，人们交往关系日益扩大以及全球气候、难民、新冠病毒、地区冲突问题突出的情况下，义务问题更为鲜明地凸显出来，美国等西方国家就是只讲"权利"，挥舞人权大棒到处打击，到处入侵，因为失去了义务与责任准则，权利的行使、"人权"的呼喊只是一种为了达到一己、一国私利的工具，行为的选择也就失去起码的约束与规范。不受义务和责任约束的

---

① 参见董云虎，刘武萍：《世界人权约法总览》，四川人民出版社，1990年，第49页。
② ［日］池田大作，［意］贝恰：《二十一世纪的警钟》，中国国际广播出版社，1988年，第39页。

"权利"和"人权"，不是争"人权"、给"人权"，而是"战争"、"掠夺"和"灾难"。

## 二、马克思主义人权观精神"社会化"的客观前提

在马克思主义人权观中，人权作为"权利的一般形式"，因"权利与义务"的辩证统一而使其超越以往种种人权观，成为马克思主义人权观的精神实质。马克思主义人权观不是一种脱离社会现实、社会实践（包括当时无产阶级革命实践）的精神现象，权利现象的统一性，以及社会主义公有制的建立，为马克思主义人权观精神的"社会化"，即为其价值实现，奠定了前提条件和现实根基。

第二章我们已经论及，权利现象是一个普洛透斯式的多面体。各种权利层层叠叠、纵横交错、复杂多样。马克思主义之前的思想家一般都以抽象的人性论为基础，就权利解释权利，因而并不能揭示权利现象世界的奥秘。马克思、恩格斯在革命实践中，不仅找到了权利的社会经济基础，而且通过引入权利与义务关系的辩证思维模式，从而使人们对权利现象的认识发生了根本性的变化。这些都是以权利现象世界的统一性为前提的。

权利现象世界的统一，不是神或上帝的安排，也不是"自然权利"论者所宣扬的是自然界的恩赐，具有与生俱来、超时空的、永恒的特性，因而是统一的。马克思主义认为，权利现象世界的统一，本质上在于权利与义务现象世界的客观统一性。

（一）权利现象世界中最普遍、最基本的就是权利与义务的关系

无论过去、现在、将来，无论在世界的什么地方，只要存在着人，有人与人之间的关系，那么，在反映人的关系的权利现象世界中，必然存在着权利与义务的关系。在权利现象世界中，不存在什么只有权利没有义务或只有义务没有权利的现象，不同的权利现象，诸如妇女、儿童与青年的权利，经济、社会、文化的权利，等等，都是互相渗透、互相影响的，都是不断更新着的权利现象世界中的一个方面、一个环节，都以自己所固有的方式反映权利与义务关系。

（二）在权利现象世界中，任何权利都贯穿着权利与义务不可分离的属性

前面，我们已从权利与义务关系的演变说明，任何权利都不能脱离义务，权利与义务具有不可分离的属性。权利一旦与义务分离，那么权利本身便会发生异化，或是异化为神权、君权，或是异化为资产阶级的特权，权利也就失去了它本来的真实含义。

任何权利，作为主体的一种需要，也是离不开义务的。因为社会主体权利需要的满足，如生存和发展权利、劳动权利、休息权利、娱乐权利等的实现，不仅要为满足这些权利需要的条件尽义务，而且必须考虑到他人、集体、社会的权利需要的满足，为他人、集体、社会尽义务。因此，主体不仅有权利需要，还有义务需要。权利需要在义务需要的实现中得到升华；义务需要在权利需要的实现中得到新的激励。权利与义务需要的互动，促使权利与义务的关系由一种水平进入到一种新的更高的水平。

权利与义务的不可分离性，并不意味着两者之间没有矛盾。当然，在不同的社会制度条件下，两者矛盾的性质是不同的。在社会主义条件下，权利与义务本身所具有的不同的规定性，决定了两者之间必然有着差异和矛盾。人们正是在对这种矛盾的认识与解决中，使其由对立向统一转化的。权利与义务的这种对立统一关系，也就是它的矛盾律。人在自然界中的权利与义务关系，同人在政治生活中的权利与义务关系是不一样的，它们从不同的角度反映着权利与义务关系的矛盾律。其他种种不同方面、不同层次的权利与义务关系，也都受这种矛盾律的制约。

（三）对权利现象世界统一性的认识，取决于对权利与义务之间矛盾的解决

在对权利现象世界统一性的认识上，一直存在着两种错误的观点，一是用神或君赋权利来说明权利的来源以及权利现象世界的统一性，这是一种唯心主义的观点，就是"天赋权利"说，它虽然使权利从天国降到了人间，在人类权利的发展中迈出了具有决定意义的一步。但是，它以抽象的人性论为基础来说明权利的来源以及权利现象世界的统一性，仍然没有跳出唯心主义的框框。二是主张以"权利为本位"或是以"义务为本位"，来解释权利现

象世界的变化，说明权利现象的统一性。但是，这种观点由于割裂了权利与
义务之间的关系，也就不可能对权利现象世界的统一性问题，做出科学的解
释。这种观点是形而上学的。

我们说，在权利现象世界中充满了矛盾。其中既有不同的权利之间的矛
盾，又有人与权利的矛盾（当权利作为社会主体所追求的一种价值目标时，
权利本身又是一种外在于主体的对象、客体，两者之间矛盾的解决，意味着
主体与权利客体的统一，主体价值目标的实现），既有主体在追求权利过程
中由于各种因素的干扰所产生的矛盾，又有主体在享受权利的过程中由于不
能正确对待自己的权利所产生的矛盾，既有由于文化背景、社会习俗等差异
而在权利问题理解上所产生的矛盾，又有人们为摆脱各种奴役和束缚，在争
取个人或民族生存与发展权利的斗争中所产生的矛盾，等等。种种矛盾给人
们对权利现象世界的认识，蒙上了一层神秘的面纱，权利现象世界仿佛是一
片杂乱无章的景象。这也是马克思主义以前的思想家不能说明权利现象世界
统一性的认识论原因。

马克思主义认为，权利作为一种人与人之间的关系，它的产生与实现都
不能脱离一定的社会关系。正因为如此，人们对权利的追求与享受，不能不
讲义务。这一点前面已做了分析。同样，权利现象世界中的种种矛盾（如上
面所论及的），虽然产生原因和表现方式各异，但它们都与如何认识与对待
义务相关。例如，人要在一定程度上获得对自然的支配权利，要在社会中争
取生存与发展的权利，绝不能撇开对自然、社会（他人、集体）所应尽的义
务。尤其是在社会生活中，人们争取平等的权利，必须也要考虑到平等的义
务。用恩格斯的话来说，就是争取"所有人的平等权利和平等义务"。① 显
然，权利平等与义务平等，在权利现象世界中具有相同重要的意义。

马克思主义正是在对权利与义务关系的科学解决过程中，说明了权利现
象世界的客观统一性，正是这种客观统一性为马克思主义人权观精神的"社
会化"（能走向社会革命、能成为无产阶级革命实践的指导）提供了客观
前提。

---

① 《马克思恩格斯选集》第 4 卷，人民出版社，2012 年，第 291 页。

### 三、马克思主义人权观精神"社会化"的公有制基础

权利与义务相统一的辩证思想作为马克思主义人权观的精神实质，只是在社会主义社会得到了充分的体现，真正获得了"社会化"的基础。

社会主义消灭了人剥削人、人压迫人的私有制，确立了人人自由平等的生产资料公有制，这就从根本上铲除了权利与义务相分离的社会经济根源，建立了权利与义务相结合的客观物质前提，真正使权利与义务实现了统一，也为马克思主义人权观精神的"社会化"奠定了制度基础。

（一）互相尊重权利、互相履行义务的制度安排是马克思主义人权观精神"社会化"的基础

社会主义公有制的确立，保证了劳动人民在共同占有生产资料和劳动产品的基础上个人利益与国家、集体利益的根本一致性，消除了资本主义制度下人与人之间那种根深蒂固的对抗和仇视，这就为人与人之间互相履行义务，互相尊重权利的马克思主义人权观精神的"社会化"提供了一个坚实的基础。正是在这一基础上，党和政府在处理这一类问题时，总是努力根据客观规律办事，全面地考虑人民群众的权利与义务。讲权利时，也讲义务；讲义务时，也讲权利，把权利和义务当成一个不可分割的整体来看待；反复宣传公民在执行权利和义务方面是平等的。国家除了依法剥夺极少数没有改造好的剥削阶级分子、恐怖分子、敌对分子和其他刑事犯罪分子的部分权利与义务外，所有公民不分民族、性别、职业、社会出身、宗教信仰、教育程度、财产状况、居住年限，都按照宪法和法律的规定一律平等，绝不允许任何人侵犯别人的权利，加重别人的义务。

每个公民既享有国家所规定的一切权利，又承担着各项义务。这里，权利与义务并重，充分体现了社会主义国家利益同个人利益、公民的长远利益和当前利益的一致性。如果只讲义务，不讲权利，就会脱离群众，不能调动广大人民群众进行社会主义现代化建设的积极性，不能培养广大人民群众自觉地推动社会前进的义务感。反之，如果只讲权利，不讲义务，便会使人们斤斤计较个人的利害得失，而放弃对社会应尽的义务。那样，社会主义现代化建设就难以继续。

（二）统一于宪法和法律基础上的权利与义务关系，为马克思主义人权观精神的"社会化"获得了根本保障

社会主义社会的权利与义务的统一，是立足"社会"，以宪法和法律为规范人们权利与义务关系基础上的统一。这是与资产阶级权利观的一个重要区别。

资产阶级权利观的一个重要特点是，认为权利是先于法律的，因为"权利"是"天赋"的。只是由于人们将"一部分"权利转让出来，订立契约，才产生了法律和国家。因此，除了转让出来的那"一部分"权利即政治上的民主权利是宪法权利之外，人们"继续保有的"其他权利仍然是超宪法的。在这一方面，美国是一个典型。美国学者路易·亨金说得清楚："美国人的个人权利……不是社会或任何政府的赠与。它们不是来自宪法，它们是先于宪法而存在的。……它们并非严格的宪法权利。宪法并不创造、建立或赐予权利。"① 《权利法案》虽然列举了若干权利，规定政府必须尊重它们，但是，它"根本没有把权利注入我们的宪法，使之具有宪法的身份与地位的思想"。②

既然权利是超宪法的，那么，很自然，个人行使这种权利也对他人、社会和国家不负有任何法律义务。国家既不能制订法律限制这些权利，也同样不能制订法律保护或促进这些权利。因此，路易·亨金写道：同权利先于宪法相关的后果，就是"宪法并不保护我们的自主与自由，以对付所有侵犯者。……国家并未受权保护权利使之不受纯属私人的干涉"，"宪法禁止的只是由政府及其官员侵犯它们"，但由于宪法没有规定应当怎样维护我们的权利使之不受政府侵犯以及受到侵犯时的补救办法，结果这种"禁止"也是得不到法律保障的。

尤其重要的是，"平等"权和一切经济、社会、文化权利"在美国都不是宪法权利"，所以，在美国，"根本不存在更公平地分配我们的巨大财富的

---

① ［美］路易·亨金：《美国人的宪法权利与人权》，李泽锐摘译，《环球法律评论》1981 年第 6 期，原载美国《哥伦比亚法律杂志》，1979 年 4 月第 3 期。

② 同上。

宪法义务"，也不负有"减轻饥饿，甚至我们自己的人民的饥饿之义务"。①
在这里，既解除了个人对他人、社会和国家的法律义务，也解除了他人、社会、国家对个人的法律义务。存在的只是没有法律义务和法律保护的"自然权利"和无政府状态。

与此相反，在社会主义"社会"中，人与人之间、个人与社会、国家之间的所有权利义务关系以及这种关系的不可分离性，都是由宪法和法律规定的，并且是受宪法和法律保护的。任何人、任何组织都不享有超越宪法和法律之上的权利，都必须履行宪法和法律规定的义务。

凡具有中华人民共和国国籍的人都是中华人民共和国公民。中华人民共和国公民在法律面前一律平等。国家尊重和保障人权。任何公民享有宪法和法律规定的权利，同时必须履行宪法和法律规定的义务。

在这里，"人在法律上既是权利的主体，也是义务的主体；人的基本权利和自由既受到法律的保护，也受到法律义务的制约，而且人人在法律上均享有平等的权利，承担平等的义务"。②

显然，马克思主义人权观的精神只有在社会主义国家的宪法保护下才能真正地"社会化"，成为人与人之间、个人与集体之间、个人与国家之间的社会现实，成为广大人民都真正享有人权的社会现实。

---

① ［美］路易·亨金：《美国人的宪法权利与人权》，李泽锐摘译，《环球法律评论》1981 年第 6 期，原载美国《哥伦比亚法律杂志》，1979 年 4 月第 3 期。
② 郑仓云：《试论人权的整体性》，《长白学刊》，1993 年第 10 期。

# 第四章 马克思主义人权观的社会经济基础

马克思主义人权观的一个重要原理是："权利永远不能超出社会的经济结构以及由经济结构所制约的社会的文化发展。"马克思的论述，不仅精辟地阐明了权利、人的权利与社会经济结构、社会文化发展的相关性，即权利是一定的生产力和生产关系相统一的社会生产方式的产物，权利的产生和发展不能离开社会经济发展的文明大道，而且为进一步探究马克思主义人权观的科学性指明了方向，马克思主义人权观也正是随着社会经济的发展而不断发展完善的。

## 第一节 任何人权都基于一定的社会经济基础

马克思主义对人的权利、人权的分析研究，总是置于一定的社会经济结构，即置于一定的生产关系之中分析。因为不同的权利、权利观反映的是不同社会条件下的社会生产关系。一个社会生产关系的总和也就是一个社会的经济基础。因此，人权及其观念的产生和发展，须立足于社会的经济基础。

### 一、立足社会经济基础分析人权观

马克思主义认为，"'人权'不是天赋的，而是历史地产生的"。① 这一观点基于对社会问题分析的方法论。"在分析任何一个社会问题时，马克思

---

① 《马克思恩格斯全集》第 2 卷，人民出版社，1957 年，第 146 页。

主义理论的绝对要求，就是要把问题提到一定的历史范围之内。"① 而历史的分析首先是要立足于社会经济基础去分析。

人权作为一个社会关系问题，它的形成及其观念的产生，都是一定历史阶段的生产力和生产关系的产物，都以一定的社会经济为基础。马克思指出："社会关系和生产力密切相联。随着新生产力的获得，人们改变自己的生产方式，随着生产方式即谋生的方式的改变，人们也就会改变自己的一切社会关系。……人们按照自己的物质生产率建立相应的社会关系，正是这些人又按照自己的社会关系创造了相应的原理、观念和范畴。所以，这些观念、范畴也同它们所表现的关系一样，不是永恒的。它们是历史的、暂时的产物。"② 马克思主义关于分析社会关系问题的方法论，同样也要求我们将人的权利及其观念置于一定历史条件下的社会经济结构中进行分析，这样人的权利及其观念（含人权观）产生的性质及其实现程度，就能被予以科学合理的解释。

第一，社会经济基础产生了权利主体，并规定了其在权利中的地位。在不同社会的经济基础条件下，权利主体对权利的拥有程度是极不相同的。正如恩格斯指出的："如果说在野蛮人中间，像我们已经看到的那样，不大能够区别权利和义务，那么文明时代却使这两者之间的区别和对立连最愚蠢的人都能看得出来，因为它几乎把一切权利赋予一个阶级，另方面却几乎把一切义务推给另一个阶级。"③

第二，社会经济基础提供了权利及其观念的物质基础，并规定了其实现的程度。权利在本质上是具有经济内容的。就主体而言，在经济上不占统治地位，则无权利可言，而就整个社会来说，社会发展的生产力水平和生产关系程度，直接制约权利及其观念的水平。列宁在分析民主权利及其观念时指出："民主从古代的萌芽时期起，在几千年过程中，随着统治阶级的更迭，必然在形式上发生变化。在古代希腊各共和国中，在中世纪各城市中，在各

---

① 《列宁选集》第 2 卷，人民出版社，2012 年，第 375 页。
② 《马克思恩格斯选集》第 1 卷，人民出版社，2012 年，第 222 页。
③ 《马克思恩格斯选集》第 4 卷，人民出版社，2012 年，第 194 页。

先进的资本主义国家中，民主的形式都不同，民主的运用程度也不同。"①

第三，社会经济基础决定了权利及其观念的性质，并影响着它的发展。社会生产方式进步，权利及其观念也随之进步。马克思指出："创造这种权利的，是生产关系。一旦生产关系达到必须蜕皮的地步，这种权利的和一切以它为依据的交易的物质的、在经济上和历史上有存在理由的、从社会生活的生产过程中产生的源泉，就会消失。"②

社会经济结构，即一定的社会经济基础所决定的权利及其观念是不断发展的。在自然经济状态下，生产在孤立的、狭小的范围内进行，权利主体依附于血缘的、宗法的或政治的强制关系，这只是权利的起始阶段。商品经济条件下，生产的分工普遍发展，商品交换主宰着人们的经济联系，权利发展到具有普遍意义的阶段。当然，这一阶段权利的普遍意义还存在着形式和内容的落差。只有在高度的生产力和社会分工的基础上，社会成员共同占有生产资料，并进行直接的计划生产和计划分配，权利主体及其观念才获得了全面发展的可能。

以上三方面说明，马克思主义坚持对权利及其观念的分析必须立足于一定的社会经济结构，即一定的社会经济基础。

## 二、权利及其观念随着商品经济的发展而发展

马克思主义认为，从权利及其观念的普遍意义的角度看，商品经济对权利及其观念产生起着关键的决定性的作用。在这个意义上，商品经济成为分析研究马克思主义人权观的基础。

### （一）原始的自然经济无权利及其观念

原始社会生产力水平极度低下，人们受到外部自然界的支配，同时又不能离开自发共同体。人与人之间只有一种"狭义的关系"，社会生活还带有"动物性质"。这个上古时代的出发点是人从动物界分离出来的，而它的内容则是克服将来集体的人们所永远不会再遇到的那些困难。人类祖先们就在这种状态下着手进行伟大的战斗，首先是图生存，然后是求进步，直到他们免

---

① 《列宁全集》第35卷，人民出版社，2017年，第492页。
② 《马克思恩格斯全集》第46卷，人民出版社，2003年，第877—878页。

于猛兽之害而获得生命安全以及获得固定的食物为止。这时的经济是原始的自然经济，人们共同劳动，共同分享产品。经济地位低下的平等，使人们在公共事务中无暇顾及权利和义务的区别，建立社会生活秩序仅仅以自然形式的平等观念为依据，并以习以成论的生活规则投身其中。

而且，早期人类只有倾其全力才能克服他们所遇到的生存障碍。人类既不成熟，又无经验，而且还受着本身所具有的食、色等低等动物欲望的支配；他们在智力和心理方面都很低下，抽象推理能力很差。因此，这时的人们无从认识和评价经济活动的意义、后果和规律，也不能认识和评价社会活动的意义及其必然性。显然，这时的人们由于经济条件的制约，不具备权利的观念及其实现的可能。

（二）人的权利及其观念建立在商品经济基础之上

随着生产力和社会分工的进一步发展，商品生产和商品交换随之发展起来。人的权利及其观念，也随着商品经济发展中不断为其创造的客观和主观条件而发展起来。马克思认为：作为权利主要内容的现代意义的平等和自由所要求的生产关系，在古代世界还没有实现，在中世纪也没有实现，而是在资本主义社会实现的。这就是以等价交换为根本原则的商品经济关系。

商品经济的发展，在欧洲主要是从 15 世纪开始的。生产技术大幅度改进导致劳动生产率的提高，商品流通日益扩大导致社会化大生产的发展，地理大发现导致国际市场的开辟。自然经济在社会发展的巨力中逐渐过渡到商品经济，并且产生了神奇的魔力，"好似一种瓦解因素渗入封建社会的一切罅隙、裂缝和细孔"。① 文艺复兴的思想潮流应运而起，人们立足于焕然一新的经济基础上，确立了商品拜物教的权威，商品货币面前人人平等的原则。思想家们反对以神为本位的封建专制，肯定个人生活的地位，强调每个人都有享受现实生活的一切权利，要求发挥个人的智慧，对现实生活采取积极进取的态度。这种对人的价值、尊严、权利的颂扬，可以看作是权利思想的真正发端，或者说层次转换。这种层次转换，恰恰是建立在商品经济的基础之上的，是由商品经济替代自然经济的生产方式的转换所决定的。

---

① 《马克思恩格斯选集》第 3 卷，人民出版社，2012 年，第 482 页。

随着商品经济在社会中占主导地位，"把一切封建的、宗法的和田园诗般的关系都破坏了。它无情地斩断了把人们束缚于天然尊长的形形色色的封建羁绊"。① 封建的人身依附被打破了，封建的宗法关系上的脉脉温情的面纱被撕下了。商品经济的买卖自由、等价交换原则把人与人之间的关系变成了赤裸裸的金钱关系。其中却内含着一种权利的要求。资产阶级要求承认他们作为商品所有者应有的平等权利，即平等交换的权利，同自由工人平等地订立契约买卖劳动的权利，进而要求确立人在社会生活中的天赋权利地位。

由此可见，商品经济是作为一种以交换为媒介的生产方式而存在的。这一经济过程充分重视被交换的商品的自然特性，交换者的自然需要，遵循等价交换的原则，实质上提出了经济贸易中的自由和机会平等的权利要求。正如马克思指出的：交换，确立了主体之间的全面平等……确立了自由……平等和自由不仅在以交换价值为基础的交换中受到尊重，而且交换价值的交换是一切平等和自由的生产、现实的基础。②

## 三、以商品经济为基础不断拓展权利领域

商品经济的发展，资产阶级由封建时代的市民等级破茧而出，逐步成熟为一个独立阶级。

### （一）权利平等要求延伸到政治领域

随着资本主义经济规模的进一步扩大，资产阶级在社会经济生活中占据了统治地位。权利的要求也突破了单纯的经济范围，延伸到了权利平等的政治领域。资产阶级的权利要求，更为深层的含义是基于资本主义商品经济交换关系基础上的政治指向，即要求建立一个维护资产阶级基本权利的国家政权及相应的制度。马克思恩格斯指出："现代国家承认人权同古代国家承认奴隶制是一个意思。""现代国家既然是由于自身的发展而不得不挣脱旧的政治桎梏的市民社会的产物，所以，它就用宣布人权的办法从自己的方面来承认自己的出生地和自己的基础。"③

---

① 《马克思恩格斯选集》第 1 卷，人民出版社，2012 年，第 402—403 页。
② 《马克思恩格斯全集》第 46 卷（上），人民出版社，1979 年，第 197 页。
③ 《马克思恩格斯全集》第 2 卷，人民出版社，1957 年，第 145 页。

资本主义工业和商品经济的发展，必然提出相应的权利要求。集中表现为劳动力买卖的自由和平等，劳动产品自由和平等的交换，商品所有者的自由和平等。而这些商品经济的要求却受到国家政治制度的制约和限制。因为，当资本主义经济日益支配社会经济生活时，社会日益成为资产阶级社会时，社会的政治结构并没有紧跟着社会的经济生活条件的这种剧烈的变革发生相应的改变，出现了滞后现象，国家制度仍然是封建的。

（二）消除封建的不平等，建立权利的公平和平等

18、19 世纪促进商品经济发展的权利公平和平等要求，仍然受封建国家制度的束缚。恩格斯对此作了精辟的分析，他说："大规模的贸易，特别是国际贸易，尤其是世界贸易，要求有自由的、在行动上不受限制的商品占有者，他们作为商品占有者是有平等权利的，他们根据对他们所有人来说都平等的，至少在当地是平等的权利进行交换。从手工业向工场手工业转变的前提是，有一定数量的自由工人（所谓自由，一方面是他们摆脱了行会的束缚，另一方面是他们失去了自己使用自己劳动力所必需的资料），他们可以和厂主订立契约出租他们的劳动力，因而作为缔约的一方是和厂主权利平等的。最后，一切人类劳动由于而且只是由于都是一般人类劳动而具有的等同性和同等意义，在现代资产阶级经济学的价值规律中得到了自己的不自觉的，但最强烈的表现，根据这一规律，商品的价值是由其中所包含的社会必要劳动来计量的。"① 显然，恩格斯在分析手工业向手工工场转变过程中指出，摆脱了行会束缚的自由工人，可以和厂主订立契约出租他们的劳动力，在这个时候，也正是这一点上，"平等"及其观念开始孕育。

不过，从资产阶级社会的经济条件导出现代的平等观念，首先是由马克思在《资本论》中作出论证的。但是，"在经济关系要求自由和平等权利的地方，政治制度却每一步都以行会束缚和各种特权同它对抗。地方特权、差别关税以及各种各样的特别法令，不仅在贸易方面打击外国人或殖民地居民，而且还时常打击本国的各类国民；行会特权处处和时时都一再阻挡着工场手工业发展的道路。无论在哪里，道路都不是自由通行的，对资产阶级竞

---

① 《马克思恩格斯全集》第 26 卷，人民出版社，2014 年，第 111 页。

争者来说机会都不是平等的，而自由通行和机会平等是首要的和愈益迫切的要求。"①

于是，摆脱封建桎梏和通过消除封建不平等来确立权利平等的要求提到日程上来，资产阶级的权利要求指向政治方面，不仅为本阶级，而且为整个社会中处于不平等地位的阶级、阶层提出要求。权利获得了普遍的、超出个别国家范围的性质，资产阶级成了反对封建特权，争取政治权利的全社会的当然代表。这显然是以商品经济的发展为契机的。恩格斯指出："权利的公平和平等，是十八、十九世纪的资产者打算在封建制的不公平、不平等和特权的废墟上建立他们的社会大厦的基石。劳动决定商品价值，劳动产品按照这个价值尺度在权利平等的商品所有者之间自由交换，这些——正如马克思已经证明的——就是现代资产阶级全部政治的、法律的和哲学的意识形态建立于其上的现实基础。"② 当我们看到权利作为法律规范或社会关系出现时，要把重点首先放在从作为基础的经济事实中探索出政治观念、法权观念和其他思想观念以及由这些观念所制约的行动，从而找到权利的本质及其发展的途径。

（三）资本主义的人权形式是普遍的，实质是特殊的

综上所述，无论是在经济领域，还是扩展到政治领域，人的权利与商品经济的发展阶段相联系。就权利的一般形式——自由和平等来说，商品是天生的平等派，商品交换是自由的发源地。马克思明确地指出："平等！因为他们彼此只是作为商品占有者发生关系，用等价物交换等价物。""自由！因为商品，例如劳动力的买者和卖者，只取决于自己的自由意志。他们是作为自由的、在法律上平等的人缔结契约的。"概而言之，"劳动力的买和卖是在流通领域或商品交换领域的界限以内进行的，这个领域确实是天赋人权的真正伊甸园。那里占统治地位的只是自由、平等、所有权和边沁"。③

这样的理解，从根本上解决了权利的基础问题。但更进一步探讨，基于商品经济的权利的承担者是谁？权利是什么人的权利？这是亟待解决的、更

---

① 《马克思恩格斯全集》第 26 卷，人民出版社，2014 年，第 111—112 页。
② 《马克思恩格斯全集》第 21 卷，人民出版社，1965 年，第 210 页。
③ 《马克思恩格斯全集》第 42 卷，人民出版社，2016 年，第 165—166 页。

深层次的问题。

　　实际上，在商品经济的交换领域中，人的权利以一般形式表现出来。无论是资产阶级，还是劳动群众，乃至逃脱封建束缚的农奴，当他们相互缔结出卖劳动力的契约时，作为交换过程的双方，他们作为价值相等的人同时是彼此漠不关心的人，他们在其他方面的个人差别与他们无关，他们不关心他们在其他方面的一切个人特点。① 也就是说，资产阶级和劳动群众都成为权利的主体，都享受着应有的权利。

　　然而，客观事实是：商品经济发展的资本主义阶段提出的权利，虽然在形式上是普遍的，实质上是特殊的。它的承担者决不是一切人，而只是资产阶级。或者说，在资本主义社会的现实生活中，充分享有权利的只是资产阶级。首先，资产阶级作为统治阶级，掌握着国家政权，其享受权利总是同国家法律相联系，总是为其政治压迫服务的。其次，资产阶级占有生产资料，掌握经济命脉，其享受权利总是同维护其经济剥削相联系。在这个意义上，马克思认为，"人权就是（阶级）特权"。

　　（四）资本主义人权的本质就在于阶级性

　　当我们的目光停留在商品交换领域中，权利以一般的形式表现出来。而当我们深入到商品生产领域，资本主义社会人权的本质被暴露出来，人的权利的阶级性，或者人的权利在资本主义社会的特殊表现被展示出来。

　　在生产领域，权利的物质承担者的关系发生了变化。更确切一点说，这种关系的另一层次的含义成为主导。马克思指出"我们的工人在走出生产过程时同他进入生产过程时是不一样的。在市场上，他作为'劳动力'这种商品的占有者与其他商品的占有者相对立……他把自己的劳动力卖给资本家时所缔结的契约，似乎是卖者和买者自愿商定的产物。在成交以后却发现：他不是'自由的当事人'，他自由出卖自己劳动力的时间，是他被迫出卖劳动力的时间"。② 这一"被迫"关系的存在，使得"自由当事人"的关系成为资本家和工人的不平等的阶级剥削关系，其实质内容就是资本家占有工人在生产过程中创造的、大大高于其在流通中价值的剩余价值。

---

① 《马克思恩格斯全集》第 46 卷（上），人民出版社，1979 年，第 194 页。
② 《马克思恩格斯全集》第 42 卷，人民出版社，2016 年，第 304 页。

资本主义社会，劳动人民不能获得真正意义上的平等权利。其根本的原因，犹如马克思所说的："生产者相互发生的这些社会关系，他们借以互相交换其活动和参与共同生产的条件，当然依照生产资料的性质而有所不同。"① 真正平等权利的获得，只有在公有制的条件下才能实现。

## 第二节　社会主义商品经济是人的 权利实现的基础

马克思、恩格斯并没有直接阐释社会主义商品经济，但是马克思主义的两个观点实际是预言了社会主义商品经济条件下人的权利的真正实现。一是马克思认为，"商品生产和商品流通是极不相同的生产方式都具有的现象，尽管它们在范围和作用方面各不相同"。② 也就是说，不管采用什么经济制度，商品生产和商品流通都是必需的。二是马克思主义认为，只有在生产资料归全社会所有的公有制社会，人的平等权利等才能真正实现。1984 年中共十二届三中全会提出发展社会主义商品经济；1992 年 10 月 12 日中共十四大正式提出建立社会主义市场经济体制，不仅为社会主义人权的实现提供了客观的社会经济基础，而且证明了马克思主义对人的平等权利的真正实现、人权发展的推断是科学合理的。

### 一、社会主义商品经济的性质和特点

这里与马克思主义分析人权建立于商品经济基础之上的思路相一致，分析社会主义商品经济与人的权利的关系。

第一，公有制是社会主义商品经济的基础。以此为出发点，发展社会生产，满足社会需要成为商品生产交换的总目的，其目标指向是社会主义国家和全体劳动人民的最高利益。因而，它所表现出来的人与人之间的关系是在公有制基础上的互助平等的关系。无论是在生产领域，还是在流通领域，人们都处在平等的权利关系之中，再也不是那种"赤裸裸的利害关系"，"冷酷

① 《马克思恩格斯全集》第 6 卷，人民出版社，1961 年，第 486—487 页。
② 《马克思恩格斯全集》第 42 卷，人民出版社，2016 年，第 97 页注。

无情的现金交易",占有生产资料与否的"自由交换",这就在根本上消除了权利的"特殊化",权利由新的基点返归到其一般形式。

第二,社会主义商品经济的价值和使用价值,私人劳动和社会劳动,根本上不存在对抗性的矛盾冲突。因此,在社会主义经济活动中,尽管也存在着商品交换和竞争,存在着不同范围的利益矛盾,以及不同地区、不同经济成分利益要求的差异,但在根本利益上,商品生产者之间都是一致的。这就保证了对权利占有的一致性。只是这种平等权利存在于非平等性的对立之中,或者说,权利的普遍获得,是在根本利益意义上的获得,是以一定程度地否定个人利益的权利为代价的。

## 二、社会主义商品经济与人的权利的一致性

恩格斯认为,在马克思的理论研究中,对法权(它始终只是某一特定社会的经济条件的反映)的考察是完全次要的;相反地,对特定时代的一定制度、占有方式、社会阶级产生的历史正当性的探讨占着首要地位。但他同时证明,这种历史的正当性现在不仅消失了,而且剥削不论以什么形式继续保存下去,已经日益愈来愈妨碍而不是促进社会的发展,并使之卷入愈来愈激烈的冲突中。① 只有在社会主义条件下,人的权利(人权)才获得完全意义并获得发展的内在动力。

首先,社会主义商品经济为人权的实现提供了客观基础。社会主义商品经济的发展,既奠定了权利的经济基础,同时也奠定了政治基础,保证了权利的人民性和现实性。恩格斯曾经分析建立在资本主义商品经济基础上的权利,他指出:"资产阶级在反对封建制度的斗争中和在发展资本主义生产的过程中不得不废除一切等级的即个人的特权,而且起初在私法方面,后来逐渐在公法方面实施了个人在法律上的平等权利,从那时以来并且由于那个缘故,平等权利在口头上是被承认了。但是,追求幸福的欲望只有极微小的一部分可以靠观念上的权利来满足,绝大部分却要靠物质的手段来实现,而由于资本主义生产所关心的,是使绝大多数权利平等的人仅有最必需的东西来

---

① 《马克思恩格斯全集》第 21 卷,人民出版社,1965 年,第 557—558 页。

勉强维持生活，所以资本主义对多数人追求幸福的平等权利所给予的尊重，即使有，也未必比奴隶制或农奴制所给予的多一些。"① 实质上，资本主义社会给出的也只能是一种特权。正如马克思指出的，这些特权都以私有财产的形式表现出来。这种吻合的一般的基础是什么呢？就是：私有财产是特权即例外权的类存在。而社会主义商品经济恰恰是以公有制为前提的，社会主义公有制为维护和保障全体人民的人权提供了客观基础。

第二，社会主义商品经济促进人权的发展，两者在调节机制上具有一致性。人的权利的发展受生产力和上层建筑发展状况的制约。同样，社会主义商品经济也受到生产力和上层建筑发展水平的制约。两者都以其发展的历史必然性，调节着社会，也发展着自身。充分发展社会主义商品经济，同时必然发挥其调节上层建筑的内在机制，从政治体制、法律体制、思想文化传统上对权利的发展产生积极的影响。

社会主义政治体制和法律体制产生于旧社会的特定的历史背景下，其性质是社会主义的，但在结构和运行上又存在着与社会主义商品经济不相适应的弊端。思想意识方面的资本主义和封建主义的残余在社会生活中有不同程度的表现。这些都成为阻碍社会主义权利发展的惰性力量。社会主义商品经济的发展，促使社会生产力迅速发展，并为政治体制和法律体制的改革提供雄厚的物质基础，使人们在公平竞争下争取自身的权利。商品经济带来的竞争，促进了人们思想观念的创新，从而提高权利主体的素养，为权利发展创造有益的客观环境和主体条件。在商品经济与人的权利互动、协调过程中，社会主义商品经济及其人的权利日益获得客观基础，权利主体成为社会主义社会中正在全面发展着的人。正如马克思分析的："任何一种解放都是把人的世界和人的关系还给人自己。政治解放一方面把人变成市民社会的成员，变成利己的、独立的个人，另一方面把人变成公民，变成法人。"②

第三，社会主义商品经济导向人民的根本利益，同人权发展在根本目标上具有一致性。社会主义商品经济，其根本目标就是建立国家、集体和劳动者个人利益一致的生产关系，满足广大人民群众日益增长的物质文化需要。

① 《马克思恩格斯选集》第 4 卷，人民出版社，2012 年，第 245—246 页。
② 《马克思恩格斯全集》第 1 卷，人民出版社，1956 年，第 443 页。

在社会主义商品经济的利益格局中，建立在公有制基础上的社会整体利益和共同利益占据着主导地位，而且在本质上是同局部利益和个人利益相一致的。尽管社会主义商品经济的主体仍然把价值和利润作为追求的目标，经济运动仍然具有价值不断增殖和资金不断积累的特征，但公有制的基础决定了其根本目的超越了无限制追求剩余价值和无限制的资本积累，规范、约束资本的社会内容。商品经济价值和利润的生产在社会主义的基础上同满足人民需要的生产达到高度的统一。

社会主义商品经济的根本目的，内含着社会主义人权的根本目标。恩格斯论述道："由社会全体成员组成的共同联合体来共同而有计划地尽量利用生产力；把生产发展到能够满足全体成员需要的规模；消灭牺牲一些人的利益来满足另一些人的需要的情况；彻底消灭阶级和阶级对立；通过消除旧的分工，进行生产教育、变换工种、共同享受大家创造出来的福利，以及城乡的融合，使社会全体成员的才能能得到全面的发展；——这一切都将是废除私有制的最主要的结果。"[1]

## 三、社会主义商品经济为人权实现奠定基础

1949 年中华人民共和国的建立揭开了中国无产阶级人权史上新的一页。社会主义公有制结束了历史上长期以来劳动者与生产资料相分离的状况，劳动人民的政治权利和经济权利得以统一起来，劳动人民共同掌握生产资料，享有对生产资料不同形式的所有权和支配权。这是社会主义人权得以实现的根本条件。但是，长期以来，由于我们实行的是高度集中的计划经济体制，这一方面有利于建国初期的经济恢复和经济建设，但另一方面也影响了人们行使自主权利的积极性。[2]

1978 年 12 月中共十一届三中全会之后，在新的历史条件下，实行改革开放，逐步摆脱原有经济体制的消极面。1984 年中共十二届三中全会提出发展有计划的商品经济；1992 年中共十四大提出发展社会主义市场经济。社会主义市场经济的新秩序正在建立起来。它从本质上要求创造一种人人地位平

---

[1] 《马克思恩格斯全集》第 4 卷，人民出版社，1958 年，第 371 页。

[2] 鲍宗豪，曹扶生，夏瑜芳：《论社会主义人权的特征和意义》，《毛泽东邓小平理论研究》，1991 年第 12 期。

等、人人享有平等地交换、平等地协作、平等地竞争，并且以不损害他人的、国家的、社会的利益为前提的新型关系。这种商品经济、市场经济所包含的真正平等的要求，就成了我们确立和发展社会主义人权的良好基础。①

改革开放 40 多年以来，为推进社会主义市场经济发展而实行的各种政策，实际上是在发展社会主义市场经济范围内确立了个人、社会和集体在经济中的不同权利和义务。人们在社会生活中所享有的各种权利，又对社会主义商品经济、社会主义市场经济的发展起着保障和推动作用。可以说，社会主义人权与社会主义商品经济同生同长。社会主义人权又随着社会主义市场经济的发展而不断完善，逐渐形成了中国特色社会主义人权道路及其人权观。

## 第三节　社会主义人权的本质特点

如果说资产阶级在反封建斗争中提出的"天赋人权"不可避免地带有其历史局限性，那么今天资本主义国家所倡导的人权，已抹去了"天赋"的色彩，打着"人权"（原本含有的"道义"诉求）的旗帜，践踏人权，作为对外侵略的工具。这种人权同社会主义人权是根本不同的。从社会主义人权的本质特征中，可以看到两者的本质区别。

### 一、社会主义人权的真实性

社会主义人权最根本的特征就是消灭了剥削和压迫，建立了社会主义公有制，使人民成了国家的主人。这是社会主义人权真实性的首要标志。因为社会主义公有制的建立，一方面彻底根除了私有制必然引起的经济权利不平等的现象，消除了由于经济权利不平等所造成的政治权利上的不平等；另一方面，把劳动人民由于政治上解放所得到的民主权利扩大到经济领域，实现了经济权利方面的民主。社会主义公有制的建立和社会主义经济的发展，不仅把劳动人民的政治权利和经济权利统一起来，而且还提供必要的物质条件，保障这些权利成为可以实际享受的权利。劳动人民共同掌握生产资料，享有对

---

① 鲍宗豪、姚俭建：《商品经济与人的权利观念的演进——兼论"五四"思想启蒙的缺憾》，《哲学研究》，1989 年第 5 期。

生产资料不同形式的所有权和支配权。这是保障人民当家作主的根本条件。[①]

社会主义人权真实性的另一标志是：立足于现实国情，去争取人权。对于一个国家和民族来说，人权首先是人民的生存权。没有生存权，其他一切人权均无从谈起。江泽民认为："国情决定了在中国生存权、发展权是最基本最重要的人权。"[②] 中国共产党和中国政府正是立足于我们国家的现实国情，自新中国成立以来，始终把切实解决人民温饱问题，保障人民的生存权作为自己的头等大事和最紧迫的任务。今天，我国不仅解决了 14 亿人口的吃饭、穿衣问题，而且在 2020 年实现了全面小康；2021 年 2 月 24 日，有近 1 亿农村贫困人口全部脱贫。这在世界上是独一无二的，是我国人民和我国政府在争取和维护人权方面取得的伟大的历史性的成就。

社会主义人权真实性的又一标志是：社会主义国家为人权的实现从制度上、法律上、物质上给予保障。我国宪法和法律中规定的各种公民权利，同人们的现实生活中所享受的权利是一致的。如宪法规定，公民有言论、出版、集会、结社等自由。

资本主义人权则是以私有制为基础的，这就从根本上决定了资本主义人权的片面性、狭隘性。反映在资本主义法律上的人权，虽然辞藻是冠冕堂皇的，但实质上是虚假的。美国高喊"人权"是为了掩盖其为垄断资本谋利益，为美国谋世界"霸权"的本质。尤其是近年来美国社会愈演愈烈的种族歧视、枪支暴力犯罪等等，完全撕去了美国高喊"人权"的假面具，反映了美国等西方国家资本主义人权日益背离美国的《独立宣言》《世界人权宣言》精神的真面目。

## 二、社会主义人权的普遍性

社会主义人权的内容不仅是真实的，而且是普遍的。社会主义人权的普遍性有以下两层意思：

其一，内容的广泛性。今天，社会主义中国所主张的人权，不只是生存权和公民政治权利，而且包括经济、文化和社会等方面的权利。例如，个人

---

① 鲍宗豪，曹扶生，夏瑜芳：《论社会主义人权的特征和意义》，《毛泽东邓小平理论研究》，1991 年第 12 期。
② 中共中央文献研究室：《十五大以来重要文献选编》（上），中央文献出版社，2011 年，第 55 页。

在经济方面具有支配自己正当的经济活动的权利，它包括谋生权、劳动权、个人财产权等；在社会方面，个人享有政治、法律权利，它包括选举权、被选举权、参与权、婚姻权、隐私权等；文化方面，个人享有受教育的权利、艺术创作的权利和文化娱乐的权利，等等。

其二，享受人权的主体的广泛性。即享受人权的主体不是少数人，也不是某些阶级和阶层的一部分人，而是全体中国公民。例如，就公民的选举权利而言，我国宪法第 34 条规定："中华人民共和国年满十八周岁的公民，不分民族、种族、性别、职业、家庭出身、宗教信仰、教育程度、财产状况、居住期限，都有选举权和被选举权。"这充分说明了作为社会主义人权重要内容的公民选举权利主体的广泛性；当然，"依照法律被剥夺政治权利的人除外"。而这种人只是极少数。

在认识社会主义人权普遍性特征上，值得重视的是关于个人人权、集体人权与国家主权的关系问题。

个人人权很重要，没有个人人权不行；离开个人人权，全国人民的人权就是一句空话。问题在于个人人权如何保障，如何实现？没有国家的独立和主权，没有全国人民的人权，就不可能有个人人权。个人人权是集体人权的体现。集体人权是个人人权的基础。集体人权比个人人权更重要，而这一切又是以国家主权为根本保障的。中华人民共和国的成立，社会主义制度的建立，中国成了独立自主的主权国家，人民才有了集体人权，只有在这个基础上才谈得上个人人权。因此要维护人权，必须捍卫主权。维护人权的斗争，同捍卫主权的斗争是不可分割的。而维护个人人权又是同维护集体人权分不开的。三者的统一，是中国在人权问题上的根本立场。①

资本主义的人权，如美国，虽然增添了人道主义方面的内容，尤其还以宗教的平等观点和人类的生存意识迎合了人们反对独裁、制止战祸的愿望，因而能为不少国内外公众所接受。但是，如同所有资产阶级的理论存在的通病一样，美国的人权理论在很大程度上是理论与实际相脱节，人权对大多数人而言只是口头上、纸面上的，人权仍然只是少数人所享有的权利。早在

---

① 鲍宗豪，曹扶生，夏瑜芳：《论社会主义人权的特征和意义》，《毛泽东邓小平理论研究》，1991 年第 12 期。

1991 年，美国前总统卡特就坦率地承认："美国有很严重的人权问题，有很多人无家可归。没房子住，找不到工作，仅在纽约就有五万人露宿街头。"①卡特的话可以说是对资本主义社会少数人享有人权的最好佐证。

### 三、社会主义人权的公平性

正因为社会主义人权的内容以及它的实现是真实的、普遍的。所以，它对国内每个公民来说都是一视同仁、公平的；对国外每一个国家都主张遵守《联合国宪章》原则。

今天，我国的各项公民权利是不受金钱和财产状况以及民族、种族、性别、职业、家庭出身、宗教信仰、教育程度、居住期限的限制，为每个公民平等地享有。比如，在经济上，每个公民都享有"按劳分配"的权利，同时允许和支持一部分人通过诚实劳动和合法经营先富起来，先富帮后富，达到共同富裕。这既调动了广大劳动者的积极性，又防止了两极分化。中国是世界上分配差距最小的国家之一。在政治选举上，中国选举制度最显著的特点是，选举不受金钱的操纵，代表当选与否，不是靠吹嘘、许愿，而是看其对国家对社会实际贡献的大小、为人民服务的态度和与人民群众的联系如何。在国际上，中国一贯遵守联合国宪章的原则，主持正义，在捍卫发展中国家的民族自决权、制止侵犯人权方面作出了不懈的努力，在后面第十九章还会作详细分析阐释。

当今的西方某些国家虽然以人权的"普遍性""绝对公正性""无国界"来标榜，但实质上就是在这种"绝对公正""无国界"的旗号下不公正地对待别国、干涉别国内政。他们热衷于对发展中国家的人权指手画脚，却不承认发展中国家的发展权是人权；他们口口声声说要关注世界任何角落的人权问题，但当联合国绝大多数成员国一致谴责南非种族主义政权，以色列当局粗暴侵犯人权，美国侵犯叙利亚、阿富汗，肆意践踏人权时，他们往往投反对票；他们常常以某个国家内发生了令他们不悦的事件为借口向该国实行制裁和封锁，但当广大发展中国家要求对 1948 年至 1994 年间南非当局曾顽固

---

① 《光明日报》，1991 年 4 月 15 日。

执行种族隔离制度实行强制性制裁时，却遭到西方国家的坚决反对和否决。这说明，西方某些国家的人权并非立足于使世界人民能真正公正地享受到各项人权，而是出于政治战略图谋，在"关心人权"的幌子下，以绝对至上的姿态，输出自己的价值观念，向别的国家施加影响。这就是当今西方资本主义所倡导的人权的实质。

### 四、社会主义人权的彻底性

社会主义人权的最终目标是消除剥削，消灭阶级和阶级差别，实现人类的真正解放。所以，社会主义人权是迄今为止最彻底的一种人权。

人权，作为资产阶级与封建特权和神权进行斗争的思想武器，虽然是由资产阶级思想家们最早提出来并加以系统化的，但它并不是资产阶级的专利。马克思主义认为无产阶级同样有人权的要求，无产阶级的斗争应该与维护人权的斗争联系起来，从而去完成无产阶级的历史使命。

那么，人权是不是仅仅作为无产阶级进行斗争的策略工具呢？ 马克思主义对此作了否定的回答。马克思在 1875 年提出，共产主义社会第一阶段阶级差别虽已不存在，但是在消费资料的分配方面，却仍然要按照商品交换的原则进行，即我们常说的要实行"按劳分配"。这种按劳动量进行的平等交换权利，"按照原则仍然是资产阶级的权利"。马克思所说的共产主义社会的第一阶段，在我们今天的社会主义国家，都还没有达到，但马克思认为即使到了那样的发展阶段，反映商品经济要求的人权观念仍然有其积极的作用。[①]因此，无产阶级不仅在革命斗争时期，而且在社会主义建设时期都有人权的要求。无产阶级在社会主义时期的人权要求实质上就是社会主义人权。

无产阶级的人权目标同无产阶级革命的最高理想——人类解放也是一致的。马克思在 1864 年起草的、1866 年经代表大会批准的《国际工人协会共同章程》中，开宗明义地宣布：普遍的、平等的人权是工人阶级努力争取的伟大目标。马克思说："工人阶级的解放应该由工人阶级自己去争取；工人阶级的解放斗争不是要争取阶级特权和垄断权，而是要争取平等的权利和义

---

① 鲍宗豪，姚俭建：《商品经济与人的权利观念的演进——兼论"五四"思想启蒙的缺憾》，《哲学研究》，1989 年第 5 期。

务，并消灭一切阶级统治。"①

马克思主义对无产阶级（包括社会主义）人权的前景充满信心。《共产党宣言》中就有这段话："代替那存在着各种阶级以及阶级对立的资产阶级旧社会的，将是一个以各个人自由发展为一切人自由发展的条件的联合体。"② 显然这种自由发展是因个人能自由支配自身、支配自己的行动、支配生活资料而实现的。要实行这样的联合，毫无疑问必须使每个人都具有针对自身、对构成联合体存在的财产等条件的权利。没有这种权利，可以组合一个"集合体"，但它绝不是"联合体"，更谈不上是以每个人的自由发展为目标的联合体。所以，在上述意义上说，人的全面发展的自由人的联合体的形成，意味着人权的彻底实现。

马克思恩格斯相信，任何践踏人权的旧制度必将让位于人权真正实现的新制度。恩格斯在晚年所著的《家庭、私有制和国家的起源》这部重要著作中，特别引用摩尔根评价文明时代的一段话来作为全书的结束语，其中全书最后的这句话最充分地表明恩格斯和摩尔根对未来社会的新人权的向往和信心："管理上的民主，社会中的博爱，权利的平等，教育的普及，将揭开社会的下一个更高的阶段，经验、理智和科学正在不断向这个阶段努力。这将是古代氏族的自由、平等和博爱的复活，但却是在更高级形式上的复活。"③

由此可见，社会主义人权的目标与人类解放的最高理想是根本一致的。正因为如此。社会主义人权从本质上区别于资产阶级人权，社会主义人权要高于资本主义人权。在百年未有之大变局演进下，中国特色社会主义人权所取得的伟大成就，与美国等西方国家的人权形成鲜明的对比，西方资本主义国家完全背离了资产阶级革命时期争"人权"、维护"人权"的初衷，把"人权"当作他们对外侵略、谋取"霸权"的工具，300 多年前资产阶级革命时提出的追求人格权、公民的政治权、经济权等人权已堕落为一种谋取私利、资本垄断利益的工具。

---

① 《马克思恩格斯选集》第 3 卷，人民出版社，2012 年，第 171 页。
② 《马克思恩格斯全集》第 4 卷，人民出版社，1958 年，第 491 页。
③ 《马克思恩格斯选集》第 4 卷，人民出版社，2012 年，第 195 页，原文引自路·亨·摩尔根《古代社会》1877 年，第 552 页。

中　编

# 马克思主义人权观的
# 基本范畴

马克思主义人权观作为一个科学的理论体系，不仅有其理论的逻辑起点、理论结构、精神实质及其社会经济基础，而且马克思主义人权观的基本范畴及其相关内容、重要范畴，共同支撑起马克思主义人权观的理论大厦。

　　马克思主义人权观的基本范畴是：生存权、劳动权、自由权、平等权、民主权。

　　马克思主义人权观的重要范畴是：环境权、种族权、民族自决权。

# 第五章　生存权

　　马克思、恩格斯在研究和创立历史唯物主义的过程中，直接或间接地论述了人的生存权思想。综观马克思、恩格斯的有关论述可以看出，他们关于生存权问题的基本思想是一贯的、系统的，他们为人类生存权理论的形成和发展奠定了科学基础。

## 第一节　生存权的基础："两种生产"理论①

　　人权首先是人类（包括个人）的生存权。没有生存权，其他一切人权均无从谈起。马克思主义对这一浅显的道理，从物质资料的生产和人类自身的生产（即两种生产）角度，做了深入的探析和阐述，从而使"两种生产"理论成了马克思主义人权观有关"生存权"范畴的理论基础。

　　关于两种生产的理论，国内外理论界一直存在着不同的认识。早在20世纪30年代，苏联哲学界就把这一理论指责为二元论，认为恩格斯把两种生产等同当作决定社会及社会制度发展的原因来看待，是不确切的。在20世纪50年代末和60年代初，我国理论界曾探讨过这个问题，80年代又展开过讨论。以后我国理论界比较一致的看法是，认为恩格斯关于两种生产的理论是正确的，是历史唯物主义的一条重要原理，绝不是什么二元论。但是，在如何理解两种生产在历史上的地位和作用，以及两者之间的关系，却存在着分歧。本书只就马克思、恩格斯关于两种生产理论的本义，以及两种生产在原始社会和文明社会中的地位和作用做些阐释，这是搞清人类生存与发展

① 两种生产，即恩格斯在《家庭、私有制和国家的起源》一书中提出的关于物质资料的生产和人类自身的生产。

的基础问题所必需的。

## 一、"两种生产"何以成为人类生存和发展的基础

马克思、恩格斯在创立唯物史观时就提出，两种生产是人类生存和发展的基础。

### （一）何谓"两种生产"

马克思、恩格斯在《费尔巴哈》一书中指出："我们首先应当确定一切人类生存的第一个前提也就是一切历史的第一个前提，这个前提就是：人们为了能够'创造历史'，必须能够生活。但是为了生活，首先就需要衣、食、住以及其他东西。因此第一个历史活动就是生产满足这些需要的资料，即生产物质生活本身。同时这也是人们仅仅为了能够生活就必须每日每时都要进行的（现在也和几千年前一样）一种历史活动，即一切历史的一种基本条件。"[①] 没有这个前提，人类就无法生存，也就无所谓生存权，更谈不到历史。

其次，他们指出，"第二个事实是，已经得到满足的第一个需要本身、满足需要的活动和已经获得的为满足需要用的工具又引起新的需要。这种新的需要的产生是第一个历史活动"[②]。没有这种新的需要的产生及其活动，人类即使有了生存的前提，也不会有历史的活动。因为他们虽然能继续生存下去，拥有生存的权利，但是不能产生新的生存方式。

再次，他们明确地说："一开始就纳入历史发展过程的第三种关系就是：每日都在重新生产自己生活的人们开始生产另外一些人，即增殖。"[③] 没有这个前提，即使有了人类生存的生活资料，历史也仍然无法延续下去。

### （二）人类生存和发展的前提是"两种生产"

因此，人类生存与发展历史的这三个前提，不是三个不同阶段，而是同一历史的三个方面。"从历史的最初时期起，从第一批人出现时，三者就同时存在着，而且就是现在也还在历史上起着作用。"[④] 在明确了人类生存与发

---

① 《马克思恩格斯全集》第 3 卷，人民出版社，1960 年，第 31—32 页。
② 同上书，第 32 页。
③ 同上书，第 32 页。
④ 同上书，第 33 页。

展的历史存在的前提之后，马克思、恩格斯又进一步把这种前提概括为"两种生产"，因为人类的需要贯穿于两种生产的始终。他们说："这样，生活的生产——无论是自己生活的生产（通过劳动）或他人生活的生产（通过生育）——立即表现为双重关系：一方面是自然关系，另一方面是社会关系。"①

正因为马克思、恩格斯当时就已经明确了两种生产在人类生存与发展历史中的地位和相互关系，所以他们又指出："他人生活的生产"，即通过生育的"增殖"，"这就是夫妻之间的关系，父母和子女之间的关系，也就是家庭"。② 而这个家庭，不是和社会关系完全无关的东西，它"起初是唯一的社会关系，后来，当需要的增长产生了新的社会关系，而人口的增多又产生了新的需要的时候，家庭便成为（德国除外）从属的关系了"。③ 既然家庭起初是"唯一"的社会关系，它对社会制度怎么不起决定作用呢？既然产生了新的社会关系以后，家庭便成为"从属"的关系了，它怎么不受社会制度的支配呢？

马克思、恩格斯的上述思想，当时还没有得到证实，因为当时还缺乏这样的"经验材料"。摩尔根在 1877 年出版的《古代社会》一书，正是根据大量"经验材料"来考察和研究家庭的历史，并且用事实说明了家庭关系在原始社会制度中的决定作用，从而阐明了氏族制度的本质。因此，尽管当时英国"史前"科学的代表极力抹杀它的作用，但却引起了马克思的高度重视。他在 1881—1882 年间身体健康恶化的状况下，还坚持做了详细的笔记，准备结合他的唯物史观来阐明摩尔根的成果和意义。但是很可惜，还没有来得及完成这项工作，他就在 1883 年与世长辞了。

（三）摩尔根从人类自身生产方面重新发现了唯物史观

恩格斯写作《家庭、私有制和国家的起源》（以下简称《起源》）一书，就是为了继续完成马克思没有完成的重要工作。因此，他在序言中，开宗明义就说："以下各章，在某种程度上是实现遗愿。不是别人，正是卡

---

① 《马克思恩格斯全集》第 3 卷，人民出版社，1960 年，第 33 页。
② 同上书，第 32 页。
③ 同上书，第 32—33 页。

尔·马克思曾打算联系他的——在某种限度内我可以说是我们两人的——唯物主义的历史研究所得出的结论来阐述摩尔根的研究成果，并且只是这样来阐明这些成果的全部意义。"① 恩格斯认为，摩尔根著作的意义，就在于通过对原始社会的家庭和氏族的研究，重新发现了唯物史观，而没有马克思和他发现的唯物史观，就不能认识它的全部意义。两者的基本事实，都是人类直接生活的生产和再生产。因此，它们不但不是"完全无关"，而且在根本上是一个东西。不同的只在于，马克思和他主要从物质资料的生产方面揭示了人类历史的客观规律，而摩尔根却主要是从人类自身的生产方面"重新"发现了同样的道理。因此，马克思和恩格斯不是像米海洛夫斯基所说的是"附和了"摩尔根的书，而是摩尔根的书又一次证明了马克思和恩格斯早在40年前发现的唯物史观的科学性。

（四）"两种生产"是生产本身的两个方面

那么，恩格斯在《起源》中对作为人类生存与发展基础的两种生产，是否"同等看待"，"犯了二元论的错误"呢？不妨让我们看一下《起源》序言的原意。恩格斯在序言中说："根据唯物主义观点，历史中的决定性因素，归根结底是直接生活的生产和再生产。但是，生产本身又有两种。一方面是生活资料即食物、衣服、住房以及为此所必需的工具的生产；另一方面是人自身的生产，即种的繁衍。一定历史时代和一定地区内的人们生活于其下的社会制度，受着两种生产的制约：一方面受劳动的发展阶段的制约，另一方面受家庭的发展阶段的制约。"② 显然，恩格斯在这里是把两种生产当作唯物主义地考察人类生存与发展历史的基本观点。但是，他并没有把一种生产放在另一种生产之旁，而是把它们看作"生产本身又有两种"。因此，不管两种生产对社会制度的作用情况如何，都不能得出恩格斯在这里犯了二元论错误的结论。因为他说得很清楚，两种生产就是生产本身的两个方面。相反，只要把两种生产孤立起来，因而认为一种生产可以在另一种生产之外，就从出发点上背离了恩格斯的原意，因此就不能不"差之毫厘，谬以千里"了。

---

① 《马克思恩格斯选集》第4卷，人民出版社，2012年，第12页。
② 同上书，第13页。

（五）"两种生产"对社会制度的决定作用

让我们再来看一下恩格斯关于两种生产彼此对社会制度作用大小的论述。他说："劳动越不发展，劳动产品的数量，从而社会的财富越受限制，社会制度就越在较大程度上受血族关系的支配。然而，在以血族关系为基础的这种社会结构中，劳动生产率日益发展起来；与此同时，私有制和交换、财产差别、使用他人劳动力的可能性，从而阶级对立的基础等等新的社会成分，也日益发展起来；这些新的社会成分在几个世代中竭力使旧的社会制度适应新的条件，直到两者的不相容性最后导致一个彻底的变革为止。以血族团体为基础的旧社会，由于新形成的各社会阶级的冲突而被炸毁；代之而起的是组成为国家的新社会，而国家的基层单位已经不是血族团体，而是地区团体了。在这种社会中，家庭制度完全受所有制的支配，阶级对立和阶级斗争从此自由开展起来，这种阶级对立和阶级斗争构成了直到今日的全部成文史的内容。"①

仔细读完这段话，就可以看到，所谓把两种生产"同等看待"，根本不是恩格斯的原意，完全是这样理解的人自己主观臆造出来并且强加给他的。因为恩格斯说得很明白，劳动越不发展，社会制度就越受血族关系的支配，随着劳动生产率的发展，出现了私有制和国家以后，家庭制度就完全受所有制支配了。显然，恩格斯认为，两种生产对社会制度的制约情况，不是"同等意义"，而是向着相反方向发展的，而在这个发展过程中，起决定作用的因素，不是人类自身的生产，而是劳动生产率的提高。没有劳动生产率的提高，家庭制度就不可能逐步走到完全受所有制支配的地步。

当然，这里也可能包含着一个问题：既然两种生产对社会制度的制约情况，是向着相反方向发展的，那么，它们在一定的时期内，是否会不可避免地出现一种"同等意义"的现象呢？不会的。因为两种生产对社会制度的决定作用，是从不同方面来说的，物质资料生产是从社会生产力的发展方面讲的，人类自身生产是从种的繁衍——家庭方面讲的。它们都制约着一定的社会制度。但不管怎样，恩格斯在这里所说的两种生产只是一种生产的两个方

---

① 《马克思恩格斯选集》第 4 卷，人民出版社，2012 年，第 13 页。

面，缺一不可。它们的作用大小，虽然可以根本不同，但是不可能出现这样的情况，在某个时期只有人类自身生产的决定作用，而在另一个时期，又只有物质资料生产的决定作用。所以，问题只在于如何把两种生产科学地协调起来，作出唯物史观的一元论的解释，而不是要否定任何一种生产的决定作用。要做到这一点，还需进一步认识马克思和恩格斯对原始社会与文明社会两种生产作用关系的论述。

## 二、马克思恩格斯对原始社会两种生产的分析

### （一）亲属关系也是一种社会关系

恩格斯在《起源》中强调了亲属关系对原始社会制度的决定作用，这是否意味着在原始社会具有决定意义的是人类自身的生产，而不是物质资料的生产？

这是对恩格斯关于亲属关系思想的一种误解。摩尔根对"亲属关系"或"血缘亲属关系"的实质作了科学的回答。他认为，家庭是随着社会的发展而发展的，而亲属关系则只是按照一定家庭形式而自觉地建立起来的一种社会关系。它是随着家庭形式的变化而变化的，因此，它不是第一性的社会存在，而是第二性的上层建筑。对摩尔根的这一发现，马克思还补充说："同样，政治的、法律的、宗教的、哲学的体系，一般都是如此。"① 可见，马克思也认为，亲属关系的实质，正如后来在国家制度中的政治、法律、宗教和哲学的体系一样，不是社会的物质存在，而是社会物质存在的上层建筑。因此，家庭形式决定亲属制度，正如经济基础决定上层建筑一样。

恩格斯也说："当家庭继续发展的时候，亲属制度却僵化起来；当后者以习惯的方式继续存在的时候，家庭却已经超过它了。"② 既然亲属关系的实质只是家庭形式的"记录"，正像政治、法律、宗教、哲学的体系和习惯一样，那么，它对原始社会制度的决定作用，就不像经济基础决定上层建筑一样，而只是作为上层建筑构成了氏族制度的实质部分，正像父母、子女、兄弟、姊妹这些称呼的相互义务的总和构成这些民族的社会制度的实质部分一

① 《马克思恩格斯选集》第4卷，人民出版社，2012年，第38页。
② 同上书，第38页。

样。因为义务和权利一样，都是经济关系的反映，属于上层建筑的范畴，而不是属于社会存在的领域。

（二）亲属关系不同于原始社会共产制的家庭经济基础

亲属关系对社会制度起决定作用，但不同于原始社会共产制的家庭经济基础。为了进一步揭示作为原始社会上层建筑的亲属关系的作用，恩格斯又对原始社会的经济基础作了研究。他说，那时"人口是极其稀少的；只有在部落的居住地才比较稠密，在这种居住地的周围，首先是一片广大的狩猎地带，其次是把这个部落同其他部落隔离开来的中立的防护森林。分工是纯粹自然产生的；它只存在于两性之间。男子作战、打猎、捕鱼，获取食物的原料，并制作为此所必需的工具。妇女管家，制备衣食——做饭、纺织、缝纫。男女分别是自己活动领域的主人：男子是森林中的主人，妇女是家里的主人。男女分别是自己所制造的和所使用的工具的所有者：男子是武器、渔猎用具的所有者，妇女是家内用具的所有者。家户经济是共产制的，包括几个，往往是许多个家庭。凡是共同制作和使用的东西，都是共同财产：如房屋、园圃、小船。所以，在这里，而且也只有在这里，才真正存在着文明社会的法学家和经济学家所捏造的'自己劳动所得的财产'——现代资本主义所有制还依恃着的最后一个虚伪的法律借口。"①

显然，恩格斯并没否定原始社会制度归根到底也受物质资料生产的制约。因为他在这里，不仅指出了文明社会里所谓"自己劳动所得的财产"是纯粹的虚构，而且说明了原始社会里家庭的亲属关系，虽然对社会制度起着决定作用，但是，它同原始社会的经济基础根本不是一回事。只要取消了原始共产制的家庭经济，人类自身生产就没有存在的物质基础。绝不能把血缘亲属关系对原始社会制度的决定作用，同原始社会的经济基础对上层建筑的决定作用混为一谈。相反，原始社会的亲属关系和氏族制度，归根到底，只有在当时共产制的家庭经济基础之上才有产生和存在的理由。只要混淆了这两种决定作用的界限，就不可能有唯物史观。

当然亲属关系有其生理上的血缘联系。但是，单纯生理上的血缘联系，

---

① 《马克思恩格斯选集》第4卷，人民出版社，2012年，第175—176页。

决不能产生亲属制度。因为其他动物也有生殖关系，却都没有建立起人类这样的亲属制度。根本原因不是没有血缘关系，而是没有物质资料的生产，因而彼此之间没有生活资料的生产关系，也就没有产生亲属制度的经济基础。因此，没有物质资料生产的种族本身并不是一种经济因素。只有在生产过程中形成的血族团体，才是适应生产需要的一种经济组织，才能自然地产生相应的亲属关系。

（三）原始社会的家庭和社会生活也受物质资料生产的支配

在认识原始社会两种生产作用问题上，还有一种观点认为，物质资料生产对社会制度的决定作用，在历史上有一个形成过程，也就是说，"原始社会的生产力极低"，还不能立即对社会关系和社会制度发生决定性的影响，只有到了原始社会末期，人类自身生产对社会制度的决定作用，才让位于物质资料的生产。①

我们说，生产力极低，并不等于不存在。普列汉诺夫认为，当生产工具在人类祖先的生活中只起很小的作用时，"类人男"和"类人女"之间的关系以及两者对他们的子女的关系，是由他们的一般生活条件决定的。因此，人类的祖先也和其他动物一样，他们的生存和发展，也不能只由他们的自身生产来决定，归根到底，要由他们的一般生活条件来支配。这是很明显的道理，即使从生物学的观点来看，也是不能否定的普遍规律。

然而，正如在马克思发现唯物史观以前，人们不知道用物质资料的生产来说明国家制度的起源一样，原始社会的人们也根本想不到，他们逐步建立家庭和社会的生活也受物质资料生产（即使水平极低）的支配。但是，他们的实际生活使得他们不能不这样。马克思以前的历史著作虽然很少说到物质资料生产这一基础，但是对于史前时期，人们至少根据自然科学的研究，"按照制造工具和武器的材料，把史前时期划分为石器时代、青铜时代和铁器时代"。② 而唯物史观就是要像自然科学的研究一样，把这个全部社会生活和现实历史的基础发掘出来，让人们自觉地认识社会生活的客观规律和物质资料生产的决定作用。

---

① 王贵明：《生产概念和两种生产在历史上的作用及其相互关系》，《哲学研究》，1980 年第 6 期。
② 《马克思恩格斯全集》第 44 卷，人民出版社，2001 年，第 211 页注 5a。

（四）人类第一个"社会组织形成"——"血缘家族"的产生是物质生活的客观需求

恩格斯在 1891 年再版《起源》一书时，由于当时否认人类性生活的这个初期阶段已成为时髦，所以他在血缘家庭前面，专门增加了一段，批判这种错误思潮。他指出，想用动物社会来推断人类社会只有"反面的价值"。例如，鸟类方面的长期成对同居，用生理的原因就足以说明。但是，人类并非起源于鸟类。而动物家庭和人类原始社会是两不相容的东西，脱离动物状态的原始人类，或者根本没有家庭，或者至多只有动物中所没有的那种家庭。因为人类为了脱离动物状态，实现自然界中最伟大的进步，需要有"以群的联合力量和集体行动来弥补个体自卫能力的不足"。[①] 可见，即使人类还处于杂乱性交的原始状态，恩格斯也不是只用人类自身生产的生理原因来说明，而是用他们的物质生活的客观需要来解释。而在当时，人类的家庭，即第一个社会组织还没有诞生，大概正处在动物界向人类社会的过渡时期，属于蒙昧时代的低级阶段，生产力显然是极低的，但是，已经不能只用人类自身生产来说明了，更不要说往后的历史发展了。

那么，人类怎样从杂乱性交关系中产生出第一个家庭形式的呢？马克思说："一俟原始群团为了生计必须分成小集团，它就不得不分成血缘家族，仍然实行杂交；血缘家族是第一个'社会组织形式'。"[②] 可见，血缘家族之所以能够产生出来，并且成为第一个组织形式，归根到底，不是出于人们的主观愿望，也不仅是人类自身生产的需要，而是"为了生计"，为了解决他们的物质生活问题。因为只有这样的群团才能适应当时生产力极低的需要，同时更好地发挥自己的组织力量，促进生产力的发展。当时自然选择的作用也表现出来。因为按母权组织起来的血缘家庭，虽然排除了父母与子女之间的婚姻关系，但是兄弟姊妹之间的婚姻关系，不能不表现出近亲婚配的弊害。它的规律，正如马克思所说："处于婚姻关系的亲属的集团越大，则血亲婚配的弊害越小。"[③] 反之就越大。因此，人类自身生产的第一个组织形

① 《马克思恩格斯选集》第 4 卷，人民出版社，2012 年，第 42 页。
② ［德］马克思：《摩尔根〈古代社会〉一书摘要》，人民出版社，1978 年，第 20 页。
③ 同上书，第 19 页。

式，即血缘家庭，虽然也受自然选择的支配，但是，它从诞生的第一天起，就是由生产力决定的。没有一定的生产力，家庭既不能产生，也不能存在，由此决定的社会制度也不能产生。

（五）原始社会及其制度也受"两种生产"的制约

马克思说到人类文化初期的劳动协作时指出："一方面以生产条件的公有制为基础，另一方面，正像单个蜜蜂离不开蜂房一样，以个人尚未脱离氏族或公社的脐带这一事实为基础。"① 恩格斯在研究氏族制度的经济基础时也说，当时每个人都是自己制造和使用的工具的所有者。凡是共同制作和使用的东西都是共同财产。在这种自然长成的公有制的基础上，共同劳动、共同分配的关系，在氏族社会解体之后，虽然已经根本不存在了，但在氏族社会里，难道会不存在与当时生产力水平相适应的生产关系吗？只有把这种物质资料的生产关系和人类自身生产的亲属关系区别开来，才能说明原始社会及其制度也受两种生产的制约，而不是只受人类自身生产的制约。可见，只要有了生产力，它就不能不立即对社会制度发生决定性的影响。

因此，如果说物质资料生产对社会制度的决定作用，在历史上也有一个形成过程，那么这个过程只能发生在生产力形成之前，而不能发生在它之后。因为人类的祖先发展到学会使用和制造工具，确实需要一个漫长的过程。人类的历史正是随着这个过程的结束而开始的，因此它不能不以物质资料的生产为基础。在物质资料生产的开始之前和之后，人类生活发生了质的变化，从此以后，不管生产力低到什么程度，都只是一个量的问题，不能否定人类生活区别于其他动物生活的质的规定性。今天的考古学家和人类学家要把常人都不能识别的石器作为人类活动的特征珍藏起来，就是因为它是人类自身及其劳动生产力发展到一定阶段的标志。

### 三、马克思恩格斯对文明社会"两种生产"的阐释

（一）任何时代的社会制度都受"两种生产"的制约

有人认为，恩格斯在《家庭、私有制和国家的起源》的序言中说，"一

---

① 《马克思恩格斯全集》第 44 卷，人民出版社，2001 年，第 388 页。

定历史时代和一定地区内的人们生活于其下的社会制度，受着两种生产的制约。"① 恩格斯所说的"一定历史时代"，就是指"原始社会"。也就是说，文明社会只受物质资料生产的制约，不受人类自身生产的制约。这种理解也有失偏颇。恩格斯所说的"一定历史时代"和"一定地区"，只是泛指各个不同的历史时代和地区，不能只限于某个具体的时代和地区。恩格斯在《家庭、私有制和国家的起源》一书中的阐释也表明了这一点。

恩格斯所说的人类自身生产，包含着"自然关系"和"社会关系"两个方面。既然如此，那么，只要这种生产还继续存在着，就必然要通过一定的婚姻家庭形式来实现，因而一方面，它本身就不能不表现为一定的社会制度；另一方面，它所增殖的种族本身，作为生产力和生产关系的主体，也不能不是一种经济因素。因此，它必然要对社会制度发生制约作用。

（二）文明社会家庭的主奴关系是一种客观的社会制度

事实上，恩格斯在《家庭、私有制和国家的起源》中不但研究了母权制氏族社会的家庭关系，而且还考察了母权制被推翻之后的父权制文明社会的家庭关系。他在说明典型的父权制家庭形式即罗马家庭时说："Familia 这个词，起初并不表示现代庸人的那种由脉脉温情同家庭龃龉组合起来的理想；在罗马人那里，它起初甚至不是指夫妻及其子女，而只是指奴隶。Famulus 的意思是一个家庭奴隶，而 familia 则是指属于一个人的全体奴隶。还在盖尤斯时代，familia, id est patrimonium（即遗产），就是通过遗嘱遗留的。这一用语是罗马人所发明，用以表示一种新的社会机体，这种机体的首长，以罗马的父权支配着妻子、子女和一定数量的奴隶，并且对他们握有生杀之权。"② 显然，当时家庭的主奴关系，不管有无成文规定，它实际上就是一种客观存在的社会制度。而且，它和原始的家庭关系相比，显然是完全相反的一种社会制度，因此不可能无缘无故地发生。

恩格斯还指出，文明社会的家庭从它萌芽的时候开始，就不仅是一种社会制度，而且包含了一切后来在社会和国家中广泛发展起来的社会关系。

---

① 《马克思恩格斯选集》第 4 卷，人民出版社，2012 年，第 13 页。
② 同上书，第 66 页。

（三）资本主义社会的家庭制度完全由经济关系决定

资本主义社会则把这些制度公开化和合法化，因而使它们发展到了顶点。它无情地斩断了人们束缚于天然尊长的形形色色的封建羁绊，撕下了罩在家庭关系上温情脉脉的面纱，像其他一切关系一样，把家庭关系也变成了赤裸裸的金钱关系。"资产阶级的婚姻实际上是公妻制。"① 因此，恩格斯又说，到了组成为国家的新社会中，家庭制度完全受所有制的支配了，但这并不是说，家庭关系从此以后对社会制度就不起制约作用了，而是说从此以后，家庭制度不再受自然选择的支配，而是完全由经济关系来决定了。而家庭制度完全由经济关系来决定，正如从前也受自然选择原则的支配一样，不能改变它仍然是一种社会制度。不同的只是家庭发展到对偶婚制以后，一方面，群已经缩减到它的最后单位，仅由一男一女所组成，自然选择已经完成了它的使命；另一方面，劳动生产率的发展，又产生了新的社会关系，出现了私有制，原始共产制的家庭经济，已不适应日益增长的新的生产力发展的客观需要，必然要被以私有制为基础的家庭经济所冲破，私有财产的利害关系代替了自然选择成为家庭继续发展的动力。

（四）恋爱婚姻的一夫一妻制成为一种普遍的社会制度

不过，文明社会的私有制也和原始社会的公有制一样，不是永恒不变的东西，它发展到资本主义社会以后，又不能适应自己内部发展起来的生产力的需要了，因而也必然要被更高形态的共产主义经济所代替。既然一夫一妻制是由于经济原因而产生的，那么当这种原因消失的时候，它是否也会消失呢？恩格斯明确地说，可以不无理由地回答：它不仅不会消失，而且相反地，只有那时才能十足地实现。因为随着生产资料转归社会所有，妇女就没有必要再为金钱而献身了，卖淫也将消失，因而一夫一妻制不但不会终止其存在，而且最后对于男子也将成为现实。也只有到了那个时候，经济原因才能最终被个人性爱所代替，恋爱婚姻才能成为事实上存在的一种普遍的社会制度。

（五）"两种生产"适用于原始社会，也适用于文明社会

因此，只要人类自身的生产（即新一代生命和原有人口生命的生产）还

---

① 《马克思恩格斯全集》第 4 卷，人民出版社，1958 年，第 487 页。

继续存在，社会制度就不能不受它的制约。不同的只在于，随着劳动生产率的发展，它对社会制度的作用，就越来越小。但是，不管这种作用小到什么程度，也不会等于零。只要两性之间的关系还继续存在，男女双方的关系就必然还是一种社会制度。而要生产出更优良的人种，就不能不考虑自然选择原则的作用。尽管男女两性之间的关系会随着物质资料生产的发展而变化，但是，这种关系却是和人类社会一样长久的普遍的和永恒的范畴。所以，马克思主义关于"两种生产"的理论，不仅适合于原始社会，也适合于文明社会，因而它是人类历史发展的普遍规律，而不是只存在于历史上某一个阶段的特殊规律。

总之，马克思主义的两种生产理论，不仅阐明了它对于人类生存与发展所具有的根本基础的意义，而且说明了两种生产在不同社会历史发展阶段的关系以及对社会制度制约的变化规律；不仅提出了研究人类历史发展的科学方法，而且表明了自己对人类生存与发展所需研究的具体对象，即通过对资本主义私有制条件下人的生存现状（主要是工人阶级社会状况）的调查与研究来证明：在以私有制为基础的国家制度中，"家庭制度完全受所有制的支配"[1]，资本主义私有制是造成工人阶级糟糕、恶劣的生存现状的根源，因而只有消灭私有制，使人类社会进一步发展到劳动生产率高度发展的共产主义社会，才能使"生存斗争停止"。[2] 因而人们自觉地成为自己的社会结合的主人，同时也成为自觉支配自然界的主人。"这是人类从必然王国进入自由王国的飞跃。"[3]

## 第二节 对资本主义社会工人阶级生存状况的批判

马克思主义人权观中的"生存权"范畴，不仅建立在人类生存发展的"两种生产"理论基础之上，而且通过分析综合马克思主义经典作家对资本主义社会工人阶级生存状况的批判，揭示了工人在被资本家雇佣进行生产的

---

① 《马克思恩格斯选集》第 4 卷，人民出版社，2012 年，第 13 页。
② 《马克思恩格斯全集》第 26 卷，人民出版社，2014 年，第 300 页。
③ 同上书，第 301 页。

过程中，所创造的物质产品、物质财富大部分被资本家剥夺，自己所得到的仅是维持其劳动力生产和再生产的价值，因而必然处于贫困的状况。工人阶级要摆脱贫困，改进自己的生存状况与方式，就必须消灭资本主义私有制。

## 一、生存状况：工人阶级的贫困化

关于资本主义社会工人阶级生存的贫困化问题，马克思、恩格斯在《政治经济学批判大纲》《英国工人阶级状况》《雇佣劳动与资本》《经济学手稿》《资本论》等著作中，都有分析与论述，这里不一一涉及并展开说明，只能就马克思、恩格斯对工人阶级贫困现状及其原因的考察与研究，做些阐释。

（一）工人阶级贫困状况的考察与研究

1. 马克思揭露劳动者成为资本主义制度下"最贫困的商品"

马克思在《1844年经济学哲学手稿》中，首先揭露了资本主义制度下劳动者成为"最贫困的商品"的现象。

马克思认为，由于资本家占有资本，而劳动者则一无所有，所以，工人对资本家处于从属的地位，工人的生存有赖于资本的运用和资本家的兴致。工人的工资就是他在劳动期间的最低的生活费用，再加上使工人能够养家糊口并使工人种族不致死绝的费用。工人完全和一匹马一样，只能得到维持劳动所必需的东西，或者说，工人的工资只是"为了保持车轮运转而加的润滑油"。① 在任何情况下，只要资本对劳动的统治不变，工人的结局都必然是：劳动过度和早死，沦为机器，沦为资本的奴隶，发生新的竞争以及一部分饿死或行乞。马克思在分析了资本主义各种社会状态对工人生活的影响后，得出如下结论：因此，"工人成了商品"，"工人的生存被归结为其他任何商品的存在条件"。② 然而，"在社会的衰落状态中，工人的贫困日益加剧；在财富增进的状态中，工人的贫困具有错综复杂的形式；在达到繁荣顶点的状态中，工人的贫困持续不变"。③ 这是对资本主义发展时期工人贫困状况的最彻

① 《马克思恩格斯全集》第42卷，人民出版社，1979年，第105页。
② 同上书，第49页。
③ 同上书，第53页。

底揭露。

**2. 恩格斯调查了工人阶级的贫困状况**

恩格斯又在《英国工人阶级状况》一书中，以详尽的调查研究所获得的大量实际材料，生动地描绘了工人阶级贫困化状况，并揭示了造成工人阶级贫困现象的原因。关于贫困的原因，我们将集中阐释，这里通过考察恩格斯对工人阶级贫困状况的调查与分析，从中得出革命结论的情况。

第一，从恩格斯对工人阶级现状的考察来看，他是从了解工人的生活入手的。为了了解工人的生活情况，他对工人阶级居住所在的城市考察得非常仔细，他观察整个城市，也考察各个市区。他研究城市的布局，房屋的建筑方式和用材，包括街道、院落、小胡同，甚至一些偏僻的角落。他特别注意的是工人的住宅，他们房屋的大小、居住的人数、房间的布置、家具的好坏、租金的高低、卫生设备的情况等等。他认为，仅仅了解一个城市还不能对整个英国工人阶级状况有一幅明确而具体的图景，因此，他也到其他城市去考察。

第二，通过对各个城市的考察，他发现，"每一个大城市都有一个或几个挤满了工人阶级的贫民窟。的确，穷人常常是住在紧靠着富人府邸的狭窄的小胡同里。可是通常总给他们划定一块完全孤立的地区，他们必须在比较幸福的阶级所看不到的这个地方尽力挣扎着活下去。英国一切城市中的这些贫民窟大体上都是一样的；这是城市中最糟糕的地区的最糟糕的房屋，最常见的是一排排的两层或一层的砖房，几乎总是排列得乱七八糟，有许多还有住人的地下室。……这里的街道通常是没有铺砌过的，肮脏的，坑坑洼洼的，到处是垃圾，没有排水沟，也没有污水沟，有的只是臭气熏天的死水洼。城市中这些地区的不合理的杂乱无章的建筑形式妨碍了空气的流通，由于很多人住在这一个不大的空间里，所以这些工人区的空气如何，是容易想像的"。① 他看到，"把地下室当做住宅，在这里是很普通的；凡是可以挖洞的地方，都挖成了这种深入地下的洞，而很大一部分居民就住在这样的洞穴里面"。②

---

① 《马克思恩格斯全集》第2卷，人民出版社，1957年，第306—307页。
② 同上书，第323页。

第三，调查了解工人的生活。当然，居住条件只反映工人生存状况的一个侧面，要全面而客观地得出工人生存现状的明确结论，还必须了解工人生活的其他情况。恩格斯也正是这样做的。他深入调查工人的食、衣等各个方面。他弄清了食品供应情况："工人所得到的都是有产阶级认为太坏的东西。……工人买的土豆多半都是质量很差的，蔬菜也不新鲜，干酪是质量很坏的陈货，猪板油是发臭的，肉又瘦，又陈，又硬，都是老畜的肉，甚至常常是病畜或死畜的肉，往往已经半腐烂了。"① 他还看到，"绝大多数工人都穿得很坏。……男人们大都穿着粗布及其他粗棉织品做的裤子和同样的料子做的上衣或夹克。粗布（fustian）甚至成了工人服装这个名词的同义语，工人被叫做 fustian-jackets（粗布夹克），而工人也这样称呼自己，借以和那些穿呢子（broad-cloth）的老爷们相区别，而呢子也就成了资产者的标志"。② "很多很多工人，特别是爱尔兰人，他们的衣服简直就是一些破布，上面往往连再打一个补丁的地方都没有了，不然就是补丁连补丁，连原来的颜色都认不出来了。"③

恩格斯还考察了工人的健康，有哪些流行的传染病，发病率高低，医疗的方法，医院床位的多少，费用如何，药物质量，儿童、妇女、男人的死亡率，平均寿命，事故多少，死亡原因，等等。他的调查研究，除了当时占工人多数的纺织工人外，还涉及其他生产部门，如机器制造业、陶瓷业、煤矿业，甚至农业工人的状况，他也没有放过。

（二）考察工人生存现状的同时研究工人阶级的形成

恩格斯在考察工人生存现状的同时，还研究了工人阶级形成的历史，指出无产阶级是英国工业革命的产物。他说，"英国工人阶级的历史是从 18 世纪后半期，从蒸汽机和棉花加工机的发明开始的"。④ 物质生产是整个人类社会发展的根本动力，而工具是其中最活跃的因素。英国人发明了纺织机和蒸汽机，极大地推动了生产力的发展，掀起了具有世界历史意义的工业革命，而工业革命引起了整个市民社会的全面变革，最重要的结果就是造成了一代工业无产阶级。

---

① 《马克思恩格斯全集》第 2 卷，人民出版社，1957 年，第 351 页。
② 同上书，第 349 页。
③ 同上书，第 350 页。
④ 同上书，第 281 页。

恩格斯说，在使用机器以前，英国的主要工业——纺织业都是在工人家里进行的，妻子和女儿纺纱，作为一家之长的父亲把纱织成布。这些工人大多数都住在靠近城市的农村里，仍过着田园生活，"假若没有产业革命，他们是永远不会丢开这种生活方式的……产业革命……把工人完全变成了简单的机器，把他们最后剩下的一点独立活动的自由都剥夺了"。① 随着机器的采用，劳动生产率成倍地提高了，生产费用减少了，工资也提高了，于是原来半工半农的工人逐渐抛弃了自己的农业而专门织布了。这样，兼营农业的织工阶级渐渐消失而变成一个"新兴的织工阶级，他们光靠工资生活，没有丝毫财产，甚至连虚假的财产（例如，一小块租来的土地）也没有，这样，他们就变成了无产者（working men）"。②

从 1760 年开始的英国工业革命，迅速地扩展到工业活动的一切部门，席卷工业、农业、交通运输等各个生产领域。凡是能够采用机器生产的地方和部门都采用了机器生产。机器生产代替了手工操作，工厂代替了作坊，从而引起了整个社会结构的变动。它不仅打破了从前那种规模细小的、分散的、个体的原始手工业式的生产局面，而且进一步把从前的帮工乃至师傅和中等阶级中的绝大多数人抛进了无产者的行列，而从前的大业主、大商人、发明家变成了工厂主。总之，工业革命的一个明显结果，是把居民中间的一切差别化为"工人和资本家之间的对立"。"产业革命对英国的意义，就像政治革命对于法国，哲学革命对于德国一样。……但这个产业革命的最重要的产物是英国无产阶级。"③ 这是恩格斯依靠经验材料而得出的结论。

由上可见，恩格斯通过对工人阶级的现状和历史的考察，不仅鲜明、逼真地揭示了工人阶级的贫困状况，而且说明了资本主义发展是随着工业革命而发生的一种自然历史的过程。

## 二、造成工人阶级贫困状况的原因

马克思、恩格斯关于工人阶级贫困原因的分析，也是随着对资本主义认

---

① 《马克思恩格斯全集》第 2 卷，人民出版社，1957 年，第 283 页。
② 同上书，第 284 页。
③ 同上书，第 296 页。

识的发展而深化的。恩格斯在《英国工人阶级状况》中，说明了贫困状况是资本主义制度下资产阶级剥削无产阶级的必然结果。马克思在《雇佣劳动与资本》等一些著作中，以及在 50 和 60 年代写成的一些《资本论》手稿中，继续论述这个问题，甚至已经作出了这样的结论，即在雇佣劳动制度下，"资本增长得愈迅速，工人阶级的就业手段即生活资料就相对地缩减得愈厉害"。① 并且认为这是在资本和劳动之间的本质关系中必然发生的普遍规律。然而只是在《资本论》中，特别是在第一卷第七篇中，马克思才对工人阶级贫困状况的原因作了系统的全面的阐述，即说明了资本积累和无产阶级贫困化之间的辩证关系，并把两者的内在联系明确地表述为资本主义积累的一般规律。

（一）资本主义的剥削造成工人贫困

先看恩格斯的分析。恩格斯在《英国工人阶级状况》一书中指出，在资本主义社会里，资产阶级不仅垄断了一切生产资料，而且垄断了一切生活资料，无产阶级则一无所有。"无产者在法律上和事实上都是资产阶级的奴隶，资产阶级掌握着他们的生死大权。"② 从表面上看，工人似乎是自由的，他们似乎可以任意同哪一个资本家签订劳动合同，用自己劳动换取一定的工资，好像双方进行"等价交换"。其实"工人，仅仅被看做一种资本，他把自己交给厂主去使用，厂主以工资的名义付给他利息"。③ 虽然在这里，恩格斯还没有揭示出资本家剥削工人剩余劳动和剩余价值的秘密，但是他已经看到了资产阶级和无产阶级之间的剥削关系，实际上仍是一种新型的奴隶制关系。工资掩盖着资本家对工人的剥削，"等价物"的大小完全是"由资产阶级任意规定的"。④ 无产者除了接受资产阶级向他们提出的条件，或者冻饿而死以外，别无其他选择。

恩格斯指出：这实质上是一种比旧式的奴隶制更坏的、更伪善的奴隶制，"这种奴隶制和旧式的公开的奴隶制之间的全部差别仅仅在于现代的工人似乎是自由的，因为他不是一次就永远卖掉，而是一部分一部分地按日、按星

① 《马克思恩格斯全集》第 6 卷，人民出版社，1961 年，第 506 页。
② 《马克思恩格斯全集》第 2 卷，人民出版社，1957 年，第 360 页。
③ 同上书，第 300 页。
④ 同上书，第 360 页。

期、按年卖掉的，因为不是一个主人把他卖给另一个主人，而是他自己不得不这样出卖自己，因为他不是某一个人的奴隶，而是整个有产阶级的奴隶"。① 尽管此时马克思主义经济学说，尤其是剩余价值的理论尚未形成，但对资本主义剥削而造成工人贫困原因的分析，也可谓是入木三分了。

马克思在 1847 年的《雇佣劳动与资本》一书中，已深刻地认识到"资本"不是物，而是一种"社会生产关系"。他指出：资本"是资产阶级的生产关系，是资产阶级社会的生产关系"。② 不仅如此，他还进一步说明资本是在一定的社会历史条件下才产生出来的，脱离了这样的条件，资本也就不存在了。马克思写道："黑人就是黑人。只有在一定的关系下，他才成为奴隶。纺纱机是纺棉花的机器。只有在一定的关系下，它才成为资本。脱离了这种关系，它也就不是资本了，就像黄金本身并不是货币，沙糖并不是沙糖的价格一样。"③ 显然，马克思在 19 世纪 40 年代已经深刻地认识了资本的本质，不过还没有完成资本有机构成的学说。

（二）工人阶级日益贫困的规律来自资本积累的本质

马克思在 19 世纪 50 和 60 年代写成的《资本论》巨著中，又进一步发展了这些理论。在《资本论》中，他论证了工人阶级的状况愈益恶化的规律，而这个规律来自资本积累的本质自身。他首先研究了资本积累的"一个特殊阶段"或"原始形式"，这就是马克思所说的"单纯积累"。这时资本只发生数量的增加，而不发生质量的变化，即随着资本积累并未产生资本有机构成的变化。然后马克思研究了随着资本量的增加而发生质的变化的积累。在这种情况下，随着资本积累的进行，资本有机构成高位化了。这是资本积累的一个规律。

马克思便由资本有机构成的提高使可变资本相对减少的趋势，说明了资本积累会不断地产生出一个相对过剩的劳动人口。他指出："事实是，资本主义积累不断地并且同它的能力和规模成比例地生产出相对的，即超过资本增殖的平均需要的，因而是过剩的或追加的工人人口。"④ 在资本主义制度

① 《马克思恩格斯全集》第 2 卷，人民出版社，1957 年，第 364 页。
② 《马克思恩格斯全集》第 6 卷，人民出版社，1961 年，第 487 页。
③ 同上书，第 486 页。
④ 《马克思恩格斯全集》第 44 卷，人民出版社，2001 年，第 726 页。

下，"工人人口本身在生产出资本积累的同时，也以日益扩大的规模生产出使他们自身成为相对过剩人口的手段。这就是资本主义生产方式所特有的人口规律"。① 马克思认为，这种"过剩人口"在资本主义社会里形成一个绝对隶属于资本的产业后备军，他们不仅是"积累或资本主义基础上的财富发展的必然产物"，而且反过来"又成为资本主义积累的杠杆，甚至成为资本主义生产方式存在的一个条件"。② 资本的突然扩大所需要的人数，是由"过剩人口"供给的；而资本主义生产由活跃、高涨到危机和停滞的周期性的循环发展，也是以产业后备军的不断形成为基础的。马克思深刻地论证了相对过剩人口是资本主义生产方式不可避免的伴侣。

（三）资本主义对剩余价值的追求必然使无产阶级贫困化

马克思依据他对资本主义人口规律的说明，严厉地批判了马尔萨斯的人口理论，指出："……事实上，每一种特殊的、历史的生产方式都有其特殊的、历史地发生作用的人口规律。抽象的人口规律只存在于历史上还没有受过人干涉的动植物界。"③ 马克思在分析了资本主义制度下相对"人口过剩"的三种主要形式，即流动的、潜在的和停滞的"过剩人口"，并指出它们是一个统一整体之后，又由财富的积累和产业后备军的增长，深刻地论述了无产阶级贫困化的必然性。

马克思有力地证实，资本家为了获得尽可能多的剩余价值，不惜牺牲劳动者的健康和生命，竭力把工资降低到工人维持生存所必需的生活资料的最低限度。有时发生（通常是由于工人们的斗争）工人们的工资有些增加，但伴随而来的则是资产阶级的利润的更大的增长，即社会的另一极的财富难以置信的增长。工人们即使"吃穿好一些，待遇高一些，特有财产多一些，不会消除奴隶的从属关系和对他们的剥削，同样，也不会消除雇佣工人的从属关系和对他们的剥削"。④ 马克思又运用大量实际材料，淋漓尽致地刻画出资本主义剥削制度下工人早衰、早死，因工伤亡，智力和体力衰退，劳动和居住条件极端恶化，疾病流行等触目惊心的情景。

---

① 《马克思恩格斯全集》第 44 卷，人民出版社，2001 年，第 727—728 页。
② 同上书，第 728 页。
③ 同上书，第 728 页。
④ 同上书，第 714 页。

（四）资本主义积累的一般规律是加剧无产阶级同资产阶级的对抗

马克思关于资本主义积累的一般规律的学说，一方面深刻地阐明了资本主义制度的历史暂时性，及其必然走向灭亡的历史命运，同时也揭示了资本主义条件下，无产阶级贫困的真正原因。无产阶级的贫困化，是由资本主义的客观经济规律决定的。无产阶级为争取改善自己生存状况而进行的斗争，只能在一定程度上延续这一趋势的进展，而绝不能消除趋势本身。资本主义积累一般规律的结果，是资产阶级同无产阶级之间阶级对抗日益加剧的深刻根源。因此，无产阶级要从根本上砸碎资本的枷锁，永远摆脱贫困，彻底改善自己的生存状况，就必须推翻资本主义制度，建立社会主义制度。

## 第三节　对资本主义社会工人阶级生活方式的分析

马克思、恩格斯认为，人类生存的前提就是，人们为了能够"创造历史"，必须能够生活。"必须能够生活"是人类能够生存和发展的首要条件。如果说在不同的社会历史条件下人们生活的质量反映着人类生存的水平，那么人们怎样生活、以什么方式生活，则是人们生存与发展方式的映象。换句话说，人们的生存方式集中表现为生活方式。因此，马克思、恩格斯在考察工人阶级生存状况的同时，还根据历史唯物主义的观点，紧紧围绕两种生产，尤其是物质资料的生产，分析了资本主义社会工人阶级生活方式的状况及其演变。

### 一、生产方式决定生活方式

马克思、恩格斯认为，生产方式怎样，一般地说来生活方式也就怎样。因为人们生活的一定形式，它的性质主要是由社会的生产方式决定的。"他们是什么样的，这同他们的生产是一致的——既和他们生产什么一致，又和他们怎样生产一致。因而，个人是什么样的，这取决于他们进行生产的物质条件。"[1]比如，恩格斯在《乌培河谷来信》中，对反映巴门和爱北斐特居民的落后生

---

[1] 《马克思恩格斯全集》第 3 卷，人民出版社，1960 年，第 24 页。

产方式的生活方式，有一段相当精彩的描写："这些人过着可怕的生活，但还觉得满不错；白天他们埋头做生意，而且是那么专心致志，简直令人难于置信；晚上到了一定的时间，就三五成群，打牌消遣，议论政治和抽烟，直到钟打过九点以后，才各自回家。他们就这样一天一天地生活下去，没有丝毫变化，而且谁要破坏这种生活方式，谁就会倒霉；他也许会相信，这个城市所有的殷实户都不会饶恕他。"① 这里，巴门和爱北斐特居民愚昧、落后、单调、死板和千篇一律的生活方式是与他们的生产方式相适应的。

（一）生活方式一经形成会转化为生活习惯

基于一定生产方式的生活方式一经形成，在某种程度上会逐渐转化为人们的生活习惯、风俗、传统，因而具有相对的稳定性。但是生产方式的每一次重大变化，都会有力地推动人们生活方式的变革，这是不以生活方式主体——人的意志为转移的，尽管需要"经过许多阶段才把陈旧的生活形式送进坟墓"。② 18 世纪后半期英国产业工人生活方式的改变充分地说明了这一点。"当时英国产业工人……闭关自守，与世隔绝，没有精神活动，在自己的生活环境中没有激烈的波动。他们当中能读书的很少，能写写东西的就更少了；他们按时上教堂去，不谈政治，不搞阴谋活动，不动脑筋，热衷于体育活动……他们的精神生活是死气沉沉的。"但是，珍妮纺纱机的发明，随后水力纺纱机等机械的出现，使英国工人的状况发生了根本的变化，尤其是使他们的生活方式发生了根本的变化。然而，正如恩格斯所指出的，"他们在自己的平静、庸碌的生活中感到很舒服，假若没有产业革命，他们是永远不会丢开这种生活方式的"，尽管这种生活"不是人应该过的"。③

（二）生活方式对生产方式有一定影响

当然，生活方式对生产方式又有一定的能动作用。因为人们生活方式的文明性、健康性与科学性的发展水平，直接或间接地影响着社会的生产关系，尤其是影响着社会生产力的进步与发展。同时，通过生活方式还可以揭示出各种类型的社会生产方式的特征。恩格斯在《劳动在从猿到人转变过程

---

① 《马克思恩格斯全集》第 1 卷，人民出版社，1956 年，第 511—512 页。
② 同上书，第 457 页。
③ 《马克思恩格斯全集》第 2 卷，人民出版社，1957 年，第 283 页。

中的作用》等著作中系统地阐述了这一思想，他指出："根据最早历史时期的人群和现在最不开化的野蛮人的生活方式来判断，最古老的工具是些什么东西呢？是打猎的工具和捕鱼的工具。"① "根据凯撒的描写，日耳曼人的生活方式也表明……他们也搞一点农业，但只是附带的，采用的方法也非常原始。"②

## 二、制约和影响生活方式发展的因素

马克思、恩格斯分析并阐明了制约和影响生活方式的发展和变化的其他一系列因素。

这些因素有：（1）社会提供的客观生活条件。马克思、恩格斯认为，一定社会的生活方式状况，归根结底主要是由该社会的生产方式决定的，但生产方式并不直接决定生活方式的状况。社会提供的客观生活条件，直接决定着人们的生活方式状况。马克思在《路易·波拿巴的雾月十八日》一书中就曾明确地指出："既然数百万家庭的经济条件使他们的生活方式、利益和教育程度与其他阶级的生活方式、利益和教育程度各不相同并互相敌对，所以他们就形成一个阶级。"③ 数百万小农家庭的经济条件，"他们的生活条件相同"，因而他们的生活方式也基本相同。生活条件是形成人们的生活方式的客观基础和前提。（2）不同阶级的生活方式的差别，最终是由各个阶级在社会中所处的经济地位决定的，但每一阶级成员的生活方式，必然带有阶级的印痕。特别是各个社会的统治阶级总是极力地向本阶级的成员灌输有利于维护本阶级统治的生活方式，因而阶级因素对生活方式的影响更为明显。（3）民族特点、民族性格和民族传统特征影响着人们的生活方式。恩格斯在《英国工人阶级状况》中，详细地论述过爱尔兰工人与英格兰工人的不同生活方式。由于民族特点，迁移到英格兰的爱尔兰工人，"从小就受惯了各种各样的艰难困苦，粗野，喜欢喝酒"，他们"总是随遇而安的"，"他们不大讲究衣着……他们的食品是土豆，……他们赚的钱要是超过以上这些需要，

---

① 《马克思恩格斯全集》第 26 卷，人民出版社，2014 年，第 765 页。
② 《马克思恩格斯全集》第 19 卷，人民出版社，1963 年，第 486 页。
③ 《马克思恩格斯全集》第 8 卷，人民出版社，1961 年，第 217 页。

就立刻都拿去喝了酒"，他们"不爱清洁"，"不习惯使用家具"。①

### 三、决定并影响工人生活方式的原因

马克思、恩格斯通过对决定并影响工人生活方式状况及其演变原因的分析，进一步预测了未来社会的生活方式。马克思、恩格斯认为，资本主义带给人们的生活方式，较之以往的生活方式是一种历史的进步。但是，在资本主义"这个腐败的世界上，'占有'终究是生活的条件"。②"每个人为另一个人服务，目的是为自己服务；每一个人都把另一个人当作自己的手段互相利用。"③资本主义生产方式为改变人们传统的落后的生活方式提供的客观条件并没有得到充分利用；由于生产力的发展，为改变人们生活条件和生活质量提供的巨大可能性也没有成为现实。在资本主义社会里，工人阶级的生活条件和生活质量并没有随着生产方式的变革、生产力的巨大发展而得到应有的改善。正如恩格斯在谈到英国工人阶级生活状况时所指出的："英国工人在他们所处的那种状况下是不会感到幸福的；在这种状况下，无论是个人或是整个阶级都不可能像人一样地生活、感觉和思想。"④

基于上述分析，马克思、恩格斯指出，由于资本主义生产方式内部的矛盾运动，作为资本主义社会生活方式基础的资本主义生产方式必然被社会主义生产方式所代替。与此相适应，资本主义社会生活方式也必然被社会主义、共产主义的生活方式所代替。他们预测，在未来的社会里，"通过有计划地利用和进一步发展一切社会成员的现有的巨大生产力，在人人都必须劳动的条件下，人人也都将同等地、愈益丰富地得到生活资料、享受资料、发展和表现一切体力和智力所需的资料"。⑤"通过社会生产，不仅可能保证一切社会成员有富足的和一天比一天充裕的物质生活，而且还可能保证他们的体力和智力获得充分的自由的发展和运用。"⑥只有到了那时，人们的生活方

---

① 《马克思恩格斯全集》第 2 卷，人民出版社，1957 年，第 374—376 页。
② 《马克思恩格斯全集》第 4 卷，人民出版社，1958 年，第 418 页。
③ 《马克思恩格斯全集》第 46 卷（上），人民出版社，1979 年，第 196 页。
④ 《马克思恩格斯全集》第 2 卷，人民出版社，1957 年，第 500 页。
⑤ 《马克思恩格斯全集》第 29 卷，人民出版社，2020 年，第 255 页。
⑥ 《马克思恩格斯全集》第 19 卷，人民出版社，1963 年，第 244 页。

式才是科学、合理的，人们根本不必为生存问题担忧、操心，人人都能过上富足、充裕的物质生活，每个人的体力和智力将得到充分自由的发展和运用。

## 第四节　为获得生存权、争取生存权而斗争

对于一个民族和国家来说，要充分享有生存权，国家必须独立；享有主权，人民必须解放，人民才能真正享有生存权。

马克思、恩格斯在剖析资本主义剥削制度给工人阶级的生存造成贫困的根源的同时，进一步从国家独立、人民解放的角度说明，工人阶级乃至全世界无产者，应该为获得生存权、争取生存权而斗争。

### 一、"工人没有祖国"，生存权就无保障

"工人没有祖国"，这是马克思、恩格斯在《共产党宣言》中提出的一个著名论点。他们在驳斥资产阶级对共产党的责难时说，有人责备共产党人，说什么他们要求废除祖国，废除民族。马克思、恩格斯回答说："工人没有祖国。决不能剥夺他们原来没有的东西。"[①]

（一）工人为什么没有祖国？

马克思、恩格斯在《共产党宣言》中十分明确地证明，工人之所以没有祖国，完全是由资产阶级造成的。资产阶级不仅使工人的生存劳动遭受国内资本的剥削，而且遭受国际资本的剥削。然而，国际资本的联系，客观上也造成了国际无产阶级联合的条件。

在马克思、恩格斯看来，在资本主义条件下，资本、商品的武器已经打破了各民族的国界线。资产阶级为了不断扩大商品销路，奔走于全球各地，到处落户，到处创立，到处建立联系。随着资本主义的发展，随着自由贸易和世界市场的建立，一切国家的生产和消费都成为世界性的了。这样一来，各国工人阶级所遭受的就不仅仅是国内资本的剥削，而且还遭受国际资本的

---

① 《马克思恩格斯全集》第4卷，人民出版社，1958年，第487页。

共同剥削；他们面临着共同的生活条件、斗争条件和共同的命运。正是在这个意义上说，工人是没有祖国的。工人正因为没有自己的祖国，他们的生存权也就得不到根本的保障。

当然我们也应看到，资本主义不断侵略和扩张的结果，使得一些古老民族的自给自足的自然经济解体了，往日那种地方和民族的闭关自守的状态，被各民族的各方面的互相往来和各方面的互相依赖所替代。资本的侵略和扩张在客观上促进了各落后民族的资本主义不同程度的发展。但同时，也为国际无产阶级的联合提供了条件。

（二）国家独立、人民解放是保障生存权的前提

工人在没有祖国的情况下，要获得生存权，"首先当然应该打倒本国的资产阶级"[①]，使无产阶级上升为统治阶级，实行社会主义公有制，建立社会主义国家。只有建立了社会主义的祖国，工人阶级成了国家的主人，工人的生存与发展权才能得到根本的保障。这时的民族和祖国就不是原来意义上的民族和国家了。正如马克思和恩格斯所说的：无产阶级"取得政治统治，上升为民族的阶级，确立为民族，所以它本身暂时还是民族的，不过这完全不是资产阶级所理解的那个意思"[②]。因为它不再是资产阶级居统治地位的民族和国家了，而是无产阶级上升为民族的主导、占统治地位的阶级了。

工人没有自己的祖国，也不是说无产阶级可以容许异族的侵略和统治。异族的侵略和统治，将使无产阶级遭受国内与国外资产阶级的双重奴役与压迫。马克思、恩格斯在《共产党宣言》中，对印度、中国遭受异族侵略和奴役的苦难，做了淋漓尽致的揭露和分析。他们站在无产阶级立场上，把同情和支持这些国家和被压迫民族反对异族统治的斗争，看作是自己应尽的无产阶级国际主义义务。他们认为，一切被压迫民族反抗的趋势，都必然引起民族起义，最后获得民族的解放。被压迫民族的解放斗争的结果，"除了贫困以外，什么也不会失去，而得到的则是整个祖国，整个世界"。[③]

显然，马克思、恩格斯在《共产党宣言》等著作中，已清楚地表达了工

① 《马克思恩格斯全集》第4卷，人民出版社，1958年，第478页。
② 同上书，第487页。
③ 同上书，第539页。

人阶级的生存权与国家独立关系的思想：在工人没有自己的祖国，祖国没有独立主权的情况下，工人阶级的生存权是不会有真正保障的，他们的"吃喝住穿在质和量方面"就得不到充分的供应，他们也就"根本不能获得解放"。① 国家的独立，人民的解放是保障人民享有真正的生存权的前提。

## 二、批判资本主义国家对中国的侵略和掠夺

马克思、恩格斯关于生存权与国家主权的思想，在他们撰写的关于中国问题的一系列论著（如《中国革命和欧洲革命》《英人在华的残暴行动》《波斯和中国》《鸦片贸易史》《俄国在远东的成功》等）中，得到了充分的体现。马克思、恩格斯以辩证唯物主义和历史唯物主义的观点剖析了资本主义入侵对中国社会经济的影响，无情地揭露了英、俄等资本主义国家对中国的侵略和掠夺，热情地歌颂了中国反抗资本主义侵略的人民战争。

（一）分析外国资本主义的入侵对中国社会经济的影响

马克思在《鸦片贸易史》一文中指出，以英国为首的西方强盗，首先是以"鸦片"为武器，逐步敲开中国关闭的大门的。1773 年，"堪与埃芒蒂埃之流、帕麦尔之流以及其他世界闻名的毒品贩子并驾齐驱的上校沃森和副董事长威勒尔，建议东印度公司开始同中国进行鸦片贸易"。② 1800 年，输入中国的鸦片已达到 2 000 箱。1816 年输入鸦片总额达 250 万美元。1820 年偷运入中国的鸦片增加到 5 147 箱，1824 年达 12 639 箱，1834 年达 21 785 箱，而 1837 年则增加到 39 000 箱。③ 英国鸦片贩子们"干得非常起劲，以致不顾天朝的拼命抵制"④，在短短的 30 余年中，将鸦片输入量增加了近 20 倍。

从 1816 年起，这种鸦片贸易是以猖獗走私为显著特点的，"鸦片走私贸易总是占着大得极不相称的比例"。⑤ "鸦片"带来的巨大利益，成为英印政府的主要财政收入。在"英印政府在鸦片贸易上明显的商业利益逐渐消失"的同时，"在这种非法贸易上的财政利益却越来越重要了"⑥ 以致"英国政

---

① 《马克思恩格斯全集》第 42 卷，人民出版社，1979 年，第 368 页。
② 《马克思恩格斯全集》第 12 卷，人民出版社，1962 年，第 586 页。
③ 同上书，第 587、589 页。
④ 同上书，第 589 页。
⑤ 《马克思恩格斯选集》第 1 卷，人民出版社，2012 年，第 806 页。
⑥ 同上书，第 806 页。

府在印度的财政，实际上不仅要依靠对中国的鸦片贸易，而且还要依靠这种贸易的不合法性"。到1856年时，"英印政府靠鸦片垄断获取了2 500万美元的收入，正好是它财政总收入的六分之一"。①

鸦片给中国带来了什么呢？马克思指出，鸦片不仅折磨着中国人民的肉体，而且"腐蚀、败坏和毁灭了不幸的罪人的精神存在"。②鸦片的大量走私引起了中国白银的大量外流。"在1830年以前，中国人在对外贸易上经常是出超，白银不断地从印度、英国和美国向中国输出。"③但之后烟土的私相售买，使中国"每年出口纹银不下数百万"。白银外流、银两短缺的结果是"各省市肆银价愈昂，钱价愈贱"。④这种"银贵钱贱"的现象对于社会经济和清王朝的财政收入都造成了不利的后果。这种事实，引起包括清王朝中一些官吏在内的具有远见卓识的人物，如林则徐等的担忧，他们预感到"若犹泄泄视之，是使数十年后，中原几无可以御敌之兵，且无可以充饷之银"。⑤鸦片还直接腐蚀着封建政权，起着摇撼清王朝统治大厦的作用。鸦片走私所引起的贿赂公行、贪污聚敛和逐渐蔓延的吸毒现象，使清王朝的官吏完全腐化，"鸦片"成了他们的"拜物教"，它逐渐腐蚀着这个家长制的权力，腐蚀着统治机构中君父、臣子这种唯一的精神联系。所以马克思说，随着"鸦片"成为"统治者"，"皇帝及其周围墨守成规的大官们也就日益丧失自己的权力"。⑥

鸦片带来的社会危机不能不深入地刺激清王朝统治者，在经过一番争论之后，清王朝实行"禁烟"措施。尽管这种禁烟心是不坚决的，但对中华民族的生存和维系已经腐朽的清王朝是必要的。

（二）揭露批判英俄等帝国主义对中国的侵略

1. 揭露英国发动侵略中国的第二次鸦片战争的真相

马克思在《英人在华的残暴行动》一文中，对英国以"亚罗号"划艇事件为借口，发动侵略中国的第二次鸦片战争的真相，进行了揭露。马克思指

① 《马克思恩格斯选集》第1卷，人民出版社，2012年，第807—808页。
② 同上书，第802页。
③ 同上书，第779页。
④ 《史料旬刊》第3期，故宫博物院，1932年，第83页。
⑤ 中山大学历史系中国近代现代史教研组、研究室：《林则徐集 奏稿》，中华书局，1965年，第601页。
⑥ 《马克思恩格斯全集》第9卷，人民出版社，1961年，第110页。

出，"亚罗号"划艇是一只不很大的中国船，曾被英国人雇佣来走私，当这只船停泊在广州时，中国水师逮捕了藏匿船中的中国罪犯。对这件事，马克思认为，"我们的港口警察要是知道附近某一只本国船或外国船上藏有水贼和走私贩子，也一定会这样做的"。① 因为这本是一个主权国家行使的正当权益。英国政府却以此为借口发动了侵略战争。马克思愤怒地谴责了"这场极端不义的战争"。战争使"广州城的无辜居民和安居乐业的商人惨遭屠杀，他们的住宅被炮火夷为平地，人权横遭侵犯"。② 他向全世界澄清了"亚罗号"事件的真相：在中国水师执行任务时，这只船没有挂任何旗帜，而且向港英当局登记的"执照已经满期"，因此，所谓"亚罗号船事件"绝不足以构成英对中宣战的理由。

但是，英美政府却"不分青红皂白地非难中国人违背条约的义务、侮辱英国国旗、羞辱旅居中国的外国人"。③ 乃至"应该教训中国人重视英国人，英国人高出于中国人之上，应成为中国人的主人"④ 的叫嚷甚嚣尘上。马克思针锋相对地指出，除了捏造的"亚罗号"事件以外，"举不出一件事实来证实"中国的罪名。而中国人要向英国人提出的血淋淋的控诉，"至少可以提出九十九件控诉"。⑤

2. 分析英国发动侵略战争的原因

很清楚，所谓"亚罗号"划艇事件，只是英国侵略中国而处心积虑制造的战争借口罢了。那么，发动战争的真正原因是什么呢？

马克思从两个方面作了分析：首先，第一次鸦片战争后，除鸦片外的商业贸易的停滞。马克思指出，自从 1842 年条约订立以来，几乎完全是以白银与鸦片相交换的中印贸易，已经大大地发展了，但是英国工业品对中国的出口额，整个说来却没有变化，新口岸的开放并没有造成五个新的商业中心。在 1849—1857 年的 9 年中，"英国的输出，有五年远远低于 1843 年的水平，而 1854 年只有 1843 年的十七分之十"。⑥ 1843 年的条约不是扩大了英国

① 《马克思恩格斯全集》第 12 卷，人民出版社，1962 年，第 176 页。
② 同上书，第 177 页。
③ 同上书，第 176 页。
④ 《马克思恩格斯全集》第 13 卷，人民出版社，1962 年，第 569 页。
⑤ 《马克思恩格斯全集》第 12 卷，人民出版社，1962 年，第 177 页。
⑥ 《马克思恩格斯全集》第 13 卷，人民出版社，1962 年，第 603 页。

对中国的输出，而是加速和加深了 1847 年的商业危机。这对英国将是一场很大的灾难。它所引起的困难，"不仅在英国的直接茶丝贸易方面会感觉到，而且必然也会'影响'到英国对澳大利亚和美国的贸易"①，即全球贸易。影响英国对华贸易停滞的原因是不言而喻的，连 1847 年英国下院的调查报告也承认"妨碍这种贸易发展的，根本不是由于中国不需要英国商品"，而是"花钱买鸦片——这消耗了所有的白银而使中国人一般的贸易遭受巨大的损失"。② 就是说，"鸦片贸易的增长与西方工业品的销售成反比"，是"鸦片"的大量输入中国阻碍了一般工业品的对华贸易。但是，英国却为贸易停滞恼怒于中国。其次，是英国对华的商品进口贸易继续受到"小农业与家庭工业相结合"的自然经济的阻挡。中国的农民不单单是一个农民，他是庄稼汉又兼工业生产者，他们除生产必需的粮食及其他农产品外，还利用一切空余时间，组织自己的妻儿为纱织布，从事副业生产。在这种社会经济制度下"谈不上什么大宗进口外国货"。而侵略者却把这看成是人为的障碍。他们把自己的失望归咎于这样一种情况，即认为"野蛮政府所设置的人为措施阻碍了他们"，"可以用强力清除这些措施"。③ 因此，英国联合法国等资本主义国家又一次发动战争，即第二次鸦片战争。

3. 揭露沙俄对中国的侵略

马克思、恩格斯在揭露与批判英国侵略中国、肆意践踏人权的同时，还揭露了沙俄对中国的侵略。马克思在《中国和英国的条约》中指出，由于第二次鸦片战争，使"俄国获得了鞑靼海峡和贝加尔湖之间最富庶的地域，俄国过去是极想把这个地域弄到手的，从沙皇阿列克塞·米哈伊洛维奇到尼古拉，一直都企图占有这个地域"。④ 恩格斯在《俄国在远东的成功》一文中，又全面剖析了俄国在第二次鸦片战争中的所作所为以及从战争中得到的好处。恩格斯指出："这次战争不是对英国和法国有利，而是对俄国有利。"⑤ 俄国"除了分沾英法所得的一切明显的利益以外，还得到了黑龙江沿岸地

① 《马克思恩格斯全集》第 13 卷，人民出版社，1962 年，第 580 页。
② 《马克思恩格斯全集》第 12 卷，人民出版社，1962 年，第 585 页。
③ 《马克思恩格斯全集》第 13 卷，人民出版社，1962 年，第 601 页。
④ 《马克思恩格斯全集》第 12 卷，人民出版社，1962 年，第 625—626 页。
⑤ 同上书，第 662 页。

区，这个地区是它悄悄地占领的"。① 由于"征服了中亚细亚和吞并了满洲，俄国使自己的统治权扩大到一块与整个欧洲面积相等的领土上（俄罗斯帝国不包括在内），并从冰天雪地的西伯利亚进入了温带"。②

在第二次鸦片战争期间，以不同面目出现的侵略中国的强盗中，沙俄是一个获取赃物最多的强盗。卑鄙至极的沙俄鲸吞了中国的领土还要清政府对其感恩戴德，将其对中国的侵略说成是"皇上（沙皇）宽宏大量"，马克思把这种行径称为"没有人能与它匹敌"，从中也可看到沙俄是多么凶残而无耻。

（三）马克思从评论"太平天国革命"等反殖民、反封建斗争，预言"中华共和国"的诞生

马克思从世界革命的角度观察、评价了中国的太平天国革命，断言这个革命将会对英国并且通过英国对欧洲发生影响。英国在19世纪50年代正值又一次经济危机的前夜，在当时惊人的繁荣当中，已出现日益迫近的工业危机的征兆，而太平天国起义又会加强对英国的这种影响。基于这种担心，英国资产阶级由观望转向扶持清政府，反对、镇压太平天国。它命令自己的军队在上海、南京和运河口即太平天国的占领区域直接同太平天国作战，企图输出资本主义市场需要的"秩序"。但是，"西方各国政府的任何干涉只能使革命更带有暴力的性质"。③

在第一次鸦片战争前后，许多勤劳朴实的中国人还是第一次接触到外国侵略者，不明白这些明火执仗的海外来客跑到自己的土地上做什么。战争的发生是怎么一回事，他们还不能一下子理解。因此，战争之初"人民静观事变，让皇帝的军队去与侵略者作战"。④ 但是，侵略军侵入中国后的血腥暴行，使人民很快认识了这些"杀人之外又强奸妇女的文明贩子们"⑤ 的狰狞面目，中国人民"怎么可能把这些'西方大国'当作他们'真正的朋友'以朋友相待呢"？于是他们自发组织起来进行反对侵略者的斗争。恩格斯把

① 《马克思恩格斯全集》第12卷，人民出版社，1962年，第664页。
② 同上书，第665页。
③ 《马克思恩格斯全集》第9卷，人民出版社，1961年，第115页。
④ 《马克思恩格斯全集》第12卷，人民出版社，1962年，第231页。
⑤ 同上书，第232页。

它称为"保卫社稷和家园的战争"，是正义的"保存中华民族的人民战争"。① 1841 年广州三元里人民"平英团"的斗争，揭开了近代中国人民反对外国侵略者斗争的序幕。激化了的民族矛盾、阶级矛盾，终于使中国在 19 世纪 50 年代发生了伟大的太平天国革命。马克思已经看到："中国的连绵不断的起义已延续了 10 年之久"，而且"已经汇合成一个强大的革命"。② 他指出：毫无疑问，"欧洲人的干涉，鸦片战争，鸦片战争所引起的现存政权的震动，白银的外流，外货输入所引起的经济平衡的破坏"③，即外国的侵略，"推动了这次大爆炸"。④

马克思大胆预言"中国革命将把火星抛到现代工业体系的即将爆炸的地雷上，使酝酿已久的普遍危机爆发"，"直接随之而来的将是欧洲大陆的政治革命"。⑤ 之后发生的法国巴黎公社的革命，证实了马克思的预言。马克思的结论是：罪恶的鸦片和为鸦片而进行的战争，惊醒了中国人民，激发了中国人民反对殖民主义，反对封建主义，争取国家独立、人民解放的斗争，结果必将出现"亚洲新纪元的曙光"⑥，不久的将来"中华共和国"⑦ 将在中国诞生。

马克思对中国革命的预言，不久以后便成了现实。中国人民在中国共产党的领导下，进行了长期艰苦卓绝的斗争，取得了民族民主革命的胜利，建立了中华人民共和国。从此，结束了中国一百多年来任人宰割、受尽欺凌的屈辱历史和长期战乱、一盘散沙的动荡局面，实现了人民梦寐以求的国家独立和统一。占人类总数近四分之一的中华民族再也不是侵略者可以任意屠杀侮辱的民族，中国人民以国家主人的姿态站立起来，第一次真正享有了应有的人格尊严，赢得了全世界的尊敬。中国人民的生存与发展权从此获得了根本保障。

---

① 《马克思恩格斯论中国》，人民出版社，1950 年，第 71 页。
② 《马克思恩格斯全集》第 9 卷，人民出版社，1961 年，第 109 页。
③ 《马克思恩格斯全集》第 15 卷，人民出版社，1963 年，第 545 页。
④ 《马克思恩格斯全集》第 9 卷，人民出版社，1961 年，第 110 页。
⑤ 同上书，第 114 页。
⑥ 《马克思恩格斯全集》第 12 卷，人民出版社，1962 年，第 234 页。
⑦ 《马克思恩格斯全集》第 7 卷，人民出版社，1959 年，第 265 页。

# 第六章　劳动权

马克思在《政治经济学批判大纲》第 1 分册中，通过对人类劳动一般本质的揭示，考察与分析资本主义私有制条件下劳动异化所导致的劳动者主体地位、劳动所有权的丧失，进而预言，人类劳动的发展必将扬弃异化劳动，实现劳动者主体地位、劳动所有权的复归，并随着人类未来劳动的发展而不断完善。

劳动权是获得生存权的必要条件。没有劳动权，生存权也就没有保障。所以，我们在阐释了马克思主义人权观关于生存权理论之后，必须进一步研究马克思主义的劳动权思想。

## 第一节　"劳动"概念的科学规定性

要科学阐释马克思主义人权观理论中"劳动权"的思想，首先必须把握"劳动"概念的科学规定性。

究竟应如何界定劳动，给劳动下定义？陈俊宏认为，近几年来，学术界在给劳动下的定义中，存在着两种偏向：一种是以马克思早期的不成熟思想为依据，来给劳动下定义；一种虽然是以成熟马克思的思想为依据，但只是从某一方面给劳动下定义。前一种偏向，肯定劳动是人的本质，但把劳动规定为"自由自觉的创造性活动"。"自由"的含义就是"没有任何社会压力"，"不受肉体的需要的支配"，不受束缚地发挥自己的本质力量，等等。在这类定义中，"自由"成了劳动的本质属性，而代替了劳动的社会规定性。[①] 在给劳动下定

---

① 陈俊宏：《论马克思主义劳动概念的形成及其在创立唯物史观中的作用》，《哲学研究》，1984 年第 5 期。

义中存在的第二种偏向，就是不少人虽然以马克思的成熟著作作为依据来规定劳动，但是常常忽视了劳动的社会规定性。一些哲学词典和社会科学词典大体上都把劳动定义为：人们使用工具改造自然物，使之适合自己的需要的有目的的活动，即劳动力的使用或消失。

笔者认为，在上述定义中，劳动的物质规定性有了充分体现，可是却忽视了劳动的社会规定性。实际上，在马克思、恩格斯那里，劳动含义的科学规定性是物质规定性与社会规定性的统一。不过，马克思、恩格斯对劳动概念科学规定性的揭示，也有一个过程。

## 一、《1844 年经济学哲学手稿》中的劳动概念

马克思最早从哲学、经济学的意义上使用劳动概念是在《1844 年经济学哲学手稿》（以下简称《手稿》）。《手稿》是马克思从唯心主义转向唯物主义、从革命民主主义转向共产主义过程中的一部著作。前些年，人们较注重《手稿》论及的异化劳动理论，而忽视了其中关于劳动本质的思想。事实上，马克思是在研究异化劳动的过程中，开始了对人类劳动、劳动发展规律的研究。正是这种研究，使马克思开始从思想上冲破国民经济和思辨哲学的束缚，走向历史唯物主义。

（一）《手稿》如何研究和界定"劳动"

在《手稿》中，马克思是如何研究和界定人类劳动的呢？

第一，《手稿》从人和自然界的关系来研究人类劳动，初步提出劳动是人类改造世界的物质性活动的结论。《手稿》指出，自然界是人和人的劳动存在的前提，它一方面给人的生存提供肉体所需要的生活资料，另一方面给人的劳动提供生产资料。《手稿》还告诉我们：劳动是人对自然界的改造，是"改造无机界"的活动。[1] 人正是在这种改造和交往中使自然界变成越来越"人化的自然界"[2]，使"自然界才表现为他的作品和他的现实"[3]，同时也使人自己的本质力量不断得到发展、丰富和完善。这就肯定了劳动是人的

---

[1]  《马克思恩格斯全集》第 42 卷，人民出版社，1979 年，第 96 页。
[2]  同上书，第 126 页。
[3]  同上书，第 97 页。

一种物质性的能动的活动，从而克服了黑格尔把劳动仅仅理解为精神活动的片面性，也为后来批判费尔巴哈唯物主义的直观性打下了思想上的基础。

第二，《手稿》从人和动物的区别来研究人类劳动，提出劳动是人的"自由自觉的活动"。① 人的劳动活动与动物的生命活动的根本区别在于：一是人的劳动是有意识的，而动物和它的生命活动是直接同一的，是无意识的；二是人的劳动是全面的，而动物的活动是片面的；三是人的劳动是创造性的，而动物的活动没有创造性。以上三点区别在一定程度上克服了国民经济学把劳动当成私有财产的本质，进而使"人本身被当成了私有财产的规定"，而"彻底实现对人的否定"的错误。②

（二）《手稿》对"劳动"概念界定的缺陷

可见，《手稿》中对劳动的规定，反映了人类劳动的某些重要特点，只是还未达到科学的水平。因为《手稿》还深受着思辨哲学尤其是费尔巴哈人本主义的影响，所以对劳动的理解和规定又带有非科学思辨的性质，劳动概念还存在着不可避免的缺陷。

首先，劳动概念带有浓厚的先验色彩。马克思把劳动作为"自由的自觉的活动"来看待，实际上是把劳动作为异化劳动前提的一种理论假设，说明异化劳动使人的活动变得片面、被动、受奴役、不自由，所以真正的最初的人的劳动是全面、主动、不受奴役和束缚的"自由的自觉的活动"。事实上，这样的劳动过去没有过而且至今也未完全实现，或许只能出现在未来的共产主义社会中。这实际上给劳动涂上了先验的色彩和加进了空想的成分。

其次，劳动概念具有非科学的抽象性质。"《手稿》只是从人和自然界的关系来理解劳动，虽然在一定程度上肯定了劳动对自然的改造作用，但是，马克思还没有进一步从人们'制造和使用工具'、结成一定的社会关系等方面说明劳动的本质内容，因而还不能制定出科学的生产力和生产关系概念。这就不可能把劳动放在一定的生产关系下来考察，不可能看到生产关系的性质决定劳动的性质。"③ 因而，《手稿》研究劳动的方法还未达到历史唯物主

---

① 《马克思恩格斯全集》第 42 卷，人民出版社，1979 年，第 96 页。
② 同上书，第 113 页。
③ 陈俊宏：《论马克思主义劳动概念的形成及其在创立唯物史观中的作用》，《哲学研究》，1984 年第 5 期。

义的高度，不能说明资本等私有财产和异化劳动、异化劳动和劳动的关系。《手稿》之所以不能科学地说明私有财产和异化劳动的关系，主要原因在于当时只是从人和自然界的关系的抽象形式上来理解劳动，而没有从人和人的关系来理解劳动。

最后，《手稿》在对现实的劳动的理解上，过分地强调了劳动的否定因素。马克思认为资本主义的异化劳动使人们丧失了人的一切美好的东西，非人的力量统治着一切。这样，在劳动的否定作用下，资本主义社会创造出来的巨大生产力以及物质文明就被忽视了，而无产阶级在社会化大生产中的历史地位和创造作用也得不到肯定。究其原因主要也是当时还不能分清劳动的物质规定性和社会规定性。因此，在否定劳动的社会规定性时也否定了劳动的物质内容，劳动的对象化实际上也被淹没在劳动的异化之中。

## 二、《德意志意识形态》中的劳动概念

从 1845 年 9 月至 1846 年夏初，马克思、恩格斯共同合作写出了《德意志意识形态》（以下简称《形态》）。这部著作的完成，标志着马克思、恩格斯唯物史观的基本形成。

（一）在《形态》中，马克思、恩格斯阐释了劳动的物质规定性

马克思、恩格斯阐明了"物质生产活动"和"制造、使用工具的活动"是劳动的物质内容。前面一章我们已阐明马克思、恩格斯关于人的第一个历史活动就是生产满足衣、食、住等需要的资料，即"生产物质生活本身"[①]的思想。在他们看来，"物质生活的生产即劳动"[②] 是人类生存和发展的第一个前提和基础。这说明，"生产物质生活本身"就是劳动的物质内容。人们正是通过这种"连续不断的感性劳动"[③]，创造出一定的"物质生活条件"。[④]这些"物质生活条件"的总和才是人类生存和发展的前提和基础，同时也是唯物史观的出发点。

而劳动之所以能"生产物质生活本身"，正在于它是制造和使用工具的

---

① 《马克思恩格斯全集》第 3 卷，人民出版社，1960 年，第 31 页。
② 同上书，第 75 页。
③ 同上书，第 50 页。
④ 同上书，第 23 页。

活动。马克思、恩格斯从分析生产工具的两种情况入手，说明工具的制造和使用是人类劳动过程最根本的特征。他指出，生产工具有"耕地（水等等）……自然产生的生产工具"；有"由文明创造的生产工具"，也就是劳动创造出来的工具。在使用"自然产生的生产工具"的情况下，人们受自然界的支配，人们还未摆脱自然血缘关系的脐带，脑力劳动和体力劳动还未完全分开；而在使用"文明创造的生产工具"的情况下，交换主要是人与人之间所进行的交换，脑力劳动和体力劳动的分工需求已日益突出。此时，他们虽然还未区分劳动对象和生产工具，但是，他们明确了分析劳动必须"以生产工具为出发点"。① 生产工具既是劳动过程的产物，又是特定劳动过程得以进行的手段，体现着劳动的物质规定性。

（二）揭示劳动的社会规定性

对劳动的物质规定性的科学揭示是劳动概念走向科学的第一步，但最重要的一步是揭示劳动的社会规定性。《形态》实际上已达到了这一步。

1. 对劳动中人和自然界关系、人和人之间社会关系的分析

在《形态》中，马克思、恩格斯在分析历史过程诸要素的同时，指出在劳动中人和自然界的关系与人和人的关系是同时并存的。他们认为，一开始就纳入发展过程的历史活动有三个方面：一是"生产物质生活本身"——生产满足人们生活需要的资料；二是"新的需要的产生"——已经满足的第一个需要本身、为满足需要用的工具又引起新的需要；三是人口的生产——"这就是夫妻之间的关系，父母和子女之间的关系，也就是家庭。这个家庭起初是唯一的社会关系"。② 这三个方面从历史的最初时期起，三者就同时存在着。所以，我们不应把它们看成是不同的三个阶段，而只应看作同时存在的三个方面。"这样，生活的生产——无论是自己生活的生产（通过劳动）或他人生活的生产（通过生育）——立即表现为双重关系；一方面是自然关系，另一方面是社会关系；社会关系的含义是指许多个人的合作。"③ 可见，劳动中既有人和自然的关系，又有人和人之间的社会关系，离开了哪一个关

---

① 《马克思恩格斯全集》第 3 卷，人民出版社，1960 年，第 73—74 页。
② 同上书，第 32 页。
③ 同上书，第 33 页。

系，都谈不上现实的劳动。

马克思、恩格斯还分析了劳动中人与自然界的关系、人与人之间的社会关系的不同地位，指出了人与人之间的社会关系对人和自然关系的制约作用。他们指出，在生产劳动中"一开始就表明了人们之间是有物质联系的"①，而"生产本身又是以个人之间的交往为前提的"。② 人们只有通过一定方式结合起来劳动和互相交换其活动，才会有人对自然界的关系，才会有生产。劳动既是制造和使用工具改造自然界，满足人的需要的活动，又是在一定的社会关系下进行的活动。只有从社会关系上来把握劳动，才能真正理解劳动对自然界的改造作用，才能确定劳动的社会性质。

2. 对"真正社会主义者"的劳动错误观点的批判

《形态》在科学揭示了劳动的物质规定性和社会规定性的同时，还批判了"真正的社会主义者"关于劳动的错误观点。"真正的社会主义者"海尔曼·泽米希攻击"共产主义把人……引导到对粗暴的物质的依赖，即引导到劳动和享乐之间的分裂"，而对"劳动和享乐"没有"上升到关于自由活动的思想"。③ 对此，马克思、恩格斯批判道，海尔曼·泽米希的"自由活动就是'不决定于我们之外的物'的活动；这就是说，自由活动是……纯粹的抽象的活动……被归结为'纯粹思维'的幻想"。这种"自由活动"不过是"'真正的社会主义者'用来掩盖他们对现实生产的无知的空谈"。④

马克思、恩格斯还批判了另一个"真正的社会主义者"鲁道夫·马特伊仅仅从人和自然的关系来抽象规定劳动的错误观点。鲁道夫·马特伊认为："劳动就是人的一切自觉的活动，他力求通过这种活动使自然界在精神和物质方面服从自己，以便向自然界夺取自己对生活的有意识的享受，利用自然界来达到自己在精神上或肉体上的满足。"马克思、恩格斯针锋相对地指出，在这里，"人对自然界的自觉的活动也被他神秘化了"，"劳动这个普通的字眼就被他偷用来作为这全部神秘化把戏的结果，……劳动是从关于人和自然界的纯粹抽象的观念中构想出来的，因此，用来给劳动下定义的方法既适合

① 《马克思恩格斯全集》第 3 卷，人民出版社，1960 年，第 34 页。
② 同上书，第 24 页。
③ 同上书，第 541 页。
④ 同上书，第 548—549 页。

于而又不适合于劳动发展的一切阶段"。① 显然，鲁道夫·马特伊给劳动下定义的方法并不是科学的方法，这里的劳动观不能解释社会历史的发展。

《形态》是从人的劳动活动本身所具有的"制造和使用工具"的物质性活动的特点来规定劳动，从而揭示了劳动的物质规定性，从根本上把人和动物区别开来。"如果说从人和自然界的关系来理解劳动，只是笼统地提出了人们为什么要劳动的问题；那么，《形态》则科学地解决了这个问题，并进一步从人和人之间的社会关系来理解劳动，说明人们怎样进行劳动的问题，从而揭示了劳动的社会规定性，为从社会形式上把不同时代的劳动区别开来，并由此出发说明社会历史，确定了科学的依据。"②

### 三、《资本论》凸显以劳动概念为核心的劳动理论

在《资本论》这本巨著中，劳动概念既有深刻的哲学论证，又有广泛的经济学阐述。这两个方面彼此交织，互相辉映，使劳动概念的内容更加全面、丰富、具体和完善，形成了一个以劳动概念为中心的宏伟的劳动理论体系。

#### （一）关于"劳动"的科学定义

在《资本论》中，马克思给劳动下了完整的科学的定义。马克思写道："劳动首先是人和自然之间的过程，是人以自身的活动来中介、调整和控制人和自然之间的物质变换的过程。"③ "劳动过程，就我们……把它描述为它的简单的、抽象的要素来说，是制造使用价值的有目的的活动，是为了人类的需要而对自然物的占有，是人和自然之间的物质变换的一般条件，是人类生活的永恒的自然条件。"④

马克思认为，这样规定劳动，还只是"撇开它的各种历史形式，作为人和自然之间的过程来考察的"。⑤ 它作为制造使用价值的有目的的活动，并不是同具有社会形式规定性的生产资料发生关系，而是同作为物质实体、作为

---

① 《马克思恩格斯全集》第3卷，人民出版社，1960年，第569—570页。
② 陈俊宏：《论马克思主义劳动概念的形成及其在创立唯物史观中的作用》，《哲学研究》，1984年第5期。
③ 《马克思恩格斯全集》第44卷，人民出版社，2001年，第207—208页。
④ 同上书，第215页。
⑤ 同上书，第581页。

劳动资料的生产资料发生关系。显然，"这个从简单劳动过程的观点得出的生产劳动的定义，对于资本主义生产过程是绝对不够的"①，也不可能理解任何一个现实的历史的生产阶段。② 因此，马克思又从社会关系方面规定了劳动定义的内容。他指出，劳动过程即"社会生产过程既是人类生活的物质生存条件的生产过程，又是一个在特殊的、历史的和经济的生产关系中进行的过程，是生产和再生产着这些生产关系本身，……即他们的一定的经济的社会形式的过程"。③ 社会关系（主要是生产关系）作为劳动的社会规定性，它既是劳动过程不可缺少的前提，又是劳动过程中必然形成的产物。因而，社会关系也是劳动的本质特征之一。至此，我们可以把马克思对劳动概念的界定表述为：劳动是人们在一定的社会关系下，制造和使用工具来改造自然物，使其适合自己需要的有目的的活动。

（二）分析劳动过程的构成要素和劳动发展的历史形成

1. 劳动过程的三要素：有目的的活动、劳动对象和劳动资料

马克思在《资本论》中还分析了劳动过程的构成要素和劳动发展的历史形式，从而使劳动的物质规定性和社会规定性的内容更加具体、完善。马克思指出，"劳动过程的简单要素是：有目的的活动或劳动本身，劳动对象和劳动资料"。④ 这三个要素是任何时代的劳动过程都不可缺少的，只有三者紧密结合起来，劳动活动才能展开。所以，劳动过程的三要素又在劳动的物质内容和社会历史形式的统一中实现劳动的价值。

2. 没有永恒不变的劳动，也没有离开劳动发展的历史

人类历史就是劳动发展的历史，人类的劳动也是历史发展着的劳动，没有永恒不变的劳动，也没有离开劳动发展的历史。因此，马克思在《资本论》中又着重考察了人类社会尤其是阶级社会中劳动发展的历史形式。

在原始社会，生产力水平极其低下，人们平等地集体地进行生产劳动，这是"一切文明民族的历史初期都有过的这种劳动的原始的形式"。⑤ 随着人

---

① 《马克思恩格斯全集》第44卷，人民出版社，2001年，第581页。
② 《马克思恩格斯选集》第2卷，人民出版社，2012年，第688页。
③ 《马克思恩格斯全集》第46卷，人民出版社，2003年，第927页。
④ 《马克思恩格斯全集》第44卷，人民出版社，2001年，第208页。
⑤ 同上书，第95页。

类社会进入以生产资料私有制为基础的阶级社会，又先后出现了奴隶社会的奴隶劳动、封建社会的徭役劳动、资本主义社会的雇佣劳动。

在奴隶社会的奴隶劳动形式下，奴隶只是会说话的工具，奴隶本身及其劳动成果全部被奴隶主占有，"全部劳动都表现为无酬劳动"，"所有权关系掩盖了奴隶为自己的劳动"。① 在封建社会的徭役劳动下，农奴"为自己的劳动和为地主的强制劳动在空间上和时间上都是明显地分开的"。② 农奴不是从地主那里领取报酬，而是地主从他们那里收取地租。"劳动的特殊性是劳动的直接社会形式。"③

在资本主义社会的雇佣劳动下，无产者把劳动力当作商品出卖给资本家并为其提供剩余价值。在雇佣劳动形式下，"货币关系掩盖了雇佣工人的无代价劳动"，"剩余劳动或无酬劳动也表现为有酬劳动"。④ 阶级社会中劳动的三种形式实际上就是剥削的三种不同形式，它反映了人与人之间的剥削与被剥削的社会关系。但这些劳动的"每个一定的历史形式，都会进一步发展这个过程的物质基础和社会形式。这个一定的历史形式达到一定的成熟阶段就会被抛弃，并让位给较高级的形式"。⑤

马克思认为只有在人类进入共产主义阶段后，"他们用公共的生产资料进行劳动，并且自觉地把他们许多个人劳动力当作一个社会劳动力来使用"，劳动"产品的一部分重新用作生产资料。这一部分依旧是社会的。而另一部分则作为生活资料由联合体成员消费"。分配方式"随着社会生产有机体本身的特殊方式和随着生产者的相应的历史发展程度而改变"。⑥ 这时人们的劳动才可按照共产主义两个阶段的划分而分为联合劳动和"自由劳动"。

（三）离开劳动的社会形式就不能理解劳动

马克思在《资本论》中，一是通过批判18世纪的经济学家把劳动的社会规定性所取得的产物说成是"单纯的符号"，并揭示其背后的人与人之间的社会关系，认为不懂得劳动的社会性质，就不能理解货币的本质，就不知

---

① 《马克思恩格斯全集》第44卷，人民出版社，2001年，第619页。
② 同上书，第619页。
③ 同上书，第95页。
④ 同上书，第619页。
⑤ 《马克思恩格斯选集》第2卷，人民出版社，2012年，第654页。
⑥ 同上书，第126页。

道"物的货币形式是物本身以外的东西，它只是隐藏在物后面的人的关系的表现形式"。① 二是批判亚当·斯密把"雇佣劳动"与一般劳动合二为一，进而掩盖剩余价值的源泉是无产者的剩余劳动，掩盖资本主义剥削实质的错误"劳动观"，进而强调离开劳动中人和人之间的社会关系，离开劳动的社会形式，不仅不能理解劳动，甚至步入歧途而得出错误的结论。

（四）从劳动的物质规定性和社会规定性说明劳动发展的规律性

马克思、恩格斯在《德意志意识形态》和《资本论》中，从劳动的物质规定性和社会规定性出发，对劳动概念作出科学的界定之后，就不再以异化劳动为核心来描述劳动的发展过程（即所谓"自由自觉的劳动—异化劳动—劳动的复归"），而是从上述两方面来揭示劳动的发展规律。从物质规定性来说，劳动是沿着石器工具、金属工具、铁器工具、机器设备、自动化装置的方向向其广度、深度发展。生产工具越发展，劳动的社会化程度就越高，劳动的对象也就越扩大，提供的社会财富就越多。生产工具发展的每一个阶段，劳动也有自己的特点和作用。从社会规定性来说，劳动开始于原始的群体劳动，后来又发展到奴隶劳动、徭役劳动、雇佣劳动，然后又过渡到联合劳动和自由劳动。这些不同形式的劳动性质取决于不同的生产关系的性质。上述两种规定性是同一过程的两个方面，都是从简单到复杂、从低级到高级的过程。从此，马克思就抛弃了《手稿》中关于"劳动—异化劳动—劳动"的公式而代之以上述新内容，而有的学者不顾这样的事实，仍然坚持《手稿》中的不成熟思想，并把它说成贯穿马克思一生的思想，这是不应该的。有的学者虽然把劳动看作是唯物史观的出发点，但却忽视了劳动的社会规定性这个最本质的方面，因而对劳动不能不陷入抽象的理解。这样，也就无法科学地说明劳动发展的规律性，也不能揭示劳动权得而复失的社会根源。

## 第二节　雇佣劳动：劳动权的丧失

马克思、恩格斯不仅从物质和社会规定性的角度揭示劳动的内涵，阐明

---

① 《马克思恩格斯全集》第44卷，人民出版社，2001年，第110页。

劳动发展的规律，而且全面深入地研究了资本主义社会劳动的典型形式——雇佣劳动。通过对雇佣劳动所带来的种种劳动异化现象的分析，马克思、恩格斯说明了无产阶级丧失劳动权、生存权，生活极端贫困的根本原因，同时也揭示了在雇佣劳动中所蕴含的向自主劳动发展的积极因素。

## 一、形式自由的雇佣劳动

前面一章，我们已阐释了马克思、恩格斯关于资本积累而导致无产阶级生存状况贫困化的原因。马克思、恩格斯对无产阶级生存状况的分析，又是同对劳动、劳动性质的分析紧密结合在一起的。只是为了使研究的思路更清晰，所以我们在前面一章着重从生存状况的角度，说明无产阶级贫困化的原因，这一章从劳动性质的角度，进一步说明无产阶级贫困化的根源在于劳动的雇佣性质。资本主义雇佣劳动是资本家得以积累资本、剥削工人的前提。

（一）雇佣劳动是一种异化劳动

资本主义制度下的雇佣劳动，从形式上看是一种"自由劳动"。资产者并不是通过政治的强迫，或用棍棒强迫工人劳动；就工人与资本家的关系而言，也没有人身依附关系，不像奴隶或农奴属于某一个主人。实际上雇佣劳动是不自由的劳动。它不是直接的政治强迫，不是棍棒纪律，而是饥饿纪律。工人虽然不属于某一个资本家，但它属于整个资产阶级。因此工人劳动不是满足爱好劳动的天性，而是满足劳动以外的其他各种需要，即作为生存手段。只要肉体的强制或其他强制一停止，人们就会像逃避瘟疫那样逃避劳动。结果，人在实现自己的动物机能——吃、喝、繁殖时，才觉得自己是自由活动；而在真正实现人所特有的机能，即从事任何动物都没有的劳动机能时，反而觉得自己不过是动物。这就是马克思所说的劳动异化。由于劳动异化，发生了一个颠倒："动物的东西成为人的东西，而人的东西成为动物的东西。"①

（二）雇佣劳动作为一种异化劳动的特征

既然资本主义制度下的雇佣劳动是一种异化劳动，那么它有什么特征

① 《马克思恩格斯全集》第 42 卷，人民出版社，1979 年，第 94 页。

呢？马克思在《1844 年经济学哲学手稿》《政治经济学批判大纲》等著作中对异化劳动的三个特征做了详尽的分析。

第一个特征：劳动异化首先表现为工人同自己的劳动产品之间的异化。马克思认为："工人生产得越多，他能够消费的越少；他创造价值越多，他自己越没有价值、越低贱；工人的产品越完美，工人自己越畸形；工人创造的对象越文明，工人自己越野蛮；劳动越有力量，工人越无力；劳动越机巧，工人越愚钝，越成为自然界的奴隶。"① 在这里，马克思指出了劳动异化和劳动对象化的区别和联系：劳动对象化是指劳动固定在某个对象中、物化为对象即产品。而异化则是指劳动产品"作为一种异己的存在物，作为不依赖于生产者的力量，同劳动相对立"。② 但是，在一定的历史条件下，对象化就表现为异化。

第二个特征：劳动活动本身的异化。那么，对象化为什么会表现为异化，劳动的产品为什么对劳动者来说表现为异己的力量呢？马克思认为这是因为工人在生产活动本身中自身异化了。劳动活动本身的异化是异化劳动的又一个重要特征。工人的劳动不是属于他自己，而是属于与之对立的资产者；不是自愿的劳动，而是被迫的劳动，在劳动中不是肯定自己，而是否定自己；不是感到幸福，而是感到不幸。因此，工人自己的劳动活动成了一种异己的、不属于他的活动，并且是转过来反对他自身的活动。

如果劳动不是作为人的生命力的表现，不是满足和符合劳动者的需要，而完全是作为直接谋生的手段，那么这种劳动活动对工人来说就是一种外在的强制。在纯属谋生的劳动中包含着劳动对劳动者的异化，劳动对劳动对象的异化，工人的劳动完全是受他不得不服从的社会需要的强制，他本身成为同他相对立的社会需要的奴隶，在这种情况下，工人的劳动完全是为了活命，而他活着又只是为了谋取生活资料。③

在《政治经济学批判大纲》中，马克思对劳动本身的异化做了进一步的阐述。在资本主义条件下，财产同劳动之间、活劳动能力同它的实现条件之

---

① 《马克思恩格斯全集》第 42 卷，人民出版社，1979 年，第 92—93 页。
② 同上书，第 91 页。
③ 同上书，第 29 页。

间、物化劳动同活劳动之间、价值同创造价值的活动之间的绝对的分裂或分离，决定了劳动内容对工人本身的异己性。就是说，工人完全丧失了对自己劳动的支配权，工人只是被当作使用价值，劳动（剩余劳动和必要劳动）的全部结果都表现为资本。工人的劳动完全是自己本身的丧失，工人的劳动能力同与劳动相异化的、不属于劳动而属于他人的资本相对立，因此，劳动活动变成了单纯的他在，即同自己相对立的他物（资本）的存在。

第三个特征：人的类本质同人相异化。马克思从劳动者与劳动产品的异化和劳动本身的异化，推出异化劳动的第三个规定即特征：人的类本质同人相异化。所谓类本质是指人之作为人的人类共同性。马克思认为人是社会的存在物，人不能孤立地存在，只能依靠社会而存在，因此人的存在具有普遍性，人的生活是全面的，人把自然界作为人的生活资料，人通过自己的意识认识到这一点，所以人的活动才可能是自由的。同时，人也是进行生产的存在物，"生产生活本来就是类生活"①，即是社会性的活动。人和动物不同，动物的生产是片面的，只是为了满足直接的肉体需要，而人的生产却是全面的，他并不见得是为直接满足肉体需要而生产，"并且只有不受这种需要的支配时才进行真正的生产"②，人通过这样的生产活动证实自己是社会的存在物，证实自己是人。

但是，异化劳动却把这种关系弄颠倒了：人需要依靠整个自然界生活，但是现在自然界却同人相异化，变成不属于劳动者的与人漠不相干的东西，人的生产活动本来是一种社会的活动，但由于劳动本身的异化，人的社会生活只是成了维持个体生存需要的手段。人的劳动本来是不受奴役、束缚的自由自觉的活动，现在变成了被迫的劳动，人的社会生活本来是人优越于动物的地方，但是由于异化劳动从劳动者那里夺走了自然界，劳动本身也不再是人真正需要的生命活动，所以人反而不如动物了。既然类本质是人之所以为人的人类共同性，那么，在类本质同人相异化的情况下，人就失去了作为人的根据，人不成其为人了。

上述三个方面（人同自己的劳动产品、自己的生命活动、自己的类本

---

① 《马克思恩格斯全集》第 42 卷，人民出版社，1979 年，第 96 页。
② 同上书，第 97 页。

质）异化的直接结果就是人同人相异化。"人同他的类本质相异化这一命题，说的是一个人同他人相异化，以及他们中的每个人都同人的本质相异化。"① 人和自身的任何自我异化，只有通过同其他人的实践的、现实的关系才能表现出来。马克思追问道："如果说劳动产品对我说来是异己的，是作为异己的力量同我相对立，那么，它到底属于谁呢？如果我自己的活动不属于我，而是一种异己的活动、被迫的活动，那么，它到底属于谁呢？"② 马克思极其深刻地回答了这个问题："如果劳动产品不属于工人，并作为一种异己的力量同工人相对立，那么，这只能是由于产品属于工人之外的另一个人。如果工人的活动对他本身来说是一种痛苦，那么，这种活动就必然给另一个人带来享受和欢乐。不是神也不是自然界，只有人本身才能成为统治人的异己力量。"③

所以，物对人的统治、工人自身的劳动对自己的统治，归根到底是人对人的统治。马克思通过对异化劳动的分析，看出了人与人之间的阶级关系："通过异化的、外化的劳动，工人生产出一个跟劳动格格不入的、站在劳动之外的人同这个劳动的关系。工人同劳动的关系，生产出资本家（或者不管人们给雇主起个什么别的名字）同这个劳动的关系。"④

由上述分析可以看出，马克思对异化劳动特征的揭示是有严密的内在逻辑的。马克思首先抓住了工人同劳动产品的异化这个根本的经济事实，然后找出劳动活动本身的异化，从这两者导出人同族类本质的异化，从以上三者又得出它们的结论：人和人的异化。正是由于人与人之间的异化，人与人之间成了剥削与被剥削、压迫与被压迫的关系，被剥削、被压迫者——工人，是根本谈不到什么劳动权的。

工人的劳动力所有权似乎是他自己的，他可以出卖给任何一个资本家。但是，工人的劳动力只有作为商品，到市场上卖给资本家，并进入生产领域才能实现它的价值。工人在为资本家创造剩余价值而进行的生产劳动中，想干什么？不想干什么？怎样干？都必须服从资本的生产，工人对自己的生产

---

① 《马克思恩格斯全集》第 42 卷，人民出版社，1979 年，第 98 页。
② 同上书，第 98 页。
③ 同上书，第 99 页。
④ 同上书，第 100 页。

劳动是没有支配权的。工人在生产劳动中所创造的产品，既无权过问，也无权左右。因此，在资本主义雇佣劳动条件下，工人永远是商品，工人的生存被归结为其他任何商品的存在条件。工人的生存取决于社会的需求，而需求取决于资本和地产的运动。如果工人的供给大大超过需求，就会有一部分工人沦为乞丐或饿死。工人的劳动虽然为资本主义创造了社会财富，但社会财富的增加并不能改变工人的处境。"在社会财富增进的状态中，工人的沦亡和贫困化是他的劳动的产物和他生产的财富的产物。"① 这就是说，异化劳动为别人创造财富而为自己创造了贫困。雇佣性质的异化劳动是工人贫困的根源。

## 二、资本历史作用的"二重性"

### （一）资本本质上是工人劳动的极端异化形态

资本主义雇佣劳动，是一种工人没有真正的权利支配自身劳动、劳动产品的异化劳动。但是，这种异化劳动是人类历史发展中的一种必然。异化劳动虽然使人丧失了真正的劳动权利，具有消极的一面，但它也有积极的、进步的一面。马克思认为，异化劳动是过去历史发展的主要因素。"文明的一切进步，或者换句话说，社会生产力（也可以说劳动本身的生产力）的任何增长，——例如科学、发明、劳动的分工和结合、交通工具的改善、世界市场的开辟、机器等等，——都不会使工人致富，而只会使资本致富，也就是只会使支配劳动的权力更加增大，只会使资本的生产力增长。因为资本是工人的对立面，所以文明的进步只会增大支配劳动的客观权力。"② 马克思在谈到工场手工业分工时也指出："工场手工业分工不仅只是为资本家而不是为工人发展社会的劳动生产力，而且靠使各个工人畸形化来发展社会的劳动生产力。它生产了资本统治劳动的新条件。因此，一方面，它表现为社会的经济形成过程中的历史进步和必要的发展因素；另一方面，它表现为文明的和精巧的剥削手段。"③

① 《马克思恩格斯全集》第 42 卷，人民出版社，1979 年，第 55—56 页。
② 《马克思恩格斯全集》第 46 卷（上），人民出版社，1979 年，第 268 页。
③ 《马克思恩格斯全集》第 44 卷，人民出版社，2001 年，第 422 页。

（二）资本也具有"伟大的文明作用"

马克思在揭露资本的本质的同时，也肯定了它的积极作用是"力图无限制地发展生产力"。① 因此，"资本的伟大的文明作用"②，首先表现为对于自然经济、对于封建的闭关自守的旧生活方式的摧毁作用。资本创造了这样一个社会阶段，与这个社会阶段相比，以前的一切社会阶段都只表现为人类的地方性发展和对自然的崇拜。它迫使整个自然界服从人的需要。它促进了对自然界的客观规律的认识和掌握——科学和技术的发展，"资本按照自己的这种趋势，既要克服民族界限和民族偏见，又要克服把自然神化的现象，克服流传下来的、在一定界限内闭关自守地满足于现有需要和重复旧生活方式的状况。资本破坏这一切并使之不断革命化，摧毁一切阻碍发展生产力、扩大需要、使生产多样化、利用和交换自然力量和精神力量的限制"。③

其次，资本要实现自身的增殖，就不仅需要扩大生产的范围，而且需要扩大消费的范围，要发现、创造和满足由社会本身产生新的需要。为此就要"培养社会的人的一切属性，并且把他作为具有尽可能丰富的属性和联系的人，因而具有尽可能广泛需要的人生产出来——把他作为尽可能完整的和全面的社会产品生产出来（因为要多方面享受，他就必须有享受的能力，因此他必须是具有高度文明的人），——这同样是以资本为基础的生产的一个条件。新生产部门的这种创造，即从质上说新的剩余时间的这种创造，不仅是一种分工，而且是一定的生产作为具有新使用价值的劳动从自身中分离出来；是发展各种劳动即各种生产的一个不断扩大和日益广泛的体系，与之相适应的是需要的一个不断扩大和日益丰富的体系"。④

再次，"资本的伟大的历史方面"就是为更高级的社会创造必要的物质前提。资本"肆无忌惮地迫使人类去为生产而生产，从而去发展社会生产力，去创造生产的物质条件；而只有这样的条件，才能为一个更高级的、以每一个个人的全面而自由的发展为基本原则的社会形式建立现实基础"。⑤

---

① 《马克思恩格斯全集》第 46 卷（上），人民出版社，1979 年，第 390 页。
② 同上书，第 393 页。
③ 同上书，第 393 页。
④ 同上书，第 392 页。
⑤ 《马克思恩格斯全集》第 44 卷，人民出版社，2001 年，第 683 页。

马克思对资本历史作用的二重性的分析，深刻揭示了劳动发展和社会发展的辩证规律：资本主义的雇佣劳动，虽然是对人应该享有的劳动权利的一种剥夺，是一种异化劳动，但是它是人类社会发展中必然出现的一种劳动方式。在这种劳动方式中蕴含的积极因素，不仅为扬弃雇佣劳动，向自主劳动发展创造了条件，而且对于发展生产力、推动社会进步，具有一定的历史作用。

（三）对歪曲马克思关于雇佣劳动观点的批判

20 世纪 80 年代以来，西方也有一些研究者从另一个极端歪曲马克思关于雇佣性质的异化劳动的历史进步性思想，他们宣称异化劳动是永远进步的，是永恒存在、不可扬弃的。为此，他们制造了不少"根据"，以便重弹资本主义永生不灭的老调。这里着重分析他们的两个论据。

1. "论据"之一：马克思认为分工是产生异化劳动的原因，但是分工是消灭不了的，到共产主义也有分工

马克思在《德意志意识形态》中所设想的到了共产主义社会，任何人都没有特定的活动范围，人们可以随自己的心愿今天干这事，明天干那事，已被今天的实践证明是不可能实现的。

首先，不能把马克思所说的产生异化劳动的分工，理解为抽象的、纯粹技术意义上的分工。分工有不同的形式，除了自然分工以外，还有马克思所说的"构成一切商品生产的一般基础的社会分工"[1]，资本主义工场手工业分工，机器大工业的厂内分工，社会主义社会的分工等等。作为产生异化劳动的原因的分工，是指自发的旧式分工，即指劳动的这样一种划分和独立化，在这种情况下，一般地说，产品只有作为商品交换才能建立彼此的劳动联系。这种社会分工，"不是出于自愿，而是自发的，那末人本身的活动对人说来就成为一种异己的、与他对立的力量，这种力量驱使着人，而不是人驾驭着这种力量"。[2] 马克思由此得出了自发分工必然产生劳动异化的结论。用把马克思所得出结论的理论前提抽象化的办法来否定马克思的结论，是不行的。

---

① 《马克思恩格斯全集》第 44 卷，人民出版社，2001 年，第 406 页。
② 《马克思恩格斯全集》第 3 卷，人民出版社，1960 年，第 37 页。

其次，至于在社会主义社会，特别是到目前为止的社会主义实践是否完全消灭了自发分工，以及怎样消灭自发分工，为此需要创造哪些条件，这是可以讨论的。问题在于这种实践完全不足以证明自发分工是消灭不了的这个结论。而目前出现的生产的高度自动化，与其说证实了未来社会也消灭不了分工，倒不如说使我们看到了消灭自发分工的端倪。从当今生产自动化、数字化、智能化的发展趋势来看，到了共产主义社会，人们的发展将不再受分工的限制。当然，对于马克思所说的，到了共产主义社会，人们可以随自己的心愿，今天干这个，明天干那个，不能简单地理解成一年三百六十五天，一天干一行。而是说，在生产高度自动化、数字化、智能化的前提下，人们可以根据自己的志趣，选择最适合自己、最便于充分发挥个人才能的工作。由于人们真正完全地享有了劳动的权利，人们的劳动又是创造性劳动、真正的自由劳动，体力劳动和脑力劳动的差别已经消失，所以人的活动领域已不具有今天这种固定"职业"的性质，已经和人的社会地位等没有关系。所以，虽然科学技术的高度发展，使人不可能样样活都能干，人们只能在一定领域内有所发明和创造，但这正是个人的高级的全面发展所必需，而且由于个人的大量自由时间的存在，人真正成了劳动活动的主人，并在很大程度上掌握了自然规律，控制了自然力，在这种情况下，断言劳动非发生异化不可，就显得有点荒唐可笑了。

2. "论据"之二：马克思认为如果人的劳动只是成了谋生的手段，这种谋生劳动就是异化劳动的表现

但是，劳动任何时候都有谋生的性质，所以，在劳动本性中就包含着异化。

如果在任何社会都必须以劳动作为它的生存条件，人们必须创造一定的生活资料和发展资料这个意义上，讲劳动是谋生手段，这不过是肯定了一个人类社会贯穿始终的一般事实。马克思讲的作为异化劳动的表现的谋生劳动显然不是指这种一般的意义，而是指在一定的历史阶段上，本来是人的生命活动的劳动，却成了对人来说是强制的、异己的活动。就是说，马克思所讲的谋生劳动是有确定的历史内容的。这两种含义的劳动马克思区分得很清楚。他在批评亚当·斯密的劳动观时指出，个人在他的正常的健康状况、体

力、活动状况、技巧和熟练程度之下也有从事部分的正常劳动和停止休息的欲望，就劳动本身而言，便是自由的活动，是人的自我实现。但是，"在奴隶劳动、徭役劳动、雇佣劳动这样一些劳动的历史形式下，劳动始终是令人厌恶的事情，始终表现为外在的强制劳动，而与此相反，不劳动却是'自由和幸福'。这里可以从两个方面来谈：一方面是这种对立的劳动；另一方面与此有关，是这样的劳动，这种劳动还没有为自己创造出（或者同牧人等等的状况相比，是丧失了）一些主观的和客观的条件，从而使劳动会成为吸引人的劳动，成为个人的自我实现"。① 可见，如果说到劳动的本性的话，那么它是自由自觉的活动，是人的自我实现，而不是什么异化劳动。异化劳动不过是人类为了创造出"使劳动成为有吸引力的劳动"——"真正的自由劳动"所需要的主观和客观条件而必须经过的一个准备阶段而已。

马克思在《哥达纲领批判》中讲过，共产主义的劳动"已经不仅仅是谋生的手段，而且本身成了生活的第一需要"。② 这里所说的"谋生的手段"，根据我们以上的分析，应该理解为各个社会形态所共有的、作为社会生存的一般必要条件的劳动，而不是具有特定历史内容的异化劳动，成了生活的第一需要的劳动，也就是真正自由的劳动，即扬弃了异化劳动但仍以自然必然性为基础的劳动。"真正的自由劳动"，这是马克思根据劳动发展的必然规律所做的科学预见，它还没有被人类今天已有的实践所完全证实。但是，要以当今有限的实践推翻马克思的预见，是根据不足的，囿于今天的实践范围并不具备否定远见的能力。

## 第三节 自主劳动：劳动权的真正实现

雇佣性质的异化劳动，虽然有推动文明历史进步的一面，但它自身难以克服的矛盾，必将被新的、更高级形态的劳动所代替。马克思认为这种新的、更高级形态的劳动便是自主劳动。在马克思看来，自主劳动是人充分享有劳动权利的真正自由的劳动。以自主劳动为标志的人的劳动权的充分实

① 《马克思恩格斯全集》第30卷，人民出版社，1995年，第615—616页。
② 《马克思恩格斯选集》第3卷，人民出版社，2012年，第365页。

现，来自两个方面的力量的推动：一是劳动的社会化发展，为把劳动异化推向极端，使劳动失去异己性，向自主劳动（或者说劳动的自主化）发展创造条件；二是劳动的主体与客体矛盾的历史发展，推动着劳动由低级向高级发展，由不自主、不自由的劳动向自主、自由的劳动发展。下面分别阐述这两种力量。

## 一、劳动的社会化与自主劳动

所谓劳动的社会化，是指劳动在一定的发展阶段上，劳动过程由一系列个人的、孤立的活动变为一系列的社会的结合的活动，劳动过程变为社会过程；生产资料由大批人共同使用；产品也变成许多人共同劳动的结果，变成了社会的产品。就是说，生产力已经不是直接表现为个人的生产力，它的社会性有了充分的发展，生产资料也社会化了，因此人们之间的社会联系也相应地丰富和复杂了。

（一）劳动社会化的不同发展阶段

劳动社会化经历了不同的发展阶段。

在简单协作阶段，由于劳动资料和生产工具比较简单，分工并不发展，因此所谓协作，只是集中较多的工人在一起劳动，共同消费一部分生产资料，每一劳动者基本上完成生产每一产品的各种劳动操作。因此，劳动社会化水平还比较低。

在工场手工业阶段，劳动分工有了发展，各种劳动操作不再由每一个工人按序完成，而是分解开来，孤立起来，每一个工人只完成其中的一种操作，全部操作由协作工人同时完成，形成了系统的生产线。这样，产品就不再是要完成各种操作的独立的手工业者的个人产品，而变成了只重复完成同一种操作的独立的手工业者的个人产品，和工人联合体的社会产品。由于局部劳动独立化为一个人的专业职能，劳动者的技艺就会熟练和提高，劳动方法也会改进，但是工人也就因此变成"局部工人"了。在劳动过程中，不同的劳动者必须相互依赖，很难有表现个人主动性的机会。

到机器和大工业阶段，劳动社会化发展到了相当高的水平。首先，生产规模空前扩大了，生产资料高度集中了。庞大的机器体系庄重而有节奏地运转，形成了巨大的生产力。机器的巨轮转到哪里，就立即把简单的手工工具轧碎了，庞大的世界市场开拓出来了，世界历史性的联系形成了。其次，劳动分工越来越细，先前在手工业工场中只是由各个手工工人分头完成的操作，现在形成了一个个独立的生产部门，工艺和产品越来越专业化。再次，由于大工业把巨大的自然力和自然科学并入了生产过程，劳动生产率空前提高了，产品价值构成中的物化劳动与活劳动的比值越来越大，同时劳动过程的社会结合也随着科学和技术的发展而不断地发生变革。总之，生产资料越来越社会化，劳动过程也不仅在一个工厂的范围内，而且在更广泛的范围内，变成了社会的过程。

（二）资本主义社会劳动的社会化使资本家和无产者彻底对立

由上述劳动社会化发展过程的特点，就可以看到，它的发展必然将资本主义的劳动异化推进到极端的形态。从劳动者与劳动资料的关系来看，对个体小生产来说，他对生产资料的所有权和占有权、使用权是统一的。用自己的生产资料，自己或家属的手工劳动来制造产品，这样的自然产品自然是属于他的。这就是所谓"原始的占有规律"。但是在资本主义条件下，虽然生产资料和生产已经变成社会化的了，但是由社会化劳动所生产的产品却不为那些真正使用这些生产资料和真正生产这些产品的人所占有，而是继续为生产资料的所有者——资本家所占有。集中于资本家手中的生产资料和除了自己劳动力以外一无所有的无产者彻底分裂，彻底对立了。这一根本特点，"包含着现代的一切冲突的萌芽"。[①]

从劳动过程来看，即使在简单协作中，每一生产者仍能用手工工具完成生产某一产品的各种操作，但是到机器大工业阶段，机器代替了人手，随着活劳动与物化劳动的比值的下降，机器在劳动过程中占据了支配地位。资本家已经不是从工人的情况出发去安排生产，而是依据他有什么机器和原材料来决定生产并招雇工人。机器对活劳动能力的排斥竟然达到如此地步，以至于每一种新技术和新机器的采用，都足以把大批工人抛出劳动过程之外。

从劳动结果来看，上述两个特点的必然结果，就是工人越来越被他的劳

---

① 《马克思恩格斯选集》第 3 卷，人民出版社，2012 年，第 658 页。

动产物以及他的劳动活动本身所奴役。工人的存在，完全取决于资本的需要。工人本身丧失了任何价值，他只是在对资本自身增殖有用的情况下，才被当作纯粹的使用价值。劳动使机器"人"化了，但是人却被降低到物的地位，劳动本身社会化了，人却变成了非人；劳动是满足整个社会的需要的，但它却不考虑劳动者本身的需要，劳动已经不是生命活动的自我实现，却成了人的自我丧失。这样，不仅劳动资料，劳动对象和劳动产品，而且劳动者的活动本身，都成了异己的、奴役人的力量。一句话，劳动异化发展到了顶点。

（三）社会主义是劳动社会化完善发展的开始

马克思、恩格斯正是从社会化生产和资本主义占有的不相容性中，看到了资本主义必然导致自身毁灭的基本矛盾，并从生产力的社会本性中看到了克服这个矛盾的力量，从而论证了社会主义社会的必然性。当然，社会主义并不是劳动社会化发展的终点，而是劳动社会化真正完善发展的开始。随着社会主义社会生产力的发展，劳动社会化程度的不断提高，劳动者对社会化生产资料的共同控制，对客观规律的自觉运用，以及劳动者本身的全面发展，劳动也就从奴役人的手段，变成了解放人的手段；劳动活动也从无自主意识、无自主权利的被迫的劳动活动，变成自主的劳动活动。这意味着劳动进入了它的高级发展阶段——真正的自由劳动。人类劳动要进入到真正自由劳动的高级阶段，还要经历一个相当长的历史发展时期，对此我们要有一个正确的认识。

## 二、劳动主客体的矛盾与自主劳动

如果说劳动社会化发展为劳动自主化的实现提供了客观条件，那么，劳动的主体与客体矛盾的辩证发展，则是使强迫的、无自主权利的、不自由的劳动向自觉的、具有自主意识和权利的自主劳动发展的内在根据。

马克思在《政治经济学批判大纲》中，分析了劳动的主体与客体矛盾的辩证发展。

（一）黑格尔把实体认作主体，并对主体作了辩证规定

黑格尔认为："活的实体，只有当它是建立自身的运动时，或者说，只当它是自身转化为自己之间的中介时，它才真正是个现实的存在，或换个说

法也一样，它这个存在才真正是主体。实体作为主体是纯粹的简单的否定性，唯其如此，它是单一的东西的分裂为二的过程或树立对立面的双重化过程，而这种过程则又是这种漠不相干的区别及其对立的否定。"① 就是说，真正实在的东西，应该是能够自我建立、自我实现、自我发展的，这种自我运动，是由于它有内在动力，这个内在动力就是它本身的矛盾性，即一分为二，并通过对立的运动达到自身的统一。在这里，黑格尔认为只有能够因内在动力而自我运动的东西才是真实的东西，事物运动的源泉在于它自身的对立统一过程，这是他的卓越的辩证思想。但是这个能动的主体是什么呢？黑格尔认为是绝对精神，只有绝对精神才具有能动性、创造性，才是世界的本体。

（二）马克思唯物辩证地分析了劳动主客体的矛盾运动

马克思摒弃了黑格尔的唯心主义，但是延续了关于主体是能动的、辩证运动的这个合理的思想。马克思认为，人的劳动，即物质生活的生产活动本身，正是能动的创造活动。马克思从社会经济事实出发，唯物辩证地分析了劳动主体与客体的矛盾运动，深刻揭示了其社会运动的必然规律。

第一，从劳动的自然和社会形态看主客体。一般地说，劳动主体就是为实现一定目的而进行活动的人。就整个人类社会来说，"主体是人，客体是自然，这总是一样的"。② 人是有意识、有目的的，是主动的，物是因人而动的，所以，从劳动过程的自然形态来看，人，劳动者当然是主体。但是，从劳动过程的社会形态来看，情况却恰好相反，物统治人，物是主体。人，劳动者要真正发展为劳动活动的主体，就不能被作为物，而是应享有人的权利，取得人的地位，但这又是整个历史发展的结果。

第二，自然经济中的劳动主体与客体关系。在一个相当长的历史过程中，劳动主体制约和控制劳动客体的能力十分低下，劳动主体还只是"直接地从自然界再生产自己"，劳动主体潜在的生产能力还受到自然的限制。人们只能以血缘或以有限的地域为基础，结成相互依赖的共同体，以和自然相抗衡。因而一切产品的生产是在一种相对封闭的"共同体"内完成的；劳动

① ［德］黑格尔：《精神现象学》上卷，贺麟、王玖兴译，商务印书馆，1979 年，第 11 页。
② 《马克思恩格斯全集》第 46 卷（上），人民出版社，1979 年，第 22 页。

交换采取的也只是一种完全固定的、直接社会化的形式。显然，这是典型的自然经济中的劳动主体与客体的关系。

第三，随着社会生产力的发展，资本主义商品经济确立了个人所有权，劳动主体对客体的控制能力有所提高。共同体的劳动形式被不断发展起来的社会分工所瓦解，自然经济所固有的封闭状态受到了极大的冲击。而且"普遍的需求和供给互相产生的压力，促使毫不相干的人发生联系"，劳动主体之间一切固定的依赖关系也逐渐解体，劳动主体之间以产品交换为基础的相互间的"全面依赖"的形式逐渐产生。这样，"活动和产品的普遍交换已成为每一单个人的生存条件，这种普遍交换，他们的互相联系，表现为对他们本身来说是异己的、无关的东西，表现为一种物。在交换价值上，人的社会关系转化为物的社会关系，人的能力转化为物的能力"。① 这就形成了普遍的商品生产和商品交换。普遍的商品生产和商品交换的形成，标志着资本主义商品经济的形成。资本主义商品经济确认了劳动力的个人所有权，它虽然是在对"劳动及其物质前提的自然统一"加以否定的过程中实现的，但这毕竟是历史的一大进步。马克思在分析工人和奴隶的区别时指出了这一点。马克思指出："作为奴隶，劳动者具有交换价值，具有价值；作为自由工人，他没有价值；只有通过同工人交换而得到的对工人劳动的支配权，才具有价值。……工人没有价值和丧失价值，是资本的前提和自由劳动的条件。兰盖认为这是一种退步；他忘记了，由此工人在形式上被设定为人格，他除了自己的劳动以外，本身还是某种东西，他只是把他的生命表现当作他自己谋生的手段来让渡。"②

第四，资本主义社会虽然承认了劳动力属本人的所有权，但是一旦进入生产过程，劳动都变成了被资本支配的客体。表面看起来，资本主义社会的劳动力本人所有权得到了承认，实际则远非如此。在劳动过程之前，在劳动力市场上，劳动者作为自己的劳动力所有者与资本之间平等地进行交换。尽管这种交换是以劳动者丧失对自己劳动力的支配权为前提的，但这毕竟还蒙着一层"平等"的缦纱。一俟进入生产过程，缦纱就揭掉了。在这里，资本

---

① 《马克思恩格斯全集》第46卷（上），人民出版社，1979年，第103—104页。
② 《马克思恩格斯全集》第30卷，人民出版社，1995年，第249页。

"表现为发号施令的主体和他人劳动的所有者"，它"既是劳动综合体的主体又是它的客体"，而劳动者则成了被资本支配的客体，成了被资本吸吮的对象。这样，劳动过程也就本质地表现为价值增殖过程。

第五，在资本主义商品经济条件下，丧失对本人劳动能力的所有权，劳动者就不可能成为劳动活动的主体。可见，在资本主义商品经济条件下，劳动者对本人劳动力的所有权，并不能真正得到实现。为要把它实现出来，就必须把对劳动力的占有权和支配权交给资本家，这样一来，劳动者对本人劳动能力的所有权也就丧失了。而丧失了对本人劳动能力的所有权，劳动者也就不可能成为劳动活动的主体。正如马克思在《资本论》中指出的，就资本主义工厂来说，工人不是主体而是客体，"自动机本身是主体，而工人只是作为有意识的器官与自动机的无意识的器官并列，而且和后者一同从属于中心动力"。① 就是说，是机器统治工人，而不是工人支配机器。在资本主义生产不仅是劳动过程，并且是资本价值增殖过程的限度内，不是工人使用劳动条件，而是劳动条件使用工人的情况，乃是一切资本主义生产共有的特点。在这种生产中，工人丧失了内在的主动性，人类特有的能动性不见了，劳动成果反过来奴役劳动者。人丧失了作为主体的基本规定性，成了客体。

既然在资本主义商品生产条件下，劳动者不能真正享有劳动权，不能成为主体。那么，随着社会生产力的发展，劳动社会化程度的提高，劳动的主体与客体的矛盾必将通过一条新的途径、在新的社会发展层次上获得解决。马克思、恩格斯认为只有通过社会主义革命，使生产资料转归整个社会所有，个人向完整的个人发展，自发性的、被迫的交往转化为真正个人的交往，才能为劳动者成为劳动活动的主体创造条件。

## 第四节 社会主义社会的劳动主体与劳动权

社会主义公有制的建立，为劳动者真正成为劳动活动的主体提供了必要的客观前提。

---

① 《马克思恩格斯全集》第44卷，人民出版社，2001年，第483页。

## 一、社会主义公有制为劳动者成为劳动主体提供客观基础

在社会主义社会，劳动者是生产资料的主人，由此也就很容易推论说，劳动者也就是劳动活动的主体。但是，由上面的分析可知，劳动社会化在社会主义社会的完善发展是一个客观过程，劳动者与劳动资料、劳动成果的直接结合需要不断完善和发展，劳动者的生产积极性还需加以调动。因此，劳动者要真正成为劳动活动的主体，还需要长期的努力。这也符合马克思关于劳动自主化的思想。

在马克思看来，劳动者主体地位的真正实现，即劳动的自主化，只有在劳动成为真正的自由劳动时才能完全成为事实。而"真正的自由劳动"有三条基本规定："（1）劳动具有社会性；（2）劳动具有科学性，同时又是一般的劳动，是这样的人的紧张活动，这种人不是用一定方式刻板训练出来的自然力，而是一个主体，这种主体不是以纯粹自然的，自然形成的形式出现在生产过程中，而是作为支配一切自然力的那种活动出现在生产过程中。"① 劳动一旦具有了上述三种性质（即劳动的社会性、科学性、一般性），劳动本身的社会意义也发生了根本的变化，标志着劳动真正实现了自主化。只有到了那个时候，人才完全摆脱了动物状态而自觉地创造真正的人的历史了。

## 二、社会主义使劳动者成为主体、充分享有劳动权

社会主义社会的劳动，距离真正自由的劳动虽然还有很长的路要走，但是社会主义为劳动者成为主体，充分享有劳动权，实现自由劳动提供了可能和基础。就业是享有劳动权的最直接最充分的体现。因此，本书从中共十八大以来我国城镇居民的就业情况予以说明，体现马克思预言的劳动权思想在社会主义中国的实现情况。

（一）"十三五"时期，中国就业的成就显著

一是就业规模保持稳定。城镇新增就业 6 564 万人，超额完成 5 000 万人的目标任务。城镇登记失业率维持在 4.2% 以下的较低水平，低于 5% 以内的

① 《马克思恩格斯全集》第 46 卷（下），人民出版社，1980 年，第 113 页。

预期控制目标。城镇调查失业率在"十三五"期间正式发布，2020 年底为 5.2%。

二是就业结构不断优化。城镇就业稳定增长，2020 年达 4.6 亿人，占比从 2016 年的 55.2% 提升至 2020 年的 61.6%。第三产业就业规模扩大，2020 年末达 3.6 亿人，占比从 2016 年的 43.3% 提升至 2020 年的 47.7%。中西部地区就近就地就业增多，区域就业结构更均衡。

三是重点群体总体平稳。高校毕业生人数连年增长，就业水平保持稳定。农民工总量扩大，2020 年底达到 28 560 万人。就业扶贫扎实推进，2020 年底，全国贫困劳动力务工规模 3 243 万人。困难群体得到有效帮扶，实现失业人员再就业 2 720 万人，就业困难人员就业 873 万人。

四是就业质量逐步提升。劳动者素质普遍提高，劳动年龄人口平均受教育年限从 10.2 年提高到 10.8 年，技能人才总量由 1.3 亿人增至 2 亿人，其中高技能人才超过 5 000 万人。技能人才总量稳步增长，结构不断改善，职工工资收入合理增长，劳动权益保障加强，社会保障覆盖面持续扩大，保障水平逐步提高。[①]

（二）"十四五"开局以来的就业特点

2021 年，面对国内外复杂严峻形势、诸多风险挑战和艰巨繁重的就业工作任务，党中央、国务院坚持把就业摆在"六稳""六保"之首，各地各有关部门坚决扛起稳就业保就业的政治责任，深入实施就业优先战略，全面强化就业优先政策，聚焦重点群体、助企纾困稳岗、扩大就业容量、优化培训服务协同发力，推动就业形势总体平稳、稳中向好，实现了"十四五"良好开局。

一是全年就业目标任务圆满完成。2021 年，全国城镇新增就业 1 269 万人，超额完成全年实现城镇新增就业 1 100 万人以上的目标任务；12 月末，城镇调查失业率控制在 5.1%，较 2020 年和 2019 年同期均下降 0.1 个百分点，低于 5.5% 左右的宏观调控目标。劳动力市场需求人数倍率稳定在 1 以

---

[①] 中华人民共和国国务院新闻办公室：《"十三五"时期城镇新增就业 6 564 万人 就业局势保持总体稳定》，http：//www.scio.gov.cn/32344/32345/44688/46688/zy46692/Document/1711481/1711481.htm.，2021 年 8 月 30 日。

上，供需保持基本平衡。

二是重点群体就业得到有效保障。高校毕业生是国家宝贵的人才资源。2021 年以来，各地各有关部门把促进高校毕业生就业工作放在首位，不断完善就业支持体系，多方位扩宽其就业渠道，应届高校毕业生就业去向落实率好于上年。我国农民工数量庞大，能否解决其就业问题关系着整个就业形势。各地各有关部门持续加大政策支持力度，促进农民工外出务工和就近就地就业，着力稳定其就业规模。截至 2021 年底，全国农民工总量达到 29 251 万人，已超过 2019 年水平。脱贫人口就业帮扶取得积极成效，全年脱贫劳动力务工总量达到 3 145 万人，全国 3 000 余个以工代赈项目全面开工建设，带动 10 多万脱贫群众和低收入人口就近就业，基本实现有劳动力的易地扶贫搬迁家庭至少 1 人就业的目标。此外，帮扶 183 万困难人员和 545 万失业人员实现就业、再就业。

三是就业质量明显提升。全年居民人均工资性收入 19 629 元，比上年增长 9.6%，两年平均增长 6.9%；其中农村居民人均工资性收入增长 14.1%，两年平均增长 9.9%。截至 2021 年 11 月底，基本医疗保险覆盖 13.6 亿人，基本养老保险覆盖 10.2 亿人。新就业形态劳动者权益保障持续加强，劳动关系更加和谐。

四是创业带动就业动能显著增强。"放管服"改革深入推进，创新创业环境更加优化。截至 2021 年 10 月底，全国市场主体已突破 1.5 亿户，个体工商户超过 1 亿户，市场活力和社会创造力进一步激发。返乡入乡创业高质量发展，截至 2021 年底，累计返乡入乡创业人员达到 1 120 万人，新增 110 万人，带动就业超过 3 500 万人。数字经济和平台经济等新产业、新业态、新模式逐步发展壮大，催生大量新就业形态和灵活就业岗位。截至 2021 年底，灵活就业人员规模已经达到 2 亿人左右。[①]

五是助企纾困稳岗成效明显。2021 年以来，部分援企减负稳岗政策延续实施，在税收、融资、用电用能用工等方面给予市场主体持续支持，对市场主体恢复生产经营、稳定用工岗位发挥了重要的作用。2021 年全年新增减税

---

① 《中国经济深度看 │ 就业形势总体平稳 "十四五" 就业工作实现良好开局》，国家发展改革委，https：//mp. weixin. qq. com/s/8C3hzHNWdGX514wxOKRDPA.，2022 年 2 月 16 日。

降费超过 1 万亿元，为制造业中小微企业缓税缓费 2 000 亿元；1—11 月份，减免失业、工伤保险费近 1 400 亿元，共向超 300 万户企业发放失业保险稳岗返还近 200 亿元，惠及约 7 000 万职工。

六是就业政策和服务体系更加健全。2021 年 10 月份，国务院印发实施了《"十四五"就业促进规划》，对"十四五"时期就业工作作出全面部署，为推动就业高质量发展提供了系统指引。大规模职业技能培训持续推进，全年政府补贴性培训超 2 400 万人次。发展改革委安排中央预算内投资 12 亿元，支持地方新建 52 个公共实训基地。各地各有关部门持续开展各类公共就业服务活动，为劳动者提供就业创业服务，推动人力资源服务业高质量发展，劳动力市场配置效率进一步提高。

当前和今后一段时间，我国经济长期向好的基本面没有变，韧性强的特点较为突出，高质量发展的特征逐步显现，这为稳定和促进就业提供了有利的条件和重要的支撑。但也要看到，我国经济发展面临需求收缩、供给冲击、预期转弱三重压力，加上局部新冠肺炎疫情仍有可能反复，市场主体尚未完全恢复，就业总量压力不减，结构性矛盾更加突出，就业形势依然复杂严峻。

### 三、社会主义新时代保障劳动者权利的特点

在中国特色社会主义新时代，中国先后通过四期国家人权行动计划，全面保障劳动者权利的落实。

（一）保障劳动者权利纳入国家人权行动计划

在 2021 年 9 月 9 日正式发布的《国家人权行动计划（2021—2025 年）》（以下简称《行动计划》）中，把保障劳动者的"工作权利"作为一项重要内容。

《行动计划》提出：全面贯彻就业优先政策，消除就业和职业歧视，完善工资福利制度，健全劳动关系协调机制，落实安全生产管理制度，加强劳动法律实施监督。

——促进就业。实现更加充分更高质量就业，城镇调查失业率控制在 5.5% 以内。增加非全日制就业机会，支持和规范发展新就业形态，为农村外

出返乡人员提供创业服务。实施创新创业带头人培育行动，引导建设各类农村创业创新示范园区和孵化实训基地。完善进城务工青年、灵活就业青年等群体的劳动就业合法权益。扩大公益性岗位安置，着力帮扶生育后再就业妇女、残疾人、零就业家庭成员等困难人员就业。

——促进脱贫人口稳定就业。加大脱贫人口有组织劳务输出力度。支持脱贫地区在涉农项目建设和管护方面广泛采取以工代赈方式。延续支持扶贫车间的优惠政策。调整优化生态护林员政策。统筹用好乡村公益岗位。

——加强农民工职业技能培训。实施职业技能提升行动和农民工稳就业职业技能培训、百万青年技能培训行动、康养职业技能培训等专项计划。每年培训农民工 700 万人次。支持企业开展岗前培训、新型学徒制培训和岗位技能提升培训。

——保障劳动者获得合理报酬。健全工资决定、合理增长和支付保障机制，完善最低工资标准和工资指导线形成机制，积极推行工资集体协商制度。规范劳务派遣用工行为，保障劳动者同工同酬。制定互联网平台就业劳动保障政策。完善欠薪治理长效机制，依法纠正拖欠劳动报酬等违法违规行为。

——打击和惩处强迫劳动。加强劳动者权益保护，依法惩处强迫劳动犯罪。

——健全落实安全生产管理制度。修改安全生产法，制定危险化学品安全法、煤矿安全条例等法律法规。健全企业全过程安全生产管理制度，落实安全生产责任制。实施《工伤预防五年行动计划（2021—2025 年）》。重点行业工伤事故发生率降低 20% 左右。①

（二）中国特色社会主义新时代保障新业态劳动者权益

随着信息化、数字化的发展，新兴的行业、新兴的就业形态不断涌现，保障新业态劳动者的权益成为中国特色社会主义新时代保障劳动权的又一重要特征。2021 年 7 月，人力资源社会保障部、国家发改委等七个部委联合发布《关于维护新就业形态劳动者劳动保障权利的指导意见》（以下简称《意

---

① 新华社：《国家人权行动计划（2021—2025 年）》，载中国政府网，http：//www.gov.cn/xinwen/2021-09/09/content_5636384.htm.，2021 年 9 月 9 日。

见》）。根据《意见》，从分析新时代新业态新模式发展的特点，进而提出对劳动者权益的保障。

1. 新业态新模式发展的特点

新时代中国的新业态新模式发展主导有三个特点。

特点之一：数字技术赋能新业态新模式发展

以云计算、大数据、边缘计算、人工智能、数字孪生等为代表的数字技术是新业态新模式迭代升级的关键驱动力，促进数据融通、资源流动和价值共享，实现配置优化、效率提升和社会协同。大数据实现对海量数据的深度挖掘，促进数据资源向有价值信息的转化，已在优化生产、降低能耗、精准营销等方面开展大量应用服务。边缘计算使数据实现本地化处理，减少云端传输里程，实现更快速的数据处理分析，提高应用服务效率。人工智能赋予机器交互学习的能力，在智能制造、药物研发、无人驾驶等领域融合衍生出丰富的行业应用场景。数字孪生促进物理生产与数字制造的互联、互通、互操作，帮助制造系统实现敏捷分析、全局优化和智能决策。[1]

特点之二：新冠疫情防控触发数字化生存机制

疫情期间，全民居家带来的生存压力空前，倒逼人们借助数字技术将各类社会关系迁移到线上的数字空间，促进数字化生存发展，加速全社会数字化进程。生活方面，电商平台保障了生活必需品和防疫用品的充足供给，直播带货、微经济拓展了"宅生活"的购物渠道，无接触配送极大改善了疫情期间外出受限带来的诸多不便。休闲娱乐方面，越来越多的电影、电视节目和原创内容开辟了在线播放专区，网剧、网络电影、网络综艺成为人们休闲放松的文娱大餐。信息传播方面，门户网站、搜索引擎、内容分发等数字媒体已替代传统纸媒，成为人们获取信息的主流方式。社交方面，过去单一的基于日常生活的熟人社交转变为基于微博、微信、Twitter 等软件的网络社交，进而衍生出陌生人社交、兴趣社交等新型社群。[2]

特点之三：价值追求引领企业不断变革创新

在经济规律性减弱的态势下，企业主动寻求数字化手段来突破发展困

① 王琼洁，高婴励：《数字经济新业态新模式发展研判》，《软件和集成电路》，2020 年第 8 期。
② 同上。

境，依靠数据、信息、技术和知识等新要素来挖掘新模式、新价值、新商机。WEF《第四次工业革命对供应链的影响》指出，数字化转型使制造企业成本降低 17.6%、营收增加 22.6%，使物流服务业成本降低 34.2%、营收增加 33.6%。特别是在此次疫情中，数字化基础较好的企业快速实现复工复产，并围绕疫情带来的新需求快速推出新的产品和服务，有效实现"危中转机"。比如，一些装备企业依托信息共享平台，对市场需求、产能、供应链配套等情况进行监测预警，实现设备、物资和物流的高效匹配对接，推动上下游、产供销协同，对于可能停产断供的关键环节提前部署、柔性转产、共享产能，保障了口罩、医疗设备等防疫重点物资供给。追求利益最大化是企业家不断思考的命题，也是推动社会创新、企业变革的不竭动力。①

2. 新业态劳动者权益保障

根据《意见》要求保障新业态劳动者的权益，主要有以下四个方面。

一是明确了劳动者权益保障责任。要求企业依法合规用工，积极履行用工责任，对符合确立劳动关系情形、不完全符合确立劳动关系情形但企业对劳动者进行劳动管理的新就业形态劳动者权益保障承担相应责任。平台企业采取劳务派遣、外包等合作用工方式的，与合作企业依法承担各自的用工责任。

二是健全了劳动者权益保障制度。《意见》聚焦新就业形态劳动者权益保障面临的突出问题，健全了符合确立劳动关系情形、不完全符合确立劳动关系情形的新就业形态劳动者公平就业、劳动报酬、休息、劳动安全、社会保险等制度，强化了职业伤害保障，完善了劳动者诉求表达机制。

三是优化了劳动者权益保障服务。《意见》针对所有新就业形态劳动者享受劳动保障等公共服务方面的痛点、难点问题，提出了优化就业服务、社会保险经办、职业技能培训、工作和生活服务保障等方面的措施。

四是完善了劳动者权益保障工作机制。《意见》要求各地区各有关部门协同推进新就业形态劳动者权益保障工作，出台具体实施办法，做好政策宣传，拓宽工会维权和服务范围，加强矛盾纠纷调处，加大监管力度，努力营

---

① 中华人民共和国国家发展和改革委员会：《数字经济新业态新模式发展研判》，http：//www. ndrc. gov. cn/ xwdt/ ztzl/ jzjj/202008/t20200805_1235570. html？code=&state=123，2020 年 8 月 5 日。

造良好环境，切实维护新就业形态劳动者权益。

## 四、保障劳动者在体面劳动中实现美好生活

20 世纪末 21 世纪初，国际社会流行并倡导新型的劳动观，即"体面劳动"，使劳动者更加体面、更有尊严。

### （一）关于体面劳动的内涵

体面劳动是国际劳工组织在 20 世纪末提出的一种新型劳动观，旨在倡导保护劳动者的自由、安全、尊严和公正。中国特色社会主义新时代，习近平等党和国家领导人多次强调要让劳动者更加体面、更有尊严，换言之，全社会都要尊重劳动、知识及人才，让劳动者实现体面劳动及自身的全面而自由的发展。体面劳动不仅是对劳动者权益的保障，更是一种理念与诉求，是对劳动者的人格尊重。对个人而言，体面劳动能有效激发劳动激情，实现个人价值；对社会而言，它能促进劳动和谐，维护社会稳定。因此，体面劳动不仅关乎劳动者利益，还具有重要社会意义。

梳理有关体面劳动的研究发现，国外研究主要集中在内涵、测量指标以及实证研究上[①]。一是体面劳动的内涵。国际劳工局局长胡安·索马维亚认为，体面劳动理念已融入国际劳工组织工作的基本原则和权利、就业、社会保障和社会对话四大战略目标。包括六个维度：工作机会、自由、生产性工作、公平、安全和工作中的尊严。二是体面劳动的测量。比较公认的是 Anker 等学者提出的 11 类 63 个指标。这一指标将体面劳动的概念转化为容易理解的工作特征，在一致性、准确性和国别比较性可接受的范围内，确立了工作特征可被即时测量的统计指标，奠定了建立国际劳工组织体面劳动核心指标的基础[②][③]。三是体面劳动的实证研究。学者们主要针对不同群体开展体面劳动研究，如 Bisom-Rapp 针对年长劳动者在英国和美国的就业状况开展了比较研究，测量了这些国家经济危机时期在促进就业、社会基本权利方

---

[①] 宋鸿，刘伟，毛冠凤：《体面劳动问题研究的新进展与未来研究展望》，《经济与管理》，2013 年第 11 期。

[②] R. Anker, I. Chernyshev, P. Egger, F. Mehran, J. A. Ritte, "Measuring Decent Work with Statistical Indicators", *International Labour Review*, Vol. 142, No. 2, 2003, pp. 147 – 177.

[③] R. Anker, I. Chernyshev, P. Egger, F. Mehran, J. A. Ritte, "Measuring Decent Work with Statistical Indicators", *ILO Policy Integration Department*, *Statistical Development and Analysis Unit Working Paper No. 2*, Geneva, 2002.

面的表现，以及年长劳动者受金融危机影响工作体面的程度。①

国内研究多集中在对体面劳动的概念、内涵的探讨及指标的构建等方面，有的学者关注了女性农民工体面劳动的现状及其影响因素②；有的学者通过扎根理论和质性研究归纳了体面劳动的构成要素和结构维度③；还有的学者结合马斯洛需求理论为农民群体的体面劳动构建了生存、劳动条件、社会属性、被尊重、个人价值实现的五个维度④；另有学者运用体面劳动理论分析大学生的非正规就业，认为需要多重政策措施和制度保障来缩小非正规就业现实与体面劳动之愿景的差距⑤，等等。

本书概述国内外体面劳动的研究，说明学术界早在 21 世纪初就关注体面劳动的研究，这是随着经济社会发展必然提出的更高水平的"劳动"追求，与此相适应，劳动者权益保障也有新的要求。

（二）体面劳动是实现美好生活的关键环节

中共十九届四中全会《决定》再次强调要坚持就业是民生之本。新时代，实现人民美好生活需要的重要内容是更稳定的工作，劳动者有劳动才体面是实现人民美好生活的根本前提。

社会主义经济制度有利于发展生产力，有利于在整个社会范围内合理分配劳动机会，因而有利于充分保障劳动者有劳动。当然在社会主义初级阶段，结构性失业依然存在，企业，特别是私企出于降低成本的需要也不太愿意雇佣生产效率相对低下的劳动者。社会主义国家是人民的国家，政府是人民的政府，人民政府自然会积极解决此难题。中共十九届四中全会《决定》就再次强调：健全有利于更充分更高质量就业的促进机制。坚持就业是民生之本，实施就业优先政策，创造更多就业岗位。健全公共就业服务和终身职

---

① S. Bisom-Rapp, A. Frazer, M. Sargeant, "Decent Work, Older Workers, and Vulnerability in the Economic Recession: A Comparative Study of Australia, the United Kingdom, and the United States", Faculty of Law-Papers, 2011, pp. 43 – 121.

② 于米：《人力资本、社会资本对女性农民工体面劳动的影响——心理资本的调节作用》，《人口学刊》，2017 年第 3 期。

③ 徐岩，刘盾：《体面劳动的内涵与结构之再建构——对北京市 271 名工作者的质性访谈研究》，《社会科学》，2017 年第 6 期。

④ 丛胜美，张正河：《粮作农民"体面劳动"指标体系建设——基于河南省 1803 份问卷》，《农业经济问题》，2016 年第 7 卷。

⑤ 吴立保，杨欣烨，焦磊：《大学生非正规就业的体面劳动问题研究》，《江苏高教》，2016 年第 5 期。

业技能培训制度，完善重点群体就业支持体系。建立促进创业带动就业、多渠道灵活就业机制，对就业困难人员实行托底帮扶。坚决防止和纠正就业歧视，营造公平就业制度环境。

（三）承担劳动者义务是实现美好生活的保障

党的十九届四中全会强调人民应自觉承担应尽的义务，这里所谓的义务，当然包括劳动义务。

强调劳动是劳动者应承担的基本义务的重要原因在于：当劳动还没有成为生活的第一需要时，回避劳动义务可能成为一些人的自觉选择。这会导致另一些人民的劳动义务过重，妨碍他们实现美好生活。劳动义务分配不公在剥削阶级社会必然普遍存在，根本原因在于剥削阶级占有生产资料从而支配了劳动者的劳动。所以就整个社会而言，实行生产资料公有制是实现劳动义务公正分配的根本基础，这也是我国以公有制为主体的经济制度的重要优越性。

但是只要劳动还不是一种生活享受，有劳动能力者就可能回避劳动义务。所以要促使劳动者自觉履行劳动义务，在建立生产资料公有制为主体的经济制度的基础上，还应努力确保劳动者因劳动而体面，劳动者的劳动应是体面的劳动，让人民的美好生活在体面劳动中实现。

# 第七章　自由权

　　劳动实践是获得与享受自由的物质前提，人类在劳动实践中认识与把握自然界的必然性，获得自由权的享受。正如马克思所强调的："自由不在于幻想中摆脱自然规律而独立，而在于认识这些规律，从而能够有计划地使自然规律为一定的目的服务。……自由就在于根据对自然界的必然性的认识来支配我们自己和外部自然；因此它必然是历史发展的产物。"[1] 所以，第六章在阐释马克思主义的劳动权思想之后，本章要进一步分析马克思主义的自由权。马克思、恩格斯在参加革命实践的过程中，批判继承了人类历史上争取自由、探索自由中一切有价值的成果，科学地阐释了人的自由权利思想，使自由权成为马克思主义人权观理论体系中的一个重要范畴。

## 第一节　西方思想家对自由权的探索

　　为了更好地理解马克思主义的自由权思想，我们有必要先概要阐释一下西方思想家对自由的探索。在马克思主义产生以前，人类对自由权与自由思想的探求，经历了一个漫长的历史过程，大致可以分为以下三个历史时期。

### 一、古希腊罗马时期的自由观

　　古希腊罗马时期无数次的奴隶起义，都是对自由的一种向往和追求。历史学之父希罗多德表达了当时奴隶们对自由的渴望之情："作为奴隶，当你从未体验过自由的时候，你是不知其甘味的。如果你尝试过自由的话，你就

---

[1]　《马克思恩格斯全集》第 26 卷，人民出版社，2014 年，第 120—121 页。

会劝我们不仅仅是用投枪，而且要用斧头为自由而战。"奴隶们对自由权的追求，为古希腊罗马哲学家、思想家对自由的认识和探求奠定了一定的基础。

（一）从自由与必然关系着手探讨"自由"

古希腊罗马时期的哲学家、思想家，对自由的认识和探求是从自由与必然的关系着手的。在欧洲哲学史上最早研究必然性的是古希腊哲学家毕达哥拉斯。他认为万物的本源是数，世上的万物都是数的关系的规定，他以数的比例关系表达了事物具有必然性的思想。而在哲学史上第一个明确提出必然性范畴的是古代辩证法的奠基人赫拉克利特。他认为："世界的转化有一个一定的次序和一个确定的周期，适应着不可避免的必然性。"①他说，对于必然性或"逻各斯"（即规律），无论我们是否理解它，它都是"支配一切的主宰"，人们只能认识它，"遵从"它，不能违抗它。必然性是自由的一个前提，但它并不就是自由。赫拉克利特的可贵之处在于：他直觉到了与自由相关的一些思想，如肯定了人可以了解"逻各斯"，并按其行事等等。德谟克利特则把必然性与因果性联系起来考察自由问题，使必然向自由转化的思想更前进了一步。但他并不懂得必然与偶然的关系，排斥了偶然性在现实生活中的作用。

（二）苏格拉底、柏拉图追求人的精神自由

在古希腊，只是当哲学的注意力从客观必然性问题引向认识和实践的主体——人的时候，才为自由理论的形成迈出了一大步。苏格拉底明确提出人要认识的是他自己，讨论了什么是人的美德，如何得到善等问题，把哲学的视线从自然转向了人和社会伦理。他极力主张言论和思想的自由。但他又认为，极端的自由必然会导致极端的奴役。他的学生柏拉图，则着重将苏格拉底已意识到的主观的思想自由原则进一步理论化。柏拉图把自由寄托于对感性欲求等具体实在的东西的摆脱和对人的普遍、抽象的理念（观念）的沉入。认为一个正确地适用回忆、不断地分享理念世界真正的完满的人，才能成为真正完善和自由的人。显然，苏格拉底、柏拉图是从主观出发，追寻脱

---

① 北京大学哲学系外国哲学史教研室：《古希腊罗马哲学》，商务印书馆，1982 年，第 17 页。

离现实的人的纯粹精神的自由。

（三）亚里士多德、伊壁鸠鲁的自由观

古希腊罗马时期，对自由思想作出突出贡献的是亚里士多德、伊壁鸠鲁和斯多葛派。他们在吸取前人思想成果的基础上，从不同角度提出了各自不同的自由观。亚里士多德把自由与道德责任联系起来，认为人可以选择自己的行为，所以才有道德责任问题。这表明他已把自由同人的理性行为规则联系了起来。他并不把自由看成是随心所欲的行为，提出了"自由人最少自由"的思想。伊壁鸠鲁的自由是和他的快乐主义相联系的，他主张人应该自由地寻求和享受人间的快乐。不过这种快乐不是放荡的肉欲，而是"指身体的无痛苦和灵魂的无纷扰……是遵从理性正当地作成的"。[①] 斯多葛派虽然主张禁欲主义，但他们也从人的理性和自然必然性相一致的角度来解释人的自由和人的道德责任。显然，亚里士多德、伊壁鸠鲁、斯多葛派对人的自由的探索，已涉及理性的原则。

## 二、欧洲中世纪时期的自由思想

欧洲的中世纪是基督教神学的世纪，经院哲学肆无忌惮地歪曲古希腊、罗马思想家的学说。托马斯·阿奎那就是这方面的代表。他鼓吹上帝安排的宇宙等级秩序，要人民安于这样的秩序，认为承认和服从上帝的安排，人才有自由。

在欧洲封建社会末期，被亵渎千年的人类自由，又首先在人的精神领域里重新兴起。这是以意大利的伟大诗人但丁为开端的。恩格斯把但丁的出现看作是封建中世纪终结和现代资本主义新纪元开端的标志，说他是中世纪的最后一位诗人，同时又是新时代的最初一位诗人。但丁用笔大胆地谴责教皇和僧侣的贪婪与专横。他在《神曲》中歌颂了自由的理性，个人的情感，求知的精神。他在政论著作《论世界帝国》中更是大声宣称，上帝赐给人类最伟大的恩惠就是所有人自由的原则，而自由的第一原则就是意志的自由。他认为，在以自由为宗旨的国度中，人民是能够为了他自己而生存的，而国王

---

① 北京大学哲学系外国哲学史教研室：《古希腊罗马哲学》，商务印书馆，1982 年，第 368—369 页。

和官吏则是所有公民的奴仆。但丁的伟大在于他开启了一个人类追求自由的新时代。

但丁之后，意大利涌现了一批著名的人文主义者，如诗人彼特拉克、《十日谈》的作者薄伽丘等人。他们尖锐地批评了基督教神学的天意说，充分肯定了人的自由和尊严。与此同时，在自然科学、哲学、宗教以及政治思想领域，反对封建专制的斗争也逐步酝酿和发展起来，它和人文主义自由观相呼应，一同追求人类精神的解放。

文艺复兴时期的人文主义自由观，为把人从神的压抑下解放出来，获得人的自由权，为新时代的到来，做了充分的舆论准备。

### 三、近代资产阶级的自由学说

从英国资产阶级革命中霍布斯等人提出的自由思想，到法国资产阶级启蒙思想家伏尔泰、卢梭等人的争取信仰、言论和出版自由权学说，再到约翰·密尔的自由论以及康德、黑格尔唯心主义的自由观，为马克思主义自由权思想的形成提供了丰富的思想理论资源。

（一）霍布斯、弥尔顿、洛克的自由说

资产阶级自由学说，始于英国资产阶级革命。在英国资产阶级革命过程中，资产阶级的社会政治思想体系逐步形成。资产阶级自由学说最重要的代表人物有霍布斯、弥尔顿和洛克。霍布斯认为，人的自由就是指在其力量和智慧允许的范围内，人们可以不受阻碍地做自己愿意做的事。但他并不同意以个人的自由破坏国家的自由，相反，只有在自由的国家里个人才能享受最充分的自由。他用《圣经》中一个通灵巨兽"利维坦"命名他理想中的自由国家。弥尔顿认为人生来是自由平等的，执政者的权力来自人民。他在著名政论著作《论出版自由》中，积极捍卫资产阶级的言论出版自由权，反对书刊检查制度，反对国家干涉人民的信仰自由。洛克则在他的主要著作《人类理解论》和《政府论》中，充分论证了私有财产的充分自由和不可侵犯性，第一次从理论上系统地论述了自由是"天赋人权"。他认为，人的自由必须受到法律的约束。洛克的自由理论是英国资产阶级革命的理论总结，对后世有较大影响。

（二）伏尔泰、卢梭、狄德罗等启蒙思想家的自由思想

在法国，以孟德斯鸠、伏尔泰、卢梭、狄德罗为首的资产阶级启蒙思想家不断抨击封建等级专制制度，要求实行信仰、言论和出版自由。孟德斯鸠在他的著作中首次提出了三权分立的学说，认为如此就可以避免滥用职权，实现政治自由。与伏尔泰、孟德斯鸠同为启蒙运动思想旗帜的卢梭，则十分赞赏古代社会人人平等自由、没有私有财产的状况，称古代社会为人类的"黄金时代"。他主张为了维护自由和平等，人们需要某种大家都应遵守的社会契约。

启蒙运动中的另外两座思想高峰，是以狄德罗为首的百科全书派和梅叶等人代表的民主派。前者对于彻底清除中世纪的神学垃圾，开展反对封建专制制度的思想斗争做出重要贡献，把洛克以来的自由平等说又向前推进了一步。后者主要是一些反映劳苦大众利益的思想家。他们激烈反对封建制度和私有制本身，憧憬一种普遍自由平等、人人劳作、共同享受社会财富的理想社会，具有空想社会主义的思想特征。法国资产阶级启蒙运动中提出的自由平等思想，不仅直接为法国大革命做了思想上的准备，而且奠定了现代西方社会政治思想的基础。

（三）约翰·密尔的自由论

法国大革命之后，西方资本主义社会逐渐走向成熟。与历史上的其他私有制度一样，资本主义的繁荣和发展仍是建立在少数人对多数人的剥削和压迫基础上的。人民大众在投身于资产阶级革命时所为之献身的那个自由、平等、博爱的社会理想，随着"第三等级"的历史性胜利而化作过眼烟云。在英国自由思想家约翰·密尔的著作《论自由》中，我们除了可以看到作者对资产阶级自由学说的尽情而精彩的阐发之外，还可以在这套成熟了的资产阶级自由学说中分辨出"第三等级"走到历史进步顶点的种种迹象。

（四）康德、黑格尔的唯心主义自由观

从康德到黑格尔的德国古典唯心主义哲学被尊崇为19世纪西方资产阶级哲学的顶峰，它本身革命性和保守性交织一体的矛盾状况，不仅仅是普鲁士贵族与资产阶级妥协的写照，而且预示了整个西方资产阶级社会理论从革命走向历史反动的归宿。黑格尔的自由观，从哲学上来说是以唯心主义的思

辨为特征的。从政治上来说，也是为当时的资产阶级政治服务的。黑格尔的社会政治学说本质上与洛克、孟德斯鸠的理论并不相悖。站在上升为统治阶级的资产阶级立场上，他强调国家和法律对自由的约束，他认为国家所要求于个人的义务，也直接就是个人的权利，因为国家无非就是实现自由概念的组织。作为思想家，黑格尔捍卫当时统治阶级利益的立场是坚定的。考察黑格尔的自由观，应当认清其立论的阶级基础。

西方思想家对自由理论的不倦探索，铭刻着人类追求自由、自由权利的足迹。但是由于历史与阶级的局限性，他们没有真正找到打开自由之谜的钥匙，因而不能在实践基础上唯物辩证地阐释科学的自由权思想。这个历史的重任，是由马克思、恩格斯在革命实践中完成的。

## 第二节　马克思主义的自由思想

马克思、恩格斯对自由的追求，对自由权的认识（包括对历史上思想贤哲的自由思想的批判与继承），有一个形成与深化的过程。为了清楚地阐述这一过程，我们以标志着马克思主义唯物历史观形成的《德意志意识形态》（以下简称《形态》）为界限来进行说明。

### 一、马克思恩格斯在唯物史观形成之前的自由思想

在《形态》之前，马克思、恩格斯有关自由思想的形成经历了以下几个阶段。

（一）受黑格尔历史哲学影响时期马克思恩格斯的自由思想

青年时代的马克思认为，自由不仅是人的目的，而且是历史的目的。马克思把人类历史发展分为两个时期，不自由和自由时期。不自由时期是指从"人类史还是自然史的一部分"的时期到封建专制时期，即从"埃及的传说"到"等级制度占统治地位的国家"。马克思借用黑格尔的术语称这一时期为"精神的动物世界"。在这个时期，人类分裂成许多不同种的"动物群"，他们之间的关系是不平等的关系。自由时期，马克思借用歌德《神曲》中的"神圣的人类"一语来描绘：在这里，人应当成为"伟大圣者，即神圣

的人类的高贵、可以自由转化的成员"。马克思相信，人类历史已经离开不自由时期，而开始进入自由时期。

青年马克思历史观显然受到了黑格尔历史哲学的影响。黑格尔认为，理性是世界的主宰，因此世界历史过程是合理地完成的。他认为，精神同时是主体和客体。作为主体，它自己创造客体；作为客体，它又为自身所认识。精神一旦认识了自身便回到自身，成为自由的精神。这种自由概念的发展就是历史。但"马克思以自己自由观的实践性和现实性明显地区别于黑格尔。在黑格尔那里，自由作为一种抽象的客观意识发挥着作用，而马克思强调自由的历史的目的性，则是为了现实生活中的人得到自由。马克思在探讨人的自由权利时，首先以这种历史观为准绳，他把德国封建制度约束人的自由与法国资产阶级革命解放人的自由对立起来，并以法国资产阶级革命的原则为批判标准"。① 恩格斯早期也受青年黑格尔哲学的影响，但他在接受进步文学作品中的民主主义思想的过程中，逐渐超越了青年黑格尔哲学。"当他还是中学生的时候，就憎恨专制制度和官吏的专横"②，自由的思想就激励着他前进。恩格斯在1839年的《德意志电讯》上发表的两篇文章《乌培河谷来信》中，分析了乌培河谷的资产阶级及其代言人弗里德里希·威廉·克鲁马赫尔的蒙昧主义和虚伪的虔敬言行，第一次公开表露了自己追求自由的革命民主主义的热情。恩格斯所理解的"时代精神"或实际的观念，首先就是"人民参与国家管理，也就是立宪制度；其次是犹太人的解放，即废除一切宗教强制，废除贵族政体"③，实现人的自由。此时，恩格斯已开始脱离了青年黑格尔主义思想的影响，集中全部精力为自由与进步事业服务。

（二）马克思开始提出思想自由和出版自由的思想

马克思公开发表自己关于自由权利的思想，是从1842年发表评普鲁士政府的书报检查令的文章开始的。在那篇文章中，他对普鲁士政府禁止出版自由的书报检查制度进行了猛烈的抨击，认为它是一种"对付真理的预防剂"。④ 后来，他又在《第六届莱茵省议会的辩论》（第一篇论文）中，进一

---

① 王沪宁：《马克思"人的自由"概念发展概观》，《上海社会科学院学术季刊》，1990年第7期。
② 《列宁全集》第2卷，人民出版社，2017年，第5页。
③ 熊子云，张向东：《马克思早期思想研究译文集》，重庆出版社，1983年，第16页。
④ 《马克思恩格斯全集》第1卷，人民出版社，1956年，第7页。

步提出了思想自由与行动自由的观点。他认为："出版自由本身就是思想的体现、自由的体现、就是肯定的善；与此相反，检查制度是不自由的体现，是以表面的世界观来反对本质的世界观的斗争，它只具有否定的本性。"① 也就是说，人的思想本质上是自由的，人要求自由地思考，自由地表达自己的真实想法，说他想说的话。如果人不能自由地思考，只能屈从于外在的意志，以别人的思想为思想，说一些违心的话，这无异被套上了精神的枷锁，对人来说是极大的不幸。因为"没有一种动物，尤其是具有理性的生物是带着镣铐出世的"。② 但是思想自由只是一种"潜在"的自由，还不是"实在"的自由。要使潜在的自由转变为实在的自由，必须使行为主体获得按照自己意志去行事的权利。从思想自由到言论出版自由，有一个克服"外部障碍"的问题。这种自由权利并非"吉祥的星星所赋予的超自然礼物"，而必须靠人自身的努力才能取得。

（三）马克思恩格斯接受民主主义对"自由"本质的解释

自由的本质是什么呢？马克思、恩格斯笼统地接受了19世纪民主主义的解释。他们认为，自由是人的天性，"人类本性的普遍自由"，自由确实是人所固有的东西，"自由是全部精神存在的类的本质"。这表明，马克思、恩格斯相信自由是人的本质，是人内在具备的禀赋，是扬弃了一切物质关系和社会关系的独立因素。因此，"各种自由向来就是存在的，不过有时表现为特权，有时表现为普遍权利而已"。③ 换言之，内在的本质有一个"外化"的过程，在过去的历史中，自由被歪曲地"外化"为一个阶级的特权，成为特权等级的独立和自由，表现为"私人特权、违背人民和政府的个体自由"。④ 历史的任务在于使自由的本质表现为普遍的自由。尽管此时马克思、恩格斯的自由观不是彻底唯物主义的，但他们已具有用人的自由权利思想反对封建统治，争取人类民主的革命精神，这使他们的自由权利思想有了一个伟大的出发点，他们对自由权的认识才能在以后的实践中发展。

① 《马克思恩格斯全集》第1卷，人民出版社，1956年，第62页。
② 同上书，第67页。
③ 同上书，第63页。
④ 同上书，第54页。

（四）扬弃"思辨性"，立足自由的现实基础阐释"自由"

对人的自由的认识必然要求对人的本质作出解释。当时费尔巴哈的人本学唯物主义对马克思主义经典作家的认识产生了很大的影响，用恩格斯的话来说，"那时大家都很兴奋：我们一时都成为费尔巴哈派了"。① 费尔巴哈从生物学和生理学的角度理解人的本质，认为人产生于自然界，是自然界的一部分，人的本质便是消化了的自然界，人的本质应当从自然的、肉体的、感性的人中间去寻找。费尔巴哈对人的本质的说明虽然是不科学的，却促使马克思主义在自由是人的本质的理解上，扬弃了早期的思辨性，开始以唯物主义的观点去追寻自由的现实基础和实现自由的物质条件。此时，马克思主义已注意到人们奋斗所争取的一切，都与他们的利益有关。所以只有把对自由的理解同实现自由的物质条件联系起来，才能将自由从幻想的太空落到现实的大地上。而当他们开始把劳动（物质生产）理论与自由问题联系起来，并通过劳动理论来说明自由的时候，马克思主义的自由权思想也就趋于形成了。关于劳动对自由权的决定意义，我们在下面一节具体展开说明。

（五）提出只有扬弃异化劳动，才能实现人的自由

在《1844 年经济学哲学手稿》中，马克思通过对社会经济生活的分析研究以及对人的本质的探索，提出了异化劳动理论。在马克思看来，异化劳动的产生有两个前提：一是商品生产的具体劳动与抽象劳动相分离，使用价值与价值相脱离。马克思认为，这种分离包含着异化的抽象可能，转变为现实性还需要一系列条件；二是劳动者与劳动条件相分离，劳动主体与客体相分离。"这种分离表现为劳动者形式上的自由。人身不依附于生产客观条件的占有者，而与劳动客观条件保持僵硬的或形式上的对立。这两个前提条件相结合，就产生了资本主义生产方式，产生劳动力变为商品、劳动产品和物转过来支配人的主客体颠倒异化的现象。"② 既然异化是劳动者与劳动客观条件的分离，主体与客体、手段与目的的颠倒，那么异化就是不自由，而且是人的不自由：劳动者降为物，降为资本家生产剩余价值的工具，而劳动产品、劳动中产生的社会关系及其物化形式——劳动产品商品货币，都转过来成为

---

① 《马克思恩格斯选集》第 4 卷，人民出版社，2012 年，第 228 页。
② 陈刚：《马克思论自由的历史发展》，《南京政治学院学报》，1990 年第 8 期。

支配人、奴役人的力量。劳动者生产的劳动产品越多，资本家占有的剩余价值也就越多，劳动者的痛苦、不幸和不自由就更深。

随着分工和社会生产力的发展，这种现象必然愈益尖锐。分工和手工工场使劳动者趋向于片面和畸形发展，机器的出现更使工人降为劳动资料的附属物。机器好像具有自己的意志和灵魂，不是工人支配机器，而是机器支配工人，与此相伴随的是大批工人的失业。在机器体系中，工人只是体系总过程的一个环节，一个孤立的点。同工人单个的无足轻重的动作相比，机器体系成为一个强大的机体，成为支配活劳动的力量。工人在异化劳动中不仅能实现其本质，还使人的自由自觉的活动变成了维持肉体生存的手段。因此，要实现人的自由，只有消灭私有制，扬弃异化劳动。而这个理想境界就是共产主义。"共产主义是私有财产即人的自我异化的积极的扬弃，因而是通过人并且为了人而对人的本质的真正占有；因此，它是人向自身、向社会的（即人的）人的复归……"① 是人和自然、人和人的矛盾的真正解决，是自由与必然的统一。只有这时，人才真正享有自由的权利。

## 二、马克思恩格斯在唯物史观形成之后的自由思想

在《德意志意识形态》《哲学的贫困》《经济学手稿（1857—1858）》《资本论》中，马克思逐渐完全扬弃了唯心主义自由观（包括人本主义的自由观），确立了历史唯物主义的自由观。

### （一）在科学劳动价值论的意义上阐释自由

马克思在后面两部著作中，剖析了资本主义生产的基本内容——商品生产和商品交换，确立了科学的劳动价值理论。等价物的价值规律是经济运动的巨大力量，它在现实生活中开辟着自己的道路。在交换中，每个人作为交换主体，确定了这样的自由，自愿交易，任何一方都不使用暴力，自己视自己为占支配地位和主宰地位的人，自私自利。因此，如果说经济形式和交换确立了主体之间的全面平等，那么内容，即使人们去进行交换的个人材料和物质材料，则确立了自由。

---

① 《马克思恩格斯全集》第 42 卷，人民出版社，1979 年，第 120 页。

马克思在《资本论》中还指出，劳动力所有者要把劳动力当作商品出卖，他就必须能够支配自己，成为自己劳动能力的"自由的所有者"。货币要转化为资本，就必须有"自由的工人"。马克思深刻地指出，"这里所说的自由，具有双重意义：一方面，工人是自由人，能够把自己的劳动力当作自己的商品来支配，另一方面，他没有别的商品可以出卖，自由得一无所有，没有任何实现自己的劳动力所必需的东西"。① 工人为了生存，只有出卖自身。在劳动过程中，工人受到资本家的剥削和奴役，没有人的自由。

（二）提出了人的自由是"人的全面发展"的思想

马克思在《资本论》接近结尾的地方，再次明确阐述了他关于人的自由的本质是人们的物质生产活动的解放的思想。也就是说人们的物质生产活动挣脱资本的外部强制，成为人们自觉的活动是人的自由的最根本条件。马克思说："事实上，自由王国只是在必要性和外在目的规定要做的劳动终止的地方才开始。"应当指出，马克思在这里所说的已不是纯粹的物质生产活动，而是"作为目的本身的人类能力的发挥，真正的自由王国"。②

马克思认为，在物质生产领域，人们所能达到的自由"只能是：社会化的人，联合起来的生产者，将合理地调节他们和自然之间的物质变换，把它置于他们的共同控制之下，而不让它作为一种盲目的力量来统治自己；靠消耗最小的力量，在最无愧于和最适合于他们的人类本性的条件下来进行这种物质变换"。③ 要明白的是，马克思这里所说的"自由"仍然是必然王国，在这个必然王国的基础上，也只有在它的基础上，自由王国才能实现。这是自由与必然的辩证关系，必然是此岸，是物质生产领域，自由是彼岸，是人的全面发展的领域，是人类实现自我发展、自我完善的领域。在这里，人的自由具体化为："人的全面发展"的伟大命题。马克思又说，未来社会的基本原则是"每一个个人的全面而自由的发展"。④

以上，便是马克思主义探索自由（权）的基本逻辑、线索和历程。那么，马克思主义又是如何界说自由权的呢？

---

① 《马克思恩格斯全集》第 44 卷，人民出版社，2001 年，第 197 页。
② 《马克思恩格斯全集》第 46 卷，人民出版社，2003 年，第 928—929 页。
③ 同上书，第 928—929 页。
④ 《马克思恩格斯全集》第 44 卷，人民出版社，2001 年，第 683 页。

# 第三节　马克思主义对自由权的科学界定

自由权，是政治学研究中的一个重要内容，人们也常常把它局限于社会政治领域。有的学者还常把它看作是一种有别于哲学认识论上的自由。实际上这并没有把握马克思主义自由权思想的含义及其精神实质。

## 一、如何理解马克思主义关于"自由"的两重含义

问题的产生来自对马克思与恩格斯关于自由含义的两段话。实际上，马克思所分析的自由的两重含义是一致的：第一，马克思所说的物质生产领域内的自由，即人为了满足自己的需要而进行的人和自然之间的物质变换，通过改造自然的实践而实现的控制自然的自由；第二，马克思把发展人类能力本身作为目的的自由，即人的能力的全面发展和自由是统一的，它们都是对人的本质力量，人的改造世界的能力的实现、发挥和发展的界说。

以往，理论界一直把恩格斯的论述看作与马克思上述观点不同的哲学上的自由。为了便于说明，特引证如下：恩格斯在《反杜林论》中说："自由不在于幻想中摆脱自然规律而独立，而在于认识这些规律，从而能够有计划地使自然规律为一定的目的服务。这无论对外部自然的规律，或对支配人本身的肉体存在和精神存在的规律来说，都是一样的。……自由就在于根据对自然界的必然性的认识来支配我们自己和外部自然；因此它必然是历史发展的产物。……蒸汽机确实是所有那些以它为依靠的巨大生产力的代表，唯有借助于这些生产力，才有可能实现这样一种社会状态，在这里不再有任何阶级差别，不再有任何对个人生活资料的忧虑，并且第一次能够谈到真正的人的自由，谈到那种同已被认识的自然规律和谐一致的生活。"①

应该说，马克思与恩格斯关于自由问题的论述与观点原则上是一致的。

首先，马克思的话写于《资本论》第三卷资本主义生产的总过程（下）的第七篇第四十八章（"三位一体的公式"）；恩格斯的话写于《反杜林论》

---

① 《马克思恩格斯全集》第 26 卷，人民出版社，2014 年，第 120—121 页。

第一编哲学的第十一章（道德和法·自由和必然）。显然，马克思和恩格斯在论述自由问题时所针对的具体对象、所论及的具体内容以及各自的角度和侧重点都有所不同，但是有一点是共同的，即他们都谈到了（马克思更是直接地谈到了）资本主义条件下生产力的大发展同未来社会（共产主义社会）的联系，而且是把自由问题同资本主义和共产主义这两种社会形态的区别和联系结合起来考察的。

其次，"马克思所讲的自由的第一重含义是物质生产领域内的自由，即不让自由必然性作为盲目的力量来统治人，而是把人和自然之间的物质交换置于人的控制之下，这也就是恩格斯所讲的认识自然规律，从而能够有计划地让自然规律为人的一定目的服务"[①]，即获得认识自然、控制自然的自由权。

再次，马克思讲的自由的第二重含义是以人类能力本身的发展为目的的自由，即人的全面而自由发展的权利。"第一重含义的自由是对维持人的生存、满足人的生活必需来创造社会财富的自由权的追求，它是人的改造自然的本质力量（能力）的体现。第二重含义的自由，是以发展人类能力本身为目的（内在目的）的自由，它是人的本质力量，包括体力和脑力的、生产技能、管理社会公务、科学、文化、道德、艺术等方面能力全面发展的体现，它是人在更高层次上享有的自由权利"[②]。人的全面而自由的发展只有在社会历史发展的高级阶段——共产主义社会中才能实现。

上述两重含义的自由并不是两种根本性质不同的自由，只是从不同的角度论证自由是人的本质力量、人的改造世界的能力的实现。前者是人在较低层次上所享有的有一定局限性的自由，后者则是人在高层次上享有的全面发展的自由。这后一重含义的自由，同样是人们以认识必然为基础的改造世界的本质力量的体现。它已经不是体现在以维持人的生存和生活必需的物质生产领域内，即物质生产领域的"此岸"（当然，这时的生产劳动已经从一种负担变成一种快乐，一种生活的需要，从这点来讲，也可以说它与原来的生产劳动发生了性质上的变化），而是主要体现在物质生产领域之外，如社会

---

① 高宝钧：《马克思主义自由观三题》，《高校社会科学》，1989 年第 10 期。
② 同上。

公共事务、科学、文化、道德、艺术等各个领域，即体现在物质生产领域的"彼岸"，体现在这样一些以认识社会必然性为基础的改造社会的实践活动之中。

总之，人类社会历史发展的过程，就是人类认识必然（包括自然必然性和社会必然性）和改造客观世界（包括改造自然和改造社会）的实践活动过程，也就是人类追求自由、获得自由的发展过程。无论是人类对客观世界的认识和改造，或者说人类在认识和改造客观世界中追求自由、获得自由，都以人类的劳动生产实践为基础。马克思主义也正是以劳动实践为基础，而对自由权做出科学解释的。

以上，说明马克思与恩格斯从不同角度阐释自由、界定自由的本质，是为了消除一些人对马克思与恩格斯关于"自由"问题认识方面的误解和偏见。为了更深刻地认识马克思与恩格斯关于"自由"的科学界定，还有必要进一步说明他们是如何以劳动实践为基础来论证自由（权）的，即"回归"他们原初论证这一问题的逻辑思路。

## 二、以劳动实践为基础科学界定"自由权"

马克思主义立足劳动实践，从以下五个层面科学界定"自由权"。

（一）劳动实践是获得与享有自由的物质前提

马克思主义认为，劳动实践是社会发展的物质基础，也是人类获得与享有自由的物质前提。人类社会的存在和发展时时刻刻都通过劳动与自然界联系在一起，如果摒弃劳动，也就割断了人与自然界的联系，人就无法生存，人类社会也就注定灭亡。马克思精辟地指出："任何一个民族，如果停止劳动，不用说一年，就是几个星期，也要灭亡，这是每一个小孩子都知道的。"[①] 人和人类社会只有首先通过生产劳动的实践才能解决吃喝住穿等物质生活资料问题，也只有通过生产劳动实践解决了吃喝住穿之后，才有可能从事政治、科学和艺术等其他领域的实践活动。其他种种实践活动归根结底也是在生产劳动实践基础上派生出来的。把生产劳动实践作为人类生存和发

---

① 《马克思恩格斯选集》第4卷，人民出版社，2012年，第473页。

展、获得与享有自由的物质基础，具有历史的永恒性。人类社会的发展进入了它的高级阶段——共产主义社会，那时人所享有的自由也仍然是建立在劳动实践的基础上的。用马克思主义的话来说，共产主义社会的"真正自由的劳动……同时也是非常严肃，极其紧张的事情"。[①]

（二）人的意识与自我意识的发展体现着人类享有的自由度

马克思主义在对人获得与享有自由权的基础——劳动实践做了分析之后，着重从劳动实践本身来说明自由。马克思主义认为，人类历史是人类通过劳动自我生成、自我创造的历史，而自然界也只有作为人的劳动的对象物时才有意义。人类通过劳动实践探索自然界的奥秘，探索与自己相联系的物质世界的规律。在劳动实践中，人的认识能力，人的自我意识得到了同步发展。这种意识与自我意识的产生和发展实际上就是人类所特有的能动性的表现，也即人类自由的表现。恩格斯认为"意志自由只是借助于对事物的认识来作出决定的能力"。[②] 没有意识与自我意识的发展，人类就无从谈起"自由"，而人类意识与自我意识的产生和发展从发生学的本质意义上看，都是人类在劳动实践中形成的。意识与自我意识的发生和发展体现着人类实践水平的发展，体现着人类通过劳动实践从客观世界中认识到的事物所具有的普遍性和必然性的规律，体现着人类利用这些规律为己所用的水平，即人类所享有的自由度。

（三）人类追求自由的目的是为了更自觉地进行劳动实践活动

劳动实践又是人的有目的的活动，人的目的作为自由意识能动地指导整个劳动过程，从而成为劳动过程不可分割的内在要素。正如马克思所说，"劳动过程结束时得到的结果，在这个过程开始时就已经在劳动者的表象中存在着，即已经观念地存在着。他不仅使自然物发生形式变化，同时他还在自然物中实现自己的目的，这个目的是他所知道的，是作为规律决定着他的活动的方式和方法的，他必须使他的意志服从这个目的"。[③] 这就是说，人类有目的、有意识的劳动使自然物按人类自身需要发生形式变化，从而出现完

---

[①] 《马克思恩格斯全集》第 46 卷（下），人民出版社，1980 年，第 113 页。
[②] 《马克思恩格斯选集》第 3 卷，人民出版社，2012 年，第 492 页。
[③] 《马克思恩格斯全集》第 44 卷，人民出版社，2001 年，第 208 页。

全不同于自然发生物的东西——劳动产品。目的在这里起了律令的作用，因而在劳动中人是自我决定、自我创造、自我实现的，这正是人所宝贵的东西——自由。

人在劳动实践活动中达到了自己的目的，也证明了自己的自由。同样，人类自由意识的产生，人类追求自由的目的从更深层的意义上理解，也是为了更有效地进行实践活动。人类决不会为了自由而去追求自由，人类追求自由是为了满足自己的需求，而人类的所有的需求，不管是对自然界的，对社会的还是对自己的精神意志的，都只有在劳动实践中去解决，去满足，人类自由的程度也主要体现在人类的劳动实践活动的水平上。一个时代劳动实践所达到的水平充分体现出这一时代人们所具有的自由的程度。因此，自由是人类劳动实践的产物，人类追求自由的目的也是为了更加自觉地进行这种实践活动，使实践的结果能够按照人类的意愿出现。

（四）人类在劳动实践中拓展自由权享受领域

劳动还是以自身的活动来引起、调整及控制人和自然之间的物质变换的过程。劳动"是人和自然之间的物质变换的一般条件，是人类生活的永恒的自然条件"。[①] 人自身作为一种自然力而与自然物质相对立。为了生存，人必须消除这种僵硬的对立，必须使外在自然这种自在之物变为为我之物。为了在对自身有用的形式上占有自然物，使之符合和满足人的需要，人就必须以自身的活动直接或间接地作用于外部自然，引起和控制人与自然之间的物质变换过程。当他通过这种运动作用于他身外的自然并改造自然时，也就同时改变他自身的自然。他使自身的自然中沉睡着的潜力发挥出来，并且使这种力的活动受他自己控制。在马克思看来，自由既在于摆脱或超越外在的障碍，又在于自觉自愿的创造性活动。劳动活动使人超越了原先与自然的狭隘关系，超越了空洞的自在之物式的自然，超越了自身单纯的自然存在，从而使人能够控制自然力，使之为自身服务。人类在这种劳动实践中不断地拓展着自己的实践的领域和范围，随着实践领域和范围的扩大，人类的自我意识不断得到发展，人类在自然、社会方面所享有的自由权也越来越丰富、越来越深广。

①　《马克思恩格斯全集》第 44 卷，人民出版社，2001 年，第 215 页。

（五）自由权是人在认识和改造客观世界实践中所具有的地位、资格和能力的确证

马克思主义以劳动实践为基础对自由权的论证，还是表明了本节开始所提出的思想，自由可以从政治、法律、哲学的不同角度去研究，哲学上的自由还可分为认识论与社会历史观意义上的自由，但是，在马克思主义哲学中，认识论与社会历史观是统一的；人的自由权利的获得，总是在劳动实践活动（这种实践活动是在一定的社会群体中进行的）中，在认识与改造对象世界中实现的。它是对人的本质力量、人认识与改造世界能力的一种确证。如果说认识论上的自由与社会历史领域中的自由还有相对的区别（因为人在社会历史领域的自由度在一定程度上取决于人摆脱异己社会力量支配的程度），那么，哲学上所说的自由权，则没有这种区分。因为任何人要享有在自然或社会方面的自由权利，首先就必须获得有关自然与社会方面对象的必然性认识，在这个基础上才可能享有"认识必然"之后的权利，对有关对象必然性认识（即自由）权利的享有程度，又同人在社会中摆脱异己力量支配的程度相关。正因为如此，马克思主义认为人类只有在共产主义社会这一"自由王国"，才可能真正享有自由、平等的权利。因此，马克思主义哲学认为，所谓自由权，是人在社会实践中所享有的包含着有关对象的必然性认识的权利，这种权利是对人在认识与改造世界活动中所具有的地位、资格和能力的一种确证。

## 第四节　人类社会演进中"自由权"的三种状态

既然自由权蕴含着有关对象必然性的认识，以及对人在这种认识和实践活动中的地位、资格、能力的确证。所以，对人的自由权的实现程度的考察，就不能离开人类社会的发展。马克思、恩格斯在分析人类社会演进的形态中揭示了人类自由权的三种不同状态及其特点。

马克思指出，"最初的、从动物界分离出来的人，在一切本质方面是和动物本身一样不自由的"[①]，"人的依赖关系（起初完全是自然发生的），是

---

[①] 《马克思恩格斯选集》第 3 卷，人民出版社，2012 年，第 492 页。

最初的社会形态，在这种形态下，人的生产能力只是在狭窄的范围内和孤立的地点上发展着。以物的依赖性为基础的人的独立性，是第二大形态，在这种形态下，才形成普遍的社会物质变换，全面的关系，多方面的需求以及全面的能力的体系。建立在个人全面发展和他们共同的社会生产能力成为他们的社会财富这一基础上的自由个性，是第三个阶段。第二个阶段为第三个阶段创造条件"。① 马克思这里所说的人类社会演进的不同形态，是从原始社会到共产主义社会，在不同的阶段，随着经济的发展所呈现出来的人所享有的不同自由权状况。

## 一、原始社会形态下的人相对来说是不自由的

在自由发展的第一阶段，人从蒙昧的状态开始觉醒，首先在劳动生产中意识到人类自身作为主体与整个他界对立，在这个阶段，人的依赖关系表现在社会生活的各个方面，这时，人相对来说是不自由的，也谈不上什么自由权利。这种状况是人的生产能力还不发展的结果。与此相应的社会形态，主要是原始社会，也包括了前资本主义社会。

在原始社会，刚从动物界分化出来的原始人类，还只是一种自然成长的人的"类群体"，人本身与大自然浑然一体，处处受到自然界的摆布。这时，人的行为方式带有自然的必然性。原始人类为了战胜凶猛的野兽和险恶的自然环境，为了生存，只能抱成一团，还没有什么"个性自由"可言。因此，在原始人类所掌握的生产能力非常低下的状况下，人类没有剩余产品，也就无剩余时间，这时，他们离自由还很远。

奴隶社会和封建社会产生了不发达的交换、交换价值和商品货币制度，这时生产水平有了提高，有部分剩余产品出现，少数人可以在此基础上享受剩余劳动，也有了剩余时间来发展他的"个性自由"的阶段。但由于受生产力水平的限制，这种交换，这种商品货币关系只在局部地区进行，社会上所存在的主要是"以自然血缘关系和统治服从关系为基础的地方性联系"②，因而个人所享有的自由是极其有限的。

---

① 《马克思恩格斯全集》第 46 卷（上），人民出版社，1979 年，第 104 页。
② 同上书，第 108 页。

## 二、资本主义社会以物的依赖性为基础的人的自由

在自由发展的第二阶段，出现了"以物的依赖性为基础的人的独立性"，与这个阶段相应的是资本主义社会。

（一）交换价值的交换是自由的真实基础

自原始社会解体以后，在社会分工和剩余产品出现的基础上发展起来的交换和商品生产，为人的自由提供了新的社会条件。随着社会生产力水平的提高，商品生产和交换的内涵与外延都有了深化和扩大，人的自由和平等的意识也随之增长。马克思指出：在商品交换里"第一次出现了人格这一法的因素以及其中包含的自由的因素"。① "交换，在所有方面确立了主体之间的平等，那么内容，即促使人们去进行交换的个人和物质材料，则确立了自由。可见，平等和自由不仅在以交换价值为基础的交换中受到尊重，而且交换价值的交换是一切平等和自由的生产的、现实的基础。"② 资本主义发达的商品生产交换制度，事实上打破了人的依赖纽带、血统差别、教育差别，各个人看起来似乎是独立地自由地互相接触并在这种自由中互相交换。资本主义社会把人与人之间的关系变成了金钱关系、交换关系，人与人的关系通过这种人与物的关系表现出来，表现为生产关系和交换关系的纯粹产物。因此，资本主义社会的自由，是以强烈的物的依赖性为基础的人的自由。资本主义社会这种强烈的物的依赖关系并没有消除前资本主义社会的人的依赖关系，而是把这种人的依赖关系普遍化，也即把个人对个人的依赖关系，普遍化为个人与社会的依赖关系。正如马克思指出的："物的依赖关系无非是与外表上独立的个人相对立的独立的社会关系，也就是与这些个人本身相对立而独立化的、他们互相间的生产关系。"③

马克思进一步指出，"交换价值作为整个生产制度的客观基础这一前提，从一开始就已经包含着对个人的强制，个人的直接产品不是为个人的产品，只有在社会过程中它才成为这样的产品，因而必须采取这种一般的并且诚然

---

① 《马克思恩格斯全集》第 30 卷，人民出版社，1995 年，第 198 页。
② 同上书，第 199 页。
③ 《马克思恩格斯全集》第 46 卷（上），人民出版社，1979 年，第 111 页。

是表面的形式；个人只有作为交换价值的生产者才能存在，而这种情况就已经包含着对个人的自然存在的完全否定，因而个人完全是由社会所决定的；其次，这种情况又要以分工等等为前提，个人在分工中所处的关系已经不同于单纯交换者之间的关系，等等"。也就是说，"交换价值这个前提决不是从个人的意志产生，也不是从个人的直接自然产生，它是一个历史的前提，它已经把个人当作是由社会决定的人了"。① 马克思在这里明确指出，在资本主义社会，个人不是自然的个人，而是社会的个人，他处于整个社会的有机联系之中。因此他的活动必然要受到包括他所处的社会的生产条件在内的各种因素的限制，在这种社会条件下，人的意志不可能是真正自由的，也不可能享有真正自由的权利。

（二）资本主义社会为"形式上"的自由赋予普遍的意义，多数人实际是不自由的

马克思、恩格斯还认为，作为过去取得的一切自由的根基是有限的生产力，因为人们只能"在现有的生产力所决定和所容许的范围之内取得自由"②，受这种生产力所制约的生产不能满足整个社会的需要，使人们的发展只能具有这样的形式：一些人靠另一些人来满足自己的需要，因而少数人得到了自由发展的垄断权；而多数人经常地为满足最迫切的需要而进行斗争，因此暂时失去了任何发展的可能性，也即失去了自由。在资本主义所有制下，封建式的人身依附关系被打破了，商品生产者在商品交换面前是平等、自由的。但是，"交换价值的交换是一切平等和自由的生产的、现实的基础。作为纯粹观念，平等和自由仅仅是交换价值的交换的一种理想化的表现；作为在法律的、政治的、社会的关系上发展了的东西，平等和自由不过是另一次方的这种基础而已"。③ 从这个角度看，资本主义社会确实实现了自由上的一次大发展，工人和资本家一样，在形式上、在法律上，具有了自由权。资产阶级也因此将这种形式上的、表面上的有限的自由赋予普遍的意义，这充分反映了资产阶级自由理论的局限性。

---

① 《马克思恩格斯全集》第 46 卷（上），人民出版社，1979 年，第 200—201 页。
② 《马克思恩格斯全集》第 3 卷，人民出版社，1960 年，第 507 页。
③ 《马克思恩格斯全集》第 46 卷（上），人民出版社，1979 年，第 197 页。

### 三、共产主义制度下人的全面而自由发展

马克思、恩格斯在考察了在社会生产发展的条件下人所享有的自由程度一步步得到提高的历史后，把人的全面发展、自由个性的充分发展看作是自由发展的第三阶段，这种个性和能力的全面、充分的发展只能建立在社会生产力高度发展和生产资料公有制的基础之上，并以物质和精神双重条件为前提，这只有在没有阶级差别、任何个人的生活资料都极为丰富的共产主义制度下，才"第一次能够谈到真正的人的自由，谈到那种同已被认识的自然规律和谐一致的生活"。①

从马克思主义对人类社会演进三种状态下的自由分析可以看出：第一，自由不是从来就有的，它是人类社会发展的产物，受生产力发展水平的制约，超越生产力发展水平的所谓绝对自由是不存在的。对人享有自由程度有决定性影响的生存条件，"不依赖于个人而存在，它们尽管由社会产生出来，却表现为自然条件，即不受个人控制的条件"。②

第二，自由具有阶级性。自由的有无和享受范围，除了受社会经济条件的制约外，同一个阶级的阶级地位（在资本主义社会，通过人对物的占有程度表现出来）联系在一起。在资本主义社会，一般交换者之间的平等和自由关系，仅仅是形式上的关系，工人作为单个的、现实的人来说，他在是否出卖劳动力的问题上，他有选择的自由，但在资本主义私有制条件下，他们又不得不出卖属于自己的、唯一能够自己支配的劳动力来维持自己的生存。因此，马克思认为，"这种形式是表面现象，而且是骗人的表面现象"。③ "在自由竞争情况下，自由的并不是个人，而是资本。"④ 无产阶级要获得自由就必须夺取政权，要充分享有自由权就必须充分发展社会生产力。

第三，自由的发展是一个过程，在它的发展史上呈现出发展的阶段性。资本主义阶段的自由，是整个人类自由发展的必经阶段，起着承上启下的作

---

① 《马克思恩格斯全集》第 26 卷，人民出版社，2014 年，第 121 页。
② 《马克思恩格斯全集》第 46 卷（上），人民出版社，1979 年，第 110 页。
③ 同上书，第 462 页。
④ 《马克思恩格斯全集》第 46 卷（下），人民出版社，1980 年，第 159 页。

用，这种"以物的依赖性为基础的人的独立性"① 的自由，既不同于前资本主义社会的那种基于个人之间的统治和服从关系的自由，又与在共同占有和共同控制生产资料的基础上联合起来的个人，所进行的全面的自由相对立。第一阶段的自由，随着货币和商品交换的发展而没落下去；第二阶段的自由，随着这些东西的发展而一道发展起来。第二阶段即资本主义的自由，具有历史进步性的一面，但也有它的局限、畸形的一面，我们不能把资本主义制度下的自由理想化、绝对化。我们只要站在历史唯物主义的立场来看待自由，那么，人类所向往和追求的应该是更高层次上的共产主义社会中的自由，即每个人真正享受全面而自由发展的权利。

## 第五节 享有自由权要辩证解决"三大"关系

马克思主义关于人类自由三种基本形态的分析，也可以说是对人类自由演进过程的宏观描述。但是，马克思主义的分析没有停留于此，而是辩证地论述了实现（或享有）自由（权）的三大关系。马克思主义认为，任何自由权都是一定社会历史条件下主体所享有的自由权利，主体在一定社会历史阶段享有的自由，相对于未来的发展而言，具有相对的意义。主体又是处于一定社会关系之中的主体。所以，主体要切实地享有（或能够享有）自由权，必须要辩证地认识并合理解决好主体与客体、个人自由与社会自由、自由与社会责任的关系。

### 一、自由同主体、客体的关系

在历史和现实中，对自由的认识常常产生两个极端。一个是把自由单纯地看作是主体仅仅适应和服从客观必然性，忽视了人的主体能动性；一种是只讲主体能动性而忽视了自由须建立在客观必然性的基础之上。自由，当然需要以必然性为前提，但自由不是主体单纯或绝对地服从必然性，而是在遵循必然性基础上把客体改造为适合主体的利益和需要，实现主体与客体的和谐统一。

---

① 《马克思恩格斯全集》第 30 卷，人民出版社，1995 年，第 107 页。

（一）自由是一种主客体和谐统一的关系

自由作为一种主客体和谐统一的关系，不是表现为客体决定主体活动的单向反映，而是主体根据客观必然性能动地改造客体，使客体服从主体自身目的的双向反映和相互作用。这样一种辩证关系，是马克思主义阐述主客体关系的重要观点。

在马克思看来，历史可以从两方面去考察，即自然史与人类史；只要有人存在，这两方面就是相互联系、相互制约的。当然，马克思承认外部自然界的优先地位，这就在哲学上坚持了唯物主义的立场，但马克思主义哲学的特点是在于把自然同人的实践活动和社会历史过程联系起来考察。与主体相对立的客体，并不是脱离于人、与人的活动无关的客体，而是被人作用着、活动着的客体。离开了主体对客体的能动作用，不可能真正理解现实存在的客体，也不可能理解自由的实现是一种主客体和谐统一的关系。

（二）主客体辩证统一的过程是自由实现的过程

从主客体统一和人类实践史与自然史统一的立场出发，马克思把自然界当作"人类本质力量的体现"，人的对象性存在和无机身体，同时又把人类历史发展归于自然历史过程，把物质财富世界归于"人类劳动的不断消失又不断重新发生的客体化"。① 按照马克思的这一唯物史观的基本立场，人类在自己生活的社会生产中形成的生产力和结成的生产关系不过是反映了"社会的个人发展的不同方面"②；人类历史发展的各个阶段也不过是"劳动主体的生产力发展的一定阶段，而和该阶段相适应的是劳动主体相互间的一定关系和他们对自然界的一定关系"。③ 因此，人类的劳动实践活动、人与自然的对立统一、历史主体与客体的对立统一、自由的产生与实现，是同一个过程。主体和客体的辩证统一过程就是人类追求自由、实现自由的过程，这种主客体之间的统一达到什么程度，同时也标志着人类的自由达到什么程度。

"自然界、客体、外部环境或物质条件对人类主体活动来说不是单纯的外在存在，而是内在本质的存在，它既为人类的活动提供条件和舞台，又始

① 《马克思恩格斯全集》第36卷，人民出版社，2015年，第311页。
② 《马克思恩格斯全集》第46卷（下），人民出版社，1980年，第219页。
③ 《马克思恩格斯全集》第46卷（上），人民出版社，1979年，第496页。

终制约着人类的实践活动。因此，人类所能实现的自由总是具体的、相对的和有条件的，它始终受到两种因素——外部客观因素与内部主观因素的制约。这两种因素相互联系相互影响，不断推动人类获得更高的自由。"① 因此，对主体与客体、人与外部客观条件的关系应从它们的相互作用上去把握，对人所享有的自由也应从主体与客体的相互关系中去认识。

## 二、个人自由与社会自由的关系

可从以下四个方面把握个人自由与社会自由的辩证关系。

（一）自由的实现是个人自由与社会自由的辩证统一过程

马克思主义关于主体与客体的辩证思想告诉我们，主体在追求自由的过程中，一方面要摆脱外在自然客体的限制，要按照客体世界的必然性要求去规范自己的行动，去有目的地改造和超越它；另一方面，主体又不是具体的个人。个人当然是主体存在的一种重要形式，但哲学中从主客体关系来考察的主体，主要还是作为类存在的社会主体。人类社会是由众多的个人构成的，从一般意义上说，每个人都在以这样或那样的方式追求自由。由于每一个人都生活在现实的社会关系体系之中，而不是像人本主义所认为的那样抽象地存在，所以每一个人在追求自由的时候，必然要受到现实的社会条件、社会环境、社会关系的制约。因此，自由的实现也是一个个人自由和社会自由的辩证统一的过程。

（二）个人自由与集体自由是考察自由的主线

马克思对自由的历史考察有两条主线，即社会发展与个人发展、社会自由与个人自由。对马克思来说，个人自由离不开社会和集体，这是不以任何人的意志为转移的。马克思说："人是最名副其实的社会动物。"② 人是社会的人，个人从属于社会。个人的自由总是与整个社会相关，不能离开社会既定的现实的经济、政治和文化、科学的条件去奢谈个人自由。个人自由总是离不开社会的其他人的，个人的自由只能在社会、集体的协作中获得。绝对孤立的、与社会其他人不发生合作关系的个人，在任何社会中都是没有的，

---

① 陈刚：《实践与自由——论马克思的自由观》，《中国社会科学》，1986 年第 5 期。
② 《马克思恩格斯全集》第 12 卷，人民出版社，1962 年，第 734 页。

都是根本不可能存在的。个人在生产劳动中所获得的自由，都和由许多个人相联系而组成的集体合作，和集体在生产劳动中所获得的自由分不开，而且是依赖于集体的自由的。

（三）集体自由是个人自由的前提

集体自由作为个人自由的前提，可从以下几个方面来理解。

第一，单独的个人离开了群体便无法进行生产。连自己的生活都无法维持，哪里还谈得上自由？这种情况越是在社会发展的初期、越是生产力不高的情况下，越是明显。

第二，即使在个体劳动的生产方式下，劳动者也不可能仅仅靠他本人一个人的劳动而生产出他生产和生活所必需的一切产品。"一个人的发展取决于和他直接或间接进行交往的其他一切人的发展"①，个人所必需的生产工具和生活用品依赖于他人、集体的生产劳动来提供，离开了他人、集体，个人的生产和生活就无法维持，更无法发展。

第三，在阶级社会中，处于同一生产关系中经济地位相同的许多个人所结成的群体就是一个阶级。在阶级社会中，个人的自由是隶属于阶级的自由的；国家似乎是凌驾于各个阶级之上，代表各阶级共同利益的集体，实际上，它所代表的只是统治阶级一个阶级集体的利益。因此，马克思、恩格斯称它为"冒充的集体""虚构的集体"。他们指出："在过去的种种冒充的集体中，如在国家等等中，个人自由只是对那些在统治阶级范围内发展的个人来说是存在的，他们之所以有个人自由，只是因为他们是这一阶级的个人。"② 对于被统治阶级来讲，是没有自由的，被统治阶级中的个人自然也就没有自由。

第四，在资本主义社会中，无产阶级中的个人要想改变自己受压迫被剥削的地位，获得个人的自由，也必须依靠他们所隶属的无产阶级整个阶级的力量，才能推翻资本主义制度获得摆脱受剥削受压迫的自由；在取得统治地位、成为社会主义社会的主人以后，也还要依靠全体人民的力量，在参与社会主义现代化建设，不断提高物质文明和精神文明水平的过程中，才能享有

---

① 《马克思恩格斯全集》第 3 卷，人民出版社，1960 年，第 515 页。
② 同上书，第 84 页。

个人自由，并不断满足个人自由权提升的需求。

（四）个人自由又是集体自由的基础

集体自由是个人自由的前提，这是问题的一个方面。问题的另一方面是：个人自由又是集体自由的基础。这也是马克思主义自由权思想的一个基本原理。

第一，马克思主义认为，"任何人类历史的第一个前提无疑是有生命的个人的存在"。① 当然，同唯心史观所讲的脱离了现实物质前提的抽象的个人不同，马克思主义所认为的这些个人，"不是他们自己或别人想像中的那种个人，而是现实中的个人，也就是说，这些个人是从事活动的，进行物质生产的，因而是在一定的物质的、不受他们任意支配的界限、前提和条件下能动地表现自己的"。② "人们的社会历史始终只是他们的个体发展的历史，而不管他们是否意识到这一点。他们的物质关系形成他们的一切关系的基础。这种物质关系不过是他们的物质的和个体的活动所借以实现的必然形式罢了。"③

第二，集体是由许多个人组成的，集体自由也是由许多个人自由组成的。正像没有个人也就没有由这些个人组成的集体一样，没有个人的自由也就没有由这些个人组成的集体自由。社会越是发展，情况就越是这样。不可能每一个个人是不自由的，而由这些个人所组成的集体却是自由的。

第三，同时，每一个个人的自由度对于集体的自由也是有影响的。历史的发展是由许多相互冲突的个人意志的合力推动前进的，"每个意志都对合力有所贡献，因而是包括在这个合力里面的"。④ 这里说的还是相互冲突的个人意志，作为一个从总体上来讲基本相同意志的集体就更是如此。

个人的自由度越大，个人力量的正确发挥越大、越好，集体的自由度、集体力量的发挥自然也就越大、越好。

第四，当人类社会发展到使个人真正能获得了全面发展的自由时，才能谈得上集体的自由，集体才能成为"真实的集体"，也才能说是实现马克思主义所预见的共产主义社会。

---

① 《马克思恩格斯全集》第 3 卷，人民出版社，1960 年，第 23 页。
② 同上书，第 29 页。
③ 《马克思恩格斯选集》第 4 卷，人民出版社，2012 年，第 409 页。
④ 同上书，第 606 页。

以上阐释了马克思主义有关个人自由与集体自由辩证关系的基本观点，集体自由是个人自由的前提，个人自由是集体自由的基础。因此，我们在追求或享有自由权利时，必须把集体自由与个人自由结合起来。既要把集体的自由放在首位，个人自由要服从于、服务于集体的自由，在争取集体自由权的斗争中来获得个人自由权，又要注意关心和保护个人的自由权益。如果否认对集体的依赖而奢谈脱离集体自由的个人自由权，实际上已经使个人自由蜕变为个人主义的为所欲为。

脱离了集体自由的个人自由必定以自我为中心，把个人放在首位。这样的个人自由必然置他人和集体的自由于不顾，其结果或者由于脱离了集体力量而终不可得，或者为了个人的自由而不惜损害他人和集体的自由。同样，如果否认对个人自由的依赖而奢谈脱离个人自由的集体自由权，实际上就会使集体自由蜕变为虚构的集体和虚构的自由，使集体主义蜕变为官僚主义、极权主义。这种自由是虚伪的，因为尽管它口头上标榜的是自由，实际上则是不自由，其结果必然是既损害了个人的自由，也破坏了集体的自由。

因此，无论是否认集体自由的个人自由，还是否认个人自由的集体自由，都不能从根本上调动社会主义社会每一个公民的主动性、创造性，而只能造成个人主义、自由主义、无政府主义的恶果，或者造成官僚主义、极权主义的弊端，都有损于社会主义现代化事业。

### 三、自由与社会责任的关系

权利与义务的辩证统一作为马克思主义人权观的精神实质，也充分体现在马克思主义的自由权思想中。

（一）责任是个人对社会、对他人的义务

自由的社会责任，指的是生活于一定社会关系中的个人对社会、对他人的义务、职责和使命，同时也包括社会对个人的责任。

马克思主义认为，责任是社会对人们的一种客观要求。由于人都是现实的人，都生活于一定的社会关系之中，都必须在社会中并通过社会获得自己生存和发展所需要的一切，因此，不管人们是否意识到，他们在客观上都必然要对社会、对他人负有一定的义务和责任。正如马克思和恩格斯所指出的："作为确定的人，现实的人，你就有规定，就有使命，就有任务，至于你是否意识到这一点，那都是无所谓的。这个任务是由于你的需要及其与现存世界的联系而产生的。"① 由于人都是有意识的，因而人们在现实生活中是能够体验和认识到这种客观要求的。当人们把这种客观要求变为自己的内心信念时，外在的客观要求就会成为人们的内在需要，成为人们自觉自愿履行的义务和责任。因此，责任不仅是指社会对个人行为的一种客观要求，而且更是指个人通过对这种客观要求的认识而自觉负起的对社会、对他人的义务、职责和使命。另外，社会对个人需要的满足同样要承担一定责任。

（二）不同社会制度下的自由与社会责任

在一个社会系统中，人与社会、人与人之间以及这一集团和另一集团之间，都互相联系和互相作用着。有的人把资本主义社会的成员，看作是可以自由自在的"原子"。马克思针对这些看法说："市民社会的成员根本不是什么原子。原子的特性就在于它没有任何属性，因此也没有任何由它自己的本性必然所制约着的、跟身外的其他存在物的关系。原子是没有需要的，是自我满足的；……他们只是在观念中、在自己的想像这个天堂中才是原子，而在实际上他们是和原子截然不同的存在物，他们不是神类的利己主义者，而是利己主义的人。"② 社会成员的这种依赖地位，说明没有绝对的自由，自由存在着限制，自由负有对社会和他人的责任。在资本主义社会，从根本上说，剥削阶级的自由是建立在劳动人民不自由的基础上的。他们在做具体的自由选择时，只是在有利于维持本阶级的统治的基础上，才会考虑到社会对他人的责任。在社会主义社会，个人利益与社会集体利益在根本上的一致性，使自由与责任统一起来了。社会在对个人的自由发展、承担责任、保证个人自由发展时，也就为社会自由的发展提供了条件。同样，个人在履行社会责任、保证社会自由发展时，一般地说，也能获得发展自身的条件，使发展自身的要求得到满足。从一定意义上说，个人自由权的获得和发展正是以自觉为社会尽职尽责为途径的。

（三）避免把自由和社会责任割裂开来的两种倾向

但是，在实践中，由于未能形成个人利益和社会利益、个人发展和社会

---

① 《马克思恩格斯全集》第 3 卷，人民出版社，1960 年，第 328—329 页。
② 《马克思恩格斯全集》第 2 卷，人民出版社，1957 年，第 153—154 页。

发展之间的合理的协调机制，由于片面的道德价值观念的影响及其他方面的原因，常常存在着把自由和责任割裂开来的倾向。

一种倾向是一度曾片面强调个人对社会的责任，把为社会尽职尽责建立在无谓地牺牲个人自由的基础上，结果，个人的正当利益和发展自身的要求往往得不到满足，个人的创造性能力往往得不到应有的发挥和发展。另一种错误倾向，即片面理解个人自由，不承认个人要对社会承担责任。有些人只有追求自由的朦胧意识，对自由的理解很模糊。在他们的思想中，往往没有责任的概念，不懂得只有承担社会责任才能发展个人自由，只有对社会负责才能对自己负责。那种无视社会对个人的要求，不顾及社会和他人的所谓自由追求，是难以兑现的，而且往往会妨碍社会和他人的发展，正如恩格斯所说的："如果一个人只同自己打交道，他追求幸福的欲望只有在非常罕见的情况下才能得到满足，而且决不会对己对人都有利。"① 针对这种错误倾向，应当在全社会范围内广泛开展思想道德和法制教育，不断增强人们的责任心和使命感，使人们自觉地把个人发展要求的满足同为社会和他人尽职尽责结合起来，在为社会和他人尽职尽责中发展和完善自己。正如马克思所说的："人们只有为同时代人的完美、为他们的幸福而工作，才能使自己也达到完美。如果一个人只为自己劳动，他也许能够成为著名学者、大哲人、卓越诗人，然而他永远不能成为完美无疵的伟大人物。"②

在社会主义社会，自由和责任不仅有相统一的一面，而且有相矛盾的一面。所谓尽义务、负责任，实际上就是要造福于社会和他人，它往往要伴之以个人利益的牺牲。在当代中国社会，不仅社会要在条件允许的范围内尽量保证个人自由，而且个人也要正视国家的现实条件，不仅要考虑到个人的志向和发展要求，而且要考虑社会的需要，考虑到时代赋予自己的历史使命和责任。当个人发展要求同履行社会职责发生矛盾时，应该把履行社会职责放在首位，尽量使个人发展的设想适应社会的需要；有时为了社会的进步和他人的幸福，甘愿放弃个人发展的机会，甚至不惜牺牲个人的生命。

---

① 《马克思恩格斯选集》第 4 卷，人民出版社，2012 年，第 245 页。
② 《马克思恩格斯全集》第 40 卷，人民出版社，1982 年，第 7 页。

# 第八章　平等权

平等的观念，无论以资产阶级的形式出现，还是以无产阶级的形式出现，本身都是一种历史的产物。这一观念的形成，需要以对一定的历史关系分析为前提。然而，由于不同的社会历史条件的影响，不同时代的思想家、不同阶级、不同阶层、不同群体对平等都有不同的标准、不同的诉求，结果，对平等的理解众说纷纭，莫衷一是。只是在马克思主义人权观中，平等如同自由权利一样，获得了全新的意义和价值，成为马克思主义人权观理论体系中的一个基本范畴。

## 第一节　资产阶级思想家的平等理论

马克思主义对平等权的科学解释，是在批判地继承资产阶级思想家的平等理论，在与种种错误平等观的论战中，逐渐形成的。所以，这里先分析资产阶级思想家的平等理论。

### 一、文艺复兴时期资产阶级思想家的平等观

由于资产阶级思想家所处的地位、客观环境和个人主观条件不同，因此他们对平等权的看法不同，强调的重点也不同。在文艺复兴时期，资产阶级思想家主要强调出身平等、地位平等和权利平等。

但丁说，人是高贵的，但人的高贵不是由于出身门第，而是由于他个人的品质，"并非家庭使个人高贵，而是个人使家庭高贵"。[1] 皮科说："正如

---

[1] ［意］卜伽丘：《十日谈》，方平、王科一译，上海译文出版社，1981年，第357页。

神圣的密教所述，在这天庭上撒拉弗们、基路伯们和特尤尼们占据首要地位。我们不能向他们屈服，不能忍受低一等的地位，让我们赶上他们的尊严与光荣。要是我们立定志愿，我们将丝毫不亚于他们。"① 微米斯把人和神看成是一样的。他说："人这个戏子，他的确像神一样的，很像上帝，他分有一点上帝不朽的性格，分有一点他的智慧、精明、记忆力，他分有上帝的才能是那样的多，以致谁都能容易地知道，这些卓越的天赋是上帝从他的宝库，甚至于是从他自己身上取出来赐给人的。"② 他们要求人与神平等，实际上是要求资产阶级与封建贵族平等。布丹则要求权利平等。他说，自然法赋予公民以生命、财产和自由的权利。他认为每个公民，即使是微不足道的，也有某些权利；每个公民，即使是最高贵的，也有某些义务。

## 二、资产阶级革命时期的平等观

在资产阶级革命时期，资产阶级强调权利平等、地位平等、财产平等和法律平等。

### （一）荷兰、英国资产阶级思想家的平等观

荷兰政治思想家格劳秀斯提出了平等权，但只限于一部分人之间。他说，人类有两种社会联系是公道的，一种是建筑在平等的基础上，如兄弟之间、人民之间、朋友之间、协约者之间；另一种是建筑在所谓优越的地位上，如父子之间、主仆之间、君民之间、神人之间。"所以，公道或者是发生于平等者之间，或者是发生于治人者与被统治者之间，……前者可以称为平等权，后者可以称为优越权。"③ 这里，他把平等权和优越权都说成是自然权利，把平等权限制在兄弟、人民、朋友、协议者之间，并为资产阶级统治辩护。

英国哲学家霍布斯则主张一部分权利平等和法律平等。他认为，在自然状态里，人们在身心两方面的能力都是平等的，因此具有平等的自然权利，如生存权、占有一切事物权、自由权、征服权等。由于人的自我保存的本性

---

① 周辅成：《从文艺复兴到十九世纪资产阶级哲学家政治思想家有关人道主义人性论言论选辑》，商务印书馆，1966年，第36页。
② 同上书，第65页。
③ 同上书，第220页。

决定，人与人必然发生求利、求安、求名的冲突，从而形成一切人反对一切人的战争状态。由于理性自然法无法制止战争状态，于是人们就订立契约建立国家，把自己的自然权利托付给某一个人或由某些人组成的集体，以实现自我保存的目的。这样，人们便失去了大部分的同等的权利，但仍保留着一部分同等权利，如生存权和某些自由权。同时，还产生了法律上的平等。他说："人民的安全还要求具有主权的个人或会议对所有各等级的人平等施法。也就是说，要使受到侵害的人无分贫富贵贱都能得到纠正，从而使贵者在对贱者施用暴力、破坏名誉或进行任何侵害时，其免于刑律的希望不大于贱者对贵者的同类行为。"[①] 臣民地位的不平等"在法庭上不能存在，如同君主与臣民的贵贱之分在万王之上——上帝面前不能存在一样"。[②]

（二）法国资产阶级思想家的平等观

1. 斯宾诺莎、洛克主张权利平等和法律平等

洛克认为，在自然状态里，人们具有天赋的平等权利，如生存权、占有一切事物权、自由权、自卫权等。"自然状态也是一种平等的状态。"[③] 人们在建立国家时，转让了一部分权利，如自由行动和自卫权，但仍保留一部分平等的权利，如生存权、占有事物权、自由思考和判断权等。斯宾诺莎提出，"执行法律的人必须不能只顾到一些个人，而是把所有的人都看作平等，对每个人的权利都一样地加以护卫，不嫉羡富者，也不蔑视穷者"。[④]

2. 孟德斯鸠阐释共和政体社会平等的含义

孟德斯鸠则认为，在社会状态里，由于政体和政体原则不同，因此对平等的态度也不同。共和政体要求社会的平等，专制政体和君主政体则要求社会的不平等。他说，共和政体的原则之一是平等，平等是推动共和政体发展的动力，共和政体为了实现社会地位平等和财产平等，必须通过法律来实现。

共和政体包括民主政体和贵族政体。民主政体是全体人民依据法律治国的政体，它的原则是爱共和国，"爱共和国就是爱民主政治，爱民主政治就

---

① ［英］霍布斯：《利维坦》，黎思复、黎廷弼译，商务印书馆，1985 年，第 268 页。
② 同上书，第 268 页。
③ ［英］洛克：《政府论》下篇，叶启芳、瞿菊农译，商务印书馆，1964 年，第 5 页。
④ ［荷兰］斯宾诺莎：《神学政治论》，温锡增译，商务印书馆，1963 年，第 220 页。

是爱平等，爱民主政体也就是爱俭朴"。① 民主政体是通过爱平等引导国民努力为国家服务，来实现政治地位平等。民主政体又通过爱俭朴来控制人们的占有欲，以实现财富平等。而贵族政体则是少数贵族依据法律治国的政体，它的原则是宽和精神，包括平等和节制。

因为贵族政体存在两个主要的致乱之源，一是统治者与被统治者之间的过度的不平等，二是统治团体成员之间的过度的不平等，从而产生怨恨和嫉妒。因此必须通过平等来调节贵族与平民间的不平等，通过节制来调节贵族之间的不平等。这种平等原则也必须通过法律来保障。孟德斯鸠的理想政体是君主政体，即君主依法律治国的政体，它的原则是荣誉。他认为，"荣誉的性质要求优遇和高名显爵"。② 实际上是要求社会的不平等。

3. 卢梭对不平等起源的分析

卢梭则通过对社会不平等的起源与基础的分析，提出了道德平等、法律平等、财产平等和交换平等。前面第一章我们在分析近代资产阶级思想家的权利学说时，已简要阐述了卢梭的平等观，这里不再展开讨论。概而言之，卢梭把人类不平等的发展分为三个阶段：第一阶段是土地私有制的出现，它使人与人之间产生了经济上的不平等；第二阶段是国家的出现，这时又出现了人和人在政治上的不平等；第三阶段是专制政治的出现，它使不平等发展到了顶点。卢梭认为，专制政治的出现，使原来的社会契约遭到破坏，于是人民起来推翻暴君，建立以新的社会契约为基础的理性国家，实现新的平等。但这并不是简单地回复到人类原始状态时期的平等，而是建立在更高更新的社会契约基础之上的平等。卢梭认为，在新的社会契约的基础上，人们就获得了道德平等、法律平等、财产平等和交换平等。不过，卢梭要求建立在小私有制基础上以财富平等为前提的道德的、法律的和权利的平等，其实质仍然是资产阶级的平等要求。尽管如此，卢梭对人类不平等起源的分析，实际上揭示了社会的辩证发展。

（三）马克思、恩格斯对卢梭平等思想的分析

马克思、恩格斯肯定了资产阶级思想家的平等权思想在反对封建等级制

---

① ［法］孟德斯鸠：《论法的精神》上册，张雁深译，商务印书馆，1963 年，第 41 页。
② 同上书，第 25 页。

度、使人民从不平等的束缚下解放出来的积极作用，并指出了资产阶级思想家的出身平等、社会地位平等、权利平等、分配平等、法律平等要求所包含的合理思想，对无产阶级平等思想的形成所具有的影响。

他们对卢梭的平等学说进行了科学深入的分析与评价。恩格斯认为，"平等要求的资产阶级方面是由卢梭首先明确地阐述的，但还是作为全人类要求来阐述的"。[①] 恩格斯还指出："我们在卢梭那里不仅已经可以看到那种和马克思《资本论》中所遵循的完全相同的思想进程，而且还在他的详细叙述中可以看到和马克思所使用的完全相同的整整一系列辩证的说法：按本性说是对抗的、包含着矛盾的过程，一个极端向它的反面的转化，最后，作为整个过程的核心的否定的否定。"[②] 卢梭讲的"平等—不平等—平等"，同马克思讲的"个人所有制—资本主义所有制—个人所有制"是两个基本相同的思想进程。它们都包含肯定和否定两个相互对抗的矛盾方面，其中肯定和否定都向它的反面转化。

恩格斯又由此进一步肯定了卢梭平等学说的历史意义。恩格斯认为，卢梭的平等学说具有强烈的革命性和批判性，它的矛头直接指向封建专制的国家制度及其精神支柱——宗教，有力地揭露和批判了黑暗的不平等的封建等级制度。卢梭的平等学说表现了一种历史必然性和进步性。恩格斯指出，由卢梭首先明确地阐述的资产阶级平等要求不仅代表了资产阶级反封建的利益，而且也一般地代表了社会广大人民群众摆脱封建专制制度的愿望和要求。所以，卢梭的平等学说不仅在法国资产阶级革命前后起了实际的政治作用，而且直接启迪着后来的无产阶级和广大人民群众，平等观念通过卢梭的著作而成为无产阶级反对资产阶级斗争的武器。

尽管如此，卢梭的平等说也和他们的一切先驱者一样，没有能够超出他们自己的时代所给予的限制。资本主义社会制度的确立，标志着资产阶级平等要求的实现。由卢梭"首先明确阐述"的资产阶级平等观，随着资本主义制度的确立很快就暴露了自己的历史和阶级的局限性。首先，资产阶级思想家把平等说成是天赋的，是上帝给予的或人性决定的，这显然是唯心的。事

---

① 《马克思恩格斯全集》第 26 卷，人民出版社，2014 年，第 358 页。
② 同上书，第 148 页。

实上，平等要求是社会一定生产方式的产物，在不同生产方式的基础上，产生了不同的平等要求。第二，他们把平等说成是抽象的全人类的共同要求，抹杀了平等的历史性和阶级性。事实上，不同时代的人们有不同的平等要求，不同阶级的人们也有不同的平等要求。第三，他们所提出的出身平等、地位平等、权利平等，实质上是要求与封建贵族平起平坐，享受封建贵族的地位和权利；他们所谓的法律平等、道德平等，是以形式上的平等来掩盖实质上的不平等，以维护资产阶级的统治秩序。

## 第二节　在与蒲鲁东、杜林的论战中阐释辩证平等观

马克思、恩格斯不仅批判地继承了资产阶级思想家的平等思想，而且在与蒲鲁东、杜林关于平等问题的论战中，批判了他们的错误的平等观，科学地阐释了平等权。

### 一、平等，不能作为衡量历史的尺度

对社会生活中存在的平等与不平等、公正与不公正现象如何看待？有没有一把永恒的尺子对这类社会现象做出衡量，以判断历史的发展呢？马克思在对蒲鲁东以抽象的平等观念作为衡量历史尺度的批判中，阐明了平等权利及其观念的历史性。

（一）蒲鲁东以公平、正义为尺度抨击资本主义不平等

蒲鲁东这个法国人，在他的同胞面前似乎是擅长德国思辨的哲学家，而在德国人面前又俨然是卓越的经济学家。其实他两者都不是。对于1844年就同他交往，既精通德国古典哲学又熟悉英法古典政治经济学的马克思来说："蒲鲁东先生彻头彻尾是个小资产阶级的哲学家和经济学家。"①

关于平等、公平问题，蒲鲁东在1840年出版的《什么是财产?》中，就以它为根据对财产问题进行了抨击，蒲鲁东提出的"财产就是盗窃"这一具

① 《马克思恩格斯全集》第47卷，人民出版社，2004年，第450页。

有极大鼓动性的口号，是对被资产阶级政治经济学视为永恒神圣的东西的挑战。尽管蒲鲁东对资本主义制度的丑恶流露出深刻而真诚的激愤，但他的立论根据是错误的。他以公平、正义为尺度来抨击资本主义的不平等现象，分析资本主义私有财产产生的历史必然性及其被取代的原因，一点也没有做出科学的说明。正如恩格斯所说的："蒲鲁东在其一切著作中都用'公平'的标准来衡量一切社会的、法权的、政治的、宗教的原理，他摒弃或承认这些原理是以它们是否符合他所谓的'公平'为依据的。"①

（二）蒲鲁东在解释李嘉图劳动价值论的同时强调平等是交换的平等

蒲鲁东的上述观点，在他 1846 年出版的《贫困的哲学》中得到进一步发挥。不同的是他从经济学的角度，把他的平等观和价值理论结合在一起，企图平均主义地解释李嘉图的劳动价值论，引申出建立以平等交换为基础的新社会的结论。他反复强调，"平等是我们唯一的准绳，也是我们的理想"。②并且把平等看成是交换的平等，是价值内所蕴含的矛盾的消除，所以他说："价值尺度或价值比例的学说，请大家注意，就是平等的学说。"③ 只要一切生产者都严格按照所谓的正确的比例性关系进行生产，并以公平的价格进行交换，即以等量的劳动产品换取同等数量劳动的产品，社会就能建立在平等、公正、正义的基础上。所以他主张，社会秩序应"建立在严正的公平上面，绝不是建立在四海一家、舍己为人、爱人如己的天国情感上面"④，用公平、正义来取代爱人如己、舍己为人，正如把公尺换成英尺一样，丝毫没有改变问题的本质。蒲鲁东还坚信，社会以平等、公平为基础的这一天一定能到来。正如一个旅行家在倾斜蜿蜒的路上从深谷登上极峰，坚毅、勇敢、不屈不挠地沿着曲折的道路，以坚定的步伐向着它的目标稳步前进一样，历史在经历了不平等之后，正朝着平等、公平的目标前进。

（三）蒲鲁东的平等观属于抽象人性论的历史观

蒲鲁东自以为社会只要以平等、公平为基础，并把它作为衡量社会历史发展的一把尺度，就能解决一切社会生活中的不平等、不公正现象，平等的

① 《马克思恩格斯全集》第 18 卷，人民出版社，1964 年，第 306 页。
② ［法］蒲鲁东:《贫困的哲学》第 1 卷，余叔通、王雪华译，商务印书馆，1998 年，第 109 页。
③ 同上书，第 86 页。
④ 同上。

天国迟早就会到来。实际上，这是一种主观唯心主义的尺度。以平等、公平作为衡量社会历史发展的尺度，同以抽象的理性或以善恶观念为尺度一样，都属于抽象人性论的历史观，只是表现形式不同而已。因为现实的善恶观念、平等与不平等、公正与不公正观念是相对的、不断变化的。而它们变化的根据，正是它用以衡量的对象自身。同时，社会上的不平等、不公正，也决不会因为任何人要以平等为基础而消除，蒲鲁东根本不懂得不平等的症结所在，所以只能是一种小资产阶级的理想。

（四）马克思、恩格斯强调平等是一个历史范畴

马克思在《贫困的哲学》中，以工厂制度为例说明了蒲鲁东这种抽象平等观念的错误。马克思说："工厂一出现就表现出一些迥非慈善的行为。儿童在皮鞭下面工作；他们成了买卖的对象，有人为弄到儿童同孤儿院订立了合同。所有关于徒工制度的法律一概废除，因为，用蒲鲁东先生的话来说，再也用不着综合的工人了。最后，自 1825 年起，一切新发明几乎都是工人同千方百计地力求贬低工人特长的企业主进行冲突的结果。在每一次多少有一点重要性的新罢工之后，总要出现一种新机器。而工人则很少在机器的应用中看到他们的权利的恢复，或如蒲鲁东先生所说，他们的复原。"①

但是，在马克思看来，这是一种历史的进步，这种进步是不会被平等、公平、正义的抽象观念冲刷掉的。因此马克思批评蒲鲁东不了解工厂制度的革命方面，竟建议工人向后倒退："蒲鲁东先生没有超出小资产者的理想。为了实现这个理想，他除了让我们回到中世纪的帮工或者至多中世纪的手工业者师傅的地位以外，没能想出更好的办法。"② 事情的结局必然是这样：以抽象的平等观念为尺度，必然对以往的历史（尤其是原始社会中的平等）怀着诗情画意般的眷恋之情，而对未来的向往（平等的再度到来），也只是一幅以已经失去的平等为蓝图的理想化的图画而已。因为在马克思看来，衡量社会进步的尺度只能是生产和生产方式的发展，以及与之相应的社会、政治、文化、科学、教育的发展，而不能是抽象的永恒不变的平等、公平之类的观念。

---

① 《马克思恩格斯全集》第 4 卷，人民出版社，1958 年，第 169 页。
② 同上书，第 172 页。

显然，马克思、恩格斯批判蒲鲁东的抽象平等观，并不是抹杀平等的意义，只是反对抽象的议论平等，因为平等是一个历史范畴。同时，反对夸大平等、公平的意义，把它作为衡量社会历史进步的尺度，只能是一种历史唯心主义的观点。

## 二、平等也不是"两个人的意志完全平等"

杜林的平等公理就是所谓"两个人的意志完全平等"，杜林研究问题的方法是先把每一类认识对象分解成最简单的要素，然后把不证自明的公理应用于这些要素进行推理，最后得出结论。

（一）"两个人的意志完全平等"不是公理，只是过度的夸张

杜林认为，社会"最简单的要素"是由两个人组成的，两个人的意志就其本身而言是完全平等的，而且一方不能首先向另一方提出任何肯定的要求，这是道德的基本公理。把这个公理应用于两个人，就得出了"道德正义的基本形式"和"法律正义的基本形式"，用它可以说明一切道德关系和法律关系。

恩格斯指出，两个人的意志完全平等，不仅不是公理，而且是过度的夸张。杜林没有说明这两个人是什么样的人。如果假定这两个人是一男一女，他们组成家庭，从事生产，使社会得以生存和延续。但杜林是不会同意这种假定的。首先，有了男女之别，就违反了杜林的两个人尽可能平等的要求；其次，一夫一妻制的个体家庭，是父系氏族社会的产物，男子处于主导地位，在这里杜林构造不出道德和法律上的平等地位。如果假定两个男人是社会最简单的要素，可是，两个男人是永远生不出小孩来的。因此，由这样简单的要素组成的社会，一开始就注定要灭亡。最后，只好假定这两个男人是两个家长。但两个家长的平等，恰恰说明家长和家庭其他成员是不平等的。因此，杜林的"两个人"只能是"摆脱了一切现实，摆脱了地球上发生的一切民族的、经济的、政治的和宗教的关系，摆脱了一切性别的和个人的特性，以致留在这两个人身上的除了人这个光秃秃的概念以外，再没有别的什么了，于是，他们当然是'完全平等'了"。① 所以，杜林关于"两人意志

---

① 《马克思恩格斯选集》第 3 卷，人民出版社，2012 年，第 475 页。

完全平等"的公理无论怎样都是不能成立的。杜林的"两个人"不过是他招来的"两个十足的幽灵"。①

（二）杜林的平等观是浅薄而拙劣的

杜林一旦把他的两个意志"完全平等"的公理运用到现实社会，立刻会遇到许多无法克服的困难。为了摆脱困境，杜林不得不步步退却，承认不平等的存在。

首先，杜林承认有可以允许的不平等。但是他认为产生这种不平等的原因不应当到两个人意志本身的活动中去找，而应当到第三领域中去寻找。例如，对儿童来说，就应当到他们的自我规定的不足中去寻找。这个"自我规定不足"，就是生理上发育不成熟，不能独立自主，还要依靠别人。对此，恩格斯揭露说，在杜林看来，只有抽象的没有内容的意志才是意志，而具有特有的规定性、有真实内容的意志，反而倒是第三领域。"但是，无论如何，我们必须认定，平等是有例外的。对于自我规定欠缺的意志来说，平等是无效的。"②

其次，杜林承认了两个人在道德上的不平等。他认为，如果一个人身上既有兽性又有人性，第二个人是完全的人性，没有一点兽性，那么，这两个人在道德上是不平等的。恩格斯指出，既然两个人在道德上不平等，人性的人应该奴役兽性的人，那么杜林费力去召唤两个完全平等的人，是完全没有意义的。因为两个在道德上完全平等的人是根本没有的。

再次，杜林承认了两个人在精神上的不平等。他认为，如果一个人按照真理和科学行动，另一个人按照某种迷信和偏见行动，那么，这两个精神上不平等的人是不能互相平等对待的；应该用暴力压服那个按照某种迷信或偏见行动的人，促使那种由于本身荒谬而处于敌对地位的愿望返回到一个统一社会的共同联系之中；按照某种迷信或偏见行动的意志对文明阶级来讲就是异己的意志，文明阶级用暴力对它进行压服表明：异己的意志在这里也被认为是有平等权利的，暴力是使异己意志平等化的需要。

恩格斯指出，杜林这种理论是为资产阶级"文明"国屠杀掠夺被压迫民

---

① 《马克思恩格斯选集》第 3 卷，人民出版社，2012 年，第 475 页。
② 同上书，第 477 页。

族的可耻行为作辩护的。按照杜林的理论，各个"文明"掠夺国对被压迫民族所干的一切可耻行为都成了合乎道德的、正义的。杜林原先按照公理来建立平等，现在居然退却到认为需要通过暴力来实行平等化，异己的意志通过压服被"认为是有平等权利的"。恩格斯指出，杜林"这次退却简直堕落为可耻的逃跑"。①

总之，杜林说的两个人意志的完全平等，是两个抽象的人的意志完全平等，在现实生活中是根本不存在的；当转化为两个现实的人的意志的时候，平等立刻就变成了不平等。恩格斯说，"虽然我们关于杜林先生对平等观念的浅薄而拙劣的论述已经谈完，但是我们对平等观念本身的论述没有因此结束"。② 还必须对平等权的含义做出进一步的界定。

## 三、平等与不平等的对立统一

马克思主义在分析与批判蒲鲁东—杜林的错误平等观的过程中，也促使他们对平等权进行了新的思考。马克思、恩格斯对平等权的解释同资产阶级思想家以及蒲鲁东、杜林的根本区别在于：以现实的经济关系为基础，贯穿权利与义务相统一的辩证思想，从而说明，平等作为一种现实的人权，客观上总要伴随着不平等和非平等事实的呈现。

（一）平等存在于同不平等的对立中

在《反杜林论》中，恩格斯在结束了杜林关于平等观念的浅薄而拙劣的论述后，紧接着指出："一切人，作为人来说，都有某些共同点，在这些共同点所及的范围内，他们是平等的，这样的观念自然是非常古老的。"③ 因为这不是现代的平等要求，也不是现实的平等权利。恩格斯认为，"平等仅仅存在于同不平等的对立中"。④ 也就是说，平等总是相对于不平等而言，平等与不平等是对立统一的。

这是因为，首先，在现实的商品经济社会中，商品的等价交换是以交换双方的非平等性即差别性为前提的。自然需求相同且所持商品相同者无需交

---

① 《马克思恩格斯选集》第 3 卷，人民出版社，2012 年，第 479 页。
② 《马克思恩格斯全集》第 26 卷，人民出版社，2014 年，第 109 页。
③ 同上书，第 109 页。
④ 同上书，第 359 页。

换。正如马克思所说，"自然差别"是商品等价交换的"动因"，从而是"社会平等的基础"。① 这意味着，在通行商品经济的社会中，平等却常常以不平等为前提。

其次，如同恩格斯所说，任何两个地方"总会有生活条件方面的某种不平等存在，这种不平等可以减少到最低限度，但是永远不可能完全消除"②，而人们正是在诸如此类的无法彻底消除的不平等中争取平等的。

再次，个人天赋总是有差别的，不同等的。卢梭曾把不平等分成先天和后天两种。先天的不平等是人在年龄、健康、体力和智力方面的不平等；后天的不平等则是把人区分为富人和穷人、命令者和服从者所造成的不平等。卢梭指出："更加不应该提出这两种形式的不平等彼此之间在本质上是否有联系的问题，因为这意味着用另外一种说法问：统治者是否永远比服从者优秀，是否在一切情形下，肉体的或精神的力量、智慧或美德都与个人的势力或财富相适应。"③ 卢梭的区分与分析是有一定道理的。不过，更确切地讲，个人在身、心、智等方面的差别同个人在政治社会生活中所享有的不平等权利中的"不平等"，显然是有区别的。所以，马克思的提法是，如果个人"不是不同等的，他们就不成其为不同的个人"。④ 这种不同等是一种"先天"的条件，但现实的不平等却又常常由此而来。如人们在劳动、分配、享受方面的不平等，又跟这种"先天"的差别有一定的关系（当然不是本质的、必然的关系）。

最后，在唯物辩证法看来，作为使用同一尺度于不同的个体或群体的平等权利，只具有相对性；而它的对立面即不平等或非平等，则以各种表现方式对它加以纠缠。古希腊的亚里士多德实际上已经发现了"平等"的实施必然会有某些不平等的具体表现。他在《政治学》中指出，由于平等观念被尊崇，有的人看到与他相等的人占便宜，就感到气愤；另一方面，另一些人看到不能和自己相比的人与自己差不多或更好，也感到愤慨，两种人在某种情况下都会成为造反的人。这意味着"平等"观念成了"邦国内讧的源泉"。当然，亚里士多德的看法还缺乏理性的分析。

---

① 《马克思恩格斯全集》第46卷（上），人民出版社，1979年，第194—195页。
② 《马克思恩格斯全集》第19卷，人民出版社，1963年，第8页。
③ ［法］卢梭：《论人类不平等的起源和基础》，李常山译，东林校，商务印书馆，1962年，第70页。
④ 《马克思恩格斯全集》第19卷，人民出版社，1963年，第22页。

（二）一切平等的权利同时又是一种不平等

马克思主义对此做出了精湛的分析。他们认为。一切平等的权利都"是一种不平等的权利"，因为"权利，就它的本性来讲，只在于使用同一的尺度；但是不同等的个人（而如果他们不是不同等的，他们就不成其为不同的个人）要用同一的尺度去计量，就只有从同一个角度去看待他们，从一个特定的方面去对待他们"，"再不把他们看做别的什么，把其他一切都撇开了"①，但是，每一个具体的人都有不同方面。因而用同一尺度对待，实际上又存在新的不平等。"要避免所有这些弊病，权利就不应当是平等的，而应当是不平等的。"②在另一地方，马克思还说，平等"不仅是因时因地而变，甚至也因人而异，这种东西正如米尔柏格正确说过的那样，'一个人有一个人的理解'"。③

总之，平等一般是指人们在社会上处于同等的地位，在政治、经济、文化等各方面享有同等的权利。但是，马克思主义坚决反对那种不从现实的经济关系出发而只抽象议论"平等"的坏作风，因为平等权利"只是"商品关系"神圣化的表现"。在现实的商品经济社会中，平等权利的获得，同时必然伴随着不平等；平等也正是在与不平等相比较、相斗争的过程中，实现自身，显示自身对人类的意义与价值的。

## 第三节 平等权观念的历史发展及其本质

为了科学把握马克思主义平等权观念的本质，这里进一步阐释恩格斯在《反杜林论》《家庭、私有制和国家的起源》等著作中，系统论述平等观念的历史发展和阶级内容，科学揭示马克思主义平等权思想的本质。

### 一、平等权观念的历史发展

（一）原始社会古老的平等观

恩格斯指出，在原始社会，人们就有着非常古老的平等观念。原始平等

---

① 《马克思恩格斯全集》第 19 卷，人民出版社，1963 年，第 22 页。
② 《马克思恩格斯选集》第 3 卷，人民出版社，2012 年，第 364 页。
③ 同上书，第 261 页。

观从人与人之间的共同点出发，认为一切人作为人来说都有某些共同点，在这些共同点所及的范围内，人和人应该是平等的。这种平等观是同原始社会的经济关系相适应的。在母系氏族公社时期，生产资料属于氏族公社，在氏族公社里，"没有士兵、宪兵和警察，没有贵族、国王、总督、地方官和法官，没有监狱，没有诉讼，而一切都是有条有理的。一切争端和纠纷，都由当事人的全体即氏族或部落来解决，或者由各个氏族相互解决；……虽然当时的公共事务比今日多得多——家户经济是由一组家庭按照共产制共同经营的，土地是全部落的财产，仅有小小的园圃归家户经济暂时使用——，可是，丝毫没有今日这样臃肿复杂的管理机关。一切问题，都由当事人自己解决，在大多数情况下，历来的习俗就把一切调整好了。不会有贫穷困苦的人，因为共产制的家户经济和氏族都知道它们对于老年人、病人和战争残废者所负的义务。大家都是平等、自由的，包括妇女在内"。① "在没有分化为不同的阶级以前，人类和人类社会就是如此。"②

从母系氏族公社发展到父系氏族公社，就开始出现了不平等。因为，"由子女继承财产的父权制，促进了财产积累于家庭中，并且使家庭变成一种与氏族对立的力量；财产的差别，通过世袭贵族和王权的最初萌芽的形成，对社会制度发生反作用；奴隶制起初虽然仅限于俘虏，但已经开辟了奴役同部落人甚至同氏族人的前景；古代部落对部落的战争，已经逐渐蜕变为在陆上和海上为攫夺牲畜、奴隶和财宝而不断进行的抢劫，变为一种正常的营生，一句话，财富被当做最高的价值而受到赞美和崇敬，古代氏族制度被滥用来替暴力掠夺财富的行为辩护"。③ 这时，氏族制度开始瓦解了。恩格斯认为，当时所缺少的是一件东西，即这样一个机关，"它不仅使正在开始的社会分裂为阶级的现象永久化，而且使有产者阶级剥削无产者阶级的权利以及前者对后者的统治永久化"。④ 这样的机关也就是国家。国家的出现，意味着原始的氏族公社制开始发展到了奴隶社会。

---

① 《马克思恩格斯选集》第4卷，人民出版社，2012年，第108—109页。
② 同上书，第109页。
③ 同上书，第122页。
④ 同上书，第123页。

（二）希腊和罗马奴隶制时期的不平等

在希腊和罗马奴隶制时期，奴隶主对奴隶的残酷剥削和压迫是整个社会赖以存在和发展的基础。据史料记载，全雅典自由民的总数（连妇女和儿童在内）只有 9 万，而奴隶人数则达 36.5 万，被保护民有 4.5 万人。9 万人享有自由和平等，41 万人完全没有权利，甚至连做人的权利也没有。而实际上即使是自由民，也并不是完全享有平等权利的。他们虽然"是人身自由的人，可以占有地产，必须纳税和服兵役。可是他们不能担任任何官职；既不能参加库里亚大会，也不能参与征服得来的国有土地的分配。他们构成被剥夺了一切公权的平民"。[1] 他们常常由于破产，而沦为奴隶。

因此，恩格斯说："在希腊人和罗马人那里，人们的不平等的作用比任何平等要大得多。如果认为希腊人和野蛮人、自由民和奴隶、公民和被保护民、罗马的公民和罗马的臣民（该词是在广义上使用的），都可以要求平等的政治地位，那么这在古代人看来必定是发了疯。"[2] 到了罗马帝国时期，由于商品经济的发展，使得在人与人之间除了奴隶和自由民的区别以外，别的区别都消失了。罗马自由民内部产生了私人的平等，在这种平等基础上产生了罗马法和一般权利的概念。但是，"只要自由民和奴隶之间的对立还存在，就谈不上从一般人的平等得出的法的结论"。[3]

（三）基督教强调"原罪平等"、上帝选民平等

基督教产生于公元 1 世纪，它是作为奴隶、平民和被罗马人征服的人们的宗教而出现的。早期基督教认为，一切人，不论贫富贵贱，在上帝面前都是有罪的，因为他们都是由于偷吃"智慧果"而犯罪的亚当和夏娃的子孙，这就是所谓"原罪的平等"。此外，"基督教至多还承认上帝的选民的平等，但是这种平等只是在开始时才被强调过。在新宗教的最初阶段同样可以发现财产共有的痕迹，这与其说是来源于真正的平等观念，不如说是来源于被迫害者的团结"。[4] 公元 4 世纪初，罗马帝国的统治者开始利用基督教，在基督教内部承认了僧侣的特权，确定了僧侣和俗人的对立。于是，基督教的这些

---

① 《马克思恩格斯选集》第 4 卷，人民出版社，2012 年，第 143 页。
② 《马克思恩格斯选集》第 3 卷，人民出版社，2012 年，第 481 页。
③ 同上书，第 481 页。
④ 同上。

平等的萌芽也就消失了。

（四）封建的等级制度使不平等达到了顶峰

公元 4 至 6 世纪，日耳曼人政治等级制度的不断发展，在几个世纪内消除了一切平等观念。在以等级制度为特征的封建社会里，根本谈不上从一般人的平等引申出政治上、法律上的平等。繁多的封建特权、森严的等级制度、行会的束缚以及关税壁垒，使社会的不平等达到了顶峰，严重地阻碍经济的发展和社会的进步。从更深的层次上讲，它限制了人们的自由精神的施展和发挥，窒息了人们的才能和进取意识。既然人们的社会地位和财产主要取决于人的出生，而不是取决于人的才智和能力，那么，就整个社会而言，其精神是守成而不是创新。封建制度是缺乏活力的制度，一旦新的力量注入社会，封建社会的解体和崩溃就成为历史的必然。

（五）资产阶级把平等要求标榜为"普遍人权"

"在封建的中世纪的内部孕育了这样一个阶级，这个阶级在它进一步的发展中，注定成为现代平等要求的代表者，这就是资产阶级。"[①] 最初的市民等级本身是一个封建等级。后来，随着封建社会自然经济的瓦解，在最先进国家的主要工业部门里，手工业被工场手工业所代替，产生了资本主义生产方式，在市民等级中也随之产生出最初的资产阶级，资本主义生产关系的迅速发展，与封建社会的政治制度发生了尖锐的矛盾。

为了摆脱封建政治制度的束缚，发展资本主义经济，资产阶级提出了平等要求：第一，商品所有者都有进行交换的平等权利；第二，自由工人可以和厂主订立契约出卖他们的劳动力，因而作为契约的一方厂主权利是平等的；第三，"以人的劳动的平等"，即人的抽象劳动是平等的，"商品的价值是由其中所包含的社会必要劳动来计量的"。[②] 只有这样，商品才能进行等价交换。但是，当资产阶级要求自由和平等权利时，政治制度却每一步都以行会的束缚和封建的特权同它相对立。因此，废除各种封建特权，实行自由和机会平等，就成了新兴资产阶级的迫切要求。

资产阶级平等要求是为资产阶级发展工商业的利益提出的。但是为了动

---

① 《马克思恩格斯选集》第 3 卷，人民出版社，2012 年，第 481—482 页。
② 同上书，第 482—483 页。

员群众反对封建等级制，就必须为广大农民提出同样的平等权利，诸如免除对领主的人身依附和封建贡赋，废除封建贵族的各种特权。这样一来，资产阶级的平等要求就必然会迅速地获得更大的支持。由于当时各国资产阶级差不多处于相同的发展阶段，于是自由和平等权利的要求就获得了普遍的、超出个别国家范围的性质，被宣布为普遍的人权。不过，这种人权实质上是资产阶级的权利，在"法律面前人人平等"的人权的幌子背后，是资产阶级对劳动人民的剥削、压迫、统治的不平等。

（六）无产阶级平等观伴随资产阶级的平等要求而产生

当资产阶级从封建社会的市民等级中脱胎而出的时候，无产阶级也如影随形相伴而生。同样，当资产阶级提出消灭封建阶级特权的平等权要求时，无产阶级也提出了自身的平等权要求。当然，无产阶级的平等要求本身有一个历史发展过程，最初，由于无产阶级还不成熟，消灭阶级之间不平等的要求采取了宗教的形式，从早期基督教的教义中寻找根据。后来，无产阶级又以资产阶级的平等论为依据，提出平等不仅应当在国家的领域中实行，还应当在社会的、经济的领域中实行。

从无产阶级平等要求的历史发展过程可以看出，"无产阶级所提出的平等要求有双重意义。或者它是对明显的社会不平等，对富人和穷人之间、主人和奴隶之间、骄奢淫逸者和饥饿者之间的对立的自发反应——特别是在初期，例如在农民战争中，情况就是这样；它作为这种自发反应，只是革命本能的表现。……或者它是从对资产阶级平等要求的反应中产生的，它从这种平等要求中吸取了或多或少正当的、可以进一步发展的要求，成了用资本家本身的主张发动工人起来反对资本家的鼓动手段；在这种情况下，它是和资产阶级平等本身共存亡的"。[1] 因为资产阶级平等观的消灭，只能是在资产阶级被消灭以后，到那时，无产阶级平等要求就失去了意义。所以，恩格斯指出："在上述两种情况下，无产阶级平等要求的实际内容都是消灭阶级的要求。任何超出这个范围的平等要求，都必然要流于荒谬。"[2]

---

[1] 《马克思恩格斯全集》第 26 卷，人民出版社，2014 年，第 113 页。
[2] 同上。

## 二、马克思主义平等权观念的本质

马克思主义平等权观念的本质，可从以下两个方面分析。

（一）马克思主义平等权观念的特点

恩格斯不仅系统考察了平等观念的历史发展，而且重点分析了资产阶级与无产阶级的平等权要求，进而科学揭示了马克思主义平等权观念的特点。

第一，平等观念是历史的产物，是一定社会经济基础的反映。在原始社会，生产资料公有，产品平均分配，因而在人们之间存在着平等的权利。在奴隶社会和封建社会，被压迫阶级在反压迫、剥削的斗争中，也提出过平等的要求。后来，随着资本主义的发展，产生近代资产阶级的平等要求的同时也出现了无产阶级的平等要求。恩格斯认为："平等的观念，无论以资产阶级的形式出现，还是以无产阶级的形式出现，本身都是一种历史的产物，这一观念的形成，需要一定的历史条件，而这种历史条件本身又以长期的以往的历史为前提。所以，这样的平等观念说它是什么都行，就不能说它是永恒的真理。"①

第二，在阶级社会里，平等观是有阶级性的。早期基督教的平等观，反映了奴隶、平民和被罗马人征服的人们反对罗马帝国的统治而主张人人平等的要求。资产阶级的平等要求，是资产阶级为了摆脱封建政治制度的束缚，发展资本主义经济而提出的。尽管它以普遍"人权"的面目出现，但其实质是为资产阶级私利服务的。无产阶级的平等要求，是由无产阶级的阶级地位和历史使命决定的，它代表了无产阶级的根本利益。

第三，无产阶级平等要求的实际内容是消灭阶级。这一科学论断，从根本上划清了无产阶级平等观与资产阶级、小资产阶级平等观的界限，是马克思主义平等观的经典论述。列宁非常重视恩格斯这一论断，指出："恩格斯说得万分正确：平等的概念如果与消灭阶级无关，那就是一种极端愚蠢而荒谬的偏见。……如果不把平等理解为消灭阶级，平等就是一句空话。我们要消灭阶级，从这方面说，我们是主张平等的。"② 无产阶级消灭阶级的平等要

① 《马克思恩格斯全集》第 26 卷，人民出版社，2014 年，第 113 页。
② 《列宁全集》第 36 卷，人民出版社，2017 年，第 340—341 页。

求，就是消灭生产资料私有制，消灭剥削阶级和一切阶级差别，实行"各尽所能，按需分配"的原则，实现事实上的平等。这种真正的平等，就其完全实现而论的确十分遥远，就其对社会发展的指导和人类的自我提升而言，却又无时不在。笔者认为，马克思主义平等观的意义就在于对这种真正平等的无止境的寻觅和追求之中。

（二）马克思主义平等权观念的重要原则

马克思主义平等权观念的重要原则之一：社会主义社会的平等，是有差异的平等。社会主义的平等，它在"起点"上如恩格斯所说的，"它默认，劳动者的不同等的个人天赋，从而不同等的工作能力，是天然特权"。① 所以，在"结果"上也必须承认人们的收入、富裕程度还有不同。这就能避免杜林所要求"两个人或两个人的意志完全平等"的抽象平等观。所以，使用任何一种平等的尺度，对不同的人来说，都是不平等的权利。或者说："任何权利都是把同一标准应用在不同的人身上，即应用在事实上各不相同、各不同等的人身上，因而'平等的权利'就是破坏平等，就是不公平。"② 那么，在社会主义社会，如何缩小不同阶层、不同群体之间的平等差异呢？使其中不平等的因素向平等转化呢？

马克思主义平等权观念的重要原则之二：倡导权利与义务平等。马克思早就指出："工人阶级的解放斗争不是要争取阶级特权和垄断权，而是要争取平等的权利和义务，并消灭一切阶级统治。"③ 1891 年恩格斯在批评德国社会民主党的爱尔福特纲领草案中的错误观点时进一步明确指出，"我建议把'为了所有人的平等权利'改成'为了所有人的平等权利和平等义务'等等。平等义务，对我们来说，是对资产阶级民主的平等权利的一个特别重要的补充，而且使平等权利失去道地资产阶级的含义"。④ 这里，马克思和恩格斯的思想是一致的。值得注意的是恩格斯把"为了所有人的平等权利"改为"为了所有人的平等权利和平等义务"。这绝不是单单加上几个字，而是表明，权利与义务的平等，既是工人阶级解放斗争的一个目标，又是马克思

---

① 《马克思恩格斯选集》第 3 卷，人民出版社，2012 年，第 364 页。
② 《列宁全集》第 31 卷，人民出版社，2017 年，第 89 页。
③ 《马克思恩格斯选集》第 3 卷，人民出版社，2012 年，第 1046 页。
④ 《马克思恩格斯全集》第 29 卷，人民出版社，2020 年，第 285 页。

主义平等权观念中的一个重要原则。离开了义务平等，权利平等就可能流于形式，更谈不上实现所有人的平等。

在社会主义社会，我们强调把权利与义务平等作为一个基本原则，就是强调不分民族、种族、性别、职业、家庭出身、宗教信仰、财产状况、教育程度、居住期限等等，所有公民一律平等地享有宪法和法律规定的"权利"，平等地承担宪法和法律规定的"义务"，平等地受法律的保护和约束。它不允许任何人享有任何超越于宪法和法律之上的特权，也不允许任何人逃避法律规定的义务。

在社会主义社会，每个人既享有参与政治、经济活动，在国家政府机构、团体、企业中任职的权利，又有义务消除现实的政治、经济生活中的官僚主义、无政府主义，以及种种不正之风；每个人既有平等劳动、发家致富的权利，也有义务帮助贫困户，缩小贫富差别，走共同富裕的道路。以权利与义务的平等为重要原则的马克思主义平等权观念，是与资产阶级权利平等有根本区别的，是协调社会主义时期人与人之间平等关系的一个重要的行为指导。

## 第四节　马克思主义平等权思想在"中国化"实践中发展

马克思主义的平等权思想，在新中国社会主义建设的"中国化"实践中，得到了新的发展与完善。尤其是马克思主义关于"社会主义社会的平等是有差异平等"的思想，在 20 世纪 80 年代真正得到了实现，"平均主义"的平等观，让位于合法合理的平等竞争观。

### 一、平等权观念的历史性转变

新中国的成立和社会主义制度的确立，是中国人权发展的历史性转折，中国人民从此有了实现真正的平等权和其他各项人权的基本保障。新中国 70 多年的发展历史，既是中国现代社会物质文明和精神文明不断进步的历史，也是中国人民为实现包括平等权在内的充满人权奋斗的历史。70 多年来，中国的平等权获得了巨大发展，其发展历程以 1978 年中共十一届三中全会为界，大体可分为以下两个阶段。

第一阶段：从新中国成立到 1978 年底中共十一届三中全会召开之前，这个阶段是奠定平等权实现和发展的初步基础，并出现反复和曲折的时期。

新中国成立初期，在恢复和发展国民经济的同时，通过各项社会改革、废除旧法制等来清除各种旧社会的遗毒，并着手建立政治、经济、社会等方面的基本制度，并颁布法律，以保障人民平等权利的行使。农村土地改革和社会主义改造运动的进行，社会主义公有制的建立，使劳动人民当家做主的平等权利得以实现并有了基本保障。禁娼运动和妇女参加社会生产等解放妇女的重大举措，以及婚姻法的颁布实施和新婚姻制度的实行；消除民族隔阂、进行民族识别，以及少数民族地区的民主改革和民族区域自治制度的实行，等等，使男女平等和民族平等在中国历史上第一次真正变为现实。

更具历史意义的是，新中国成立初期根据《共同纲领》关于公民权利的基本精神所颁布的《婚姻法》《民族区域自治实施纲要》《选举法》等有关社会生活基本方面的法律法规，以及第一部宪法，都明确载入了男女平等、民族平等和公民在法律上一律平等这些平等权的基本原则。所有这些，不仅使中国人民第一次真正享有了受保障的平等权利，表现了新中国积极实现和保障平等权利的新气象，而且为广大公民平等权的实现和发展奠定了制度和法律基础。但随后不久，这些基础就受到了一定动摇。在复杂的国内外环境中，随着对敌我划分和阶级斗争形势的强调以及"左"的思想倾向的日益滋长，平等权原则受到了批判，公民的基本权利逐步被扭曲变形。20 世纪 70 年代的两部宪法不仅对公民基本权利的范围有不同程度的缩小，而且取消了平等权的规定。在社会生活中，平等权的实现更是走向极端。一方面是经济领域的"平均主义"，另一方面是社会其他领域的身份特权和一些人被排除在平等权主体范围之外的无奈。

第二阶段：1978 年 12 月中共十一届三中全会的召开和由此开始的改革开放，使中国平等权的保障进入了一个逐步走向法制化轨道和健康发展的时期。拨乱反正和平反冤假错案，不仅使不少人恢复了政治名誉，而且使其获得了作为公民应有的平等权利。三中全会公报更是明确恢复了"法律面前人人平等"的原则。在全会精神的指导下和当时反特权潮流的推动下，1982 年修订通过的宪法进一步重新确认了平等权原则，平等权的发展从观念转变、内容范围、物质和法制保障都进入一个新的阶段。平均主义的平等观念让位于承认合理差别的平等竞争，人格尊严等精神领域的平等日益受到社会的重视，平等权的法律保障更为具体完善，经济发展和民主法制建设成为平等权实现和保障中不可分割的两个方面，社会弱势群体的平等权利受到法律和社会的特别保护，中国平等权的发展焕发出新的生机。

## 二、建立了宪法与法律保障公民平等权利的制度

从 70 多年平等权发展的总体趋势来看，通过建立和完善相应的法律、制度来保障平等权的实现已成为我国平等权发展的一个基本方向。

（一）平等权的维护和发展纳入法治化轨道

新中国成立之初，社会生活中一些基本法律法规的颁布实施和有关制度的实行，及其所体现的平等原则和法制精神，对于平等权的保障产生了深远的历史影响。改革开放以来，平等权原则得以重新确立，平等权的法制保障更趋全面、有力。不仅一些原有法律如宪法、选举法、婚姻法等得到修订完善，而且还根据社会发展新的需要，先后出台了民族区域自治法、劳动法、教育法等许多法律法规，进一步全面维护公民的各项平等权利。尤其是一系列保障老（人）、少（未成年人）、妇（女）、残（疾人）等弱势群体平等权利的新法律法规的颁布实施，进一步体现了社会公正和平等精神。与此相适应，在民族区域自治、劳动就业、文化教育、医疗卫生等一些原有制度得以改革、完善的同时，社会保障、律师、法律援助等新制度逐步建立和发展。这不仅使公民平等权的保障措施更为具体完善，而且使平等权的维护和发展逐步纳入法制化轨道。

（二）平等权成为宪法最重要的条款之一

据统计，在世界上 142 个国家的成文宪法中，有 117 部规定了"法律面前人人平等或人的平等权利"，占 82.4%。[①] 如我国宪法第 33 条第 2 款规定

---

① ［荷兰］亨利·范·马尔赛文，格尔·范·德·唐：《成文宪法的比较研究》，陈云生译，华夏出版社，1987年，第 146 页。

"中华人民共和国公民在法律面前一律平等"。法国《人权宣言》的第 1 条宣告 "在权利方面，人们生来是而且始终是自由平等的"；第 6 条规定 "法律对于所有的人，无论是施行保护或处罚都是一样的。在法律面前，所有的公民都是平等的"；法国宪法第 77 条第 3 款规定 "全体公民，不论其出身、种族和宗教信仰，在法律上一律平等。全体公民承担同样的义务"；德国基本法第 3 条规定 "在法律面前人人平等。男女享有同等的权利。谁也不得因性别、世系、种族、语言、籍贯、出身、信仰、宗教或政治观点而受到歧视或优待"；瑞士联邦宪法第 4 条规定 "一切瑞士公民，在法律面前一律平等"；美国宪法第 14 条修正案第 1 款规定 "不经正当法律程序，不得剥夺任何人的生命、自由或财产；对于在其管辖下的任何人，亦不得拒绝给予平等法律保护"。平等条款是宪法最重要的条款之一，其丰富的内涵值得我们深入探讨和研究。

"所有宪法权利中都包含着平等的含义，都受平等规范的约束，因此平等作为一个宪法条文对所有宪法权利都有指导和规范的作用，任何一项宪法权利离开平等原则都是不完整的"。很难设想不平等的人身权、不平等的劳动权作为一项宪法权利是什么样子，它们还能算是人的权利吗？与其说它们是权利，不如说它们是特权更合适。"因此每一项宪法权利都内含着平等之意，平等渗透在每一项宪法权利之中，是每一项宪法权利都必须具备的要素。平等通常'附着'在各项宪法权利身上才有具体的内涵，平等性应当是所有宪法权利的共同属性，而不专属于某一项宪法权利，平等本身是抽象的而不是具体的。当它呈现出'具体性'特征时往往是与其他权利相结合的，如平等的劳动权，平等的受教育权等等。"[1] 以平等的劳动权为例，它首先是一项劳动权，而不是一项平等权，平等是这一宪法权利的某种属性，但不是它第一位的属性。每一项宪法权利都有自己的属性，这些属性构成了各项宪法权利的不同特征，使它们得以区别于其他宪法权利。但平等性是所有宪法权利的普遍特征，当我们把所有宪法权利中的这种共同特征提炼出来时，它就成为一个指导所有宪法权利的原则。

---

[1] 马岭：《宪法中的平等权》，《中国宪法年刊》，2008 年第 2 期。

　　不仅如此，"平等原则还对其他的宪法规范起指导作用。如在宪法权力规范中，要求立法机关立法时应当在法律中贯彻平等原则，行政机关行使行政权时平等地对待每一个公民，司法机关在司法时应保证司法程序中的平等。平等原则对宪法中的政策性原则规范也有一种指导作用，在国家制定民族、宗教政策时，在制定经济、政治、文化等各项政策时，都必须贯彻平等原则，平等原则对这些条款都有规范作用"。① 如果认为平等仅仅是一项宪法权利，那么它很难涵盖这么宽的领域，如此广泛的指导作用正是原则的特点。

　　因此，平等既是一项宪法权利②，又是一项宪法原则，而且首先是一项宪法原则。即使当我们使用"平等权"这一概念时，这种"平等权"也并不是指某一项具体的权利，而是笼统地包括众多权利的平等性，这时候的平等权实际上还是一种原则和精神。③ "平等是一种神圣的法律，一种先于所有法律的法律，一种派生出各种法律的法律……由全国人民大声说出的平等这个词就成为一种原则、一种信条、一种信念、一种信仰、一种宗教。"④ 宪法上的平等规范不仅具有法律功能，而且还有一种其他法律不能替代的宣告功能，"平等不只是人们眼前的事实，不只是刑法、民法面前的平等事实，平等在成为事实之前也是一种概念，一种信仰。它已经能够引起和取得了某些结果，它必将会取得其他的结果"。⑤ 平等作为信仰的这层含义是宪法中的平等权与法律中的平等权的区别之一，正因为宪法有宣告信仰的功能，它才被人们称作人权"宣言"。

　　《中华人民共和国宪法》规定，公民在法律面前一律平等，任何公民享有宪法和法律规定的权利，同时必须履行宪法和法律规定的义务。我国宪法中的平等权主要包括：1. 从公民与国家的关系看，公民有权利要求国家给以平等的保护；2. 平等权意味着公民平等地行使权利 平等地履行义务；3. 平等权是实现其他权利的方法或手段。

---

① 马岭：《宪法中的平等权》，《中国宪法年刊》，2008 年第 2 期。
② 平等 "权"是指平等的"权利"而不是平等的"权力"，权力不存在平等性。
③ 日本宪法学界的通说认为，平等权在宪法上主要是作为一种权利而存在的，但它是一种原则性的、概括性的宪法权利。见韩大元，林来梵，郑贤君著：《宪法学专题研究》，中国人民大学出版社，2004 年，第 302 页。
④ ［法］皮埃尔·勒鲁：《论平等》，王允道译，商务印书馆，1991 年，第 20 页。
⑤ 同上书，第 65 页。

### 三、形成了切实保障人民平等权发展的道路

70多年来，中国立足于人口众多、经济不够发达、封建传统影响较深的基本国情，经过几代人的努力，初步探索出了一条适合国情的促进平等权发展的道路，即以马克思主义平等权思想为指导，强调平等权的全面性和实质上的平等，把政治上和法律上的平等与经济、社会平等结合起来，形式平等与实质平等结合起来，并以经济平等来保障政治上的平等；突出对社会弱势群体的关注和特殊保护，把民族平等、男女平等放在突出地位；初步形成以政府提供法制、政策保障和必要的财政保障为主导，民间通过举办和参与各项社会事业（如希望工程等）为支持的促进平等权发展的基本力量格局。

改革开放以来，特别是中共十八大以来，中国坚持以人民为中心的发展理念，坚持人民主体地位，坚持共同富裕方向，始终做到发展为了人民、发展依靠人民、发展成果由人民共享，人民平等参与、平等发展权利得到了切实保障。

（一）平等参与、平等发展权利的实现条件进一步夯实

人权不是抽象的而是具体的，平等发展权利也不是空洞的而应是可感的。我国脱贫攻坚取得重大胜利，全面建成小康社会，人民生活水平大幅提高，中等收入群体显著扩大，城乡区域发展差距和居民生活水平差距明显缩小，衣食住行条件发生历史性进步，基本公共服务更加均等化，高等教育进入普及化阶段，世界上规模最大的社会保障体系已经建成，卫生健康体系更加完善，在学有所教、劳有所得、病有所医、老有所养、住有所居上持续取得新进展。随着全面依法治国战略的扎实推进，人权法治保障水平大幅提升。

（二）平等参与、平等发展权利的主体广泛性不断拓展

人是发展进程的主体，每一个人均应成为发展权利的积极参与者和受益者。联合国《发展权利宣言》开篇申明：发展权利是一项不可剥夺的人权，由于这种权利，每个人和所有各国人民均有权参与、促进并享受经济、社会、文化和政治发展，在这种发展中，所有人权和基本自由都能获得充分实现。中国是一个幅员辽阔、民族众多、地区差异巨大的发展中国家，要实现

平等参与、平等发展，面临如何做到资源公平分配、制度合法供给、政策合理倾斜等世界性难题。改革开放 40 多年来，中国通过法律保障、制度安排和政策倾斜措施，破解城乡二元结构，推进城乡居民权利均等化，扶持少数民族地区和欠发达地区居民发展，不断缩小收入差距，优先保障困难群众权益；从政治、经济、社会、文化、法律、行政等各方面采取有力措施，扫除阻碍各类社会主体平等参与、平等发展的障碍，着力根除社会不公现象，鼓励民众在各个领域广泛参与，促进人人充分自由发展。

（三）平等参与、平等发展权利的内容不断丰富

在人权体系中，"发展权利"从经济上的发展权利逐渐扩展为涉及政治、社会、文化等更广泛领域的一项权利。在中国特色社会主义新时代，我国社会主要矛盾已经转化为人民日益增长的美好生活需要和不平衡不充分的发展之间的矛盾。伴随着我国社会生产力水平总体上显著提高，不仅对物质文化生活提出了更高要求，而且在民主、法治、公平、正义、安全、环境等方面的要求也日益增长，平等参与、平等发展权利就成为贯穿政治、经济、社会、文化、环境各个领域的一项基本权利。在中国的人权立法与人权行动计划制定、人权政策与具体措施设计以及人权实践探索中，正是因为坚持系统观念，坚持各类人权相互依存、不可分割、整体推进，才实现了包括平等参与、平等发展权利在内的各项人权的互促共进。

（四）平等参与、平等发展权利的法治保障日益增强

中共十八大以来，法治建设成效显著，人权法治保障水平大幅提升，关于困难群众保障、基本医疗卫生、乡村振兴、教育、慈善等领域的法律法规更加完善，这为实现发展成果共享和机会公平构筑了坚实的法治基础。同时，以法治方式调动各类主体的参与、发展积极性，保障民众平等参与、平等发展权利，使权利保障常态化、规范化，增强保障的强度和稳定性，夯实、固定平等参与、平等发展权利保障的成果，并使之更好地融入中国特色社会主义法治体系中，协调其与其他权利间的关系，增强了保障的科学性。

## 四、男女平等和民族平等的发展在国际上形成比较优势

70 多年来，男女平等和民族平等在中国平等权的发展中占有突出地位。

70 多年间，中国妇女已享有中国社会几千年来从未达到，一些发达国家历时数百年才得到承认的平等权利。不仅任何一部中国法律都不存在对妇女的歧视性条款，而且中国妇女在就业、担任国家公职、与男性收入的比较等方面的比例都高于世界平均水平，也高于一些西方发达国家。

据国际劳工组织 1998 年对包括美、俄、印度等国在内的全球 26 个国家就业状况统计，中国妇女的就业率达 56%，居第一位。[①] 中国也是世界上妇女收入达到男子收入 80% 以上的仅有的 5 个国家之一。而作为世界最发达的国家美国，不仅宪法至今没有关于男女平等、民族平等和公民权利平等的原则规定，而且政府在平等权利和经济社会权利方面承担的义务，连一些美国学者都认为"低于当代国际水平"。[②]

在中国，56 个民族均享有平等的公民权利。少数民族人民同汉族人民一样是国家的主人，平等地享有宪法和法律规定的全部公民权利，同时还依法享有少数民族特有的权利。

上述表明，新中国成立以来在较短的时间内使中国的平等权状况得到根本改善，显示了社会主义制度的优越性。当然也应看到，我国平等权的发展中还存在许多有待完善的地方，在某些方面与世界先进国家还存在一定差距。因而，继续促进平等权的发展，实现充分的政治、经济和社会平等，仍是全体人民需要长期努力才能实现的崇高目标。

（一）在国家规划纲要层面促进妇女发展

第十、第十一、第十二、第十三和第十四个国民经济和社会发展五年规划都将妇女发展列入其中。

一是保障妇女的平等就业权利。就业是民生之本。国家制定和完善法律法规，促进公平就业，消除就业性别歧视。《中华人民共和国就业促进法》专设"公平就业"一章，强调男女平等就业权利。《中华人民共和国劳动合同法》对企业订立女职工权益保护专项集体合同作出明确规定，为保障女职工合法权益提供了法律依据。制定、修订和实施《女职工劳动保护特别规定》、机关事业单位处级干部和高级职称专业技术人员男女同龄退休、支持

---

①　国务院新闻办公室：《1998 年中国人权事业的进展》，《光明日报》，1999 年 4 月 14 日。

②　任言实：《中美两国人权比较》，《光明日报》，1996 年 3 月 11 日。

女性科技人才成长及促进女大学生平等就业等一系列法规、政策及措施，为妇女就业和职业发展创造有利条件。

二是提高妇女社会保障水平。《中华人民共和国社会保险法》把生育保险作为独立章节，明确规定妇女平等享有社会保障的权利。《中国妇女发展纲要（2011—2020 年）》增设"妇女与社会保障"领域，提出妇女平等享有社会保险、社会救济、社会福利和社会救助的主要目标和策略措施。妇女参加养老保险、医疗保险、失业保险、工伤保险和生育保险人数不断增加。2012 年 4 月《女职工劳动保护特别规定》颁布实施，法定产假时间由原来的 90 天延长到 98 天，妇女享有生育保障的待遇不断提高。全国各省市根据《女职工劳动保护特别规定》，又对妇女的生育保险待遇不断进行完善，如《江苏省女职工劳动保护特别规定》（2018 年 7 月 1 日起施行）第十二条规定，符合《江苏省人口与计划生育条例》规定生育的，延长产假 30 天；《贵州省女职工劳动保护特别规定》（2022 年 3 月 8 日起施行）第八条规定，女职工符合政策生育的，除享受《女职工劳动保护特别规定》的产假外，依照《贵州省人口与计划生育条例》额外增加 60 天产假。

（二）形成具有中国特色的保障民族平等的法律体系

中国是全国各族人民共同缔造的统一的多民族国家。在漫长的历史进程中，中国各族人民密切交往、相互依存、交流融合、休戚与共，形成了中华民族多元一体的格局，共同开发了祖国的大好河山，共同推动了国家发展和社会进步。

新中国成立以来，中国共产党和中国政府牢牢把握各民族共同团结奋斗、共同繁荣发展的主题，坚持从本国国情出发，总结历史经验，借鉴世界其他国家的有益做法，开创了具有中国特色的解决民族问题的正确道路，确立并实施了以民族平等、民族团结、民族区域自治和各民族共同繁荣为基本内容的民族政策，形成了比较完备的民族政策体系。①

在中国，各民族一律平等包括三层含义：一是各民族不论人口多少，历史长短，居住地域大小，经济发展程度如何，语言文字、宗教信仰和风俗习

---

① 国务院新闻办公室：《中国的民族政策与各民族共同繁荣发展》白皮书，新华社，2009 年 9 月 27 日。

惯是否相同，政治地位一律平等；二是各民族不仅在政治、法律上平等，而且在经济、文化、社会生活等所有领域平等；三是各民族公民在法律面前一律平等，享有相同的权利，承担相同的义务。

实行民族平等是中国的宪法原则。《中华人民共和国宪法》规定："中华人民共和国各民族一律平等。"根据这一原则精神，《中华人民共和国民族区域自治法》等法律法规对民族平等进行了具体而明确的规定，逐渐形成了一个具有中国特色的保障民族平等的法律规范体系，各民族平等权利依法得到保障。

一是人身自由和人身权利不受侵犯。根据宪法和法律规定，国家尊重和保障人权。各民族公民的人身自由不受侵犯，禁止非法拘禁和以其他方法非法剥夺或者限制公民的人身自由。各民族公民人格尊严不受侵犯，其名誉权、姓名权、肖像权等受法律保护。禁止用任何方法对公民进行侮辱、诽谤和诬告陷害。新中国成立前，四川等地的彝族地区大约 100 万人口保留着奴隶制度，西藏、云南西双版纳等地区大约有 400 万人口保留着封建农奴制度。这些地区的少数民族群众大都附属于封建领主、大贵族、寺庙或奴隶主，可以被任意买卖或当作礼物赠送，没有人身自由。如在旧西藏，形成于 17 世纪并沿用了 300 多年的法律——《十三法典》《十六法典》，将人严格划分为三等九级。法典规定："上等上级人"的命价为与其尸体等重的黄金，"下等下级人"的命价仅为一根草绳，而"下等人"占西藏总人口的 95% 以上。新中国为了保障人权，于 20 世纪 50 年代对这些地区进行了民主改革，废除了奴隶制和封建农奴制，昔日广大农奴和奴隶获得了人身自由，成为新社会的主人。

二是法律面前一律平等。在中国，任何公民既一律平等地享有宪法和法律规定的权利，又一律平等地履行宪法和法律所规定的义务；公民的合法权益一律受到平等的保护，对违法行为和任何人犯罪都依法予以追究，在适用法律上一律平等，不允许任何人有超越法律的特权。为了保障少数民族使用本民族语言文字进行诉讼的权利，《中华人民共和国民事诉讼法》第十一条规定："各民族公民都有用本民族语言、文字进行民事诉讼的权利。在少数民族聚居或者多民族共同居住的地区，人民法院应当用当地民族通用的语言、文字进行审理和发布法律文书。人民法院应当对不通晓当地民族通用的语言、文字的诉讼参与人提供翻译。"《中华人民共和国刑事诉讼法》、《中华人民共和国行政诉讼法》和《中华人民共和国人民法院组织法》均作了类似的规定。

三是平等地享有管理国家事务的权利。在中国，各少数民族与汉族以平等的地位参与国家事务和地方事务的管理。宪法第三十四条规定："中华人民共和国年满十八周岁的公民，不分民族、种族、性别、职业、家庭出身、宗教信仰、教育程度、财产状况、居住期限，都有选举权和被选举权。"不仅如此，法律还为少数民族的政治参与给予了特殊保障。全国人民代表大会和地方各级人民代表大会，是中国各族人民行使国家权力的机关。《中华人民共和国全国人民代表大会和地方各级人民代表大会选举法》规定：在同一少数民族人口不到当地总人口 15% 时，少数民族每一代表所代表的人口数可以适当少于当地人民代表大会每一代表所代表的人口数，人口特别少的民族至少也应有一名代表。历届全国人民代表大会中，少数民族代表人数占全国人民代表大会代表总人数的比例，均高于同期少数民族人口占全国总人口的比例。第十一届全国人民代表大会常务委员会 161 名委员中，有少数民族人士 25 名，占 15.53%。

四是平等地享有宗教信仰自由。在中国，宗教信仰自由，指每个公民既有信仰宗教的自由，也有不信仰宗教的自由；有信仰这种宗教的自由，也有信仰那种宗教的自由；有过去不信教而现在信教的自由，也有过去信教而现在不信教的自由。宪法第三十六条规定："中华人民共和国公民有宗教信仰自由。任何国家机关、社会团体和个人不得强制公民信仰宗教或者不信仰宗教，不得歧视信仰宗教的公民和不信仰宗教的公民。"为了贯彻宪法原则，国务院颁布了《宗教事务条例》。在中国，少数民族信教群众的正常宗教活动都受到法律的保护，宗教活动场所分布各地，基本满足了信教群众宗教生活的需要。

五是享有使用和发展本民族语言文字的权利。宪法规定："各民族都有使用和发展自己的语言文字的自由。"在国家政治生活中，全国人民代表大会、中国人民政治协商会议等重要会议，都提供蒙古、藏、维吾尔、哈萨克、朝鲜、彝、壮等民族语言文字的文件或语言翻译。中国人民币主币除使用汉字之外，还使用了蒙古、藏、维吾尔、壮四种少数民族文字。民族自治地方的自治机关在执行公务时，都使用当地通用的一种或几种文字。同时，少数民族语言文字在教育、新闻出版、广播影视、网络电信等诸多领域，都得到了广泛的应用和发展。

六是享有保持或改革本民族风俗习惯的自由。宪法规定：各民族"都有保持或者改革自己的风俗习惯的自由。"对少数民族服饰、饮食、居住、婚姻、节庆、礼仪、丧葬等风俗习惯，国家给予了充分尊重和切实保障。如为了保障一些少数民族饮食清真食品的习惯，北京、江苏、新疆等 16 个省（自治区、直辖市）以及广州、昆明、成都等多个中心城市，都有专门立法保障清真食品的供应和管理，其他地方在综合性的法规中也对清真食品的管理进行了规范。为了保障少数民族欢度本民族节日的权利，国家法律规定民族自治地方人民政府可以按照有关少数民族的习惯制定放假办法；少数民族职工参加本民族重大节日活动，可以按照国家有关规定放假，并照发工资。为了防止发生侵犯少数民族风俗习惯的问题，国家法律法规对新闻、出版、文艺、学术研究等有关单位和从业人员提出明确要求。刑法专门设有"侵犯少数民族风俗习惯罪"，对侵犯少数民族风俗习惯的违法行为依法进行追究。

国家坚决反对任何形式的民族歧视和压迫。在中国，任何煽动民族仇视和歧视、破坏民族平等团结的言行都是违法的。少数民族如遭受歧视、压迫或侮辱，有向司法机关控告的权利。中国加入了《消除一切形式种族歧视国际公约》，与国际社会一道，认真履行公约义务，为建立一个没有民族和种族歧视的世界进行着不懈的努力。

# 第九章　民主权

"民主"是人类文明发展的结果，是世界各国人民的普遍追求。"民主"又是当今国际上使用最广，也是最富有争议的政治概念。"民主"还常常成为西方国家打压侵略其他国家而挥舞的大棒。所以，研究马克思主义民主理论，把握马克思主义民主权思想的精神实质，对于弘扬新时代中国的"全过程"人民民主，批判西方种种错误思潮，仍具有重大理论价值。

## 第一节　民主与民主权

关于"民主"含义的争论，一度曾成为文字游戏，这里不作——评述。我们着重根据马克思主义经典作家关于民主、民主权的本来思想，展开分析和论证。

### 一、"民主"概念的本意

"民主"一词来源于希腊文的 Demokratia①，由 demo 和 kratia 两个字组合而成。前一个字是"人民"和"地区"，后一个字是"权力"和"统治"的意思。因此，"民主"的本意是指人民的权力、权利和人民治理国家。

从历史上看，古希腊的民主制度同人类原始社会的氏族制度存在着渊源关系。G. 汤姆逊写道："希腊由野蛮迈入文明是如此迅速，以致他们把许多部落组织和思想（他们对其起源是完全清楚的）也一同带到文明阶段。在这种条件下，他们创造了一种新的国家形式，即民主共和国。这种民主共和国

---

① "民主"的希腊文词源可溯及古希腊历史学家希罗多德（公元前 484—前 420 年）《历史》一书。我国《尚书》记载公元前 11 世纪周公的话："天惟时求民主"，其中"民主"为"民之主"。

的特征是使部落组织适应文明阶段生产力的发展。对人民来说，民主宪法就是以新的形式为他们恢复那种其祖先自远古以来就享有的、不受土地贵族剥夺的部落平等原则的宪法。"①

马克思、恩格斯曾有不少关于人类原始社会氏族制度原则的论述。他们指出，在这种制度下，社会一切成员都是平等的。一切合作，一切纠纷，都由当事人自主决定和自行解决。涉及全体的事情由全体协商解决，群众领袖由选举产生，并可随时撤换，他们不享受任何特权，也不掌握任何个人的暴力手段。恩格斯将这种氏族制度称作"自然成长的民主制""无限制的纯粹的民主制"。列宁在《国家与革命》中也谈到这种民主，称之为"原始的民主制"。显而易见，马克思主义经典作家所指称的原始氏族制度的民主，也是由人们自主决定和自己治理一切事务的"纯粹民主制"。

## 二、马克思主义对"民主"的分析

### （一）从国家形式上界定"民主"

文明时代的"民主"是从原始"民主"演变而来的。文明时代的民主虽然还保留着原始民主的本意，但它已经有了很大的变化。

正如列宁分析的那样："民主从古代的萌芽时期起，在几千年过程中，随着统治阶级的更迭，必然在形式上发生变化。在古代希腊各共和国中，在中世纪各城市中，在各先进的资本主义国家中，民主的形式都不同，民主的运用程度也不同。"② 在奴隶社会和封建社会，世界各国普遍实行的是君主专制制度，只有欧洲极少数国家在个别时期因特殊历史条件出现过民主制（如古希腊的雅典共和国、中世纪的某些城市共和国）。到了资本主义时代，作为国家形式的民主在世界上许多国家建立和发展起来，成为一种基本的国家形式。作为封建专制的对立物，资本主义民主以议会制取代了君主制，以选举制否定了世袭制，以任期制废止终身制，从制度上铲除了封建专制的根基，确定了资本主义生产资料私有制，两百多年来，它成为资产阶级实行统治的最精致的形式。

① ［捷］锡克：《经济·利益·政治》，王福民、王成稼、沙吉才译，中国社会科学出版社，1984年，第367页。
② 《列宁全集》第35卷，人民出版社，2017年，第492页。

但是，随着全球化的深入，一直以"民主灯塔"自称的"美式民主"，今天已沦为"金钱政治"、精英统治。从政治极化到制度失灵，党派对立加剧社会撕裂和治理实效的"民主"，这就是资产阶级民主的本来面目。具体后面将会分析，这里还是看马克思主义对"民主"本义及其实质的分析。

列宁在《国家与革命》一书中说："民主是国家形式，是国家形态的一种。因此，它同任何国家一样，也是有组织有系统地对人们使用暴力，这是一方面。但另一方面，民主意味着在形式上承认公民一律平等，承认大家都有决定国家制度和管理国家的平等权利。"[1] 列宁的论述表明，到了资本主义社会，民主成了一种国家形态，具有国家制度的含义。民主作为一种国家形式，体现了统治阶级的根本利益和意志，从制度上保证了统治阶级有可能充分行使"民主"权力。但这种"民主"形式还不是真正意义上的民主的内涵。只有把人民在民主形式（形态）下所真正享有的平等权利当作"民主"，积极争取人民的民主权利，才能把握民主的实质。

（二）国家形态与非国家形态民主的关系

马克思主义对社会主义国家形态下，作为国家形态的民主与非国家形态的民主关系的分析，进一步说明，社会主义民主的实质就是让人民真正享有当家作主的权利。马克思主义认为，社会主义国家形态的民主，就是社会主义的国家制度，它赋予社会主义国家劳动人民享有管理国家的最高权力。"就国家制度而言，它不仅有政治制度，还有社会的经济制度、文化制度等等。与此相适应的社会主义民主，同样具有政治民主、经济民主、文化民主和社会民主等等。马克思主义在肯定民主是一种国家形态的时候，并没有否定社会主义非国家形态的民主，如经济管理的民主化、文化教育科学管理的民主化、群众团体的民主，以及各种社会主义事业管理的民主等等。作为国家形态的民主，需要作为非国家形态民主的积极支持与配合，非国家形态的民主，需要国家形态民主的有力保障。"[2] 在社会主义条件下，要正确地处理好社会主义国家形态与非国家形态的民主关系问题。

---

[1] 《列宁全集》第 31 卷，人民出版社，2017 年，第 96 页。
[2] 宋才发：《论列宁关于社会主义民主的理论与实践》，《黄淮学刊》，1990 年第 4 期。

（三）社会主义民主的实质是人民当家作主

作为国家制度的社会主义民主，它将通过社会主义国家的政治民主、经济民主和社会民主的作用，从总体上完整地反映出来。在社会主义条件下，政治民主、经济民主、文化民主、社会民主的相互联系、相互作用，共同构成了社会主义民主的统一体。因此，列宁说，"为的是教育群众实行民主。不仅仅需要民主形式的代表机构，而且需要建立由群众自己从下面来全面管理国家的制度，让群众有效地参加各方面的生活，让群众在管理国家中起积极的作用"。[①] 这是历史上国家政权第一次与人民群众发生血肉相关的联系，再不像资产阶级国家那样，成为凌驾于人民之上的异己力量，而真正成为人民的权力。正是这种国家政权的深刻质变，揭示了社会主义国家民主的根本内容，揭示了社会主义民主的实质。

由上可见，马克思主义在对作为国家制度的民主（尤其是社会主义国家民主）的考察中，阐明了自己所追求和要实现的民主目标，即人民的权力、人民真正享有当家作主的权利。这是"少数服从多数的国家"的民主，它同少数人统治多数人的资产阶级民主国家有着本质的区别。马克思主义所说的民主权，最根本的也就是人民当家作主的权利。为了实现这一民主权，马克思主义创始人为之奋斗了终身。因此，本章对马克思主义民主权的探讨，也以它为主导线索，研究马克思主义创始人是如何在革命实践中形成这一民主权思想，它与资产阶级民主权的对立，以及在社会主义社会的现实意义。

## 第二节　马克思主义的人民主权思想

人民主权思想，是马克思、恩格斯革命民主主义思想的核心，是无产阶级民主制的根本原则——人民当家作主原则的直接理论来源，也是社会主义国家制度的根本原则——国家的一切权力属于人民原则的直接理论来源。

———————————

① 《列宁全集》第 29 卷，人民出版社，2017 年，第 287 页。

## 一、启蒙思想家提出"人民主权"思想

人民主权思想，即国家的权力属于人民的思想，是资产阶级的启蒙思想家在反对封建专制主义的斗争中，针对"君权神授"之说提出来的。集人民主权思想之大成者，是法国杰出的启蒙思想家卢梭。马克思、恩格斯在批判卢梭的人民主权服务于资产阶级的局限性的同时，又从整体上肯定了人民主权思想在反对封建专制主义斗争中所发挥的积极作用。恩格斯认为，法国大革命时期的雅各宾专政就是在卢梭的政治思想指导下实行的。他指出，"卢梭的社会契约在恐怖时代获得了实现"。① 不仅如此，他们还承认卢梭的人民主权思想中存在着合理的具有人民性的革命内容，可以将这一思想加以革命的改造，来为无产阶级服务。

## 二、马克思恩格斯的人民主权思想的形成

马克思、恩格斯的人民主权思想，经历了一个形成与发展的过程，我们可从以下两个阶段来作一些具体的分析与研究。

（一）批判反思资产阶级民主革命时期的人民主权思想

19 世纪 40 年代，德国和欧洲大陆各国均处在资产阶级民主革命时期。马克思、恩格斯在这段时间里，曾三次拿起批判反思人民主权思想这个武器，为推进资产阶级民主革命而斗争。

1. 没有人民主权就没有公民的权利

1842 年 12 月，反动的普鲁士政府为限制革命思想的传播而颁布了新的书报检查令。为此，马克思撰写了《评普鲁士最近的书报检查令》等政治论文。马克思在论文中不仅批判了新的书报检查令的反动本质，而且把"至高无上的"人民主权与公民最一般的民主权利联系起来，论述了人民主权与一般公民权利的关系。他指出，如果人民没有对国家的主权，也就不可能有公民的一般民主权利；反之，如果人民连最一般的民主权利都没有，也就意味着根本不可能享有国家的主权。

① 《马克思恩格斯选集》第 3 卷，人民出版社，2012 年，第 643 页。

为什么呢？这是因为人民主权是一切政治权利中最重要的、最基本的权利，这一权利直接同国家政权联结在一起，因而它又是一种"较高级的权利形式"，也是"自由的更高级形式"，它对其他政治权利起着保障、制约的作用。马克思指出，既然自由的高级形式都被认为不合法，它的低级形式自然被认为是不合法的了。同时，是因为权利作为自由存在的具体形式，它们彼此之间是互相制约、互相联系的，正像身体的这一部分制约着另一部分一样，只要某一种自由成问题，那么，整个自由都成问题。

由此马克思得出结论，在国家权利没有得到承认的时候，个别公民的权利是毫无意义的。"既然没有人民主权便没有公民的权利，那么，要争得公民的一般民主权利，最根本的就是要为争得人民主权而斗争。而人民主权根本不可能在君主专制政权下实现，它作为一个政治原则只有在民主共和国里才会得到承认。"① 所以德国人民的真正出路不在于去争取君主专制下的个别公民权，而是要为实现资产阶级民主革命，推翻君主专制，建立民主共和国而斗争。

2. 以人民主权思想为武器批判黑格尔的君权思想

1843 年夏天，马克思写了《黑格尔法哲学批判》一书，清算了黑格尔的唯心主义哲学思想，并站在革命民主主义的立场上，以人民主权思想为武器，对黑格尔的君权思想进行了批判。

当时，软弱的德国资产阶级害怕人民起来革命，妄图与封建君主势力妥协，把德国引向君主立宪的改良主义道路。黑格尔适应这种政治需要，曾提出过君主主权与人民主权可以共存的谬论，并指责反对他的观点的人是思想混乱。马克思为促进社会革命的发展，批判了黑格尔的"共存论'，指出，"在这里，有'混乱思想'和'荒唐观念'的只是黑格尔"。② 并着重论证了君主主权与人民主权是根本对立的，是水火不相容的。

这是因为，在一个国家里只能有一个主权。主权即是对政权的所有权。所以在一个统一的国家里，只能有一个政权，而不可能有两个政权。同样，一个国家也只可能有一个主权，而不可能有两个主权。因此，"主权这个概

---

① 聂运林：《浅谈马克思和恩格斯的人民主权思想》，《湖北大学学报（哲学社会科学版）》，1983 年第 5 期。
② 《马克思恩格斯全集》第 1 卷，人民出版社，1956 年，第 279 页。

念本身就不可能有双重的存在，更不可能有和自身对立的存在"。①

与一个国家只能有一个主权相适应，在一个国家里，行使主权的主体也只能有一个。"一定的主权只有与一定的主体相联系才能实现。君主主权植根于君主专制制度中，与君主这个特定的主体相联系，并由君主来实现；人民主权植根于民主共和制度中，与人民这个特定的主体相联系，并由人民来实现。这中间不能使主体做任何性质的替换（例如，说什么由君主来实现人民的主权等等），因为两种行使主权的主体的性质根本不同。"② 所以，马克思指出，"一个是能在君主身上实现的主权，另一个是只能在人民身上实现的主权。这同上帝主宰一切还是人主宰一切这个问题是一样的"。③

可以说，君主主权与人民主权在性质上是根本对立的，所以它们彼此都是以消灭对方为其存在的前提的。马克思指出，专制制度的"唯一原则就是轻视人类，使人不成其为人"，"使世界不成其为人的世界"。"哪里君主制的原则占优势，哪里的人就占少数；哪里君主制的原则是天经地义的，哪里就根本没有人了。"④ 反之，要实现人民主权，把被君主制"颠倒了的世界"再颠倒过来，就必须以消灭君主主权为其存在的前提。

由此马克思得出结论："不是君主的主权，就是人民的主权。"⑤ 中间道路是没有的，调和是不可能的，德国人民应该为消灭君主制建立民主共和国而斗争。

3. 人民主权不是恩赐的而是人民用战斗夺来的

1848 年欧洲革命爆发以后，德国资产阶级为扼制革命的发展，便与封建势力妥协。为此，马克思在《新莱茵报》上发表了一系列政治论文，批判了资产阶级的妥协投降活动，要求把资产阶级民主革命进行到底。在这场斗争中，马克思、恩格斯重点论述了作为人民主权体现的代议机关与人民的关系，阐述了在革命时期人民主权的最基本的权利，就是决定国家制度的革命权的思想。

---

① 《马克思恩格斯全集》第 1 卷，人民出版社，1956 年，第 279 页。
② 聂运林：《浅谈马克思和恩格斯的人民主权思想》，《湖北大学学报（哲学社会科学版）》，1983 年第 5 期。
③ 《马克思恩格斯全集》第 1 卷，人民出版社，1956 年，第 279 页。
④ 同上书，第 411 页。
⑤ 同上书，第 279 页。

马克思主义认为：人民主权不是谁的恩赐，而是人民在街垒战斗中用战斗夺来的。作为代议机关的德国的制宪国民议会，正是人民斗争的成果。因此，"国民议会本身没有任何权利——人民委托给它的只是维护人民自己的权利"。① 为此，国民议会必须履行下述任务：公开宣布国家主权属于人民；在人民主权基础上制定宪法，采取革命措施消灭反动势力；撤换旧政权的全部文武官员，消除旧制度的残余，实行强有力的革命专政；等等。但是，如果国民议会违背人民的意志，损害人民的利益，甚至"把自己出卖给某一个叛变的政府"，一句话，"如果它不根据交给它的委托来行动——这一委托就失去效力"。② 这时，人民便可以使用"历来的基本权利"——"起义反对封建的或市侩立宪的暴政"③，把国王赶走，把政府赶走，"也把国民议会一起赶走"，"这一点人民不需要征得任何国民议会的同意"。④ 在这里，马克思、恩格斯实际上是号召人民用人民革命来反对以国民议会为代表的资产阶级的妥协叛卖，争取和捍卫人民的主权。

（二）反思总结巴黎公社革命时期的人民主权思想

1848 年欧洲革命前夕，马克思、恩格斯在《共产党宣言》中指出："工人革命的第一步就是使无产阶级上升为统治阶级，争得民主。"⑤ 在这里，他们强调无产阶级争得民主的前提是推翻资产阶级的统治。

所以，马克思、恩格斯在看了巴黎公社从起义到建立政权 72 天颁布的398 件公告后，反思总结了巴黎公社为全世界无产阶级革命夺取政权、进行无产阶级专政统治的经验，提出了人民当家作主的思想。

1. 民主共和国是无产阶级专政的特殊形式

马克思在总结巴黎公社的经验时指出，公社是与帝国君主制对立的无产阶级民主共和国的一种形式。他写道："帝国的直接对立物就是公社。巴黎无产阶级在宣布二月革命时所呼喊的'社会共和国'口号，的确是但也仅仅是表现出这样一种模糊的意向，即要求建立一个不但取代阶级统治的君主制

① 《马克思恩格斯全集》第 6 卷，人民出版社，1961 年，第 305 页。
② 同上书，第 305 页。
③ 同上书，第 399 页。
④ 同上书，第 305 页。
⑤ 《马克思恩格斯选集》第 1 卷，人民出版社，2012 年，第 421 页。

形式、而且取代阶级统治本身的共和国。公社正是这个共和国的毫不含糊的形式。"①

马克思还指出，巴黎公社式的民主共和国，根本不同于资产阶级的民主共和国。一切旧政府的权力都掌握在有产阶级手中，巴黎公社的委员却"大多数自然都是工人或公认的工人阶级代表"②；一切旧有的政府形式在本质上都是压迫性的，而公社却"宣布'社会解放'是共和国的伟大目标，从而以公社的组织来保证这种社会改造"。③

恩格斯在《1891年社会民主党纲领草案批判》中指出：民主共和国甚至是无产阶级专政的特殊形式，法国大革命已经证明了这一点。因此，任何个人集权的国家形式对于无产阶级的政治统治都是不适宜的，只有巴黎公社类型的民主共和国，才是无产阶级专政的适当形式。

2. 无产阶级的民主共和国必须由人民当家作主

马克思、恩格斯特别强调巴黎公社的民主性质，指出："公社给共和国奠定了真正民主制度的基础。"④ 公社是"新的真正民主的国家政权"。⑤ 同时，他们又强调指出，巴黎公社"共和国的真正'社会'性质仅仅在于工人管理巴黎公社这一点！"⑥ "公社不是我们通常理解的自治政府的那类东西"，"它是由人民自己当自己的家"。⑦ 这就是说，巴黎公社之所以是无产阶级民主共和国，其根本在于它的主权是属于工人阶级和全体劳动人民，并且是由工人阶级和劳动人民自己来当家作主的。如果公社不具备这个根本特征，它也就不是无产阶级的民主共和国。同时，"人民自己当自己的家"这又是公社政权的无产阶级性质和民主性质的统一的根本表现，公社政权的阶级性质和民主性质是不可分割的。没有无产阶级的政治统治，就不可能有人民的民主；没有人民的民主，也就不可能有无产阶级的政治统治。所以要坚持共和国的无产阶级性质和民主性质，就必须坚持人民当家作主

① 《马克思恩格斯选集》第3卷，人民出版社，2012年，第98页。
② 同上书，第98页。
③ 同上书，第150页。
④ 同上书，第101—102页。
⑤ 同上书，第55页。
⑥ 同上书，第153页。
⑦ 《马克思恩格斯全集》第17卷，人民出版社，1963年，第565页。

的原则。1875 年，马克思在《哥达纲领批判》中更加明确强调：民主就是"人民当权"。①

**3. 人民当家作主的思想是对卢梭人民主权思想的扬弃**

马克思、恩格斯关于人民当家作主的思想，不仅扩大和深化了他们在 1848 年革命前夕提出的关于无产阶级民主的概念，而且充分表明他们的思想同卢梭人民主权思想的本质的区别，以及他们对卢梭思想的超越。第一，马克思、恩格斯提出的人民当家作主原则中的"人民"，主要是指无产阶级和劳动人民；而卢梭的人民主权原则中的"人民"则主要是指资产阶级。第二，人民当家作主的原则不仅强调主权属于人民，而且强调应当由人民自己掌握政权，即由无产阶级和劳动人民自己决定国家的制度，并亲自管理国家。马克思要求无产阶级的民主共和国真正建立"通过人民自己实现的人民管理制"。② 资产阶级虽然也承认主权在民的人民主权思想，但他们却把人民看成是"群氓"，人民应该把国家主权委托给某个"有教养的阶级"去行使。第三，既然国家由人民自己管理，那么，从人民中产生的政府机关及其公职人员，就不能像资产阶级的政府及其官僚那样，成为享有种种特权并凌驾于社会之上的"社会主人"，而应当是"社会的公仆"。③

为了防止国家机关由"社会公仆"蜕变为"社会主人"，马克思、恩格斯根据巴黎公社的历史经验，提出了两条防范的措施：其一，是"把行政、司法和国民教育方面的一切职位交给由普选选出的人担任，而且规定选举者可以随时撤换被选举者"④，以此"保证本身能够防范自己的代表和官吏"；⑤ 其二，是废除国家高级官吏所享有的一切特权，"从公社委员起，自上至下一切公职人员，都只能领取相当于工人工资的报酬"⑥，以便能"可靠地防止人们去追求升官发财"⑦ 等等。

综上所述，在资产阶级民主革命中，马克思、恩格斯曾把人民主权原则

① 《马克思恩格斯选集》第 3 卷，人民出版社，2012 年，第 371 页。
② 《马克思恩格斯全集》第 17 卷，人民出版社，1963 年，第 366 页。
③ 《马克思恩格斯选集》第 3 卷，人民出版社，2012 年，第 54 页。
④ 同上书，第 55 页。
⑤ 《马克思恩格斯全集》第 29 卷，人民出版社，2020 年，第 237 页。
⑥ 《马克思恩格斯选集》第 3 卷，人民出版社，2012 年，第 98 页。
⑦ 同上书，第 55 页。

作为革命民主主义的根本原则而为之进行了斗争；在无产阶级的革命中，马克思、恩格斯总结了历史的经验，把人民当家作主的原则作为人民民主的根本原则提出来，这是对人民主权思想的历史的继承、革命的改造和科学的发展。

<h2 style="text-align:center">第三节 马克思恩格斯对资产阶级<br>民主权思想的扬弃</h2>

马克思主义不仅在革命实践中形成了人民的权力、人民当家作主的人权观，而且揭露了资产阶级所谓"主权在民"的资产阶级民主权的内在矛盾。当然，发端于西方的"民主"思想，经过两百多年的发展，虽然逐渐实现历史转型，但是资产阶级民主权思想本身固有的不可克服的内在矛盾和缺陷，在当代遇到各种危机和挑战时，又会自然而然地反映西方资产阶级民主内在的"基因病"。马克思主义在扬弃资产阶级民主主权的同时，提出了社会主义的民主、民主权思想，并在当今中国特色社会主义民主建设中得到了丰富和完善。所以，这一节不仅要分析阐释马克思主义的民主、民主权思想，更要在全面系统分析当代西方"代议制"民主面临的危机中，彰显中国特色社会主义民主的优越性。

## 一、资产阶级民主权的历史作用

马克思主义认为，近代资产阶级民主与古代奴隶主民主、中世纪的城市民主相比，无论是在广泛性、完备性、严密性方面，还是在其影响的深远性等方面都有了巨大的进步，在整个人类社会民主权的发展史上，是一个重要的里程碑；它对资本主义生产力的发展和提高以及人类社会民主权的发展进程，起到了不容忽视的推动作用，有着一定的历史意义。"资产阶级的共和制、议会和普选制，所有这一切，从全世界社会发展来看，是一大进步"[1]，这是马克思主义对资产阶级民主所做的高度的、历史的和客观的评价。

---

[1] 《列宁选集》第4卷，人民出版社，2012年，第38页。

（一）资产阶级民主为资本主义经济发展创造了条件

17 世纪起，首先利用议会的形式从专制君主手中夺取立法权和监督权的是英国资产阶级，随后又利用制定宪法来约束国王的权力，建立了资产阶级的政权，继而有 1775 年至 1783 年的美国独立战争，1789 年至 1794 年的法国大革命，以及 1848 年欧洲各国的革命。这些资产阶级革命浪潮，对终身任职和世袭任职、集最高权力于君主一身的专制君主制以沉重的打击，推翻了君主制这一在人类历史前进中阻碍社会经济发展的桎梏。资产阶级按照三权分立的原则，建立了政治统治，并采取普选制和明确规定国家领导人的任期等方式，废止了终身制和世袭制。这种以议会制代替君主制、以选举制否定世袭制、以任期制废除终身制的制度的确立，以及行政、立法和司法相分立的制度，包括在言论、出版、集会、结社等方面对民主权的深化和加强，在历史上无疑起过巨大的进步作用。同时，这也是资本主义所能采用的最好的政治外壳。它从形式上、制度上废除了封建特权和人身依附关系，为资本主义经济的自由发展创造了条件；它也便于资产阶级选拔和任用为本阶级利益服务的人才，协调和平衡资产阶级内部的矛盾和冲突，以利于资本主义经济的发展和维护资本主义制度。

（二）资产阶级民主客观上为无产阶级的发展和壮大提供了条件

马克思主义同时认为，近代资产阶级民主在客观上为无产阶级的发展和壮大提供了条件。它"使被压迫的无产者阶级有可能认清自己的地位，创立世界工人运动，……建立起自觉地领导群众斗争的社会主义政党"；并"使无产阶级有可能达到现在这样的统一和团结，有可能组成整齐的、有纪律的队伍去同资本有步骤地进行斗争"。[①] 马克思主义认为，无产阶级在同资产阶级的斗争中，应该而且必须利用资产阶级的选举制、议会制等形式，为争取本阶级及最广大人民群众的民主权利和推翻资本主义剥削制度而努力奋斗。如果"没有议会制度，没有选举制度，工人阶级就不会有这样的发展"。[②] 另一方面，资产阶级的民主制，也使得无产阶级和劳动人民的处境比在封建制度下的农民阶级有了一定的改善，在获取民主权利方面，有了一定的扩大。

---

① 《列宁选集》第 4 卷，人民出版社，2012 年，第 38 页。
② 同上。

（三）资产阶级的民主权蕴含着无产阶级自身的基本要求

马克思主义还认为，资产阶级的民主权蕴含着无产阶级自身的基本要求和历史任务。恩格斯说过，"资产阶级的平等要求也由无产阶级的平等要求伴随着。从消灭阶级特权的资产阶级要求提出的时候起，同时就出现了消灭阶级本身的无产阶级要求"，"无产阶级抓住了资产阶级所说的话，指出：平等应当不仅仅是表面的，不仅仅在国家的领域中实行，它还应当是实际的，还应当在社会的、经济的领域中实行。尤其是从法国资产阶级自大革命开始把公民的平等提到重要地位以来，法国无产阶级就针锋相对地提出社会的、经济的平等的要求，这种平等成了法国无产阶级所特有的战斗口号"。① 无产阶级从资产阶级的平等要求中，可以"吸取了或多或少正当的、可以进一步发展的要求，成了用资本家本身的主张发动工人起来反对资本家的鼓动手段"。② 恩格斯在对英、法、德等国无产阶级革命斗争进行科学总结时曾指出，"如果放弃在政治领域中同我们的敌人作斗争，那就是放弃了一种最有力的行动手段，特别是组织和宣传的手段。普选权赋予我们一种卓越的行动手段"，这种手段"比起我们多年来通过报刊和集会所进行的宣传，起了有力得多的、有利于国际宣传的作用"。③ 这也充分体现了马克思主义者利用资产阶级的民主制度来为无产阶级争取权利的高度的策略思想。

（四）资产阶级民主权具有自身无法克服的局限性

马克思主义对那些认为资产阶级民主权只局限于其本阶级范畴、与无产阶级的斗争格格不入的认识也进行过明确的批评："如果认为资产阶级革命完全不代表无产阶级的利益，那就是十分荒谬的想法。这种荒谬想法不是归结为陈旧的民粹主义理论，就是归结为无政府主义的思想，前者认为资产阶级革命同无产阶级的利益是矛盾的，因此我们不需要资产阶级的政治自由，后者认为无产阶级绝对不应当参加资产阶级政治，不应当参加资产阶级革命，不应当参加资产阶级议会。在理论上，这种想法是忘记了在商品生产的基础上资本主义必不可免地会发展起来这个马克思主义的起码的原理。"马

---

① 《马克思恩格斯选集》第 3 卷，人民出版社，2012 年，第 484 页。
② 同上书，第 484 页。
③ 同上书，第 40 页。

克思主义就此阐述的一个基本结论是，"资本主义的最广泛、最自由、最迅速的发展，同工人阶级有绝对的利害关系"。①

但是，马克思主义又认为，历史地评价资产阶级民主权的进步意义及其在无产阶级解放事业中的作用和地位，绝不是意味着资产阶级民主权是"超阶级的""普遍的"全人类的民主权，恰恰相反，马克思主义以历史和逻辑的辩证方法，深刻剖析了建立在生产资料私有制基础之上的资产阶级民主权的固有的内在矛盾，以及其自身无法克服的局限性。

## 二、资产阶级民主权的阶级实质

在肯定资产阶级民主权历史作用的同时，必须进一步揭露其阶级实质。

（一）被蒙上"超阶级"色彩的资产阶级民主，对富人是天堂、对穷人是陷阱和骗局

列宁指出："资产阶级民主同中世纪制度比较起来，在历史上是一大进步，但它始终是而且在资本主义制度下不能不是狭隘的、残缺不全的、虚伪的、骗人的民主，对富人是天堂，对被剥削者、对穷人是陷阱和骗局。"② 资产阶级"天赋人权"等有关民主权学说，把民主权利概念化、抽象化，说成是一种非历史的、非社会的东西，把通过努力和斗争取得的权利看成是上帝赋予、不可剥夺、不可转让、世代永恒的，宣扬社会中的每一个人"生来都享有不可剥夺的同等权利"，每一个人"在法律面前都是平等的"，"任何人都不得侵犯他人的私有财产权"，这些都被蒙上"超阶级"的色彩。然而在现实的生活中，正如恩格斯指出的那样："这个理性的王国不过是资产阶级的理想化的王国；永恒的正义在资产阶级的司法中得到实现；平等归结为法律面前的资产阶级的平等；被宣布为最主要的人权之一的是资产阶级的所有权；而理性的国家、卢梭的社会契约在实践中表现为，而且也只能表现为资产阶级的民主共和国。"③

---

① 《列宁选集》第 1 卷，人民出版社，2012 年，第 555—556 页。
② 《列宁全集》第 35 卷，人民出版社，2017 年，第 244 页。
③ 《马克思恩格斯选集》第 3 卷，人民出版社，2012 年，第 776 页。

（二）穿上"宪法"外衣的资产阶级民主权是为了"保证资产阶级的安全"

在标志着马克思主义科学共产主义理论体系诞生的《共产党宣言》这本著作中，在肯定资产阶级在创造人类物质文明和精神文明中所起到的"非常革命的作用"的同时，明确指出了资产阶级所谓民主制，是"用公开的、无耻的、直接的、露骨的剥削代替了由宗教幻想和政治幻想掩盖着的剥削"。①当 1848 年欧洲革命失败后，资产阶级与封建反动势力相互勾结，疯狂镇压无产阶级和工人运动。马克思和恩格斯在《论波兰问题》《1848 年至 1850 年的法兰西阶级斗争》《英人在华的残暴行动》《国际工人协会共同章程》《资本论》《法兰西内战》《哥达纲领批判》《反杜林论》《社会主义从空想到科学的发展》等一系列重要著作中，一方面揭示了资本主义社会的基本矛盾必然导致人类社会向共产主义社会过渡的客观规律；另一方面对资产阶级国家统治者及辩护人士鼓吹的资产阶级民主权予以深刻的驳斥。马克思和恩格斯指出，在资本主义国家里，"人身、新闻出版、言论、结社、集会、教育和宗教等自由，都穿上宪法制服而成为不可侵犯的了"②，但实质上，这都不过是为了"资产阶级可以不受其他阶级的同等权利的任何妨碍而享受这些自由"，是为了"保证资产阶级的安全"。③

（三）确立资产阶级民主权是为了资产阶级的利益

马克思主义认为，资本主义的本质是剥削和自私的，而在一些宪法条文或舆论宣传中，又时时披上民主的外衣，这"只是为了用金钱的特权代替已往的一切个人特权和世袭特权。这样，他们通过选举权和被选举权的财产资格的限制，使选举原则成为本阶级独有的财产。平等原则又由于被限制为仅仅在'法律上的平等'而一笔勾消了，法律上的平等就是在富人和穷人不平等的前提下的平等，即限制在目前主要的不平等的范围内的平等，简括地说，就是简直把不平等叫做平等"。④

马克思、恩格斯多次告诫和提醒无产阶级和广大人民群众，绝不要被资

---

① 《马克思恩格斯选集》第 1 卷，人民出版社，2012 年，第 403 页。
② 同上书，第 681 页。
③ 同上书，第 681—682 页。
④ 《马克思恩格斯全集》第 2 卷，人民出版社，1957 年，第 648 页。

产阶级统治当权那种虚伪的民主权利所迷惑，要认清和识破资产阶级民主权的阶级实质。恩格斯曾指出，资产阶级所谓的种种民主权利在口头上、宪法中虽被承认了，"但是，追求幸福的欲望只有极微小的一部分可以靠观念上的权利来满足，绝大部分却要靠物质的手段来实现，而由于资本主义生产所关心的，是使绝大多数权利平等的人仅有最必需的东西来勉强维持生活，所以资本主义对多数人追求幸福的平等权利所给予的尊重，即使有，也未必比奴隶制或农奴制所给予的多一些"。①

这是因为，资产阶级民主权的制定和确立，完全是为了资产阶级自身的阶级利益，体现资产阶级的阶级属性。正如马克思和恩格斯所指出的那样，"私有财产这项人权就是任意地、和别人无关地、不受社会束缚地使用和处理自己财产的权利；这项权利就是自私自利的权利"。② 因此，马克思和恩格斯早就指出，认识资产阶级的所谓民主等权利，绝不能光从文字上去理解，而是要明确其之所以产生的基础，这就是"工业的、笼罩着普遍竞争的、以自由追求私人利益为目的的、无政府的、塞满了自我异化的自然的和精神的个性的社会"。③

（四）资产阶级选举制是为了用金钱的特权代替世袭特权

在资本主义社会里，对生产资料的不同占有和财富的多寡不同，必然表现为在政治地位上的不同。而"政治权力不过是用来实现经济利益的手段"。④ 因此，在所谓的"全民民主""绝对民主"的背后，只不过"就是容许被压迫者每隔几年决定一次究竟由压迫阶级中什么人在议会里代表和镇压他们"！⑤ 而资产阶级选举制度，"只是为了用金钱的特权代替已往的一切个人特权和世袭特权"。⑥ 资产阶级民主权利的实施，无非是金钱的比较，财富的较量。历史和事实也一再证实了马克思主义这一基本结论。"每一个企图取代旧统治阶级的新阶级，为了达到自己的目的不得不把自己的利益说成是社会全体成员的共同利益"，他们总是"赋予自己的思想以普遍性的形式，

① 《马克思恩格斯选集》第4卷，人民出版社，2012年，第245—246页。
② 《马克思恩格斯全集》第1卷，人民出版社，1956年，第438页。
③ 《马克思恩格斯全集》第2卷，人民出版社，1957年，第156页。
④ 《马克思恩格斯选集》第4卷，人民出版社，2012年，第257页。
⑤ 《列宁全集》第31卷，人民出版社，2017年，第84页。
⑥ 《马克思恩格斯全集》第2卷，人民出版社，1957年，第648页。

把它们描绘成唯一合乎理性的、有普遍意义的思想"。① 而在实际生活中，"议会制度并没有消除最民主的资产阶级共和国作为阶级压迫机关的本质，而是不断暴露这种本质"。②

### 三、资产阶级民主、民主权的历史转型及其危机

2008 年全球金融危机爆发，欧美政治经济格局发生了重大变化，从美国大选到英国"脱欧"公投再到法国大选，一系列"黑天鹅"事件的发生，反映了民众对西方民主权保障、民主政体的不满，暴露了西方民主制度的内在弊端。而民族主义、民粹主义、威权主义、种族主义和右翼势力的崛起，政治孤立主义、排外主义、经济保护主义和反全球化思潮的蔓延，也对西方民主权、民主制产生了严峻挑战。随着这些事件的不断发酵，未来欧美和全球政治经济格局也正在发生重大变化。③

面对上述情况，要反思的是，这些现象的出现究竟是一种偶然还是必然？或者说，西方民主究竟存在什么样的先天缺陷？这里以美国代议制民主为例，通过对美国民主制度的形成、发展和转型研究，来剖析当前西方民主危机的内在根源，反观中国特色社会主义民主的世界历史意义。

（一）民主与共和：两种"传统"的差异与融合

众所周知，西方资产阶级的核心价值观是"自由、民主、平等"。那么，作为一个重要范畴，民主何以成为西方资产阶级的核心价值观？它与原初意义上的民主概念存在何种差异？要弄清这些问题，首先必须了解西方民主制度的演变过程。

从源头上说，现代西方民主起源于古希腊民主和古典共和主义。但就其实质而言，前后两者之间存在重要差异。在古希腊时期，市民社会与国家是内在同构的，"像希腊那样，respublica（国家，共和国。原意是公共事务）是市民的现实私人事务，是他们的活动的现实内容……在这里，政治国家作

---

① 《马克思恩格斯选集》第 1 卷，人民出版社，2012 年，第 180 页。
② 《列宁选集》第 2 卷，人民出版社，2012 年，第 6 页。
③ 孙乐强：《西方民主制度的历史转型及其当代危机》，《当代中国价值观研究》，2017 年第 8 期。

为政治国家是市民的生活和意志的真正的惟一的内容"。① 因此，在雅典式城邦中，每个公民都直接参与公共事务，共同掌握国家权力机构。

针对雅典式民主，晚年柏拉图和亚里士多德做出了批判。他们认为，这种民主在一定程度上是不可持久的，只有将贵族和平民融合起来的共和政体，才是最好的，由此开启了共和主义的思想转向。后来经过古罗马和威尼斯共和国的实践塑造，以及古罗马政治思想家波利比阿、西塞罗等人的总结和发展，形成了古典共和主义传统。

那么，何谓共和主义呢？主要有以下五个特点：（1）"天下为公"的共有理念。（2）共治理念。任何阶级、集团和公民都有参与治理的权利，国家应当平等地保护每个阶层的权利。（3）和平共处。当阶级或集团之间出现利益冲突时，规定要依据合法程序，平衡各方利益，以和平方式解决彼此之间的政治争端。②（4）共同善。要维持共同体的可持续发展，除了良好的制度之外，还必须注重公民德性的培养。（5）混合均衡政体。因为，不论是君主制、贵族制还是民主制，都是不稳定的，必然导致社会动荡和国家衰败。所以，只有将君主、贵族和平民融为一体的混合均衡政体，才是最稳定的政体。这在古罗马的政治实践中，得到了明确体现，形成了以执政官、元老院和公民大会为一体的混合机构。

由上可见，雅典式民主与古罗马的共和主义存在某种相似之处，即都强调善治，注重公民德行的培养，强调法治，等等。然而，它们也存在重要区别：首先，雅典式民主在某种意义上并不是一种选举制，而是以抽签和轮流执政为基础的直接民主。而古典共和主义者则反对用直接民主来决定国家事务，认为这极有可能产生暴民政治，最终导致国家崩溃。在他们看来，最理想的共和政体应是君主、贵族与平民相结合的混合政体。从这个角度而言，雅典的民主政体和罗马的共和政体绝不是一回事。其次，在古典共和政体中，元老院是最高的决策机构，由贵族组成，采用终身制；公民大会只是通过民主形式，参与立法或选举执行官，虽然后来的权力有所增大，但它并不像雅典那样，能够通过直接民主来决定整个国家事务，后者的作用始终被严

---

① 《马克思恩格斯全集》第 3 卷，人民出版社，1998 年，第 43 页。
② 叶海涛：《共和主义：从古典到现代的嬗变》，《江海学刊》，2006 年第 4 期。

格限制在一定的职权范围内，受到元老院等机构的制衡。因此，与直接民主相比，古典共和体制要相对保守一些；但与单一的君主制或寡头制相比，共和制又包含着一定的民主因素。① 再次，虽然雅典式民主和古典共和都是建立在奴隶制和等级制之上的，但前者的抽签和轮换机制，保证了公民权利的平等性，而后者又重新回到了以出身、财产或知识等为基础的任选法则，在一定程度上加剧了等级之间的权利不平等。概而言之，在原初语境中，民主与共和既存在内在联系，也存在重要差异：前者主要是指直接民主，它是古代公民处理城邦事务的主要形式；而后者则是一种混合政体，其中民主并不占主导，只是作为一个附属分支，受到君主和贵族权力的制衡。可以说，这两种传统共同构成了现代西方民主的重要来源。

后来的历史表明，古典共和政体并不像理论家们设想的那样，是一种稳定的、可持续的发展之路，斯巴达共和国被马其顿征服，罗马共和国蜕变成罗马帝国，威尼斯等小共和国也最终趋于消失。17、18世纪的英美政体也不是雅典式民主、古典共和的简单的延续，不论是英国还是美国，都对民主与共和传统进行了改造，但就程度而言，较为彻底的当数美国。

在革命战争胜利之后，美国摆脱了英国的殖民统治。由于美国的国情和独特的社会性质，决定了美国不可能照搬古罗马和英国模式，相反，必须从本国实际出发，建构一套全新的、本土化的共和政体，由此开启了对民主与共和的双重改造。一是对民主的重塑。在摆脱英国之后，美国成为一个幅员辽阔、人口众多、群体复杂的"人民"国家，因此，雅典的直接民主显然不适用于美国。在这种情况下，美国建国精英们发挥了自己的创造性，在直接民主和作为分支的民主之间开辟了第三条道路，形成了所谓的代议制民主。② 以定期选举为方法的代议制，将全部政府官员变成了"人民的代表"，彻底弱化了贵族制和君主制的色彩。二是对共和的重塑。美国要用代议制民主来改造整个国家，就采用共和政体，即"行政首脑即总统不是世袭制或终身制，而是由人民间接选举（选举人制度）；参议院不再是罗马意义上的元老院，而是以间接选举为基础，由此消除了原来的贵族制和终身制；众议院也

---

① 刘训练：《"共和"考辨》，《政治学研究》，2008年第1期。
② ［法］托克维尔：《论美国的民主》上册，董果良译，商务印书馆，1989年，第61—64页。

不是以直接民主（全体公民参与）为基础的公民大会，而是由人民直接选举出来的代表组成"。"经过这种改造，美国共和政体显然不再是古典意义上的混合政体，而是以代议制民主为基础的新型共和制，由此实现了从古典共和到现代共和的转变。"① 以后，美国人往往把美国政体称为"民主制"或"共和制"，把美国称为"民主共和国"。

美国的"民主共和国"，一方面，它实现了民主与共和的现代转型，并在新的语境中，实现了"民主"与"共和"传统的内在融合；另一方面，代议制民主虽然打破了过去贵族精英把持的政权形式，实现了精英政治的民主化；但是在某种程度上，它又建构了一种以财产、地位、知识或教育等为基础的选举制，在"民主"的口号下，重新恢复了精英治国的实质，存在着不可克服的内在矛盾。

以后，"民主"的观念开始越来越多地与自由主义一致起来。② 民主逐渐丧失了它的实质内涵，实现了价值与程序的分离，沦为精英寡头政治的合法外衣。

（二）共和与自由主义的融合

总体来看，美国自由主义经历了三种形态：古典自由主义、镶嵌式的自由主义和新自由主义。古典自由主义包括洛克式的政治自由主义和经济上的自由放任学说，它们与新大陆结合之后，本土化为美国资产阶级传统价值观的重要组成部分。（当然了，其中还包括"新教伦理"和宗教因素的影响。）随着富兰克林·罗斯福的上台以及"新政"的实施，改变了国家的"守夜人"角色，开始干预经济和社会福利，从而开启了一种不同于古典自由主义的新浪潮。

可以说，国家干预和福利国家政策在一定程度上缓解了资本主义矛盾，使资本主义经济得以复苏，经历了一段发展的黄金期。然而，到了 20 世纪 70 年代中后期，福利国家开始遭遇危机，欧美资本主义国家陷入经济停滞、通货膨胀的怪圈之中，福利国家所遮蔽的各种矛盾纷纷爆发了出来，进一步加速了干预主义和福利国家的失范。70 年代末 80 年代初，随着里根和撒切

① 孙乐强：《西方民主制度的历史转型及其当代危机》，《当代中国价值观研究》，2017 年第 8 期。
② ［加］艾伦·伍德：《民主反对资本主义》，吕薇洲等译，重庆出版社，2007 年，第 224 页。

尔夫人的上台，国家干预和福利国家政策最终被放弃，新自由主义开始登上历史舞台，成为当代资本主义的国家哲学和官方意识形态。

（三）新自由主义的危害与当代西方民主危机

新自由主义不只是一种意识形态，更是一套政治、经济、文化的实践机制，它的根本目的在于恢复经济精英和政治精英的阶级权力，并在政治、经济、文化等方面建构了一套以个人主义和市场自由为基础的新自由主义政策体系。然而，2008 年金融危机的爆发，从根本上宣告了新自由主义的破产。而经济的恶化，导致国民财富缩水，贫富差距日益加大，又进一步激化了资本主义国家的社会矛盾，出现了大规模的抗议运动和罢工潮。为了转嫁危机，资本主义国家打着自由民主的旗号，到处进行"人道主义扩张"，引发了难民潮、种族冲突等严重的社会问题。这些也表明，西方民主的现代危机，西方民主已经走到了一个生死攸关的"十字路口"。

一是金融危机和经济危机的爆发，表明资本主义民主无法纠正市场失灵问题，遭遇自身的功能性和治理危机。

二是进一步加剧了金融市场的盲目性和风险性。马克思指出，金融资本始终是寄生性的，它不会创造任何额外的剩余价值，它的利润实际上只是对实体经济利润的一种再分配。然而，在新自由主义的推动下，金融资本与实体经济的关系完全出现了变异，它不再为后者服务，而是为自己牟利，它通过次级贷款的证券化，进行高杠杆融资，层层打包，层层转嫁风险，用别人的钱来套取更多的钱，进而形成虚拟经济与实体经济的二元对立格局，而金融危机和经济危机的爆发，再次印证了资本主义自由民主在经济治理方面的先天不足。

三是精英政治、寡头政治和金钱政治的盛行，使民主遭遇自身的合法性危机。同时，资本与民主的联姻，使西方民主沦为一种金钱政治，导致了严重的民主异化。民主已经被资本绑架，不仅使政治权力全面服务于资本利益，更滋生了一种明目张胆的政治腐败。

四是美国梦的破产预示着西方民主价值观遭遇深层危机。所谓自由、民主、平等、公正已被无情的现实所击碎，越来越成为一种骗人的鬼话；贫富差距日益加剧，阶层固化日益明显，代际不平等日趋强化，成为摆在下层民众面前的一道道不可克服的屏障。① 进入 21 世纪以来，美国社会已经陷入"寒门再难出贵子"的怪圈之中。这种阶层固化反映的是社会地位的"集体世袭"，处于优势地位的阶层子女，凭借其父辈的优势，轻而易举地安享尊荣；而处于弱势地位的阶层子女，无论怎么努力，都很难跨越阶层的界限。这种阶层上的固化，进一步演化为不平等的代际传递，导致了阶层鸿沟的进一步扩大。②

五是欧美国家的霸权主义行径，再次暴露了西方民主的狭隘性和虚假性。21 世纪以来，欧美国家打着自由民主的旗号，肆意践踏他国主权，干涉他国内政，到处进行人道主义轰炸和意识形态演变，从阿富汗、伊拉克到"阿拉伯之春"③ 再到利比亚、叙利亚等等，这种民主的霸权输出导致的是无休止的社会动乱和暴力冲突，引发了大规模的难民潮和人道主义危机。"美式民主"是一种打着"自由、民主、人权"的旗号所进行的霸权主义行径，构成了当今国际社会持续动乱的主要根源。美国主导的北约东扩导致的俄乌战争，给乌克兰和欧洲造成了灾难性悲剧，引发了分裂动荡，严重损害世界各国人民的利益。

当今，以"美式民主"为代表的西方民主，还在不断地陷入危机和困境：2016 年 11 月 9 日，特朗普获选美国第 45 任总统，美国各地爆发了大规模的游行示威运动，反映了美国民众对选举结果和当前民主政治的不满。2021 年 1 月 6 日，美国国会参议院确认拜登当选美国第 46 任总统。特朗普的支持者冲入国会。美国国会历史学会专家塞缪尔·霍利迪指出，这一令人震惊的事件是英国军队于 1814 年 8 月袭击并烧毁美国国会大厦 200 年后的国会山又一次被攻占。充分反映了"美式民主"的深刻危机、社会的严重分裂。

所以，早在 2015 年美国前总统卡特就表示，美国民主已死，是属于少数人的寡头政治。美国为了挽救正在死亡的"美式民主"，2021 年 12 月 9 日至 10 日，召开所谓"民主峰会"，发起分裂世界的价值观之争，试图在全球

① [法]托马斯·皮凯蒂：《21 世纪资本论》，巴曙松等译，中信出版社，2014 年，第 388 页。
② [美]罗伯特·帕特南：《我们的孩子：美国梦的危机》，田雷、宋昕译，中国政法大学出版社，2017 年。
③ 《美国是"阿拉伯之春"的背后推手》，《光明日报》，2013 年 1 月 10 日。

推广其资本寡头式的民主政治。英国"脱欧"意味着反一体化、反全球化开始成为一股不可忽视的力量。2022 年 5 月，法国大选结果虽然以马克龙的胜利而告终，但以勒庞为代表的右翼势力却获得了广泛支持；欧洲其他国家右翼力量的迅速崛起，也反映了民众对当前政治体制和传统政党政治的失望。与此同时，民族主义、民粹主义、种族主义和排外主义日益蔓延，严重危及西方民主的"合法性"基础，西方民主已经走到了生死攸关的"十字路口"。

## 四、西方民主、民主权的危机在于其"基因缺陷"

西方的代议制民主促进了民主的现代转型，提供了一种不同于雅典民主和古典共和的民主形式，也形成了一套灵活的自我修复和调适能力。但是，西方民主、民主权的实施，不断陷入危机和困境的事实告诉我们：它有其内在的不可克服的"基因缺陷"。

列宁认为："任何民主，和任何政治上层建筑一样（这种上层建筑在阶级消灭之前，在无阶级的社会建立之前，是必然存在的），归根到底是为生产服务的，并且归根到底是由该社会中的生产关系决定的。所以把'生产民主'跟任何其他的民主分割开来，是不能说明任何问题的。"[①] 资产阶级的民主、民主权利有着不可避免和无法克服的内在矛盾，这是由资本主义私有制所决定的，这也正如马克思所强调的，"权利决不能超出社会的经济结构以及由经济结构制约的社会的文化发展"。[②] 对资产阶级民主危机的分析，必须从资产阶级民主、民主权所固有的、无法避免和克服的矛盾去剖析，揭示资产阶级民主、民主权的"基因病"。

（一）资本主义民主权的"基因病"之一，是以形式上的民主掩盖资本主义对立的阶级关系

显然，在资本主义私有制下自由买者和卖者的民主权，作为自由的、在法律上平等的人缔结契约的民主权，都是在私有制基础上的民主自由，一旦进入现实的生产和市场，资本家雄心勃勃，工人战战兢兢，这是资本主义私有制下的民主、民主权初始的"基因病"。

---

① 《列宁选集》第 4 卷，人民出版社，2012 年，第 405 页。
② 《马克思恩格斯选集》第 3 卷，人民出版社，2012 年，第 364 页。

马克思主义又认为，自由竞争，商品交换所体现的资本主义所谓的"民主权利"，并不是商品生产的本质的内在的要求，而仅仅是它的形式表现。马克思指出，"在现存的资产阶级社会的总体上，商品表现为价格以及商品的流通等等，只是表面的过程，而在这一过程的背后，在深处，进行的完全是不同的另一些过程，在这些过程中个人之间表面上的平等和自由就消失了"。① 在资本主义社会中，"资本家和工人之间的交换关系，仅仅成为属于流通过程的一种表面现象，成为一种与内容本身无关的并只是使它神秘化的形式"。② 这里指的内容与实质，即过程的背后和深处，"所有权对于资本家来说，表现为占有他人无酬劳动或它的产品的权利，而对于工人来说，则表现为不能占有自己的产品"。③ 这种被"神秘化"的交换形式掩盖起来的、资本家"总是不付等价物而占有的他人的已经对象化的劳动的一部分"④ 的状况，就是在资本主义民主权掩盖下的资本主义对立的阶级关系。在资本主义私有制条件下，"私人关系必然地、不可避免地会发展为阶级关系，并作为这样的关系固定下来"。⑤ 占有生产资料的阶级凭借其对于社会劳动和社会财产分配的优势地位，垄断、霸占并长期承袭社会公职，使社会公职由对社会的管理异化为对社会的统治和剥夺，造成了事实上的"统治关系和奴役关系"。⑥

在资本主义生产资料私有制条件下，人们依据对于生产资料的现实关系，被划分为不同的阶级和集团，固定地置身于不同的劳动职业，有差别、有差等地享有劳动产品。失去了生产资料的阶级，也由于在生产中处于被支配的地位，失去了对生产过程和生产产品的支配权，从而也就丧失了政治生活中的民主权，成了经济生活和政治生活中的奴隶。马克思明确指出，在这种情况下，广大劳动者的政治权利随着它的经济基础一起丧失而告终。资本主义社会中所谓已确立的人与人之间的平等的民主权利，以及以宪法和法律条文所明文规定的种种所谓公民对于政治国家的实际支配权，都是虚幻的、

① 《马克思恩格斯全集》第46卷（上），人民出版社，1979年，第200页。
② 《马克思恩格斯全集》第44卷，人民出版社，2001年，第673页。
③ 同上书，第674页。
④ 同上书，第673页。
⑤ 《马克思恩格斯全集》第3卷，人民出版社，1960年，第513页。
⑥ 《马克思恩格斯全集》第26卷，人民出版社，2014年，第187页。

无法实现的。

（二）金钱民主，社会分裂成为现代西方"代议制"民主不可治疗的第二个"基因病"

西方代议制民主是资本主义国家政治制度的集中表现，这种权力分立、相互监督和政治公开的制度设计有其合理性，在早期能适应西方社会需要，曾经推动了西方民主发展。然而近年来，西方代议制民主片面强调形式民主，只重视选举程序和选举结果，无视"金钱民主"的弊端，无视大多数人民的需求，专注于有利于"资本"发展的民主，再加上西方社会民粹主义与极端政党崛起，票选民主和多党制衡游戏化，西方代议制民主不仅无力解决当下不断激化的社会矛盾，而且深陷政治极化和社会分裂困境不能自拔。

一是"否决"政治加剧社会分裂。西方多党博弈与制衡，多以裹胁民意、绑架国家利益、加速国家政治极化和社会分裂为代价。近年来，欧洲融欧和反欧、接纳移民和反移民的党派争斗互不相让，政党制衡开始演变为缺乏理性的"否决政治"。

二是选举民主实际上成为金钱民主。西方代议制民主下的选举，候选人仅靠政策、演讲和口才是很难胜选的，必须具备雄厚的经济实力。虽然金钱不一定能够完全决定选举的最终结果，但没有足够的竞选资金，政客们的"总统梦"肯定圆不了。2010年，美国最高法院取消了对公司和个人政治捐款的额度限制，彻底撕下了金钱政治的遮羞布，之后的政治捐款和选举费用接连攀升。"一人一票"表面上的平等掩盖了金钱政治事实上的不公平，选民谈不上有真正的选择，只能凭感觉投票，或看谁给的钱多就投谁。

三是票选"政治合法性"渐失。西方代议制民主看重选举形式，将复杂的政治民主简单化为一套选举程序，把"一人一票"、多党竞争当作衡量民主的唯一尺度，"多数"成为代议制民主游戏规则的核心要素。然而，公民将自己神圣的一票投出去，希望他们能代理民众管理好国家。但这批人是不同政党利益的代表，他们或是从个别党派、个别利益集团的私利出发，或者是按照本党意识形态和价值理念的好恶，来制定政策、治理国家。因而，这种国家政治制度不可避免地产生代表不同利益集团的议会和决策权力集中的政府之间博弈的结构性矛盾。

四是民主"民粹化"恶化了国家政治生态。国际金融危机后，西方国家贫富差距不断拉大，社会利益多元日益凸显，财富分配"零和游戏"愈演愈烈，造成不同利益群体情感隔阂和相互对立，导致公民与政府之间关系趋向紧张。一些极端政党挟持民意，对抗传统精英政治，政党理念主张和活动方式民粹化，民众参与政治的行为更加极端，使西方民主政治生态更加恶化。

## 第四节　社会主义民主政治与公民权

以上，对资产阶级民主及其在现代的转型过程中面临的不可克服的危机及其内在的"基因病"分析，证明了马克思主义关于社会主义民主、民主权思想的科学性。中国的社会主义民主政治的形成和发展，中国公民在中国特色社会主义建设实践中享有充分的"全过程"民主，是马克思主义民主和民主权思想的"中国化"和"当代化"。

### 一、社会主义民主的历史继承

自由、平等、民主权利虽然是资产阶级思想家所提出的，但它不是资产阶级的专利，本质上反映了人类对社会进步的一种向往、一种积极的社会价值取向。所以，这些反映积极社会价值取向的人的权利需求，能随着社会的发展而不断地演进。只是在不同的制度下，它们沿着不同的价值取向、不同的路径发展。

（一）社会主义民主继承了人类自由、民主的社会价值取向

马克思分析了 1789 年的法国资产阶级革命。他认为，当时资产阶级思想家提出的民主、自由、平等、博爱的旗帜，是革命的、进步的旗帜。尽管以抽象普遍形态出现的人权思想原则，仍然是虚幻的，但它的社会功能是革命的。因为 1789 年的革命并不只是法国的革命，而是欧洲范围的革命，它不是社会中某一阶级的胜利，而是宣告了欧洲新社会的政治制度的胜利，资本主义社会对封建社会的胜利。而就世界范围来说，它不仅反映了法国的要求，也反映了世界的发展趋势。这是一个时代的进步。当时，民主、自由、平等的权利要求，在一定程度上反映了被压迫的劳动者的利益和愿望，起到

了动员他们起来同封建制度斗争的作用。

更为深刻的是，马克思从对资产阶级革命的分析中敏锐地看到，并不是自由、平等、民主的权利思想原则背叛了资产阶级，而是胜利了的资产阶级背叛了自己最初的理想。当他们能继续以"权利""人道"为借口，能利用抽象的自由、平等、民主、博爱来维护自己的利益时，他们不会放弃这些口号和权利要求，一旦他们感到这些威胁到他们的利益时就会断然摒弃它。正如马克思说的："资产阶级正确地了解到，它为反对封建制度而锻造出来的各种武器都倒过来朝向它自己了，它所创造的一切教育手段都转过来反对它自己的文明了，它所创造的所有的神都离弃了它。它了解到，一切所谓的市民自由和进步机关，都侵犯它的阶级统治，并且既威胁它的社会基础，又威胁它的政治上层。"①

所以，资产阶级一方面宣布自由、平等、民主，另一方面又心惊胆战地提防无产者对它的"利用"，于是尽量限制和缩小民主和自由。例如，法国1879年的宪法规定，人身、出版、言论、结社、集会、教育和信教等自由，是法国公民的绝对权利，然而总是加上一个附带条件，说明它只有在不受他人同等权利和公共安全或法律限制时才允许享有这种权利。"宪法的每一条本身都包含有自己的对立面"，"在一般词句中标榜自由，在附带条件中废除自由"。② 而且资产阶级完全可以保证"公共安全"（实际上是资产阶级社会的安全），以触犯法律为名，剥夺他人享有的自由。因此，资产阶级力图限制和缩小人民享有的民主和自由权利，无产阶级则反其道而行之。这种斗争构成了无产阶级和资产阶级斗争的一个重要方面，无产阶级争取自由与民主权利的斗争，实际上反映了人类对自由、平等、民主社会的一种向往，是一种积极的社会价值取向。社会主义民主便是这种社会价值取向的必然归宿。

（二）社会主义民主吸收、改造和利用了资产阶级民主中的积极因素

社会主义民主既从根本上否定了维护资本主义统治和私有制利益的资产阶级民主制度，又吸收、改造和利用了资产阶级民主中一切积极的、有益的因素和形式。正如马克思在总结1848年欧洲革命的经验时所指出的，无产

---

① 《马克思恩格斯选集》第1卷，人民出版社，2012年，第711页。
② 同上书，第682页。

阶级和劳动群众必须"把民主共和机构保存起来"① 作为实现社会改造的工具，建立"社会民主主义的红色共和国"。② 恩格斯也认为，"民主共和国甚至是无产阶级专政的特殊形式"。③ 世界上第一个无产阶级政权巴黎公社采取了共和制政体，马克思称它为"共和国的一定形式"，马克思说："公社是由巴黎各区通过普选选出的市政委员组成的"，公社还"将成为甚至最小村落的政治形式"。④ 这种政治形式就是第一个无产阶级政权，它"给共和国奠定了真正民主制度的基础"。⑤

十月革命胜利后，社会主义政权形式是苏维埃，最高苏维埃是国家最高权力机关。社会主义社会绝不需要资产阶级的议会，也不需要那种维护资产阶级统治、限制和剥夺广大劳动人民享有民主权利的选举制度。正是在这样的意义上，列宁认为，"摆脱议会制的出路，当然不在于取消代表机构和选举制"，"没有代表机构，我们不可能想象什么民主，即使是无产阶级民主"。⑥

社会主义中国则立足中国的国情，反思批判了"古典共和体制"、巴黎公社式的"民主共和国"由"人民当家作主"的思想以及现代西方的"代议制"，实行全国人民代表大会制度，由全国人民选举产生的代表大会是国家的最高权力机关，然后选举产生自己的政府，即人民政府。

## 二、社会主义民主的基础

与资产阶级民主理论截然相反，马克思主义认为，民主权利绝不是通过"契约""转让"或由国家及统治者来实现广大人民群众的"公意"，要真正实现大多数人民的民主权，必须推翻资产阶级政权，消灭私有制，建立无产阶级和人民的政权，建立生产资料社会主义公有制。

（一）社会主义民主以公有制为基础

正如《共产党宣言》中指出的，"使无产阶级形成阶级，推翻资产阶级

---

①　《马克思恩格斯全集》第 7 卷，人民出版社，1959 年，第 102 页。
②　同上书，第 98 页。
③　《马克思恩格斯全集》第 29 卷，人民出版社，2020 年，第 289 页。
④　《马克思恩格斯选集》第 3 卷，人民出版社，2012 年，第 98—99 页。
⑤　同上书，第 101—102 页。
⑥　《列宁全集》第 31 卷，人民出版社，2017 年，第 44—45 页。

的统治，由无产阶级夺取政权"，最后"消灭私有制"①，实现无产阶级乃至全民的民主权利。因此，社会主义制度和人民民主专政是实现人民民主权利的根本保证。也正是从这一点讲，民主权利和其他基本人权一样，首要的前提和条件是国家的独立权和人民的生存权。如果一个国家的主权遭到践踏，整个民族处于被剥削、被奴役的条件下，还哪里谈得上什么民主权利呢？

（二）社会主义民主权的本意是人民当家作主

马克思主义认为，社会主义民主依赖于社会主义物质的、经济的基础，而社会主义民主权的本意，就是人民当家作主。如前面分析的那样，马克思在总结巴黎公社的经验时，第一次使用了人民"当家作主"的概念，明确指出巴黎公社就是"由人民自己当自己的家"②，列宁在十月革命胜利后也明确指出，劳动人民能够"当家作主"，社会主义民主"必须使劳动群众独立担负起社会主义国家的管理和建设工作"。③

社会主义民主权必须体现在人民当家作主上，这深刻反映了马克思主义创立的历史唯物主义的基本原理，这也是由人民群众的历史地位和作用所决定的。人民群众是社会物质财富和精神财富的创造者，又是社会变革的决定力量。同样，人民群众是社会主义民主的创建者和建设者，理所当然是民主权利的行使者和享有者。民主的本意和宗旨就是人民在政治关系及相应的政治国家中享有至高无上的权力，一切权力归人民。马克思主义把以往被颠倒了的唯心史观颠倒过来，阐发了社会主义民主权与人民当家作主的内在联系。

马克思主义认为，"在民主制中，国家制度本身就是一个规定，即人民的自我规定"，"民主制"是人民的国家制度，"民主制独有的特点，就是国家制度无论如何只是人民存在的环节"。④社会主义制度下人民当家作主，表现为通过人民代表制使人民参与立法，并全面参与国家管理，这种参与"不是一切人都单独参加，而是单个的人作为一切人来参加"⑤，即作为单个人与大多数人的统一的参与。马克思主义还认为："其他一切国家结构都是某种

---

① 《马克思恩格斯选集》第 1 卷，人民出版社，2012 年，第 414 页。
② 《马克思恩格斯全集》第 17 卷，人民出版社，1963 年，第 565 页。
③ 《列宁全集》第 35 卷，人民出版社，2017 年，第 18 页。
④ 《马克思恩格斯全集》第 1 卷，人民出版社，1956 年，第 281 页。
⑤ 同上书，第 390 页。

确定的特殊的国家形式。而在民主制中，形式的原则同时也是物质的原则。因此，只有民主制才是普遍和特殊的真正统一。"① 这就是指国家的普遍性和社会的特殊性的统一。

社会主义国家作为人民的、体现人民管理的特殊内容和特殊存在方式，真实地代表人民的利益，人民构成国家，通过国家实现自身的意志和权利。因此，国家在这里的含义绝不是少数人的统治工具，而人民在国家面前，作为权力的主体，必然享受着充分的民主权利。

（三）社会主义民主才真正是"人民主权"和"主权在民"

马克思主义认为，社会主义社会的民主同样首先是国家制度问题。社会主义民主政治就是体现在劳动人民实际享有的公民权方面，就是人民当家作主，即真正的"人民主权"和"主权在民"，就是全体劳动人民在共同对生产资料享有不同形式的所有权和支配权的基础上，享有管理国家事务和社会事务的最高权力。这是社会主义制度的基本原则，又是社会主义社会公民民主权利的基本前提。

社会主义民主政治建立在生产资料公有制基础之上，以发展社会生产力为社会主义的根本任务，最终实现人类的彻底解放。因此，社会三义国家实现"多数人的统治"，是高度的民主，是资本主义民主所无法比拟的。"无产阶级民主比任何资产阶级民主要民主百万倍"，② 也正是在这个意义上说的。另一方面，马克思主义不仅论证了社会主义民主的基本特征，而且强调了社会主义实行多数人统治的必要性。社会主义必须把民主扩展到全体劳动者身上，实现人类历史上从未有过的绝大多数人的有名有实的统治。"不实现民主，社会主义就不能实现"，"胜利了的社会主义如果不实行充分的民主，就不能保持它所取得的胜利，并且引导人类走向国家的消亡"。③ 在社会主义国家里，如果全体劳动人民所享有的当家作主的民主权利不充分，或受到限制，那就难以巩固无产阶级专政的国家政权，也不能充分发挥人民群众的积极性，促进社会主义建设。

---

① 《马克思恩格斯全集》第1卷，人民出版社，1956年，第281—282页。
② 《列宁全集》第35卷，人民出版社，2017年，第249页。
③ 《列宁全集》第28卷，人民出版社，2017年，第168页。

（四）社会主义民主政治是实现人民民主权的基础

马克思、恩格斯进一步指出，要实现民主权，社会主义民主政治是基础。马克思、恩格斯的"工人阶级专政""无产阶级专政"的概念就是作为资产阶级民主制的对立而提出的，这实质上就是无产阶级民主和无产阶级专政的统一，本质上即社会主义的民主制。马克思主义认为，实行财产公有，"第一个基本条件是通过民主的国家制度达到无产阶级的政治解放"。[①] "首先无产阶级革命将建立民主的国家制度，从而直接或间接地建立无产阶级的政治统治。"[②] 社会主义民主政治为公民真正享有民主权利提供了政治前提。

## 三、社会主义民主与公民权

（一）社会主义民主权的基本特征

马克思主义认为，社会主义的民主，无论从民主政治还是从公民权方面来说，都是广泛的、公平的、真实的。

首先，从广泛性来说，享受民主权利的主体不是少数人，也不是某些阶级和阶层的一部分人，而是全体公民，其内容也是极为广泛的。

其次，从公平性来说，民主权利为全社会的公民平等地享有，并不受金钱和财产等方面的限制，除上述分析涉及的一些内容外，中国宪法还规定了男女平等，使占人口一半的妇女在政治、经济、文化、社会和家庭生活等方面，获得与男子平等的权利；中国宪法还规定，公民对于任何国家机关和国家工作人员，有提出批评和建议的权利，对于任何国家机关和国家工作人员的违法失职行为，有向有关国家机关提出申诉、控告或者检举的权利，体现了法律面前人人平等的原则；这正如列宁所说的："只有承认和实行选举人对代表的罢免权，才能被认为是真正民主的和确实代表人民意志的机关。"[③] 这是真正民主制的基本原则。

再次，从真实性上来说，人民的民主权利及公民权得到了制度上、法律上、物质上的保障，宪法和法律中规定的各种权利，同人们在现实生活中所

---

① 《马克思恩格斯全集》第 42 卷，人民出版社，1979 年，第 379 页。
② 《马克思恩格斯选集》第 1 卷，人民出版社，2012 年，第 304 页。
③ 《列宁全集》第 33 卷，人民出版社，2017 年，第 106 页。

享受的权利是一致的。社会主义民主权从现实的情况出发，实事求是，凡是现阶段尚不具备实现的条件，就暂时不作法律规定，而法律一旦明确规定的，就一定能够付之实现。

(二) 社会主义的民主政治

马克思主义认为，所谓政治权就是公民的"政治自由"，政治自由，就是人民处理全民的、国家事务的自由，就是人民选举自己的议员 (代表) 到国家杜马 (议会) 中去的权利。

马克思主义认为，公民的民主政治权利不仅仅表现在政治自由上，还应体现在经济、社会等方面。列宁强调，社会主义民主应使全体劳动人民在经济上不受剥削和掠夺，社会财富归全民所有，"农民和工人可以……支配自己的劳动 (选择东家)，支配自己的财产"①，国家保证所有的人都有工作、都有生活资料，社会财富的分配应该本着"同工同酬""按劳分配，多劳多得"的原则。同时，公民有"要求取消等级、要求国内一切公民安全平等"的权利。马克思主义关于社会主义民主政治权的思想，不仅充分体现在当今中国特色社会主义民主政治建设中，而且还落实到了基层的民主建设。

新时代中国特色的基层民主建设，以保障公民能直接行使公民的政治权利。人民群众自己建立了自治组织，在城市中为居民委员会，在农村是村民委员会。中国的企业普遍建立了职工代表大会制度，成为职工群众实行民主管理及监督企业领导干部的基本形式。

马克思主义还提出了任何民族、种族"不分肤色和信仰"，不分大小、强弱，一律平等，各民族都有自己决定自己问题的政治权利。社会主义民主权也必然体现这一思想。社会主义中国宪法规定中国各民族一律平等，使中国各少数民族享有同汉族同等的民主权利。中国是个有 56 个民族的多民族国家，少数民族的合法权利和权益在社会主义制度下得到了保障，少数民族也第一次在历史上成为中华民族大家庭中平等的一员，少数民族人民同汉族人民一样，平等地享有宪法和法律规定的全部公民权利；同时还依据法律，享有少数民族特有的权利，少数民族参与行使国家最高权力的权利受到特殊

① 《列宁全集》第 7 卷，人民出版社，2017 年，第 114 页。

的保障。

马克思主义认为，虽然社会主义民主政治权利和公民权比资本主义社会有了长足的进步，但是人们也应该认识到，这种在原则和实践上、理论和实际中基本一致的"平等权利"，而就它的内容来讲，"像一切权利一样是一种不平等的权利"，因为社会主义社会不是在它自身基础上发展起来的，"它在各方面，在经济、道德和精神方面都还带着它脱胎出来的那个旧社会的痕迹"。社会主义民主建设是一个发展、完善的过程，其间出现的一些弊端，在"共产主义社会第一阶段，是不可避免的"。[①] 要克服这些不足和弊端，实现权利的平等，就必须加速发展社会生产力，在不断提高人民群众的科学文化素质，提高整个社会的物质文明和精神文明的过程中，不断完善社会主义的民主和民主权。

## 四、社会主义民主的中国特色

中国特色社会主义民主是马克思主义民主与民主权思想的"中国化"成就，是中国共产党建党百年来探索的中国特色民主发展道路。

"中国特色社会主义民主道路是中国共产党和中国人民在革命、建设和改革实践中探索出来的正确道路。在理念上，它不仅充分吸收和借鉴了西方民主理论的精华，实现了对中华优秀传统文化的创造性转化，更是对马克思主义民主和民主权理论的创造性继承、发展和践行，开辟了马克思主义和社会主义民主理论的新境界。在实践上，它真正克服了西方民主的内在弊端，充分体现了中国特色社会主义民主制度的优越性，进一步丰富和发展了民主的内涵，提供了一种完全不同于西方民主的'中国方案'，具有鲜明的世界历史意义。"[②]

第一，中国特色社会主义民主是程序民主与实质民主的辩证统一。2014年9月5日，习近平在庆祝全国人民代表大会成立60周年大会上指出："人民民主是社会主义的生命。没有民主就没有社会主义，就没有社会主义的现

---

[①] 《马克思恩格斯选集》第3卷，人民出版社，2012年，第363—364页。
[②] 孙乐强：《西方民主制度的历史转型及其当代危机》，《当代中国价值观研究》，2017年第8期。

代化，就没有中华民族伟大复兴。"① 人民当家作主是社会主义民主政治的本质和核心，中国共产党领导人民实行人民民主，就是切实保证和实现人民当家作主，这是一种更大、更广、更全面、更真实的民主，也是它区别于一切西方民主的本质所在。在代议制民主中，"人民只有在投票时被唤醒、投票后就进入休眠期，这样的民主是形式主义的"②，从而导致程序民主与实质民主的悖论。而中国特色社会主义民主则克服了这一缺陷：一方面，"通过依法选举、让人民的代表来参与国家生活和社会生活的管理"；另一方面，"通过选举以外的制度和方式让人民参与国家生活和社会生活的管理"，这是"中国社会主义民主的两种重要形式。在中国，这两种民主形式不是相互替代、相互否定的，而是相互补充、相得益彰的，共同构成了中国社会主义民主政治的制度特点和优势"。③

第二，中国特色社会主义民主是一种更加广泛的协商民主。中国社会主义民主是以公有制为基础的，这决定了我国民主必须要切实维护人民群众的切身利益，"民主不是装饰品，不是用来做摆设的，而是要用来解决人民要解决的问题的"④。这一点决定了社会主义民主必须要坚持人民的主体地位，通过各种途径和形式使人民广泛参与决策，并在人民内部展开充分协商，切实维护好解决好人民最关心最直接最现实的利益问题。协商民主又是一种充分尊重人民主体地位的集体理性，实现了民主的质与量的辩证统一，构成了"中国社会主义民主政治的特有形式和独特优势"。⑤

第三，中国特色社会主义民主体制是一套经过实践检验的、科学的治理体系。改革开放40多年来，我国在经济、政治、社会、文化等各个方面都取得了举世瞩目的成就，在市场治理、政府治理、社会治理和党的治理方面也取得了重大突破，逐步形成了现代化的国家治理体系和治理能力。在这一过程中，社会主义民主发挥了至关重要的作用。事实充分证明中国特色社会

---

① 中共中央宣传部：《习近平总书记系列重要讲话读本（2016年）》，载共产党员网，2016年5月4日，https：//news. 12371. cn/2016/05/04/ARTI1462316863575606. shtml。
② 同上。
③ 同上。
④ 同上。
⑤ 同上。

主义民主是一套符合国情的、行之有效的、富有生命力的治理体系，能够为社会主义现代化事业的蓬勃发展提供制度保证。

总而言之，中国社会主义民主开创了一种既不同于古代民主，也不同于现代西方民主的新型民主，进一步丰富了民主的形式，深化了民主的内涵，开拓了民主的新道路，为人类社会对民主制度的探索，提供了中国方案，贡献了中国智慧，积累了中国经验。虽然在具体实践中，中国社会主义民主还存在一些不完善、不健全的地方，但它的优越性已得到充分检验，因而具有不可估量的世界历史意义。

## 五、"全过程人民民主"彰显中国特色社会主义民主政治的特质和优势

习近平在庆祝中国共产党成立100周年大会上的重要讲话指出："尊重人民首创精神，践行以人民为中心的发展思想，发展全过程人民民主。"习近平关于全过程民主的重要论述，深刻揭示了人民民主的本质，是对社会主义民主政治理论的重大创新，充分阐明了我国社会主义民主的特质和优势。

（一）全过程民主保障民主权的基本特征

全过程民主之所以能够成为中国特色社会主义政治发展的方向选择，主要是由社会主义的本质以及民主的本意所决定的。习近平强调，我们走的是一条中国特色社会主义政治发展道路，人民民主是一种全过程的民主，所有的重大立法决策都是依照程序、经过民主酝酿，通过科学决策、民主决策产生的。

从一般意义上来说，与全过程民主相对的是"非全过程民主"。全过程民主超越了"非全过程民主"，弥补了"非全过程民主"的某些缺陷，改变了那种"一次性消费行为"般的民主游戏。积极倡导民主理论的法国启蒙思想家卢梭就说过："就民主制这个名词的严格意义而言，真正的民主制从来就不曾有过，而且永远也不会有。"因为"我们不能想象人民无休无止地开大会来讨论公共事务"。"因此在政治实践中，人类发明了'代议制度'，即在承认并遵循人民主权原则的基础上，通过一定的选举程序，产生人民的代

表来'代为人民议政',我们称之为代议制或代表制。"①

"但是从民主发展的角度来看,以选举为基础的代议制或代表制确实只具有基础性的,也可以说是'初级阶段'的意义。因为如前所说,民主意味着人民当家作主。但是在代议制或代表制条件下,人民仅仅是走了一个投票选举的程序,而在这之后,即由那些'代表'行使权力,人民又被撂在一边了。"② 马克思恩格斯曾经揭示过这种投票选举的本质,说资产阶级的这种选举无非是每隔几年在资产阶级内部换个人上台而已,在选举环节之外以及在选举之后,就没有什么民主的过程了。全过程民主具有如下一些基本特征:

第一,全过程民主的"全民性"。"全过程人民民主"是全覆盖的民主,即全民参与的民主。全过程民主的参与主体是全体人民,而不是少数人。这是由党的宗旨、社会主义国家的本质决定的。习近平指出:"中国共产党始终代表最广大人民根本利益,与人民休戚与共、生死相依,没有任何自己特殊的利益,从来不代表任何利益集团、任何权势团体、任何特权阶层的利益。"宪法规定:"中华人民共和国的一切权力属于人民。"要维护和实现最广大人民的根本利益,保证人民当家作主,就要保障全民参与。而资本主义民主是少数人参与的民主,是少数资产者的"政治游戏",列宁曾深刻指出:"资本主义社会里的民主是一种残缺不全的、贫乏的和虚伪的民主,是只供富人、只供少数人享受的民主。"

第二,全过程民主的"全面性"。全过程人民民主涵盖民主选举、民主协商、民主决策、民主管理、民主监督各个环节,实现了民主的全链条化。民主选举是全过程人民民主的重要一环,我国通过一系列法律制度保障人民群众的民主选举权利,保障民主选举的有序有效。我国宪法和选举法对选民资格条件、选举原则和选举程序等作出明确规定,为民主选举提供法律制度支撑。同时,全过程民主,让民主选举、民主协商、民主决策、民主管理、民主监督各个环节彼此贯通起来,是最广泛、最真实、最管用的民主,真正实现人民民主权利。而资本主义民主,是"人民只有投票的权利而没有广泛参与的权利,人民只有在投票时被唤醒、投票后就进入休眠期"的"民主形

---

① 桑玉成:《拓展全过程民主的发展空间》,《探索与争鸣》,2020 年第 12 期。
② 同上。

式主义"。这样的民主的缺陷与弊端是显而易见的。

第三，全过程民主的"公开性"。全过程人民民主做到了人民群众知情权、参与权、表达权、监督权全覆盖。从我国国情和实际出发，建立起人民代表大会制度这一根本政治制度、中国共产党领导的多党合作和政治协商制度、民族区域自治制度、基层群众自治制度等制度体系，实现了执政与参政、领导与合作、协商与监督的有机统一，完善党务、政务、司法、村务、厂务及各领域办事公开制度，保障群众近距离便捷性监督，让知情权、参与权、表达权、监督权落在实处。

第四，全过程民主的"协调性"。"全过程人民民主实现了过程民主和结果民主、形式民主和实质民主、直接民主和间接民主相协调。通过宪法和法律对公民的基本政治权利进行'规范性保障'，运用群众路线、调查研究、开门决策、民主恳谈、协商对话等丰富多样的方式为权利的落实提供'事实性保障'，实现了民主形式与民主内容的统一。能够防止出现选举时漫天许诺、选举后无人过问的现象，防止出现人民形式上有权、实际上无权的现象。"①

第五，全过程民主的"统一性"。"全过程人民民主保障了民主与集中、民主与效率、民主与法治相统一。党集中统一领导，支持人大、政府、政协和监委、法院、检察院依法依章程履行职能、开展工作、发挥作用。在党的领导下，各国家机关按照民主集中制的原则，既合理分工又密切协作，既充分发扬民主又有效进行集中，统一高效组织各项事业，使人民民主体现在国家治理的全过程各领域。"②

第六，全过程民主的"促进性"。全过程人民民主坚持了党内民主与人民民主、国家治理与基层治理相促进。党的执政地位决定，党内民主对人民民主具有示范带动作用。中共十八大以来，把全面加强自身建设与推进人民民主相结合，一方面，坚定推进全面从严治党，坚持民主集中制发扬党内民主；另一方面，更加注重健全民主制度、丰富民主形式、拓宽民主渠道，从各层次各领域扩大公民有序政治参与，发展更加广泛、更加充分、更加健全

---

① 汪洋：《全过程人民民主是社会主义民主政治的鲜明特点》，《中国人大》，2021年第9期。
② 同上。

的人民民主。

（二）在社会主义民主政治的实践中发展全过程人民民主

全过程民主是中国社会主义民主的理论新表达和实践新成果，凸显中国特色社会主义民主政治的特质和优势。但是，全过程民主还要随着我国社会主义民主政治实践的丰富而不断丰富，必将随着我国社会主义现代化建设的发展而不断发展。新时代发展全过程民主，必须着重做好以下几方面工作。

第一，坚持党的领导发展全过程人民民主。实践证明，发展社会主义民主政治，保证人民当家作主，关键是要坚持党的领导、人民当家作主、依法治国有机统一，核心是坚持党的领导。党的领导是人民当家作主的根本保证。只有始终坚持党的领导、全面落实党的领导，人民当家作主才能实现，全过程民主才能有效推进。

第二，以习近平民主政治思想为指导发展全过程人民民主。习近平关于社会主义民主政治的一系列重要论述是习近平新时代中国特色社会主义思想的重要组成部分。习近平指出："人民是否享有民主权利，要看人民是否在选举时有投票的权利，也要看人民在日常政治生活中是否有持续参与的权利；要看人民有没有进行民主选举的权利，也要看人民有没有进行民主决策、民主管理、民主监督的权利。"[1] 习近平的重要论述为新时代发展全过程人民民主指明了前进方向，提供了根本遵循。必须坚持以习近平新时代中国特色社会主义思想为指导发展全过程人民民主，不断健全民主制度，丰富民主形式，拓宽民主渠道，创新民主实践，彰显中国特色社会主义民主政治的显著优越性和强大生命力。

第三，在中国特色社会主义政治发展的过程中完善全过程人民民主。习近平强调："我们走的是一条中国特色社会主义政治发展道路，人民民主是一种全过程的民主。"[2] 全过程人民民主是中国特色社会主义政治发展道路的应有之义和显著特色。民主体现全人类共同价值诉求，发展全过程人民民主，需要借鉴人类政治文明有益成果，但绝不照搬西方政治制度模式，绝不

① 《十八大以来重要文献选编（中）》，中央文献出版社，2016年，第73页。
② 《党的十九大以来大事记》，载中国人大网，2022年12月14日，http://www.npc.gov.cn/npc/kgfb/202210/6742b1123c19492dbd59a9c22dbd656e.shtml。

放弃我国社会主义政治制度的根本。

第四，在发挥人民代表大会的主渠道作用的实践中发展全过程人民民主。人民代表大会是人民代表大会制度的基础，是实行全过程民主的主要民主渠道。就人大制度和人大职能来讲，无论是选举，还是立法、监督、代表等工作，人大履职的各方面各环节，都体现了全过程民主的特点和要求。实际上，人大依法履职的过程也就是实行全过程民主的过程。2021 年 1 月 1 日，中华人民共和国的民法典正式实施生效，这是 2014 年以来广泛吸收人民群众参与立法、贡献立法智慧、保障人民的民主参与权的生动实践。近年来，全国人大常委会和有关地方人大常委会先后设立了多个基层立法联系点，目的都是让人民群众能够直接参与立法决策，有效参与管理国家和社会事务，管理经济和文化事业，真正保证人民当家作主。

显然，新时代中国坚持发展"全过程人民民主"，从全民、全面、全过程保障人民主权的制度设计和实践上，超越了西方的民主、民主权，开启了彰显中国特色社会主义民主的特质和优势，切实走上了公民主权的新征程。

# 第十章　环境权、种族权、民族自决权

前面第五章到第九章，我们研究并阐释了马克思主义人权观理论中的五大基本范畴，说明马克思、恩格斯是在对资本主义人权现状的批判中，揭示了无产阶级所要争取的生存权、劳动权、自由权、平等权、民主权的内容及其实质。如果说以上五大范畴是马克思主义人权观理论中的基本范畴，那么本章要进一步探讨与研究的是马克思主义人权观理论中的重要范畴．即阐释马克思主义环境权、种族权和民族自决权。

## 第一节　马克思主义的生态环境权

马克思主义人权观对人的权利的思想，涉及两大类：一类是人与人的关系，人在社会中生存、交往和发展的各种权利；另一类是人与自然的关系，即如何正确处理人与自然的关系，为人类发展提供良好的生态环境，也就是环境权。

### 一、对自然界必然性认识是享有环境权的基础

对马克思主义的环境权，可从以下三个层面分析。

（一）环境的权利

人是自然界的一部分，没有自然界，就没有感性的外部世界。正如马克思主义经典作家所说的："在实践上，人的普遍性正表现在把整个自然界——首先作为人的直接的生活资料，其次作为人的生命活动的材料、对象和工具——变成人的无机的身体。"[1] 他又说："没有自然界，没有感性的外

---

[1]　《马克思恩格斯全集》第 42 卷，人民出版社，1979 年，第 95 页。

部世界，工人就什么也不能创造。它是工人用来实现自己的劳动、在其中展开劳动活动、由其中生产出和借以生产出自己的产品的材料。但是，自然界一方面在这样的意义上给劳动提供生活资料，即没有劳动加工的对象，劳动就不能存在，另一方面，自然界也在更狭隘的意义上提供生活资料，即提供工人本身的肉体生存所需的资料。"① 显然，这里关于"环境的权利"，一方面是说自然界对人来说，是人"赖以生活的无机界"，是"人的无机的身体"。离开了自然界，人的物质生产劳动便无法进行，人的生命也就无法延续；另一方面，"环境权利"是指自然界给人的劳动提供生活资料，自然界是生产劳动的前提和条件。

（二）在认识自然界必然性的劳动实践中享有环境权

马克思主义认为，如果背离了人与自然关系的基本原则，不能把握自然界的必然性，不能科学合理地利用与支配自然，片面地陶醉于人对自然的利用权利或人对自然的胜利，必将遭到自然的报复。恩格斯在《自然辩证法》中，对此作了精辟的阐述。他说："动物仅仅利用外部自然界，简单地通过自身的存在在自然界中引起变化；而人则通过他所作出的改变来使自然界为自己的目的服务，来支配自然界。……但是我们不要过分陶醉于我们人类对自然界的胜利。对于每一次这样的胜利，自然界都对我们进行报复。每一次胜利，起初确实取得了我们预期的结果，但是往后和再往后却发生完全不同的、出乎预料的影响，常常把最初的结果又消除了。美索不达米亚、希腊、小亚细亚以及其他各地的居民，为了得到耕地，毁灭了森林，但是他们做梦也想不到，这些地方今天竟因此而成为不毛之地，……阿尔卑斯山的意大利人，当他们在山南坡把那些在山北坡得到精心保护的枞树林砍光用尽时，没有预料到，这样一来，他们就把本地区的高山畜牧业的根基毁掉了；他们更没有预料到，他们这样做，竟使山泉在一年中的大部分时间内枯竭了，同时在雨季又使更加凶猛的洪水倾泻到平原上。……因此我们每走一步都要记住：我们决不像征服者统治异族人那样支配自然界，决不像站在自然界之外的人似的去支配自然界——相反，我们连同我们的肉、血和头脑都是属于自

---

① 《马克思恩格斯全集》第 42 卷，人民出版社，1979 年，第 92 页。

然界和存在于自然界之中的；我们对自然界的整个支配作用，就在于我们比其他一切生物强，能够认识和正确运用自然规律。……不仅再次地感觉到，而且也认识到自身和自然界的一体性。"① 只有这样，人类才能享受对自然环境的权利，从自然界中获得自由，因为自由正在于"根据对自然界的必然性的认识来支配我们自己和外部自然"。②

（三）《人类环境会议宣言》体现马克思主义环境权思想

正好是在马克思主义经典作家提出环境权思想的一百年以后，1972 年 6 月 16 日在斯德哥尔摩通过了《联合国人类环境会议宣言》（又称《斯德哥尔摩人类环境会议宣言》）。

该宣言标志着国际环境法的诞生。第一届联合国人类环境会议由来自 113 个国家的政府代表和民间人士就世界当代环境问题以及保护全球环境战略等问题进行了研讨，形成了七点共同看法和十六项原则，制定了《联合国人类环境会议宣言》。其中表达了类似恩格斯的思想："我们在决定在世界各地的行动的时候，必须更加审慎地考虑它们对环境产生的影响。由于无知或不经心，我们可能给我们的生活和幸福所依靠的地球环境造成巨大的无法挽回的损害。反之，有了比较充分的认识和采取比较明智的行动，我们就可能使我们自己和我们的后代在一个比较符合人类需要和希望的环境中过着较好的生活。……为了在自然界里取得自由，人类必须利用知识在同自然界合作的情况下建设一个较好的环境。"在一定意义上我们可以说，《斯德哥尔摩人类环境会议宣言》正是在马克思主义环境权思想影响下，第一次在国际范围内以权利宣言法的语言规定了环境权。

## 二、保护和改善人的生活和工作环境

马克思、恩格斯在阐述通过无产阶级政治解放、经济解放、文化解放、社会解放实现政治权益、经济权益、文化权益、社会权益的同时，还通过阐述自然解放、实现生态环境权益过上美好生活的问题。

---

① 《马克思恩格斯选集》第 3 卷，人民出版社，2012 年，第 997—999 页。
② 同上书，第 492 页。

（一）环境权与生活、工作的关系

在马克思的《1844 年经济学哲学手稿》《资本论》《关于费尔巴哈的提纲》《论土地国有化》《哥达纲领批判》，以及恩格斯的《英国工人阶级状况》《反杜林论》《自然辩证法》，马克思、恩格斯合著的《德意志意识形态》《共产党宣言》以及他们的一些重要书信中，都从不同角度深刻阐述了通过保护生态环境权过上美好生活的问题。

1. 美好生活与环境权的关联

马克思、恩格斯将美好生活与生态环境权益紧密关联作为研究的重要起点。"马克思在任《莱茵报》编辑期间写的《关于林木盗窃法的辩论》，就是从生态环境权益视角研究美好生活问题的重要文献。而恩格斯 18 岁时发表的第一篇作品《乌培河谷来信》，是一篇研究以生态环境权益实现美好生活的重要作品。《关于林木盗窃法的辩论》和《乌培河谷来信》都从生态环境权益推动美好生活的维度分析了资本主义阶级矛盾和生态矛盾交织并存现象，揭示了无产阶级遭受自然压迫和社会压迫导致生活不美好的现实和根源。"[1]

马克思担任《莱茵报》编辑时，地主阶级和新兴资产阶级的代表在省议会中以维护林木占有者的利益为理由，要求对私伐林木的行为处以重刑，甚至提出贫困的老百姓捡拾枯枝为冬季取暖的行为是"盗窃"，要严加惩治。马克思挺身而出，提出"要为政治上和社会上备受压迫的贫苦群众的利益而揭露那些卑躬屈节唯命是听的所谓历史学家们所捏造出来的东西"。[2] 他充分利用省议会的辩论记录，揭露了林木占有者的私利和省议会维护剥削者利益的实质。马克思指出，贫苦群众利用自然界的产物，是他们世代以来的一种习惯权利，是完全合法的并且要比法律还更有力量，必须坚决地予以保留，"但并不是限于某个地方的习惯权利，而是一切国家的穷人所固有的习惯权利。我们还要进一步说明，习惯权利按其本质来说只能是这一最低下的、备受压迫的、无组织的群众的权利"。[3]

---

① 方世南：《马克思恩格斯关于美好生活的生态权益向度思想研究》，《毛泽东邓小平理论研究》，2018 年第 12 期。
② 《马克思恩格斯全集》第 1 卷，人民出版社，1956 年，第 141—142 页。
③ 同上书，第 142 页。

马克思认为，等级国家的法律保护的是剥削阶级的利益，法律不但承认其所谓合理的权利，甚至经常承认其不合理的要求。马克思指出："谁要是经常亲自听到周围居民因贫困压在头上而发出的粗鲁的呼声，他就容易失去美学家那种善于用最优美最谦恭的方式来表述思想的技巧。他也许还会认为自己在政治上有义务暂时用迫于贫困的人民的语言来公开地说几句话，因为故乡的生活条件是不允许他忘记这种语言的。"[①] 马克思认为，无产阶级如果没有最基本的生态权益，社会没有最基本的生态公正，如果他们连基本生存都有问题，就根本无法过上美好生活。

2. 生态环境与社会问题的关系

恩格斯年仅 18 岁时发表的《乌培河谷来信》，是他第一篇将生态环境问题与社会问题紧密地结合起来、呼吁保障人民群众生态权益的作品。他痛心家乡因工业化造成的生存环境和工作环境之恶化。他说，工人"在低矮的房子里进行工作，吸进的煤烟和灰尘多于氧气，而且从六岁起就是这样，这就势必要失掉全部力量和朝气。单干的织工从早到晚蹲在自己家里，躬腰曲背地坐在织机旁，在炎热的火炉旁烤着自己的脊髓"。[②] 恩格斯认为，造成环境污染和工人生态权益、经济权益、文化权益、政治权益等严重被剥夺的根本原因，是资本主义制度主导下的工业化对自然和人的双重压迫。

马克思、恩格斯认为，"生态环境权益是构成美好生活的重要向度，是人们在与自然发生相互影响和相互作用关系中占有、利用、保护以及享受生态环境的基本权利以及各种获益。马克思、恩格斯将自然观和社会历史观紧密结合起来，揭示出人类是自然界长期发展的产物，人类社会发展是具有客观规律的自然历史过程。人类社会发展和人的生存发展，都与生态环境紧密联系，并由此影响人的生存质量和美好生活"。[③] 为实现人民对美好生活的向往而提供优质生态产品和生态服务以及确保生态安全、生态公平正义，是马克思主义环境权思想的重要内容。

---

[①] 《马克思恩格斯全集》第 1 卷，人民出版社，1956 年，第 210 页。

[②] 同上书，第 498 页。

[③] 方世南：《马克思恩格斯关于美好生活的生态权益向度思想研究》，《毛泽东邓小平理论研究》，2018 年第 12 期。

### 3. 良好的社会环境是美好生活的社会基础

人都是处于一定的生态环境和社会关系之中的具体的、现实的人，因此，美好生活需要良好的社会环境和优美的生态环境。优美的生态环境是美好生活的重要自然基础，良好的社会环境则是美好生活的重要社会基础。正如马克思所说："社会是人同自然界的完成了的本质的统一，是自然界的真正复活，是人的实现了的自然主义和自然界的实现了的人道主义。"① 优良的生态环境既充分保障人的生态权益进而促进美好生态生活实现，又充分保障人的政治权益、经济权益、文化权益和社会权益的实现。因此，生态环境的优美程度与人的生态权益以及美好生活，具有直接相关性。现实社会中的人，不仅有政治权益、经济权益、文化权益、社会权益的诉求，还具有强烈的生态需求和在此基础上形成的生态权益，营造良好生态环境以满足人的生态需求和获得生态权益，会使生活越来越美好。

（二）资本主义生产方式对人的生活和工作环境的剥夺

马克思、恩格斯认为，美好生活是人类的理想，现实状况是无产阶级生活不美好，进而激化了人与自然关系紧张、人与社会关系紧张，最直接的表现是资本逻辑对人与社会关系以及人与自然关系的负面影响。

### 1. 批判资本逻辑是产生社会和生态不公的根本原因

马克思、恩格斯既高度肯定和充分评价"资本的伟大的文明作用"以及它对推动自然界和社会发展的价值，与此同时，运用唯物史观，揭示了资本主义商品生产的一般规律和获得剩余价值的奥秘，批判了资本逻辑造成人与自然关系紧张和引起严重生态环境危机，使之产生社会不公和生态不公，进而导致无产阶级生态权益缺失、无法过上美好生活。

马克思指出，资本主义生产方式一方面迅速提高了劳动生产率，另一方面也迅速地使人与自然之间以及城乡之间产生物质交换断裂，造成环境污染、土壤肥力衰竭、城乡对立和人口过剩以及无产阶级生态权益丧失的严重问题，也是资本主义社会中的一个相对较隐蔽因而较容易被人们所忽视的重要人权问题。

---

① 《马克思恩格斯全集》第 42 卷，人民出版社，1979 年，第 122 页。

2. 生态危机本质上是资本逻辑导致的社会危机

马克思、恩格斯认为，资本主义的社会分工和交换的发展，直接的物质生产越来越服从于和服务于价值生产，资本的魔杖阻碍着人与自然物质变换的过程，是导致生态危机的祸首。

在《资本论》中，马克思从物质变换这一视角揭示了资本主义生产方式对人与自然物质变换过程以及对人与社会物质变换过程的双重破坏。马克思指出："资本主义生产使它汇集在各大中心的城市人口越来越占优势，这样一来，它一方面聚集着社会的历史动力，另一方面又破坏着人和土地之间的物质变换，也就是使人以衣食形式消费掉的土地的组成部分不能回归土地，从而破坏土地持久肥力的永恒的自然条件。这样，它同时就破坏城市工人的身体健康和农村工人的精神生活。"① 资本家在推动生产力迅速发展的同时，使人与自然之间的矛盾越来越加剧。透过人与自然关系紧张和生态环境危机这个现象，可以发现资本导致人与社会关系紧张、资本导致无产阶级生态权益受损的实质。生态危机虽然直接表现为人与自然关系紧张，但其本质上是由资本逻辑导致的社会危机。

3. 在资本主义生产方式条件下，人类越是征服自然，被压迫阶级越是受自然和社会的双重奴役

马克思揭示了资本主义生产方式引起物质变换出现的一个悖论：人类越是大肆地征服和控制自然，被压迫阶级越是受自然和社会的双重奴役，生产力和社会关系的矛盾越是尖锐激烈。马克思说："随着人类愈益控制自然，个人却似乎愈益成为别人的奴隶或自身的卑劣行为的奴隶。甚至科学的纯洁光辉仿佛也只能在愚昧无知的黑暗背景上闪耀。我们的一切发明和进步，似乎结果是使物质力量成为有智慧的生命，而人的生命则化为愚钝的物质力量。现代工业和科学为一方与现代贫困和衰颓为另一方的这种对抗，我们时代的生产力与社会关系之间的这种对抗，是显而易见的、不可避免的和毋庸争辩的事实。"② 资本主义对环境的破坏是在发展资本主义生产方式中产生的，是由资本主义制度决定的，与制度密切相关。因此，必须对资本主义制

————————
① 《马克思恩格斯选集》第 2 卷，人民出版社，2012 年，第 233 页。
② 《马克思恩格斯选集》第 1 卷，人民出版社，2012 年，第 776 页。

度实行彻底变革，这样才能实现无产阶级和广大劳动人民的生态权益，为他们过上美好生活和促进人的自由而全面发展奠定基础。

（三）马克思恩格斯对资本主义环境正义的批判

马克思、恩格斯曾对早期资本主义进行过较为全面的批判，然而，在马克思主义的理论视域中，有一个视角却未被学界充分提及，这就是他们对资本主义展开的环境正义批判。

不能否认，马克思主义的环境权思想中，对资本主义给环境造成的破坏有过深入揭露和批判，"他们关注的其实是无产阶级日常生活、工作场所的恶化给工人身心健康带来的伤害，而并非是一般意义上的'大环境'——森林、荒野、濒危物种等。这些论述在马克思的《资本论》和恩格斯的《英国工人阶级状况》中，都得到了充分展现。而人们的居住、工作和玩耍之地，也即微观意义上的'环境'的健康安全恰恰是环境正义所关心的，这一点恰恰未被学界所重视和甄别"。① 这势必不利于马克思主义经典作家有关资本主义的环境正义批判思想的研究。

按照环境正义对"环境"一词内涵的解构与重构，环境已不再被理解为非人类生物和大自然生态，而是和人们的日常生活、工作息息相关的场所。这是"对'环境'理解的范式转换，为我们分析和研究马克思、恩格斯对近代资本主义在工人身上施加的种种环境不正义行为及其导致的恶果提供了指导意义"。② 那么，马克思、恩格斯是如何对工人居住、工作和玩耍的空间所遭受的环境不正义进行揭批的呢？

1. 工人的生活场所和工作场所的悲惨境遇

马克思、恩格斯所处的时代，正是资本主义进行快速资本积累的时期。为了追求剩余价值和实现资本不断扩张的目的，资本家不惜牺牲产业工人的身心健康去发展生产。工人们在每天为资本家创造了剩余价值后，居住的是破烂且充满污浊之气的地方。这一切都被恩格斯翔实地记录在《英国工人阶级状况》中。

---

① 王云霞：《马克思恩格斯对资本主义的"环境正义"批判及其中国意义》，《安徽师范大学学报（人文社会科学版）》，2021 年第 3 期。
② 同上。

恩格斯通过对大工业城市曼彻斯特的调查分析，为我们描绘了一幅 19 世纪挣扎苟活于社会最底层的工人阶级的生存图景：城市空气污浊不堪，几百万的人口和几十万个火炉消耗着大量的氧气，由此产生的碳酸气使住在房子里的人得不到足够氧气，以致身心萎靡不振，生活力减弱。街道没有铺砌而且肮脏不平，到处是垃圾和臭死水洼。"在四周全是建筑物、新鲜空气全被隔绝了的街道上和大杂院里……一切腐烂的肉皮菜帮之类的东西都散发着对健康绝对有害的臭气，而这些臭气又不能自由地散出去，势必要把空气搞坏。"① 置身这样的环境，工人们根本不会有任何居住和玩耍的兴致和乐趣，而只想快快逃离。

与生活环境相比，工人们的工作环境状况显得更加糟糕，因为他们一天的绝大部分时间都是在生产过程中度过的，因而遭受到的环境侵害也更直接和强烈些。马克思恩格斯分别通过对磨工、陶器、玻璃制品，以及纺织服装加工业等行业的生产环境状况的详细描述，工人在生产中所经受的身体伤害引发"神经衰弱以及各种各样由此引起的机能失调"② 等进行了细致深入的批判。同时，由于当时工厂的设备机械化程度都很低，结果造成了极其严重的噪声污染，致使"工人身体衰弱，精神萎靡不振"。③

如上所述，马克思、恩格斯对工人的生活和工作场所，也即环境正义理解框架下的"环境"状况做了详尽描述，对工人的悲惨遭遇给予了深切同情。在他们眼中，造成这一切苦难的根源不是别的，正是资本主义制度。

2. 工人阶级所遭受的环境不正义

资本主义制度下工人阶级所遭受的环境不正义，主要表现在以下三个方面。

一是环境感受的不正义。感受和感受度是一个人、一个集体对一个社会的政策和制度，对福利、贫富差别、公平等是否正义的最直观的感受和评价。

马克思、恩格斯揭露了资本主义制度下"强制劳动剥夺了工人除吃饭和

① 《马克思恩格斯全集》第 2 卷，人民出版社，1957 年，第 381 页。
② 《马克思恩格斯全集》第 46 卷，人民出版社，2003 年，第 111 页。
③ 《马克思恩格斯全集》第 2 卷，人民出版社，1957 年，第 463 页。

睡觉所最必需的时间以外的一切时间，使他没有一点空闲去呼吸些新鲜空气或欣赏一下大自然的美，更不用说什么精神活动了"。① 在难以想象的肮脏恶臭的环境中，工人们的生活已被"降到人类的最低阶段"。② 而在极具伤害性的工作场所中，他们的健康又常常"受到致命的摧残"③，"身体和精神上的一切自由活动"④ 都被侵吞了。应该说资本主义社会带给他们的"最残酷最带侮辱性的痛苦中"，工人们对正义的感受几乎丧失殆尽，更侈谈保障工人的权益、过上好的生活。

二是环境参与的不正义。环境参与正义要求政府或企业在实施和建设与环境相关的政策项目前，应保证"决策制定或项目实施过程中的公正和公开"⑤，即要按照程序正义的要求，让民众参与到对项目是否影响环境保护，影响可持续发展的知情权和表决权中。但是，在资本主义制度下，饱受社会压迫和资本家奴役的工人，环境参与正义只是一件和他们风马牛不相及的事情，或者说是一个遥不可及的梦想。因为工人压根就不被社会所承认，根本就没被当成真正的人来看待。而造成工人们丧失环境参与、丧失对自己生活和工作环境话语权的根本原因就在于，法律只不过是"资产阶级给他准备的鞭子"⑥，一旦他们尝试通过罢工表达对权益的诉求时，就会被立刻投入监狱。工人只能被动承受社会带给他们的一切，即使这承受要为其生活和工作环境付出健康甚至是生命的代价。

三是环境享受的不正义。即在资本主义生产方式下，资本家无疑是环境善物的独占者，工人则是不折不扣的环境恶物的承担者。这主要体现在：作为有产者的资本家因强大经济实力能够"搬到赏心悦目的郊外去"⑦，工人们却因生计所迫而不得不离开世代生活的土地和家园，流浪到大城市靠出卖劳动力换取一日三餐。他们所寄居的房屋不过是些"阴暗、潮湿、污秽、发臭

---

① 《马克思恩格斯全集》第 2 卷，人民出版社，1957 年，第 405 页。
② 同上书，第 342 页。
③ 同上书，第 497 页。
④ ［英］格雷·德罗宾斯、南茜·弗雷泽：《对分配正义理论的批判合理吗?》，载［美］凯文·奥尔森编《伤害+侮辱——争论中的再分配、承认和代表权》，高静宇译，上海人民出版社，2009 年。
⑤ R. Kimberly, Marion Suiseeya, Susan Caplow, "In pursuit of procedural justice：Lessons from an analysis of 56 forest carbon project designs", *Global Environmental Change*, Vol. 23, No. 7, 2013, pp. 968 - 979.
⑥ 《马克思恩格斯全集》第 2 卷，人民出版社，1957 年，第 515—516 页。
⑦ 《马克思恩格斯全集》第 42 卷，人民出版社，2016 年，第 682 页。

的洞穴"①，至于他们的工作场所，更是苦不堪言。因为资本家不会选择改善生产条件，提高环境标准，而是想方设法降低生产成本，以牺牲工人的健康和生命为代价来赚取利润。在资本家眼中，工人对新鲜空气、饮水安全、减少粉尘和降低噪声的需求纯属多余，而改善工人的劳动条件和生活环境，则更是一种"完全没有目的和没有意义的浪费"②，因为它们会影响到资本的积累。

总之，马克思主义的环境权思想，不仅影响了人类第一个国际环境法，而且对资本主义生产方式对人的生活和工作环境权益的剥夺，以及对资本主义环境正义的批判，为以后马克思主义提出无产阶级的解放和人类解放思想奠定了基础。

## 第二节　马克思主义人权观视域中的种族权

"种族权"作为马克思主义人权观中的一个重要范畴，其中蕴含的马克思主义研究种族权的方法，马克思主义对奴隶制、种族特权和种族压迫的批判，至今仍有重要的意义。

### 一、马克思主义分析种族权的方法

对马克思主义者来说，包括种族主义在内的所有意识形态最终都是社会状况的反映。因此，要想真正理解种族主义，就必须运用历史唯物主义方法考察种族主义产生的具体历史环境，以及迄今为止仍然在维持和改造这种种族主义的具体历史环境。

（一）运用历史唯物主义的分析方法揭示种族偏见、种族压迫的社会基础

历史上出现过许多不同形式的阶级社会，但它们存在共同的特征——少数统治阶级都是通过剥削（即窃取）劳动者的劳动所产生的剩余价值来积累自己的财富。

在马克思看来，不同阶级之间斗争的根本是不同阶级之间的利益冲突，这是形成种族偏见、种族歧视和种族压迫的真正的社会基础。在不同阶级斗

---

① 《马克思恩格斯全集》第 42 卷，人民出版社，2016 年，第 685 页。
② 《马克思恩格斯全集》第 46 卷，人民出版社，2003 年，第 101 页。

争的利益冲突中，种族、性别、年龄、性取向及宗教的冲突往往是不可调和的，这导致了相应的种族歧视、性别歧视、年龄歧视、同性恋歧视和宗教偏见。恩格斯又曾运用历史唯物主义方法分析过阶级社会中妇女受压迫的根源以及由此产生的性别歧视；后来又分析了 19 世纪基于资本主义社会家庭形式的同性恋歧视是如何产生的。

（二）以辩证唯物主义观点分析统治阶级推行的种族主义意识形态

马克思主义认为，一种思想或意识形态（包括种族偏见）能够发生作用的时期和范围是有限的，不过，在历史惯性的作用下，某种思想或意识形态可能会长期存在。一个历史时期内进步的思想在另一个时期可能会变成反动的，因为思想和意识形态必须适应不同的阶级利益。

正如马克思、恩格斯所强调的："统治阶级的思想在每一时代都是占统治地位的思想。"也就是说，为了推行种族主义和民族主义意识形态，以分裂不同种族或民族的工人阶级和穷人，以阻止他们联合起来反对共同的剥削者——资产阶级，会将反映统治阶级利益需求的意识形态强加给社会成员。

列宁曾分析了帝国主义阶段的资本主义及其在殖民扩张时期是如何通过鼓励形成一种拥有特权的"劳工贵族"——支持种族主义的殖民政策是其拥有特权的基础——而为欧洲资产阶级"收买"工人阶级创造社会条件的。列宁还强调，只有一部分工人阶级才会屈服于这种收买行为。支持一种实际上并不符合工人阶级根本利益的意识形态的做法，必然会激化机会主义与工人阶级根本利益之间矛盾的不可调和性。

马克思主义坚持以辩证唯物主义和历史唯物主义方法分析阐释种族权，揭露资产阶级将种族矛盾、种族主义融入其意识形态向全社会推行，以实现其维护统治地位的本质。

## 二、马克思主义对奴隶制、种族压迫的批判

马克思、恩格斯在《英人在华的残暴行动》《鸦片贸易史》《不列颠在印度的统治》《资本论》《反杜林论》等著作与文章中，揭露了奴隶制度、种族特权与私有制的血缘关系。

（一）揭露奴隶制、种族特权与私有制的血缘关系

马克思在分析资本原始积累时指出："由于封建家臣的解散和土地断断续续遭到暴力剥夺而被驱逐的人，这个不受法律保护的无产阶级，不可能像它诞生那样快地被新兴的工场手工业所吸收。另一方面，这些突然被抛出惯常生活轨道的人，也不可能一下子就适应新状态的纪律。他们大批地转化为乞丐、盗贼、流浪者，其中一部分人是由于习性，但大多数是为环境所迫。"① 一旦成了流浪者和贫民就会受到惩罚。如在英国，当时被"告发为游惰者，就要判为告发者的奴隶。主人应当用面包和水，用稀汤和他认为适当的肉屑给自己的奴隶吃。他有权用鞭打和镣铐强迫奴隶从事一切令人厌恶的劳动"。"如果流浪者谎报籍贯，就要被罚充当该地、该地居民或社团的终身奴隶，并打上 S 字样的烙印。任何人都有权把流浪者的子女领去当学徒，男的当到 24 岁为止，女的当到 20 岁为止。……为了便于识别和更加保险起见，每个主人可以在自己奴隶的脖子、手或脚上套一个铁环。""在英国，这种教区的奴隶，在游荡者的名义下一直保留到 19 世纪。"② 在法国，17 世纪中叶在巴黎建立了一个流浪者王国。当时规定"16 岁至 60 岁的身体强壮而没有生存资料或职业的人，都要罚做苦工"。③ 这样，"被暴力剥夺了土地、被驱逐出来而变成了流浪者的农村居民"，在鞭打、烙印、酷刑下"被迫习惯于雇佣劳动制度所必需的纪律"。④ 马克思指出："使小农转化为雇佣工人，使他们的生活资料和劳动资料转化为资本"⑤ 的，正是"资本主义制度"。

（二）鞭挞贩卖黑奴、进行种族压迫和剥削的资本主义殖民制

马克思不仅分析了流浪者沦为奴隶的社会根源，而且强烈谴责、鞭挞了以最残酷的暴力为基础、贩卖黑奴、进行种族压迫和剥削的资本主义殖民制度。

马克思在《资本论》关于资本原始积累的分析中，就揭露了一些老殖民主义在这方面的暴行。他指出："荷兰——它是 17 世纪标准的资本主义国

① 《马克思恩格斯选集》第 2 卷，人民出版社，2012 年，第 292 页。
② 《马克思恩格斯全集》第 42 卷，人民出版社，2016 年，第 755 页。
③ 同上书，第 755 页。
④ 《马克思恩格斯选集》第 2 卷，人民出版社，2012 年，第 293 页。
⑤ 同上书，第 294 页。

家——经营殖民地的历史，'展示出一幅背信弃义、贿赂、残杀和卑鄙行为的绝妙图画'。最有代表性的是，荷兰人为了使爪哇岛得到奴隶而在西里伯斯岛实行盗人制度。为此目的训练了一批盗人的贼。盗贼、译员、贩卖人就是这种交易的主要代理人，土著王子是主要的贩卖人。"① 第一个充分发展了殖民制度的荷兰，就是直接依靠"掠夺、奴役和杀人而夺得的财宝，源源流入宗主国，在这里转化为资本"。② 马克思又从当时的商业编年史中，揭露了英国殖民主义贩卖黑人的卑鄙行径。他指出："英国在乌得勒支和谈时通过阿西恩托条约③，从西班牙人手里夺走了经营非洲和西班牙美洲之间贩卖黑人的特权，而在此以前，英国只经营非洲和英属西印度之间的这种买卖。英国获得了到 1743 年为止每年供给西班牙美洲 4 800 个黑人的权利。……奴隶贸易是它进行原始积累的方法。"④ 马克思通过对贩卖黑奴、进行资本原始积累的殖民制度的分析，得出了这样一个精辟的结论："资本来到世间，从头到脚，每个毛孔都滴着血和肮脏的东西。"⑤

（三）借英国工人运动将爱尔兰从殖民统治下解放出来

以 19 世纪 60 年代的英国工人为例，强调那时的英国工人对爱尔兰人（包括英国工人阶级中的爱尔兰少数民族和当时的英国殖民地爱尔兰人民）变得屈尊俯就，这实际上是种族主义，他们常常把爱尔兰人同英国统治阶级联系在一起。所以马克思在 1870 年 1 月 1 日第一国际会议的"机密通讯"中提出："英国所有工商业中心的工人阶级现在都分裂为英国无产者和爱尔兰无产者这样两个敌对阵营。普通的英国工人憎恨爱尔兰工人，把他们看做会降低自己生活水平的竞争者。……他们对爱尔兰工人怀着宗教、社会和民族的偏见。他们对待爱尔兰工人的态度和以前美国各蓄奴州的白种贫民对待黑人的态度大致相同。……统治阶级所掌握的一切工具都人为地保持和加深这种对立。这种对立就是英国工人阶级虽有自己的组织但没有力量的秘密所在。"⑥

---

① 《马克思恩格斯全集》第 42 卷，人民出版社，2016 年，第 770 页。
② 同上书，第 772 页。
③ 按照阿西恩托条约规定，西班牙在 16 至 18 世纪授给外国和私人以特权，把非洲黑奴贩卖到它的美洲属地。
④ 《马克思恩格斯全集》第 42 卷，人民出版社，2016 年，第 776 页。
⑤ 《马克思恩格斯选集》第 2 卷，人民出版社，2012 年，第 297 页。
⑥ 《马克思恩格斯选集》第 4 卷，人民出版社，2012 年，第 484—485 页。

马克思在 1869 年 12 月 10 日给恩格斯的一封信中，提出：我长期以来就认为可能借英国工人阶级运动的高涨来推翻统治爱尔兰的制度；我在《纽约论坛报》上总是维护这种观点。但是我更深入地研究了这个问题以后，现在又得出了相反的信念。只要英国工人阶级没有摆脱爱尔兰，那就毫无办法。杠杆一定要安放在爱尔兰。因此，爱尔兰问题才对整个社会运动有这样重大的意义。

### 三、马克思主义对资本主义国家中种族不平等现象的抨击

马克思、恩格斯还分析、抨击了在当时资本主义国家中所存在的种族不平等现象。

（一）实行奴隶制、种族特权的基础是资本主义制度

在美国的《独立宣言》的初稿中，原有谴责奴隶制的条文。所以马克思称它为"第一个人权宣言"。但是，后来因为南方奴隶主和北方大奴隶贩子的反对，条文被删除。1787 年着手修改的美国宪法却公然增加了种族压迫的条款，明文规定 20 年内仍准贩卖黑奴，各州选举法更是公开剥夺黑人、印第安人及妇女的选举权。直到《黑奴解放宣言》颁布 160 多年以后的今天，黑人的平等权利问题，仍然是美国最突出的社会政治问题之一（具体下面再分析）。正如恩格斯指出的："这种人权的特殊资产阶级性质的典型表现是美国宪法，它最先承认了人权，同时确认了存在于美国的有色人种奴隶制：阶级特权不受法律保护，种族特权被神圣化。"[①] 可见，奴隶制度、种族特权与以私有制为基础的资本主义制度，有着不可分割的历史联系。

（二）马克思主义关于反对奴隶制、消除种族歧视思想的国际影响

马克思主义关于奴隶、种族平等的思想，在国际社会产生了重大的影响。

1. 国际社会签订了旨在废除奴隶制的《禁奴公约》

19 世纪初期，一些欧洲国家开始同意废除奴隶贸易，经过整个 19 世纪逐渐成为国际间共同努力和关注的目标。为此目的，1815 年、1822 年及

---

① 《马克思恩格斯选集》第 3 卷，人民出版社，2012 年，第 483 页。

1862年、1885年、1890年曾出现了各种条约性措施。于是，这一运动逐渐由禁止奴隶买卖发展到禁止和反对奴隶制度。1926年9月25日，在国际联盟主持下于日内瓦签订的《禁奴公约》旨在废除奴隶制度和禁止奴隶贩卖的国际公约，并于1927年3月9日生效。公约要求缔约国承担义务，阻止、查禁买卖奴隶，并积极地、尽可能迅速地达到彻底消灭各种形式的奴隶制度。公约还要求承担义务采取必要的措施，以防止强制劳动沦为类似于奴隶的状态。从此，国际社会反对奴隶制的斗争一直在进行着。

2. "二战"后消灭殖民主义以及相关的种族歧视成为可能

尤其是在第二次世界大战以后，由于民族解放的革命运动迅猛发展和大量新独立国家的出现，从根本上改变了国际社会的力量对比，这就使得彻底消灭殖民主义以及与之相联系的一切形式的种族歧视和种族隔离问题成为可能。

《联合国宪章》、《世界人权宣言》及《国际人权公约》均含有防止歧视，特别是种族歧视的条款。1958年国际劳工组织通过的《歧视（就业及职业）公约》规定，各缔约国应公布并执行一项国策，即根据各国国情采取适当措施，以促进在就业和职业方面机会和待遇平等，禁止并消除在此方面的任何歧视（如种族、肤色、性别、宗教、政见、血统、社会出身等方面的歧视）。

1960年联合国教科文组织通过的《取缔教育歧视公约》也包含有保障教育方面种族平等权利，禁止种族歧视的条款。同年12月14日联合国大会通过的《给予殖民地国家和人民独立宣言》，不仅重申基本人权、人格尊严与价值，突出世界人民迫切希望消灭一切表现的殖民主义的愿望，而且也为消灭一切形式的种族歧视创造了法律基础。1963年11月20日联合国大会第1904号决议通过了《联合国消除一切形式种族歧视宣言》。宣言强烈谴责了一切"基于种族、肤色和人种的歧视"行为，并把这种歧视行为视为"否定《联合国宪章》原则、侵害《世界人权宣言》所宣示之人权与基本自由、妨碍国际和平友好关系及足以扰乱人民间和平与安全之事实"。

为了实施该宣言所规定的原则，1965年12月21日，联合国大会通过了《关于消除一切形式种族歧视国际公约》。1973年11月30日，联合国大会又通过了《禁止并惩治种族隔离罪行国际公约》。公约除了严厉谴责一切形式的种族歧视之外，宣布种族歧视的最严重形式，即种族隔离是危害人类的罪行。凡是犯有种族隔离罪行的组织、机构和个人均系国际罪犯。缔约国应承担义务，禁止、防止并严厉惩办犯有这种罪行的人。

3. 种族主义和种族隔离都是大规模侵犯人权的现象

1968 年 4 月 22 日至 5 月 13 日在德黑兰举行的国际人权会议宣布的《德黑兰宣言》，以及 1978 年 11 月 27 日联合国教育、科学及文化组织大会第二十届会议通过的《种族和种族偏见问题宣言》，都强调："举世人民均应使之充分认识种族歧视的罪恶，合力消除之。"联合国大会 1986 年 12 月 4 日第 41/128 号决议通过的《发展权宣言》将新老殖民主义、种族隔离、一切形式的种族主义和种族隔离，都视作大规模公然侵犯各国人民和个人人权的现象。

总之，国际社会一系列关于《禁奴公约》《消除一切形式种族歧视宣言》的产生，反映了马克思主义关于消灭奴隶制、倡导种族权利平等思想在当今社会的重大影响。

## 四、马克思主义抨击的种族歧视、种族不平等顽疾难除

从美国 1862 年颁发的《解放黑人奴隶宣言》，到 20 世纪 20 年代国际社会的《禁奴公约》，再到 20 世纪 60 年代的《联合国消除一切形式种族歧视国际公约》，遗憾的是国际社会的奴隶现象并未真正消除，在美国等西方国家，种族歧视、种族不平等仍是一种常见的顽疾，难以根除。

（一）美国等西方国家的种族歧视顽疾

2020 年 5 月 25 日，美国明尼苏达州明尼阿波利斯市（Minneapolis）的一名白人警官，在逮捕一名涉嫌使用假钞的黑人嫌疑人乔治·弗洛伊德（George Floyd）时，在嫌疑人被双手反铐的状态下，用膝盖压制嫌疑人颈部长达 9 分钟，造成嫌疑人死亡。该事件在西方社会不断发酵，抗议种族歧视和警察暴力执法的游行示威活动不仅蔓延至全美数十个州，还在英国、加拿大等多国引发了游行示威活动。2021 年 3 月 19 日，美国威斯康星州的警察，为了制止学生打架，再现"膝盖锁喉"12 岁女孩。

回顾 1963 年 8 月 28 日，美国黑人民权运动领袖马丁·路德·金曾在华盛顿克林顿纪念堂发表了著名演讲——《我有一个梦想》，发出了种族平等的呼声。57 年后的 8 月 28 日，马丁·路德·金的儿子马丁·路德·金三世在林肯纪念堂发出呼声"让我们大声一点说出来，我们受够了！"抗议美国持续的种族歧视和警察暴力。弗洛伊德之死，以及美国警察的野蛮暴力执法，暴露出种族主义不仅是美国社会的弊病，更是深植于西方社会的顽疾。

虽然西方各国均有体制性力量约束种族歧视，但一直以来社会不平等，尤其是少数族裔的不平等问题并没有得到根本解决。如美国有诸多法案确保黑人权利，奥巴马政府时期还出台了确保黑人名校入学率的平权法案，但这并不能打破美国社会对黑人的歧视心理。2018 年的一项民调显示，68% 的黑人认为美国司法体系存在种族歧视。① 法律规定的黑人权利难以得到保障是美国持续爆发大规模示威游行活动的根本原因。

种族歧视不只发生在美国，在其他西方国家也同样存在。声援美国反种族歧视运动的英国示威者打出了"英国也不是无辜的"口号。调查显示，在英格兰和威尔士地区，黑人被谋杀概率是白人的两倍，该地区登记在案的仇恨犯罪中，82% 是出于种族原因；在经济方面，相较于拥有同等学力的白人，少数族裔的失业率高出两倍半，可以说"失业率更高，工资更少"。②

另据加拿大国际广播报道，在加拿大，菲律宾裔女性移民受过高等教育的比例比白人女性移民高 6 个百分点，但她们的收入却比白人女性低 29%。③

（二）美国等西方国家的种族不平等

2020 年以来，全球在新冠疫情冲击下，西方社会根深蒂固的种族不平等暴露无遗，进一步加剧了人们对种族主义的愤怒。

一是少数族裔应对经济风险能力更弱。经济衰退对黑人、西班牙裔群体的打击更大，他们只能通过"闹事"的方法让掌权者关注他们如今面临的危机。在英国，疫情下经济的衰退，对于少数族裔群体，也像一场噩梦。为苏格兰政府提供咨询的改善服务组织（IS）表示，英国少数族裔群体可能难以

---

① 海外网：《种族歧视"怒火"何以蔓延西方多国?》，载中国经济网，https：//baijiahao. baidu. com/s？id = 1668294123290208066&wfr = spider&for = pc，2020 年 6 月 1 日。
② 陈冰：《种族歧视怒火为何蔓延西方多国》，《新民周刊》，2020 年 6 月 8 日。
③ 同上。

经受住新冠肺炎疫情带来的经济冲击。①

二是少数族裔的"健康不平等"更加凸显。英美两国都具有发达且覆盖面较广的公共卫生系统，但是少数族裔的人口比例与死亡病例却出现失衡。据 CNBC 报道，在美国，占美国人口 13% 的黑人死于新冠肺炎的比例却占到了疫情死亡总数的 23%。英国国家统计署 5 月发布的数据显示，在英国，死于新冠肺炎的黑人人数可能是白人的 4 倍多。

近十年来，每过一段时间，西方社会都出现大规模的反种族主义示威活动，但各国政治精英无意根除社会不平等的痼疾。即使此次游行示威活动平息，西方各国如果不深究背后的原因，推进社会结构性改革，反种族主义游行还会不断重演。

（三）种族歧视在美国痼疾难治的根本原因

因反抗种族歧视而引发的抗议活动此起彼伏。纵观美国历史，种族压迫和歧视司空见惯，已成为难以消除的社会痼疾，正如美国学者托马斯·索维尔在其《美国种族简史》一书中指出的，"肤色在决定美国人的命运方面，显然具有举足轻重的作用。各种族都曾受到过某种程度的歧视"。虽然反对种族歧视已经成为当今美国社会的"政治正确"，但口头和表面上的粉饰，难掩种族歧视在美国长期并广泛存在的客观事实。

从世界历史来看，因为各个国家都在不断的融合中发展，使得每个国家都成为了多民族国家。而多民族国家，基本上民族也很和睦，很少有歧视。但是在号称世界最大民主国家的美国，几百年来，种族歧视十分严重，为此造成的流血事件和动荡层出不穷，其严重程度堪称世界第一。那么，美国的种族歧视为何如此严重呢？主要有三点原因。

第一，宗教的极端是美国种族歧视的文化根源。很多人现在只关注到某些宗教的极端，但是很少有人知道，基督教的宗教战争，诸如十字军东征，包括闻名世界的西方传教士，其实都是宗教极端的体现。近代西方国家殖民世界的最大动力，就是基督教消灭异教徒，传播宗教的目的。在美国其实也是如此，英国人来到美国后为何杀戮印第安人，为何杀戮异教徒，都受到了

---

① 陈冰：《种族歧视怒火为何蔓延西方多国》，《新民周刊》，2020 年 6 月 8 日。

宗教极端思想文化的影响。这种宗教的自我保护和极端，是美国种族歧视的最深层次的原因。

第二，白人与黑人之间的不平等是种族歧视的社会根源。因为随着近代西方的崛起，白人的发达，近代白人至上，白人是最优秀民族和种族的观点传遍世界。所以白人认为自己才是最优秀的，而其他的族裔都是劣等的，都是下等的。这使得白人天生就有优越感，尤其是在美国这个移民国家，更是非常明显。白人之间形成庞大的力量，相互支持，并认为其他的族裔是天生的劣质种族，这使得种族歧视在社会中一直根深蒂固。

只要白人优先这个观念不改变，那么美国种族歧视就永远也不可能改变。2022年5月14日美国纽约州布法罗市一家超市发生枪击事件，造成10人死亡、3人受伤。13名受害者中有11人是非裔美国人。嫌犯根德隆行凶前在网上发布180页的"杀人宣言书"，文字中充斥着白人至上主义的思想。他自称对他"影响最深刻的人"是2019年在新西兰清真寺枪杀51人的布伦顿·塔兰特（Brenton Tarrant），还有"启发他的人"是2015年在美国南卡罗来纳州的教堂杀死9名黑人的迪伦·鲁夫（Dylann Roof）。[①]

第三，尽人皆知的种族主义"黑历史"是美国种族歧视难以根除的历史根源。美国的历史就是一部充满种族压迫和种族歧视的历史。1607年欧洲白人登陆北美大陆后就开始了对印第安人的种族压迫。1619年开始的黑人奴隶制则让美国历史进入了种族压迫的至暗时代。1865年奴隶制被废除，但是，美国白人对黑人的歧视，却随着黑人获得自由身份而不断加深。1876年起美国南部各州制定实施了形形色色的种族隔离法律，统称《吉姆·克劳法》。该法律对黑人及其他有色人种实行种族隔离，经过反歧视人士近百年的抗争，直到1965年种族隔离制度才被废除。在部分白人眼里，黑人就是奴隶，就是低人一等，就该被白人驱使和欺负，这也是根深蒂固的。在近代美国甚至还将黑人遣送回非洲，让黑人离开美国，这就可以看到白人对黑人根深蒂固的偏见了。

2021年7月12日，联合国人权理事会第47届会议举行保护非洲人和非

---

① 新民周刊网易号：《18岁枪手直播枪击，180页"杀人宣言"再次揭开美国社会的丑陋伤疤》，https://www.163.com/dy/article/H7G8UUR90550A0OW.html。

洲人后裔人权对话会，发展中国家纷纷谴责系统性种族主义和种族歧视，呼吁国际社会加大力度打击针对非洲裔、亚洲裔的歧视和暴力。中国代表五十多国做共同发言，强调非洲人和非洲人后裔、亚洲人和亚洲人后裔长期受到系统性种族主义、种族歧视和仇恨犯罪的危害。多边人权机构应采取行动，标本兼治解决系统性种族主义和结构性种族歧视，清除奴隶制、跨大西洋奴隶贸易、殖民主义和贩卖劳工的历史遗毒。国际社会应加大努力，打击针对亚洲人和亚洲人后裔的种族歧视和仇恨犯罪，政治公众人物应停止发表种族主义言论，充分保障亚洲人和亚洲人后裔权利。①

非洲国家集团、伊斯兰合作组织、阿拉伯国家集团、海湾合作委员会、南非、沙特、古巴、印度尼西亚、越南、白俄罗斯等纷纷谴责系统性种族主义和种族歧视，敦促有关国家全面有效落实《德班宣言和行动纲领》，消除奴隶制、跨大西洋奴隶贸易、殖民主义等历史遗留问题影响，结束警察暴力，禁止散布煽动种族歧视的言论，切实保护包括非洲人和非洲人后裔、亚洲人和亚洲人后裔、土著人在内所有人的人权。但是，要在资本主义私有制条件下，根除种族歧视，不仅任重道远，而且难以实现。

## 第三节　马克思主义的民族自决权

民族自决权是马克思主义在人权问题上的突出贡献。马克思、恩格斯在《共产党宣言》《家庭、私有制和国家的起源》以及有关波兰、爱尔兰、印度、中国等国问题的著作中，提出了一系列关于民族自决权的观点，强调民族是社会发展到一定阶段的产物，造成民族剥削和民族压迫的原因是现存的私有制关系；只有实现了民族独立、民族平等，才具有民族自决权。这里再从民族解放、民族独立、民族自决权的层面，进一步展开分析。

### 一、民族自决、民族自决权

马克思主义认为，民族也和任何历史现象一样，有它自己的历史，有自

---

① 中国青年报百家号：《中方代表 50 多国发言：加大力度打击针对非洲裔、亚洲裔的歧视和暴力》，https：//baijiahao. baidu. com/s？id＝1705149147764049940&wfr＝spider&for＝pc。

己的始末。

（一）任何民族都有一个形成和发展过程

一般来说，民族的形成是由氏族到部落，由部落到部落联盟，由部落联盟到民族。不过，此时形成的民族，是资本主义出现以前的民族。资本主义社会的资产阶级民族，是在资产阶级打破了封建主义和封建割据的局面，使各个区域之间的交换日益频繁，商品流通日益增长，各个地方市场集中成为一个统一市场的时候，才随之形成的。社会主义社会的民族则是在推翻了资本主义的统治，消灭了资产阶级及其民族主义的政党，建立了社会主义制度以后，通过社会主义建设，通过工人阶级及其政党用社会主义精神对资产阶级民族进行根本的改造，在扬弃旧民族的基础上产生和形成的。因此，任何类型的民族，都有它自己形成和发展的过程。

（二）任何民族都有反对民族压迫，争取民族独立的权利

在阶级社会，民族矛盾实质上是阶级矛盾在民族关系方面的表现形式；对外的民族压迫，不过是对内阶级压迫政策的反映和延续。比如，封建社会的统治阶级，他们凭借占有土地和国家机器，榨取农民的血汗，满足豪奢腐朽生活和维护对农民的特权——封建剥削秩序。为此，他们不但要侵夺本民族农民的土地和财物，还要凭借作为国家机器重要组成部分的军队，侵夺其他各族人民的土地和财物。对内实行阶级压迫的国家机器，同时也就是对外进行民族征服和压迫的工具；其他民族遭受的奴役和压迫，也就是外加了一层民族压迫的阶级压迫。

同样，在资本主义社会，作为统治阶级的资产阶级，出于其贪婪的阶级本性和民族利己主义，"在民族问题上都希望本民族享有种种特权，或者为本民族谋取特殊利益"。[①] 例如，在19世纪40年代欧洲资产阶级革命中，意大利、匈牙利、波兰等被压迫民族掀起大规模的争取民族独立的斗争。处于俄、普、奥共同压迫之下的波兰人民争取民族独立的斗争，是对欧洲反动势力支柱的沙皇俄国以及普鲁士、奥地利两个君主专制国家反动势力的严重打击，对推动全欧民主革命任务的实现有着重要的意义。但是，已经争得自己

---

① 《列宁选集》第2卷，人民出版社，2012年，第383—384页。

政治统治并确立自己的民族国家的英国和法国的资产阶级，却出于谋求本阶级剥削利益或新权地位，附和沙俄等反动势力对波兰民族解放运动的镇压，或者采取伪善的同情，宣扬"各民族团结友爱"，模糊资产阶级和无产阶级在民族问题上的利益分歧，以资产阶级民族主义毒害无产阶级的意识。英国和法国资产阶级附和沙俄等反动势力对波兰民族解放运动的镇压，实际上也就是对内阶级压迫的反映和扩大。正是在这个意义上，马克思主义认为，"民族压迫政策是专制制度和君主制遗留下来的"。① "现存的所有制关系是一些国家剥削另一些国家的条件。"② 所以，只要"人对人的剥削一消灭，民族对民族的剥削就会随之消灭。民族内部的阶级对立一消失，民族之间的敌对关系就会随之消失"。③

（三）民族和被压迫民族都有争取民族独立、自决的权利

马克思主义还通过对爱尔兰问题的研究，进一步阐述了"压迫其他民族的民族是不能获得解放的"④ 思想，论证了英国工人阶级的利益，在于支援爱尔兰人民摆脱英国殖民主义的统治，充分说明了压迫民族的无产阶级和被压迫民族争取解放的斗争有着一致的利益。

马克思指出，英国反动势力的根源在于对爱尔兰的奴役，是它借以维护其反动统治的物质力量和精神力量。爱尔兰是英国的原料产地、商品市场和最大的产业后备军的基地，而且一旦需要，就可以把镇压爱尔兰的军队用来对付英国工人。但是，比这一切更为重要的是英国统治阶级用种种手段煽动英国工人和爱尔兰工人之间的民族仇视，作为奴役他们的精神支柱。他们煽动英国工人和爱尔兰工人的争吵，"人为地保持和加深这种对立。这种对立就是英国工人阶级虽有自己的组织但没有力量的秘密所在"，也是"资本家阶级能够保持它的权力的秘密所在"。⑤ 因此，马克思强调指出："伦敦中央委员会的特殊任务就是唤醒英国工人阶级，使他们意识到：爱尔兰的民族解放对他们来说并不是一个抽象的正义或博爱的问题，而是他们自己的社会解

① 《列宁全集》第 29 卷，人民出版社，2017 年，第 431 页。
② 《马克思恩格斯选集》第 1 卷，人民出版社，2012 年，第 313 页。
③ 同上书，第 419 页。
④ 《马克思恩格斯全集》第 18 卷，人民出版社，1964 年，第 577 页。
⑤ 《马克思恩格斯选集》第 4 卷，人民出版社，2012 年，第 485 页。

放的首要条件。"①

正是从压迫民族的无产阶级为团结被压迫民族人民共同进行反对反动统治阶级的要求出发，马克思、恩格斯主张，不仅要承认业已形成的民族拥有自决权，而且也要承认波兰、爱尔兰等一切被压迫民族有独立、自决的权利。1878 年，马克思在《乔治·豪威尔先生的国际工人协会史》中说："必须在运用民族自决权原则的基础上，并通过在民主和社会主义基础上恢复波兰的办法，来消除俄国佬在欧洲的影响。"② 马克思提出的民族独立、民族解放和民族自决权思想，为加强国际无产阶级团结被压迫民族进行共同的斗争，确立了科学的思想原则。

## 二、殖民地人民也拥有民族自决权

到了帝国主义时代，被压迫民族的解放问题，已经发展为从帝国主义奴役下解放出来的世界范围的问题。列宁对民族解放与民族自决权做了深刻的分析。

### （一）列宁对东方国家争取民族解放，实行民族自决运动的评价

列宁强调："殖民地人民也是民族。"③ 他们也拥有民族自决权。他站在历史唯物主义的高度认为，弱小民族是反帝斗争中的一个独立因素，是帮助无产阶级登上舞台的一种酵母、霉菌。他指出，世界历史进入帝国主义阶段之后，社会主义革命只能在各先进国家无产阶级为反对资产阶级而进行的国内战争已经同不发达的、落后的和被压迫的民族所掀起的一系列民主革命运动、民族解放运动联合起来的时代中进行。所以，他在关注东西欧民族运动发展的同时，把目光更多地转向东方。列宁高度评价了东方国家争取民族解放、实现民族自决权运动的现实作用。他特别关注受帝国主义凌侮的中国及其民主革命运动。他认为社会主义者应当最坚决地支持中国这些国家的资产阶级的民族解放运动及其中最革命的分子，帮助他们举行起义，如果情况许可，还应当帮助他们进行革命战争，以反对压迫他们的帝国主义列强。正是

---

① 《马克思恩格斯选集》第 4 卷，人民出版社，2012 年，第 485 页。
② 《马克思恩格斯全集》第 19 卷，人民出版社，1963 年，第 164 页。
③ 《列宁全集》第 28 卷，人民出版社，2017 年，第 157 页。

基于这种思想，他对中国大地如火如荼地开展的民主革命运动，感到十分兴奋，溢于言表：“中国不是早就被公认为是长期完全停滞的国家的典型吗？但是现在中国的政治生活沸腾起来了，社会运动和民主主义高潮正在汹涌澎湃地发展。”“亚洲的觉醒和欧洲先进无产阶级夺取政权斗争的开始，标志着20世纪初所开创的全世界历史的一个新阶段。”① 同时，他对领导这场运动的孙中山先生也给予了应有的赞扬。他在《中国的民主主义和民粹主义》中说，“这里的亚洲的共和国的临时大总统是充满着崇高精神和英勇气概的革命的民主主义者”。

（二）列宁的民族自决权思想成为布尔什维克党的民族问题原则

列宁关于被压迫民族通过民主革命运动而实现民族独立、民族平等，享有民族自决权的思想，很快成为当时布尔什维克党在民族问题上的一个重要原则。十月革命胜利后的最初几天内，世界上第一个社会主义国家便宣布了民族自决权原则，并从法律上加以规定。1917年11月8日颁布的历史性的《和平法令》和同年11月2日颁布的《俄国各族人民权利宣言》宣布：各民族享有公正、民主、和平和自决的权利。每个民族都拥有“自由的自决权，直至分离和组成一个独立的国家”。从1920年至1921年，苏联在其对外政策的文件和各种国际协定中都规定了列宁主义的民族自决权原则。

### 三、马克思主义民族自决权思想纳入《联合国宪章》

第二次世界大战后，由于社会主义在苏联的进一步巩固和在许多其他国家内的胜利，社会主义力量日益强大、威望日益提高，并对世界发展进程产生越来越大的影响。在这种条件下，尚未取得独立的殖民地、附属国人民的民族解放运动空前高涨，反帝、反殖民浪潮日趋深入。在这样的形势下，列宁早在20世纪初所宣布的民族自决权原则，在苏联等国的坚持下，作为基本原则和宗旨之一在《联合国宪章》中被固定下来。《宪章》第1条第2款宣布：发展国际间以尊重人民平等权利及自决原则为根据之友好关系是联合国宗旨之一。第50条又重申了该项原则。

---

① 《列宁全集》第23卷，人民出版社，2017年，第160—161页。

（一）民族自决权原则的新发展

在联合国开展工作的最初几年，对该项原则的赞同还只是停留在口头上，而没有开展实际工作来促进自决。这个原则还曾一度仅被认为是"二战"期间发表的善意宣言，特别是《大西洋宪章》的遗留物。但是，社会主义国家和新独立的第三世界国家却使该项原则所具有的反帝、反殖民意义得到了充分的发展。1952 年 12 月 16 日，联大以 637A（XII）号决议通过了《关于人民和民族自决权的决议》，要求联合国会员国"支持一切人民和民族的自决原则"；认为"人民和民族应先享有自决权，然后才能保证充分享有一切基本人权"。可以确切地讲，第 637A（XII）号决议使自决原则上升为权利。1955 年，不结盟国家的亚非会议发表的《亚非会议最后公报》又重新肯定了这项原则，明确指出："自决是充分享受一切基本人权的先决条件。"

1960 年 12 月 14 日，在苏联和其他社会主义国家以及亚、非、拉新兴国家的努力下，联大以第 1514（XV）号决议通过了令人难忘的《给予殖民地国家和人民独立宣言》。《宣言》的主要国际意义在于，它明确地肯定了殖民地人民自决权是一项基本人权；揭示了人民自决权的反帝、反殖民内容，为各国人民以各种手段争取巩固独立的斗争奠定了基础。联大的这项决议被称为"非殖民化宣言"。这确实是一个历史性的宣言，它大大加速了殖民地转化为独立主权国家的进程。苏联还在第 16 届联大提交了一份备忘录。在备忘录中提出了一系列措施，以尽快实现上述决议。为实现该《宣言》，第 25 届联大还通过了一个行动纲领。

（二）民族自决权被公认为一项基本人权

由于社会主义国家和不结盟国家的倡导，自决权已经被公认为一项基本人权和国际法的一项确定原则。1966 年联大通过的两个人权公约即《经济、社会及文化权利国际公约》和《公民及政治权利国际公约》均在第 1 条重申了此项原则。公约宣布："所有人民都有自决权，根据此项权利，自由决定其政治地位和自由谋求其经济、社会和文化发展。"1970 年 10 月 24 日，联大通过了《关于各国依联合国宪章建立友好关系及合作之国际法原则之宣言》。1977 年联大通过的第 32/130 号决议又进一步提出：在联合国范围内解决人权问题时，对因殖民主义、外国统治和占领、对国家主权和民族统一及领土完整的侵略和威胁，否认民族自决权和对其自然资源和财富行使主权等造成的对人权和基本自由大规模公然侵犯的事件，应给予优先考虑。此后的许多国际文件又一再重申此项主张。

在当今世界上，民族自决权虽已被公认为一项基本人权。但是，由于国际社会中还大量存在着种族主义、殖民主义、霸权主义、外国侵略、占领和干涉等许多大规模侵犯人权的现象，所以，为争取民族自决权利的斗争还远远没有完结，马克思主义的民族自决权思想仍是我们争取民族自决权的指导。我们将一如既往，和广大发展中国家站在一起，为坚持正义，反对外来干涉、侵略、压迫和由此造成的大规模侵犯民族自决权的行径而共同努力。

由上述对马克思主义关于环境权、奴隶和种族平等权、民族自决权的分析不难看出，马克思主义人权观并不像西方某些资产阶级学者所断言的那样，只讲社会、经济、文化权利，不重视其他各项权利。恰恰相反，马克思主义人权观不仅立足于人的生存权、劳动权、平等权、自由权、民主权等权利的获得和享受，而且重视与人的解放、人的全面自由发展相关的环境权、种族权、民族自决权等重要人权，各种人的权利诉求、权利保障、权利享受，同时，在马克思主义人权观理论体系中互相联系、互相作用、互相促进，不断提高人类权利获得和享受的水平。

在马克思主义看来，每一种权利对于个人或集体来说，既是一种价值目标，又是一种不断趋向于一定理想目标的在"实现着"的权利；每一种权利对于保证人的全面自由的发展都是必要的。当然，每一种权利对于人的发展的意义，不仅是作为一个过程来展现、实现的，而且总是有限的。所以，马克思主义总是引导人们要为实现各种权利而斗争，但又要协调各种权利在人类社会发展中的不同意义，以更好地促进人与社会的全面发展。

下　编

马克思主义人权观的
"中国化"及其当代价值

马克思主义人权观的"中国化"及其当代价值，不仅彰显了马克思主义人权观作为一种引领人类权利思想变革和治理的科学人权理论的生命力和魅力，而且反映了中国特色社会主义人权观理论构建的历史进程，以及老一辈革命家和中国的仁人志士在中国特色社会主义人权观理论构建中的不同建树、不同贡献。

马克思主义人权观的"中国化"及其当代价值，在新时代实现了新的创造、新的发展，其根本标志就是习近平总书记"以人民为中心"的人权观。"以人民为中心"的人权观，反映了中国共产党崇高的价值追求，构建起了符合国情和时代发展要求的全新的人权话语体系，代表着一种人权新概念新范畴新表述，丰富了人类的权利思想，开辟了尊重和保障人权的新境界，具有划时代的重大意义。

马克思主义人权观的"中国化"还体现在中国"四位一体"的人权发展道路（人权发展"新模式"）上，即以人的生存和发展权为基础，突出人权发展道路的法治保障、人权发展道路的文化精神、人权发展道路的现代化。马克思主义人权观的当代价值还可从中西方人权保障和治理的比较研究中，彰显中国人权发展道路的普遍价值，反映中国特色社会主义制度具有无可厚非的优势。同时，中国在推进"人类命运共同体"的构建中，参与全球人权治理，贡献人权保障和治理的"中国方案"，反映了马克思主义人权观在当代仍具有引领人类权利治理的重大价值。

# 第十一章　马克思主义人权观的
方法论原则及标准

　　马克思主义人权观内蕴着科学的方法论原则及标准。揭示马克思主义人权观内在的固有的方法论原则及其标准，不仅可以从世界观和方法论层面弄清楚马克思主义人权观能成为中国人权发展道路、中国人权事业发展理论指导的根本原因，而且可以坚强有力地批判反击各种错误的人权观思潮的挑战，揭露人权问题上的"抽象标准"、"双重标准"或"普遍标准"的谬误所在，以全面客观地推进全球的人权发展。

　　改革开放以来，马克思主义人权观在"中国化""当代化"的过程中，经常受到西方国家人权问题上的"双重标准"、以人权的普遍性和"统一性"等质疑中国特色的人权标准，否定中国人权事业的发展等挑战。而人们对一个地区、一个民族、一个国家的人权现象的看法，之所以会有不同的甚至截然相反的认识和评价，除了不同民族、不同国家的政治、经济、文化发展差异所带来的影响之外，它与人们运用什么样的方法及标准去评价人权相关。正是基于上述考虑，本章试图通过分析研究评价人权的方法论原则及其标准，进而揭示人权评价原则与标准中的价值观意蕴，说明中国在推进中国特色社会主义人权事业建设中，始终坚持马克思主义人权观的方法论原则及标准，形成了中国特色的人权发展道路，为世界人权发展提供了一种新的模式。

## 第一节　评价人权的方法论原则①

从哲学方法论的角度来看，评价人权的方法主要有两种：一是资产阶级的，或通称西方人权哲学方法论；另一种是马克思主义人权哲学方法论。当代西方学者提出的评价人权的方法，如人权至上论、人权绝对论、人权无国界论等等，本质上是资产阶级人权哲学方法的派生。第二次世界大战以后，亚非拉许多国家提出的评价人权的方法除了它们本国的特色之外，其中既有西方国家人权哲学又有马克思主义人权哲学的影响。在不同的哲学方法论原则的指导下，依据不同的尺度，有可能对同一人权现象做出不同的甚至截然相反的评价。因此，要科学合理地评价人权现象，必须运用科学的方法论原则及其标准。

笔者认为，当前对人权现象的评价，应遵循以下几条方法论原则（当然，我们这里是从科学理性的形态上探讨，暂且撇开不同国家利益及其价值观念的影响）。

### 一、人权评价的客观性原则

客观性原则，是评价人权现象所必须遵循的一个方法论原则。该原则首先要求客观地、实事求是地认识和评价对象，即要客观地研究与分析各地区、各民族的人权状况，看到不同地区、不同民族人权现象的特殊性，避免在人权评价中把不同的人权现象混为一谈；其次，它还要求正确把握人权实现的过程性与条件性，不能把人权目标与人们在特定历史条件下所能享有的人权混为一谈。

当前要客观评价不同国家、不同地区的人权状况，关键是要正确地认识人权实现的过程性。这里的"过程"包含以下两层意思：

（一）过程展开的条件性

由于不同的经济与社会发展水平、不同的社会制度的影响，人权实现的

① 鲍宗豪：《试论评价人权的方法论原则及标准》，《哲学研究》，1993 年第 5 期。

程度、范围是不一样的。"人权实现的程度、范围"是已展开了的"过程"的结果，一定的条件是"过程"展开的前提。不具备这一前提条件，实现人权的过程就不能展开。例如，不建立社会主义新中国，人民是不可能广泛、充分地享有生存权的。不区分不同的人权实现所需要的不同条件（如把西方国家的"文艺复兴运动""政治民主体制"作为中国实现人权过程的条件），人权的实现过程不仅不能展开，反而会走向人权愿望的反面。

（二）过程展开的阶段性

人权的实现就其过程而言，大致可分为三个阶段：（1）潜存阶段，也就是说人的权利尚处在一种潜在的、尚未展现的状态中。与此阶段相适应的权利可称为"应有权利"。它是社会主体共同的权利要求，反映了社会进步的客观内容（不是任何个人、集团或阶级的主观性的产物），以观念的形态存在于社会生活的各个方面之中。应有权利不同于资产阶级革命初期提出的"自然权利"，后者是建立在历史唯心主义基础之上的。应有权利除受物质生活条件的决定外，还受到社会的政治、文化、宗教信仰、伦理修养等方面的影响。（2）表露阶段，权利处于一种外露的、展开的状态。与此阶段相适应的权利叫作法定权利。它是统治阶级根据自己的意志、共同的利益所规定的，并通过国家立法活动客观化的结果。它具体体现在法律规范中，是法律规范的核心内容。统治阶级正是通过这种规范来实现自己的权利，维护本阶级的共同利益的。但这种法定权利既蕴含应有权利，同时还包含满足统治阶级本身私欲的任性。这种任性是不利于社会进步的。在每个剥削阶级社会的后期，其表现尤为明显。（3）现实阶段，也就是权利在社会生活中的具体实现、落实阶段。与此阶段相适应的权利可称为"实有权利"，它是指人们实际能够享有的权利。

在一个国家里，法律对人的应有权利做出完备规定，并不等于说这个国家的人权状况就很好了。在法定权利与实有权利之间往往有一个很大的距离。当代社会，在法律中对人权的内容做出全面的规定，并不怎么困难，但要使法定权利得到全面的切实的实现，就不是一件容易的事情。一个国家的人权状况如何，在很大程度上取决于这一点。从应有权利转化为法定权利，再从法定权利转化为实有权利，其间经历了两次飞跃、三个阶段，才使人权在社会生活中得到实现。三个阶段之间的关系虽然是前后继起的关系，但三者之间的有些内容是重叠的。随着人类文明的继续向前发展，它们之间在外延上将一步步接近，彼此重叠的部分将日益扩大，但永远存在着矛盾，应有权利永远大于法定权利（在还需法与法制的社会），法定权利永远大于实有权利。正是这种矛盾，推动着人权在更高的水平上实现。

只有正确认识人权实现的"过程性"，才能坚持人权评价的客观性原则，才不至于脱离人权实现的条件，侈谈人权无国界、人权至上，也不至于把人权目标或应有权利当作实有人权，并以未来的人权理想为准则去评价人权的现状。

## 二、人权评价的主体性原则

评价一个国家、一个地区的人权现象，固然不能凭主观意愿或想象，但也不可能完全脱离主体意识。任何无视或者贬低人权现象中的主体性的做法，都意味着使人权僵化，使它变为一纸苍白无力的宣言。主体性在人权现象中主要表现为两个方面：一方面是人们对人权、人道行为的自觉选择；另一方面是人们在实现人权过程中的主动性与创造性。

（一）所谓人权、人道行为的自觉选择

这是指在自身权利与他人权利、个人权利与社会权利、本民族权利与他民族权利之间发生冲突，或者各种权利要求出现了矛盾的情况下，行为者（个体或集体）根据自己的认识和信念，选取符合人们行为的一种活动。对于行为者来说，人权选择的实现受制于两个不可缺少的因素：一是行为者本身的权利意识的成熟程度，亦即行为者对权利价值的自觉程度；二是社会为行为者所提供的选择的客观可能性的范围。两者的有机结合才会有自觉的人权选择。

（二）人权实现中的主动性和创造性

这是比人权选择更复杂、更高级从而更能体现权利主体性的一种境界。它要求权利主体不仅能够自觉自愿地履行自己的义务。而且能够独立地给自己或集体提出新的权利目标，创造新的权利规范，并在没有任何外部强制的情况下实现这些目标。

从人权的历史发展来看，权利选择的实现和权利上的主动性、创造性的发挥，是一个由不自由到自由、由不充分到充分的发展过程，这个过程受制于人类心智的发展水平和人类社会生产力以及社会关系的发达程度，并且总体上与后者的发展是相平行的。

在采集经济、氏族制度时期，人类心智水平极其低下，个人与血缘群体浑然一体，独立的个人权利及个人权利意识都尚未形成。与这种社会关系极不发达、人的权利意识极不发展的状况相适应，原始人的权利关系是通过各种风俗、禁忌和宗教仪式等来调节的，其特点是简单有力和人人必须遵守。各种权利规范，在原始人看来，都是天经地义、无须论证的。因而，原始人维护氏族权利的行为，并不是现代意义上的权利选择的结果，也无任何权利实现中的主动性和创造性可言。

在自然经济时期，人类的心智水平有所提高，社会权利关系也日益复杂。与之相应，统治阶级一方面通过道德对人们思想行为的影响力　来规范人与人之间的权利关系，另一方面又通过法律强制人们遵循有助于维护统治阶级利益的权利规范。这样，人们在社会生活中实际可选择的权利范围仍然是十分狭窄的，从而严重地阻碍了人们尤其是被统治者的权利主体意识及其创造精神的发挥和发展。

商品与市场经济以及贯穿于这种经济形式中的竞争活动，为人们的权利选择和创造精神的发挥开辟了比以往广阔得多的领域，从而较大地刺激了人的权利主体意识的发展。这一点，已为历史和我国改革开放 40 多年来的实践所证实。但由于商品与市场经济条件下必然存在个人利益与社会集体利益，个人权利与社会集体权利之间的深刻差别，使得以维护社会集体利益为特征的权利要求，对于个人来说，常常还是一种外在的道德命令。在这种情况下，人在权利选择上的自由以及权利上的主动性和创造性的发挥，也仍然是有限的。

人在权利方面发展的最高境界是真正地、充分地享有人权，它意味着人在权利选择上的真正自由和权利上的主动性和创造性的充分发挥。显然，这种境界的实现，只有在共产主义社会才有可能。

由上观之，第一，人的权利主体意识的发展，是人的权利进步的重要标志之一。正如经过严峻的生活考验的成人的道德高尚比起儿童的道德纯洁更高贵一样，经过自觉选择而后产生的符合人道的权利行为比起那种循规蹈矩、盲目遵循既定权利规范的行为，显然更进步、更有价值。第二，人的权利主体意识的发展是人类权利进步的重要前提之一。因为没有人的权利主体意识的发展，就不会有人类对传统的权利思想的反思，从而不可能根据人和社会发展的需要，废弃旧的权利意识，创建新的权利理论。

## 三、人权评价的社会历史性原则

马克思主义"在分析任何一个社会问题时……就是要把问题提到一定的历史范围之内"①，社会历史地进行分析。对人权的评价也是如此。评价人权的社会历史性原则主要有以下两点。

（一）人权及其观念的产生具有社会历史性

马克思主义认为，人权既不是什么"上帝""理性""自由意志"的产物，也不是什么抽象的人所固有的、永恒不变的"自然本性"。人权本质上是人与人之间的一种权利关系，这种权利关系不过是人的社会关系的表象，决定人的权利关系的是生产关系以及由生产关系的总和构成的社会关系。"他们的物质关系形成他们的一切关系的基础。这种物质关系不过是他们的物质的和个体的活动所借以实现的必然形式罢了。"② 人权观念本身也是一种历史性的产物。（在西方它只是在文艺复兴时期的资产阶级思想家那里，才具有了理性的意义。）因而，人权观念的形成，"需要一定的历史条件，而这种历史条件本身又以长期的以往的历史为前提"。③ 概而言之，人权作为一种理想追求，是人们对未来社会关系的一种要求；作为现实，则是人们对现存社会关系的一种规定。社会关系的历史性，决定了人权及其观念的社会历史性。

（二）在一定社会历史条件下评价人权的局限性

人权及其观念产生的社会历史性，从根本上决定了人们在一定社会历史

---

① 《列宁选集》第 2 卷，人民出版社，2012 年，第 375 页。
② 《马克思恩格斯选集》第 4 卷，人民出版社，2012 年，第 409 页。
③ 《马克思恩格斯全集》第 26 卷，人民出版社，2014 年，第 113 页。

条件下评价人权的局限性，即人们不可能对人权现象做出尽善尽美的、绝对科学的评价。但这并不意味着可以任意评价人权，任意指责他人、他国侵犯人权。相反，却给我们提出了正确合理地评价人权的要求。这正是我们下面第二节要深入研究的一个问题。

总之，评价人权方法的客观性与主体性原则是统一的。客观性是主体性的前提。客观性本身就内含着主体性的因素，它是主体在评价方式、评价过程、评价条件等方面所坚持的客观性；主体性并不否认客观性，它是在客观性基础上主动地、创造性地选择人权、人道的行为，正确合理地评价人权，维护与促进人权。客观性与主体性的统一，又是具体的、历史的。因而，我们要在社会历史发展过程中，正确认识与把握评价人权的方法论原则。

## 第二节　评价人权的标准

根据上述评价人权的方法论原则，我们应该以什么为标准来评价人权？如何正确合理地运用马克思主义的人权标准？这正是我们要进一步探讨的问题。

### 一、资产阶级启蒙思想家评价人权的理性标准

在人权发展史上，西方资产阶级启蒙思想家曾以"理性"为标准来评价人权，争取人权。他们主张"一切都必须在理性的法庭面前为自己的存在作辩护或者放弃存在的权利。思维着的知性成了衡量一切的唯一尺度"。[①] 启蒙思想家所说的"理性"，实质上是以抽象的"人的本性"形式出现的资产者的人性。在他们看来，合乎资产者本性的东西，就是合乎"永恒的理性"。于是，抽象的人性就成了资产阶级的人权标准。

资产阶级的人权标准对于反对神权、君权，发展资本主义生产具有积极的作用。但是它本身存在着难以克服的理论和实践的矛盾。马克思把这种矛盾叫作"用以表达市民的利益的形式和这些利益本身之间的假象的矛盾"。[②]

① 《马克思恩格斯选集》第 3 卷，人民出版社，2012 年，第 391 页。
② 《马克思恩格斯全集》第 3 卷，人民出版社，1960 年，第 213 页。

在理论上，它以抽象的人和人性为标准，提倡尊重一切人的权利、尊严和价值，宣扬普遍的自由和平等；但在实践上，它是从资产阶级的利益出发，追求资产阶级的自由和权利，维护私有者的尊严和价值。起初，这种矛盾是隐蔽的，尚未显露的。反对宗教和封建专制的共同斗争，超过了隐藏在"人"后面的阶级对立。可是，当资产阶级夺取了政权，攻守易势，资产阶级人权标准的理论与实践之间的对立就极其明显地暴露出来了。

资本主义社会的现实也同抽象的人性标准正好枘反，"商业日益变成欺诈。革命的箴言'博爱'化为竞争中的蓄意刁难和忌妒"。① 尽管资产阶级启蒙思想家确实怀着真诚的动机、满腔的热情、美妙的理想，自以为是在为每个人的"人权"而奋斗，但它的实际结果只能是一部分人享有权利，另一部分人只有被统治和被压迫的义务。正因为以抽象的人性为人权标准中包含着这种内在的矛盾，因此，资产阶级人权在政治实践中的胜利，必然以理论上的破产作为补偿。

## 二、西方国家的人权无国界仍是抽象的人性标准②

当今，西方国家在人权标准问题上虽然不公开主张抽象的人性标准，但他们宣扬的"人权绝对论""人权无国界"，其理论基点仍然是抽象的、永恒不变的人与人性。可是在实践中，他们又同这种"人权无国界"的主张相反，往往把是否符合自己国家的特殊利益作为首要因素加以考虑，并以它为标准来评价其他国家的人权。对于同一种行为或事实 给予不同的评价；时而童言无忌，时而保持沉默，时而绝对否定。一句话，是否尊重人的权利、价值和尊严，以美国等西方国家或某一资本垄断集团的私利而转移。这种人权标准实际上是一种政治实用主义的标准。它一旦运用于实践，便同其理论上的人权标准发生难以避免、难以克服的冲突。

（一）人权标准的运用根本上由评价人权的目的决定

笔者认为，选择与运用什么样的人权标准，既受评价人权的方法论原则的制约，又是由评价人权的目的决定的。在特定的历史条件下，人们选择并

---

① 《马克思恩格斯选集》第3卷，人民出版社，2012年，第644页。
② 鲍宗豪：《试论评价人权的方法论原则及标准》，《哲学研究》，1993年第5期。

运用一定的人权标准去评价人权，直接目的是通过对不符合人权、无人权、不人道现象的谴责，以保障人们享受实有的人权。然而，当我们进一步探讨人们何以需要谴责无人权、不人道的现象，以协调、规范人与人之间的权利关系时，就会发现，评价人权、维护人权、促进与完善人权，其深层目的乃是人类自身生存和发展的需要。当人们的视线仅仅停留在前一层次（直接）目的上时，评价人权往往会被看作是规范实有人权的手段（工具），因而对人们以不同的手段、不同的标准去评价人权，就会不以为然；而当人们把眼光深入到后一层次（深层）的目的上时，人权、人权标准就会被看作是人类自身活动的创造物，是人类自我实现、自我发展、自我完善的手段。而且，只有当人们立足于后一层次的需要来审视历史与现实中一切人权现象时，才可能不囿于某种既定的人权标准框架，而对包括这种人权标准框架在内的所有人权现象做出合乎人权、人道的评价。所以，评价人权必须以有利于社会进步、人类发展与完善的根本利益为标准。评价人权的目的，是主体选择与运用人权标准的根本动机，也是评价人权的根本出发点。但是，任何人权评价都是相对于一定的人权实践目标而进行的。

（二）人权评价实践的条件

人们是为了人权发展实践而进行人权评价，通过人权评价而采取符合人权的行动。因此，要使上述评价人权的标准成为现实的人权实践的指导，即在人权实践中合理地运用上述标准，又须满足以下三个层次的条件。

第一，它对评价对象（某一地区、某一国家）的人权现状以及评价中所涉及的事实的把握必须是准确的，即人权评价所含的关于评价对象的信息必须是符合实际的，是真实的。这也是由评价人权方法的客观性原则所决定的。以"真"作为合理地运用人权标准的前提条件，就同实用主义的人权评价区别开来了。

第二，它必须具有逻辑自洽性、和谐性。整个人权评价必须以"指定目标"（在直接的意义上指评价人权的目的，在更深层的意义上指决定该人权评价和该人权评价将引导的人权实践的目标）为支点，来选择评价某一地区、某一国家人权现象的视角，评价的参照对象、评价的标准。这也可以说是合理地运用人权标准的"美"的原则。

第三，它所引导的人权实践必须是符合人类发展和社会进步的利益的。任何人权评价都将为一定的人权实践提供依据，并将引导一定的人权实践。因而，对人权评价合理性的检验就是以它所引导的实践结果为标准的。人权标准的运用是否合理，要看它所引导的人权实践是否符合人类追求的进步和理想目标，是否对社会发展起积极作用。这是合理地运用人权标准的"善"的原则。

（三）人权标准运用的合理性，应体现真善美统一的原则

真善美的思想原则，是正确合理地运用人权标准的指导。但是，现实的人权实践情况比较复杂，人权标准的选择与运用在很大程度上受到不同国家意识形态的影响。认识这一点，有助于我们更客观合理地运用人权标准。这种影响具体表现为：

1. 意识形态影响着人权标准的选择

选择什么样的人权标准来评价人权，受到选择与评价主体的价值观的支配；不同的价值观在一定程度上左右着主体对人权标准的认定与选择。（以集体为本位与以个人为本位的价值观，对人权标准的选择必然是相异的。）价值观实质上是哲学观、道德观、宗教观、政治观等观念在价值观念形态上的集聚，是社会意识形态的浓缩，体现着社会意识形态的本质精神。因而，选择什么样的人权标准，可折射出不同社会意识形态性质的影响。

2. 意识形态影响着人权标准功能的发挥

人权标准对人权实践活动具有导向、协调的功能。然而，在人权实践中，人们运用一定的人权标准对人权的状况做出评估，对人权实践中的是非、善恶进行批评与表扬，都离不开一定的意识形态氛围的影响；人权标准及其在实践中的运用，只有顺应一定的意识形态，才能发挥其导向、协调人权实践活动的功能。这里的意识形态可以是资本主义的，也可以是社会主义的。但是不管是哪一种意识形态，它都会对人权标准的性质、运用方式、褒扬程度做出规范，并以这种成文或不成文的规范，约束人们对人权标准的运用。

3. 意识形态影响着人权标准的发展与完善

当一种意识形态氛围接纳某一种人权标准时，意味着它为人权标准的实

施与发展，提供了广阔的场所；反之，则使人权标准的发展受到束缚。无产阶级的为绝大多数人谋利益、追求人类进步的人权标准，是不可能在资本主义的思想氛围中得到发展的，只有社会主义的精神文化氛围，才能为它提供发展与完善的现实土壤。

以上分析表明，我们只有坚持真善美的思想原则，从满足大多数人民的利益出发，以人类进步的根本利益为标准，而不是从满足某一阶级、集团少数人的利益出发，才能避免将人权标准实用主义化，或以"双重标准"来评价人权，也才能通过评价人权，切实地改善人权状况，推动不同国家、不同地区的人权发展。

## 第三节　评价人权的价值观意蕴

一般说来，人们可能并不否认评价人权应有利于人类自我发展与自我完善这一人权目标的实现。可是在现实的人权实践中，为什么有利于人权目标实现的集体，不能真正成为人们选择与运用人权标准的立足点、本位？具体些说，在影响人权标准选择与运用的问题上，为什么还存在以集体为本位与以个人为本位的差异？不同的民族、国家在这个问题上的分歧，不仅仅是不同的历史与文化传统作用的结果，实际上反映了两种不同的价值观之间的差异与碰撞。

### 一、如何选择和运用人权标准反映了两种不同的价值观①

以集体主义为主导的价值观与以个人主义为主导的价值观具有内在的不同的价值观意蕴，它们之间的本质区别可以在以下两个层面上来分析。

（一）以个人主义为主导的人权价值观

在个人人权层面上，以个人主义为主导的人权强调人的价值、权利与自我的不可分离，只讲权利，不讲义务。在资本主义社会中，资产阶级出于绝对私有利益的需要，都以个人即自我为中心来确立行为的价值准则。在这种

---

① 鲍宗豪，姚俭建，何云峰：《论人权的价值观问题》，《上海社会科学院学术季刊》，1993 年第 17 期。

价值取向指导下，个人与社会就不可避免地产生明显的对立，由此也加剧了资本主义各种矛盾的激化。因此，西方的一些有识之士也开始认识到极端个人主义人权观的局限性，认为以自我为价值参照系，就可能导致对人权的解释存在着随意性和专断的危险。以集体主义为主导的人权与以个人主义为主导的人权的最大不同就在于，个人人权不能超越于集体和社会。毋庸讳言，人权及其实现理所当然地要提高个人的自主性和独立性，要重视个人的权利和价值，否则，讨论个人人权就失去了起码的意义。但是，提高个人的自主性、独立性，重视个人的权利和价值，并不是要使人孤立化，完全摆脱一切社会关系。每个人为了生存和发展无时无刻不在对社会（包括对其他人）有所索取，与此同时又有所贡献。个人的社会价值是通过个人的贡献而获得承认的；同时，社会又是个人的集合体，个人又享用着社会权益。因此，以集体主义为主导的人权除了规定个人的人身权利外，还提出了工作权、休息权、医疗保健权、受教育权、维持适度生活水准权等基本人权。国家、集体和全社会成员都要尊重每个劳动者正当的个人权利和个人利益，并为充分实现每个人的价值创造良好的社会条件。由此可见，马克思主义的集体主义并不是与个人人权相对立的东西，恰恰是使个人人权得以实现的基本前提。

（二）以集体主义为主导的人权价值观[①]

在集体人权层面上，在资本主义发展的前期，以个人主义为主导的人权基本上是否定集体人权的。文艺复兴以来的资产阶级思想家都是在个人权利的意义上提出"天赋人权"的。19 世纪下半叶起，资本主义制度面临着许多新的危机和矛盾。一些资产阶级的思想家认为，由于科技的发展以及经济生活中的"联合化"势头，个体越来越受到社会的操纵和控制，人的个性泯灭，成为"单向度的人"，因而也力图弥补传统的以个人本位为内容的人权论的某些缺陷。

尤其到了 20 世纪 60 年代，随着人权问题的国际化，社会主义国家与发展中国家积极参与国家社会的人权斗争，人权概念逐步突破了资产阶级传统的以个人权利和基本自由为内容的人权观，种族平等权、国家主权、民族自

---

[①] 鲍宗豪、李其彦：《当今人权研究中的若干问题》，《毛泽东邓小平理论研究》，1993 年第 2 期。

决权、和平与发展权等集体人权为世界上大多数国家所接受。在这种情况下，西方一些思想家也开始在一定程度上以一定的方式承认集体人权问题。这说明，一方面，西方的思想家看到了传统人权观的局限性；另一方面，他们根本上未否定个人主义的价值传统，只是想通过变革它的某些形式和内容，来维护和发展这一传统。因而在整个资本主义世界，人权本质上仍然是以个人主义为其价值导向的。如在第 32 届联大通过的反映集体人权思想的《关于人权新概念的决议案》草案，就遭到资本主义国家的反对。当时西欧、北美等 11 个发达资本主义国家由于不能接受决议案所包含的集体人权新内容，而投了弃权票。

与以个人主义为主导的人权观相反，马克思主义的集体主义人权观认为，人权是个人权利和集体权利的统一体。把集体人权从人权中分离出来，无论在理论上还是在实践上，都是片面的。因此，包括每个人在内的全人类的彻底解放，每个人价值的真正实现及其能力的最大发展，是马克思主义符合历史发展规律的历史选择和基本价值取向。同时，马克思主义所说的集体人权内在地包含着个人人权；集体人权不仅包括经济、社会、文化的权利，而且包括民族、国家和社会的发展权利。当今，对于广大发展中国家来说，在人权问题上更应该强调以生存与发展为内容的"集体人权"。没有广大发展中国家的经济发展，不彻底消灭贫困和不断缩小世界上贫富差别越来越大的鸿沟，世界上就不可能有真正的和平与稳定，充分享有所有的人权和基本自由也就成为一句空话。

## 二、个人人权与集体人权的辩证关系[①]

应当承认，个人人权与集体人权是有差异的，它们各自强调的重点不同，但是，两者并非绝对对立的。实际上，个人人权以集体人权为前提，集体人权以个人人权为基础，两者不可偏废。尤其在社会主义条件下，本质上表现为真实集体的国家、民族与个人是互相依存的，没有国家的主权、民族的独立，就谈不上个人的人权及其发展；同样，没有个人人权的保障和实

---

① 鲍宗豪：《试论评价人权的方法论原则及标准》，《哲学研究》，1993 年第 5 期。

现，国家的主权和民族的独立也不可能真正稳固和获得发展的内在动力。所以，以集体主义为主导的人权克服了个人与集体（民族、国家）的分离，建立了个人人权与集体人权，包括国家主权相统一的政治、经济、文化和社会的机制。

（一）要用辩证的、发展的观点看待个人与集体人权

不过，对个人人权与集体人权关系的认识，还必须具备两个最基本的观点。

一是辩证的观点。在个人、民族和国家这个矛盾统一体中，人权所强调的重点会有所不同，即不同的时间、地点和条件会有不同的主要矛盾。在民族危亡之际，争取民族独立或解放，就是人权的主要方面；在国家主权受到严重侵害乃至出现危机的关头，维护国家主权就是实现人权的根本；在民族独立和国家主权没有受到较大威胁，而个人人权受到粗暴践踏时，保障个人的人权则是主要的。

二是发展的观点。人权的内容是不断丰富、发展的。社会的发展客观上也要求正确处理个人权利与集体权利的关系。从个人方面来说，在社会主义社会中，劳动人民成为社会的主人，他们作为个人不再把集体人权看作是异己之物，而是把它视作行使个人人权的前提。当然，在社会主义初级阶段，人们在私有制条件下长期形成的对国家、对社会的不信任心理还不能完全消除。正如列宁指出的："资本主义，特别是在我们这个落后的国家，遗留给我们一大堆恶习，人们总是把所有属于国家的公物看成可以任意糟蹋的东西。这种小资产阶级群众的心理到处都可以感觉到。"[①] 所以，真正要使绝大多数个人自觉地行使个人权利，并正确地对待集体权利，还需要有一个历史过程。从集体方面来说，社会主义集体本质上是"真实的集体"，因此它力图运用集体的力量去满足个人的正当需要，保障个人的应有权益。但由于现阶段的社会主义制度还不完善，在少数国家工作人员身上还存在着官僚主义等腐败现象，造成对人民权益的侵害。因此，真要使社会主义国家成为"真实的集体"，成为马克思所说的"自由人的联合体"，也还有一个历史过程，

---

① 《列宁全集》第34卷，人民出版社，2017年，第245—246页。

还有待于我们不断地发展社会生产力，逐步完善中国特色社会主义人权体系，消除各种危害个人人权和集体人权的消极因素。

（二）以集体主义为主导的马克思主义人权观

需要指出，我们在说明上述两种价值观念在人权问题上的对立的同时，丝毫也不否认它们之间的历史联系。从世界范围看，人权的重心呈现过两次大的位移。早在资产阶级革命初期，针对封建专制对人的束缚，资产阶级高举起人权大旗，发人心目地提出人格不受侵犯的平等原则和建立"人人为自己，上帝为大家"的社会理想。而后几百年来，资产阶级以个人主义为主导的人权在有限范围内也获得较大的发展。但生产资料私有制以及资本主义社会不可调和的阶级矛盾决定了资产阶级人权的历史局限性。

社会主义社会的建立，推动了人权理论的发展，无产阶级的世界观和价值观闯入了人权理论世界，在分析批判资产阶级人权观的基础上，抛弃其糟粕，吸收其合理成分，由此形成了以集体主义为主导的马克思主义人权观。

### 三、个人主义与集体主义两种人权价值观的社会根源①

人权问题上两种价值观念的分歧及其斗争，实际上反映了两种社会制度的差异和对立。因此，这种分歧与差异不仅是客观存在的，而且有其深刻的社会根源和思想根源。

（一）个人主义与集体主义人权价值观的差异根源于不同的社会经济基础

人权的基础或根据归根结底在于社会经济关系，不同阶级总是"从他们阶级地位所依据的实际关系中——从他们进行生产和交换的经济关系中，获得自己的伦理观念"。② 以个人主义为主导的人权与以集体主义为主导的人权之间的差异，首先根源于不同的社会经济基础。以个人主义为主导的人权是资本主义私有制的产物，是私有制在观念形态上的反映。作为资本主义社会商品经济发展所需要的劳动力这种商品，必须具备从封建束缚下"解放"的自由平等的要求和条件，但是生产资料私人占有和生产社会化的固有矛盾，

---

① 鲍宗豪，姚俭建，何云峰：《论人权的价值观问题》，《上海社会科学院学术季刊》，1993 年第 17 期。
② 《马克思恩格斯选集》第 3 卷，人民出版社，2012 年，第 470 页。

使得由人权确认的自由和平等不断地与其内容相分离、与其本质相对立。因此，在资产阶级利用人权思想反对封建制度和殖民压迫制度的革命斗争中，人权的私有制基础也受到充分肯定。而且，资产阶级把私有制作为最主要的人权之一加以宣布。私有制观点在人权思想中起着核心作用，以致"自由这一人权的实际应用就是私有财产这一人权"①；而"平等地剥削劳动力，是资本的首要的人权"。②

由此不难发现，以个人主义为主导的人权总是以形式的、表面的自由和平等掩盖实际的、现实的不自由和不平等；以流通和交换领域的自由和平等掩盖在生产领域中的压迫和剥削；以对个人与社会的关系做部分的、有限的调整来掩盖现实生活中个人人权与集体人权的分离和对立。

而以集体主义为主导的人权的产生，是随着无产阶级登上历史舞台，马克思主义科学理论逐渐成为无产阶级革命实践的指导的过程中形成的。不过，集体主义人权的现实经济基础则是社会主义公有制。社会主义公有制基础上的有计划商品经济，再到社会主义市场经济，在本质上提供了人与人平等的经济与社会基础，从而也就决定了个人只能以自己的劳动从社会中取得相应的报酬，劳动力不再是私有制意义上的商品。这样，人才真正获得了自由，并成为自己的劳动和整个社会的主人，人们之间才有了真正的平等关系。与此相适应，个人与社会的关系在本质上是统一的，个人与集体之间的根本利益是一致的。因此，作为社会价值观念的人权，必须克服和超越在处理个人与社会、个人权利与社会权利问题上的个人主义原则的片面性，才能为人权的保障和发展创造前所未有的可能。因此，以集体主义为主导的人权把全面实现人的价值作为不断完善其人权思想的内涵，把追求全人类的彻底解放作为崇高目标，人权的内在与外在的统一、形式与内容的一致，构成了社会主义人权发展的基本特征。

（二）个人主义与集体主义人权价值观的差异反映了资产阶级人道主义与社会主义人道主义的对立

人权的价值观念不仅作为意识形态为经济基础所决定，而且还具有社会

---

① 《马克思恩格斯全集》第 1 卷，人民出版社，1956 年，第 438 页。
② 《马克思恩格斯全集》第 42 卷，人民出版社，2016 年，第 294 页。

文化的制约性。人权的理论基础是关于人的一般理论，即以对人的一般理论问题的回答为前提。其中最为突出的是对人道主义的解释，以及由不同的解释而形成的不同的人道主义理论。马克思主义认为，人道主义是关于人的本质、使命、地位、价值和个性发展等的思潮和理论。它的实质，就是维护人的尊严，体现人的价值，发挥人的个性与自由。换言之，人权是将人道主义的思想以人的权利的形式体现出来，力图以一种权利体系将人道主义思想具体化和稳定化。人道主义作为一种理论体系，又有资产阶级人道主义与社会主义人道主义的分野。由此体现在对人权的认识上，也就必然出现了分歧乃至对立。人权问题上存在两种价值观念，对个人与社会关系的不同认知盖源于此。具体表现为：

一是对人权本质的认识不同。从总体上说，资产阶级人道主义把人权视为自然的产物，片面强调人权的自然属性，把它看作是人生来具有的、不可转让和放弃的。马克思主义则认为，人权不是天赋的，而是处于一定社会物质生活条件下的人所享有的权利。人权来源于人的自然属性和社会本质的统一。

二是对人权性质的认识不同。资产阶级人道主义认为，人权是抽象的、超阶级的权利。马克思主义则认为，人权是具体的，人权的具体性就在于，不同时代、不同国家、不同民族、不同阶级的人有不同的权利要求。资产阶级把人权说成是一切时代、一切国家、一切民族、一切人共同享有的权利，是普遍的原则，这只是一种掩饰。我们并不否认人权具有普遍性、共同性的一面，如和平权、健康权、环境权等等，便反映了不同阶级的某种共同的权利需求。但是，普遍性、共同性离不开特殊性、个性。在阶级社会里，人权主要的特殊属性便是阶级性。人权的阶级性表现为：（1）统治阶级充分享受着该国人权并决定着该国人权的实质；（2）一定阶级享受的人权总是同其国家法律相联系，总是同一定阶级的民主、自由、平等相联系；（3）一定阶级享有的人权总是为该阶级的利益服务，总是服务于该阶级的政治统治的。资产阶级人道主义的人权论以抽象的人代替社会的人，以人权的普遍性、共同性取消人权的阶级性和社会性，在理论和实践上都是错误的。

三是对追求人权、实现人权的目标是不同的。资产阶级人道主义所提倡的人权，把追逐资本财产的神圣不可侵犯、保障资产阶级特权视为人权的根本目标，把资本主义人权理论视为人权的最高境界。马克思主义则认为，人权的根本目标是要实现人的全面解放，消灭阶级和私有制，最终在全人类实现共产主义。马克思在 1864 年起草的、1866 年经代表大会批准的《国际工人协会共同章程》中，开宗明义地宣布，普遍的、平等的人权是工人阶级努力争取的伟大目标。马克思说："工人阶级的解放应该由工人阶级自己去争取；工人阶级的解放斗争不是要争取阶级特权和垄断权，而是要争取平等的权利和义务，并消灭一切阶级统治。"① 马克思主义对无产阶级人权的前景充满信心，《共产党宣言》中就有这段话："代替那存在着阶级和阶级对立的资产阶级旧社会的，将是这样一个联合体，在那里，每个人的自由发展是一切人的自由发展的条件。"

显然，这种自由发展是因个人能自由支配自身、支配自己的行动、支配生活资料而实现的。要实行这样的联合，毫无疑问必须使每个人都具有针对自身、对构成联合体存在的财产等条件的权利。没有这种权利，可以组成一个"集合体"，但它绝不是"联合体"，更谈不上是以每个人的自由发展为目标的联合体。所以，在上述意义上说，人的全面发展的自由人的联合体的形成，意味着人权的彻底实现。可以这样说，马克思主义的人权观恰恰做到了把人权、人道主义、自由、民主、平等的要求同无产阶级的历史使命结合起来了。正因为如此，无产阶级人权从本质上区别于资产阶级人权，社会主义人权要高于资本主义人权。

由上述可见，人权的价值观是一个相当复杂的理论问题。深入地探讨这一问题，对于认清资产阶级人权观的本质，丰富和发展马克思主义人权观，具有重要的理论和现实意义：一方面，人权的价值观是整个社会意识形态的核心。从价值观入手，我们可以进一步解决人权与意识形态、人权的阶级性与社会性、个人人权与集体人权等一系列重大的理论问题；另一方面，集体主义的价值观是社会主义人权体系的基石。我们可以从对个人与社会的关系的正确认知出发，丰富集体主义的内涵，并以此为轴心构筑和完善中国特色社会主义人权的理论体系。

---

① 《马克思恩格斯选集》第 3 卷，人民出版社，2012 年，第 171 页。

# 第十二章　新中国成立之前马克思主义人权观"中国化"的实践探索

马克思主义人权观"中国化"的历史进程，从发展阶段而言，我们大致把它分为两个阶段："新中国成立之前马克思主义人权观'中国化'的实践探索"和"新中国马克思主义人权观'中国化'的实践发展"。在这两个历史发展阶段，中国共产党在领导中国人民争解放、争人权、保障人权的革命和建设实践中，始终坚持以马克思主义人权观为指导，逐渐形成了中国人权发展道路。

新中国成立之前，主要是从五四运动前后到中国新民主主义革命时期，中国共产党人遵循马克思主义人权观的方法论原则，将人权的普遍要求与中国新民主主义革命特殊国情、特殊社会历史条件及其任务相结合，团结带领人民经过28年的浴血奋战，推翻"三座大山"，成立新中国，实现民族独立和人民解放，从而开启了中国人权事业发展的新纪元。

## 第一节　五四时期人权思想的启蒙

五四新文化运动伊始，"人权"两字就被醒目地刷写在标志性的民主大旗上，成为五四时期激进民主主义思潮的核心内容。

### 一、五四新文化运动前期的人权思想

作为新文化运动的发起者，陈独秀等人高举"人权"大旗，从人格独立和个性自由的角度出发，大张旗鼓地宣传资产阶级人权思想。

（一）争取人格独立和自由

五四新文化运动前期（1915 年 9 月—1919 年 5 月），康有为、梁启超、严复、沈家本、孙中山等人，都在不同程度上提出了人权口号和主张。陈独秀提出国人对自身处境意识，让国人明白了人权的价值和意义，从而达到当时人权理论上的新高度。

五四新文化运动前期他们的人权思想主要有以下几个方面：一是要获得人格的独立和自由，首先要反对的是封建的专制主义。中国延续数千年的封建专制统治，是扼杀人权的"屠宰场"。

二是抨击封建家族制对人权的摧折。在提倡个人本位主义的同时，陈独秀还对家族本位主义进行了揭露和批判。他将中国封建社会的根本特征归结为与个人本位主义相对立的家族本位主义。他指出宗法制度有四大恶果：一曰损坏个人独立自尊之人格；一曰窒碍个人意思之自由；一曰剥夺个人法律上平等之权利；一曰戕贼个人之生产力。这四大恶果中，每一项都是对人权的侵害。他认为宗法社会的根本特征是"以家族为本位"，解决办法为"个人本位主义，易家族本位主义"。①

五四时期在陈独秀、李大钊、胡适等人对传统伦理与封建大家族制批判的影响下，"科学与人权革命"的呐喊彻底唤醒了进步青年，他们试图争取独立自由的人格，但又都面临是否与封建旧式家庭决裂的艰难选择，而且自由意识越强，越是感到封建旧礼教、旧家庭压迫和黑暗，痛苦亦越烈。但是，五四思潮还是"启蒙"了一大批五四青年自主选择人生道路，选择职业和个人婚姻，反映了五四青年争取人格独立和自由的行动。

（二）争取国民在法律面前人人平等，并享有各种自由权利

新文化运动伊始，陈独秀就认为人权就是指在法律面前人人平等，尊重和保障个人的自由权利。他将思想言论自由视为"文明进化的第一重要条件"。② 他认为，没有思想言论自由，社会就难以进步。所谓"第一重要"，也就是相当于今人所讲的首要人权。在各项基本人权中，如果还要进一步强

---

① 陈独秀：《东西民族根本思想之差异》，《青年杂志》，1915 年 1 卷 4 号。
② 陈独秀：《旧党的罪恶》，《独秀文存·随感录》，首都经济贸易大学出版社，2018 年。

调其中的第一重要权利的话，那便是思想言论自由。

值得重视的是，李大钊在 1916 年所作的《民彝与政治》一文中，认为在法与人权之间，前者只是手段，后者才是目的。他说："盖法易腐而理常新，法易滞而理常进。国之存也，存于法，人之生也，生于理。国而一日离开法则丧厥权威，人而一日离于理则失厥价值。故立宪国民之责任不仅在保持国之权威，并宜尊重人之价值。"①

五四新文化运动的倡导者和积极参与者深切地感受到思想、言论、出版三大自由的可贵。陈独秀对思想言论自由的重要性有着深刻的认识。

陈独秀主张的言论自由是不受法律限制的言论自由。言论自由首先是批评和反抗法律文明的言论自由。如果言论不能反对现行法律和违背现行法律的话，也就没有自由。陈独秀在《法律与言论自由》一文中明确提出："言论自由若要受法律的限制，那便不自由了。"② 法律只应拘束人民的行为，不应拘束人民的言论，因为言论要有逾越现行法律以外的绝对自由，才能够发现现在文明的弊端，现在法律的缺点。

陈独秀还认为，言论自由不仅包括政治言论自由，而且包括其他言论自由。在其他言论自由中，陈独秀针对中国社会假话、空话流行的弊端，提倡说老实话的自由。他指出："个人不说老实话，其事还小；政府使人不敢说老实话，事情已经够严重了；社会不容许人说老实话，则更糟。"③ 中国社会中说老实话的人之所以少于说谎话的人，其根本原因不在于中国人种的低下和卑劣。政府使人不敢说老实话，这是中国社会自古以来千年不易的传统。动辄以思想入罪以言论入罪，说老实话的人自然一天少于一天，说谎话的风气便一天盛似一天。人心不诚，世风日下，便成为 20 世纪中国社会的不治之症。

应当说，这一时期的思想、言论和出版的相对自由是来之不易的。五四运动前，北洋政府就公布有治安警察条例、出版物和报纸条例、管理印刷业条例等等法令，限制人们的言论、出版、集会和结社自由。这从一个侧面反

① 杨琥：《中国近代思想家文库·李大钊卷》，中国人民大学出版社，2014 年，第 100 页。
② 陈独秀：《法律与言论自由》，载《新青年》第 7 卷第 1 号，1919 年 12 月 1 日。
③ 陈独秀：《说老实话》，原载广州亚东图书馆印行：《告日本社会主义者》，1938 年。

映出人权思想随着新文化运动的发展已开始深入人心。

（三）争取女权是这一时期人权思想的重要组成部分

1911 年的辛亥革命，开创了近代妇女运动之先河。但是，这次的妇女解放运动仅限于上层资产阶级的妇女当中。辛亥革命时期的妇女运动也没有找到真正的解放道路。

五四运动新思潮猛烈地冲击了被封建思想禁锢的社会，男女平等、互相尊重的新风尚开始出现，一批宣传共产主义思想的知识分子研究并指导了妇女运动。

第一，中国共产主义运动的先驱者李大钊等开始用马列主义研究妇女问题以指导妇女运动。五四以前妇女运动的主要思想武器是西方资产阶级的"天赋人权"、进化论学说以及"自由、平等、博爱""个性解放""人格独立"之类的口号，具有不可避免的局限性。五四时期李大钊等人先后撰写了一系列论述妇女问题的文章，他们开始以马列主义为指南给妇女运动以有力的指导。[①]

在五四运动爆发前夕的 1919 年 2 月李大钊发表了《战后之妇女问题》一文指出，如果妇女占总人口一半的妇女得不到解放，社会将变成"半身不遂"。李大钊系统地研究了"女权运动史"，他从阶级地位的区别论述了资产阶级的"女权运动"与无产阶级的妇女解放运动性质的不同：一个是想统治他人；一个是想把自己的生活由穷苦中解放出来，使广大妇女能够及时地识破"女权运动"的虚伪及其反动本质，保证了五四时期的妇女解放运动健康发展。[②]

第二，五四时期的妇女运动广泛开展。五四以前的妇女运动还局限于知识妇女的狭小圈子。根本原因是资产阶级的妇女运动思想家们由于历史和阶级的局限未能觉悟到女工的力量。五四运动中的妇女斗争尽管主体仍是知识界妇女，但由于空前严重的民族危机使知识妇女中的一部分已产生了自觉的认识：要救国、要冲破学生的小圈子，必须唤起最受压迫的千百万女工、农妇和一切劳动妇女参加。在妇女运动思想家的宣传鼓动下，知识妇女和劳动

① 牛书成：《五四运动与妇女解放》，《河南大学学报（社会科学版）》，2004 年第 3 期。
② 同上。

妇女相结合的萌芽出现了，尤其是女工加入了斗争行列，这是妇女运动史上的新现象。

第三，五四时期的妇女运动与政治斗争的紧密结合。"五四以前妇女运动仅仅囿于争取男女平权的小圈子。虽然也曾出现了妇女斗争与民族的民主的斗争结合的萌芽，但由于历史的局限，她们还不可能真正认识妇女的彻底解放与推翻帝国主义和军阀反动统治的关系。五四运动中的妇女斗争尽管没有超出资产阶级民主主义的范围，但其反帝爱国性质已经很鲜明，并且一开始便与整个社会革命运动紧密相连。"[①]

五四运动在妇女解放运动史上画上了浓墨重彩的一笔，但妇女解放仍然是一条任重而道远的路途。新时代中国的妇女解放、男女平等，本书已在前面第八章"平等权"中作了阐释，这里不再赘述。

（四）倡导民权，争取民众的参政权

在五四新文化运动前期，李大钊、陈独秀等思想家用资产阶级人权平等说来开展反封建的启蒙运动，引导妇女参政，倡导民权，争取民众参政权。

在李大钊、陈独秀等思想家倡民权、争民权思想影响下，最终形成了一场轰轰烈烈的持久的妇女参政运动。这次参政运动虽然仅广东、湖南等少数地区实现了女子参政，出现了一小部分女子议员，但是不可否认的是此次参政思潮促进了中国民主观念的深化与发展，冲击了传统的封建男女观，有利于妇女解放以及男女平等观的建立，为当时世界妇女解放事业的发展作出了贡献。

## 二、五四新文化运动后期的人权思想

五四新文化运动的后期从 1919 年开始，大概于 20 世纪 20 年代结束，结束的原因是五四运动后马克思主义在中国的传播成为新思想新潮流。新文化运动后期的人权思想主要有以下四个方面：

一是"劳工神圣"成为新文化运动的新的启蒙口号，1918 年 11 月，北

---

① 牛书成：《五四运动与妇女解放》，《河南大学学报（社会科学版）》，2004 年第 3 期。

京大学校长蔡元培在北京庆祝协约国胜利大会上发表演说，喊出了"劳工神圣"这一震古烁今的口号。

二是要保障劳动者的生存权、劳动权和教育权。目睹广大劳工的悲惨命运和遭遇，一些先进知识分子呼吁保障他们的基本人权。这些基本人权主要包括生存权、劳动权和受教育权这三大权利。

三是通过建立人民政权实现人权。五四后期最具影响的是陈独秀的人权思想。五四后期的陈独秀大致在 1920 年 11 月由激进的民主主义者转变为马克思主义者。在世界观转变之后，陈独秀自觉地清算前期的自由主义和民主主义思想，以马克思主义的观点阐释了建立人民政权实现人权的思想。

四是只有社会主义才能实现女权。五四后期，陈独秀以其所接受的唯物史观重新审视妇女人权问题，明确提出社会主义是解决妇女问题的根本所在的观点。[①] 1921 年 1 月 29 日，他在广东女界联合会上发表的关于《妇女问题和社会主义》的演说中指出："如果把女子问题分得零零碎碎，如教育、职业、交际等去讨论是不行的。必要把社会主义作唯一的方针才好。"[②] 这是因为"离了社会主义女子问题断不会解决的。"陈独秀进一步指出："要使伊们有使用财产的自由权，除了实行社会主义以外，没有旁的希望。因为社会主义，是经济国有的，也是平均分配的，到那时妇女自然也可以受平等教育，不受经济的约束，也不怕地位的降低了。"[③] 陈独秀认识到了妇女问题的关键是妇女的经济地位，没有经济地位实现不了女权。

## 三、五四人权思想启蒙的缺憾

人权概念被介绍到中国来是在 19 世纪末 20 世纪初。严复大概是近代第一个真正输入人的权利观念的人，他提出人生而自由乃是真正的天赋的，侵犯他人的自由是违反天理。于是，天赋的自由权就第一次被提高到等级制的纲常伦理之上。经历了戊戌变法失败的梁启超也写了一系列文章，宣扬西方

---

① 文卫勇，张学军：《"五四"后期陈独秀人权思想探析》，《南昌大学学报（人文社会科学版）》，2009 年第 11 期。
② 《陈独秀著作选》第 2 卷，上海人民出版社，1993 年，第 270 页。
③ 同上书，第 338 页。

人权思想，并提出：人是生而具有平等的权利的，因是生来就享有自由的。他们的理论对五四的思想启蒙有一定的影响。

（一）五四人权启蒙不同于近代西方的启蒙

到了五四运动，陈独秀、胡适等一批激进的民主人士，都曾多次宣扬过人权概念以及自由、平等的口号。他们对人权的理解可以归纳为两个部分：一是当时所接触到的西方人权思想；二是他们所自觉认同的关于人的价值的文化传统，在对待西方人权思想的态度上，后者引导着对前者的选择和诠释。因此，在五四时期的人们看来，人权观念只不过是封建伦理观念的对立物罢了。他们集中向"父为子纲，夫为妻纲"发起攻击，宣布"三纲"统治是"伪道德"，是"奴隶之本来水源"，而自由平等才是"根于心理的天然之道德"。但这样一来，他们就把人权观念降到了一般的伦理道德水平。

于是五四的启蒙从一开始就走上了一条与西方的近代启蒙完全相反的路线。西方近代的启蒙是内在的自觉，以个体的人的解放为目的，从"个性主义""自然人权""平等自由"开始，进入到私有制、民主政体、言论自由、法治原则、竞争原则。而五四的启蒙则以振兴民族为目的，从民主政体走向自然人权。[①]

（二）五四有别于近代西方人权启蒙的原因

五四关于人的权利的启蒙为什么有别于西方的近代启蒙呢？对此，我们可以从西方文化传统的差异中找到一些答案。

在西方的文化传统中，既重视人的价值，又重视人的生存权利，并认为这两者都是天赋的。马丁路德宗教改革的第一件大事就是把圣经译成"现代"口语，打开教权与教阶制的垄断而直接诉诸个人的内心，使每个人都能与上帝的真理直接接触。这叫作每个人都有按照自己的方式信仰解释上帝之权。

在古希腊人的哲理中间也能发现某些近代人权观点的胚芽。因而在人权观历史演进的过程中，西方常常倾向于以个人为基本粒子（或莱布尼茨式的

---

① 鲍宗豪，姚俭建：《商品经济与人的权利观念的演进——兼论"五四"思想启蒙的缺憾》，《哲学研究》，1989 年第 5 期。

单子），在这个基础上构造出社会和社会关系。他们的文化精神带有鲜明的个体意识。

与此相反，中国的文化传统则以处理社会与个人的两重关系为基础，以社会本位为中心。因此，人的价值与人的权利是分离的。一方面，孔夫子提倡的仁政，其基础就是人，这就从正面肯定了人的价值。孟子说过"民为贵，君为轻"，道家讲"无为而治""道"是无为的，但"道"有规律，以规律约束宇宙间的万事万物运行。"无为"的理论根据也就是宇宙万物的"道"。当然，"无为而治"不是什么都不做，而是要发挥民众的创造力，实现民众的价值。

显然，在孔子、孟子和老子的思想中，包含着尊重民意、尊重民众的创造，进而实现人的价值的权利思想。但是，无论是孔孟，还是道家老庄，没有也不可能提出人的自身权利问题。同时，中国社会有着一个源远流长的宗法传统，中国的思想家们往往从家族、宗族出发进行人的价值的理论构思。在他们看来家族、宗族或集体才是最后的归宿，个体的存在和价值，首先而且主要是在于作为这个集体的一员，而不是在于他本身的内在尊严和意义。

（三）五四人权启蒙的三大缺憾①

上述这些思想的传统对中国的影响是至深且巨的。几千年来，中国的知识分子就是在传统文化的培育和熏陶下成长起来的。在没有一个强大的新兴阶级的力量可以依靠，而传统文化又有着强大的吞噬力和消化力的情况下，要想接受西方的人权观念也是比较困难的。即使是激进的民主主义者倡导的人权思想也不能摆脱传统影响，相反，潜意识地把这种传统作为民主思想的重要理论依据。

缺憾之一：五四时期提出的人权，其出发点仍是以民族振兴为目的，并以个人和社会的关系立论，而并非以卢梭或《人权宣言》那种意义的个人内在的天赋的、不可或缺的而又不可转让的自然权利来立论。这里包含着一种基本价值观念的分歧。西方的权利观诉之于自然原则，中国的权利观诉之于

---

① 鲍宗豪，姚俭建：《商品经济与人的权利观念的演进——兼论"五四"思想启蒙的缺憾》，《哲学研究》，1989 年第 5 期。

权威原则。与此相应，两种不同的理论就分别是：一种是集体的价值观取决于它对个人所贡献的价值；另一种是个人的价值取决于他对集体所贡献的价值。

缺憾之二：五四运动没有进行完整意义上的法律意识的启蒙，从而使人权启蒙缺乏法制观念的保障。在西方传统中，古希腊自由民没有宗法血缘关系，维系人与人、个人与社会的只能是外在的法律，而不是内在的道德自觉。这是人权得以保障的法律基础。反之，我国是一个有两千年封建专制主义传统和中央集权制政权建设经验的国家。立足于皇权本位主义之上的我国传统政治文化的特点是重人治而不是法治。在我们的传统政治哲学中，个人没有任何独立的法律地位。所以，中国社会难以孕育出公民权利意识，倒是存在着比较发达的臣民心理。五四的倡导者、马克思主义的主要传播者陈独秀也看到这一点。陈独秀说："若夫别尊卑，重阶级，主张人治，反对民权之思想之学说，实为制造专制帝王之根本原因，吾国思想界不将此根本恶固铲除净尽，则有因必有果，无数废共和复帝制之袁世凯，当然接踵应运而生，毫不足怪。"[1] 尽管如此，五四运动并不是把法律意识的启蒙提到日程上来。陈独秀、胡适等人除了对西方法律思想作一点宣传之外，没有对这些思想进行透彻的分析和整理，因而就不可能使法治观念深入人心。

缺憾之三：五四时期所提出的人权并不具有其内在的、不可剥夺的、不可转让的独立价值，并不构成最终的价值实体，并由之而构造起一套人的价值体系。从当时的具体情形来看，中华民族危亡的紧迫感，成为压倒一切的中心课题，五四运动就是以反对巴黎和会把德国特权转让给日本而直接爆发的。五四的倡导者们总是把救亡图存作为思想启蒙的目的，这样，人权启蒙往往在强调社会利益的前提下，一定程度上限制了个人权利的需要。纵观中国近代的民主运动，从戊戌变法、五四运动到一二·九民主运动，它们的直接目的都更多地不在人权而在救亡。这既是人权观念在中国与在西方不同的历史背景，也是五四时期的人权启蒙终于不成功的一

---

[1]　陈独秀：《独秀文存》，安徽人民出版社，1987 年，第 127—128 页。

个原因。

值得注意的是，当时人权观念的高扬和"打倒孔家店"的实践，乃是理论的需要，也是历史的必然。五四运动的使命虽是要完成一场"由身份到契约"的历史变革大业，但它的根本缺陷就在于没有能够处理好对待历史文化传统和外来观念关系这一非常复杂的问题。也就是说，在对待人权问题上，除了当时社会历史的限制之外，过分拘泥于文化传统和简单搬用外来的观念也是其重要的原因。

## 第二节　建党初期和大革命时期的
## 争自由争人权的斗争

马克思主义在中国传播的标志性成就是中国共产党的诞生。中国共产党成立之日起，就通过各种纲领、主张、宣言，鲜明地宣扬了救民和争取人权的立场与主张，为中国人民谋幸福、为中华民族谋复兴，是中国共产党人的初心和使命，也是中国共产党的人权思想之本。

从建党初期到大革命时期（1921—1927），中国共产党在为中国人民争自由争人权，保障人民生存权的革命实践中，推进马克思主义人权观的"中国化"实践。

### 一、建党初期为救民和争取人权的立场和主张

孙中山先生领导了辛亥革命，推翻了封建专制制度，建立了资产阶级民主共和国，于1912年3月公布了《中华民国临时约法》，把维护人权摆到突出的位置上。然而，孙中山的南京临时政府很快就被袁世凯所篡夺，从而否定了《临时约法》。这说明，在半殖民地半封建的中国，不推翻列强和封建军阀的统治，就不能建立起人民当家作主的政权，也不能保护人权。这样，反帝反封建以争取主权和人权的任务，就历史地落到了代表广大人民根本利益的中国共产党肩上。

1921年7月1日中国共产党成立，在反对军阀、官僚制度的斗争中，突出宣传言论、出版、集会自由，争取人权的立场和主张。

　　1921 年中国共产党成立不久在其帮助制定的《中华女界联合会纲领》中首先提出："在民族生存权的理由上，我们须与外国帝国主义者之侵略奋斗。"①

　　1921 年 11 月，中国共产党在《中央局通告》中特别强调了民族生存权和妇女儿童权利，认为在民族生存权上，"我们须与外国帝国主义者之侵略奋斗"。在人权平等上，"我们须努力维护女工及童工的权利"。

　　1922 年 6 月 15 日，中国共产党在《中共中央第一次对于时局的主张》中明确提出了自己的人权主张，认为现今的中国应该用较新的政治组织即民主政治，来代替现在的不良政治组织即军阀政治，必须取消列强在华各种治外特权，同时要肃清军阀，做到真正保障人民结社、集会、言论、出版自由权，主张通过制定保护童工、女工的法律及一般工厂卫生工人保险法，来达到承认妇女在法律上与男子有同等的权利的目的。与此同时，还旗帜鲜明地提出"改良司法制度""实行强迫义务教育""废止肉刑"等准则。这是中国共产党为争取民族权、生存权、自由权等权利的最早人权宣言书。②

　　在 1922 年 7 月的"二大"宣言中，第一次明确提出了彻底反帝反封建的民主革命纲领："消除内乱，打倒军阀，建设国内和平"；"推翻国际帝国主义的压迫，达到中华民族完全独立"；"统一中国"，使之成为"真正民主共和国"。③ 中国共产党彻底反帝反封建民主革命纲领的制定和"二大"宣言的发表，标志着中国共产党的人权观得以基本形成。因为，它首先阐述了争取民族自决权的头等重要意义，以及外争"国权"与内争"民权"的辩证统一。

　　1923 年 6 月，党的"三大"更重视民族权问题，确定以国民革命运动为中心，以解除内外压迫，用革命的方法实现真正的民族独立。这次大会通过的《妇女运动决议案》，首次规定了女子具有遗产继承权，大会还提出取消帝国主义列强与中国所订一切不平等条约。

①　《新青年》，1921 年第 9 卷第 5 号，附录第 1—2 页。
②　刘家桂：《新民主主义革命时期中国共产党人权建设成就及其启示》，《求实》，2014 年第 3 期。
③　中央档案馆编：《中共中央文件选集》第 1 卷，中共中央党校出版社，1989 年，第 115 页。

## 二、大革命时期以改变和保障民生作为重要任务

中国共产党不仅把改变和保障民生作为大革命时期的重要任务，而且提出了争取民族权、生存权、自由权的人权宣言。

（一）为全民族解放、为被压迫人民权益而斗争

1. 把民族解放作为争取人权的前提

1924 年 11 月，中国共产党在《中国共产党对于时局之主张》中提出："为全民族的解放，为被压迫的兵士、农民、工人、小商人及知识阶级的特殊利益，本党将向临时国民政府及国民会议提出目前最低限度的要求。"① 这里实际上是扩大了人权主体的范围，把民族解放作为争取人权的前提，体现了鲜明的人权立场。

在 1927 年"八七会议"上通过的文件中指出："共产党的工作，应当永久从工人阶级的根本利益出发，要求以革命的方法变更全社会的组织。……共产党主要任务之一，便是组织工人群众而指导他们的斗争，坚决的力争增高生活程度，增加工资，实行八小时工作制，争得绝无束缚的工人组织及阶级的工会之完全自由，争得无所限制的罢工权，努力反抗以至消灭工人无权无利的奴隶状况。"②

2. 发动农民开展政治斗争的过程也是唤醒民众争取权利的过程

中国共产党还清楚地认识到："农民问题，在无产阶级领导的世界革命，尤其是在东方的民族革命运动中，占一个重要的地位。"③ 与人口规模地位严重不相符的是，中国农民长期以来"兼受帝国主义、军阀、地主、贪官污吏、劣绅土豪、兵匪六种蹂躏"。④

中国共产党发动农民开展政治斗争的过程，也是唤醒民众争取权利的过程。毛泽东在《中国社会各阶级的分析》中指出，自耕农属于小资产阶级，半自耕农和贫农属于半无产阶级，长工、月工、零工等雇农属于农村无产阶

---

① 《建党以来重要文献选编（1921—1949）》第 2 册，中央文献出版社，2011 年，第 170 页。
② 《建党以来重要文献选编（1921—1949）》第 4 册，中央文献出版社，2011 年，第 418 页。
③ 《建党以来重要文献选编（1921—1949）》第 2 册，中央文献出版社，2011 年，第 239 页。
④ 《建党以来重要文献选编（1921—1949）》第 3 册，中央文献出版社，2011 年，第 144 页。

级，他们是最接近的朋友，能够成为革命的力量。① 在斗争中，中国共产党提出，要注意团结中农、佃农、贫农、雇农以反对大地主，尤其是不能使中农成为大地主的同盟，注重保障贫农与雇农的特殊利益。

中国共产党发动农民开展政治斗争的口号是："全体农民起来反抗贪官污吏劣绅土豪，反抗军阀政府的苛税勒捐。"1926 年 7 月，党在作出的《农民运动议决案》中明确提出农民运动在经济和政治上的要求。在经济上，要求限定最高租额、限制高利盘剥、反对预征钱粮及苛捐杂税等。在政治上，要求农民集会结社自由、民选县长、乡民选举乡村自治机关及一切公益机关、地方财政公开，反对民团执行逮捕审判等司法职权、禁止差役需索。② 在组织形式上，中国共产党积极发动农民建立农民协会等农民自己的组织，并使之成为农民运动的重要组织形式。

（二）领导陇海、京汉等铁路工人罢工，提出为自由而战

中国共产党从诞生之日起，就特别重视在工人中宣传自己的主张，教育、团结工人进行革命斗争并在斗争中发展壮大自己。

1921 年 8 月，郑州铁路工人俱乐部成立。1921 年 11 月，陇海铁路工人为反对资本家的压迫、剥削而发动了全路大罢工，在共产党的领导和京汉铁路等地工人的大力支持下，罢工最终取得了彻底的胜利，并诞生了河南第一个党的组织——中共洛阳党组织。

1922 年，河南工人运动向广度和深度发展，作为交通枢纽的郑州已成为全国工人运动的中心之一。这年，京汉铁路郑州机务处工人因机务厂长陈福海"任意剥夺工人的自由，对待工人如牛马"而举行了罢工，他们发表宣言，列举陈福海 16 条罪状，提出了提高工人资格地位、加薪等五项条件，得到江岸、长辛店等地工人的支持。

京汉铁路是党的力量比较强，工人运动开展比较好的地方。成立大会上与军阀发生冲突后，党在京汉铁路的主要领导人及时召集会议，决定把总工会的临时办公处迁至汉口江岸，在京汉铁路总工会的领导下进行全铁路总同盟罢工，抗议吴佩孚的镇压。

---

① 《建党以来重要文献选编（1921—1949）》第 2 册，中央文献出版社，2011 年，第 602—608 页。
② 《建党以来重要文献选编（1921—1949）》第 3 册，中央文献出版社，2011 年，第 300—301 页。

1923 年 2 月 1 日总工会一声令下，全铁路开始了大罢工，京汉铁路变成了一条僵死的长蛇。总工会发表宣言，提出了五项条件：（一）要求交通部撤革京汉铁路局长赵继贤和南段段长，要求吴、靳（云鹗）及豫省当局撤革查办黄殿辰；（二）要求铁路局赔偿成立大会之损失 6 000 元；（三）要求郑州地方长官将所有当日被军警扣留之一切匾额礼物，军队奏乐送还总工会郑州会所。所有占领郑州分会之军队立即撤退。郑州分会匾额重新挂起，一切会中损失由郑州分会开单索价，并由郑州地方长官向总工会道歉；（四）要求星期日休息，并照发工资；（五）要求阴历年放假一星期，并照发工资。

在党组织和总工会的领导下，罢工有秩序地进行。罢工工人向旅客散发传单，说明工人的自由权被摧残，不得已而罢工，取得旅客的同情和支持；向全国各界揭露吴佩孚等反动军阀的罪行。

京汉铁路工人大罢工是中国共产党领导的第一次工人运动高潮的顶峰。它进一步显示了中国工人阶级的力量，扩大了党在全国人民中的影响。罢工虽然失败了，但是工人的生命和鲜血进一步唤醒了中国人民，使他们更加清楚地认识到帝国主义和封建军阀是中国人民的敌人，必须与之斗争到底，才能获得真正的自由和解放。

（三）大革命时期争人权斗争的特点

从文献反映的情况看，中国共产党领导的人权斗争，与当时国际上争取人权的斗争相比较，具有以下的特点：第一，人权斗争的目标明确。中国共产党从历史经验和实践中悟出，帝国主义势力的侵略和封建军阀统治，像两座沉重的大山压在中国人民的身上，不推翻这两座大山，民族就不能独立，人民就不能解放，就不可能有人权可言。为了争取人权，必须打倒帝国主义和封建军阀。第二，争取保障的权利主体更加广泛。关于人权的主体，西方国家很长时间实际上主要是指市民阶级，且是其中的男人，同时工农劳动群众的权利和妇女的许多权利保障迟至 20 世纪 60 年代、70 年代才提上日程。而中国比较早地注意到了占人口绝大多数的工人和农民，对妇女权利的保障早于某些西方发达国家数十年。第三，争取保障的权利客体更加普遍。所争取的不仅有公民权利和政治权利，而且较早地提出了保障经济、社会和文化教育权利。第四，特别值得提出的是，中国共产党不仅提出了争取人权的口号，而且亲自到工人和农民中组织领导实际斗争，不少共产党人在为中国人民争人权的斗争中献出了自己宝贵的生命。[①]

## 第三节　土地革命时期保障人民的生存权

土地革命时期（1927—1937）中国共产党领导中华苏维埃政府颁布并实施了土地法，不仅让农民在政治上翻身，而且在经济上分田地，获得基本的生存权利。中国共产党保障广大人民的生存权主要是通过两个方面来展开的：帮助农民解决土地权，保障工人的劳动权。所以，土地革命时期马克思主义的生存权思想，就成为中国革命实践的重要内容。

### 一、保障广大人民的生存权

（一）把帮助农民解决土地权作为实现农民生存权的核心内容

在旧中国，土地60%—80%集中在地主、富农手中，土地权对广大农民来说就意味着生存权。所以，解决农民土地问题是土地革命时期乃至整个新民主主义革命时期最迫切最广泛的人权。

在土地革命时期，中国共产党首先把帮助农民解决以土地权为核心的生存权作为人权建设重点。早在1927年中共"八七会议"就对土地革命的政策作了若干原则规定。以毛泽东为代表的中国共产党人在井冈山建立中国第一个农村革命根据地以后，于1928年12月颁布了中国共产党历史上第一部土地法——《井冈山土地法》，在这部土地法中规定没收一切土地归苏维埃政府所有，由苏维埃政府主要按照人口重新分配土地。[②]

1929年4月颁布的《兴国土地法》中规定，没收一切公共土地及地主阶级的土地，分给无田地及少田地的农民耕种使用。1930年2月的《赣西南土地法》则完善了分田地的方法，提出分田以抽多补少为原则，男女老幼平均分配。1931年11月在中央苏区制定的《中华苏维埃共和国土地法》规定，

---

① 刘海年：《中国共产党：为人权而奋斗（1921—1949）》，《东方法学》，2011年第6期。
② 刘家桂：《新民主主义革命时期中国共产党人权建设成就及其启示》，《求实》，2014年第3期。

没收所有军阀、官僚、地主豪绅的土地，分给贫农、雇农和中农等无地、少地的农民使用。[①]

在《中华苏维埃共和国土地法》指导下，党在中央苏区开展打土豪、分田地运动，并先后制定了一些相关法律文件，以人口或劳动力为标准分配土地，帮助农民获得土地权，使他们的生存权第一次有了实实在在的保障。在后来的革命实践中，许多农村根据地按照中华苏维埃共和国临时中央政府的要求，不断完善本地土地法规，由没收一切土地改为没收地主阶级土地，由"地主不分田，富农分坏田"，改为"抽多补少，抽肥补瘦"，按人口平均分配土地，并给地主、富农以生活出路。

（二）把保障工人的劳动权作为工人获得生存权的重要内容

土地革命时期，为了使人民更好地生存和发展，中国共产党在领导人民进行土地改革的同时，通过立法来保障工人劳动权。1931 年 11 月中华苏维埃共和国《中华苏维埃共和国劳动法》，这是中国共产党领导的苏维埃区域首个以国家基本法形式颁布的法律，其主要内容为：一是明确了劳动保障的对象和范围；二是规定了劳动者和雇主建立劳动关系必须履行法律手续；三是规定了劳动者工作时间和特殊工种及未成年人劳动时间；四是保证劳动者拥有公平获得劳动报酬的权利；五是规定妇女与未成年人应享有特殊的劳动保护权利；六是建立社会保险制度。但是，该《劳动法》受当时左倾教条主义错误影响，脱离了实际，引发了一些劳资冲突。1933 年的中华苏维埃共和国广泛调研分析的基础上，又修订了《劳动法》，使其开始走向成熟的探索实践。[②]

1934 年 1 月，毛泽东在第二次全国苏维埃代表大会上代表中央政府作报告时指出："在苏维埃劳动政策之下，工人的利益得到了完全的保护，他与在过去的国民党统治时代及现在的国民党区域比较起来，真有天堂地狱之别。"[③] 除中央苏区以外的其他根据地，也根据本地的特点制定了相关的劳动保护法律、条例，工人的生存权得到了较好保障。

---

[①] 刘家桂：《新民主主义革命时期中国共产党人权建设成就及其启示》，《求实》，2014 年第 3 期。
[②] 中共中央文献研究室，中央档案馆：《建党以来重要文献选编（一九二一——一九四九）》第 8 册，中央文献出版社，2011 年，第 703—715 页。
[③] 《红色中华》（第二次全苏大会特刊），1934 年 1 月 26 日，第 3 页。

## 二、通过法律形式规定人民的政治权利

这是土地革命时期人权建设的又一个重要成就。中国共产党真正意义上的人民政治权利保障与实现是从井冈山斗争时期开始的。1928 年 1 月，遂川县工农兵政府成立，毛泽东主持制定了《遂川工农县政府临时政纲》三十条，这是中国共产党在井冈山根据地确立民主政治制度的一个纲领性文本。《遂川工农县政府临时政纲》第一条规定："凡从（事）劳动及不剥削他人以为生活的男人和女人，如工人、农民、士兵和其他贫民，都有参与政治的权利。"①

1931 年 11 月，中国历史上第一部具有广泛人民性的"人权宣言"即《中华苏维埃共和国宪法大纲》在红色都城瑞金颁布。宪法大纲对苏维埃政权内的工人、农民、红军士兵等广大人民的政治权利有了许多明确规定，比如，"在苏维埃政权下，所有工人、农民、红军兵士及一切劳苦民众都有权选派代表掌握政权的管理"；又比如，"不分男女、种族、宗教，在苏维埃法律面前一律平等"。

《中华苏维埃共和国宪法大纲》是第一部由劳动人民制度、确保人民民主制度的根本法，是中国共产党领导人民反帝反封建的工农民主专政的伟大纲领。随后，许多根据地在中央苏区的示范和影响下，人民的政治权利及其他基本权利也得到了较好保障，对抗日战争时期乃至新中国成立后的人权建设产生了重要影响。

## 第四节　抗日战争时期党的人权思想的发展

抗日战争时期是中国共产党人权思想及实践发展的鼎盛时期之一。中国共产党根据当时全民抗战的需要，提出了争取和保障中国人民基本人权的思想，并为之进行了艰苦卓绝的斗争。

### 一、把争取民族生存权作为首要的人权

抗日战争全面爆发后，中国共产党从中华民族的整体利益出发，停止了

---

① 《井冈山革命根据地》（上），中共党史出版社，1987 年，第 71 页。

没收地主土地和武装推翻国民党南京政府的方针，将争取民族解放、保障人民生存权作为建设重点，从过去只保护工人、农民、红军兵士及一切劳苦民众和他们的家属的人权，扩大为保护除汉奸以外的全体民众的人权，享有人权的民众空前广泛。

（一）抗日救国为民族生存、国家独立、领土完整而战

"九·一八"事变之后，中华民族与日本帝国主义的民族矛盾上升为主要矛盾。中华民族面临着亡国灭种的严重危险，中国共产党毅然担起民族兴亡的重任，为争取和实现全民族的生存权而战。1935 年 8 月 1 日，中国共产党驻共产国际代表团发表《为抗日救国告全体同胞书》（即著名的《八一宣言》），号召一切不愿做亡国奴的同胞起来抗日救国，为民族生存、国家独立和领土完整而战，"为人权自由而战"。[1] 1937 年 2 月，中共通电国民党，提出了停止内战、一致对外和保障人民民主权利的"抗日"和"民主"要求。抗战全面爆发后，中共中央和毛泽东进一步号召全国人民"为民族独立、民权自由、民生幸福这三大目标而奋斗"[2] 在中国共产党的倡议和推动下，组成了全民族的抗日统一战线。中国共产党及其领导的武装力量，成为团结抗战的中流砥柱。他们前仆后继，流血牺牲，为争取国家的独立权、人民的生存权而战。

（二）中国共产党把发展经济、扶助农工作为争取民族生存权的基础

抗日战争时期，共产党领导的八路军、新四军等抗日武装建立了 19 块抗日根据地。这些根据地是以小农经济为主体的自然经济，加上战事频繁、天灾不断，农业生产长期处于停滞状态，人民生活困苦。人民没有充分的经济权利，也就不能有真正的政治权利和其他各项权利。

为奠定长期抗战和战胜日本侵略者的物质基础，改善民生，保障抗战各阶级各阶层的经济权利，中国共产党以"发展经济、保障供给"[3] 作为当时经济工作和财政工作的总方针，并制定了一整套适合农村抗日根据地情况的经济政策，主要有减租减息政策、劳资政策、合理的税收政策。

---

[1] 中国人民解放军政治学院编：《中共党史教学参考资料》第二册，中国人民解放军政治学院，1983 年，第 33 页。

[2] 《毛泽东选集》第 1 卷，人民出版社，1991 年，第 259 页。

[3] 《毛泽东选集》第 3 卷，人民出版社，1991 年，第 891 页。

1. 减租减息政策是抗战时期共产党基本的土地政策

1937 年 8 月，洛川会议决定将土地革命时期实行的没收地主、分配给农民的土地政策，改变为承认地主对土地有所有权的减租减息政策。从 1938 年起，各抗日根据地又以专门法规的形式，将减租减息政策固定下来，先后制定了《晋察冀边区减租减息单行条例》《晋西北边区减租减息条例》《陕甘宁边区土地租佃条例〔附说明〕》等关于减租减息的专门法规。[①]

2. 从实际出发，制定了一系列劳动政策

各抗日民主政府先后都制定了调整劳动关系的专门法规，如《陕甘宁边区劳动保护条例（草案）》《陕甘宁边区关于公营工厂工人工资标准之决定》《晋冀鲁豫边区劳动保护暂行条例》《晋西北工厂劳动暂行条例》《山东省改善雇工待遇暂行办法》《晋察冀边区行政委员会关于保护农村雇工的决定》等。这些劳动立法，较好地调节了根据地的劳资关系，保障了团结抗战的进行。[②]

3. 在根据地内施行统一累进的税收政策

1940 年 12 月，中共中央对党内发布了《论政策》指示，明确指出："必须按收入多少规定纳税多少。一切有收入的人民，除对最贫苦者应该规定免征外，百分之八十以上的居民，不论工人农民，均须负担国家赋税，不应该将负担完全放在地主资本家身上。"[③] 依此，各根据地均将税收改为累进税，将各种税统一计算，一次征收。

自 1941 年起，抗日根据地进入困难时期。为度过困难时期，共产党号召根据地军民开展大生产运动，大生产运动为抗日根据地坚持抗战奠定了物质基础。

（三）把保障人民基本政治权利与民主自由作为重要人权

政治权利是更高层次的人权，是各项人权的最集中体现。在抗日战争时期，中国共产党明确指出，抗日与民主运动紧密相连、不可分割，抗日与民

---

① 刘杰：《抗日战争时期中国共产党的人权思想和实践》，《沈阳师范大学学报（社会科学版）》，1996 年第 1 期。
② 同上。
③ 《毛泽东选集》第 2 卷，人民出版社，1991 年，第 767 页。

主运动互为条件，"民主是抗日的保证，抗日能给予民主运动发展以有利条件"。① 在此基础上，中国共产党认为，政治权利与民族生存相辅相成，提出了政治权利在抗战胜利中的重要作用，"争取政治上的民主自由，则为保证抗战胜利的中心一环"。②

第一，抗日根据地在普选基础上，按照"三三制"原则普遍建立起抗日民主政权。

中国共产党制定的《抗战时期施政纲领》规定：参议会和政府要实行民主政治，采取直接、普遍、平等、"不记名的"选举制，健全民主集中制的政治机构，增强人民之自治能力。"三三制"就是在抗日民主根据地的各级参议会和政府的负责工作人员中，共产党员（代表无产阶级）、进步分子（代表小资产阶级）、中间分子（代表中等资产阶级和开明绅士）各占三分之一的制度。

"三三制"民主政治的建立和健全，加强了根据地的政治建设、民主建设，提高了广大人民群众和各级干部的民主意识，保障了一切抗日人民享有充分的人权、财权、选举权和思想、言论、出版、集会、结社、信仰自由权的民权政策的实施。

第二，颁布一系列政策、法令，促进人权保障法律化。

人权保障法律化是抗日战争时期最大特色和巨大成就。其明显标志是各抗日民主根据地制定了一系列保障人权的条例。从1940年到1943年四年间，中国共产党领导的各个抗日民主根据地就先后颁布了十多项"保障人权条例"，如1940年11月颁布的《山东省人权保障条例》，1941年1月颁布的《津浦路东各县人权保障条例》，1941年4月颁布的《晋西北保障人民权利暂行条例》等，制定专门法规以保障人权，是抗日民主根据地法制建设的一条重要历史经验，而且在中国人权发展史上揭开了用法律形式保障人权的新篇章。

第三，中国共产党还特别重视对公民合法私有财产的保护，公民合法私有财产权是其生存、发展的最基本权利。在1942年1月颁布的《陕甘宁边

① 《毛泽东选集》第1卷，人民出版社，1991年，第274页。
② 同上书，第256页。

区保障人权财权条例》，明确规定了边区人民私有财产权不受侵犯，"保障边区一切抗日人民的私有财产权及依法之使用及收益自由权（包括土地、房屋、债权及一切资财）"。①

中国共产党在各抗日民主根据地广泛推行民主政治建设，尊重和保障人权，推进人权保障法律化，使得人权观念在各抗日民主根据地深入人心，为抗日战争取得最后胜利起到了重要作用。

## 第五节　解放战争时期党为人民争民主、争自由的人权

抗日战争胜利后，中国社会阶级关系发生了新的变化，中国人民同蒋介石南京政府的矛盾重新凸显，中国共产党为了广大人民的利益，明确提出了"和平、民主、自由"的口号，并努力联合各民主力量为和平建国而奋斗。然而，以蒋介石为首的国民党政府却逆历史潮流而动，悍然发动了反共反人民的内战，由此展开了解放战争的大幕。解放战争时期（1946—1949），中国共产党为保障人权，解救民生，争取民主权、自由权而斗争。

### 一、中国共产党为人民争民主争自由的人权处于全新的历史方位

解放战争时期，中国共产党在追求建立"独立、自由、民主、统一和富强新国家"的过程中，广泛开展人权立法，充分体现了中国共产党以法治精神保障人民充分享有人权的实践。

（一）从"民主共和国"到建立"独立、自由、民主、统一和富强的新国家"的追求

中国共产党在 1936 年 8 月提出建设"民主共和国"的口号，并在 9 月 17 日党的决议中作了说明：民主共和国是较之一部分领土上的工农民主专政制度在地域上更普及的民主，较之全中国主要地区上国民党的一党专政大大进步的政治制度；它不但能够使全中国最广大的人民群众参加到政治生活中

---

① 《陕甘宁边区保障人权财权条例》，《解放日报》，1942 年 1 月 1 日。

来，提高他们的觉悟程度与组织力量，而且也给中国无产阶级及其首领共产党为着将来社会主义的胜利而斗争以自由活动的舞台。①

1937 年 10 月 25 日，毛泽东在回答英国记者贝特兰提出的共产党纲领中"民主"的含义时，概括了三层意思，即一切抗日阶级互相联盟的国家和政府；政府的组织形式是民主集中制；政府给予人民以全部必需的政治自由。②在中共"七大"会上，毛泽东又强调要"将中国建设成为一个独立、自由、民主、统一和富强的新国家"。③ 1945 年 7 月初，当黄炎培先生等 5 位国民参政会参议员访问延安，提出如何打破历史上屡屡出现的"人存政兴""人亡政息"的周期率时，毛泽东充满信心地回答：我们已经找到新路，我们能跳出这个周期率。这条新路，就是民主。只有让人民来监督政府，政府才不敢松懈。只有人人起来负责，才不会人亡政息。④ 这就进一步阐明了中国共产党以广大人民的民主、自由为主要内容的人权观。⑤

（二）解放战争时期中国共产党的人权立法

解放战争时期，各解放区在中国共产党的领导下，不断深化与发展人权保障理念与思想，颁布了一系列人权法令及与之相关的施政纲领，并付诸实施。该时期的人权法令既接续了抗日战争时期人权法令的精髓，又具有独特的时代特征，无论是在制度性突破上还是内容的前瞻性上，无疑都是我党人权建设历程上的辉煌一笔。

在解放战争时期，中国共产党颁布的涉及保障人权条款的法令大致包括《陕甘宁边区宪法原则》（1946）、《东北民主联军布告长春全市切实保障人民权利》（1946）、《嫩江省施政纲领》（1946）、《兴安省施政纲领》（1946）、《东北各省市（特别市）民主政府共同施政纲领》（1946）、《内蒙古自治政府施政纲领》（1947）、《中国土地法大纲》（1947）、《哈尔滨市人民政府禁止非法拘捕审讯及侵犯他人人权等行为的布告》（1948）以及《华北人民政府施政方针》（1948）等。⑥

---

① 《毛泽东选集》第 1 卷，人民出版社，1991 年，第 268 页。
② 《毛泽东选集》第 2 卷，人民出版社，1991 年，第 382—383 页。
③ 《毛泽东选集》第 3 卷，人民出版社，1991 年，第 1030 页。
④ 薄一波著：《若干重大决策与事件的回顾》上卷，中共中央党校出版社，1991 年，第 157 页。
⑤ 繆慈潮：《中共在民主革命时期的人权理论与实践》，《探索》，2001 年第 2 期。
⑥ 化国宇，吕圣旺：《解放战争时期中国共产党的人权立法实践》，《人权》，2021 年第 3 期。

解放时期的人权立法的具体内容涵盖了政治、经济、社会、文化等各方面的权利，包括：保障人民享有言论、出版、集会、结社、思想、信仰、选举等政治权利和自由；保障人民人权、政权与财权，任何人不得非法侵犯等等。

如在中国宪法史上具有重要地位的《陕甘宁边区宪法原则》。在公民权利和政治权利方面，规定了"人民普遍、直接、平等、无记名选举各级代表，各级代表会选举政府人员"；提出少数民族聚居区的民族自治权；规定了保障政治权利行使的政府义务。在经济、社会、文化权利方面，规定人民有免于经济上贫困的权利、免于愚昧及不健康的权利、民族平等、性别平等等一系列权利，并且还明确了保障各项权利的具体执行措施。

为了保障农民的生存权，中国共产党制订了《中国土地法大纲》。《中国土地法大纲》是抗战胜利后，中国共产党公开颁布的第一个关于土地制度改革的纲领性文件。

（三）解放战争时期人权立法的制度特点

一是解放战争时期的人权立法中还有很多不同于一般人权立法的规定，带有鲜明的时代特征。为与内战时期人民的人权保障要求相适应，解放区的人权立法中融入了许多具有战时色彩的规定，以确保人民政权的稳固。譬如《陕甘宁边区宪法原则》规定"人民有武装自卫的权利，办法为自卫军、民兵等"；东北民主联军布告中，有"反溃散之伪匪，自动向政府、卫戍司令部或公安局交出武器悔过自新者，当本宽大政策予以自新之路，其怙恶不悛者，定予以严惩不贷"。[①]

二是各根据地的人权立法都明确保护工人阶级和农民阶级的人权。如注重改善工人生活条件与提高劳动效率，"实行增资减时，调解劳资纠纷，提高工人生产热情"，以此来保障工人待遇。土地问题关乎农民生存权，为此各根据地对土地问题格外重视，无一例外地将"耕者有其田"写入相关法令，保障农民权利，对地主及其家庭，分给与农民同样的土地及财产，对地主、富农的生存权也予以平等保障。

---

① 《东北民主联军布告长春全市切实保障人民权利》，1946 年。

（四）解放战争时期中国共产党的党内民主权实践

解放战争时期，中国共产党的建设伴随着战争形势的发展开始从局部执政向全面执政转变。早在 1945 年 8 月 14 日，毛泽东在延安干部会议上的演讲就明确指出，代表无产阶级和人民大众利益的中国共产党，要做好一切充分准备，以革命战争打败反革命战争，建立无产阶级领导的、人民大众的、新民主主义的新中国。这一演讲及时地从思想上武装了全党，为新形势下党的建设开始围绕向执政党转变而努力指明了正确的前进方向。[1] 面对新的历史局面，中国共产党充分认识到加强党的领导，发展党内民主，保障党员民主权利的重要性，从制度建设这一源头入手，进行了一些富有成效的工作实践。

1. 建立请示报告制度，统一全党意志

针对党内存在的一些无纪律、无政府状态现象和地方主义、游击主义的倾向，为了扫清革命障碍，统一全党意志，毛泽东于 1948 年 1 月提出建立报告制度，并对定期请示报告作了严格规定。随后，中央于 3 月发出补充指示，对实行报告制度作了进一步的规定。同年 7 月至 9 月间，中央对各地建立报告制度情况进行了多次检查；9 月，中央在西柏坡召开的政治局扩大会议制定并通过了《中央关于各中央局、分局、军区、军委分会以及前委会向中央请示报告制度的决议》；11 月，中共中央组织部发出关于组织部门业务与报告请示制度的通知，明确规定了中央组织部的作用和任务，并指出必须建立组织部门经常地请示报告制度，对此也作了相应的规定。

建立请示报告制度后，通过中央和各级党组织的努力，中国共产党实现了空前的团结和统一，为党夺取和掌握全国政权作出了重要的思想、政治和组织准备。

2. 健全党委制，保证集体领导

当时部分党组织中存在个人包办的严重问题，党委委员形同虚设，集体领导的被破坏对党的路线、方针和政策的正确贯彻落实形成了阻碍。健全党

---

[1] 高新民，张希贤：《中国共产党建设史》，中共中央党校出版社，2009 年。

委制，保证集体领导的决策得以贯彻成为解决这一问题的发展必然，同时也成为发展党内民主的一大举措。这也是执政前夕，中国共产党在党内规章制度建设方面所采取的第二个重大决策。1948 年 9 月 20 日，毛泽东代表中共中央起草了《关于健全党委制的决定》，强调："党委制是保证集体领导、防止个人包办的党的重要制度"，规定今后各级党组织"都必须建立健全的党委会议制度，一切重要问题（当然不是无关重要的小问题或者已经会议讨论解决只待执行的问题）均须交委员会讨论，由到会委员充分发表意见，做出明确决定，然后分别执行"。① 这个决定促使那些让集体领导有名无实的党组织纠正自己的错误，并扩大了实行集体领导的范围。1949 年在七届二中全会上，毛泽东又提出了《党委会的工作方法》12 条，进一步总结了各级党委实行集体领导和个人分工负责相结合的原则和方法。

3. 建立党的代表大会和代表会议制度，发展党内民主

当时的中国长期处于战争环境，中国共产党长期处于地下活动状态，党内的民主生活因此得不到正常的发展。解放战争后期，人民革命力量即将取得解放全国的胜利，中国共产党不断发展壮大，党员群众都已具有参加民主政治生活的要求和愿望，在这种情势下，必须改变党内民主生活不足的状况。正如毛泽东所指出的，我们党内是有民主的，但是还不足或者缺乏，现在要增加。办法是用代表大会、代表会议代替干部会议。1948 年中央政治局九月会议通过了《中央关于召开党的各级代表大会和代表会议的决议》指出，在一切巩固的解放区，党的各级委员会必须遵照党章的规定，从现在起定期召开党的代表大会和代表会议。提出召开党的各级代表大会和代表会议，是中国共产党在向执政党转变过程中，为发展党内民主、加强党的建设作出的又一重要决策。尽管当时党的各级代表会议制度在普遍建立的过程中还存在着一些问题，它对党的民主集中制的坚决贯彻和党内民主生活的活跃所起的作用仍是十分重大的。各级代表会议的召开统一了代表们的思想，提高了代表们的工作积极性，促进了各项工作的贯彻执行。这为夺取和巩固全国革命的胜利起到了重要作用，同时也示范、带动了人民民主的

① 《毛泽东选集》第 4 卷，人民出版社，1991 年，第 1340—1341 页。

发展。

　　解放战争时期，中国共产党以为人民争人权，保障人权，实现民主、自由的号召，唤起了广大民众的尊严，激发了人民的人权意识、民主意识和自由意识，为新中国的人权建设奠定了重要基础。

# 第十三章　新中国马克思主义人权观的　　　"中国化"的实践发展

1949 年新中国成立，标志着近代以来中国人民遭受剥削、压迫和奴役历史的终结，也标志着一个共产党领导的东方社会主义大国新的人权实践的开始。新中国马克思主义人权观"中国化"的实践发展，从新中国成立到中共十八大之前，分为以下三个阶段：第一阶段，从新中国成立到改革开放之前，毛泽东在争取国家主权独立、保障人民基本生活权利和民主权利方面，为马克思主义人权观的"中国化"作出了重大贡献；第二阶段，改革开放以后，邓小平坚持马克思主义人权观，强调社会主义人权与资产阶级人权的本质区别，提出了"主权问题不是一个可以讨论的问题"等论断，发展了马克思主义关于民族独立、民族主权的思想；第三阶段，随着改革开放的深入，江泽民、胡锦涛对马克思主义人权观的"中国化"，作出了新的不同的贡献。

按照以上三个阶段的特点，以毛泽东、邓小平、江泽民和胡锦涛的人权观为主线，分别阐释马克思主义人权观的"中国化"实践，反映中国特色社会主义人权事业建设在不同阶段面临的不同任务，形成的不同特点，引导全体人民树立坚定不移地走中国特色社会主义人权道路的信念。本章分四节阐释以上三个阶段马克思主义人权观的"中国化"实践。

## 第一节　新中国成立以后毛泽东的人权观

毛泽东作为新中国的缔造者，在中国社会主义建设中，充分发挥人民的主体作用，不断改善中国的人权状况，为中国特色社会主义人权事业发展奠定了基础。毛泽东作为新中国人权事业的奠基者，对其人权观思想的研究，不仅要弄清其理论渊源，而且要从整体上把握毛泽东人权观的特征，才能更为全面深刻地认识毛泽东在新中国推进马克思主义人权观"中国化"实践中的地位和作用。

## 一、毛泽东人权观的理论渊源

毛泽东人权观的理论渊源，主要是马克思主义人权观理论的影响。但在青年时代，毛泽东的马克思主义人权观的形成，曾接受"天赋人权"思想的影响；以后毛泽东在孙中山"三民主义"思想的影响下，在中国革命和建设的实践中探索中国人权发展道路。

（一）从"天赋人权"到"人赋人权"的转变

众所周知，青年毛泽东曾接受过在当时流行的"天赋人权"等西方政治思想的影响，但在接受马克思主义之后，他就逐渐形成了"人赋人权"的思想。

毛泽东关于"人赋人权"的思想，曾有过许多的精辟论述。1945 年 8 月他说："去年有个美国记者问我：'你们办事，是谁给的权力？'我说：'人民给的。'如果不是人民给的，还有谁给呢？"[1] 1965 年 12 月他又说："什么'天赋人权'？还不是'人赋人权'。我们这些人的权是天赋的吗？我们的权是老百姓赋予的，首先是工人阶级和贫下中农赋予的。"[2]

第一，毛泽东的"人赋人权"思想坚持了人民的历史主义地位。毛泽东有一个十分经典的论断："人民，只有人民，才是创造世界历史的动力。"[3] 他用"只有"强调了人民作为历史主体的唯一性，排斥了英雄史观、上帝史观以及英雄与奴隶共创的二元史观。

第二，毛泽东关于人权是"老百姓赋予的"，是"工人阶级和贫下中农赋予的"思想，充分体现了毛泽东深厚的人民情怀，以保障人民的人权为根本的思想根基。早在建党之初，毛泽东深入安源开展工人运动，在夜校上课

---

① 《毛泽东选集》第 4 卷，人民出版社，1991 年，第 1128 页。
② 戴立兴：《论毛泽东的"人赋人权"思想》，载马克思主义研究网，http：//myy.cass.cn/mkszyzgh/201308/t201308311971038.shtml。
③ 《毛泽东选集》第 3 卷，人民出版社，1991 年，第 1031 页。

时，毛泽东生动地说："'工'字上边一横代表天，下边一横代表地，中间一竖代表我们工人，我们工人可以顶天立地！"煤矿工人立即掌声四起。后来，他又去长沙给人力车夫讲课时说："工人就是做工的人，咱们把'工'字放在'人'字上面，大家看看是个什么字？"车夫们异口同声地说："天！"毛泽东深情地说，"我们工人就是'天'！我们工人联合起来就可以顶天立地！"由此可以看出，毛泽东非常看重中国工人阶级的力量，尊重人民的主体地位的同时，保障工人这片"天"的生存发展权，以真正实现人民的主体地位。

第三，引导中国人民靠自己的力量追求现实的人权。"人赋人权"的出发点和现实目的，就是为了唤起中国广大工人农民不要再做奴隶、不要再当牛马，而要挺起腰杆做人，维护自己的尊严、捍卫自己的权利。1938 年 7 月，毛泽东在同世界学联代表团谈话时说："共产党的主要任务，一句话，是建立一个自由平等的民主国家。""在这个国家内，人民有言论、出版、集会、结社、信仰的完全自由，各种优秀人物的天才都能发展，科学与一般文化都能提高，全国没有文盲。"[①] 显然，从"天赋人权"转向"人赋人权"，是影响着毛泽东一生为中国人民的解放事业，为中国的民族独立和发展作贡献的人权思想的一个重要思想渊源。

（二）孙中山的"民权"思想对毛泽东的影响

孙中山作为中国民主革命的伟大先行者，他为民族独立、民主自由、民生幸福，为国家的统一和富强贡献了毕生精力。孙中山的人权法治理论主要特点表现为民主性、民族性、反封建性、反帝性和爱国性，其中涉及了诸如民主、共和以及人权等与法治启蒙所紧密相关的核心概念。

1. 孙中山的"三民主义"为中国法治启蒙提供了理论基础

一是民族主义是近代中国法治建设的前提论。孙中山提倡民族自觉精神，把中国问题的"真解决"置于世界的范围内，并实事求是地结合中国国情，"走中国人自己的路"。这要求中国的人权法治建设必须以对中国国情和中华民族的认识为前提。二是民权主义是近代中国法治建设的核心。孙中山

---

① 《毛泽东文选》第 2 卷，人民出版社，1993 年，第 134 页。

设计了资产阶级民主共和国的方案，宣传并提倡资产阶级的"自由、平等、博爱"精神，主张学习西方分权学说和法治原则，却并不完全照搬，而是科学地提出了建立保障人民主权和民主自由的新法制。民权主义中蕴涵的权利意识是近代法治精神形成的基础；三是民生主义促进近代中国法治建设的发展。为了建立独立、民主、富强的共和国，孙中山通过民生主义提出了全新的国家发展命题，即开放门户、发展经济、修筑铁路、重视农业、利用外资以及进行国际合作等创新思维，在现实层面上引导近代中国法治的长远发展。

2. 孙中山的"三民主义"与统一战线政策是对中华民族的伟大贡献

毛泽东一直以十分尊敬的态度，对孙中山的历史地位和革命精神作出高度评价。毛泽东对孙中山的称谓分别有：伟大领袖、伟大革命家、中国民族革命的领袖、伟大的中国革命先行者或伟大的革命先行者等。其中，"伟大的中国革命先行者"的称谓，足以反映孙中山开创中国资产阶级民主革命事业的历史功绩。

毛泽东在总体上对孙中山作出崇高的评价的同时，还说明了孙中山的"伟大"之所在。1938 年 3 月 12 日，孙中山去世 13 周年时，毛泽东在延安举行的纪念大会上提出：孙中山的伟大"在于他的三民主义的纲领，统一战线的政策，艰苦奋斗的精神"，"三民主义纲领与统一战线政策"，是孙中山"对于中华民族最伟大的贡献"。在四十年艰难曲折的奋斗中，"孙先生总是愈挫愈奋，不屈不挠，再接再厉。当着多少追随者在困难与诱惑面前表现了灰心丧志乃至投降变节的时候，孙先生总是坚定的"，"他始终坚持了三民主义，并且发展了三民主义"，"不但坚持了而且发展了统一战线"。①

1939 年 5 月 4 日，毛泽东在延安举行的五四运动 20 周年纪念大会上发表《青年运动的方向》的讲演时指出，"中国反帝反封建的资产阶级民主革命，正规地说起来，是从孙中山先生开始的"。②

3. 毛泽东继承孙中山人权法治思想，推进中国的自由和民主政权建设

在新民主主义革命和建国初期，毛泽东在继承孙中山法治思想的基础

---

① 《毛泽东文集》第 2 卷，人民出版社，1993 年，第 111—112 页。
② 《毛泽东选集》第 2 卷，人民出版社，1991 年，第 563 页。

上，推进中国的自由和民主政权建设。

第一，毛泽东重视人民的自由和权利。他始终坚持统一战线的基本原则，没有把自由与权利限制于工农群众范围，而是包括一切符合当时政治斗争需要的阶级、阶层与个人，在最广大的范围内平等实行权利与自由，调动一切积极因素。

第二，毛泽东推进中国特色的社会主义民主政权建设。毛泽东在新民主主义时期就把适合于我国的政体确定为民主集中制。这个原则到社会主义时期仍然沿用，并且被纳入我国宪法。民主政治是法治的基础，而政党制度又是现代化国家民主政治的核心部分。批判和推翻国民党一党专政和独裁统治是新民主主义革命的一项主要任务，而且毛泽东坚决反对以党代政的错误，甚至把它与国民党独裁专制相提并论。这与改革开放后中国共产党领导的党政制度改革是一脉相承的。

第三，毛泽东推进人民民主权利的建设有两个重要特点：一是强调民主与专政的统一性。也就是说，他把民主作为人民民主专政不可分割的一个方面；二是认为人民的民主权利不是绝对的、不受限制的，民主权利与国家的管理需要之间有相互制约的关系。他认为，民主与集中是国家政体的基本关系；民主集中制是施行于人民内部的民主制度；民主集中制也是国家机关的组织工作制度；民主集中制是发展社会主义经济的必要条件。

第四，毛泽东提出了"宪政"是民主政治的宪政观。毛泽东的宪政观有几个重要层次：一是宪政就是专政，即阶级的统治；二是宪政只是一种统治形式；三是宪政是民主政治；四是宪政就是宪法对民主政治的确认。在这一基础上，毛泽东对宪法进行定位，他指出宪法是资产阶级反对封建专制的产物，是资本主义革命的成果。在承认资本主义民主历史地位的同时，毛泽东提出，民主和社会主义是我国宪法的基本原则。

孙中山的思想对毛泽东人权观的产生具有重大的价值意义，毛泽东正是在借鉴"三民主义"思想的基础上，结合中国革命和建设的实践探索出了一条符合中国国情的人权发展道路，不断推进中国社会主义人权事业的发展。

（三）马克思主义人权思想是毛泽东人权观的重要理论来源

毛泽东敬仰马克思，信仰马克思主义。他读了《共产党宣言》之后，坚信马克思主义从未动摇。毛泽东曾形象地比喻说："几千年以后看马克思，就像现在看孔夫子。"毛泽东是马克思主义人权观"中国化"的首创者，他的人权思想深受马克思主义人权观的影响。

1. 马克思主义关于"人是人的最高本质"、人的地位和价值思想，对毛泽东形成人民是历史主体、人权主体的价值观有重要影响

马克思在1843年的《〈黑格尔法哲学批判〉导言》一文中，批判地改造了费尔巴哈关于"人是人的最高本质"的思想，认为人就是人的世界，是国家、社会。"人的本质是一切社会关系的总和"，进而为无产阶级的解放奠定了理论基础。毛泽东在中国革命和社会主义建设中，读的最多的马列经典著作是《共产党宣言》《反杜林论》《国家与革命》《共产主义运动中的"左派"幼稚病》等。

毛泽东研读马列经典著作，在解决中国革命重大问题上坚持知行合一，逐渐形成了人民是历史主体、人权主体的价值观。在人和物的关系中，高度肯定人的地位和价值。这集中体现在毛泽东提出的"世间一切事物中，人是第一个可宝贵的"① 论断上。毛泽东在肯定人的社会本质、人的地位和价值的基础上，着重阐释了人民作为历史主体、人权主体的人权价值观。

首先，毛泽东强调人民群众是一个社会历史的概念，即"在不同的国家和各个国家的不同的历史时期，有着不同的内容"。② 但他也指出，不管这个概念的具体内容发生什么样的变化，其中占人口绝大多数的、从事生产活动的劳动者，总是促进社会进步的中坚力量，总是人民群众的主体，知识分子也是劳动人民的一部分。③

其次，毛泽东提出了"人民，只有人民，才是创造世界历史的动力"④ 的科学论断，并从多方面论证了人民群众创造历史的伟大作用。这其中不仅包括了社会的物质财富和精神财富是劳动者创造的，而且特别重要地包括了人民群众是实现社会变革的决定力量。毛泽东在谈到实现我国民主革命的根本力量时指出："革命是什么人去干呢？革命的主体是什么呢？就是中国的

---

① 《毛泽东选集》第4卷，人民出版社，1991年，第1512页。
② 《毛泽东著作选读》下册，人民出版社，1986年，第757页。
③ 《毛泽东选集》第4卷，人民出版社，1991年，第1287页。
④ 《毛泽东选集》第3卷，人民出版社，1991年，第1031页。

老百姓。……但是这许多人中间，什么人是根本的力量，是革命的骨干呢？就是占全国人口百分之九十的工人和农民。"①

再次，既然历史是人民群众创造的，既然人民群众是革命的主体，那么就要尊重人民群众的创造精神。毛泽东说："只要我们依靠人民，坚决地相信人民群众的创造力是无穷无尽的，因而信任人民，和人民打成一片，那就任何困难也能克服，任何敌人也不能压倒我们，而只会被我们所压倒。"② 显然，这在革命时期是如此，在社会主义的建设和改革时期也同样如此。

毛泽东从人民群众作为历史的创造者、历史发展的主体层面，不仅发展了马克思主义关于人的本质和人的价值的思想，而且从历史发展的逻辑意义上，肯定了"人民"作为人权事业发展的主体，又是享受人权保障的主要对象的价值。因为"人民群众"只有能更好地享受人的各种权利，才能成为推动历史发展的动力。

2. 马克思主义关于人的解放思想影响毛泽东积极倡导人的政治经济和思想解放

一是政治解放。政治上的自由和民主权利，是毛泽东人权思想的核心内容。毛泽东深刻认识到，"民族压迫和封建压迫残酷地束缚着中国人民的个性发展"③，"中国共产党代表全国人民要求独立！中国如果没有独立就没有个性，民族解放就是解放个性"。④ 因此，实现民族独立和人民解放是半殖民地半封建的中国的首要历史任务，也必然是中国人民个性解放和全面发展的前提。

二是经济解放。生存权是最基本的人权。个性的解放，人格的独立，均以个人经济的独立为基础。毛泽东指出："在中国的封建制度下，广大人民也没有独立性和个性，原因是他们没有财产权。独立性、个性、人格是一个意义的东西，这是财产权的产物。"⑤ 因此他认为，解决农民、工人生存权的唯一正确的办法，就是彻底改变地主、资产阶级的私有制，使生产资料归工

① 《毛泽东选集》第 2 卷，人民出版社，1991 年，第 562 页。
② 《毛泽东选集》第 3 卷，人民出版社，1991 年，第 1096 页。
③ 同上书，第 1058 页。
④ 《毛泽东文集》第 3 卷，人民出版社，1993 年，第 336 页。
⑤ 戴立兴：《论毛泽东的"人赋人权"思想》，载马克思主义研究网，http：//myy. cass. cn/mkszyzgh/201308/t201308311971038. shtml。

农劳动人民所掌握。

三是思想解放。毛泽东反对迷信，反对盲从，提倡人人依自己真正主张以行，不盲从他人是非。在中国共产党的历史上，毛泽东最早举起反对"本本主义"的大旗，引导全党从教条主义的束缚下解放出来。毛泽东还提出社会主义建设要"以苏为戒"，为开创中国特色社会主义道路创造了思想条件。正是毛泽东大力倡导了思想解放运动，为中国人民破除教条主义、本本主义，促进实事求是的发展，开辟了一条崭新道路。

3. 毛泽东根据马克思的"人的全面而自由发展"思想，在革命战争年代就实践人的全面发展

一是中国共产党人赞成发展人的个性，并把它作为自己的任务。毛泽东曾明确指出："有些人怀疑中国共产党人不赞成发展个性，不赞成发展私人资本主义，不赞成保护私有财产，其实是不对的。民族压迫和封建压迫残酷地束缚着中国人民的个性发展，束缚着私人资本主义的发展和破坏着广大人民的财产。我们主张的新民主主义制度的任务，则正是解除这些束缚和停止这种破坏，保障广大人民能够自由发展其在共同生活中的个性。"[①]

不仅如此，毛泽东还依据《共产党宣言》中的有关论述，从经济角度分析了中国人民在封建制度下丧失个性的原因。他指出："马克思说：'在资产阶级社会里，资本具有独立性和个性，而活着的个人却没有独立性和个性。'在中国的封建制度下，广大人民也没有独立性和个性，原因是他们没有财产。独立性、个性、人格是一个意义的东西，这是财产所有权的产物。中国的地主阶级、资产阶级有财产所有权，他们使大批的人破产，使农民和小资产阶级破产，财产集中在他们手里，他们自己就有独立性、个性、自由，而广大人民丧失了财产所有权，也就没有个性、独立性、自由，或者是削弱了。"[②] 因此，中国共产党人的任务也就是要通过革命斗争，恢复人民的财产所有权，使人民有个性、自由和人格。

二是没有人民的个性解放和个性发展，也就没有社会主义。这与上面所讲是一个问题的两个方面：不进行社会主义革命，就没有人民的个性解放和

① 《毛泽东选集》第3卷，人民出版社，1991年，第1058页。
② 《毛泽东文集》第3卷，人民出版社，1996年，第415页。

个性发展；反过来说，没有人民的个性解放和个性发展，也不可能建立和建成社会主义。恩格斯曾指出："要不是每一个人都得到解放，社会也不能得到解放。"① 毛泽东也同样认识到这个问题。他在《给秦邦宪的信》中说："有人说我们忽视或压制个性，这是不对的。被束缚的个性如不得解放，就没有民主主义，也没有社会主义。"② 后来在《论联合政府》中又说，如果"没有几万万人民的个性的解放和个性的发展……要想在殖民地半殖民地半封建的废墟上建立起社会主义社会来，那只是完全的空想"。③

毛泽东还在《在中国共产党第七次全国代表大会上的结论》中指出："马克思在《共产党宣言》里讲得很清楚，他说：'每个人的自由发展是一切人的自由发展的条件。' 不能设想每个人不能发展，而社会有发展。"④ 因此，新中国成立后，毛泽东非常重视社会主义新人的培养。1957 年，他明确提出我们的教育方针"应该使受教育者在德育、智育、体育几方面都得到发展，成为有社会主义觉悟的有文化的劳动者"。⑤ 例如，学生的"课程要减少，分量要减轻，减少门类，为的是全面发展"。⑥ 显然，毛泽东不赞成课业负担太重、讲授烦琐、追求门门 5 分、集体活动过多、纪律过严，实际上体现了他强调的个性解放和个性发展的思想。

三是富有创见地提出和阐明了党性与个性的关系问题，并区分了"创造性的个性"和"破坏性的个性"这两种个性。在毛泽东看来，党性与个性在根本上是一致的、统一的。因为我们党，"它本来就是人民的一部分，当然不会使工人、知识分子、农民出身的党员没有人格。人民有人格，我们党也就有，人民都没有，我们党哪里会有呢？""不能设想我们党有党性，而每个党员没有个性，都是木头，一百二十万党员就是一百二十万块木头。"因此，"不要使我们的党员成了纸糊泥塑的人，什么都是一样的，那就不好了。其实人有各种各样的，只要他服从党纲、党章、党的决议，在这个大原则下，

① 《马克思恩格斯全集》第 26 卷，人民出版社，2014 年，第 311 页。
② 《毛泽东文集》第 3 卷，人民出版社，1996 年，第 208 页。
③ 《毛泽东选集》第 3 卷，人民出版社，1991 年，第 1060 页。
④ 《毛泽东文集》第 3 卷，人民出版社，1996 年，第 416 页。
⑤ 《毛泽东著作选读》下册，人民出版社，1986 年，第 780—781 页。
⑥ 《毛泽东文集》第 7 卷，人民出版社，1999 年，第 248 页。

大家发挥能力就行了"。①

在此基础上，毛泽东还区分了"创造性的个性"和"破坏性的个性"这两种个性。他说："创造性的个性是什么呢？比如，模范工作者、特等射击手、发明家、能独立工作的干部，不但党外斗争有勇气，党内斗争也有勇气，盲目性少，不随声附和，搞清楚情况再举手，这就是创造性的个性，它同党性是完全一致的，完全统一的。另一种个性，是带破坏性的、个人主义的，把个人利益放在第一位，搞所谓标新立异。"② 这段论述，把"个性"分为创造性的个性和破坏性的个性，把"标新立异"分为创造性的标新立异和破坏性的标新立异，并把创造性的个性、创造性的标新立异与党性联系在一起，统一在一起，这是毛泽东对马克思主义自由个性思想的一个丰富和具体化。

## 二、毛泽东人权观的主要特征

新中国建立以来，毛泽东的人权观，又与其在领导中国革命和社会主义建设实践中形成的人权观思想密切相关，这里从四个方面概括毛泽东人权观的特征。

### （一）国家主权民族独立是毛泽东人权观的核心

国家主权与民族独立是实现人权的基础条件。毛泽东认为，国家主权、民族独立是实现人权的基础条件，在国家丧失主权、民族未独立的情况下，所谓的人权只能是一句完全无法实现的空话。对于任何国家的人民来说，如果没有国家主权和民族独立，就没有人权，民族就丧失了继续良好发展的权利。国家主权和民族独立是毛泽东人权观的核心内容，毛泽东谈论一切人权均建立在国家主权、民族独立的基础之上。③

在毛泽东的人权观视域中，人权是指在特定历史条件下公民享有的经济、文化、政治等方面的自由与权利，但是在半殖民地半封建社会的条件下，民众的生命财产安全根本无法得到保障，更不要说具备应有的人格尊严

---

① 《毛泽东文集》第 3 卷，人民出版社，1996 年，第 415—416 页。

② 同上书，第 416—417 页。

③ 赵晔：《毛泽东的人权观及其历史启示》，《人民论坛》，2014 年第 1 期。

了。不仅如此，旧中国还面临种种深刻的危机，甚至存在亡国危险。所以，毛泽东认为，只有在实现国家主权与民族独立的基础上，才有国民的尊严和人权可言。在这个意义上，实现国家主权和民族独立因此成为毛泽东人权观的核心内容，是实现广大人民群众人权的保障和前提条件。

（二）争取人民的生存权是贯彻毛泽东人权观始终的主题

要争取国家和民族的独立，首先要从争取人民的生存权开始，确保人人有权享有生命、自由和安全，使人民享有基本的生活保障，能够吃饱穿暖。早在 1922 年 9 月，毛泽东在领导安源煤矿工人大罢工时，就提出了响亮的口号："从前做牛马，现在要做人。"这反映了劳苦大众争取人权的正义要求。1928 年 12 月，在井冈山中国共产党领导开展的废除封建地主土地所有制土地革命中，毛泽东起草了中共历史上第一部土地法——《井冈山土地法》，这部共 9 条 14 款的土地法规定："没收一切土地，归苏维埃政府所有"；"一切土地，经苏维埃政府没收分配后，禁止买卖"；土地分配"以人口为标准，男女老幼平均分配"。1931 年 11 月，中央工农民主政府制定了《中华苏维埃共和国土地法》，用法律形式巩固了土地革命的成果。土地革命使贫苦农民分到了土地，摆脱了封建地租剥削，改善了广大农民的基本生活状况，保障了他们最基本的生存权。1942 年 12 月，毛泽东强调指出："一切空话都是无用的，必须给人民以看得见的物质福利。……我们的第一个方面的工作并不是向人民要东西，而是给人民以东西。"[1]

毛泽东还注重通过制定相关的政策保障人民的生存权。1934 年，毛泽东在江西瑞金召开的第二次全国工农兵代表大会上，作了《关心群众生活，注意工作方法》的报告，郑重地向大会提出："……解决群众的穿衣问题，吃饭问题，住房问题，柴米油盐问题，疾病问题，婚姻问题。总之，一切群众的实际生活问题，都是我们应当注意的问题。"[2]"我们应该深刻地注意群众生活的问题……一切这些群众生活上的问题，都应该把它提到自己的议事日程上。应该讨论，应该决定，应该实行，应该检查。"[3]

---

[1] 《毛泽东文集》第 2 卷，人民出版社，1993 年，第 467 页。
[2] 《毛泽东选集》第 1 卷，人民出版社，1991 年，第 136—137 页。
[3] 同上书，第 138 页。

（三）以民族政策落实民族平等权是毛泽东人权观的一个重要特色

毛泽东在制定正确的民族政策、保障民族平等权方面作出了重要贡献。抗日战争时期，日本利用我国国内民族间的矛盾，进行各种挑拨分裂的阴谋活动，如建立伪蒙疆联合自治政府等等，其用意正如建立伪满洲国一样，是为其侵略服务的。同时，国民党反动派极力在少数民族中进行"防共反共"活动。少数民族问题成了抗战中的重要问题。①

1938 年 10 月，毛泽东在中共六届六中（扩大）全会上提出了民族区域自治的主张，强调各少数民族在共同抗日的原则下，有自己管理自己事务的权利。"依据民族平等原则，实行蒙、回民族与汉族在政治经济文化上的平等权利，建立蒙、回民族的自治区，尊重蒙、回民族的宗教信仰与风俗习惯。"② 1939 年 4 月颁布的《陕甘宁边区抗战时期施政纲领》，又以法律的形式规定了少数民族在政治上、经济上与汉族享有相同的平等权利，并规定必须尊重少数民族的信仰、宗教、文化、风俗、习惯和扶助其文化的发展。1945 年 4 月，毛泽东在中共"七大"的政治报告中，再次明确提出：要求改善国内少数民族的待遇，允许各少数民族有民族自治的权利。1947 年 5 月，内蒙古自治政府成立，标志着后来在中国普遍实行的民族区域自治政策已经基本成型。③

（四）保障人民民主权利是毛泽东人权观中的深刻思想

中国是一个封建专制主义历史漫长的国家，旧中国的历代统治者都毫无例外地凭借武装暴力对人民实行独裁专制统治，没有任何形式的民主制度。缺乏民主制度的中国，根本不可能利用民主制度赋予的合法形式争取人民民主权利。所以，毛泽东指出："在中国，离开了武装斗争，就没有无产阶级的地位，就没有人民的地位，就没有共产党的地位，就没有革命的胜利。"④只有通过武装斗争的形式争取人民民主权利。

---

① 刘彦青：《人权·战争·政权——浅谈毛泽东在民族民主革命时期的人权观》，《西南民族学院学报（哲学社会科学版）》，1999 年 12 月。
② 中共中央文献研究室，中央档案馆编：《建党以来重要文献选编》（一九二一——一九四九）第 18 册，中央文献出版社，2011 年，第 243 页。
③ 刘彦青：《人权·战争·政权——浅谈毛泽东在民族民主革命时期的人权观》，《西南民族学院学报（哲学社会科学版）》，1999 年 12 月。
④ 《毛泽东选集》第 2 卷，人民出版社，1991 年，第 610 页。

第一，毛泽东强调争取人民民主权利是中国共产党矢志不渝的奋斗目标。中国共产党始终高度重视争取和保障人民民主权利。早在1922年6月15日，毛泽东就在《中国共产党对于时局的主张》中明确指出，实行无限制的普选制度，保障人民结社、集会、言论、出版自由等民主权利。中共二大提出，争取人民民主权利是中国共产党诞生之日起就确立的矢志不渝的奋斗目标。如前所述，土地革命战争时期，中国共产党制定了《中华苏维埃宪法大纲》等一系列法律法令，把中国共产党的人权理论通过立法变成了人权法律制度，在马克思主义人权观中国化的进程中具有重要影响。

第二，毛泽东提出，为了团结全国人民抗日，必须赋予人民参与政治的权利。抗战爆发后，由于民族矛盾上升为中国社会的主要矛盾，争取国家独立权成为中华民族第一位的历史任务，毛泽东提出，政治制度改革和人民的自由，是保障抗战胜利的必要条件，"民主是抗日的保证"[1]，为了团结全国人民合力抗日，必须保障其人身自由权，必须赋予人民参与政治的权利，不仅给工人、农民、知识分子人权，而且给予"一切不反对抗日的地主资本家和工人农民有同等的人权、财权、选举权和言论、集会、结社、思想、信仰的自由权"。[2] 因为"没有这种自由，就不能实现政治制度的民主改革，就不能动员人民进入抗战，取得保卫祖国和收复失地的胜利"。[3] 因此，"为民主即是为抗日"。[4]

在抗战时期，抗日根据地建立的"三三制"政权作为抗日民主政体有效保障了抗日根据地人民当家作主的民主政治权利，各根据地制定的专门保障人权的法律法令，把中共人权法制建设实践推进到了一个新的高度。

第三，抗战胜利后，毛泽东强调人民的自由应受宪法保障。抗战胜利后，针对国民党在民主问题上采取两面政策，毛泽东在重庆谈判期间，一方面尽力揭穿国民党设置的民主骗局，另一方面努力迫使国民政府对保障

---

① 《毛泽东选集》第1卷，人民出版社，1991年，第274页。
② 《毛泽东选集》第2卷，人民出版社，1991年，第768页。
③ 《毛泽东选集》第1卷，人民出版社，1991年，第257页。
④ 同上书，第274页。

人民民主权利作出一些承诺，为人民争得一些自由民主权利。毛泽东指出："人民的言论、出版、集会、结社、思想、信仰和身体这几项自由，是最重要的自由。"[①] 它不是什么人恩赐的，必须由人民来努力争取。最后迫使国民党在政协五项议案中承诺："凡民主国家人民应享之自由权利，均受宪法之保障，不受非法之侵害"，"关于人民之自由，如用法律规定，须出于保障自由之精神，非以限制为目的"。[②] 这样，人民的合法斗争取得了可喜的成果。

综上所述，在新民主主义革命阶段，毛泽东保障人民民主权利的思想非常丰富，也很深刻。新中国建立以后，开辟了中国人民真正当家作主、真正享受生存与发展权的历史新纪元。毛泽东领导全党和全国人民在迅速医治战争创伤、恢复国民经济的基础上，不失时机地提出了逐步实现国家的社会主义工业化，并逐步实现国家对农业、手工业和资本主义工商业的社会主义改造的过渡时期总路线，并在该总路线指引下，基本完成社会主义改造。

毛泽东作为中国共产党人推进马克思主义"中国化"的杰出代表，在马克思主义"中国化"的历史进程中，作出了举世公认的突出贡献。在马克思主义人权观"中国化"实践中，毛泽东运用马克思主义人权观，圆满地解决了国家独立主权这个近代中国最大的人权难题，从而为根本改变中国人权状况奠定了基础，开启了马克思主义人权观"中国化"发展的道路。

## 第二节　改革开放初期邓小平的人权观

邓小平作为中国社会主义改革开放和现代化建设的总设计师，为成功开辟建设中国特色社会主义的道路，建立了不朽功勋。同时，在推进中国社会主义改革开放的实践中，邓小平提出了全面系统的、不同于西方资本主义人

---

① 《毛泽东选集》第3卷，人民出版社，1991年，第1070页。
② 《毛泽东选集》第4卷，人民出版社，1991年，第1190页。

权的社会主义人权观思想，开启了改革开放新时代中国特色人权发展的道路。

## 一、"以人为本"是邓小平人权观的理论基石

邓小平继承了马克思主义"以人为本"的哲学观，在改革开放的条件下发展了毛泽东的"人民群众创造历史"的唯物主义观，提出了"以人为本"的人权观，并体现在社会主义本质、实现中华民族伟大复兴的"三步走"战略以及建立和完善社会主义市场经济体制等各方面。

（一）"以人为本"就是确立人民群众是经济社会发展主体的观点

以人为本就是把广大人民群众看成是经济社会发展的主体和动力，把实现人民群众的政治、经济、文化利益看成是经济社会发展的根本目的，强调尊重人的利益、尊重人的权利、尊重人的劳动、尊重人的创造、尊重人的自由等。人的解放不仅是指政治上的解放，而且是指使人摆脱愚昧和贫困的奴役，走向文明和富裕；人的发展是指使人的德智体美劳和谐完整的发展，个人潜力和智能最大限度的发挥，个人需要得到全面丰富和满足，使人的现代化和经济社会的现代化互相促进、协调发展。

（二）人民群众共同富裕是社会主义的终极目标和最终价值

马克思主义人权观认为，只有社会主义才能真正实现人权、保障人权。但是，社会主义还处在初级阶段，生产力发展水平还不高。所以，邓小平认为，以人为本的人权思想体现在社会主义的本质中，就是要"解放生产力，发展生产力，消灭剥削，消除两极分化，最终达到共同富裕"。[①] 把社会主义制度理解为以人为本的社会制度。邓小平认为，社会主义本质的内涵可从两个层次去认识，即第一层次"解放生产力，发展生产力"，体现了社会主义的根本任务，第二层次"消灭剥削，消除两极分化，最终达到共同富裕"，体现了社会主义的根本目的。从两个层次的逻辑关系上讲，前者（"解放生产力，发展生产力"）是后者的基础，是后者的手段，而后者（"消灭剥削，消除两极分化，最终达到共同富裕"）才是最终目标。这两个层次是社会主

---

① 《邓小平文选》第 3 卷，人民出版社，1993 年，第 373 页。

义根本任务和根本目标的统一。邓小平多次强调："社会主义的特点不是穷，而是富，是人民的共同富裕。"① 他坚决摒弃了"文化大革命"中搞的"穷过渡"，确认"致富不是罪过"，坚持"社会主义致富是全民共同致富"，而共同富裕的主体就是人民群众，也就是说，人民群众的共同富裕才是社会主义的终极目标和最终价值。社会主义本质论反映了邓小平"以人为本"的社会主义人权观，也澄清了在"什么是社会主义"这一根本问题上长期存在的偏见和迷惘。

（三）"三个有利于"更集中体现了邓小平以人为本的人权观

邓小平提出判断我们改革开放和各项工作得失成败的根本标准，就是"三个有利于"，即"是否有利于发展社会主义社会的生产力，是否有利于增强社会主义国家的综合国力，是否有利于提高人民的生活水平"。② 在这一标准中，生产力标准处于第一位，是最基本的标准；"综合国力标准"处于第二位，是基本标准的综合成效；"人民的根本利益"处于第三位，是所有标准中最高的、最终极的标准。"三个有利于"是邓小平的价值判断中最根本的价值标准或评价标准，集中体现了邓小平的人权观的根本价值取向。

"三个有利于"作为邓小平以人为本的人权观，要求我们在革命、建设和改革实践中，都必须以人民的利益、人民的权利、人民的价值为最高标准，千百万人民群众的实践是检验真理的唯一标准。他强调，关注最广大人民的利益和愿望，把人民拥护不拥护、赞成不赞成、高兴不高兴、答应不答应作为制定各项政策和方针的出发点和归宿。邓小平说："生活水平究竟怎么样，人民对这个问题感觉敏锐得很，我们上面怎么算账也算不过他们，他们那里的账最真实。"③ 人民生活水平究竟如何，是否得到提高，要由人民作出评价，人民是评价判断"三个有利于"的主体，这是马克思主义人权观的根本观点，体现了邓小平的人权观是对传统的"以人为本"思想的重大创新，这些思想是我们党坚持走中国特色人权发展道路的宝贵财富，也是我们党执政的指导思想。

---

① 《邓小平文选》第 3 卷，人民出版社，1993 年，第 265 页。
② 同上书，第 372 页。
③ 同上书，第 355 页。

（四）社会主义市场经济促进了独立自由平等权利的形成

社会主义市场经济体制的根本意义就在于促进普遍的具有独立个性、独立人格的个人的生成，为人的全面发展创造了物质条件。在我国长达两千多年的封建社会，靠天吃饭的小生产方式使人不得不屈从于自然；封建宗法制度把人牢牢地系在自然血缘纽带之中；儒家的人伦道德又几乎扼杀了人的一切个性，没有真正的"个人"，所有的只是官吏（即贵胄、贵族、士大夫）或百姓、君子或小人等。到了近现代，虽然经历了经济、政治、社会、文化等各个领域的巨大变革，但在传统的计划经济体制下，更多的是要求人们"服从"和"执行"，个人不可能获得应有的经济、政治和思想上的独立性。个人无法充分发挥其能动性和创造性，无法释放其内在潜力，这也是我国社会生产力长期落后的最深刻的根源。社会主义市场经济激发了个人和企业自由平等参与经济发展的活力，促进了个人人格的生成和发展，推动了个人与个人，个人与集体之间的自由活动，为人的自由平等权利的形成奠定了基础。

## 二、邓小平的"全面小康"思想为中国人权发展道路奠定基石

马克思主义人权观提出了社会主义为人民权利实现的预判和设想。毛泽东等老一辈革命家为建立社会主义新中国，探索形成了中国人民真实充分享有人权、保障人权的道路。

但是，在社会主义初级阶段如何真正保障人民的生存权和发展权？邓小平不仅提出了"以人为本"的人权观，而且提出了通过"小康"到"全面小康"的真正保障人民生存和发展权的思想，进而为中国人权发展道路奠定了厚实的物质基础。实现小康目标、全面建设小康社会，是改革开放40多年来我们党所领导的中国特色社会主义现代化建设最基本的实践活动。

（一）从"小康之家"到"翻两番"

邓小平最初把"小康之家"作为"四个现代化的最低目标"。1982年9月，中共十二大正式把邓小平提出的20世纪末实现小康目标的构想确定为今后20年中国经济建设总的奋斗目标，即：从1981年到20世纪末的20年，

力争使全国工农业的年总产值翻两番，即由 1980 年的 7 100 亿元增加到 2000 年的 2.8 万亿元左右。人民的物质文化生活达到小康水平。

十二大以后，党内党外，群情高涨，人们对未来的小康生活充满了美好的憧憬。这时，邓小平思考最多、关注最多的是，小康目标究竟是否符合中国的实际，能不能按时实现。尤其是当他了解到苏州大约用 15 年时间，到 1995 年就能实现"翻两番"的目标，浙江到 2000 年将达到人均 1 300 多美元的情况后，邓小平对"翻两番"、实现"小康"目标充满了信心，他描绘出了心目中的小康目标状况："第一，人民的吃穿用问题解决了，基本生活有了保障；第二，住房问题解决了，人均达到二十平方米……；第三，就业问题解决了，城镇基本上没有待业劳动者了；第四，人不再外流了，农村的人总想往大城市跑的情况已经改变；第五，中小学教育普及了，教育、文化、体育和其他公共福利事业有能力自己安排了；第六，人们的精神面貌变化了，犯罪行为大大减少。"①

小康社会的这六条标准，既有经济、政治、文化、教育，还有就业、人的精神面貌等方面，较之"小康之家"，这是一个目标更具体、更清晰、更全面、更强调协调发展的社会目标，也是一个保障人民能真正享有生存权的人权发展道路。

（二）从"翻两番"到"三步走"

20 世纪末达到小康水平，这只是实现现代化的一个初步目标，是今后发展的一个新起点。1980 年 12 月 25 日，邓小平第一次对实现小康目标后的发展战略作了设想，他提出，经过 20 年的时间，我国现代化经济建设的发展达到小康水平后，还要"继续前进，逐步达到更高程度的现代化"。

1987 年 4 月 30 日，邓小平在同西班牙政府副首相格拉的会谈中，第一次完整地描绘了"三步走"经济发展战略。他说："我们原定的目标是，第一步在八十年代翻一番。以一九八〇年为基数，当时国民生产总值人均只有二百五十美元，翻一番，达到五百美元。第二步是到本世纪末，再翻一番，人均达到一千美元。实现这个目标意味着我们进入小康社会，把贫困的中国

---

① 《邓小平文选》第 3 卷，人民出版社，1993 年，第 24—25 页。

变成小康的中国。那时国民生产总值超过一万亿美元，虽然人均数还很低，但是国家的力量有很大增加。我们制定的目标更重要的还是第三步，在下世纪用三十年到五十年再翻两番，大体上达到人均四千美元。做到这一步，中国就达到中等发达的水平。这是我们的雄心壮志。"①

1987 年 10 月，在中共十三大上，邓小平提出的分三步实现现代化的经济发展战略，得到了全党的确认。1991 年 3 月，七届人大四次会议通过的《关于国民经济和社会发展十年规划和第八个五年计划纲要》对小康生活作出新的表述，即"我们所说的小康生活，是适应我国生产力发展水平，体现社会主义基本原则的。人民生活的提高，既包括物质生活的改善，也包括精神生活的充实；既包括居民个人消费水平的提高，也包括社会福利和劳动环境的改善"。② 比起邓小平 1983 年提出的小康社会的六条标准，这时的小康生活水平，不仅是衡量人民生活水平、经济发展水平的标准，还是衡量社会全面进步的标准。

（三）从"小康"到"全面小康"

进入 20 世纪 90 年代，我国经济发展的战略目标是再用 10 年的时间，实现从温饱到小康的跨越，这是一个更为重要、更为关键的发展阶段。达到小康水平，将为国家的长治久安打下新的基础，为更加有力地推进社会主义现代化创造新的起点。

1992 年 10 月，中共十四大提出，要在 90 年代初步建立起社会主义市场经济体制，实现全国人民生活达到小康水平的第二步发展目标；到建党 100周年的时候，在各方面形成一整套更加成熟、更加定型的制度；到下世纪中叶建国 100 周年的时候，达到第三步发展目标，基本实现社会主义现代化。1993 年 11 月中共十四届三中全会确定了社会主义市场经济体制的基本框架，为我国的经济发展注入了新的活力。

在完成了前两步战略目标，达到总体小康以后，第三步应该怎么走？邓小平并没有设计出具体的步骤，但他告诫后人，"第三步比前两步要困难得多"，"现在还吹不起这个牛。我们还需要五六十年的艰苦努力"，"相信我们

① 《邓小平文选》第 3 卷，人民出版社，1993 年，第 226 页。
② 中共中央文献研究室编：《十三大以来重要文献选编》（下），中央文献出版社，2011 年，第 62 页。

现在的娃娃会完成这个任务"。

在达到总体小康后，第三步的战略目标如何部署？1997 年 9 月，江泽民在中共十五大报告中首次提出 21 世纪初开始"进入和建设小康社会"，并对第三步战略目标作出了具体部署，即"第一个十年实现国民生产总值比二〇〇〇年翻一番，使人民的小康生活更加宽裕，形成比较完善的社会主义市场经济体制；再经过十年的努力，到建党一百年时，使国民经济更加发展，各项制度更加完善；到二十一世纪中叶建国一百年时，基本实现现代化，建成富强民主文明的社会主义国家"。

人民群众鲜活的实践推动着党的理论创新。2007 年 10 月，中共十七大适应国内外形势的新变化、顺应各族人民过上更好生活的新期待，在十六大确立的全面建设小康社会目标的基础上，在经济、政治、文化、社会建设以及生态建设等方面提出了全面建设小康社会目标的新要求，这些新要求，既与十六大确定的到 2020 年的奋斗目标具有连续性，又根据新的情况进一步丰富了全面建设小康社会的内涵，更加突出富民为本和以人为本的理念，使党的奋斗目标更加明确、行动方向更加具体、发展蓝图更加清晰。

### 三、加强法治是邓小平人权观的重大价值诉求

邓小平提出"为了保障人民民主，必须加强法治"的人权观，是基于对中国的历史与国情以及"文化大革命"对中国民主法治的严重破坏、使我们付出沉重代价之后的深刻反思，是对中国发展社会主义民主的重大价值诉求，也是中国人权发展道路的重要特征。

（一）没有民主就没有社会主义，就没有社会主义现代化

中共十一届三中全会后，邓小平在探索什么是社会主义、如何建设社会主义这个根本问题的过程中，深刻认识到了民主法制的地位和作用，并揭示了民主法制与社会主义必然的内在联系。他认为，"没有民主就没有社会主义，就没有社会主义现代化。社会主义愈发展，民主也愈发展"。① "要靠法制，搞法制靠得住些。"②

① 《邓小平文选》第 2 卷，人民出版社，1994 年，第 168 页。
② 《邓小平文选》第 3 卷，人民出版社，1993 年，第 379 页。

民主是社会主义的本质要求和内在属性。民主的含义原本就是人民当家作主。列宁说过："民主是一种国家形式。"[①] 邓小平认为，社会主义民主作为一种国家形式、国家形态，首先要从政治上充分发扬人民民主，保证全体人民真正享有通过各种有效形式管理国家，特别是管理基层地方政权和各项企业事业的权力，享有各项公民权利。我国的人民民主专政的社会主义制度决定了：人民，只有人民，才是国家和社会的主人。我们国家的各项制度都是也应该是围绕如何保障和实现"一切权力属于人民"这个根本准则来建立、完善的。只有人民的权力和各项权利受到制度保障，不受侵犯，人民才能运用属于自己的权力和各项权利去维护和实现自己的利益。因此，发展社会主义民主政治，重在维护人民的权力和各项权利。明确了这一点，我们才能懂得，要搞社会主义，就必须实行民主。反之，如果不实行民主，我们搞的也就不是真正的社会主义。

社会主义现代化是依靠全体人民、惠及全体人民的事业。只有充分发扬民主，使人民真正当家作主，才能增强人民作为国家和社会的主人的自豪感、责任感，调动广大人民群众的主动性、积极性、创造性，保证社会主义现代化沿着符合人民的意志和利益的轨道来实现。

（二）为了保障人民民主，必须加强法治

邓小平在中共十一届三中全会的主题报告《解放思想，实事求是，团结一致向前看》中提出："为了保障人民民主，必须加强法制。必须使民主制度化、法律化，使这种制度和法律不因领导人的改变而改变，不因领导人的看法和注意力的改变而改变。"[②] 他把这个问题提到关系党和国家的前途命运的高度来阐述，同样这也是中国坚持走中国特色人权发展道路的法治保障。

民主法制化要从以下三个层面推进：第一，民主要通过法制体现和保障。早在 1978 年召开的中央工作会议上，邓小平就指出："为了保障人民民主，必须加强法制。必须使民主制度化、法律化，使这种制度和法律不因领导人

---

① 《列宁全集》第 29 卷，人民出版社，2017 年，第 179 页。
② 《邓小平文选》第 2 卷，人民出版社，1994 年，第 146 页。

的改变而改变，不因领导人的看法和注意力的改变而改变。"① 鉴于历史的教训，邓小平还指出："要使我们的宪法更加完备、周密、准确，能够切实保证人民真正享有管理国家各级组织和各项企业事业的权力，享有充分的公民权利。"②

第二，民主要纳入法制的轨道，关键是公民要有依法行使民主的权利，国家机关要依法保障公民权利。社会主义民主和社会主义法制是不可分的。不要社会主义法制的民主，不要党的领导的民主，不要纪律和秩序的民主，决不是社会主义民主。人民的利益和意志决定着法律的"合法性"，而法律的"合法性"则直接影响或决定着它的效能。只有人民认同为"合法"的东西，人民才会把它转化为内在的行为规则而去自觉遵守和维护，法律的价值才能充分实现；只有认真对待公民权益的法律，才能赢得人民对它的信赖、尊重、支持和遵守。

第三，法律的运行过程也要具有民主精神，严格遵循民主原则，其中最主要的是法律面前人人平等的原则。③ 邓小平指出："我们要在全国坚决实行这样一些原则：有法必依，执法必严，违法必究，在法律面前人人平等。"④ 法律面前人人平等，这是实行法制的起码要求。但由于受到"左"的错误思想的影响，这一原则一直受到无理批判。只是在中共十一届三中全会召开之后这一原则才重新得到确认。⑤ 邓小平把法律面前人人平等看作社会主义法制的基本原则，他指出："公民在法律和制度面前人人平等，党员在党章和党纪面前人人平等。人人有依法规定的平等权利和义务，谁也不能占便宜，谁也不能犯法。不管谁犯了法，都要由公安机关依法侦查，司法机关依法处理，任何人都不许干扰法律的实施，任何犯了法的人都不能逍遥法外。"⑥

显然，邓小平提出的人人有依法规定的平等权利和义务，依法保障人民

---

① 《邓小平文选》第 2 卷，人民出版社，1994 年，第 146 页。
② 同上书，第 339 页。
③ 张文显：《邓小平民主法制思想研究》，《吉林大学社会科学学报》，1997 年第 7 期。
④ 《邓小平文选》第 2 卷，人民出版社，1994 年，第 254 页。
⑤ 张文显：《邓小平民主法制思想研究》，《吉林大学社会科学学报》，1997 年第 7 期。
⑥ 《邓小平文选》第 2 卷，人民出版社，1994 年，第 332 页。

民主权的思想，是坚持走中国人权发展道路的法治保障。

## 第三节　加快改革开放和现代化建设时期
## 江泽民的人权观

从中共十三届四中全会到中共十六大，是中国历史上面临复杂国际国内挑战的严峻时期，也是我国社会主义改革开放事业取得重大突破的关键时期。面对复杂的国际国内环境，江泽民积极推进社会主义人权建设，在日益激烈的国际人权领域斗争中赢得主动，多次挫败西方利用人权对我国进行颠覆的图谋，坚持了中国特色的人权发展道路，推动了中国特色人权事业的发展。

### 一、国家主权是人民享受人权的前提和保障

江泽民在国际形势发生深刻变化的时代背景下继承和发展了邓小平关于"国权比人权重要得多"的著名论断，强调"主权问题不是一个可以讨论的问题"。[①] 针对西方一些国家提出"人权高于主权，人权无国界"的观点，1990 年 5 月，江泽民在首都青年纪念五四报告会上指出："国内外敌对势力企图通过和平演变颠覆中国的社会主义制度，剥夺我国人民主宰自己国家命运的权利，使中国变成西方大国的附庸。如果失去了国家主权、民族独立和国家尊严，也就失去了人民民主，并且从根本上失去了人权。"[②] 2000 年 9 月，江泽民在联合国千年首脑会议上讲话强调："人权领域内的对话和合作，必须在尊重国家主权的基础上开展，这是保护和促进人权事业最根本、最有效的途径。"[③]

江泽民在谈到人权与主权关系的发言中指出："中华民族历来尊重人的尊严与价值。中国同许多发展中国家一样，在近代历史上长期遭受外强入侵和欺凌，中国人民深知，一个国家不能保障自己的主权，就根本谈不上人

---

① 《邓小平文选》第 3 卷，人民出版社，1993 年，第 12 页。
② 《江泽民文选》第 1 卷，人民出版社，2006 年，第 122—123 页。
③ 《江泽民文选》第 3 卷，人民出版社，2006 年，第 110 页。

权。所以，我们特别珍惜中国人民经过长期斗争用鲜血和生命换来的人民解放和国家主权。我相信，这对任何国家都是同样的。今天中国所焕发出的巨大活力，是中国人民拥有广泛自由、民主的生动写照。历史和现实都告诉我们，国家主权是一国人民充分享受人权的前提和保障。这两者不是相互对立的，而是相辅相成的。"① 江泽民对我国历史经验教训进行深刻总结，强调只有在保障主权的前提下才能充分实现人权，有力地回击了"人权高于主权""人权无国界"的观点，为我国坚定不移地走中国特色的人权发展道路指明了发展方向。

## 二、中国最重要的人权就是生存权和发展权

江泽民在改革开放和社会主义现代化建设新时期，继续推进马克思主义人权观的"中国化"，强调人权首先是生存权和发展权。1991 年 4 月，江泽民在会见美国前总统吉米·卡特时指出："对于中国来说，最重要的人权就是生存权。"同年 5 月，江泽民与优秀残疾人和助残先进集体、个人代表座谈时强调："几十年来，中国共产党领导中国人民始终不渝地为争取和实现自己的人权而奋斗。无数革命先烈前仆后继、流血牺牲，为的是什么？就是为了争得国家的独立权、人民的生存权和发展权。保障绝大多数人的根本利益，是我国在人权问题上的出发点。在中国讲人权，首先要以只占世界 7% 的耕地，使占世界 22% 人口的中国 11 亿人吃饱饭。今天，我们已经基本解决了 11 亿人的温饱问题。同时，我国人民也充分享有与我国社会发展程度相适应的各种政治、经济、文化等权利。"②

1995 年 10 月，在美中协会等六团体举行的午餐会上，江泽民指出："对中国来说，确保人民的生存权和发展权，是首要的也是最大的人权保障。中国有 12 亿人口，每年净增 1 400 万人。……因此，确保中国的社会稳定、经济发展和人民生活水平的提高，乃是不断改善人权状况的基本条件和重要内容。"③ 1997 年 10 月，江泽民访美期间强调"中国是一个有十二亿人口的发

---

① 《江泽民文选》第 3 卷，人民出版社，2006 年，第 114 页。
② 《中共中央总书记江泽民在同全国自强模范、助残先进集体、个人代表座谈时发表重要讲话》，载青海省残疾人联合会网，http://www.qhcl.org.cn/html/41587.html。
③ 中共中央文献研究室：《十四大以来重要文献选编》（中），人民出版社，2011 年，第 524 页。

展中国家，这个国情决定了在中国生存权、发展权是最基本最重要的人权。不首先解决温饱问题，其他一切权利都难以实现。近二十年来，中国的贫困人口减少了近两亿，为人民更好地享有各项权利创造了必要的物质条件"。①

1999 年 6 月，在中央扶贫工作会议上，江泽民强调"我国是世界上人口最多的发展中国家。这就决定了，实现和保障广大人民群众的生存权和发展权，是我们维护人权最基础、最首要的工作。不首先解决温饱问题，其他一切权利都难以实现"。② 同年 9 月，在上海《财富》全球论坛开幕晚宴上的讲话中谈到"中国有十二亿多人口，社会生产力仍不发达，必须首先保障人民的生存权和发展权，不然一切其他权利都无从谈起"。③ 显然，在前后整整 8 年时间里，江泽民在不同场合、与不同对象向国内国外宣传阐释中国最重要的人权就是生存权与发展权，这是与中国的历史和国情相符合的，它反映了中国人权发展道路的特色。

### 三、走适合中国国情的人权发展道路

江泽民着重从全面建设小康社会和社会主义政治建设两个方面，阐释适合中国国情的人权发展道路。

（一）全面建设小康社会是保障人民生存和发展水平不断提高的中国特色人权发展之路

2002 年，中共十六大基于我国国情，明确提出了全面建设小康社会的发展目标，并将这一目标与之前确定的"新三步走"发展战略结合起来，要求紧紧抓住 21 世纪头 20 年这一重要战略机遇期，集中力量，"全面建设惠及十几亿人口的更高水平的小康社会，使经济更加发展、民主更加健全、科教更加进步、文化更加繁荣、社会更加和谐、人民生活更加殷实"。④

2000 年，当我国国内生产总值超过原定 20 年翻两番目标的时候，"三步走"发展战略的前两步已经顺利实现，全国人民的生活总体上达到了小康。接下来，就要进入"三步走"发展战略的第三步了。世纪之交，如何走好

①　中共中央文献研究室：《十五大以来重要文献选编》（上），人民出版社，2000 年，第 56 页。
②　中共中央文献研究室：《十五大以来重要文献选编》（中），人民出版社，2001 年，第 846 页。
③　《江泽民思想年编》，中央文献出版社，2010 年，第 418 页。
④　《江泽民文选》第 3 卷，人民出版社，2006 年，第 543 页。

"第三步"，并最终基本实现现代化，达到中等发达国家水平，成为以江泽民为核心的中央领导集体必须回答的问题。

对于这个问题，以江泽民为核心的党中央自 20 世纪 90 年代初就已经开始思考并逐步形成了初步规划。1991 年，江泽民在庆祝中国共产党成立 70 周年大会上的讲话中说："在实现第二步战略目标、并为实现第三步战略目标打下坚实基础的过程中，我们面临大量新问题，都需要用改革的精神来解决。"[①] 到了 1997 年中共十五大上，江泽民就比较明确地指出："从现在起到下世纪的前 10 年，是我国实现第二步战略目标、向第三步战略目标迈进的关键时期。我们要积极推进经济体制和经济增长方式的根本转变，努力实现'九五'计划和 2010 年远景目标，为下世纪中叶基本实现现代化打下坚实基础。"[②] 他还对 21 世纪的发展目标作出了初步规划："展望下世纪，我们的目标是，第一个 10 年实现国民生产总值比 2000 年翻一番，使人民的小康生活更加宽余，形成比较完善的社会主义市场经济体制；再经过 10 年的努力，到建党 100 年时，使国民经济更加发展，各项制度更加完善；到世纪中叶建国 100 年时，基本实现现代化，建成富强民主文明的社会主义国家。"[③]

相对于邓小平的"三步走"发展战略，江泽民为顺利完成"三步走"发展战略中的第三步而部署设计的新的三个发展阶段，被称为"新三步走"发展战略（也称为"小三步走"发展战略）。2002 年，在中共十六大召开前夕，江泽民在文件起草组会议上对"新三步走"发展战略又作了进一步的阐述。他说："党的十五大对我国到 2010 年、建党 100 年和建国 100 年这三段时期改革和发展的任务作出了大体部署，这也可以叫做实现第三步战略目标的'小三步走'。"[④] 他要求文件起草组要对这三个阶段的目标作出科学的表述。在江泽民看来，这三个阶段的目标的大体情况是："（一）到 2010 年，实现国内生产总值比 2000 年翻一番，经济结构战略性调整取得明显进展，社会主义市场经济体制进一步完善，人民的小康生活更加宽裕。（二）到建党 100 年时，国内生产总值比 2010 年再翻一番，基本完成工业化，建成经济

---

① 《江泽民文选》第 1 卷，人民出版社，2006 年，第 162 页。
② 《江泽民文选》第 2 卷，人民出版社，2006 年，第 18 页。
③ 同上书，第 4 页。
④ 《江泽民文选》第 3 卷，人民出版社，2006 年，第 413 页。

更加发展、民主更加健全、科教更加进步、文化更加繁荣、社会更加和谐、人民生活更加殷实的小康社会。（三）在此基础上再奋斗 30 年，到建国 100 年时，基本实现现代化，进入中等发达国家行列，把我国建成富强民主文明的社会主义现代化国家。"① 至此，"新三步走"发展战略已经有了清晰的发展步骤，为我们顺利实现"三步走"发展战略中的第三步，即到本世纪中叶基本实现现代化指明了前进的方向。

2021 年 7 月 1 日，习近平在庆祝中国共产党成立 100 周年大会上庄严宣告："经过全党全国各族人民持续奋斗，我们实现了第一个百年奋斗目标，在中华大地上全面建成了小康社会，历史性地解决了绝对贫困问题，正在意气风发向着全面建成社会主义现代化强国的第二个百年奋斗目标迈进。"②

（二）形成适合中国国情的社会主义民主政治发展之路

社会主义是人民的事业，实现人民当家作主是社会主义民主政治的本质要求。领导、支持和保证人民当家作主，实现和发展人民民主，是中国共产党的一贯追求和崇高使命。1990 年，江泽民明确指出："建设高度的社会主义民主和完备的法制，是我们的根本目标和根本任务之一，也是人民群众的共同愿望。"③ 随着社会主义市场经济体制的逐步建立和完善，我国经济社会进入了一个全面、快速发展时期。在物质文明和精神文明建设不断取得进步的形势下，江泽民适时提出建设社会主义政治文明，促进政治文明与物质文明、精神文明协调发展的重要思想。

1998 年，江泽民在学习邓小平理论工作会议上的讲话中提出，推进社会主义民主政治建设，必须处理好坚持党的领导、发扬人民民主、严格依法办事的关系，"党的领导是关键，发扬民主是基础，依法办事是保证"。④ 他着眼于探索把握社会主义政治文明建设的规律性，科学总结我国民主政治建设的实践经验，提出了坚持党的领导、人民当家作主和依法治国三者有机统一的重要思想。江泽民指出，建设社会主义民主政治，最重要的是坚持和完善

---

① 《江泽民文选》第 3 卷，人民出版社，2006 年，第 413—414 页。
② 习近平：《在庆祝中国共产党成立 100 周年大会上的讲话》，《求知》，2021 年第 14 期。
③ 《江泽民文选》第 1 卷，人民出版社，2006 年，第 111 页。
④ 《江泽民论有中国特色社会主义》（专题摘编），学习出版社，2002 年，第 301 页。

人民代表大会制度。这就要求党要尊重和支持人大依法履行国家权力机关的职能，加强立法和监督工作，密切人民代表同人民的联系。人民代表大会应该成为联系群众、反映民意、解决矛盾的主要民主渠道。

1998 年 9 月，江泽民在会见联合国人权代表时指出："我们还要进一步扩大社会主义民主、健全社会主义法制，依法治国，建设社会主义法治国家，保证人民依法享有广泛的权利和自由，尊重和保障人权。"① 1999 年 6 月，在中央扶贫工作会议上，江泽民指出"人权是历史的产物，它的充分实现，是同每个国家的经济文化水平相联系的逐渐发展的过程；集体人权与个人人权，经济、社会、文化权利与公民、政治权利，是不可分割的"。② 同年 9 月，在上海《财富》全球论坛开幕晚宴上的讲话中他指出："中国人民主张集体人权与个人人权、经济、社会、文化权利与公民政治权利紧密结合，这适合中国国情的人权事业发展的必然道路。"③ 同年 10 月，在英国剑桥大学讲话中他强调"集体人权与个人人权、经济、社会、文化、权利与公民、政治权利紧密结合和协调发展，这适合中国国情因而是中国人权事业发展的必然道路"。④

## 四、各国实现人权的普遍性原则均有不同特点

人权的价值、理想和目标是普遍的。所有人享有一切人权，是全人类努力追求的共同目标。由于历史背景、社会制度、文化传统、经济发展水平不同，各国在实现人权的普遍性原则时都各有其特点。

1991 年 10 月，江泽民指出"在观察各国的民主、自由、人权状况时，离不开那个国家的历史文化传统、经济发展状况和社会制度。因此，没有绝对意义上的民主、自由、人权……在这方面，任何国家都有它自己的问题，发达资本主义国家也不例外"。⑤ 1997 年 10 月，在美中协会等六团体举行的午餐会上，他指出"人权问题具有普遍性意义，从世界上存在众多国家这个

---

① 《江泽民会见联合国人权事务高级专员》，《人民日报》，1998 年 9 月 15 日第 1 版。
② 江泽民：《论社会主义市场经济》，中央文献出版社，2006 年，第 447—448 页。
③ 《江泽民思想年编》，中央文献出版社，2010 年，第 418—419 页。
④ 《江泽民文选》第 2 卷，人民出版社，2006 年，第 56 页。
⑤ 《江泽民思想年编》，中央文献出版社，2010 年，第 70 页。

现实出发，人权的实现要依靠各个国家努力才行，因此，从根本上讲，人权是一个国家主权范围内的问题；人权是历史的产物，它的充分实现是同每个国家经济文化水平相联系的逐渐发展的过程"。①

1999 年 3 月，在同瑞士联邦主席德赖富斯会谈时江泽民强调："中国尊重国际社会关于人权的普遍性原则，同时认为，世界是丰富多彩的，各国历史传统、经济发展水平、政治社会制度不同，促进和保护人权必须与各国国情相结合，而不可能都遵循一个模式。"② 同年 11 月，在会见联合国秘书长安南时指出："世界应该是一个丰富多彩的世界。中国尊重国际人权文书中关于人权的普遍性原则，但同时认为，由于各国社会制度、文化、历史传统和经济发展程度不同，保护人权的具体措施和民主的表现形式应有所不同。"③

我们承认人权的普遍原则，并按照充分保障人权促进人权事业的发展，同时我们要依照我国国情，发展中国特色人权事业，对以维护人权为借口干涉别国内政的霸权主义和强权政治予以坚决回击。1999 年 10 月，江泽民在接受法国《费加罗报》采访时指出："只要世界上还存在不同的国家，只要我们这个星球上的人民还生活在不同的国度里，人权问题就始终属于一个国家的内部事务。任何一个国家的人权事业，不管这个国家是大是小、是强是弱，都应由本国政府依靠自己的人民自主去解决。这是一项基本原则。除了这个国家要求联合国予以帮助外，任何其他国家和国际组织都无权进行干预。各国都有义务根据联合国宪章的宗旨和原则，遵照国际人权文书，并结合本国的国情和有关法律，促进和保护本国人民的人权与基本自由。"④ 2000 年 9 月，在出席联合国新千年首脑会议时，他强调"世界是丰富多彩的。各国人民走过了不同的历史发展道路，有着不同的经济发展水平、文化背景、社会制度和价值观念，延续着不同的生活方式，这是世界多样性的体现。我们应当承认差异，有差异才能有进步"。⑤

---

① 《江泽民文选》第 2 卷，人民出版社，2006 年，第 52—53 页。
② 《江泽民主席与德赖富斯主席会谈》，《人民日报》，1999 年 3 月 26 日。
③ 《江主席会见安南秘书长》，《人民日报》，1999 年 11 月 17 日。
④ 《江泽民文选》第 2 卷，人民出版社，2006 年，第 55 页。
⑤ 《江泽民文选》第 3 卷，人民出版社，2006 年，第 114 页。

## 五、主张对话交流，推动国际人权领域的合作

中国历来主张通过对话与交流加强世界各国政府与人民之间在人权问题上的了解。1991年10月，国务院新闻办公室发布了关于人权问题的白皮书，阐明我国人权问题的基本立场和基本政策。此后，中国政府以开放透明的态度向世界介绍我国的人权状况。对于世界各国在人权问题上的分歧，中国主张平等基础上的对话。

1995年10月，在美中协会等六团体举行的午餐会上，江泽民指出："中国参加了一系列有关人权的国际条约，我们愿意同世界各国人民在保障人权问题上进行平等对话与合作，但是我们反对以维护人权为借口干涉别国内政。"① 1997年4月，江泽民指出："由于社会制度、经济发展、历史背景和文化传统等方面的差异，国与国之间在人权问题上存在一些不同的看法，是正常的、难免的。有分歧并没有什么了不起，重要的是通过什么途径解决这些分歧。中国历来主张，对待人权问题，只能通过平等和相互尊重基础上的对话与交流来处理。"②

对于人权事务上的国际合作问题，江泽民主张应在平等互相尊重的基础上开展合作。1999年10月，在会见阿尔及利亚议会两院议长时指出："我们主张各国在平等和相互尊重的基础上开展人权对话与合作，反对将人权问题政治化，特别是利用人权问题干涉发展中国家内政的做法。"③ 2000年9月，在联合国千年首脑会议上他强调："人权领域内的对话和合作，必须在尊重国家主权的基础上开展，这是保护和促进人权事业最根本、最有效的途径。"④ 这说明，中国人权事业的发展必须在维护和保障国家主权的基础上，积极参与国际人权事务，加强与世界各国的对话、交流与合作。

江泽民在经济全球化、政治多极化的形势下运用马克思主义人权观，继承和发展了毛泽东、邓小平的人权观，形成了"改革是动力，发展是目标，

---

① 《十四大以来重要文献选编》（中），人民出版社，2011年，第525页。
② 《江泽民会见法国防部长和驻华大使》，《人民日报》，1997年4月8日。
③ 《江泽民思想年编》，中央文献出版社，2010年，第425页。
④ 《江泽民文选》第3卷，人民出版社，2006年，第110页。

稳定是前提"① 这一保障和促进人权建设的新思路，促进中国特色的人权发展道路行稳致远。

## 第四节　全面改革开放新形势下胡锦涛的人权观

改革开放是中国人民和中华民族发展史上的一项重大革命，正是这个伟大革命推动了中国特色社会主义事业的发展。中共十六大以来，以胡锦涛为总书记的党中央高举旗帜、抓住机遇、求真务实、开拓进取，继续推进改革开放的伟大事业。在改革开放新形势下，胡锦涛的人权观为改革开放新形势下坚持走中国人权发展道路作出了重大贡献，具体有以下四大特征。

### 一、"以人为本"的科学发展观是为人民争取更大生存和发展权的人权思想

胡锦涛提出的"以人为本"的科学发展观，是一种坚持以科学发展，保障人民充分享有各种权利，促进人的全面发展的中国人权发展道路。

（一）从"以物为本"到"以人为本"的发展观

"以人为本"的发展观是对西方"以人为中心"思想的扬弃。

1. "以物为本"到"以人为中心"的发展

17 世纪英国工业革命的诞生标志着"以物为本"价值取向的呈现，但是片面追求经济增长所带来的环境污染、资源贫乏、人口爆炸、社会邪恶上升等给人类可持续发展带来了严重的挑战。西方的法兰克福学派、罗马俱乐部等在批判"以物为本"发展观的同时，提出"以人为中心"的发展观。但是，西方学者提出的"以人为中心"的发展观中的"人"，只是抽象意义上的"人"，只是为了少数拥有"资本"的统治者的发展，只是为了矫正片面经济发展对人的扭曲带来的种种弊端。

西方人本哲学的"以人为中心"的发展观有两个特点：一个特点是以自

---

① 《江泽民文选》第 1 卷，人民出版社，2006 年，第 365 页。

我为中心，相对于自然来说是以人类为中心，相对于他人来说是以西方为中心、以个人为中心。自我是目的，他人是手段，他人都是为实现自我而服务的。另一个特点是反对神性。人是一种精神动物，不仅有生理、安全等基本需要，还有认知、审美、自我实现等高级的心理需要；不仅有物质和功利的追求，而且有道德理想和崇高价值的追求。正是在这种追求中，人超越了自身，不仅脱离了"动物性"，而且扬弃了"神性"，为"以人为中心"的发展奠定了基础。

2."以人为本"的科学发展观

在中共十七大，以胡锦涛为总书记的党中央提出了"以人为本"的科学发展观。

以人为本是中共十六大以来以胡锦涛为总书记的党中央突出强调的重要思想和基本要求。2003 年 10 月，中共十六届三中全会通过的《中共中央关于完善社会主义市场经济体制若干问题的决定》，明确提出"坚持以人为本，树立全面、协调、可持续的发展观，促进经济社会和人的全面发展"。这是我们党的重要文献中第一次明确提出"坚持以人为本"的思想。

中共十七大报告进一步明确指出，科学发展观的核心是"以人为本"，强调"必须坚持以人为本"。在新进中央委员会的委员、候补委员学习贯彻中共十七大精神研讨班上，胡锦涛强调："我们提出以人为本的根本含义，就是坚持全心全意为人民服务，立党为公、执政为民，始终把最广大人民根本利益作为党和国家工作的根本出发点和落脚点，坚持尊重社会发展规律和尊重人民历史主体地位的一致性，坚持为崇高理想奋斗和为最广大人民谋利益的一致性，坚持发展为了人民、发展依靠人民、发展成果由人民群众共享。"①

（二）"以人为本"也是一种科学发展的人权思想

当代中国和全球的发展中国家，最大也是最根本的人权需求是生存权与发展权。"发展权"的水平关系到一个民族、一个国家的发展水平、发展的综合国力，也关系到人民的生存水平、生存质量的提高。在这个意义上说，

---

① 《胡锦涛文选》第 3 卷，人民出版社，2016 年，第 4 页。

提出"以人为本"的科学发展观，不仅是为了持续提高中国的发展水平、发展质量，不断增强综合国力，而且是为了持续提升人民的生存水平，持续提高中华民族的综合发展国力，并让全体人民分享发展的成果。"以人为本"的科学发展观内蕴为人民、为国家争得最大的发展权思想，具体表现在以下四个方面。

第一，以人为本的实质，是以最广大人民群众的根本利益为本，即以实现好、维护好、发展好最广大人民群众的根本利益作为党和国家一切工作的出发点和落脚点。马克思讲到人的全面发展，强调的是每一个人的全面而自由的发展。我们的着眼点是最广大人民群众，是最广大人民群众中的每一个分子。因为他们构成了社会历史的主体。胡锦涛指出："坚持以人为本，就是要以实现人的全面发展为目标，从人民群众的根本利益出发谋发展、促发展，不断满足人民群众日益增长的物质文化需要，切实保障人民群众的经济、政治和文化权益，让发展的成果惠及全体人民。"[1] 应当说，这里的"人"的现实表现是社会生活中的个人，实质是指最广大人民群众，是两者的统一。

第二，以人为本思想要求把人作为发展的目的，坚持发展为了人民。改革开放以来，我国的社会主义现代化建设事业蓬勃发展，取得了举世瞩目的成就，坚持了发展为了人民的价值取向。但是，有一些地方、有的同志对发展的目的还存在片面认识，忽视发展的全面性、协调性、可持续性，甚至突出个人政绩的追求，不顾客观条件和群众意愿及承受能力，搞什么"形象工程""政绩工程"，这样"见物不见人"的观念和实践，必然损害群众利益，有损全面、协调、可持续发展。坚持发展为了人民，就要把广大人民群众的根本利益作为最高价值目标，经济建设、政治建设、文化建设和社会建设，都要着眼于人民利益的实现，为促进人的全面发展创造条件。

第三，以人为本思想要求把发展成果落实到人的全面发展上，坚持发展的成果由人民共享。坚持发展成果由人民共享，首先要办好同最广大人民群

---

① 中共中央文献研究室：《十六大以来重要文献选编》（上），中央文献出版社，2011年，第850页。

众切身利益相关的事。比如完善民主权利保障制度，从各个层次扩大公民有序的政治参与；扩大就业，扩大社会保障覆盖面，完善社会保障体系；完善社会分配制度，更加注重社会公平，着力提高低收入者的收入水平；加强环境保护，让人民群众喝上干净的水，呼吸上新鲜的空气；解决人民群众反映强烈的上学、看病、住房等突出问题。同时，要特别关注困难群体的实际利益问题，使发展成果由人民共享，落实到每一个人的身上。

第四，以人为本思想要求把人的利益的实现作为评价人权的价值尺度，坚持人民是发展评价的主体。

毛泽东说："共产党人的一切言论行动，必须以合乎最广大人民群众的最大利益，为最广大人民群众所拥护为最高标准。"① 邓小平指出人民拥护不拥护、人民赞成不赞成、人民高兴不高兴、人民答应不答应是全党想事情、做工作对不对好不好的基本尺度。② 江泽民说："人民，只有人民，才是我们工作价值的最高裁决者。"③ 胡锦涛提出，要树立正确的政绩观，"把群众满意作为第一标准"。④ 习近平要求，领导干部都要自觉用最广大人民的根本利益来检验自己的工作和政绩，做到凡是为民造福的事就一定要千方百计办好，凡是损害广大群众利益的事就坚决不办。⑤ 这些重要论述，反映了我们党一以贯之地以人民利益为检验发展标准。

以人为本思想把实现人的全面发展作为根本目标，这个目标的实现，是与经济社会发展相统一的历史进程。人的全面发展与经济社会发展互为前提和基础，人的全面发展，是经济社会发展的目的、动力和最终价值取向。人越全面发展，社会的物质文化财富就创造得越多，人民的生活就越能得到改善，而物质文化条件越充分，就越能促进人的全面发展。我们既不能忽视人的发展对经济社会发展的目的意义，又不能脱离经济社会发展的现实，抽象谈论人的发展。⑥ 人的全面发展内含于建设中国特色社会主义的伟大实践中，内含于中国人权事业发展的伟大实践中。

---

① 《毛泽东选集》第 3 卷，人民出版社，1991 年，第 1096 页。
② 《百年大党基层工作启示录（二）：群众意见是一把最好的尺子》，《半月谈》，2021 年 7 月。
③ 江泽民：《论党的建设》，中央文献出版社，2001 年，第 181 页。
④ 《百年大党基层工作启示录（二）：群众意见是一把最好的尺子》，《半月谈》，2021 年 7 月。
⑤ 习近平：《之江新语》，浙江人民出版社，2007 年，第 33 页。
⑥ 周振国：《以人为本的科学内涵及其理论和实践意义》，《河北日报》，2007 年 9 月 4 日。

## 二、人民的"最高位置"是胡锦涛人权观的根本特征

在庆祝新中国成立六十周年大会上，胡锦涛在天安门城楼上发表的重要讲话中多次提到"人民"这个词，除了再次宣告"中国人民从此站起来了"这句名言之外，他还在高呼了"伟大的中华人民共和国万岁""伟大的中国共产党万岁"之后，喊出了"伟大的中国人民万岁"这句最响亮的声音。[①]人民的"最高位置"的重要价值如下：

（一）反映了中国共产党一贯把人民利益放在首位的宗旨

把"伟大的中国人民万岁"放在最高的位置，显示出人民的地位高于国家、高于党，这决不是一句简单的口号，而是代表了我们党一贯以人民利益放在首位的宗旨。这是因为，国家、共产党的地位非常重要，但是，国家代表的就是人民的利益，而中国共产党，则是一个始终为人民大众谋福利、全心全意为人民服务的政党，所以，人民是核心，人民的地位最高。

胡锦涛在纪念中国共产党成立90周年大会上的重要讲话中，强调指出，"每一个共产党员都要把人民放在心中最高位置，尊重人民主体地位，尊重人民首创精神，拜人民为师，把政治智慧的增长、执政本领的增强深深扎根于人民的创造性实践之中"。"只有我们把群众放在心上，群众才会把我们放在心上；只有我们把群众当亲人，群众才会把我们当亲人。"[②]

（二）人民的"最高位置"是党的利益观的根本体现

中国共产党的利益观是以代表中国最广大人民的根本利益为核心内容的观念体系。党在各个历史时期制定和实行的正确的路线、纲领、方针、政策都是人民利益观的体现。马克思、恩格斯早在《共产党宣言》中就郑重宣布："无产阶级的运动是绝大多数人的、为绝大多数人谋利益的独立的运动。"毛泽东指出，共产党是为民族、为人民谋利益的政党，它本身决无私利可图，并把"全心全意为人民服务"规定为我党的根本宗旨，强调"中国共产党是中国人民的最忠实的代言人"，要求"共产党人的一切言论行动必须以合乎最广大人民群众的最大利益、为最广大人民群众所拥护为最高标

---

① 《胡锦涛文集》第3卷，人民出版社，2016年，第270—272页。
② 同上书，第532页。

准"。胡锦涛也多次强调，我们党是马克思主义执政党，党的全部任务和责任就是为人民谋利益。

（三）人民的"最高位置"是马克思主义唯物史观的根本要求

马克思主义的唯物史观认为，人民群众是历史的创造者，是社会变革的决定力量。人民群众是历史的创造者和推动历史前进的决定性力量。中国共产党是用马克思主义理论武装起来的无产阶级政党，从成立之日起，就始终注意保持党同人民群众的血肉联系，坚持一切为了群众，一切相信群众，一切依靠群众，从群众中不断汲取前进的力量。中国共产党的历史使命、历史地位、历史作用，始终与中国工人阶级和中国人民紧密相联，党的事业、党的建设都立足于人民的基础之上。

深入理解胡锦涛的六十周年国庆讲话，可以更深刻地把握自党的十六大以来，以胡锦涛为总书记的中央领导集体的"人民观"。2003 年 7 月 1 日，胡锦涛在赴西柏坡参观调研时发表了重要讲话，其中阐述了他的"人民观"，核心就是一个执政为民思想。他指出，"三个代表"重要思想的本质是立党为公，执政为民。怎样实践执政为民？首先是"两个树立""四个做到"，即要牢固树立全心全意为人民服务的思想和对人民负责的精神，做到心里装着群众，凡事想着群众，工作装着群众，一切为了群众。其次，就是他那著名的"三民思想"，即坚持"权为民所用，情为民所系，利为民所谋"。最后，要达到"三为"，即为群众诚心诚意办实事，尽心竭力解难事，坚持不懈做好事。在西柏坡的这个讲话，当时人们都把它看作是新一代中央领导核心的施政纲领，是新的历史时期下的"人民观"思想的具体体现。

胡锦涛在庆祝新中国成立六十周年的国庆讲话中，把人民摆在最高位置，这表明，在我们的国家，人民的政治地位始终没有变，人民的利益就是党和国家的最高利益，为人民服务就是我们一切工作的出发点和最高目标。

## 三、在全面建成小康社会中保障人民的生存权和发展权

从改革开放的初期邓小平提出"全面小康"，到江泽民的"全面建设小康社会"，再到胡锦涛在党的十七大提出"为夺取全面小康社会新胜利而奋

斗"，在中共十八大提出全面建成小康社会和全面深化改革开放的目标，反映了中国共产党一代又一代领导集体为中华民族的伟大复兴、为中华民族的繁荣富强而努力奋斗的精神，也是一代又一代党的领导集体为更好更全面保障中国人民的生存权和发展权所作出的贡献。

（一）提出全面建设小康社会目标

以胡锦涛为总书记的党中央，在党的十六大作出全面建设小康社会的战略决策是对"三步走"战略前两步所实现的小康水平，对保障人民生存和发展权的客观判断。

1. 人民生活总体上达到的小康是低水平的

从生产力水平看，2000 年，中国人均国内生产总值（GDP）接近 900 美元，但按照世界银行《1990 年世界发展报告》的分类，人均国民生产总值 545 美元为低收入国家，545—2 200 美元为中下收入国家，2 200—5 999 美元为中上收入国家，6 000 美元以上为高收入国家。因此，我国的人均 GDP 水平属中下层的下限，接近低收入水平。从城镇化水平看，2000 年，中国城镇化率仅为 36.2%，比当时发达国家平均城镇化率 75% 低 38.8 个百分点，比世界平均城镇化率 47% 低 10.8 个百分点，甚至比发展中国家平均城镇化率的 38% 还低 1.8 个百分点。从综合反映居民生活富裕程度的城乡居民恩格尔系数看，2000 年中国为 42.2%，处于富裕水平之下。[①]

2. 人民生活总体上达到的小康存在不全面的问题

2000 年，中国国内生产总值比 1980 年增长 5.6 倍，超出了"三步走"战略前两步国内生产总值翻两番的预期目标。从改革开放至 20 世纪末，中国的小康建设偏重物质文明建设。之所以如此，是因为当时的中国经济发展水平与发达国家存在较大差距，与满足人民的物质文化需要还有较大差距，只有实现经济快速增长，才能为人民生活达到小康水平提供必要的物质基础。因此，这一阶段的精神文明、社会民生、生态文明建设相对滞后，这一不均衡的结构性问题，不仅不能满足人民物质文化多样化的需求，也不利于经济社会的长期持续发展。

---

① 郑有贵：《中共十六大至中共十八大：全面建设小康社会的部署和成就》，《当代中国史研究》，2020 年第 27 期。

3. 人民生活总体上达到的小康存在发展很不平衡的问题

这突出反映在两个方面：一是区域发展不平衡。1991 年国家统计局与计划、财政、卫生、教育等 12 个部门的研究人员组成了课题组，按照党中央、国务院提出的小康社会的内涵，从经济水平、物质生活、人口素质、精神生活、生活环境 5 大领域确定了小康水平的 16 项基本监测指标和临界值，截至 2000 年，"东部 11 个省人均 GDP 为 1 600 美元，100%实现；西部 12 个省市区人均 GDP 仅 610 美元，仅实现了 56%，与东部相差 2.6 倍"；"中部 8 个省，16 个指标的实现率平均为 78%"，即东、西、中部的经济发展很不均衡。这种发展不均衡格局形成的原因，是由于东部地区有历史发展基础优势，在对外开放中有地缘优势以及"两个大局"思想指导下促进东部地区先发展起来的政策优势。二是城乡发展不平衡。尽管城镇快速发展辐射带动了农村发展，但城乡二元结构问题突出，城乡经济社会发展、基础设施、社会保障等差距大。① 2000 年，城乡居民人均可支配收入比高达 2.74：1；城乡居民恩格尔系数分别为 38.6%和 48.3%，相差 9.7 个百分点。按照 2008 年标准，2000 年全国农村贫困人口有 9 422 万人，贫困发生率为 10.2%。②

针对已达到的小康存在低水平、不全面、发展很不平衡的问题，中共十六大"根据十五大提出的到二〇一〇年、建党一百年和新中国成立一百年的发展目标"，提出全面建设小康社会目标，即中国"要在本世纪头二十年，集中力量，全面建设惠及十几亿人口的更高水平的小康社会，使经济更加发展、民主更加健全、科教更加进步、文化更加繁荣、社会更加和谐、人民生活更加殷实"。

（二）以全面建设小康社会为目标，奠定中国人权发展道路基础

党的十六大之后，为了更好、更坚实地保障人民的生存权，党和政府坚持以人为本，以全面建设小康社会为奋斗目标，致力于促进人民生活改善与经济发展相协调，人民生活水平的提升，为中国人权发展道路奠定了基础。

党的十七大提出 2020 年人均国内生产总值比 2000 年翻两番，体现出中

---

① 郑有贵：《中共十六大至中共十八大：全面建设小康社会的部署和成就》，《当代中国史研究》，2020 年第 27 期。

② 同上。

国共产党关于发展成果惠及人民群众的战略部署。10 年间，党和政府针对城乡部分居民收入增长缓慢、收入分配关系尚未理顺的问题，以共同富裕为目标，坚持按劳分配为主体、多种分配方式并存的分配制度，促进城乡居民收入增加，扩大中等收入者比重，提高低收入者收入水平。在初次分配上注重效率，发挥市场作用，确立劳动、资本、技术、管理等生产要素按贡献参与分配原则，继续鼓励一部分人通过诚实劳动、合法经营先富起来。在再分配上注重公平，加强政府对收入分配的调节职能，对分配秩序进行规划。城乡居民人均可支配收入由 2002 年的 4 531.6 元，提高到 2012 年的 16 509.5 元。

由上可见，从中共十六大到十八大的 10 年间，中国共产党深入贯彻科学发展观，以全面建设小康社会为奋斗目标，探索中国特色社会主义事业总体布局，统筹城乡、区域、经济社会、人与自然和谐发展，促进小康社会全面均衡发展，全面建设小康社会取得历史性成就，为中国改革开放新形势下中国人权发展道路打下了坚实基础。

## 四、人权普遍原则必须与各国国情相结合

胡锦涛积极推进国际人权对话。2011 年 1 月 19 日，在美国进行国事访问的胡锦涛在与美国总统奥巴马举行的联合记者会上表示，中国坚定不移地保护和推进人权，中国人权事业取得了举世公认的成就。中国承认和尊重人权的普遍性原则，但同时认为人权普遍性原则必须与各国国情相结合。胡锦涛在当日记者会上被问及人权问题时说："我与奥巴马会面八次，每次都就共同关心的问题交换看法，其中包括人权问题。"[①]

胡锦涛说，对中国这样一个人口众多，又处于改革中的发展中国家来说，中国经济社会发展还面临很多挑战，发展人权事业还有很多事情要做。我们将进一步提高人民生活水平，推进民主法治建设，我们也愿意与各国就人权问题开展交流对话，相互借鉴有益的做法。

胡锦涛说，中美在人权问题上有分歧，但中方愿意与美方在相互尊重，互不干涉内政的基础上，就人权问题开展交流对话，以加深了解、扩大共

① 《胡锦涛：人权普遍性原则必须与各国国情相结合》，载中国新闻网，http：//www.chinanews.com.cn/gn/2011/01-20/2800551.shtml。

识、减少分歧。对此问题，奥巴马表示，中国与美国处于不同发展阶段，中国有不同的政治体系，有不同的文化和历史。他表示，自己与胡锦涛就此进行坦率直接的讨论，双方愿意求同存异。

谈及两国的合作，胡锦涛说，当今世界，人类面临着许多全球性的挑战，任何一个国家都难以在这些挑战面前独善其身，也都无法独自地解决这些挑战，比如打击恐怖主义，应对国际金融危机促进世界经济增长，处理有关地区热点问题，打击跨国犯罪与打击海盗等都需要各国开展合作，尤其是中美两国的合作。

对于加强中美两国在应对全球性挑战上进行合作的问题，胡锦涛提出三点建议：一是双方要发扬以往在处理国际和地区热点问题上所体现出的"同舟共济"的精神；二是加强相互之间的沟通和协调；三是尊重彼此的合理关切。他说，相信中美双方只要能够本着协商的精神，并且和其他国家携起手来，就一定能在更广阔的领域内更好地合作。①

_____

① 《胡锦涛：人权普遍性原则必须与各国国情相结合》，载中国新闻网，http://www.chinanews.com.cn/gn/2011/01-20/2800551.shtml。

# 第十四章　新时代中国特色人权发展道路

中共十八大以来，习近平围绕尊重和保障人权提出了"以人民为中心"的人权理念，明确人民幸福生活是最大的人权，强调人民在人权事业中的主体地位，坚持将"人民是否满意"作为人权事业发展的衡量标准，习近平在2022年第12期《求是》杂志发表的《坚定不移走中国人权发展道路，更好推动我国人权事业发展》一文中，勾勒了中国人权发展道路的理论和实践蓝图，为中国人权发展道路提供了思想理论指导，体现了中国人权发展道路的理论伟力和实践伟力，从而将马克思主义人权观的"中国化"推进到一个新的发展高度、新的境界。本章聚焦习近平"以人民为中心"的中国人权发展道路的理论基石、价值取向、制度和法治保障，以及践行中国人权发展道路的标准四个方面，分析阐释习近平对中国特色人权发展道路的贡献。

## 第一节　"以人民为中心"奠定中国人权
## 发展道路的基石

习近平"以人民为中心"的中国特色人权发展道路有一个形成和完善过程。2016年、2017年，习近平先后多次强调"以人民为中心"的思想，"以人民为中心"有效保障了人民发展权益，走出了一条中国特色人权发展道路。① 这一节将从中国人权发展道路的宗旨、主体、落脚点、根本保障和治理体系阐释中国人权发展道路的基石。

---

① 中共中央党史和文献研究院：《习近平关于尊重和保障人权论述摘编》，中央文献出版社，2021年，第21页。

## 一、中国人权发展道路的宗旨

中国人权发展道路的形成有其历史逻辑，它是中国共产党领导中国人民在争取人权、保障人权的百年奋斗中形成的。无论是在新民主主义革命还是社会主义建设时期，中国共产党领导中国人民走出了一条适合中国国情的人权发展道路，这是历史的选择，是中国人民在争人权实践中形成的能保障全体人民享受人权、发展人权的道路。

中国人权发展道路的发展完善，有其理论逻辑，它是一代又一代中国共产党领导人、一代又一代无产阶级革命家立足中国国情、中国革命和建设发展需要提出并逐渐予以完善的中国人权发展道路。在第十二章的马克思主义人权观"中国化"实践中，我们已分别阐释了新中国成立以后毛泽东、邓小平、江泽民和胡锦涛对中国人权发展道路的实践探索，从中又可看到一脉相承的保障人民的生存权和发展权、保障人民民主以及"以人民为本"的中国特色人权发展道路的思想理论。

习近平根据百年未有之大变局的形势，提出了"以人民发展为中心"的中国人权发展道路的宗旨。

（一）为了人民：坚持中国人权发展道路的目的

人权事业为了人民，就是要坚持把"人民"作为人权发展道路的目的。习近平反复指出："我们党干革命、搞建设、抓改革，都是为了让人民过上幸福生活"①，"以史为鉴、开创未来，必须团结带领中国人民不断为美好生活而奋斗"。②

为此，一是决策和政策要从人民利益出发。新时代人权事业就是为了满足人民日益增长的物质和精神生活需求，人民永远是制定政策的初衷、目的和最终的归宿。"想一想是不是站在人民的立场上，是不是有助于解决群众的难题，是不是有利于增进人民福祉。"③"把实现好、维护好、发展好最广

---

① 中共中央文献研究室：《习近平关于社会主义社会建设论述摘编》，中央文献出版社，2017年，第19页。
② 《习近平：在庆祝中国共产党成立100周年大会上的讲话》，《求是》，2021年第14期。
③ 中共中央党史和文献研究院，中央"不忘初心、牢记使命"主题教育领导小组办公室：《习近平关于"不忘初心、牢记使命"论述摘编》，中央文献出版社、党建读物出版社，2019年，第143页。

大人民根本利益作为推进改革的出发点和落脚点"①，"把人民拥护不拥护、赞成不赞成、高兴不高兴作为制定政策的依据"②，"做到老百姓关心什么、期盼什么，改革就要抓住什么、推进什么"。③

二是要切实解决关系人民利益的实际问题。中国人权发展道路的发展与完善，要为人民解决各种群众最关心、最直接、最现实的利益问题。习近平多次指出："抓住老百姓最急最忧最怨的问题"④，"下大力气解决好人民不满意的问题，多做雪中送炭的事情"。⑤ "凡是群众反映强烈的问题都要严肃认真对待，凡是损害群众利益的行为都要坚决纠正。"⑥ "一切工作都要落实到为群众解决实际问题上，切实防止形式主义，不能搞花拳绣腿，不能搞繁文缛节，不能做表面文章。"⑦

三是要保持对人民的赤子之心。中国人权发展道路的推进，不仅要强调思想上从人民利益出发、行动上解决关系人民利益的实际问题，还要强调从情感上把人民放到心上，做人民群众的贴心人。"身入"更要"心至"，做到"永远保持对人民的赤子之心"⑧，常怀"忧民、爱民、为民、惠民之心"⑨，做到"强信心、聚民心、暖人心、筑同心"⑩，做到"虚心向群众学习，真心对群众负责，热心为群众服务，诚心接受群众监督"。⑪

（二）为了人民：中华民族实现伟大复兴的重要目标

一是中国发展的宏伟蓝图有力推动中国人权道路的发展。习近平在致"2015·北京人权论坛"的贺信中说："中国共产党和中国政府始终尊重和保障人权"，"中国人民正在为实现中华民族伟大复兴的中国梦而奋斗，这将在

---

① 中共中央文献研究室：《习近平关于协调推进"四个全面"战略布局论述摘编》，中央文献出版社，2015年，第77页。
② 习近平：《在庆祝改革开放40周年大会上的讲话（2018年12月18日）》，人民出版社，2018年，第24页。
③ 《习近平谈治国理政》（第二卷），外文出版社，2017年，第103页。
④ 中共中央党史和文献研究院、中央"不忘初心、牢记使命"主题教育领导小组办公室：《习近平关于"不忘初心、牢记使命"论述摘编》，中央文献出版社、党建读物出版社，2019年，第220页。
⑤ 习近平：《做焦裕禄式的县委书记》，中央文献出版社，2015年，第6页。
⑥ 中共中央党史和文献研究院：《十九大以来重要文献选编》（上），中央文献出版社，2019年，第216页。
⑦ 习近平：《在深度贫困地区脱贫攻坚座谈会上的讲话（2017年6月23日）》，人民出版社，2017年，第19页。
⑧ 习近平：《在纪念孙中山先生诞辰一百五十周年大会上的讲话（2016年11月11日）》，人民出版社，2016年，第7页。
⑨ 《习近平谈治国理政》（第二卷），外文出版社，2017年，第189页。
⑩ 习近平：《论党的宣传思想工作》，中央文献出版社，2020年，第338页。
⑪ 《习近平谈治国理政》（第一卷），外文出版社，2018年，第374页。

更高水平上保障中国人民的人权,促进人的全面发展"。① 2017 年 12 月 7 日,在致首届"南南人权论坛"的贺信中,习近平再次告诉大家:"中国共产党和中国政府坚持以人民为中心的发展思想,始终把人民利益摆在至高无上的地位,把人民对美好生活的向往作为奋斗目标,不断提高尊重与保障中国人民各项基本权利的水平。前不久召开的中国共产党第十九次全国代表大会描绘了中国发展的宏伟蓝图,必将有力推动中国人权事业发展,为人类进步事业作出新的更大的贡献。"②

二是保障人民的权益、为人民谋幸福的中国人权发展道路的目标诉求,也是中国共产党人近百年来矢志不渝奋斗的伟大事业。习近平 2018 年 12 月 10 日在致"纪念《世界人权宣言》发表 70 周年座谈会"的贺信中指出,"中国共产党从诞生那一天起,就把为人民谋幸福、为人类谋发展作为奋斗目标。改革开放 40 多年来,中国发展成就归结到一点,就是亿万中国人民生活日益改善"。习近平贺信中的论断,高度凝练地概括了中国共产党百年来为人权而奋斗的历史及其取得的历史性成就,实际上也是"为了人民"的中国人权发展道路而取得的伟大成就,证明了中国共产党带领中国人民选择了一条被历史证明的辉煌的中国人权事业发展大道,是一条能为世界发展中国家借鉴的、真正让人民享受人权的光明大道。

## 二、人民:中国人权发展道路的主体

人权发展依靠人民,就是充分尊重人民的主体地位,把人民作为发展人权、实现美好生活的主体。习近平指出:"任何一项伟大事业要成功,都必须从人民中找到根基,从人民中集聚力量,由人民共同来完成"③,中国人权发展道路同样如此。

(一) 中国人权发展道路坚持了马克思主义人权观的集体本位思想

本书第一章已说明,马克思主义从现实的人、在一定社会关系活动中的

① 《习近平致"2015·北京人权论坛"的贺信》,载共产党员网,http://news.12371.cn/2015/09/16/ARTI1442399270749169.shtml?from=groupmessage&isappinstalled=0。
② 《习近平致首届"南南人权论坛"的贺信》,载新华网,http://www.xinhuanet.com/politics/2017-12/07/c-1122073544.htm。
③ 习近平:《在纪念孙中山先生诞辰一百五十周年大会上的讲话(2016 年 11 月 11 日)》,人民出版社,2016年,第 6 页。

人出发，来研究人权，从而使"权利本位"从个人向集体转变。马克思主义认为，既然人的本质是一切社会关系的总和，那么人只能在一定的社会和集体中才能独立，人的权利的获得一刻也不能离开社会和社会关系的制约，任何外在于社会、独立于社会的人权都是不存在的。因此，马克思主义人权观强调社会集体的权利高于个人权利。没有集体，个人权利就不可能实现；离开集体的权利，个人权利便无从谈起。因为"只有在共同体中，个人才能获得全面发展其才能的手段，也就是说，只有在共同体中才可能有个人自由"。①

当然，这并不否认个人权利。个人权利不仅重要，而且应该受到法律保护。不过，社会的、国家的、民族的、集体的权利更为重要，更应受到尊重和保护。立足集体本位的人权观，在根本上也是以人民为本位，以人民为人权发展主体的人权观。所以，坚持中国人权发展道路，就要发挥人民的主体作用，人民最有发言权。习近平指出："凡是涉及群众切身利益的决策都要充分听取群众意见"②；"要多到群众意见多的地方去，多到工作做得差的地方去，既要听群众的顺耳话，也要听群众的逆耳言，这样才能听到实话、察到实情、收到实效"③；"要坚持从人民群众普遍关注、反映强烈、反复出现的问题背后查找体制机制弊端，找准深化改革的重点和突破口"④。

（二）引导人民参与、分享中国人权发展事业成果

人民要真正成为中国人权发展道路的主体，中国特色人权事业的参与者、建设者和分享者，人民要用自身力量实现美好生活。习近平指出："一切治理活动，都要尊重人民主体地位，尊重人民首创精神，拜人民为师"⑤，因此，人民是推动中国人权发展进步的决定力量，人民的祈盼和诉求是人权发展道路的驱动力，人民的勤劳和奋斗是人权发展道路的牵引力。实现人民的美好生活，既要群众发言又要群众发力，必须激发起人民的精神智力、汇

---

① 《马克思恩格斯选集》第 1 卷，人民出版社，2012 年，第 199 页。
② 中共中央文献研究室：《十八大以来重要文献选编》（中），中央文献出版社，2016 年，第 78 页。
③ 《习近平在党的十九届一中全会上的讲话》，载共产党员网，http://news.12371.cn/2017/12/31/ARTI1514699033042788.shtml。
④ 习近平：《在庆祝海南建省办经济特区 30 周年大会上的讲话（2018 年 4 月 13 日）》，人民出版社，2018 年，第 18 页。
⑤ 中共中央文献研究室：《十八大以来重要文献选编》（中），中央文献出版社，2016 年，第 76 页。

聚成人民的磅礴合力、发挥出人民的创造伟力。

### 三、"人民受益"：中国人权发展道路的落脚点

人权发展的落脚点是要让人民受益。改革开放 40 多年来，中国通过全面小康社会建设，使人民逐渐摆脱贫困、达到温饱，实现总体小康，使"人民受益"，谱写了中国人权发展道路的新篇章，创造了人类繁荣和保障人权的奇迹。

（一）全面建成小康社会开辟了全体"人民受益"的人权发展道路的新境界

全面建成小康社会，就是要促进所有人都能享受人权。全面小康，本质上是全民共享人权的小康。

在全面建成小康社会的历史进程中，中国构建起机会公平、规则公平和权利公平的社会公平体系，切实保障人民平等参与发展、共同促进发展、共享发展成果。坚持共同富裕方针，通过一部分人先富带动全体人民共富，让发展成果平等惠及全民，实现分配正义；坚持法律面前人人平等和不歧视原则，确保全体公民不分民族、种族、性别、职业、家庭出身、宗教信仰、教育程度、财产状况、居住期限，一律、无差别地享有人权，受到同等的尊重；坚持保护弱势群体，以坚定决心、精准思路、有力措施，举全社会之力，向绝对贫困发起总攻，重点保障贫困地区、贫困人口的基本权利。①

（二）全面建成小康社会又确定了新时代中国人权发展事业的基准

全面建成小康社会的根本标志是"经济更加发展、民主更加健全、科教更加进步、文化更加繁荣、社会更加和谐、人民生活更加殷实"。② 它既确定了人的全面发展、社会全面进步的基线，又明确了新时代人权事业的基准，即生存权全面实现、发展权提升至更高水平。

第一，以"发展"为核心的全面小康社会是持续享有一切人权的前提。全面建成小康社会，仍然要把发展作为第一要务。贯彻创新、协调、绿色、

---

① 中华人民共和国国务院新闻办公室：《全面建成小康社会：中国人权事业发展的光辉篇章》，《人民日报》，2021 年 8 月 13 日。

② 习近平：《决胜全面建成小康社会 夺取新时代中国特色社会主义伟大胜利——在中国共产党第十九次全国代表大会上的报告（2017 年 10 月 18 日）》，人民出版社，2017 年，第 18 页。

开放、共享的新发展理念，坚持以提高发展质量和效益为中心，实现更高质量、更有效率、更加公平、更可持续的发展。① 发展是动力，也是标准。只有不断解放和发展生产力，社会、经济、文化各领域才有源源不断的能量供给，人民才能维持较高的生活水平。发展是享有并持续享有一切人权的前提，没有发展作为基础的人权，只能停留于应有权利或不充分权利的状态。

第二，建成以"全面"为特征的全面小康社会是"人人享有充分人权"的保障。"全面"指的是发展的平衡性、协调性和可持续性。即覆盖的领域要全面，是"五位一体"全面推进；覆盖的人口要全面，是惠及全体人民的小康；覆盖的区域要全面，是城乡区域共同的小康。习近平指出："全面建成小康社会，一个也不能少；共同富裕路上，一个也不能掉队。"② 新时代要保障全体人民充分享有经济、政治、文化、社会、环境等方面的权利，要确保一点不能差、一个不能少、一处不能缺，正是"人人享有充分的人权"的深意所在。

第三，以"三大攻坚战"为重点冲刺全面建成小康社会，使中国人权发展道路的新成就获得人民广泛的认同。实现全面小康必须打赢防范化解重大风险、精准脱贫、污染防治三大攻坚战。从中共十八大到十九大，脱贫攻坚从全面建成小康社会的"底线任务和标志性指标"上升为"三大攻坚战之一"，体现了生存权在全面小康社会中的基础性价值和显著地位。防范化解重大风险，保持经济持续健康发展和社会大局稳定，防止人民生活在经济动荡、社会动乱之中，是更高质量生存权和更高水平发展权的必然要求。打好污染防治攻坚战，突出打好蓝天、碧水、净土三大保卫战，是满足新时代人民对美好自然环境需求、促进人与自然和谐共生的必要条件，也是新时代环境权的必要前提。③ "三大攻坚战"主要目标的实现，特别是脱贫攻坚取得全面的决定性胜利，使中国人权发展道路的新成就惠及广大人民群众，并得到了人民广泛的认可。

---

① 习近平：《在党的十八届五中全会第二次全体会议上的讲话（节选）》，《求是》，2016 年第 1 期。
② 中共中央党史和文献研究院：《习近平扶贫论述摘编》，中央文献出版社，2018 年，第 23 页。
③ 郭晔：《新时代美好生活的人权之道——习近平法治思想的人权理论》，《华东政法大学学报》，2021 年第 24 期。

## 四、人权治理：确保中国人权发展道路的可持续推进

中国人权发展道路不是一帆风顺的，它不仅会受西方各种挥舞"人权"大棒对中国人权事业的攻击、抹黑，而且也会因人权法治保障的完善，而影响中国人权道路的健康、可持续发展。所以，习近平强调要加强人权治理，人权治理也要抓重点、强弱项、补短板，人权路上不落下任何一个人、不放掉任何一个问题。

一是人权治理要实现老人、妇女、儿童、残疾人等群体以及因为疾病、灾害、伤害、疫情而陷入困境群众的人权保障。2014 年以来，习近平在不同场合针对不同群体强调："老年人老有所养、生活幸福、健康长寿"①；"增强妇女参与政治经济活动能力，提高妇女参与决策管理水平"②；"了解少年儿童、尊重少年儿童、关心少年儿童、服务少年儿童，为少年儿童提供良好社会环境"③；"让广大残疾人安居乐业、衣食无忧，过上幸福美好的生活"④；"安排好受灾群众生活，抓紧灾后恢复重建工作，让受灾群众早日安居乐业"。⑤

二是人权治理要向农村地区、民族地区、贫困地区、革命老区、生态脆弱区倾斜，以保障不同地区的人民公平地享受人权。习近平在农村改革座谈会、全国民族团结进步表彰大会等会议上强调，要"形成农村社会事业发展合力，努力让广大农民学有所教、病有所医、老有所养、住有所居"⑥；"确保少数民族和民族地区同全国一道实现全面小康和现代化"⑦；"要把发展教育扶贫作为治本之计，确保贫困人口子女都能接受良好的基础教育，具备就业创业能力，切断贫困代际传递"⑧；"着力解决好'两不愁三保障'突出问

---

① 陈光金：《加强新时代老龄工作（思想纵横）》，《人民日报》，2021 年 12 月 28 日。
② 中共中央党史和文献研究院：《习近平关于尊重和保障人权论述摘编》，中央文献出版社，2021 年，第 121 页。
③ 同上书，第 116 页。
④ 同上书，第 115 页。
⑤ 同上书，第 96 页。
⑥ 同上书，第 94 页。
⑦ 《习近平：在全国民族团结进步表彰大会上的讲话（2019 年 9 月 27 日）》，载光明网，http：//m. gmw. cn/baijia/2019-09/28/33195424. html。
⑧ 中共中央党史和文献研究院：《习近平扶贫论述摘编》，中央文献出版社，2019 年，第 74—75 页。

题，让老区人民过上幸福生活"[①]；"良好生态环境是最公平的公共产品，是最普惠的民生福祉"，"在重要生态功能区、陆地和海洋生态环境敏感区、脆弱区，划定并严守生态红线"。[②]

三是人权治理要重点整治侵害人权和人民合法权益的突出问题，切实保障人民享受人权。在推进中国人权发展道路的实践中，要针对执法部门不作为、乱作为、有法不依、执法不严、把法律法规当儿戏、与黑恶势力沆瀣一气；政法、司法工作人员粗放执法、变通执法、越权执法，贪赃枉法；公权力严重侵害企业产权、企业家权利；违法强拆、暴力强迁，非法查封、扣押、冻结、处理公民财产权；严重侵害无辜群众生命权、人身权、财产权、人格权的冤假错案；欺行霸市、草菅人命、权钱勾结的黑恶势力严重犯罪[③]，必须予以重点整治、专项打击，以保障人民的合法权益落到实处。

### 五、"以人民为中心"：中国人权发展道路的话语体系

"以人民为中心"不仅确定了发展人权的宗旨是"为了人民"、人权发展的主体是"人民"、人权发展的落脚点是"人民受益"、人权治理的根本是保障人民享有人权，而且形成了一整套系统的"以人民为中心"的中国人权发展道路的话语体系。人权发展话语体系的形成，使中国人权发展道路成为"看得见""能感受""可体会"的中国人权事业，使中国人权发展道路成为一种不同于西方传统人权发展路线、方法和话语的"人权道路"体系，成为可为其他发展中国家提供借鉴的发展道路。

（一）"以人民为中心"反映中国人权发展道路话语体系的本质特征

2019 年 9 月，国务院新闻办公室发布《为人民谋幸福：新中国人权事业发展 70 年》白皮书，明确将"以人民为中心"表述为中国人权理论。

---

① 中共中央党史和文献研究院、中央"不忘初心、牢记使命"主题教育领导小组办公室：《习近平关于"不忘初心、牢记使命"论述摘编》，中央文献出版社，2019 年，第 144 页。
② 中共中央文献研究室：《习近平关于全面建成小康社会论述摘编》，中央文献出版社，2016 年，第 163、166 页。
③ 郭晔：《新时代美好生活的人权之道——习近平法治思想的人权理论》，《华东政法大学学报》，2021 年第 24 期。

"以人民为中心"直接表述了以"人民"为主体的人权话语体系。"以人民为中心"是一个整体概念。所以，中国特色人权发展道路的话语体系，围绕"以人民为中心"全面系统地构建。"以人民为中心"的人权主体话语，集中地表达了马克思主义人权观"中国化"的人权主张。同时，它要求，将人民作为人权的主体，必然要求人权道路的选择应尊重人民的主体地位，从人民的实际需要和生活条件出发，坚持马克思主义人权的普遍性和特殊性相结合的原则，选择适合本国实际的人权发展道路和保障模式。①

（二）"以人民为中心"集中表达了中国人权发展道路问题上的中国主张和中国成就

我国一贯坚持强调"生存权和发展权是首要人权"，充分保障生存权、在更高水平上实现发展权，是中国人民的根本利益所在。② 中国人权发展道路取得的最为突出成就在于，中国人民的民生状况显著改善，生存权得到充分保障，发展权实现水平持续提高。如 2020 年实现全面脱贫，2021 年我国城镇新增就业人口 1 269 万人，2021 年全国居民人均可支配收入增长 8.1%，社会保障事业进入高质量发展，截至 2021 年 3 月 15 日，中国人"十三五"期间寿命从 76.3 岁提高到 77.3 岁。③

"以人民为中心"的人权发展道路，其话语的分析阐释聚焦于全体中国人民的根本利益，而不是某一个人或某一集团的特殊利益。并且，"普通劳动者"是"人民"概念的语义重心，"普通劳动者"的利益更是"人民"观念的利益侧重点，生存与发展是普通民众最为关注的人权内容。④ 因此，以"人民"为主体的人权观，正是中国人权发展道路的话语主张和人权成就的根基所在。

---

① 李超群：《"以人民为中心"何以作为人权主体话语？——基于马克思主义语境中"人民"概念之证成》，《人权》，2021 年第 1 期。
② 同上。
③ 《"十三五"期间中国居民人均预期寿命从 76.3 岁提高到 77.3 岁》，载中国新闻网，https：//www.chinanews.com.cn/gn/2020/10-28/9324699.shtml，2022 年 5 月 25 日。
④ 李超群：《"以人民为中心"何以作为人权主体话语？——基于马克思主义语境中"人民"概念之证成》，《人权》，2021 年第 1 期。

## 第二节　突出人民生存权和发展权保障的
## 中国人权发展道路

中国共产党成立伊始，就肩负起为人民谋幸福、为民族谋复兴的历史使命，并在领导中国革命和社会主义建设的伟大实践中，坚持为人民服务的宗旨，邓小平把党的宗旨聚焦为"三个有利于标准"和"人民标准"；江泽民用"三个代表"科学地回答了建设什么样的党、怎么建设党的问题；再到胡锦涛的"以人为本"科学发展观，从不同层面体现了中国共产党一以贯之的"人民至上"、以人民为中心的理念及其中国特色人权发展道路。

### 一、保障"以人民为中心"的人权是中国共产党的使命和任务

人权事业是中国共产党领导的宏大事业。中国共产党自成立以来就坚定不移地高举人权旗帜，推翻半殖民地半封建的压迫和剥削制度，为人民争人权。新中国成立以后，通过发展生产力、解决人民衣食住行问题，为人民谋人权；改革开放以来，全面推进经济、政治、社会、文化、生态建设，为人民构筑更美好的人权事业蓝图。中国特色人权道路是在中国共产党践行上述使命和任务的过程中实现的。

（一）保障"以人民为中心"的人权是中国共产党践行初心、履行使命的历程

以"人民为中心"就是始终要把"人民"置于最重要、最关键、最优先的位置上。习近平多次指出，人民立场是中国共产党的根本政治立场，人民利益是我们党一切工作的根本出发点和落脚点，全心全意为人民服务是中国共产党的根本宗旨，尊重人民主体地位，保证人民当家作主，是我们党的一贯主张。[①] 为人民谋幸福、为民族谋复兴、为人类谋发展，是中国共产党的初心和最高使命，也是中国共产党的人权宣言。中国共产党来自人民、根植

---

① 中共中央党史和文献研究院：《十八大以来重要文献选编》（下），中央文献出版社，2018 年，第 341—359 页。

人民、服务人民，只有中国共产党才能把"以人民为中心"的理念贯彻始终，才能在中国特色人权道路上使为人民谋幸福的旗帜高高飘扬，才能把崇高的人权理想实现于行动中。

（二）贯彻党的群众路线了解人民的人权诉求、保障人民的各项权利

中国的人权发展道路通过群众路线及时了解并满足人民的人权诉求。党在人权实践领域中，将人民的人权诉求上升为人权范畴和人权纲领，进而转化为宪法和人权立法。中国共产党把人民的人权诉求当作人权责任来兑现，把人民的人权经验作为人权纲领来学习，依靠"人民"校准人权指针，确保中国的人权事业走在人民追求幸福生活、美好生活的道路上。

党的群众路线坚持"以人民为中心"的人权发展道路，就要全面了解群众的人权诉求，全面保障人民的各项权利实现。也就是说，在推进中国人权发展道路的总体进程中，需要对诸如生存权、健康权、经济权、政治权、文化权、社会权等各项权利的保障和发展做到统筹协调与均衡促进，以更有效保障生存权利，切实促进经济权利、社会权利、文化权利和政治权利等各项权利不断发展。

## 二、保障人民的生存权和发展权是中国人权发展道路的首要特征

根据中国"以人民为中心"的人权理念，生存权和发展权是首要的基本人权。[①] 所谓生存权，是指广大人民在社会意义上的生存得到存续和保障的权利；发展权，是指一个民族及其人民的生活质量不断得到提高、各方面需求不断得到满足的权利。生存权是发展权的基础，而发展权则是为了不断满足生存的新需求，不断提高人民生存水平。

（一）生存权和发展权作为首要人权的原因

一个人只有在生命安全、身体健康，即生存权利得到有效保障的基础上，才有可能实现经济、政治、文化、社会等其他各项权利。这也是中国共产党践行"以人民为中心"的人权理念，把生存权和发展权作为首要人权的根本原因。

---

① 中共中央党史和文献研究院：《十八大以来重要文献选编》（下），中央文献出版社，2018 年，第 341—359 页。

（二）发展权的实现要以人民的生命健康权为基础

在中国特色社会主义新时代，推进中国特色人权事业发展，就要满足广大人民群众在经济、政治、文化、社会等各方面的期盼和要求，从而促进经济、政治、文化和社会等各项权利的发展。

不过，上述发展权的实现要以人民群众的生命安全和身体健康为根本前提，2016 年 10 月 25 日，中共中央、国务院发布《健康中国 2030 规划纲要》，把人民健康作为促进人的全面发展的必然要求，作为经济社会发展的基础条件，也是民族昌盛和国家富强的重要标志。2020 年以来，习近平总书记亲自指挥、亲自部署，带领全国各族人民一起，团结一心共同抗疫。为抗击新型冠状病毒肺炎疫情的冲击，习近平总书记多次召开会议以保障全国各族群众的生命安全和身体健康。从 5 月参加内蒙古代表团审议时习近平总书记要求的，"把人民生命安全和身体健康放在第一位"，"人民至上、生命至上，保护人民生命安全和身体健康可以不惜一切代价"①；到 6 月召开的专家学者座谈会时习近平总书记提出的，"切实为维护人民健康提供有力保障"②；再到 9 月召开的教育文化卫生体育领域专家代表座谈会时习近平总书记所强调的，"要把人民健康放在优先发展战略地位，努力全方位全周期保障人民健康"。③

事实证明，在 2020 年以来的全球新冠疫情大流行中，党和国家坚持"以人民为中心"的人权理念，坚持"人民至上""生命至上"，坚持把人民群众的生命和生存权放在首位。从 2020 年 1 月 20 日武汉封城、社会全面防控，到全国普遍实施限制不必要的出行，以及社区的预防管控，截至 2020 年 3 月 23 日，中央明确宣布："以武汉为主战场的全国本土疫情传播基本阻断。"

相反，当时西方不能在社会层面实现疫情的社会防控，是资本主义制度无法从社会层面确保"人民生命至上"的一种悲哀。

正因为中国的发展及其发展权的实现以保障人民生命健康为前提，中国 2021 年国内生产总值（GDP）增长 8.1%，其他主要经济指标也都超出预期。2020 年和 2021 年两年平均增长 5.1%，这无疑在全球主要经济体中表现最

---

① 习近平：《坚持人民至上不断造福人民把以人民为中心的发展思想落实到各项决策部署和实际工作之中》，《人民日报》，2020 年 5 月 23 日。
② 习近平：《构建起强大的公共卫生体系为维护人民健康提供有力保障》，《人民日报》，2020 年 6 月 3 日。
③ 习近平：《习近平在教育文化卫生体育领域专家代表座谈会上的讲话》，《人民日报》，2020 年 9 月 23 日。

好。同时，中国经济占世界的比重也由 2020 年的 17% 预计上升至超过 18%。① 中国经济的出色表现，应首先归功于坚持"人民至上"的人权观，采取的"动态清零"政策。这不仅将人民的生命和健康损失减到最小，更为经济正常运行创造了必要前提。

## 三、社会主义制度保障"以人民为中心"的人权发展

中国特色社会主义制度是中国人民实现充分人权的根本保障。社会主义制度把人民的生存权和发展权的关切转化成国家有效的人权保障，把人民的基本人权转化为经济、政治、社会、文化、生态各领域具体权利，从而将中国人民追求美好生活的人权道路镶嵌在人民美好生活的实践中。

（一）中国人权发展道路的制度保障

中共十九届四中全会《决定》指出，不断满足人民对美好生活新期待，必须在坚持和完善中国特色社会主义制度、推进国家治理体系和治理能力现代化上下更大功夫。② 中国特色社会主义制度从以下三个层面保障以人民为中心的人权发展。一是社会主义制度保障人权发展、提高人权效能方面发挥着决定性作用。例如，中国共产党的领导确保人民利益至高无上、人民民主落地生根；人民代表大会制度确保党的领导、人民当家作主和依法治国的有机统一；二是社会主义制度扩展了生存权、发展权等基本权利的实现空间。例如，社会主义经济制度有利于激发市场活力，为人民的生存权和发展权提供物质和文化保障，为人民的幸福生活权和更加美好的人权向往创造厚实的经济基础；社会主义政治制度为公民行使基本政治权利、享有"全过程人民民主"创造制度性条件；三是社会主义制度从制度机制上保障人民切实享有经济、政治、文化、社会等各种具体权利。③

（二）中国人权发展道路的宪法法律制度的保障

新时代"以人民为中心"的人权发展道路，离不开社会主义的宪法法律

---

① 《顾清扬：中国是世界经济中流砥柱》，载中国经济网，http://www.ce.cn/cysc/zljd/gd/202201/20/t20220120_37275018.shtml。
② 《中共中央关于坚持和完善中国特色社会主义制度、推进国家治理体系和治理能力现代化若干重大问题的决定》，2019 年 10 月 31 日中国共产党第十九届中央委员会第四次全体会议通过。
③ 郭晔：《新时代美好生活的人权之道——习近平法治思想的人权理论》，《华东政法大学学报》，2021 年第 24 期。

制度的保障。

1. 宪法是保障人民权力的法律重器

马克思说"法典就是人民自由的圣经"①，列宁说"宪法就是一张写着人民权利的纸"②，习近平则进一步强调我国宪法是充分体现人民共同意志、充分保障人民民主权利、充分维护人民根本利益、保证人民创造幸福生活的法律重器。③ 2004 年，"国家尊重和保障人权"正式载入我国宪法，由此搭建了以宪法为法理基石的公民基本权利和重要权利总体框架，形成了疏而不漏的中国人权发展道路的保障法治体系。

2. 加强人权法治保障是推进人权发展道路的重点

中共十八大以来，"加强人权法治保障"纳入依法治国，成为中国人权发展道路的重点。

2017 年国务院新闻办在《中国人权法治化保障的新进展》中强调：《宪法》《教育法》《就业促进法》《安全生产法》《环境保护法》《反家庭暴力法》等法律先后制定或修改，特别是《民法典》的编纂，织密了人身权、财产权、人格权、信息权、劳动权、环境权、安全权、救济权的制度网络，人权的法律规范体系更为牢固。④

习近平明确指出，我国民法典"是一部体现对生命健康、财产安全、交易便利、生活幸福、人格尊严等各方面权利平等保护的民法典"。⑤ 人权不仅写入了法律规定，而且也全面贯穿于法治体系之中。例如，呼格吉勒图案、聂树斌案等一批冤假错案得到司法机关纠正⑥，人权司法执法保障更加切实有效；"大老虎""苍蝇"等腐败分子被绳之以法，反腐织密了人权安全网；以《党章》为核心的党内法规体系旗帜鲜明地维护了人权宗旨，人权保障在党规国法中熠熠发光。

中国坚持走人权发展法治保障的道路，在后面的第十六章中将作全面阐释。

---

① 《马克思恩格斯全集》第 1 卷，人民出版社，2001 年，第 176 页。
② 《列宁全集》第 12 卷，人民出版社，2017 年，第 50 页。
③ 习近平：《在首都各界纪念现行宪法公布施行 30 周年大会上的讲话（2012 年 12 月 4 日）》，人民出版社，2012 年，第 4 页。
④ 中华人民共和国国务院新闻办公室：《中国人权法治化保障的新进展》，人民出版社，2017 年，第 4—7 页。
⑤ 习近平：《论坚持全面依法治国》，中央文献出版社，2020 年，第 279 页。
⑥ 《最高法：纠正聂树斌案、呼格吉勒图案等重大刑事冤错案件 61 案 125 人》，载腾讯新闻网，https://new.qq.com/rain/a/20210923A09MNB00？ivk_sa=1024105d，2022 年 5 月 25 日访问。

## 第三节 "人民幸福生活"：引领中国人权发展道路

习近平提出了"人民幸福生活"的评价人权标准，即人民对人权保障的认知度、满意度和幸福感是评价一个国家、一个地区人权状况的根本标准。

以"人民幸福生活"评价中国人权发展道路，实际上也是坚持真善美的原则，坚持从满足大多数人民的利益出发，以人民进步的根本利益为标准，而不是从满足其一阶级、集团少数人的利益出发，来评价人权发展道路的好坏、善恶，也才能从根本上摒弃西方社会将人权标准实用主义化，或以"双重标准"，或以抽象的人权脱离不同国家国情和实际的人权标准来评价人权。

### 一、坚持评价和衡量中国人权发展道路的"人民幸福"标准

中国共产党始终是尊重和保障人权的政党。中国共产党的 100 年，创造了尊重和保障人权的中国特色人权事业，谱写了人权文明的新篇章。中国共产党自成立之日起就举起争民主、争人权的旗帜，团结带领人民为实现民族独立、人民解放不懈奋斗，建立了新中国，实现了人民当家作主。

新中国成立后，中国共产党领导人民进行社会主义革命和建设，确立了社会主义基本制度，为中国人权事业发展奠定了根本政治前提和制度基础。改革开放新时期，通过全面建成小康社会提高中国人民的生存权和发展权水平，协调推进经济、社会、文化权利和公民权利、政治权利辩证解决集体人权与个人人权的关系，走出了一条令世界瞩目的中国特色人权发展道路。

因此，评价和衡量中国特色人权道路的根本标准就是要坚持习近平提出的"人民性"标准，"坚持以人民为中心""人民至上""生命至上"，也就是要坚持"人民幸福生活是最大的人权"标准，评价中国人权发展道路。人民幸福生活是一个随着经济社会发展而不断发展变化的过程。人民对幸福生活的需求和感受，不同于农业时代，也不同于后工业社会，更不同于中国全面建成小康社会时的水平。同时，对以人民幸福生活为标准评价中国人权发

展道路，也是一个在人权发展道路实践中不断完善的过程。我们要坚持以人民为中心，把人民利益放在首位，以发展促进人权，推进全过程人民民主，促进人全面自由发展，不断提高中国特色人权发展道路而满足人民美好生活需求的水平，推动中国人权事业不断走向新的发展境界。

## 二、不断满足新时代人民对幸福美好生活追求的权益

幸福生活也是一个越来越好的变化过程，在新时代突出表现为人们对美好生活的向往和追求。新时代我国社会主要矛盾发生深刻变化，新时代的人权诉求已从物质性和文化性权利拓展到了追求美好生活的权利领域，满足人民美好生活需要的过程在本质上就是不断实现高质量、高水平人权的过程。[①]

（一）人民对美好生活的追求诉求更多、内容更丰富

2012 年 11 月，习近平在当选中共中央总书记后的首次公开讲话中便指出："人民对美好生活的向往，就是我们的奋斗目标。"[②] 进入新时代之后，他深刻指出，人民对美好生活的向往有了新变化，"不仅对物质文化生活提出了更高要求，而且在民主、法治、公平、正义、安全、环境等方面的要求日益增长"。[③]"期盼有更好的教育、更稳定的工作、更满意的收入、更可靠的社会保障、更高水平的医疗卫生服务、更舒适的居住条件、更优美的环境、更丰富的精神文化生活。"[④] 同时，中国人权发展要不断追求更高水平、更高质量的发展。

（二）人民美好生活的新需求催生新人权，促进高质量人权发展

人民美好生活需要日益增长，对生存和发展质量的高品质追求，催生了一系列新兴人权，促进了高质量人权发展。

第一，新时代人权的需求并不停留于生存和物质的需要，而是提出了更多的自我价值和人格尊严的需要。人格权已经落实到我国民法典"人格权编"的条文规定中。

---

① 汪习根：《马克思主义人权理论中国化及其发展》，《法制与社会发展》，2019 年第 2 期。
② 《习近平谈治国理政》（第一卷），外文出版社，2018 年，第 3 页。
③ 习近平：《决胜全面建成小康社会夺取新时代中国特色社会主义伟大胜利——在中国共产党第十九次全国代表大会上的报告（2017 年 10 月 18 日）》，人民出版社，2017 年，第 10 页。
④ 《习近平谈治国理政》（第二卷），外文出版社，2017 年，第 61 页。

第二，新兴人权需求更多聚集在公共安全和信息、资源、生态、基因、粮食、国防等领域的安全屏障上。

第三，新时代人类对环境权的需求空前突出。全球气候变暖、生态环境恶化、工业污染加重，危害了人类生存和发展的环境。习近平指出："我们要维持地球生态整体平衡，让子孙后代既能享有丰富的物质财富，又能遥望星空、看见青山、闻到花香。"①

第四，随着互联网、大数据、人工智能、元宇宙、智慧城市等科技的迅速发展，人们对数字人权的需求也脱颖而出。我们必须要把新兴人权保护作为立法和制度建设的重点领域，尽快健全满足人民日益增长的美好生活需要必备的制度。

### 三、不断提高人民享受幸福美好生活的"人权感"

习近平不但指明了人民对幸福美好生活这一新时代人权保障的需求，而且一语中的地揭示出中国人权的精神实质，即要使人民对"幸福生活"有获得感、幸福感、安全感、公平感、尊严感等。人民对幸福生活权益保障的种种感受，也可用"人权感"来表达。

正是通过"人权感"，人权从抽象的理念具体化为现实的人权存在，人民对人权的认知、对幸福的无限憧憬转变为真切的感受。

首先，习近平非常关注并要求必须关切人民的人权感受，把人民群众的获得感、幸福感、安全感、公平感作为开展一切工作的出发点和落脚点，并从不同方面作了论述。他强调指出："把改革方案的含金量充分展示出来，让人民群众有更多获得感"②，"着力解决市民关注的经济民生方面的突出问题，切实提高民众获得感和幸福感"③，"促进社会公平正义，让人民群众安居乐业，获得感、幸福感、安全感更加充实、更有保障、更可持续"④，"让

---

① 习近平：《共谋绿色生活　共建美丽家园——在二〇一九年中国北京世界园艺博览会开幕式上的讲话（2019年4月28日）》，《人民日报》，2019年4月29日。
② 中共中央文献研究室：《习近平关于协调推进"四个全面"战略布局论述摘编》，中央文献出版社，2015年，第88页。
③ 习近平：《在庆祝香港回归祖国20周年大会暨香港特别行政区第五届政府就职典礼上的讲话（2017年7月1日）》，人民出版社，2017年，第10页。
④ 中共中央党史和文献研究院：《习近平关于总体国家安全观论述摘编》，中央文献出版社，2018年，第153页。

亿万人民在共享互联网发展成果上有更多获得感"①，"让正风反腐给老百姓带来更多获得感"②，"让亿万农民有更多实实在在的获得感、幸福感、安全感"。③

其次，习近平尤其强调"公平感"这一法治领域中重要的人权感受。他指出："必须牢牢把握社会公平正义这一法治价值追求，努力让人民群众在每一项法律制度、每一个执法决定、每一宗司法案件中都感受到公平正义。"④ "公平正义是执法司法工作的生命线"，"努力让人民群众在每一起案件办理、每一件事情处理中都能感受到公平正义"。⑤ "政法战线要肩扛公正天平、手持正义之剑，以实际行动维护社会公平正义，让人民群众切实感受到公平正义就在身边"。⑥

再次，习近平提出了感受美好生活的"尊严感"，他非常重视保障人民的、民族的、国家的尊严，特别是社会弱势群体的人格尊严，确保中华儿女每一个人尤其是那些残疾人、贫困户、失学儿童等共享生活在伟大祖国的尊严和荣光。说到底，一个国家人权发展水平的高低，并不取决于它采用什么样的国家制度，而取决于它的人民能否切实享有美好的人权感受。人民对保障美好幸福生活的"人权感"，是中国人权发展道路行稳致远、不断走向美好明天的原动力。

本章着重分析习近平关于中国人权发展道路的理论基石、价值取向及其根本标准，重点阐释中国人权发展道路的六大特征，在后面的第十五章至第十八章中，将全面分析阐释中国人权发展道路的首要特征、法治保障、文化精神、现代化的"四位一体"模式，以及中国人权发展道路在全球人权治理、促进"人类命运共同体"构建中的地位和作用。

---

① 习近平：《在网络安全和信息化工作座谈会上的讲话（2016年4月19日）》，人民出版社，2016年，第5页。
② 习近平：《在第十八届中央纪律检查委员会第六次全体会议上的讲话（2016年1月12日）》，人民出版社，2016年，第5页。
③ 习近平：《把乡村振兴战略作为新时代"三农"工作总抓手》，《求是》，2019年第11期。
④ 习近平：《加强党对全面依法治国的领导》，《求是》，2019年第4期。
⑤ 习近平：《论坚持全面依法治国》，中央文献出版社，2020年，第259页。
⑥ 《习近平谈治国理政》（第一卷），外文出版社，2018年，第148页。

# 第十五章　中国人权发展道路的首要特征

根据习近平勾勒的中国人权发展道路的六大特征，以此为研究的理路，本章着重分析阐释中国人权发展道路的首要特征，即人的生存权和发展权。人的生存权内含人的生命权，尤其是 2020 年以来，人类面临全球疫情的挑战，更凸显了珍惜人的生命权的重要价值。

## 第一节　生存权以尊重和保障人的生命权为基座

起源于欧洲文艺复兴时期的人权，经历几百年的变迁，但要重视人的生命、生存和发展的尊严、价值的取向，没有根本的变化。只是在不同时代、不同的制度下，对人的生命权的尊重和保障程度差异也是很大的。在中国特色社会主义新时代，尊重和保障人的生命权，是中国特色社会主义人权的基本要求，也是中国人权发展道路的最基本、最基础的要求。本书将生命权、生存权和发展权置于中国人权发展的道路中分析，充分体现三种权益的内在紧密关联，以及三种权益在中国人权发展道路上的互动、互补、互益。

### 一、生命权的基本含义

生命权是以自然人的性命维持和安全利益为内容的人格权。我国《民法通则》第 98 条规定："公民享有生命健康权"，这里的生命健康权，实际上是生命权、健康权与身体权的总称。可见，生命权是我国公民最基本、最重要的权利。每个人都享有生命权，且受到我国法律的保护，任何人和组织都不可侵害。

生命权是自然人的一种根本的人格权，它在维护自然人的生命安全的同时，也成为自然人享有其他人格权的前提和基础。公民的人格权以公民的生命为前提，一旦公民的生命权遭到侵害从而丧失生命，则其人格权也不复存在。所以，从人权的意义上说，珍视生命权是其他一切人格权的前提。

## 二、保障生命权的人权要求

保障生命权作为中国人权发展的一项基本要求，也是对中西方贤哲珍惜生命人权价值的传承和光大。

### （一）中西方贤哲重视生命的人权价值

《尚书·周书·泰誓》有"惟天地万物父母，惟人万物之灵"的说法，这或许是中华民族对生命价值的思考。为什么人是"万物之灵"？在中国古人看来，"人"这个物种优于其他物种，凸显了人因为有"灵"，所以优于"万物"。

在西汉刘向《说苑·杂言》中，这一思想具体表达为"天生万物，唯人为贵，吾既已得为人，是一乐也"。即在自然万物之中人是最可贵的，这也是对"万物之灵"所作的最好的补充。

公元前5世纪，古希腊哲学家普罗泰戈拉提出了"人是万物的尺度"；这似乎与中国的"万物之灵"不同，但实际上两者都突出了世界万物以人为中心，"人"是世界的"尺度"，没有人的存在，世界杂乱无章，于是"人"就成了世界的意义。文艺复兴时期，莎士比亚在《哈姆雷特》中则高呼"人是万物之灵长，宇宙之精华"。显然中西方贤哲关于"万物之灵长"的命题，实际上也表达了人的生命价值第一，珍惜人的生命权是对生命价值的最基本要求。

### （二）新时代保障生命权的要求

生命权与健康权相互依赖，生命活动的延续依赖于人的健康状况，人的健康状况又以人体生命活动的存在为前提。健康权维护的是人体机能的完善性，而生命权维护的是人的生命活动的延续。新时代，对人的生命权的保障有以下两个基本要求：

一是保障"生命安全维护权"。生命是人的最高价值，维护生命权就是维护生命的延续，保护人的生命不受非法侵害。在日常生活中，当自己的生命权遭受不法侵害时，生命安全维护权的意义就显得尤为突出。权利主体不但可向司法机关提出予以保护的请求，而且可以采取正当防卫或紧急避险等措施。保障生命权的最基本要求就是维护生命安全，禁止别人非法剥夺人的生命，而且还表现为对生命利益的维护问题。

二是保障"生命利益支配权"。这指的是生命权的主体是否可以处理自己的生命的问题。很多国家都曾规定，自杀是为法律所不许的行为。但是，实践中有不少问题又难以解释。从尊重个人的真实选择考虑，应当承认有限制的生命利益支配权。所谓"限制"，是将这种支配权限制在特殊情形下的"处理生命"的行为。

### 三、新时代保障人民生命健康权的实践

中国特色社会主义新时代保障人民生命健康权的实践，集中表现在如何面对 2020 年以来新冠肺炎大流行给人民生命带来的威胁和挑战。

突如其来的新冠肺炎是近百年来人类遭遇的影响范围最广的全球性大流行病，严重威胁着人类生命安全和健康。2020 年 5 月 18 日，联合国秘书长古特雷斯在第 73 届世界卫生大会上指出，新冠肺炎大流行是一个悲剧，必须把人权考虑置于中心。[1] 2020 年 1 月 20 日，习近平总书记就疫情作出重要指示，强调"要把人民群众生命安全和身体健康放在第一位"。[2] 中国始终坚持人民至上、生命至上的价值理念，以举世瞩目的抗疫壮举谱写了一曲曲生命赞歌，为世界提供了在疫情防控危急时刻坚定保障人民的生命健康权的中国经验和中国方案，以中国行动丰富和提升了生命健康权理论，对共同构建人类卫生健康共同体、保护全人类基本人权作出了重大贡献。

（一）把生命健康权作为疫情防控中的最基本人权

生命健康权之所以是最基本人权，主要是因为：第一，人的生命对于人而言，具有决定性和不可替代性的意义。在所有的人权价值客体中，生命是

---

[1] 《联合国秘书长古特雷斯：新冠肺炎警醒人类必须团结》，载央广网，http://news.cnr.cn/native/gd/20200518/t20200518_525094749.shtml。

[2] 《习近平：要把人民群众生命安全和身体健康放在第一位坚决遏制疫情蔓延势头》，载人民网，http://cpc.people.com.cn/n1/2020/0121/c64094-31557684.html。

最为宝贵的。没有生命，就没有人本身，更没有人权。生命是人权的载体，也是孕育其他一切人权的母体。没有生命，无论是人身自由还是经济权利抑或其他人权均将无以依存。因此，生命健康权处于人权的基座地位，失去基座，自由平等便不复存在，整个人权大厦必然坍塌。

第二，生命健康权的基本人权定位符合以《联合国宪章》为核心的国际人权法律准则。《联合国宪章》第一条开宗明义地宣称，"维持国际和平及安全"是"联合国之宗旨"，而生命权正是人类和平价值的第一要义。《世界人权宣言》第三条规定，"人人有权享有生命、自由和人身安全"。《经济、社会及文化权利国际公约》第十二条规定，应当采取有力措施"预防、治疗和控制传染病"。《公民权利和政治权利国际公约》第 6 条规定：人人有固有的生命权，这个权利应受法律保护，不得任意剥夺任何人的生命。因此，生命健康权不仅是第一性的权利，而且在紧急状态下可克减自由权、经济权等其他权利以满足生命健康权的优先性诉求。

第三，把生命健康权作为一切人权的母体，在"人民至上""生命至上"的抗疫斗争中得到了充分展现。生命健康权是生存权、发展权的最起码权利形式，构成了生存权、发展权的前提和基干。从外在条件看，人民的生命健康权在抗疫中得到有效保护，正是改革开放以来，中国坚持以发展促进人权保护，让全体人民共享发展成果，切实保障人民群众的生存发展权利的必然结果。

（二）坚持以人民为中心的生命健康权保障理念

2020 年 4 月 14 日，李克强总理在东盟与中日韩抗击新冠肺炎疫情领导人特别会议上的讲话强调：面对突如其来的疫情，中国政府始终坚持以人民为中心，把人民的生命安全和身体健康放在首位，坚持坚定信心、同舟共济、科学防治、精准施策，坚持公开透明。① 中国政府这种以人民为中心，平等且无差别地救治患者、拯救生命，不惜一切代价维护人民群众生命安全和身体健康，既充分彰显了普遍性人权保障的国际人权法精神，更展示出中国在新冠肺炎疫情防控中人民生命健康权保障至上的人权价值理念。从第一

---

① 《李克强出席东盟与中日韩抗击新冠肺炎疫情领导人特别会议》，新华社，http://www.xinhuanet.com//politics/leaders/2020-04/15/c-1125856067.htm。

轮全国抗疫斗争（2019 年 11 月—2021 年 6 月）看，据 31 个省（自治区、直辖市）和新疆生产建设兵团报告，有确诊病例 459 例（其中重症病例 12 例），累计治愈出院病例 86 676 例，累计死亡病例 4 636 例，累计报告确诊病例 91 771 例。① 截至 2021 年 6 月 28 日，与西方国家同时期的确诊病例与死亡人数比，美国累计确诊病例数是 34 692 603 例，累计死亡人数是 632 658 人。② 中国的确诊人数、死亡人数分别是美国的 0.26%、0.73%。

由上可见，在新冠肺炎疫情突袭、人民生命安全和身体健康受到严重威胁的重大时刻，中国共产党和中国政府始终以对人民负责、对生命负责的鲜明态度，在人民生命和经济利益之间作出生命至上的果断抉择，不惜一切代价抢救生命，关心关爱海外中国公民，以国家名义和最高仪式祭奠逝者，充分体现了国家对人民个体尊严与生命的尊重。为了保障人民健康福利和生命健康权利，中国已经建成全球最大规模的法定传染病疫情和突发公共卫生事件的网络直报系统，形成以基本医疗保障为主体的多层次、宽领域、全覆盖的医疗保障体系，为所有新冠肺炎患者给予能够达到的最高层级保障。

（三）对生命健康权的保障夯实了中国人权发展道路的基座

在西方传统人权观视野中，人权等同于人身自由和政治自由，认为人权是个人对抗政府的权利，而生命健康往往不被认为是人权。因为生命与生俱来、自然而然地存在于每一个人身上，所以无需国家和社会给予帮助即已形成，国家和社会的义务只是消极不作为，即不剥夺、不损害。实际上，生命权除了需要外部"消极不侵犯"外，还需要国家和社会主动采取法律政策措施以防止来自第三方的侵权，更需要采取行之有效的举措来帮助公民获得满足生命安全与生命健康得以维系的医疗卫生服务，以及食物、水、营养、卫生环境等基本生存条件。在抗疫实践中，中国坚持人权的普遍性与实际相结合，开展了艰苦卓绝而富有成效的伟大斗争，极大地丰富和发展了生命健康权的含义，进一步丰富了中国人权发展道路理论。

中国在新冠疫情流行期间，对生命和健康权的保障实现了尊重、保护和

① 参见国家卫生健康委员会官方网站 2021 年 6 月 28 日发布的数据，http：//www.nhc.gov.cn/yjb/s7860/202106/44ca3b09db834889a0a4e30b0d4246b5.shtml。

② 参见 worldometers 网站 2021 年 6 月 28 日发布的数据，http：//www.worldometers.info。

促进人权的衔接一致，有效地把生命存续、生命安全、身心健康和排除侵害等权利连为一体，对生命健康权实施全链条的严密保护。这正是中国抗疫斗争中人权保护的突出特色，深化和丰富了对生命权和健康权的理论认识。

新时代，中国为了更好地推进人民生命和健康权的保障，在《健康中国行动 2021 年工作要点》中，划出 21 项重点工作保障人民的生命健康。如持续推进营养健康标准体系建设，制订食品安全基础上的食品营养相关标准；开展无烟党政机关、无烟医疗卫生机构建设调研评估，推进无烟学校、无烟家庭等无烟环境建设工作；启动实施母婴安全提升行动计划、健康儿童行动提升计划和母乳喂养促进行动，全力保障妇幼健康；中国红十字会总会等启动实施中国校园急救设施建设项目，完善学校急救标准，加强师生急救培训；实施"红十字救护在身边"行动，有效提升公众应急救护知识技能普及程度等，不断提高中国人民的生命健康水平。

## 第二节　保障人民生存权的中国特色

人权意义上对人民生存权的保障，不仅要界定生存权的基本含义，而且要彰显中国消除贫困、不断提高生活水平、保障生存权的中国特色。生存影响发展，左右发展道路的选择、发展道路的有效性、持续性。中国以保障人民生命、生存权和发展权为首要人权的价值取向，为持续推进中国特色人权发展道路提供了动力。

### 一、生存权的含义

当今社会人的生存权，意味着维护自身生存和人格尊严的正当性。同时也反映了一个社会能给个体、群体的生存所提供的各种物质和精神条件。生存权作为最基本且首要的人权，是每个人均应享有的人权。

### 二、保障生存权的共识

早在 20 世纪 50 年代，保障生存权就已成为国际社会的共识，20 世纪 90 年代又有新的发展动向。

（一）生存权由国内向国际扩展

经济全球化促进了产品、服务、资本以及人员的跨国界流动，其中资本的流动可能影响主权国家的税源产品和服务的流动，而人员的流动则对主权国内的社会再分配和福利国家功能有直接的影响。所以，世界各国几乎都在建立各自的生存权保障制度：一方面世界各国的生存权保障制度之间相互学习、借鉴、共同发展；另一方面生存权保障国际合作也不断加强和深化。生存权也由国内扩展到国际，即非只有本国的公民才享有本国法律规定的生存权。[①]

实际上，1948 年发表的《世界人权宣言》第 22 条就明确规定了社会保障权，并把一般的市民权延伸到国际公认的生存权。国际劳动组织于 1952 年制定了《社会保障最低标准公约》，对退休待遇、疾病津贴、医疗护理、失业救济、工伤补偿、残疾津贴、子女补助、死亡补助以及定期支付、应遵守的最低标准作了明确规定，国际劳动组织还制定了《本国人和非本国人的社会保障待遇平等公约》（第 118 号公约）等一系列文件，明确最基本的生存权保障要求。

1966 年 12 月 16 日，联合国制定了一个最重要的国际人权文书《公民权利和政治权利国际公约》，1976 年 3 月 23 日生效。截至 2019 年 7 月 3 日，该公约有 74 个签署国及 173 个缔约国。在该条约第 1 条明确："在任何情况下不得剥夺一个人民自己的生存手段。"其中的第 5 条还强调："对于本公约的任何缔约国中依法律、惯例、条例或习惯而被承认或存在的基本人权，不得借口本公约未予承认或只在较小范围上予以承认而加以限制或克减。"也就是说，在 74 个签署国及 173 个缔约国中，每个国家都承认并依法保障生存权等基本人权。

（二）生存权保障责任向超国家组织等非国家行为体转变

20 世纪 90 年代以来，全球化拓展了生存权的保障，由国内向国际——跨国组织及政府间组织等国际非国家行为体的转移。社会权利的承担者不再局限于一国内部，也不再是政府，而是社会运动和非政府组织，即由"超越

---

① 胡大伟：《论生存权的历史演进及发展》，《中共济南市委党校学报》，2004 年第 4 期。

国界的市民社会的成员"来承担。① 生存权不仅受本国法律保护，并在一定程度上受制于国际社会权力和超国家权力。

20 世纪 90 年代欧盟从建立社会救助的共同标准，发展到在欧盟的层面上进行社会目标和社会政府的协调，进而发展到在 1999 年通过决议，为跨国雇佣和跨国社会保障金发放规定共同的行为规范和准则②，反映了生存权保障责任向超国家行为体的转变，反映了生存权保障日益成为国际社会的共同行动。

### 三、形成保障人民生存权的新特色

20 世纪 90 年代以来，国际社会保障生存权的实践，在 21 世纪的中国形成了新的特色，即通过脱贫攻坚，全面小康社会建设，2020 年底在中国消除了绝对贫困，全面奠定了中国人民的生存权和发展权的基础，在中国特色人权发展道路上又迈进了一大步。

（一）完成扶贫攻坚目标任务，创造世界保障生存权的新奇迹

贫困是实现人权的最大障碍。中国持续开展以农村扶贫开发为中心的减贫行动。党的十八大以来，以习近平同志为核心的党中央作出坚决打赢脱贫攻坚战的战略部署，明确目标任务，汇聚全党全国全社会之力打响脱贫攻坚战。经过 8 年持续奋斗，到 2020 年底，中国如期完成新时代脱贫攻坚目标任务，现行标准下 9 899 万农村贫困人口全部脱贫，832 个贫困县全部摘帽，12.8 万个贫困村全部出列，区域性整体贫困得到解决。中国在减贫事业上取得的巨大成就，不仅改写了中国人权事业发展史，也创造了世界人权保障生存权的新奇迹，提前 10 年实现联合国 2030 年可持续发展议程减贫目标，显著缩小了世界贫困人口的版图，对全球减贫贡献率超过 70%。③

（二）改革开放 40 年人民生活水平、生存质量不断提高

1978—2017 年的 40 年间，我国居民用 31 年时间实现人均收入跨万元大关，用 5 年时间实现人均收入跨 2 万元大关。

---

① ［德］乌·贝克，哈贝马斯等：《全球化与政治》，中央编译出版社，2001 年，第 102 页。
② 郑贤君：《全球化对公民社会权保障趋势的影响》，《首都师范大学学报（社会科学版）》，2002 年第 2 期。
③ 国务院新闻办公室：《中国共产党尊重和保障人权的伟大实践》白皮书，《人民日报》，2021 年 6 月 25 日。

**1. 1978—1991 年：人民生活稳步解决温饱**

随着农村家庭联产承包责任制在全国的推行，以及城市地区一系列收入分配制度改革措施的出台，城乡居民收入水平和生活水平较改革开放初期都有了明显的提高。城镇居民人均可支配收入从 1978 年的 343 元增加到 1991 年的 1 701 元，年均实际增长 6.0%；人均消费支出从 1978 年的 311 元增长到 1991 年的 1 454 元，年均实际增长 5.5%。农村居民人均可支配收入从 1978 年的 134 元增加到 1991 年的 709 元，年均实际增长 9.3%；人均消费支出从 1978 年的 116 元增加到 1991 年的 620 元，年均实际增长 7.5%。①

**2. 1992—2000 年：人民生活实现总体小康**

1992 年，以邓小平南方谈话为标志，中国的改革进入了整体配套、重点突破和全面攻坚的新阶段。在这一时期，各地非公有制经济迅速发展，城镇就业岗位明显增加，城镇居民收入较快增长。城镇居民人均可支配收入从 1992 年的 2 027 元增长到 2000 年的 6 256 元，年均实际增长 6.7%；人均消费支出从 1992 年的 1 672 元增长到 2000 年的 5 027 元，年均实际增长 6.0%。②

与此同时，市场经济体制不断完善，为商品流通特别是农副产品交换提供了便利条件，农产品价格的提高也为农民增收带来实惠。农村居民人均可支配收入从 1992 年的 784 元增长到 2000 年的 2 282 元，年均实际增长 4.9%；人均消费支出从 1992 年的 659 元增长到 2000 年的 1 714 元，年均实际增长 4.5%。③

**3. 2001—2017 年：人民生活迈向全面小康**

进入 21 世纪，收入分配制度改革进一步推进，各级政府切实落实各项增收措施，企业利润分配更多向居民倾斜，机关事业单位工资制度改革不断深化，城镇居民收入快速增长。城镇居民人均可支配收入从 2001 年的 6 824 元增长到 2017 年的 36 396 元，年均实际增长 8.5%；人均消费支出从 2001 年的 5 350 元增长到 2017 年的 24 445 元，年均实际增长 7.4%。④

---

① 国家统计局：《居民生活水平不断提高消费质量明显改善》，《中国信息报》，2018 年 9 月 3 日。
② 国家统计局住户调查办公室：《居民生活水平不断提高消费质量明显改善》，《中国信息报》，2018 年 9 月 3 日。
③ 同上。
④ 同上。

国家统计局 2022 年 2 月 28 日发布的《2021 年国民经济和社会发展统计公报》显示，2021 年，全年全国居民人均可支配收入 35 128 元，比上年增长 9.1%，扣除价格因素，实际增长 8.1%。全国居民人均可支配收入中位数 29 975 元，增长 8.8%。①

从消费数据来看，2021 年，全年全国居民人均消费支出 24 100 元，比上年增长 13.6%，扣除价格因素，实际增长 12.6%。其中，人均服务性消费支出 10 645 元，比上年增长 17.8%，占居民人均消费支出的比重为 44.2%。

按常住地分，城镇居民人均消费支出 30 307 元，增长 12.2%，扣除价格因素，实际增长 11.1%；农村居民人均消费支出 15 916 元，增长 16.1%，扣除价格因素，实际增长 15.3%。全国居民恩格尔系数为 29.8%，其中城镇为 28.6%，农村为 32.7%。②

（三）人民的生存权保障水平大幅提高

生命健康权保障水平大幅提升。中国共产党始终坚持卫生事业的公益属性，持续深入推进医药卫生体制改革。党的十八大以来，以习近平同志为核心的党中央强调"把保障人民健康放在优先发展的战略位置"，"没有全民健康，就没有全面小康"，作出实施健康中国建设的重大决策。2019 年，中国居民平均预期寿命从 1949 年的 35 岁提高到 77.3 岁，孕产妇和婴儿死亡率分别下降到 17.8/10 万和 5.6‰，主要健康指标总体上优于中高收入国家平均水平。妇女儿童生命健康权保障水平大幅提升，被世界卫生组织列为妇幼健康高绩效的 10 个国家之一。③

就业是人民生存之本。中国共产党把促进就业放在经济社会发展的优先位置，坚持就业优先战略和更加积极的就业政策。2020 年，在新冠肺炎疫情冲击下，党中央统筹推进疫情防控和经济社会发展，把就业列为"六稳""六保"之首，推出减负、稳岗、扩就业等一系列政策举措，就业形势逐步回稳向好。2020 年末城镇调查失业率为 5.2%；全年城镇新增就业人数 1 186

---

① 国家统计局：《2021 年国民经济和社会发展统计公报》，http：//www.stats.gov.cn/xxgk/sjfb/zxfb2020/202202/t20220228_1827971.html.
② 国家统计局：《2021 年国民经济和社会发展统计公报》，http：//www.stats.gov.cn/xxgk/sjfb/zxfb2020/202202/t20220228_1827971.html.
③ 国务院新闻办公室：《中国共产党尊重和保障人权的伟大实践》，《人民日报》，2021 年 6 月 25 日。

万人，比 900 万人的预期目标多 286 万人。①

人民生存的保障水平不断提高。中国已经建成了包括养老、医疗保障、社会救助等在内的世界上最大的社会保障体系，覆盖面不断扩大。2020 年，基本医疗保险覆盖达 13.6 亿人，共有城乡低保对象 4 427 万人。截至 2021 年 4 月，全国参加基本养老保险人数 100 961 万人。② 自 2016 年起，开展长期护理保险制度试点，启动跨省异地就医直接结算，社会保障领域公共服务能力不断提高。

人民生存的居住和出行条件不断改善。中国城镇居民和农村居民人均住房建筑面积在改革开放之初分别为 6.7 平方米和 8.1 平方米，2019 年分别增长到 39.8 平方米和 48.9 平方米。实施城镇保障性安居工程，帮助约 2 亿困难群众改善了住房条件，推进农村危房改造，不断改善城市和农村居住条件。截至 2020 年，全国公路总里程达 519.8 万公里，为新中国成立初期的 64 倍，高速公路以 16.1 万公里通车里程稳居世界之首。农村公路里程达 438 万公里，建制村通客车率达 99.4%，农民群众"出门水泥路、抬脚上客车"成为现实。③ 全国铁路运营里程达 14.6 万公里，其中高速铁路运营里程 3.8 万公里。全国民用航空（颁证）机场达 241 个。

## 四、保障生存权的人道主义活动

新时代，中国红十字会开展"红十字博爱周"人道主义活动，彰显中国保障生命和生存权的普遍性。

2021 年 5 月 8 日是第 74 个世界红十字与红新月日，中国红十字会于 5 月 1 日至 8 日在全国范围内开展"红十字博爱周"活动，活动主题为："关爱生命、救在身边"，全国各地各级红十字会积极开展人道主义服务、人道主义传播、人道主义救助等活动，深入基层切实为群众办实事、解难题，在践行社会主义核心价值观中弘扬"人权、博爱、奉献"的红十字精神，弘扬中国红十字会保障生存权人道主义活动的价值。

---

① 国务院新闻办公室：《中国共产党尊重和保障人权的伟大实践》，《人民日报》，2021 年 6 月 25 日。
② 同上。
③ 同上。

2021 年 5 月 7 日，北京市红十字会在大兴区康庄公园举办"百姓身边的红十字"主题宣传活动。活动全面回顾了"十三五"以来，北京市红十字系统充分发挥在人道主义领域联系群众的桥梁和纽带作用，围绕"三救""三献"主责主业，倾心打造"群众身边的红十字会"，努力开创首都红十字工作新局面。

2021 年 5 月 8 日上午，山东省暨济南市红十字会纪念第 74 个世界红十字日健康徒步活动在济南大明湖公园开展。2021 年在"红十字博爱周"期间，山东省各级红十字会以"关爱生命、救在身边"为主题，结合党史学习教育，组织开展了"我为群众办实事"、"救在身边"志愿服务、"寻找最美救护员"、应急救护培训基地公众开放日等一系列宣传和志愿服务活动。

内蒙古自治区纪念第 74 个世界红十字日暨全区"博爱一日捐"活动推进会在呼和浩特召开。全国人大常委会副委员长、中国红十字会会长陈竺出席会议并讲话。陈竺肯定了内蒙古红十字会保障人民生存权人道主义活动的成就。内蒙古自治区红十字会积极投身全面建成小康社会、助力脱贫攻坚、推进健康内蒙古战略，积极参与疫情防控，多项工作走在全国红十字系统的前列，为中国红十字事业改革创新发展提供了宝贵经验，贡献了智慧力量。

上海市红十字会为深入贯彻落实习近平总书记关于"人民城市人民建，人民城市为人民"重要理念，在 2021 年"5·8"世界红十字日，上海市红十字会继续以"博爱申城　你我同行"为主题，市、区、街镇上下协同，社区、校区、院（医院）区三区联动，集中开展形式多样的主题宣传和红十字志愿服务行动。

中国每年在全国各地开展的"红十字博爱周"活动，充分展示了保障人民的生命权和生存权、"人民"至上的中国特色，反映了中国特色人权道路已通过中国及其各地的红十字会的人道主义"红十字博爱周"活动，深入人心，广受欢迎，人民的参与度、活动满意度不断提升。

## 第三节　保障发展权的伟大实践

发展是人类社会永恒的主题，发展权是一项不可剥夺的人权。唯有发展，才能保障人民的基本权利；唯有发展，才能推动人类社会进步。

## 一、发展权及其演变

1949 年中华人民共和国的成立，开辟了中国发展的新纪元。新中国为人民提供了充分的发展机会和发展条件，为实现发展权开创了广阔的空间。

### （一）发展权的提出

20 世纪 60 年代以来，中国及其他发展中国家为打破旧的国际政治经济秩序，争取政治、经济、社会和文化的全面发展进行了不懈的努力。改革开放 40 多年来，中国的"三步走"战略，以及"两个一百年"奋斗目标，推进"发展权"实现的成就，获得了联合国的认同。

1970 年，联合国人权委员会委员卡巴·穆巴耶在题为《作为一项人权的发展权》的演讲中，认同中国及其他发展中国家对"发展权"的诉求，明确提出了"发展权"的概念。

1979 年，第三十四届联合国大会在第 34/46 号决议中指出，发展权是一项人权，平等发展的机会是各个国家的天赋权利，也是个人的天赋权利。1986 年，联合国大会第 41/128 号决议通过了《发展权利宣言》，对发展权的主体、内涵、地位、保护方式和实现途径等内容作了全面的阐释。[①]

1993 年的《维也纳宣言和行动纲领》再次重申发展权是一种不可剥夺的人权，从而使发展权的概念更加全面、系统。[②] 2019 年 9 月 13 日，中国代表 139 个国家在联合国人权理事会上发表题为"充分实现发展权让发展惠及全体人民"的联合声明，表达了广大发展中国家的心声，发展中国家代表纷纷向中国代表团表示感谢。

### （二）发展权的特点及其实现条件

#### 1. 发展权的特点

发展权可从广义和狭义来分析，但不论从哪个层面分析，发展权主要有以下几个特点。

第一，发展权既是一项个人人权，同时也是一项国家或民族的集体人

---

① 《什么是发展权》，《人民日报》，2005 年 5 月 20 日。
② 同上。

权。这两个方面是相辅相成、不可分割的。在一国范围，发展权首先是一项个人人权。个人只有作为发展权的主体，才能充分地、自由地参与政治、经济、社会和文化的发展，并公平享有发展所带来的利益。但是，个人和集体是相互依赖的，没有国家或民族的发展，也就很难谈到个人的发展。因而，发展权必然是一项不可否认的集体人权。

第二，个人发展权，其诉求主要指向国家，集体发展权则主要针对整个国际社会。在一国范围，实现个人发展权的保障主要依靠国家。《发展权利宣言》指出，国家有权利和义务制定发展政策，保障每个人发展均等和公平享有发展所带来的利益。在国际范围，实现国家或民族的发展权则主要依靠国际社会的共同努力。各国均有促进本国发展的责任。为保障发展权，必须建立国际政治经济新秩序，消除妨碍发展中国家发展的各种障碍。

第三，发展权是实现各项人权的必要条件。《发展权利宣言》中指出，发展是政治、经济、社会和文化全面发展的进程，只有在这一进程中所有人权和基本自由才能逐步得到实现。[①]

### 2. 发展权实现的条件

第一，对国家而言，一是创造有利于发展的稳定的政治环境和社会环境；二是每个国家对本国的自然资源和财富享有永久主权，并制定适合本国国情的发展政策；三是每个人和全民族积极、自由和有意义地参与发展进程、决策和管理，并公平分享由此带来的利益。[②]

第二，对国际社会而言，一是坚持各国主权平等、相互依存、互利与友好合作的原则；二是建立公正合理的国际政治经济新秩序，使发展中国家能够民主、平等、自由地参与国际事务，真正享有均等的发展机会；三是消除发展的各种国际性障碍。[③] 发达国家应采取行动，为发展中国家提供全面发展的便利条件。

### （三）发展权的历史演变

从 1986 年联合国大会第 41/128 号决议通过《发展权利宣言》，到 1993

---

① 《什么是发展权》，《人民日报》，2005 年 5 月 20 日。
② 同上。
③ 同上。

年的《维也纳宣言和行动纲领》，再次重申发展权是一项不可剥夺的人权，从而使人权的实现从"目标"到"法定"再到"实然"，使发展权的概念更加全面、系统。

1. 从人权目标到应有人权

发展权萌生于将国际组织的存在价值与人权的基本目标定位于"发展"的国际人权法。其总体思路是，人权是借以实现发展的形式和手段，发展是人权的目的与归宿。自《联合国宪章》强调联合国应促进"较高之生活程度、全民就业，及经济与社会发展"时起，人权法都试图去确立人权手段与发展目标的内在关联。从起初的自决权、天然资源永久主权，再到后来的公民权利与政治权利及经济、社会、文化权利，无不以人类发展为依归。①

1966 年的两个著名人权公约（即《经济、社会、文化权利国际公约》《公民权利和政治权利国际公约》）宣布，"所有人民都有自决权，他们凭这种权利自由决定他们的政治地位，并自由谋求他们的经济、社会和文化的发展"。这几个规定在发展权历史上具有重要的意义。

从人权目标向应有权利的飞跃，是发展权演变进程中的第一次质变，其标志有两点：一是把"发展"与"责任"联结起来。1969 年 12 月 11 日联大第 2542（XXIV）号决议通过的《社会进步与发展宣言》指出：发展中国家实现其发展的主要责任在于这些国家本身，而其他国家也有责任"提供发展帮助"，这里实质上隐含着赋予发展以权利形式的认识。二是在学理上凝结成"发展权"这一范畴，以及为使之获得普遍确认和规范所作的种种努力。②

2. 从应然人权到法定人权

20 世纪 70 年代是发展权逐步向法定人权转化的 10 年。1977 年 11 月，联大教科文组织主持编辑的《信使》上发表了《三十年的斗争》一文，将发展权归入一种新的人权，称为人权的第三代。教科文组织关于发展权的讨论引起了联合国人权委员会的极大关注。③ 1977 年，人权委员会通过了第 4 号决议，第一次在联大人权委员会系统内承认发展权是一项人权。从此，发展

---

① 汪习根：《发展权法理探析》，《法学研究》，1999 年第 4 期。
② 同上。
③ 同上。

权问题才正式被提上联合国大会国际政治、经济和法律事务的讨论范围。联大就此开展了一系列活动，包括 1977 年 12 月 16 日通过《关于人权新概念的决议案》，根据发展权的精神扩充和完善了人权概念，决定把有关政治、经济及社会发展，促进人的充分尊严和社会发展作为人权的相互依存的不可分割的内容，当作决定联合国系统内今后处理有关人权问题时应考虑的一种新概念。①

在此基础上，联合国人权委员会才在 1979 年 3 月 2 日以决议形式重申发展权是一项人权，并指出："发展机会均等，既是国家的权利，也是国家内个人的权利。"对该决议，美国投了反对票，六个发达的西方国家（比利时、法国、联邦德国、以色列、英国、卢森堡）投了弃权票，这表明了西方国家的基本态度。

联合国大会为了使发展权的研究和保护工作更加全面系统地展开，在 1979 年 11 月 23 日，以第 34/36 号决议通过了《关于发展权的决议》，明确强调发展权利是一项人权，平等的发展机会既是各个国家的特权，也是各国国内个人的特权。这是"发展权"概念首次出现在联合国大会这一最大范围的国际组织通过的决议之中。

3. 从法定人权到实然人权

从 20 世纪 80 年代起，尽管面临着对发展权基本原理存有诸多分歧与严重冲突的严峻形势，但其主流转移到如何获取、实现和保障发展权的问题上。1986 年《发展权利宣言》的通过，标志着这一转化的开始。该宣言指出："发展权利是一项不可剥夺的人权，由于这种权利，每个人和所有各国人民均有权参与、促进并享受经济、社会、文化和政治发展，在这种发展中，所有人权和基本自由都获得充分实现。"②宣言还原则性地阐释了发展权的主体、内涵、地位、保护方式和实现途径的基本问题。

20 世纪 90 年代以来，对如何理解和保障发展权进行了更加深入的讨论。1990 年 1 月，在日内瓦召开了关于发展权保障的全球磋商会议。1991 年由印度和荷兰承办的国际法协会国际经济新秩序法律委员会会议在印度加尔各答召开，此次会议聚焦于"发展权，特别是它的理念和理想，人权形式及在国

---

① 汪习根：《发展权法理探析》，《法学研究》，1999 年第 4 期。
② 《发展权利宣言》，联合国网站，http://www.un.org/zh/documents/treaty/A-RES-41-128。

际法具体领域的实施"，并于次年通过了《关于发展权的加尔各答宣言》，进一步补充和完善了 1986 年的《发展权利宣言》。

1993 年 6 月，世界人权大会通过了《维也纳宣言和行动纲领》，决定由联合国人权委员会于 1993 年设立由亚、非、拉、东欧和西方五个地区共 15 个国家的专家组成的研究发展权实现问题的专家组。但是，从 1993 年至 1995 年，由于西方国家篡改发展权概念、刻意突出西方传统人权观念，所以，发展权的理论与实践上的分歧与对立依然十分严重。

## 二、可持续发展需要坚持"发展权"的共识

尽管人们对发展权的认识还有很大分歧，但是，"发展权"是世界各国客观上拥有的权益，发展中国家对"发展权"的需求更迫切，发达国家也要"发展"。关键是"发展"如何走向"可持续"？人类的可持续发展离不开"发展权"，发展权是一项"综合性"权利。2016 年 1 月联合国正式启动的《2030 年可持续发展议程》，在 17 个可持续发展目标中，目标之一就是"在全世界消除一切形式的贫困"。要消除贫困就必须要"发展"。

（一）各国国情的差异使确定"发展权"的优先事项有差异

中国政府坚持"生存权、发展权是首要人权"这一观点，但并不否定各种人权都重要。从各种人权的相互联系和相互影响看，必有一方在这种相互影响中起更重要的作用。这同历史唯物主义的世界观是联系在一起的。①

恩格斯在马克思墓前的演说中曾谈到，"人们首先必须吃、喝、住、穿，然后才能从事政治、科学、艺术、宗教等等"②，马克思正是从这一最简单的事实，悟出了一条历史发展的基本规律：生产力的发展是人类社会发展进步最终的决定性的力量。这是由全部人类文明发展史所充分证明了的一条规律。换句话说，一个国家经济发展很落后，人们生活很贫困，要想民主、科学、文化发达还是很困难的。这也可以从一个最简单的道理来说明：当一个人还处于忍饥挨饿的时候，他最需要的不是一张选票，而是一袋面粉；当

---

① 李步云：《发展权的科学内涵和重大意义》，《人权》，2015 年第 7 期。
② 《马克思恩格斯全集》第 25 卷，人民出版社，2001 年，第 594 页。

然，由于各国具体国情不同，人权发展战略的优先事项会有很大差异。① 发达国家人们的生活水平较高，人们自然会更关心自由、民主；而发展中国家为了提高保障人权的整体水平，必然要把发展经济、提高人们的生活标准放在优先位置。

（二）在保障各国"发展权"的同时促进可持续发展

不过，在全球化日益深入、百年未有大变局加速演进的形势下，人类如何在共同促进可持续发展的进程中，保障各个国家的"发展权"，在分享各国"发展"成果的同时，都面临推进人类可持续发展的问题。所以，人类要实现可持续发展就必须坚持"发展权"是一项首要人权的共识，对中国以及人类的可持续发展，都有极其重要的意义。

放眼世界，消除贫穷仍然是当今世界面临的最大挑战。尤其是 2022 年 2 月 24 日俄乌战争爆发至今，人类面临的危机更严峻。联合国世界粮食计划署日前发出警告，人类或者将面临"二战"后最大的粮食危机，多达 17 亿人正暴露在粮食、能源和金融系统破坏之下，导致贫困和饥饿问题的恶化。②

所以，早在 2012 年召开的世界可持续发展大会（2012 年"里约+20"地球首脑峰会）的成果性文件《我们希望的未来》指出："消除贫穷是当今世界面临的最大的全球挑战，是可持续发展不可或缺的要求。地球上每五个人就有一人仍然生活在极端贫困之中，其人数超过 10 亿，每七个人中就有一人营养不良，占总人口的 14%，公共卫生的挑战，包括各种流行病，仍然时时处处给我们带来威胁。对此，我们决心紧急行动，使人类摆脱贫穷和饥馑。"③

2012 年的世界可持续发展大会重申了发展权的内涵和重大意义，进一步巩固了各国关于发展权的共识。据此，在发展和保障人权的意义上，全面理解发展权的内涵和重大意义，坚持生存权、发展权是首要人权，对世界未来的可持续发展和中国（当前世界上最大的发展中国家，占世界人口五分之

---

① 李步云：《发展权的科学内涵和重大意义》，《人权》，2015 年第 7 期。
② 金焱：《人类或将面临二战后最大粮食危机，17 亿人将挨饿》，《财经》，2022 年 5 月 19 日。
③ 《"里约+20"峰会聚焦可持续发展》，《人民日报》，2012 年 6 月 15 日。

一）未来的可持续发展，都有极其重要的意义。①

2016 年 1 月正式启动联合国的《2030 年可持续发展议程》以来，可持续发展目标进展如何呢？2020 年 5 月 19 日，国际可持续发展研究院（International Institute for Sustainable Development，IISD）发布题为《联合国秘书长发布〈2020 年可持续发展目标进展报告〉》（UN Secretary-General Releases 2020 SDG Progress Report）的报道，提出联合国秘书长关于 17 个可持续发展目标（SDG）的年度报告，并在 2020 年高级别政治论坛之前发布。报告利用了 2020 年 4 月之前 SDG 指标框架所包含的最新可用数据，列举了新冠肺炎疫情对 SDG 进展的影响。

目标 1：消除世界各地各种形式的贫困。新冠肺炎疫情之前，全球减排的步伐就在减缓，预计到 2030 年消除贫困的全球目标将无法实现。新冠肺炎疫情导致数千万人重新陷入极端贫困，这使多年的发展处于危机之中。尽管疫情期间着重强调需要加强社会保护和应急准备与响应，但这些措施不足以保护最需要保护的穷人和弱势群体。

目标 2：消除饥饿，实现粮食安全和改善营养，促进可持续农业。自 2015 年以来，遭受严重粮食不安全困扰的人数总量不断增加，仍有数百万营养不良的儿童。疫情造成的经济减速和粮食价值链中断加剧了饥饿和粮食不安全。此外，东非和也门的沙漠蝗虫激增仍然令人震惊，那里已有 3 500 万人遭受严重的粮食不安全状况。受新冠肺炎疫情的硬性影响，约有 3.7 亿小学生失去了他们赖以生存的免费学校餐。必须立即采取措施加强粮食生产和分配，以减轻和尽量减少受疫情的影响。②

由上可见，人类可持续发展目标的"发展权"要求更全面、更具体，对世界各国都有重要的意义。

### 三、在中国人权发展道路上的"发展"实践

中国在坚持科学发展新理念的引领下，全面推进中国的可持续发展，推

① 《"里约+20"峰会聚焦可持续发展》，《人民日报》，2012 年 6 月 15 日。
② 中国海洋发展研究中心：《联合国发布〈2020 年可持续发展目标进展报告〉》，https：//aoc.ouc.edu.cn/2020/0717/c13996a292945/pagem.htm。

进中国保障"发展权"的伟大实践。中国是世界上最大的发展中国家。如何解决好温饱问题，并在解决温饱问题的基础上实现更好的发展，使人民生活得更加幸福，始终是中国共产党最根本的执政任务。中国坚持把生存权、发展权作为首要的基本人权，努力通过发展增进人民福祉，实现更加充分的人权保障。[①]

（一）新中国成立以来人民充分"享受"发展成就

新中国成立之初，面临着农业生产基础单薄、"靠天吃饭"、粮食产量较低的现实困难，很多人处于食物匮乏和营养不良的困境。多年来，中国政府通过改革农村土地制度，稳定和完善农村土地承包关系，大力推进农田水利设施建设，使农业综合生产能力不断提升，主要农产品产量稳定增长。中国的粮食总产量由 1949 年的 11 318 万吨提高到 2018 年的 65 789 万吨，耕地灌溉面积由 1949 年的 1 594 万公顷扩大到 2018 年的 6 810 万公顷，谷物、肉类、花生、茶叶、水果等产量连续多年位居世界第一。中国以占全球 6.6% 的淡水资源和 9% 的耕地，养活了世界近 20% 的人口，从根本上消除了饥饿，持续改善了人民的营养水平。[②]

（二）通过国家人权行动计划落实"发展权"

2009 年以来，中国每年通过制定国家人权行动计划，以落实"发展权"。中国先后制定实施《国家人权行动计划（2009—2010 年）》《国家人权行动计划（2012—2015 年）》和《国家人权行动计划（2016—2020 年）》。国家人权行动计划把保障发展权放在保障人权的首要位置，着力解决好人民最关心、最直接、最现实的利益问题，在推动经济社会又好又快发展的基础上，保证全体社会成员平等参与、平等发展的权利。

中国政府还制定经济、文化、社会和环境等方面的专项行动计划，如推进农民创业创新行动计划、科技特派员农村科技创业行动、开发农业农村资源支持农民工等人员返乡创业行动计划、科技富民强县专项行动计划等，保障人民在各个领域、各个方面都能享受发展权的成果。

---

① 国务院新闻办公室：《为人民谋幸福：新中国人权事业发展 70 年》，https：//www.scio.gov.cn/xwfbh/xwbfbh/wqfbh/44687/46065/xgzc46071/Document/170724911707249.htm。

② 同上。

2012—2018 年，中国每年有 1 000 多万人稳定脱贫。2020 年全面建成小康社会，中国居民平均预期寿命从 1949 年的 35 岁提高到 77.9 岁，这些都是中国坚持生存和发展权作为首要人权而给中国人民带来的实惠和感受。

（三）中国在国家层面的"发展权"成就令世界瞩目

坚持中国人权发展道路的实践成就，不仅表现在个人层面，人民生活水平、生活质量的大幅提升，而且表现在集体层面。改革开放以来中国坚持"发展是硬道理"的发展战略，国家的发展成就、集体的发展权水平不断提升，令世界瞩目。就"十三五"时期而言，中国经济总量一年上一个大台阶，年均经济增长率达到 6.7%，高于世界经济平均水平 3.9 个百分点。2019年，中国经济对世界经济的贡献率超过了 32%，人均 GDP 超过 1 万美元。"十三五"时期中国财政收入累计约在 88.6 万亿元左右，2016—2019 年，中国在教育、社会保障和就业、卫生健康、住房保障、节能环保等重点领域上的支出，从 9.6 万亿元增加到了 12.4 万亿元。

"十三五"时期，中国在量子信息等基础研究和关键核心技术攻关领域取得了一批重大原创成果。嫦娥四号首登月背，北斗导航全球组网，C919首飞成功，悟空、墨子等系列科学实验卫星成功发射。五年来，复兴号高铁投入运营，港珠澳大桥正式通车，5G 率先商用，人工智能、区块链、新能源等领域创新加快应用，科技创新支撑引领高质量发展成效凸显。

如果再追溯 2012—2022 年中国 10 年的"发展权"实践，2021 年中国国内生产总值达到了 114 万亿元，占全球经济的比重由 2012 年的 11.4% 上升到18% 以上，中国作为世界第二大经济体的地位得到巩固提升。人均国内生产总值达到 1.25 万美元，接近了高收入国家门槛。这些年，中国经济对世界经济增长的贡献总体上保持在 30% 左右，中国经济成为世界经济增长的最大引擎。[①]

中国的城镇化率由 53.1% 上升到了 64.7%，城乡居民人均可支配收入之比或者说差距由 2.88：1 降低到了 2.5：1，居民收入基尼系数由 0.474 降低到了 0.466，基本公共服务均等化扎实推进，区域发展的平衡性、协调性和

---

① 韩文秀：《中国经济是世界经济增长的最大引擎》，载新华网，xinhuanet. com/2022-05/12/c_1128643299. htm。

优势互补性持续增强。

中国的生态环境状况实现了历史性的转折，雾霾天气和黑臭水体越来越少，蓝天白云、绿水青山越来越多。植树造林占全球人工造林的 1/4 左右，单位 GDP 二氧化碳排放量累计下降了大约 34%，风电、光伏发电等绿色电力的装机容量和新能源汽车产销量都是居世界第一。① 中国推动达成了《巴黎协定》，明确提出力争 2030 年前实现碳达峰、2060 年前实现碳中和，为国际社会合作应对气候变化、推进全球环境治理作出了重要贡献。

中国这十年的"发展权"实践，历史性地解决了困扰中华民族几千年的绝对贫困问题，近 1 亿农村贫困人口全部脱贫，为世界减贫事业作出了巨大贡献。中国建成了世界上规模最大的教育体系、社会保障体系和医疗卫生体系，人均预期寿命由 75.4 岁提高到了 77.9 岁，中等收入群体的比重由 1/4 左右上升到了 1/3 左右，人民生活水平和质量不断提高。

从"中国人权发展道路"的视域观察分析中国在人的生命健康权、生存权和发展权方面取得的伟大成就，更能彰显生命权、生存权和发展权"三维一体"融入中国人权发展道路的整体效益，彰显人权事业的中国特色，为人类可持续发展贡献人权保障的中国方案。

---

① 韩文秀：《中国经济是世界经济增长的最大引擎》，载新华网，xinhuanet.com/2022-05/12/c_1128643299.htm。

# 第十六章　中国人权发展道路的法治保障

中国人权发展道路的法治保障是马克思主义人权观在中国特色社会主义法治领域的新理论新实践，也是中国人权发展道路的一个重要特征。中共十八大报告提出了"人权得到切实尊重和保障"与"全面推进依法治理"两个重要理念。中国共产党曾经在一大批革命根据地，颁布了一系列的法律、法令和条例，保卫人民民主政权，保护人民利益，开始了在革命根据地进行法制建设的探索，开始了在革命根据地人权发展道路法治保障的实践探索，为新时代中国人权发展道路的法治保障提供了经验。

## 第一节　弘扬中国人权发展道路的法治精神

法治是人类文明进步的标志，也是人权得以实现的保障。全面依法治国，加强人权保障法治建设，保证人民享有更加充分的权利推动人的全面发展、社会全面进步，是中国人权发展道路法治保障的根本宗旨，也是弘扬中国人权法治精神的需要。

### 一、在全面推进依法治国中加强人权法治保障建设

中共十八届四中全会通过的《中共中央关于全面推进依法治国若干重大问题的决定》（以下简称《决定》）全面贯彻了"尊重和保障人权"的宪法精神，体现了党中央在全面推进依法治国中全面保障人权的战略思路，体现了在全面依法治国中保障人权、弘扬人权的保障法治精神的部署。

（一）全面保障人权，体现在全面推进依法治国的决策中

从提出"全面建成小康社会"的十八大文件和提出"全面深化改革"的十八届三中全会文件，我们可以发现"全面建成小康社会"和"全面深化改革"都包括了"全面推进依法治国"的任务和要求，包括了尊重和保障人权的任务。比如，中共十八大根据"五位一体"建设中国特色社会主义的总体布局，在阐述全面建设小康社会的新要求时，明确指出到 2020 年"依法治国基本方略全面落实，法治政府基本建成，司法公信力不断提高，人权得到切实尊重和保障"。由此可见，尊重和保障人权和建设法治国家不是两回事，全面推进依法治国就是全面保障人权的实现。

（二）全面保障人权内含于中国特色社会主义法治体系之中

习近平在论述依法治国的总目标时，深刻地指出："全面推进依法治国涉及很多方面，在实际工作中必须有一个总揽全局、牵引各方的总抓手，这个总抓手就是建设中国特色社会主义法治体系。"[1] 依法治国各项工作都要围绕这个总抓手来谋划、来推进。这个"总抓手"，就是要形成"1+5"六大法治体系。"1"就是要研究和建构中国特色社会主义法治理论；"5"就是要形成五大依法治国体系：一要形成完备的法律规范体系；二要形成高效的法治实施体系；三要形成严密的法治监督体系；四要形成有力的法治保障体系；五要形成完善的党内法规体系。以上"1+5"的法治体系，每一个体系所强调的法治精神中都包括了"尊重和保障人权"的要求。[2] 在这个意义上，我们可以说，党中央提出了一个以法治体系建设来全面保障人权，推进中国人权发展道路的大思路。

（三）全面保障人权，体现在依法治国建设工作基本格局之中

习近平在同党外人士座谈并征求对中共十八届四中全会《决定》意见的时候，明确指出，这个《决定》反映了我国法治工作基本格局。这个"工作基本格局"，就是要根据"依法治国、依法执政、依法行政共同推进"和

---

① 中共中央宣传部：《习近平新时代中国特色社会主义思想学习纲要》，学习出版社、人民出版社，2019 年，第 100 页。
② 李君如：《在全面推进法治中全面保障人权》，《人权》，2015 年第 1 期。

"法治国家、法治政府、法治社会一体建设"① 的要求，从科学立法、严格执法、公正司法、全民守法这四个方面全面推进依法治国，促进国家治理体系和治理能力现代化。整个《决定》的主体部分内容，就是从立法、执法、司法、守法这四个方面来部署的。在中国人权发展道路中，尊重和保障人权是这四个方面的亮点。

## 二、人权法治精神引领中国人权发展道路

坚持依法保障人权作为中国人权发展道路的一个重要特征，反映了中国始终以人权法治精神推进中国人权事业发展所取得的宝贵经验，也是对中共十八大以来全面依法治国在人权发展道路方面所取得的伟大成就的科学总结。

（一）中国人权司法保障彰显了中国人权的法治精神

中共十八大以来特别是中共十八届四中全会以来，在"人权得到切实尊重和保障"与"全面推进依法治国"理念相互作用下，在全面依法治国的历史进程中，加强人权法治保障取得历史性飞跃，法治的人权保障价值与人权的法治保障方式呈现高度融合的态势。讲法治必谈人权，谈人权必讲法治。从中共十八届三中全会提出"完善人权司法保障制度"到中共十八届四中全会提出"加强人权司法保障"，表明加强人权法治保障已经率先在司法领域取得历史性突破，而中共十八届四中全会则为加强人权法治保障在立法、执法、司法、守法领域的全面推进奠定了政策基础，全面依法治国的人权战略基本形成，彰显了中国人权发展道路的法治精神。

（二）人权法治保障传承了《世界人权宣言》的法治精神

加强人权法治保障既彰显了当代中国人权发展道路的法治精神，也传播了《世界人权宣言》的法治精神。《世界人权宣言》在序言中指出"鉴于为使人类不致迫不得已铤而走险对暴政和压迫进行反叛，有必要使人权受法治的保护"。② 加强人权法治保障便是彰扬了《世界人权宣言》人权法治保护

---

① 《中共中央关于全面推进依法治国若干重大问题的决定》，载新华网，http：//www. gov. cn/zhengce/2014-10/28/content_ 2771946. htm。

② 《世界人权宣言》，联合国网站，https：//www. un. org/zh/about-us/universal-declaration-of-human-rights。

精神，反映了中国共产党和中国政府在人权法治保障上的基本原则与立场。从这一点来看，加强人权法治保障是世界人权法治事业发展与当代中国人权法治事业发展产生共鸣的结果，是世界人权事业发展多样化的生动体现。

（三）人权法治保障建设向世界展示中国人权法治精神

人类社会的人权法治事业发展雄辩地说明，不同时代有不同人权法治追求，不同国家有不同的人权法治保障模式，各国之间的人权法治事业应交流互鉴、共生共荣、共同发展。加强人权法治保障建设是中国坚持把人权的普遍性原则和当代中国全面依法治国相结合的产物，走出了一条符合中国国情的中国人权发展法治保障的道路①，展现了中国人权发展的法治精神，为世界人权法治建设的多样化贡献了中国方案与中国智慧。

## 三、在完善人权司法保障制度中弘扬中国人权法治精神

弘扬中国人权发展道路的法治精神，不仅是为了在法律法规和司法保障制度中，更好地保障人民充分享有人权，也是为了向外传播中国人权发展道路的法治精神、法治保障的特征，展示中国人权发展道路的法治保障形象。

（一）人权司法保障制度在弘扬中国人权法治精神中具有重要地位

中共十八届三中全会《决定》把"完善人权司法保障制度"作为在历史新起点上推进法治中国建设的一项重要任务，是贯彻落实十八大报告将"人权得到切实尊重和保障"作为全面建成小康社会和深化改革开放重要目标的重要部署，是深化司法体制改革、顺应广大人民群众对司法公正为民新期待的重大举措，也是不断提高人权法治保障水平、弘扬人权法治精神的重大举措。

在国家人权保障制度体系中，人权司法保障制度具有独特的重要地位和作用。如果说人权立法保障是通过将应有人权的宪法化、法律化和法规化，使之进入国家法律保障制度体系，成为依法保护的对象，因而是实现人权的基本前提和重要基础；如果说人权执法保障是通过国家行政机关认真履行职责、严格执行法律法规，将宪法法律法规规定在纸面上和条文中的各项人权

---

① 陈佑武：《论"加强人权法治保障"》，《人权法学》，2022 年第 1 期。

具体付诸实现，使每一个公民都能够享受到社会主义人权的实惠和温暖，因而是实现人权的重点和关键，那么，人权司法保障就是实现人权不可或缺的救济手段和最后防线。①

（二）完善人权司法保障制度改革，弘扬中国人权法治精神的路径

我们应当把"完善人权司法保障制度"的改革部署，放在十八届三中全会《决定》全面深化改革的整个战略部署中来认识，站在新的历史起点上来把握完善人权司法保障制度改革对于提高中国人权法治精神形象的路径及其重大意义。

第一，把完善人权司法保障制度与增进人民福祉、维护人民权益紧密结合起来，体现司法为民的法治精神。《决定》明确提出，全面深化改革，必须"以促进社会公平正义、增进人民福祉为出发点和落脚点"，体现了使发展改革成果更多更公平地惠及全体人民的执政理念。通过进一步规范查封、扣押、冻结、处理涉案财物的司法程序，健全错案防止、纠正、责任追究机制，严禁刑讯逼供、体罚虐待等改革措施，不断改进和完善人权司法保障的有关制度和程序，目的就是要使人民群众在司法过程中依法享有更加充分真实的人权，在每一个司法案件中都感受到公平正义。② 所以，完善人权司法保障制度，不仅体现了全面深化司法保障制度改革的指导思想，而且从人权司法保障和救济的重要方面展现了中国人权发展道路的法治精神。

第二，把完善人权司法保障制度与深化政治体制改革紧密结合起来，从司法人权保障制度改革完善的角度体现中国人权发展道路的法治保障。司法制度是我国政治体制的重要组成部分，司法体制改革，尤其是司法体制中有关人权保障制度的改革完善，是政治体制改革的重要内容。《决定》将废止劳动教养制度、健全社区矫正制度、健全国家司法救助制度等改革作为新一轮司法体制改革的具体任务，体现了以人权司法保障制度改革完善为重点和突破口之一的政治体制改革③，这也是一种在宪法框架下和法治轨道上积极稳妥扎实有效推进中国人权发展事业体制改革、彰显中国人权法治精神的

---

① 李林：《完善人权司法保障制度有何重大意义？》，《光明日报》，2013 年 11 月 28 日。
② 同上。
③ 同上。

实践。

第三，把完善人权司法保障制度与推进法治中国建设紧密结合起来，从尊重保障人权的角度落实依法治国基本方略。人权司法保障制度既是法治中国制度体系的重要组成部分，也是人权保障制度体系的重要组成部分。按照《决定》的要求，健全国家司法救助制度、完善法律援助和律师制度等人权司法保障制度，必然有助于完善法治中国的制度基础，有助于在完善人权保障体系中体现中国人权的法治精神。

但是，完善人权司法保障制度的改革是一场更深刻的司法体制改革，我们必须站在推进法治中国建设新的历史高度，来认识完善人权司法保障制度的重要性和必要性，从而更加积极稳妥地推进人权司法保障制度的完善和发展。

## 第二节　中国人权发展道路法治保障的完善过程

中国人权发展道路法治保障的完善是一个过程。中国人权发展道路法治保障的完善，是中国共产党百年来为之奋斗的目标，也反映了中国共产党在不同时期中国人权法治保障的不同重点、不同水平。

### 一、新民主主义革命时期中国人权法治保障的实践

在新民主主义革命时期，中国的人权保障主要是"法律"保障。中国共产党为了巩固新生的革命根据地，颁布了一系列的法律、法令和条例，开始了在革命根据地进行法治建设的探索，其中根据地人权法律保障实践是其中的重要内容。

（一）中央苏区革命根据地先后颁布的人权法

1931 年 11 月，中华苏维埃共和国临时中央政府成立后，中央苏区革命根据地先后颁布了一系列的法律、法令、条例、决议。其中有关人权保护的法规主要有《中华苏维埃共和国国家根本法（宪法）大纲草案》和《江西省苏维埃临时纲领》，以及由中央苏区和其他根据地的工农民主政府颁布的选举法规、劳动法规和婚姻法规等。这些人权法规用法律的形式（包括根本

法）把人民反帝反封建的胜利成果固定下来，体现了中国人民争取和保障基本人权的诉求。

（二）中央苏区革命根据地人权法的主要内容

根据范红的研究，中央苏区革命根据地的人权法主要有以下五个方面的内容：

第一，争取和保障中国最大多数人的生存权。《中华苏维埃共和国国家根本法（宪法）大纲草案》指出："在国民党统治下，任何人都没有选举权、被选举权及一切政治的自由，只有地主、豪绅、资本家、军阀、官僚——中国人民万分之一的'人'享有任意屠杀，任意压榨剥削，任意卖国的自由权。"可以说，这是一部争取和保障中国人民生存权的大法草案。

第二，选举权和人身自由权。根据地的人权法规规定，中华苏维埃共和国的最高权力机构是全国工农兵苏维埃代表大会。在苏维埃政权领域内，工人、农民、红色战士及一切劳苦民众和他们的家属，不分性别、民族、宗教信仰、文化程度等差别，凡年满 16 岁者，均有平等的选举权和被选举权。

第三，劳动和受教育的权利。苏维埃政权十分重视对劳动者劳动权利的保护。根据《中华苏维埃共和国劳动法》的规定，凡在企业、工厂、作坊及一切生产事业和各种机关的雇佣劳动者都受劳动法的保护。

第四，妇女权利。《中华苏维埃共和国宪法大纲》规定："中华苏维埃政权以保证彻底的实现妇女解放为目的，承认婚姻自由，实行各种保护妇女的办法，使妇女能够从事实上逐渐得到脱离家务束缚的物质基础，而参加全社会经济的、政治的、文化的生活。"

第五，民族平等权和民族自决权。居住在苏维埃共和国境内的少数民族劳动者与汉族劳动者一律平等，享有法律上的一切权利义务，而不加以任何限制与民族歧视：承认中国境内少数民族的自决权。[①]

（三）抗日根据地人权保护法的发展

抗日战争时期，各抗日根据地在肯定和继承土地革命时期革命根据地人权建设成果的基础上，继续完善人权保护原则，并根据国内形势和中国社会

---

① 范红：《中国共产党在新民主主义革命时期的人权法律保障实践初探》，《北京理工大学学报（社会科学版）》，2004 年第 2 期。

主要矛盾的变化，对人权的保护也相应地作了调整，使抗日根据地的人权保护有了以下三个方面的变化。

一是抗日根据地立法的新变化。从原先主要是中央根据地的立法转变为各边区立法，从主要是宪法性文件发展为既有宪法性文件又有专门的人权保护法规。如陕甘宁边区、晋察冀边区、晋冀鲁豫边区、渤海区等抗日根据地都颁布了一系列保障人权的法律法规。

二是抗日根据地立法不断完善。1939 年 4 月的《陕甘宁边区抗战时期施政纲领》从"民族主义""民权主义""民生主义"三方面确认和保障了人权。还有 1942 年的《陕甘宁边区各级参议会组织条例》和《陕甘宁边区保障人权财权条例》等；此外，还通过刑事立法、土地立法、劳动立法及婚姻立法具体保障人民的基本人权。

三是抗日根据地用法律形式保障民主权利的实现。1941 年 11 月，陕甘宁边区政府公布了带有根本法性质的《陕甘宁边区施政纲领》，进一步确认了人民享有充分的民主自由权利。①

（四）解放区在民主政权、人权立法方面的新发展

在第三次国内革命战争时期，解放区在人权立法方面又有了新的发展。1946 年 4 月 23 日，陕甘宁边区第三届参议会第一次大会通过了《陕甘宁边区宪法原则》，明确地规定了人民享有普遍直接平等的选举权和对各级政权的监督权，对各级政府人员的斥责罢免权，同时，对保障人民的政治权利、经济权利、健康权利、受教育的权利、自卫的权利以及男女平等、民族平等权利都作了原则规定，此外，还对在司法上保障人权的实现和不受侵犯也作了原则的规定。除了用根本法的形式确认和保障人权以外，解放区民主政权还在一系列普通立法上对保障人权作出了具体的规定，如土地立法、刑事立法以及司法和诉讼制度方面的立法等等。②

总之，在民主革命时期，中国共产党在领导人民创建根据地的过程中，实行了一系列保障人权的法律措施，有效地保障了人民的根本利益，从而保

---

① 韩延龙，常兆儒：《中国新民主主义革命时期根据地法制文献选编》（第一卷），《陕甘宁边区施政纲领》第 6 条，中国社会科学出版社，1981 年，第 35 页。
② 刘怀松：《新民主主义革命时期根据地人权立法初探》，《湖北师范学院学报（哲学社会科学版）》，1998 年第 4 期。

证了党在各该历史时期革命任务的完成。当然，革命根据地人权立法无论是从内容上，还是从形式上来看，都明显地带有它的不成熟性，不过这并不影响它的历史地位和它所具有的重大历史意义。它是中国探索人权法历史的新开端，是中国共产党人运用人民政权确认和保障人权的历史性尝试，是新中国人权立法的萌芽。

## 二、新中国人权发展道路的法治保障

1949 年 10 月中华人民共和国成立到改革开放以前，中国共产党在人权发展道路的法治保障方面，开始了全面深入的探索。

（一）中国人权发展道路法治保障的初步探索

新中国成立后，随着我国逐步向社会主义过渡，我们党的人权法治观进一步发展，形成了一系列鲜明的理论观点。主要有：社会主义国家公民享有比资本主义国家公民更广泛的权利和自由；1954 年 9 月，刘少奇在关于中华人民共和国宪法草案的报告中指出：“在宪法草案的许多条文中，规定了我国公民享有广泛的自由和权利……我们的国家之所以能够关心到每一个公民的自由和权利，当然是由我国的国家制度和社会制度来决定的。任何资本主义国家的人民群众，都没有也不可能有我国人民这样广泛的个人自由。”①

1957 年 2 月，毛泽东在《关于正确处理人民内部矛盾的问题》中指出：“我们的宪法又规定：国家机关实行民主集中制，国家机关必须依靠人民群众，国家机关工作人员必须为人民服务。我们的这个社会主义的民主是任何资产阶级国家所不可能有的最广大的民主。”②

董必武在《进一步加强人民民主法制，保障社会主义建设事业》中指出：“我们人民民主政权是属于世界上最民主的社会主义的类型。人民在这个政权下，不仅有言论、出版、集会、结社、游行示威等各种自由，尤其是有反对帝国主义的自由，有反对剥削制度和压迫制度的自由，有反对侵略战争和维护世界和平的自由，有肃清社会前进道路上障碍物的自由，有随着生

---

① 《刘少奇选集》（下卷），人民出版社，1985 年，第 160 页。
② 全国人大常委会办公厅、中共中央文献研究室：《人民代表大会制度重要文献选编》（一），中国民主法制出版社、中央文献出版社，2015 年，第 216—217、342 页。

产发展改善物质文化生活的自由等等。像这类极广泛的自由是帝国主义统治下的人民绝对享受不到的。"① 1954 年 9 月，刘少奇在关于中华人民共和国宪法草案的报告中指出："在我们的国家里，人民的权利和义务是完全一致的。任何人不会是只尽义务，不享受权利；任何人也不能只享受权利，不尽义务。"②

（二）中国人权发展道路法治保障探索的特点

中国人权发展道路法治保障初步探索有以下四个特点：一是制定《共同纲领》和 1954 年宪法，为人权保障提供根本法依据。宪法是国家法律法规和各种制度的总依据，是人民当家作主和公民基本权利的根本法保障。在《共同纲领》和 1954 年宪法的指引下，我国逐步实现了由新民主主义到社会主义的过渡，完成了生产资料私有制的社会主义改造，消灭了人剥削人的制度，确立了社会主义制度，走上社会主义道路。

二是制定国家机构方面的法律，确保人民当家作主落到实处。1953 年制定了全国人民代表大会及地方各级人民代表大会选举法，保障了人民群众充分行使选举权、被选举权，标志着我国人民民主政治的发展进入了新阶段。

三是制定经济领域、婚姻家庭方面的法律，保护公民财产权利和婚姻家庭有关权利。制定婚姻法，彻底摧毁了在中国延续几千年的包办强迫、男尊女卑、漠视子女利益的封建婚姻家庭制度，确立了婚姻自由、一夫一妻、男女平等、保护妇女和儿童权益的新民主主义婚姻制度，建立起了互敬互爱、相互扶助、团结和睦的新型婚姻关系和家庭关系。

四是制定司法领域法律，巩固人民民主专政政权，保障人民群众利益。制定惩治反革命条例，依法惩治土匪、特务、恶霸、反动党团骨干分子等需要重点打击的反革命分子，彻底打垮反动势力的猖狂进攻，全面清除新生人民政权的安全隐患，实现社会安定、人民乐业，保障各项事业的顺利进行。

---

① 中共中央文献研究室：《建国以来重要文献选编》第 9 册，中央文献出版社，2011 年，第 224 页。
② 全国人大常委会办公厅、中共中央文献研究室：《人民代表大会制度重要文献选编》（一），中国民主法制出版社、中央文献出版社，2015 年，第 218 页。

据统计，从 1959 年至 1977 年，整整 18 年基本没有立法活动。全国人大常委会只在 1963 年通过了《商标管理条例》《军官服役条例（修正）》和 1964 年通过了《外国人入境出境过境居留旅行管理条例》3 部法律。

（三）改革开放促进中国人权发展道路法治保障进入新时期

从 20 世纪 90 年代开始，我们党先后明确提出"人权"和保障人权的基本观点。1991 年，国务院新闻办公室发表《中国的人权状况》白皮书，成为中国政府第一次在政治上使用人权概念，也是第一次从人权的角度总结近代以来中国革命、建设与改革开放的历史，并结合中国的国情，第一次阐明了中国的人权状况与中国人权的基本观点。

从 1978 年改革开放到 2012 年中共十八大召开，中国人权发展道路法治保障实践具有以下三个特点：

一是制定并不断完善现行宪法，加强人权的根本法保障。1982 年 12 月，五届全国人大五次会议通过了现行宪法，明确规定了我国的国体、政体，规定了国家的根本任务、发展道路、奋斗目标和大政方针。我国宪法高度重视公民基本权利和义务部分的内容，1982 年宪法在 1954 年宪法专章规定的基础上，将"公民的基本权利和义务"一章移到了总纲后面、"国家机构"前面，作为第二章，凸显保障公民权利和自由的宪法精神。这一时期，根据我国改革开放和社会主义现代化建设的实践和发展，全国人大分别于 1988 年、1993 年、1999 年、2004 年，共 4 次对 1982 年宪法的个别条款和部分内容作出重要的修正，先后通过 31 条修正案，实现了我国宪法与时俱进、完善发展。1982 年宪法的历次修正案，继续丰富人权保障的具体内容，从基本经济制度、分配制度调整，加强公民私有财产保护、建立健全公民的社会保障制度等方面，不断加强对人权的保护。

2002 年，党的十六大报告重申，"健全民主制度，丰富民主形式，扩大公民有序的政治参与，保证人民依法实行民主选举、民主决策、民主管理和民主监督，享有广泛的权利和自由，尊重和保障人权"。2003 年，党的十六届三中全会通过《中共中央关于修改宪法部分内容的建议》，向全国人大建议在宪法中增加"国家尊重和保障人权"的规定。2004 年十届全国人大二次会议通过宪法修正案，实现了人权条款入宪，成为中国人权发展史上具有里程碑意义的事件。2007 年，党的十七大将"尊重和保障人权"写入党章，从党的总章程中明确了中国共产党人的任务和方针。这标志着我国社会主义民主和法治建设达到了一个新的水平，有力保障和推进了我国人权事业发展。

二是加强和完善人权保障立法，构建较为完备的人权法律制度体系。通过建立健全法律法规和制度体系，推动和保障宪法实施，是我国宪法实施的基本途径。宪法规定的公民政治、经济、文化、社会等各方面权利，正是通过相关法律的制定和实施得到有力保障、充分实现。到 2010 年，改革开放 30 多年来，经过各方面长期坚持不懈的共同努力，以宪法为核心，主要由宪法相关法、民法商法、行政法、经济法、社会法、刑法、诉讼与非诉讼程序法 7 个法律部门和法律、行政法规、地方性法规三个规范层次构成的中国特色社会主义法律体系已经形成，并继续不断完善发展。其中，大量有关公民基本权利和人权保障的法律规范，构建起较为完备的人权法律制度体系。

三是履行国际人权条约并主动参与创设国际人权规则。我国共参加了 26 项国际人权公约[①]，我国积极参与涉及人权保障国际规则制定，参与了《联合国宪章》《世界人权宣言》和一系列国际人权文献的制定工作，为国际人权规则体系发展作出重要贡献；参与了《维也纳宣言与行动纲领》《发展权利宣言》《儿童权利公约》《残疾人权利公约》《和平权利宣言》《消除对妇女一切形式歧视公约》等的制定。[②]

（四）新时代中国人权发展道路法治保障进入新的历史阶段

2012 年，中共十八大将"人权得到切实尊重和保障"作为全面建成小康社会的重要目标，从战略层面确立了人权事业的重要地位。中共十八大修改通过的《中国共产党章程》再次重申尊重和保障人权。2014 年，中共十八届四中全会通过《中共中央关于全面推进依法治国若干重大问题的决定》，从推进国家治理体系和治理能力现代化的高度，对全面依法治国作出重大战略部署，强调"加强人权司法保障""增强全社会尊重和保障人权意识"[③]，

① 国务院新闻办公室：《改革开放 40 年中国人权事业的发展进步》白皮书，《人民日报》，2018 年 12 月 12 日。
② 国务院新闻办公室：《中国人权法治化保障的新进展》白皮书，人民出版社，2017 年。
③ 国务院新闻办公室：《改革开放 40 年中国人权事业的发展进步》白皮书，《人民日报》，2018 年 12 月 12 日。

还就加强人权司法保障提出了重要改革措施。

2017 年，党的十九大确立习近平新时代中国特色社会主义思想为党的指导思想，明确提出"加强人权法治保障，保证人民依法享有广泛权利和自由"。习近平新时代中国特色社会主义思想蕴含着丰富的人权内涵，对新时代中国人权事业发展提出了新的更高要求，为坚持中国特色人权发展道路、全面推进中国人权事业提供了根本遵循。①

1. 宪法修正案为中国人权发展道路提供了根本法保障

1982 年宪法公布施行后，到 2010 年中国特色社会主义法律体系形成，根据我国改革开放和社会主义现代化建设的实践和发展，在党中央的领导下，全国人大于 1988 年、1993 年、1999 年、2004 年先后 4 次对 1982 年宪法的个别条款和部分内容作出重要修正，进一步完善我国的根本法。特别是 2004 年 3 月，十届全国人民代表大会第二次会议通过宪法修正案，把"国家尊重和保障人权"正式载入国家的根本法。这是我国社会主义民主和法治建设达到一个新水平的标志，对推进我国的人权事业，实现社会全面进步，产生重大而深远的影响。

2. 中国人权发展道路的人权保障法律制度体系进一步完善

全国人大及其常委会贯彻习近平总书记全面依法治国新理念新思想新战略以及关于坚持中国人权发展道路的重要论述，进一步落实宪法关于尊重和保障人权原则，加强和完善人权保障立法，不断提高人民群众的获得感、幸福感、安全感。截至 2019 年 8 月底，我国现行有效法律 274 件。这些法律全面落实了宪法关于公民基本权利规定，与我国各项人权保护公约相衔接，丰富和发展了人权保障内涵、范围和层次。

一是构建国家安全法律制度体系，以国家安全保障人民生存权和发展权。中共十八大以来，相继制定国家安全法、反间谍法、反恐怖主义法、境外非政府组织境内活动管理法、网络安全法、国家情报法、国防交通法等，切实维护国家安全。

二是切实保障公民权利与政治权利。制定监察法，修改地方组织法、选

---

① 国务院新闻办公室：《改革开放 40 年中国人权事业的发展进步》白皮书，《人民日报》，2018 年 12 月 12 日。

举法、代表法及公务员法，完善国家组织机构及运行制度，提升国家机构及其工作人员为民服务的能力，密切人大代表同人民群众的联系，扩大公民有序政治参与，畅通社情民意表达和反映渠道，保障公民更好行使选举权、被选举权和监督权。

三是完善社会主义市场经济立法，不断加强公民民事权利、经济权利保护。修改农村土地承包法，将所有权、承包权、经营权"三权分置"的重大改革成果用法律形式确定下来，规范和保障土地经营权有序流转、融资担保、入股经营等，明确国家依法保护农村土地承包关系稳定并长久不变，进一步赋予了农民充分而有保障的土地权利。

制定旅游法、资产评估法、电子商务法、外商投资法等，修改反不正当竞争法、商标法、标准化法、广告法、消费者权益保护法等，规范和保障市场经济健康发展，维护市场秩序和公平竞争，保障消费者、投资者等合法权益。

四是加强保障改善民生领域的立法，保障公民人身财产安全，增进公民福祉。制定精神卫生法、中医药法、疫苗管理法，修改药品管理法、红十字会法，以有效的管理制度和严格的法律责任，加强对公民生命健康权的保障力度。

3. 加强宪法实施和监督，落实中国人权发展道路的法治保障

宪法的生命在于实施，宪法的权威也在于实施。宪法规定促进中国人权发展的公民政治、经济、文化、社会等各方面权利，通过相关法律的制定和实施得到有力保障、充分实现。我国长期坚持、全面贯彻、不断发展国家根本政治制度、基本政治制度，用制度体系保证人民当家作主，贯彻国家尊重和保障人权的宪法原则，坚持在发展中保障和改善民生，在发展中补齐民生短板、促进社会公平正义，让改革发展成果更多更公平惠及全体人民，实现人民对美好生活的向往。

新中国成立 70 多年，特别是改革开放 40 多年来，我国越来越重视宪法法律的实施，努力在推动宪法法律有效实施上下功夫，建立了规范性文件备案审查、执法检查等一系列相关保障制度。中共十八大以来，在以习近平为核心的党中央领导下，采取一系列有力措施，弘扬宪法精神、维护宪法权

威、推动宪法实施、加强宪法监督，在宪法法律实施上取得显著成效和重要进展，宪法法律关于中国人权发展道路的法治保障的原则、措施和规范进一步得到贯彻落实。

4. 公民的守法意识、人权意识更普遍，更深入

人权保障为了人民，人权保障依靠人民。加强人权法治、坚持中国人权发展的道路，根基在人民，力量在人民。这就需要普及人权法治观念，增强全社会的守法意识、人权意识，为保障人权奠定坚实社会基础。习近平总书记强调："要弘扬正确人权观，广泛开展人权宣传和知识普及，营造尊重和保障人权的良好氛围。"在习近平法治思想科学指引下，我们加强法治社会建设，守法意识、人权意识更加深入人心，为人权法治保障营造良好的社会环境。

中共十八大以来，全国各地把法治宣传教育与人权教育紧密结合，广泛开展人权理论研究和人权教育培训。将人权教育纳入国民教育体系，各中小学结合学生年龄特点，在相关课程教学中融入人身权利、受教育权利、经济权利等学习内容，增强学生权利意识。① 在高校开设人权专业及相关课程，培养人权方向专业人才。举办多期针对党政干部、司法系统人员的人权知识培训班，强化国家工作人员人权法治观念。定期编写出版《中国人权事业发展报告》蓝皮书，出版和发行《人权》《人权研究》《中国人权评论》等专业书刊，推动人权教育和知识普及。加强实践教育，让人民群众在丰富的人权法治保障实践中形成和巩固守法意识、人权意识，学会尊重人权、依法维权。在基层社会治理中，健全党组织领导的自治、法治、德治相结合的城乡基层治理体系，引导和支持人民群众依法行使民主权利。

新时代，中国人权法治保障的推进坚定不移，人民群众依法维权能力显著提高，崇尚法治、尊重人权的社会氛围更加浓厚。这生动诠释了中国特色社会主义制度所具有的切实保障社会公平正义和人民权利的显著优势。

---

① 国务院新闻办公室：《中国人权法治化保障的新进展》，《人民日报》，2017 年 12 月 16 日。

## 第三节　以人民为中心推进中国人权
## 发展的法治保障建设

新时代推进中国人权发展道路的法治保障建设，要突出"以人民为中心"的人权法治保障建设理念，从而加强人权法治保障建设。

### 一、"以人民为中心"的人权法治保障理念融入全面依法治国

全面依法治国就是要建设中国特色社会主义法治体系，建设社会主义法治国家。中国人权发展的法治保障揭示了全面依法治国"根本目的是保障人民权益"，这是全面依法治国最根本的问题，因此必须将尊重和保障人权融入全面依法治国的目标之中，即尊重和保障人权是建设法治中国、建设中国特色社会主义法治体系、建设社会主义法治国家的应有之义。

以下将对陈佑武在《论"加强人权法治保障"》中提出的将尊重和保障人权理念融入全面依法治国目标的三方面阐释作进一步完善。

第一，完备的法律规范体系是中国人权发展的法治前提。通过科学立法、民主立法、依法立法，人权以法律的形式确定下来，中国人权发展的法治保障的内容以法律的形式得到明确。

第二，高效的法治实施体系是推进中国人权发展的基础。通过严格执法、公正司法等途径，人权得到有效落实，人民对法治的认同，在中国人权发展道路人权保障中发挥了重要作用。

第三，严密的法治监督体系是人权保障的内在要求。权力不受监督，不仅损害法治建设，更影响人权保障。因此，发挥国家监察委员会的作用，使得法治监督体系更为严密，将对中国人权发展道路起到积极的推进作用。①

第四，有力的法治保障体系是中国人权发展道路的重要依托。坚持党的领导是形成有力的法治体系的根本所在，只有不断加强和改进党的领导才能加强人权法治保障。同时，要不断推进法治社会建设，夯实中国人权发展道

---

① 陈佑武：《论"加强人权法治保障"》，《人权法学》，2022 年第 1 期。

路的社会基础。

第五，完善的党内法规体系是中国人权发展道路的迫切要求。只有建立起完善的党内法规体系，使得广大党员和领导干部在宪法法律范围内活动，当代中国的人权发展道路才能行稳致远。

## 二、创造"以人民为中心"的中国人权发展道路的制度环境

法律是治国之重器，良法是善治之前提。中共十八大以来，通过民主立法、科学立法，创建了"以人民为中心"的中国人权发展道路的制度环境。

中共十八大以来，国家不断完善立法体制机制，修改立法，加强对法规、规章和规范性文件的备案审查制度，依法撤销和纠正违宪违法的法规、规章和规范性文件，保证宪法法律有效实施。

左锋在《以人民为中心推进人权法治保障》一文中，提出从以下六个方面完善人权发展的制度环境。一是优化立法权配置，赋予 240 个设区的市、30 个自治州、4 个不设区的地级市地方立法权；完善立法论证、听证、法律草案公开征集意见机制、审议和表决前评估机制等制度。二是制定《民法总则》，确立保护公民权利的立法目的，彰显了完善权益保障的立法宗旨，体现了对个人权益全面保护、维护人的价值、保障人的发展条件的立法追求。三是逐步完善经济、社会和文化领域立法，使劳动者的劳动权、健康权、生育权、文化权、受教育权等得到更充分保障；修改《刑事诉讼法》，完善非法证据排除等规则，加强对刑事诉讼环节的人权保障。四是修改《民事诉讼法》，加强检察监督制度，以制度保障民商案件当事人合法权益的实现。五是修改《行政诉讼法》，加大对行政审判的监督和法院裁判的执行力度，切实将行政权纳入司法监督。六是审议通过《关于废止有关劳动教养法律规定的决定》，废止劳动教养制度；加强特定群体权利保障立法，切实保护未成年人、老年人、残疾人、孕期和哺乳期妇女、重病患者等的合法权益。①

在立法程序方面，国家立法机关做到始终坚持民主立法的价值取向，在有关的立法决策和立法活动中，依据民主原则并贯彻民主原则，充分调动社

---

① 左锋：《以人民为中心推进人权法治保障》，《学习时报》，2018 年第 2 期。

会公众参与和监督立法全过程，建立充分反映民意、广泛集中民智的立法机
制，推进法制建设的科学化、民主化，努力使法律真正体现和表达公民的意
志，真正成为保护人民财产权利和人身权利的良法，成为促进中国人权发展
道路完善的良法。例如，2017 年《民法总则》草案审议通过之前，先后进行
了 3 次审议，3 次面向社会公开征求意见，组织了数十场专家咨询会，共收
到 15 422 人次提出的 70 227 条意见。在提交全国人大代表审议过程中，有
700 多位代表发言，提出了近 2 000 条意见建议，充分体现了民主立法、科学
立法。[①]

### 三、"以人民为中心" 落实依法行政，推进中国人权发展道路的实践

法治化服务型政府也就是以守护人民权利为职责的政府。实践证明，人
民群众对美好生活的需求和法治政府建设的目标是同向的，紧紧围绕"以人
民为中心"的执政理念和落实"依法全面履职"的行政要求，推动建设守
法、有为、共享的法治政府，是践行中国人权发展道路的重要环节。

（一）立法是人权得到法律切实尊重和保障的基本前提

立法是法定人权，执法是落实人权，司法是救济人权，守法是维护人
权，中国人权发展道路的法治保障应在法治的各个环节都得到体现。立法对
人权的保障主要是通过立法机构将应有权利提升为法定权利。没有立法，人
权无法进入法治视野；而通过立法，人权则成为法治建设的价值基础与规范
基础。立法对人权的保障主要是通过规定公民的权利与义务、国家机关的权
力与责任来实现。通过立法，使得法律成为增进人民福祉、增进社会认同的
最大公约数，为中国人权发展道路奠定坚实法律根基。[②]

（二）执法是人权得到法律切实尊重和保障的重要环节

在人权从法定状态向实际享有转变过程中，执法是最为重要的手段与措
施，是公共权力服务于公民权利最为常见的表现形式。

我国的宪法和有关法律均对人权保障予以明确规定，政策文件都规定了

---

① 国务院新闻办公室：《中国人权法治化保障的新进展》，《人民日报》，2017 年 12 月 16 日。
② 陈佑武：《论"加强人权法治保障"》，《人权法学》，2022 年第 1 期。

国家机关在促进与保障人权方面应承担的各项义务，但是能否转变、落实为人们实际能够享受到的人权，主要取决于行政机关能否履行其职责、实现其功能。

（三）司法是人权得到法律切实尊重和保障的救济措施，体现了法治的公正与威严

法律所规定的各项人权如果在实践中没有得到落实甚至被侵犯，司法是维护这些人权的重要渠道与环节，也是法治国家中具有底线保障的救济手段。司法的核心理念与终极目的在于尊重与保障人权，离开尊重和保障人权去讨论的司法理念与价值是"空洞"的。

中国人权发展道路法治保障，更注重司法公正的价值追求。司法公正是社会公正的风向标，司法不公必将严重损害社会公正。必须完善中国人权发展道路的司法管理和司法权力运行机制，规范司法行为，加强对司法活动的监督，让人民群众感受到公平正义、社会公正。

（四）守法是人权得到法律切实尊重和保障的社会基础

要使法律规范规定的权利与义务在日常生活中得到实现，就要引导全体人民守法。社会主体在承担义务的同时不仅实现了自身人权，而且也实现了他人人权。守法的关键是领导干部守法，领导干部守法能起到榜样示范的作用，同时也能有效促进全社会守法氛围的形成。领导干部若对不守法或凌驾于法律之上的行为习以为常，将对法治国家的建设造成致命性破坏，也严重损害中国人权发展道路的形象。

一是依法保障公民在行政决策中的参与权。优化决策程序，把公众参与、专家论证、风险评估、合法性审查、集体讨论决定确定为重大行政决策法定程序。[①] 推行政府法律顾问制度和公职律师制度，推动县级以上各级党政机关普遍设立法律顾问、公职律师，为重大决策、重大行政行为提供法律意见。

二是依法保障公民对行政权力的监督权。以政府信息公开条例为依据，坚持以公开为常态，不公开为例外原则，重点推进行政审批、财政预决算、

---

① 国务院新闻办公室：《改革开放 40 年中国人权事业的发展进步》，《人民日报》，2018 年 12 月 12 日。

保障性住房、食品药品安全、征地拆迁等领域的信息公开。创新政务公开方式，加强互联网政务信息数据服务平台和便民服务平台建设，提高政务公开信息化、集中化水平，增强公民获取信息的便捷性。①

三是依法治理侵犯公民生命健康财产权利的突出问题。对环境污染采取零容忍，依法清理"散乱污"企业、关停整改违法排污企业。在餐饮业实施"明厨亮灶"，加强稽查执法。在安全生产领域强化监管执法，不间断开展明查暗访、突击检查、随机抽查，全面排查各类风险隐患。集中打击电信网络诈骗犯罪，坚持侦查打击、重点整治、防范治理三管齐下，不断完善相关执法制度，有效遏制案发态势，维护人民群众的生命财产安全，人民群众安全感进一步增强，中国人权发展道路在人民参与下不断完善。②

## 四、夯实"以人民为中心"的中国人权发展道路法治保障的社会基础

法治社会建设为中国人权发展道路的法治化保障提供了至关重要的社会基础。法律必须以社会为基础，任何一部法律，如果没有良好的社会基础，就不可能达到人权保障的理想效果，其效力也将会大打折扣，甚至形同虚设。因此，夯实社会基础是中国人权发展道路法治化保障的固本浚源之道。

2017年12月15日国务院新闻办公室发表白皮书《中国人权法治化保障的新进展》，第一次对中国人权法治化保障的社会基础给予了专章叙述，并明确展示了自下而上的法治社会建设对中国人权发展道路法治化保障事业所起到的立根固本的重要作用。中共十八大以来，中国努力提升全民法治意识，全面推进法治社会建设，为人权法治化保障营造良好的社会环境。

（一）强化国家工作人员的法治观念和人权保障意识

实行宪法宣誓制度，要求凡经各级人民代表大会及县级以上各级人民代表大会常务委员会选举或者决定任命的国家工作人员以及各级人民政府、人民法院、人民检察院任命的国家工作人员，在就职时应当公开进行宪法宣

---

① 国务院新闻办公室：《中国人权法治化保障的新进展》，《人民日报》，2017年12月16日。
② 同上。

誓，激励和教育国家工作人员忠于宪法、遵守宪法、维护宪法，加强宪法实施。[1]

发布《党政主要负责人履行推进法治建设第一责任人职责规定》，规定县级以上地方党委和政府主要负责人是推进法治建设第一责任人，履职情况纳入政绩考核指标体系。发布《关于完善国家机关工作人员学法用法制度的意见》，把遵守法律、依法办事作为考察干部的重要依据。[2]

全国各地都普遍建立了党委（党组）理论学习中心组学法制度，把法治纳入干部录用和晋职培训，列入各级党校和干部学院的必修课，人权知识被普遍纳入教学内容。[3] 国务院新闻办公室和国家人权教育与培训基地针对国家公职人员已举办了多期人权知识培训班，传播人权知识，提升人权意识。

（二）在全社会普及人权和法治观念

确定每年 12 月 4 日为国家宪法日，在全社会普遍开展宪法教育，弘扬宪法精神。

实施"六五普法"规划和"七五普法"规划，推进全民普法和守法。发布《关于实行国家机关"谁执法谁普法"普法责任制的意见》，明确国家机关是法治宣传教育的责任主体。[4]

发布《青少年法治教育大纲》，把法治教育纳入国民教育体系，培育青少年法治观念、普及法治知识、养成守法意识，提高运用法律方法维护自身权益、通过法律途径参与国家和社会生活的意识和能力。[5] 2021 年 6 月，中共中央国务院转发中宣部、司法部关于开展法治宣传教育的第八个五年规划（2021—2025 年），要求在全国建设社会主义现代化国家新征程中，进一步提升公民法治素养，推动全社会尊法学法守法用法。

（三）加强公共法律服务和人民调解工作

发布《关于推进公共法律服务体系建设的意见》，加快推进公共法律服务体系一体化建设，促进公共法律服务均等化。增加公共法律服务供给，消

---

[1] 国务院新闻办公室：《中国人权法治化保障的新进展》，《人民日报》，2017 年 12 月 16 日。
[2] 同上。
[3] 同上。
[4] 同上。
[5] 同上。

除无律师县，建立集律师、公证、司法鉴定、人民调解等功能于一体的公共法律服务大厅，推广"一村一社区一法律顾问"制度，完善"12348"免费法律咨询服务热线，使人民群众能便捷获得法律服务，有效维护人民群众自身权益。重点加强行业性、专业性人民调解工作，依法及时化解医疗、劳动等领域矛盾纠纷。2013 年至 2016 年，共调解各类矛盾纠纷 3 719.4 万件，其中行业、专业领域矛盾纠纷 545 万件。截至 2016 年，全国共有人民调解组织 78.4 万个，人民调解员 385.2 万人，覆盖全国城乡社区。2013 年至 2016 年，每年调解矛盾纠纷 900 多万件，调解成功率达 97% 以上，促使大量矛盾纠纷化解在基层。①

　　党和国家对于推进中国人权发展道路法治化保障具有主导性的作用，但社会组织也是法治社会建设的重要主体，是人权法治化保障的重要力量。中共十八大以来，国家不断完善基层群众自治组织，培育了民众的民主意识，有力地推动了基层民主的健康发展和人民群众民主权利的保障。大量涌现的社会自治组织及其法治化运行，使得中国人权发展道路的法治化保障事业越来越充满朝气与活力。

---

① 国务院新闻办公室：《中国人权法治化保障的新进展》，http：//www.scio.gov.cn/xwfbh/xwbfbh/wqfbh/44687/46065/xgzc46071/Document/1707247/1707247.htm。

# 第十七章　中国人权发展道路的文化精神

中国人权发展道路的形成和发展，有其深厚的源远流长的文化底蕴和强大的包容力。所以，分析阐释中国人权发展道路的文化生成基础及其境界追求、中国人权文化的对外传播与交流、中国人权文化对全球人权的包容力、影响力，不仅有助于回答中国的人权发展道路为什么不同于西方，中国人权发展道路的文化精神是什么等问题，而且能为世界人权事业的发展提供一种不同于西方发展道路的新模式。

## 第一节　中国人权发展道路的社会文化基因

中国人权发展道路的选择，不仅受限于特定的经济和政治因素，而且取决于特有的历史文化传统。习近平指出："每个国家和民族的历史传统、文化积淀、基本国情不同，其发展道路必然有着自己的特色。"[1] 当代中国人权发展道路的选择，是马克思主义人权观中国化的成果，也根植于中华优秀文化的沃土。

在世界人权发展道路的图谱上，人权文化基因具有基础性、关键性的作用。不同国家的人权文化基因是不同国家、不同民族文化的遗传密码，人权文化基因的不同使得不同民族、不同国家的人权呈现出巨大差异。同"个人主义"的西方文化相比，中华文化崇尚"以民为本"、追求"天下为公"，正是这种"以人民为本""天下为公"的人权文化精神，引领中国走出了一条不同于西方的人权发展道路。也正是这种人权文化精神，让我们明白中国

---

[1] 《习近平：牢记历史经验历史教训历史警示　为国家治理能力现代化提供有益借鉴》，载人民网，http://cpc.people.com.cn/n/2014/1014/c64094-25827156.html。

人权发展道路的源头在哪里，它将会如何发展，它将如何引领中国人的权利享受走向美好的明天。

人类的历史包括两个世界，一是生活世界、现实世界，二是概念世界、理念世界；前者决定着后者。要探寻萌生中国人权发展道路的传统文化，要弄清中国传统文化没有产生概念上的"人权"的原因，首先应到传统中国的生活世界中去寻找分析。

## 一、中国特色地缘空间是生发中国人权发展道路的基因

西方人权文化在人类意识形态方面的强势与现实人权享受的巨大落差——种族歧视、枪支暴力等种种侵犯人权的现象，启示我们：西方传统人权文化在倒退、衰落，而这离不开西方文明的局限，西方文明的局限又与其宗教传统密切相关。

（一）西方文明的对抗本质成就了人权文化也限制了人权文化

基督教是主张"一神论"和"普世论"的，认为唯有自己才可以拯救全人类。这种特质也决定了西方文明的对抗本质与传统。900 多年前基督教世界对伊斯兰世界发起的长达 200 年的"十字军东征"，在一定意义上反映了西方文明的冲突、对抗本质。西方资产阶级启蒙思想家在反对"君权""神权"过程中，争人权的文化也带有这种冲突对抗的本质。乃至 20 世纪 90 年代美国著名学者塞缪尔·亨廷顿用"文明冲突论"来分析阐释西方文明与伊斯兰文明、与中华文明等冲突，西方文明的对抗传统成就了人权文化也限制了人权文化。西方人权文化的局限性是与生俱来的，它是与世俗权力和教会权力对抗和妥协的产物，这种源起于对抗性和妥协性的人权文化从其确立之日起，就内含了不可逆转、不可克服的矛盾与局限，即本质上内含一种生存恐惧下的抗争与掠取的意蕴，是一种对不平等状态下自然反抗的结果。

（二）中国传统社会享有事实人权，不必借助"人权"概念伸张人本价值

中国传统社会为何没能催生出概念上的人权？齐延平认为，其本源性的原因在于传统中国社会天然享有事实人权，不必要借助概念上的人权伸张人本价值。换言之，中国传统社会不需要借助人权这一旗帜就能够构筑起一种

生活相对富足安康、文明有序发展的生活模式。其中，人们无需借助根源于"权利"的一套生活理念和制度模式就可以生活得相当惬意。[①]

齐延平从传统中国的生活世界中分析阐释了中国没有概念人权和理论人权的原因，他认为，中国传统社会作为一始于同一血缘、拥有相对稳定的生活地域、相同的语言、文字、法度、伦理、习俗、信仰和利益感的共同体的形成，与西方传统国家的形成有重大不同：一是中国传统社会起源于血缘、血统基础上的家族亲属组织，而西方传统国家则起源于战争与掠夺基础上的军事组织；二是中国历史上虽有诸侯割据、分裂分立的情形，但并无种族、民族、宗教之强烈对立，这与西方国家源于诸侯利益、宗教信仰、民族纷争的征伐拉锯情形显然不同；三是中国人的生活稳定感、内在精神和谐感来源于中国人的祖先地、血缘、地缘、文字语言、法律习俗从未发生根本性分裂的生活体验，这与西方通过南征北战、海外拓殖型塑成的国家观念和国家形态也有着显著的不同。

由特定的地缘空间、民族性情、生产生活方式、文化取向所共同孕育出的是一种对内松弛、对外亦不紧张的人权社会状态。这种状态的形成，既有三面环山、一面临海的地理封闭性原因，也有自给自足自然经济的自我封闭性原因，更有人伦义理、三纲五常体系下的文化自洽、精神自足等方面的原因。[②] 正是这种人权社会的常态成为生发中国人权发展道路文化精神的社会基因（内含中国独特地缘空间自然基因）。这种社会基因是先天的，是不可能改变和移植的。

所以，当代中国的人权发展道路的选择，历史地内在于中国特色地域空间而孕育成长的人权文化。这也就不难理解中国人权发展道路不同于西方，更不能搬西方的民主、自由等人权思想，中国没有养育西方人权的社会基因土壤。

## 二、中国传统政治制度为中国人权发展道路生成提供政治基础

中国传统政治制度以宗法等级和人治为核心。中国传统政治制度法统是

---

① 齐延平：《和谐人权：中国精神与人权文化的互济》，《法学家》，2007 年第 2 期。
② 齐延平：《论中国人权文化的正当性根基》，《法制与社会发展》，2018 年第 2 期。

威权主义、宗族主义与法制主义的结晶体，是适应自然经济、农耕文明的规范体系。儒家坚持"亲亲""尊尊"的原则与标准，其所倡导的礼治就是以此为基础建立的。可以说，"礼治"之"礼"，根本上就是一种建立在贵贱、尊卑、长幼、亲疏之上的行为规范，其基本要义是三纲五常，只要"纲"举"常"在，社会等级秩序便会井然有序且稳定可控。就此而言，礼法之核心可以被概括为宗法等级制。① 传统政治制度法统之核心是"人治"。中国传统社会既有无所不包的礼治规范，也有细密精致的法制，但其最终的权威在君，主张贤人政治。

中国传统政治又是上层权力与下层社会相分离的结构。秦始皇改革郡县制，保证中央政令统一，最大限度消除诸侯割据隐患。

然而，由于中国地域之广阔、民情之多样、交通通信之不便，中央政令向下传导也必定会急剧衰减，所以传统中国正式权力结构是一种头重脚轻的等级权力结构。"这必然导致传统中国社会呈现自由散漫的一种状态。"中国人头脑中没有西洋人强烈的阶级意识、种族意识、国家意识。在家国不分、公私不立、国家与社会浑融不明的状态下，人人得以安生，个人是否自由地生存与发展不成为问题，所以就不会萌生个人权利的观念。

同时，传统中国高韧度的超稳定文明结构孕育了中国人权发展道路的文化。地域上的幅员辽阔、空间上的自成一体、血缘上的同根同宗、经济上的自给自足、政治上的无为而治、生活上的安贫乐道、文化上的内在和谐、文明上的绵延持久，造就了传统中国独特而高韧度的超稳定文明结构。这一结构决定了传统中国人政治生活和社会生活的稳定有序②，也造就了中国事实的人权发展道路之文化。

### 三、佛教成为中国人权发展道路选择的文化参照

佛教从古印度传入中国，历经两千多年与本土文化逐渐融合的过程，既丰富了中国传统文化的内涵，又促进中国传统文化得到了长足的发展。佛教在扎根于中国传统文化这块丰沃的土壤的过程中，渐渐地根深蒂固、蓬勃发

---

① 费孝通：《乡土中国生育制度》，北京大学出版社，1998年，第64页。
② 齐延平：《和谐人权：中国精神与人权文化的互济》，《法学家》，2007年第2期。

展、枝繁叶茂，实现了中国化、本土化。因此，佛教不仅是第一个实现中国化的外来宗教，并且在社会意识形态方面，又成功地融入了本土的人生社会价值观中；佛教文化已经成为中华优秀传统文化的一个重要组成部分。① 佛教对中国思想文化的影响，并使佛教成为中国人权发展道路选择的文化参照。

（一）佛教对宋明理学和晚清一些民主思想启蒙运动者的影响

佛教各宗派学说，经过长期的研究和广泛的弘扬，对中国思想界曾起了不可磨灭的影响。如宋明理学是在中国儒学与玄学的基础上产生的，综合了道家和佛教的心学思想，形成了独特的具有儒家思想又不同于儒家的"心学"学术思想。所以，顾炎武说："今之所谓理学者，禅学也。"② 因此，可以说，如果没有佛教思想的影响，很有可能就没有后来的理学，也就没有了今天中国传统文化宋明理学的思想体系。当然，佛学也在不同程度上受宋明理学的影响，如佛教禅学和华严学都在很大程度上受到了宋明理学的"理"与"气"理论学说的影响，使得禅学与华严学在当时得到了快速发展，形成了具有中国传统文化特色的中国佛学文化。

在晚清时期，中国知识界研究佛学成为一时普遍的风气。一些民主思想启蒙运动者，如谭嗣同、康有为、梁启超、章太炎等学术名流，都采取佛教中的一部分教理来作他们的思想武器。佛教的慈悲、平等、无常、无我的思想，在当时的知识界中起到了启发和鼓舞的作用。

（二）佛教的生命哲学思想成为中国重视生命权、生存权的重要来源

这里从世界著名的佛教思想家、哲学家池田大作和国际著名佛学大师星云大师的生命哲学观，看其对中国人权发展道路中的生命权、生存权的影响。

1. 池田大作的生命尊严思想引导人们珍视生命权

佛教在汉代传入中国，后来又输出到韩国和日本。东方佛学在世界上影响最大的是日本的学者，前有铃木大作氏，后有池田大作氏。

佛教生命观的基调是强调众生平等，尊重生命、珍惜生命是佛家的根本

① 宋立道：《佛教与中国人权文化》，《佛学研究》，2017 年第 1 期。
② 顾炎武：《顾亭林诗文集卷 1·与施愚山书》，中华书局，1983 年，第 58 页。

观念。佛教对生命的理解十分广泛，众生平等不仅是不同个人、不同人群、不同人种的和平，而且超越人的范围，是宇宙间一切生命的平等。善与恶的最大标准是对生命的态度。其本质是平等的，即可上升进步，也能下降堕落。每个生命，都有平等的生存权利。由此推而广之，杀众生与战争是恶，是最大的恶；爱众生与和平是善，是最大的善。

池田大作认为，21世纪"是生命的世纪"，他从"生命的本质"出发说明人的存在。他指出："佛法认为'人'是'色心不二'的本体，'色'就是肉体，'心'就是精神，两者一体化就是'人'。"① 人的存在不仅是以一个国家为基础的社会性存在，更是与人类社会全球自然宇宙整体有关联的生命性存在。他从两个方面看待人的生命尊严，一是"存在本身的尊严性"，即生命尊严意味着绝对性以及平等性；二是"生命本身具有功能（作用），或者说是其机能上的尊严性"，即生命尊严具有创造性。②

池田大作从两个方面阐述生命尊严的绝对性。第一，生命尊严的绝对性来自生命内涵着绝对的境界。在佛法上，称生命的最高、最极的状态和境界为"佛""佛性""佛界"，即最高贵的东西。关于生命的尊严性，池田从生命里最高最极的境界，即从"佛界"的观点上来探究，并进一步地阐明。他认为："所有人的生命都是宝物，其中包含着极其珍贵的至宝，即佛界或佛性。"③

第二，生命尊严的绝对性来自绝对的完整性和自我完满。生命尊严是池田思想的基础，他认为："生命的尊严才是普遍的绝对的基准。"④ 这也是池田大作在与英国历史学家汤因比博士（Arnold J. Toynbee）畅谈录中最后提出的重要论点。

2. 星云大师的佛启生权——以人为中心的宗教思想

星云大师践行的人间佛教发展历程，历经六十年的开创、变革、发展，已经在教理探索、理论建构与实践模式等层面，获得了举世关注的成就与意义，拥有了华人社会、全球宗教皆值得借鉴与分享的文明与信仰价值。

① ［日］池田大作：《新人间革命》第10卷，日本圣教新闻社，2005年，第57页。
② ［日］奥田真纪子、王丽荣：《池田大作生命尊严思想述评》，《伦理学研究》，2016年第3期。
③ ［日］池田大作，［英］阿诺尔德·汤因比：《眺望人类新纪元》，香港天地图书有限公司，2000年，第216页。
④ 同上书，第483页。

大师始终强调的人间佛教社会意义，佛教不是神的宗教，不是权威的宗教。人间佛教作为人文主义的信仰，是佛启生权、以人为中心的宗教。尤其是在人类文明历经了君权、民权、人权等时代之后，已经步入了保护生命权利、生命治理的"生权时代"。而人间佛教所开启的生命权利，揭示了人间佛教对于芸芸众生生命权利之践行，充分呈现人间佛教众弟子珍视生命权利的时代特征。

在生权时代的开启之中，大师特别重视民权，强调人的生命有无比尊严，举凡生存权、参政权、平等权、自由权、财产权、文化权等，均应受到保障。大师把这些权利统称为"生命权利"，而把当代社会特别强调的芸芸众生与生俱来的生存权、参政权、平等权、自由权、财产权、文化权及其时代特征称之为"生权时代"。在此基础上，大师特别强调人间佛教需要关怀众生，普度众生，为天下众生服务，这就是人间佛教维护当时代"生权"的具体表现。

显然，星云大师、池田大作的尊重生命、生命权、生存权的哲学思想，在千百万人民中产生影响，成为中国人权尊重生命、生存权的一个重要思想文化参照。

（三）佛教"一阐提皆有佛性"包含的众生平等、宽容博爱的权利思想，直接渗入中国人权发展道路选择的文化基因

佛家所讲的慈悲是以"普度众生"为根本宗旨，其慈爱的对象不限于人类，包括了宇宙中所有的生物。不仅如此，佛家还以"一阐提①皆有佛性"、一切众生皆有佛性为由，主张要"不念旧恶，不憎恶人"，"只要放下屠刀，立地成佛"。这也就是《中华人民共和国刑事诉讼法》规定的罪犯享有人身不受刑讯体罚、虐待侮辱的权利、私人合法财产不受侵犯的权利等等。佛教还把"不杀生"为第一戒律，强调慈爱的绝对性和无条件性，把生命的权利推向极致。因此，佛教的"慈悲观"可以说是一种宇宙人权。佛教的众生皆有佛性，还包含着一个众生平等、宽容、博爱的权利思想。自古以来，众生平等、一切众生（包括一切生物）皆有佛性而萌生的环境意识、生态平衡意

---

① "一阐提"是梵文 icchantika 的音译，意思是"不具信"或"断善根"。

识，也成为中国人权发展道路萌生时期的文化渊源。

佛教之传入促使中国的儒教、道教文化与其融合，并促使中国文化整体转型、融合发展。因为印度佛教进入中国以后，在保留精神实质的前提下部分地改变自身形态，以迁就中国的精神气质；而从中国的固有传统立场来看，其既被外来的奇思异想和精神价值所感动、所震撼，又不得不对自己固有的文化观念重新审视。佛教促使国人对人生的意义的深思、对生命和宇宙观等反思，因而也深化了中国人关于天人之际的想象[1]，在中国人权文化精神的世界观、人生观、社会观甚至认识论各个方面都留下了深刻的烙印，在广度和深度上极大地改变了中国人权发展道路的文化面貌，也印证了中华文化的包容本性。

## 四、马克思主义人权观成为中国人权发展道路选择的根本依据

在本书第一章我们已分析阐释马克思主义人权观之发轫，受到过西方资产阶级启蒙思想家的影响。中国五四运动和新民主主义革命时期的思想家和革命者，也受到西方人权思想启蒙的影响，立足中国的传统文化和社会历史条件，提出争民主平等、自由的人权口号。但是，西方人权观只是在直观表象层面上影响中国人权发展道路的选择，并未成为中国人权道路选择的内在的根本的依据。

五四运动之后，马克思主义在中国的传播，中国共产党在为中国人民争人权、争解放的过程中，逐渐形成了适应中国国情的人权发展道路。本书在第六、七章分析阐释了马克思主义人权观"中国化"的实践的发展，马克思主义人权观理论成为中国人权发展道路的根本依据，尤其是马克思、恩格斯在《共产党宣言》中提出的：共产主义社会是自由人的联合体，"在那里，每个人的自由发展是一切人的自由发展的条件"；马克思在《资本论》中明确指出的：共产主义社会是"以每个人的全面而自由的发展为基本原则的社会形式"[2] 等思想，成为中国共产党选择中国人权发展道路的指导思想。中国共产党成立 100 年来，以马克思主义人权观为指导，在中国的新民主主义

---

[1]　宋立道：《佛教与中国文化》，《佛学研究》，2017 年第 1 期。
[2]　孟庆仁：《论马克思主义人权及其现实意义》，《山东社会科学》，2007 年第 3 期。

革命、社会主义建设中，不断完善中国人权发展道路，保障人民的经济、政治、文化等各种人权，促进中国人权事业的发展。

在上述意义上说，中国人权发展道路的形成和发展，有其社会历史的必然性，它是基于中国特殊的地缘空间、中国传统的政治文化与外来文化碰撞融合的必然结果，是以马克思主义解放全人类、实现人的全面自由发展价值目标追求为理论依据，而作出的符合中国国情和历史发展规律的科学理性选择。

## 第二节　中国人权发展道路的文化精神追求

中国人权发展道路随着马克思主义人权观的"中国化"实践发展，形成了以下三个境界的人权文化精神的追求。

### 一、人与人的权利关系：从"仁爱"到"诚信、友善"

中国传统文化历来重视人与人之间的关系，倡导人与人、人与社会关系的和谐，认为"天时不如地利，地利不如人和"，倡导"和为贵"，以"仁"者"爱人"规范人的道德意识、行为准则和价值取向。在中国人与人的权利关系的历史演变中，人权发展道路精神的"仁"、友爱平等，在中国特色社会主义新时代成为诚信、友善核心价值观的新追求。

（一）传统文化的"仁"强调的是对人的一种态度

传统文化"仁"的中心成分是一种亲情，一种爱"人"的情感。儒家强调："孝悌也者，其为仁之本欤！"[1]"孝悌"是亲情的最典型的体现，而人权强调的是广义的亲情、广义的爱人。"仁"的精神就是将"孝悌"推而广之。如果连起码的"孝悌"都不具备，那么"仁"又从何谈起呢？所以儒家强调"孝悌"。[2]

首先，在儒家看来，"仁"是需要从"孝悌"做起的。有大家都达成这样的共识，一心向"仁"，整个社会才能成为"仁"的社会。另一方面，儒

---

[1]　张燕婴：《论语》，中华书局，2006年，第2页。
[2]　贾海涛：《孔子"仁"的精神与人道主义》，《黄淮学刊（哲学社会科学版）》，1998年第4期。

家又认为虽然作出这种选择很容易、很简单，但要"弘仁"或推广"仁"的精神要借助于强制手段的约束。人们只有遵循这种约束才能达到"仁"的境界，才能体现"仁"的精神；社会只有遵循这种约束，才算是"仁治"。①

其次，对于"仁"的理想，儒家考虑的并不是主要从个人品德的修养方面去落实，而是着眼于整个社会的范围，而其方法就是靠"仁政"的社会制度来约束实行。由此也可以看出，孔子"仁政"的实质是从"仁"包含的"忠""恕"两个方面所倡导的要推己及人地爱人，实质是处理人与人的权利关系要以理解和尊重为前提，将心比心，以心换心，在维护社会秩序的和谐稳定来看是有积极意义的。

（二）从"仁"到诚信、友善核心价值观的新追求

孔子大力倡导"以诚为本"。他说："人而无信，不知其可也。大车无輗，小车无軏，其何以行之哉？"② 人缺少了诚实守信的品德，就如同车子缺少了輗这类枢纽就无法行进一样，在社会上将寸步难行。

诚实守信是立国之基、交往之道。但是在孔子那里，诚实守信目的在"仁"。孔子的诚信思想是建立在"仁"的基础之上的，认为追求诚信的目的是为了求"仁"。"仁"是孔子对各种善的品德的最高概括，也是他整个学说的精髓所在。在孔子看来，各种德行都不过是仁的外在表现形式。那么，究竟什么是仁呢？孔子在《论语》中指出，能够在实践中时时处处实行"恭、宽、信、敏、惠"五种品德便是仁；并且说："志士仁人无求生以害仁，有杀身以成仁。""仁"者"爱人"。③

从人权角度看孔子的"诚信"，实质上是他倡导对社会的一种道德义务、道德责任；"至诚"的目的是取信于全体人民，这是为了实现其"仁政"的目的，内含集体主义人权思想。孔子提倡"仁者爱人""泛爱众"；孟子的"仁民而爱物"思想则使"友善"的内涵超越了人际互助美德，容纳了处理人与自然关系上的代际友善或生态友善④，实际上是一种"友爱的平等观"学说。

---

① 贾海涛：《孔子"仁"的精神与人道主义》，《黄淮学刊（哲学社会科学版）》，1998 年第 4 期。
② 张海婴：《论语》，中华书局，2006 年，第 22 页。
③ 魏佐国：《孔子诚信思想及其现代意义》，《南方文物》，2007 年第 2 期。
④ 王雷：《友善：民法典的基本价值取向》，《光明日报》，2015 年 10 月 14 日。

不仅如此，友善还包括对自然界的保护与爱护。概括地说，友善是基于善良意志而对他人宽容友好的态度和助人为乐的行动。尊重宽容、谦敬礼让、关爱扶危是其基本内涵。友善一定是善意与善行的统一。友善包含善意但又不局限于善意，还包括饱含善意的善行。①

"诚信""友善"传统伦理文化，在改革开放以后的社会主义市场经济中成为社会主义核心价值观对个人、社会和国家的基本要求，也是当代中国人权发展道路中的一种新的精神境界：在处理个人之间、个人与集体之间的人权关系时，要诚实守信，要尊重、宽容、礼让，要互助友爱；在评价国家之间的权益关系时，更应"真诚""友善"，不然，人权只是一种空洞无力的口号，或只是打压他国的一根大棒。

## 二、人与自然的权益关系：从"天人合一"到"人与自然和谐共生"

中国人权发展道路不仅奠基于人与人、人与社会权利关系基础之上，而且从人与自然的关系凸显中国传统的"天人合一"的生态人权观追求，再到新时代"人与自然和谐共生"的人权发展道路的新境界。

（一）人与自然的"天人合一"的关系

"天人合一"是中国文化中一个古老的观念，又代表着中国传统文化的最高追求。

首先，"天人合一"强调人与自然的关系是"生生为易"。这是一种以"天人之和"为基点，以生命运动为特征，以"易变"为表征，包含卦、象、数、辞等丰富内容的生命有机论思维方式。在"易变"思维看来，"易"与天地宇宙是一致的，它是从天地宇宙这个整体出发来进行思维的。因此，从某种意义上也可以说，《易经》的根本是"生生"，而"易变"的核心则是生命的生长演变。正是从这个角度上，我们说中国古代文化是一种生命的生态的文化。②

---

① 黄明理，顾建红：《论"友善"核心价值观之内涵、特征及基本要求》，《社会主义核心价值观研究》，2017年第 3 期。
② 曾繁仁：《中国古代"天人合一"思想与当代生态文化建设》，《文史哲》，2006 年第 4 期。

其次，"天人合一"强调一种生态人权。中国人权文化是一种包含着浓郁的生态意识的生态人文主义精神。只有做到"与天地合其德，与日月合其明，与四时合其序，与鬼神合其吉凶"，人才能有一个较好的生存状态。这就是一种将"天时"与人的生存相结合的古典形态的生态人权。"天人合一"的生态人权在新时代成为中国人权事业追求的又一新境界。①

（二）从"天人合一"到"天人互泰"的超越

汉代思想家董仲舒（公元前 179—公元前 104 年）在反思"天人合一"基础上提出"天人感应"思想。梁缺（梁之永）进一步思考，在其所著的《穷通刍论》《天人互泰》中，提出"天人互泰"的观点。他认为："与天为善，其趣无穷；与地为善，其益无穷；与人为善，其乐无穷。天人互泰，方存浩长。""天道地道与人道，道道融通方成道。""万变中存不变之道，不变中存万变之法。""互"是彼此、相互、交互，"泰"指安定太平、和谐美好之意。这一源于道、循于法、归于理的哲学思维，从人类的理性诉求出发，视为人类的终极追求。它包罗万象、寓意深远，蕴含了人与天、人与人的对应关系。它还涵盖了"天"所囊括的星际之间的辩证关系，彼此间的关系只有达到互善互泰，而不是互恶互害，才能建构人与宇宙及万物之间的平衡、和谐、共存关系。

学贯中西的国学大师、曾任中央文史研究馆馆长的饶宗颐又提出了"天人互益"思想。他说："季（羡林）倡导'天人合一'，我更进一步，提出一个新概念'天人互益'。""我提'天人互益'，是以《易经》'益卦'为理论根据的。马王堆《易》卦的排列，以《益卦》作为最后一卦，结束全局。这与今本《周易》以'既济''未济'两卦作结不同，而异曲同工。《益卦》初九爻辞说：'利用为大作，元吉，无咎。'上九的爻辞说：'立心勿恒，凶。'"②饶老说：我们如果要大展鸿猷，不是光说说而已，而是要展开"大作为"，或许可以达到像苏轼所说的"天人争挽留"的境界。要从古人文化里学习智慧，不要"天人互害"，而要造成"天人互益"的环境，朝"天人互惠"方向努力才是人间正道。

---

① 曾繁仁：《中国古代"天人合一"思想与当代生态文化建设》，《文史哲》，2006 年第 4 期。
② 饶宗颐：《我对人类的未来是悲观的，天人互益更重要》，《南方日报》，2009 年 11 月 18 日。

（三）人与自然和谐共生的生态人权

中国古代从"天人合一"到"天人互泰""天人互益"的人与生态关系思想，在习近平的生态文明思想中得到了传承并实现了新的升华。《论坚持人与自然和谐共生》一书，收录习近平 2012 年 12 月至 2021 年 12 月期间关于坚持人与自然和谐共生的重要文稿 79 篇。前后九年时间习近平对人与自然和谐关系的思考，形成了新时代习近平生态文明思想。其中以下几个方面的生态人权观，成为新时代生态人权观又一境界的追求。

1. 传承中华文明的生态智慧

中共十八大以来，习近平总书记传承中华民族传统文化、顺应时代潮流和人民意愿，站在坚持和发展中国特色社会主义、实现中华民族伟大复兴中国梦的战略高度，围绕生态文明建设发表一系列重要论述，深刻回答了为什么建设生态文明、建设什么样的生态文明、怎样建设生态文明等重大理论和实践问题，形成了习近平生态文明思想。习近平在一系列重要论述中，精妙运用古代典籍、经典名句，以古喻今、启迪思想、激荡精神。

他说，我们中华文明传承五千多年，积淀了丰富的生态智慧。"天人合一""道法自然"的哲理思想，"劝君莫打三春鸟，儿在巢中望母归"的经典诗句，"一粥一饭，当思来处不易；半丝半缕，恒念物力维艰"的治家格言，这些质朴睿智的自然观至今仍给人以深刻警示和启迪。①

他还指出，两千多年前，管子就提出"因天材，就地利，故城郭不必中规矩，道路不必中准绳"。有的城市规划专家说，要本着同土地谈恋爱的立场来做好规划。这都体现了尊重自然顺应自然、天人合一的理念要让城市融入大自然，不要花大气力去劈山填海，很多山城、水城很有特色，完全可以依托现有山水脉络等独特风光，让居民望得见山、看得见水、记得住乡愁。②

2. 坚持人与自然是生命共同体

人与自然是生命共同体。2018 年 5 月 18 日，习近平在全国环境保护大

---

① 北京市习近平新时代中国特色社会主义思想研究中心：《生态文明思想蕴含中国传统生态智慧》，《经济日报》，2019 年 4 月 11 日。
② 樊良树：《因天材，就地利，故城郭不必中规矩》，载光明网，https：//news.gmw.cn/2017-09/12/content_26126902.htm。

会上的讲话中强调：生态环境没有替代品，用之不觉，失之难存。"天地与我并生，而万物与我为一。""天不言而四时行，地不语而百物生。"当人类合理利用、友好保护自然时，自然的回报常常是慷慨的；当人类无序开发、粗暴掠夺自然时，自然的惩罚必然是无情的。[①]

生态兴则文明兴。大自然孕育抚养了人类，人类应该以自然为根。必须站在人与自然和谐共生的高度来谋划经济社会发展，尊重自然、顺应自然、保护自然，像保护眼睛一样保护生态环境，像对待生命一样对待生态环境，努力建设人与自然和谐共生的现代化。

3. 坚持良好生态环境是最普惠的民生权益

环境就是民生，青山就是美丽，蓝天也是幸福。加强生态文明建设是人民群众追求高品质生活的共识和呼声。

要坚持以人为本，探索保护环境和发展经济、创造就业、消除贫困的协同增效，在绿色转型过程中努力实现社会公平正义，增加全国人民在生态环境方面的获得感、幸福感、安全感。

4. 自觉助推构建地球生态共同体

秉持人类命运共同体理念，坚持多边主义，深度参与全球环境治理，切实履行气候变化、生物多样性等环境公约，大力推进绿色"一带一路"建设，为全球可持续发展提供中国智慧。

习近平关于"人与自然和谐共生"的生态人权观，既内蕴中国古代"天人合一""天人互泰"等生态智慧，又将全球现代化推进中面临的各种生态环境问题，提升到"人与自然和谐共生"的境界来阐释，来规范中国未来的生态人权发展之路。

## 三、生存与发展：从"天下为公"到"人类命运共同体"

中国人权发展道路的生存与发展权追求，从传统中国的"天下为公"到中国特色社会主义新时代的构建"人类命运共同体"，走向全球人权治理是中国人权发展道路的新境界。

---

① 《习近平谈治国理政》第 3 卷，外文出版社，2020 年，第 360 页。

（一）中国传统社会"天下为公"的人权诉求

《礼记·礼运》中，孔子描绘了一幅"天下为公"的大同社会的蓝图，就"大同"理想社会做了具体预设与直接阐述。于建福、宫旭从以下三个层面解读了"大同"理想社会，很有参考价值。

首先，从"大道之行也"至"讲信修睦"，是对"大同"社会的纲领性论述。"有公心，必有公道；有公道，必有公制"①，推行"大道"，必有"天下为公"之公制，政权及社会财富属于社会全体成员，而不专属于任何个体或利益集团。基于"天下为公"的政治主张，必然要有"讲信修睦"之公德，社会成员间应当建立起良好的互信而和睦的关系，要讲求诚信以消除欺诈，要崇尚和睦以止息争斗，使社会保持和平与安宁。

其次，从"故人不独亲其亲"至"不必为己"，阐述"大同"世界恪守的仁爱之道，揭示了大同社会的本质特征。"大同"社会的本质特征是讲仁爱，推己及人，"不独亲其亲，不独子其子"。"不独子其子"的前提是"亲亲"之爱，正如孔子所言："立爱自亲始"。②基于仁爱之道，对"矜、寡、孤、独、废、疾"这六种弱势群体，要实行生活保障，即让鳏夫、寡妇、孤儿、无子女的老人以至伤残者、疾患者都能得到赡养，更充分地体现全社会的人权关爱。

再次，从"是故谋闭而不兴"至"是谓大同"，是将现实社会与理想的"大同"社会作对比所作的总括语，意味着人们追求崇高、社会和谐安宁的境界。在理想的大同社会，由于公道公正公平公有共享，广泛施行仁爱之道，人们安身立命，人心和顺，各得其所，因而，阴谋诡计受到遏制，不再有任何施展余地，抢劫、偷窃和犯上作乱之事不会发生，也不用关上门来彼此防范，代之而兴的将是一个"外户而不闭"的安居乐业、和谐安定的局面。这就是两千多年前，中国圣贤对理想社会具体而形象的生动描绘，也是中国圣贤指引的讲仁爱、重民本、守诚信、崇正义、尚合和而致大同的人权发展道路构想。③

---

① 傅玄，刘治立：《〈傅子〉评注》，天津古籍出版社，2010年，第66页。
② 王国轩，王秀梅：《孔子家语》，中华书局，2009年，第147页。
③ 于建福，宫旭：《天下为公道治大同——释读民族复兴"中国梦"及"人类命运共同体"理念》，《齐鲁学刊》，2019年第2期。

以上三个层面的内涵反映了中国人权文化"为公"的本质。两千多年来,"天下为公"始终是中国人权文化的重要内涵。

(二)从"天下为公"到"人类命运共同体"新境界

在新时代,"天下为公"的人权文化又上升到"人类命运共同体"的新境界。今日,人类命运共同体理念传承并创新了"天下为公"的内涵,已经成为中国人权发展道路文化精神的核心要义。

1. 人类命运共同体理念凸显"天下为公"的共同利益追求

如前所述,儒家"天下为公"倡导天下是天下人共有的,从共同立场出发,确立共同目标,追求共同利益。中国共产党义无反顾地担负起实现中华民族伟大复兴的历史使命,以实现最广大人民群众的共同利益为价值目标,以实现最广大人民群众的根本利益为价值目标,不断谋求人民的幸福,从理论和实践上诠释着"天下为公"的时代内涵,充分展示了中国人权发展道路的"天下为公"的使命担当与大国情怀。

2. 人类命运共同体意识具有"为公"的价值共识

"为公"是人类命运共同体重要的思想基础。当今世界越来越成为你中有我、我中有你的命运共同体。世界各国尽管存在不同的国家利益、不同的意识形态、不同的社会制度、不同的宗教信仰等差异,但是,各国之间仍存在共同的利益、共同的准则和共同的价值追求。

一方面,"为公"建立在对人的生存价值充分尊重和全面保护基础之上,以施行"仁政"保障每个人的生存发展。另一方面,从价值层面出发,人类命运共同体是对天下为公思想的继承发扬。人类命运共同体以实现世界各国人民的和睦相处、和谐发展为追求,与天下为公思想所追求的人类和平在价值层面相互贯通。以推进全球"大道之行"的"天下"将更加开放、包容、普惠、平衡、共赢。①

3. 人类命运共同体贯穿"公平公正"的治理理念

人类命运共同体所追求的全球治理观与天下为公思想所倡导的"公平公正"相一致。天下为公思想在政治上讲求选贤举能,经济上追求共同发展,

---

① 肖珍:《论人类命运共同体和儒家"天下为公"思想的相融相通》,《齐齐哈尔大学学报(哲学社会科学版)》,2018年第9期。

以实现整个社会的"公平公正"为目标。构建人类命运共同体，在政治上要求平等相待、互商互量，以取得互信为目的；在安全上要求公道正义、共建共享，摒弃博弈思维和冷战思维，和平相处；在经济上谋求开放包容、包容互惠，实现合作共赢；在生态上尊崇自然、绿色发展。从全球治理出发，营造一个共赢共荣、公平正义的国际新秩序。"公平公正"，是推动建设国际新秩序不可缺少的约束机制。①

4. 人类命运共同体蕴涵"和而不同"的发展思想

天下为公思想昭示着人类对美好生活的向往，追求修身治国平天下的价值目标。以"和而不同"的原则处理国与国之间的关系，强调"己欲立而立人，己欲达而达人"的忠恕之道。

这些思想为人类命运共同体的构建提供了有益的启示："和而不同"原则包括和谐万邦的国际观、和而不同的社会观、人心和善的道德观，在五千多年的历史中，深深根植于中华民族的精神之中，构成中华民族治国理政、为人处事的行为方式，同时这也是人类命运共同体的坚守原则，激励着中华民族"文明的回归"。

由上可见，中国人权发展道路的文化精神从"仁爱"到"诚信、友善"，从"天人合一"到"人与自然和谐共生"，从"天下为公"到"人类命运共同体"，是根植于中国优秀传统文化的土壤，并经过中国一代又一代仁人志士的浇灌，经过千百万人民群众的实践，尤其是改革开放以来中国人权发展道路的实践，逐渐积淀、升华形成"以人为本""以民为本""人与自然和谐共生"等标志中华民族人权文化的精神，也就是中国人权发展道路的文化精神。

## 第三节　中国人权发展道路文化精神的
国际传播与交流

中国人权发展道路的文化精神，塑造了独特的区别于西方的人权发展的模式，不仅对广大发展中国家走适应本国国情的人权发展道路具有借鉴意

---

① 肖珍：《论人类命运共同体和儒家"天下为公"思想的相融相通》，《齐齐哈尔大学学报（哲学社会科学版）》，2018 年第 9 期。

义，而且丰富了世界人权文明的多样性。所以，中国人权发展道路在不断完善、不断追求新的文化精神境界的过程中，要善于开展国际人权传播与交流，推动全球人权治理。

## 一、加强中国人权发展模式国际传播与交流的意义

中国人权发展道路是一种独特的被中国人权发展事业实践所证明的成功模式。但是，中国人权发展模式只有在国际传播与交流中，才能被广大发展中国家以及发达国家认同和接受，才能成为具有普遍意义的人权发展"新范式"。

当今，百年未有之大变局为中国人权发展模式的传播提供了良好契机，传播中国人权发展模式已经同发展中国硬实力一样摆在十分重要的位置。加强中国人权发展模式的对外传播与交流，是增强国家人权文化影响力和感召力的必然选择，这将极大地促进我国文化软实力的发展。

（一）塑造良好的国家形象，营造中国和平友好发展的国际舆论环境

在当代，国际环境越来越影响一个国家的发展，无论是硬环境如经济、军事、科技，还是软环境如国际文化环境、舆论环境，对于一个国家的约束和影响越来越大。

改革开放 40 多年以来，中国的综合国力已居全球第二，中国所走的和平发展的道路没有损害其他任何国家的发展和利益，而且还帮助其他发展中国家取得了很好的发展，但是仍然有一些国外媒体不愿看到，也不想承认中国的发展，其对中国的报道时常戴着有色眼镜，夹杂着自身的感情，常常有许多歪曲和反面的报道，致使许多国外民众造成了对中国的误读。为此，和平发展的中国在加强硬实力建设的同时，也要追求中国人权发展道路对他国的吸引力与感召力；加强与其他国家的沟通交流，以减少歪曲偏激的报道。我们需要让世界从中国人权发展道路中了解中国人权文化精神、中国人权文化价值观，从而进一步塑造中国在国际文化交往中的友好形象。

（二）拓展中国人权文化的国际影响，保证国家文化安全

"让世界了解中国，让中国走向世界"，是中国人权发展模式对外传播与交流的根本目的。文化的全球化促使世界各国不同文化进行相互交流、渗透

与学习，这不仅为中国的发展面向世界创造了良好的环境，也为中国人权发展模式走向世界提供了良好的契机。然而，在与不同文化的交流碰撞中，有少数西方国家为了达到自己某些政治或经济目的，推行"文化殖民"政策，其"文化帝国主义"倾向明显。他们利用自身强大的媒体优势、先进的科技力量、有力的文化工具，向外不断渗透灌输其价值观与生活方式，以期达到摧毁取代其他民族、其他国家的本土文化，使之实现单一"西方中心主义"的目的。

作为发展中国家的中国，与西方发达国家在社会制度、社会文化、意识形态、国家利益等方面有着不同的差异、不同的追求、不同的观点，某些西方发达国家必然把中国作为文化渗入与"文化殖民"最主要的目标国之一。因此，当前中国必然面临来自外部严峻的文化"入侵"挑战。在文化全球化的今天，文化霸权依然客观存在，我们应该更多地着眼于积极的"文化安全"的态度和立场，狭隘的民族文化保护主义不是我们该提倡的。通过中国人权发展道路文化精神的传播与交流，在与世界各种人权文化的交流中，让中国自身的人权文化走向世界，逐步实现从防御性的"文化安全"向积极对话型"文化安全"转变。

（三）推动中国人权文化参与国际竞争，改变中国人权文化贸易逆差的不利格局

新时代，经济的发展越来越依仗文化的传播力和号召力，许多大国通过文化的传播获得了经济上极大的成功。相比美国强势文化的传播，中国的文化产品还未能在国际市场上产生较大的经济影响和观念认同，有些文化产品在进出口贸易上产生了贸易逆差，这是中国对外文化传播中急需解决的一个重大问题。造成贸易逆差的一个最重要的原因是对外营销传播能力还不够。因此，中国的人权文化要真正走出国门，就要制定一个长期的、符合中国国情的人权文化对外传播战略，真正做到通过人权文化传播交流促进国际社会对中国人权发展文化精神的认同，在扩大中国人权发展文化精神的国际影响的过程中，减少文化贸易逆差，提高文化发展的软实力。

## 二、实施中国人权发展道路文化精神国际传播战略

改革开放40多年以来，中国社会、经济全面发展，但对于中国人权文

化传播渠道和效果理论分析却不尽完善；现有的中国人权文化传播渠道在向世界民众介绍我国独特的人权保护、人权文化及其文化产品时，相对忽略中国人权文化价值层面的推介，更没有中国人权发展道路文化精神的宣传，将中国人权的解读停留在文本的解读，或仅仅是将中国人权文化传播的渠道片面化理解，导致中国人权文化的国际传播与交流面临困境。

（一）中国人权发展道路文化精神对外传播与交流的困境

第一，中国人权文化传播内容建设不全面。中国人权文化中的跨文化传播的内容视角亟待转变。中国人权文化传播内容中对于中西方如何进行跨文化交流，以及产生的文化"误读"等现象的研究已经取得了长足进步，但这些传播内容中多偏重政治或意识形态，注重单一的国家和组织层面的分析，缺少以民间组织或社会智库为主体的传播，缺少从公众视角出发的传播内容，尤其忽略了中国人权文化传播内容跨文化传播的社会背景。在传播的过程中，并未考虑中国人权文化传播内容的整体性，尤其是中国人权文化核心价值观的合理疏导，如中国人权文化中的"以人为本""天人合一""天人互泰"等为表现形式的和谐理念，并未在传播内容中合理体现，直接导致中国人权文化传播内容的宽泛性和不确定性。传播者与接受者在中国人权文化传播内容单一的作用下，对其并未产生实质性的理解和渗透。

第二，中国人权文化传播核心价值观不突显。中国人权文化传播内容对外传播中的"目标达成"（仅从自身与传播目标出发）和"实际需要"（兼顾对方感受、顺应其个性风格、满足其需求）不明确、不协调，其实是两种不同的跨文化传播哲学造成的。单就目前中国人权文化传播形式而言，并未将核心价值观与传播内容进行合理建构。中国人权文化传播内容在跨文化传播过程中过于关注"目标达成"，从决策层面、国家层面，以及组织层面解读中国人权文化内容形式，却并未将中国人权文化的核心价值观与内容相结合合理地予以表现。

由此可见，中国人权文化的传播内容不管是大众传播还是跨文化传播都需要弥补跨文化传播中不同国家、不同民族、不同族群、不同层次"实际需要"的不足，丰富中国人权文化大众传播的内涵。

第三，文化传播还存在一些逆差。中共十八大之前，中国的文化交流与传播相对于中国外贸的"顺差"相比较，仍呈现明显的"逆差"态势。"文化赤字"现象仍较严重。在我国上万亿美元的外贸额中，尽管出口过半，但其中文化产品的出口不到1%。① 这种状态虽然有利于中国对世界的了解，但在一定程度上影响了世界了解中国。中共十八大以来，文化传播逆差情况得到根本改变。文化服务进出口快速增长。2009年至2021年，我国文化服务进出口规模由177亿美元增长至1 244亿美元。2021年文化服务进出口规模首次突破千亿美元，其中出口由103亿美元增长至691亿美元，年均增长17%；进口由74亿美元增长至552亿美元，年均增长18%。②

（二）实施中国人权发展道路文化精神传播的国际化战略

为了破解中国人权发展道路文化精神国际传播中的困境，以下提出国际化传播的五大战略。

1. 中国人权发展道路的战略目标

由于国际人权领域对马克思主义人权观还没有一个完整清晰的认知，甚至有不同的看法，要确立传播马克思主义人权观的战略目标：一是以全面客观系统地宣传马克思主义人权观科学理论为战略实施的基础，分析阐释200多年前马克思主义人权观的精神实质。马克思主义关于生存权、劳动权、平等权、民主权、自由权以及环境权、种族权和民族自治权的理论，及其对引领人类权利思想变革和治理的重大价值。二是宣传中国人权发展道路既是马克思主义人权观"中国化"的理论和实践成果，又是中国共产党百年来为中国人民谋解放、争人权，凝聚着千百万中国人民人权智慧的人权发展道路。三是从中国人权道路的选择有其独特的地缘空间孕育的社会文化基因，以及在与西方人权文化碰撞、吸收西方人权文明过程中形成的客观逻辑，让发展中国家以及发达国家明白，任何一个国家的人权发展都应从适应本国国情的实际出发，西方的人权发展道路不能强加于任何国家。在上述意义上说，中国人权发展道路是适合中国国情的人权发展模式，但它又凝聚着人类文明的思想，人权发展道路的选择总是普遍性与特殊性相结合的结果。

---

① 《中国文化产品只占贸易额1%仍处产业链低端》，载第一财经网，https：//www. yicai. com/news/2363481. html。
② 国家外汇管理局：《2021年中国国际收支报告》，http：//www. safe. gov. cn/safe/2022/0325/20772. html。

2. 中国人权发展道路的"四位一体"的特征

中国人权发展道路是突出生存权与发展权的首要人权地位，以人权的法治保障为发展的基石、人权的文化精神为发展的张力、人权的现代化为持续追求的"四位一体"的发展模式特征。

"四位一体"的中国人权发展道路（模式）是中国共产党在百年奋斗中，领导中国的革命和建设事业中逐渐形成、不断完善的。它还将在中国共产党领导下，在实现中华民族伟大复兴中国梦的实践中，发挥其保障和促进中国人权事业发展的重要作用。

3. 中国人权发展道路的实践行动

要探索形成适合一个国家国情的人权发展道路、人权发展行动规划，不能像有些国家停留于描绘人权愿景、高喊人权口号，或者挥舞"人权"大棒，到处打压，这只会有碍不同国家人权发展道路的探索，有碍多元人权文明思想的发展，有碍全球人权发展秩序的建立。

1991 年国务院新闻办公室发表《中国的人权状况》白皮书，反映了中国在人权发展实践行动实务界和理论界成为公认的谈论人权、倡导人权、践行人权的指导，推动中国迈向人的权利新时代。截至 2021 年 8 月，中国政府已经发表带有"人权"字样标题的白皮书 24 部。其他白皮书尽管没有在标题上带有"人权"字样，但内容大都会涉及中国的人权状况和保障水平。

4. 中国人权发展道路文化传播话语体系

人权话语体系承载着特定国家的治理价值观念和权利意志。中国人权发展道路的话语体系能否得以有效传播，不仅关涉中国人权发展事业的全面有效推进，而且从根本上影响着中国能否为全球人权治理提供一种源自东方的政治资源和方案。

从 1991 年中国人权白皮书发布的背景来看，它是为了回应美国肯尼迪人权中心对中国人权状况的无理指责。为了粉碎美国造谣诬蔑、诋毁中国的政治企图，江泽民明确作出研究人权问题的重要批示。面对当时发布人权宣言条件不足的客观现实，国务院新闻办公室决定发布一份以阐明事实为主的白皮书阐明中国立场、回击美国的无事生非。在该人权白皮书中，使用的词语主要有"国家独立""救亡图存""帝国主义""敌人""剥削""民族压迫"等政治性话语。1994 年《中国人权事业的进展》白皮书使用的话语主要有"政治稳定""霸权主义"等词语。①

从中国 1991 年第一个人权白皮书发表到 2022 年的国家人权行动计划，中国人权话语传播有了很大的跨越发展，中国的人权发展事业得到了国际社会的高度认可，中国参与国际人权治理，在其中发挥的作用也越来越大。但是，要从战略层面思考谋划中国人权发展道路的话语传播体系，就要从人权话语的不同方式出发，全面谋划人权发展道路的话语传播。

中国已有的人权话语表达又可划分为宣传话语、政策话语、学术话语三种方式。宣传话语主要针对国际国内的媒体受众，重点是阐释中国共产党和国家的人权立场和发布官方信息；政策话语主要运用人权法律法规、政策措施的制订与表述；学术话语则体现为理论分析和学术探讨的话语表达。在意识形态领域、国家政策领域、大众宣教领域、学术研究和国际人权交流领域都不可避免地呈现出不尽相同的表达方式。② 但为了增进人权领域的沟通和交流，不同表达方式应尽量限于不同的领域，一个领域的表达方式过多地渗入另一个领域反而不利于传播和沟通，甚至导致误读和歧见。但是，不管什么领域的人权话语传播，都应以中国特色的人权发展道路为主导，都应以马克思主义人权观以及中国共产党的人权事业发展宗旨为指导。

具体而言，中国人权发展道路的传播要从法治话语、文化话语以及现代化话语开展传播，以使世界各国都认同和接受中国人权发展道路模式。

5. 中国人权发展道路的交流对话

在世界多元文化格局中，推进中国人权发展道路的话语对话，需要面对文化差异问题。在尊重东西方人权思想、历史和现实差异的基础上，主动传播中国特色人权，既要承认人权作为人类共同理想和价值准则的普遍性权利属性，同时也要强调人权发展的阶段性和历史文化传统，从中国哲学、历史文化和"人类命运共同体"等角度消解西方国家的人权偏见。③ "让中国文化以自身的历史价值、伦理哲学、现实连续性展开，而不是被强行纳入一种

① 郑智航：《中国人权事业发展的基本路向》，《人权》，2021 年第 5 期。
② 常健：《"人权蓝皮书 10 周年暨中国人权理念、话语和理论"研讨会综述》，《人权》，2021 年第 1 期。
③ 赵永华，刘娟：《中国人权话语建构与国际传播》，《中国人民大学学报》，2021 年第 5 期。

西方强势的话语和思想体系中"①，以文化自主和自信打破西方话语背后隐含的单一性和压抑性。

强调中国人权发展道路的对话交流，并非刻意强调它的特殊性，而是在与西方人权话语的对话和互动中，在与普遍性人权话语的联系中，争取建构自主话语。尤其是要讲好人权发展道路的故事。

一是要在传播对象的"文化地图"上选择人类普遍关注的人性、人道、友善、友爱等主题，将人权话题转化为有意义且容易掌握的故事；二是要讲述真实可信的故事，既要有宏大叙事，也要有微观叙事，将人权故事与普通老百姓及其日常生活结合起来，从普通人的视角讲述真实个体在实际生活中与人权相关的际遇和情节；三是要以传播对象易于接受的方式讲述中国人权发展道路故事，形成积极正面的集体记忆；四是要将人权故事的讲述当作共识获取的过程，以文化共性和文化包容诉诸情感认同，寻求不同文化之间的最大公约数。②

### 三、推进中国人权发展道路文化精神传播国际化行动

中国人权发展道路文化精神传播战略，通过以下六个方面的行动来推进。

（一）积极主动参与全球人权事务，推动全球人权治理

在国际人权领域，西方一些国家常常以"人权卫士"自居，打着人权的旗号干涉他国内政，严重干扰着全球人权治理朝着公正合理的方向发展。

为此，一方面，我们应与世界各国一道，坚持以合作促发展，以发展促人权，努力提高全球人权保障水平；另一方面，应坚持站在人类道义高地，秉持人类共同价值追求，坚决捍卫国际公平正义。推进人权治理，应以全人类为主体，坚持多边主义和国际合作，坚持主权平等和人权保护中的平等非歧视原则，坚持整体性、平衡性、可持续性，坚持最广泛的包容性和普遍的适用性，努力使各国人民都享有发展机遇、享有发展成果，实现全球性各类

---

① 张旭东：《全球化时代的文化认同：西方普遍主义话语的历史批判》，北京大学出版社，2005年，代序第1页。
② 赵永华，刘娟：《中国人权话语建构与国际传播》，《中国人民大学学报》，2021年第5期。

人权全面协调发展。[①]

（二）推动国际人权法治、跨国人权维护机制建设

国际人权机制是"二战"后人类社会追求和平、正义的产物。国际人权机制的建立和完善不仅为推动各国在人权问题上的平等、对话和合作提供了制度化的方式和途径，也有助于国际社会在尊重国家主权原则的前提下加快构建和谐人权关系的步伐。

1. 规范世界人权事务，促进国际人权保障

20 世纪 70 年代以来，国际人权机制在规范各国的人权行为、维护国际公平正义、促进国际人权治理方面成效不明显，以往的种种国际人权规则也很少真正付诸实践。近年来，随着中国学术团体和非政府组织举办多场人权研讨，积极参加联合国人权会议，传播中国人权理念，扩大中国人权话语国际传播，国际人权机制被"虚化"的局面开始有所改观。世界各国的人权问题日益被置于联合国的督促和关注之下，每年的人权委员会以及新成立的人权理事会会议成了世界关注的焦点，作为国际人权机制主要运作程序的报告制度受到几乎所有国家的重视，关于侵犯人权的指控制度也对被指控国家构成了巨大的压力。[②]

2. 发展中国家高度重视并积极参与国际人权机制的建设

在西方社会的许多人看来，冷战的胜利在很大程度上体现了西方人权观念和主张的胜利，是未来的世界在西方民主制度模式下发展的新开端。西方国家不断强调，联合国在国际人权机制实践中应该"首先尊重那些给个人以自由的权利"，国际社会应"通过实施自由、民主和多元主义，即联合国在国际层面首先法典化的那些权利来实现一体化"。[③] 但是，国际人权机制的建构并没有按照西方的意志发展。2006 年 3 月 15 日第 60 届联合国大会通过决议，设立共有 47 个席位的人权理事会。美国、以色列等四国虽然投反对票，但有 170 个国家投赞成票，反映了发展中国家人民的推进国际人权机制建设的意愿。2018 年 6 月 19 日，美国宣布退出联合国人权理事会，中国则在

---

① 鲁广锦：《历史视域中的人权：中国的道路与贡献》，《红旗文稿》，2021 年第 1 期。

② 刘杰：《国际人权机制与世界人权的和谐发展》，《人权》，2007 年第 5 期。

③ 同上。

2020 年 10 月 13 日的第 75 届联合国大会上再次当选 2021—2023 年度人权理事会成员。中国继续在联合国人权会议发挥了主导性的作用。

3. 积极参与国际人权法制建设，促进国际人权机制完善

中国作为联合国的创始会员国，积极参与国际人权事业建设。一是积极参与涉及人权国际法、国际法规则制定。参与了《维也纳宣言与行动纲领》《发展权利宣言》《儿童权利公约》《残疾人权利公约》《和平权力宣言》《消除对妇女一切形式歧视公约》等的制定。二是认真履行国际人权义务。中国已参加包括《经济社会文化权利国际公约》《儿童权利公约》《残疾人权利公约》《消除对妇女一切形式歧视公约》《消除一切形式种族歧视国际公约》《禁止酷刑和其他残忍、不人道或有辱人格的待遇或处罚公约》等 26 项国际人权公约，并积极为批准《公民及政治权利国际公约》创造条件。①

三是有效开展司法领域国际合作。中国已加入《海牙送达公约》《海牙取证公约》和《联合国打击跨国有组织犯罪公约》。中国重视加强国际反腐败合作，推动通过《二十国集团反腐败追逃追赃高级原则》《二十国集团2017—2018 年反腐败行动计划》，确立以"零容忍、零漏洞、零障碍"为主要内容的反腐败追逃追赃 10 条原则。②

四是推进"文明对话增进人权共识"。2021 年 3 月 11 日，联合国人权理事会第 46 次会议期间，"文明交流互鉴与促进人权保障"视频主题边会举行，来自中国、德国、荷兰、印度、日本、尼泊尔、南非、斯里兰卡等国有关社会组织负责人和专家学者围绕"文明多样性背景下的人权理念""文明对话增进人权共识"等议题深入研讨。

（三）发挥人权社会组织的积极作用

一是主办国际人权论坛和人权研讨会。中国人权研究会是中国人权领域内最大的全国性学术团体。自 2008—2018 年，中国人权研究会和中国人权发展基金会已经在北京主办了九届"北京人权论坛"③，产生了很大的国际影响力。2021 年 6 月 21 日至 7 月 14 日，中国人权研究会在瑞士召开的联合国人

---

① 国务院新闻办公室：《中国人权法治化保障的新进展》，《人民日报》，2017 年 12 月 16 日。
② 同上。
③ 第一届、第二届和第三届"北京人权论坛"由中国人权研究会主办。第四届至第八届"北京人权论坛"以及"2018·北京人权论坛"由中国人权研究会和中国人权发展基金会共同主办。

权理事会第 47 次会议上，以提交书面发言和专家视频发言方式远程参会，介绍中国人权理念和实践，有力揭批美国人权劣迹。2022 年 5 月 10 日，中国人权研究会和奥地利奥中友好协会共同举办"2022·中欧人权研讨会"，会议在中国武汉和奥地利维也纳分设了会场，来自中国、奥地利、英国、德国等国的 100 多位人权领域专家学者、高级官员和实务部门代表以线上线下相结合的方式进行研讨交流。

二是中国人权发展基金会还利用自己的优势，与国外的基金会、相关机构和国内省市的有关部门合作，就一些双边和专业领域的人权问题举行了多次国际研讨会和论坛，如中国人权发展基金会与中国国际交流协会、德国弗里德里希·艾伯特基金会共同主办了十一届中德人权研讨会和三届中德人权发展论坛（2017—2019），中国人权发展基金会与美国美中关系全国委员会共同主办了九届中美司法与人权研讨会，中国人权发展基金会还主办了三届"人权文博国际研讨会"。①

三是积极参加联合国人权理事会的相关会议并举办主体边会。中国人权社会组织不断创新参与国际人权交流的方式，不仅积极参加联合国人权理事会的会议，而且自 2017 年开始在参会期间多次举办或参与举办内容丰富多彩的人权主题边会，对于促进人权交流发挥了重要作用。

（四）扩大中国人权发展道路文化精神的影响力

由于世界对中国了解的不足，很多西方国家对中国人权文化和历史的了解依然还是一片空白。面对这种局面，我们应该开拓新的方式和渠道去传播我们和平发展的文化。

第一，努力促进红十字人道和人权文化外交。作为中国社会团体公共外交的领导者，中国红十字领导人与政府官员可通过外交活动展现民族精神以及个人魅力，塑造国外公众眼中中国红十字人道文化领导人及政府的良好形象。同时，中国应充分利用其自身丰富的文化资源，建立培育一系列具有中国人道和人权文化特色、又能吸引国外文化精英参与的大型文化外交活动，打造中国自己的"富布赖特项目"。

---

① 罗艳华：《2010—2020 年中国开展国际人权合作与交流的主要特点》，《人权》，2020 年第 6 期。

第二，要充分重视民间人权外交的作用。通过进一步完善民间人权外交机制、利用民间组织和民间人士来提升国家的人权文化外交。民间人权文化外交是文化外交不可缺少的一个部分。我国政府对于民间人权文化的交流，应加强引导和管理，投入更多的人力物力资本鼓励民间交流，通过举办人权文化国际会展、人权文化经济论坛和人权文化学术交流等多种活动，邀请联合国人权事务厅、国际红十字组织等组织和专家学者参加，以期通过他们真实的所见所闻影响西方民众。

第三，要充分发挥海外华人华侨的作用。与别国不同的是，中国拥有7 000万左右庞大的华人网络，在海外有着广泛、强大的社会影响力。作为世界三大资本（石油资本、犹太资本和华人资本）之一，海外华人不仅在提升中国硬实力上功勋卓著，在软实力的建设上也在不懈努力。他们拓宽了中国与海外各国交流的通道，在展现国家的人权文化形象上，发挥着自己独特的影响力。因此，我们要高度重视海外华人华侨在提升我国文化软实力上的重要作用，充分发挥海外华人华侨在人权文化外交中的特殊作用，为我国文化外交奠定坚实的国际基础。

（五）大力开展对外人权发展文化贸易

第一，国家要形成人权文化产业政策。政府在国际文化贸易规则的制定中需起到积极的作用，改善现有国际文化贸易环境，支持反映中国改善和保障民生的适应智慧服务、智慧诉讼服务、数字人权、低碳等人权文化产业发展。中国人权文化产品的质量必须要达到国际化市场的标准要求，实现从消费方式、发行渠道和融资办法等方面与国际市场的标准接轨，促使我国文化产品在国际市场的竞争力不断加强。

第二，完善和培育人权文化企业制度。在弘扬现有国内知名文化企业与文化产业品牌的基础上，积极培养一批具有国际竞争力的数字人权、人工智能等方面的人权文化企业，并且在国际贸易市场上发挥主导作用。与此同时，鼓励多元化投资，打造一批实力雄厚的品牌人权文化企业和跨国文化贸易企业，努力构建形成以公有制人权文化企业为主，非公有制人权文化企业为辅的新型文化出口局面。

第三，努力打造人权文化贸易品牌。中国政府在积极稳固具有中国特色的文化艺术品出口的同时，也要进一步鼓励中国的人权文化电子出版物、游戏动漫等新兴文化产品打入国际市场。还要积极努力地提高文化产品的出口比重，使中国在文化产品的出口上也尽快向文化出口大国迈进。而做大做强我国的对外人权文化贸易品牌也是实现我国由"中国制造"向"中国创造""中国智造"飞跃的关键所在。

（六）开展国家人权行动第三方评估

自 1993 年联合国世界人权大会呼吁各国制定国家人权行动计划以来，据不完全统计，已有 60 多个国家制定了国家人权行动计划，其中绝大多数国家只制定了一期或两期行动计划，只有少数几个国家连续制定了三期或四期国家人权行动计划。① 中国政府自 2009 年起连续制定并实施四期国家人权行动计划，显示了国家尊重和保障人权的坚定政治意愿和务实的行动作风，也为世界上其他国家在采取具体措施切实促进人权保障方面树立了典范。

要更好地落实第四期国家人权行动计划，各级地方政府、中央和国家机关各有关部门应高度重视，结合各部门工作职责和各地区特点，制定并细化《行动计划》实施方案，采取切实有效的措施，确保顺利完成各项目标任务。国家人权行动计划联席会议机制开展阶段性调研、检查、监督和评估，逐步完善第三方评估机制，开发并建立量化评估指标体系，对各地的人权行动绩效开展评估，及时公布评估报告，全面扎实有效地推进中国人权事业的建设和发展。②

① 常健、朱国伟：《中国第四期国家人权行动计划的新格局》，《人权研究》，2022 年第 2 期。
② 国务院新闻办公室：《国家人权行动计划（2021—2025 年）》，《人民日报》，2021 年 9 月 10 日。

# 第十八章　中国人权发展道路的现代化

"十四五"时期是我国在全面建成小康社会基础上开启全面建设社会主义现代化国家新征程、向第二个百年奋斗目标进军的第一个五年。中国人权发展道路要顺应全面建设社会主义现代化国家的要求，在人权治理理念与特征、人权治理体系和能力的现代化，以及信用数字化、大数据征信善治等方面保障"数字人权"，以更全面健康有序地促进人权发展道路的现代化。

## 第一节　中国人权发展道路现代化的理念和特征

人权发展道路的现代化属于一个内涵多维的集合概念，不同于人权发展道路的法治保障、人权发展道路的文化精神，法治保障和文化精神的内涵和外延都很清楚，但是"现代化"概念的认识本来就有歧义。因此，需要先对"人权发展道路的现代化"作阐释。

### 一、中国人权发展道路现代化的理念

2018 年 12 月 10 日，习近平致信纪念《世界人权宣言》发表 70 周年座谈会强调：坚持走符合国情的人权发展道路，促进人的全面发展。理念是行动的先导，人权发展道路实践的现代化是由一定的发展理念来引领的。发展理念是发展思路、发展方向、发展着力点的集中体现。2015 年 10 月，习近平在中共十八届五中全会上提出了创新、协调、绿色、开放、共享的新发展理念。新发展理念不仅是新时代中国推动中国经济高质量发展的理念，也是新时代中国人权发展道路的理念。新时代，中国的人权发展道路以"创新"、

"协调"、"绿色"、"开放"和"共享"五大新理念为指引，促进中国人权事业的发展。

第一，全面系统的创新。创新理念属于在批判继承传统理念基础上，融入新生元素后产生的全面系统性思维，具有引领性和创新性。将其与人权发展道路现代化相结合，意味着在人权发展道路中，马克思主义人权观要随着中国人权事业的发展需要而不断地创新。如"以人民为中心"的人权发展新境界的提出及其实践中的创新完善；"全过程民主"对人民民主的创新发展，成为中国人权发展道路中"民主"现代化的重要标志。中国人权道路以创新为切入的现代化，还体现在伴随于中国共产党理论创新之下的政策、格局、制度以及多重能力在内的全面系统创新，形成形式创新与实质创新的有机融合，以此由表及里全面实现人权事业现代化创新，全面系统推进中国人权事业的可持续发展。

第二，多维度的协调。协调对于人权发展道路现代化而言，是一个关键性因素。协调的原意为搭配适当、调和适中，将其视为人权发展道路现代化理念之一，说明协调对于人权发展道路现代化的重要性。在人权发展道路现代化现实实践中，协调理念主要体现在中国共产党领导下的不同群体关系调处、多样利益往来调和乃至国家制度体系之内的政策、法规的协调，包含中央与地方之间、政府与企业和社会之间不同人权诉求的协调，以形成人权发展道路现代化多维度协调后产生的人权文明和谐发展之貌。

第三，多领域的绿色。绿色理念不仅体现在人权发展道路现代化中有关生态环境权保护和建设领域的"两山理论"上，还体现在生产、生活、生态等方面的绿色权益保障。在人权发展道路现代化中如何从形式和实质创新之中把握绿色理念，立足经济系统、社会系统和自然系统的和谐共生性机制，突出经济系统、社会系统和自然系统间的复合性、整体性和协调性，从而实现经济系统、社会系统和自然系统三类系统领域的绿色转型、绿色权益保障目标，已成为人权发展道路现代化的新追求，也是人权事业发展道路走向可持续现代化的必然趋向。

第四，多向度的开放。人权发展道路现代化的开放理念，要顺应国家现有的、围绕国内外开放式合作形成的多维度、多路径的开放。形成从沿海到沿江沿边、从东部到中西部、从内陆到边疆的全方位、多层次、宽领域的综合化开放格局，由此提炼的理念内涵可主要概括为两个方向：一个是对内开放，另一个是对外开放。其中，对内开放意味着通过人权发展道路的现代化，拓展中国人权事业受益范围、受益质量，同时吸纳更多有志于中国人权事业的人员参与，通过提供志愿服务、传播人权精神、开展人权保障社会监督等方式，与党和政府以及人权研究会、红十字会一道将人权人道事业发扬光大。与之相对应，对外开放则是在全球化大环境下吸收全球人权发展的新方法、新经验，不断促进国内人权发展道路现代化，并且积极"走出去"，将中国人权发展道路的文化精神传播国外，向国外表达中国人权声音、传播中国人权价值观，展现中国在人权发展事业上的担当和责任，树立起人权道路现代化的形象。

第五，可持续的共享。"人民共享发展成果"是"以人民为中心"发展理念的内在要求。习近平在 2020 年 9 月 17 日基层代表座谈会上的讲话中指出，"谋划'十四五'时期发展，要坚持发展为了人民、发展成果由人民共享，努力在推动高质量发展过程中办好各项民生事业、补齐民生领域短板。要更加聚焦人民群众普遍关心关注的民生问题，采取更有针对性的措施，一件一件抓落实，一年接着一年干，让人民群众获得感、幸福感、安全感更加充实、更有保障、更可持续"。[1] 因此，在中国共产党领导下的人权发展道路的现代化应遵循共享理念，从人民实际需求出发，切忌一切形式主义和官僚风气的不良倾向，保障人民生存与发展的各种权益需求，为人民群众提供物质和精神文化等多类服务内容，进而为每个人的全面发展提供更好的条件。

## 二、中国人权发展道路现代化的特征

习近平提出："中国共产党领导是中国特色社会主义最本质的特征，是新时代坚持和发展中国特色社会主义的领导力量。"[2] 故此，坚持中国共产党领导也应是中国人权发展道路现代化的根本特征，是为其定标定轨的根本依

---

[1] 《习近平：在基层代表座谈会上的讲话》，载新华网，http：//www.xinhuanet.com/politics/2020-09/19/c_1126514697.htm。

[2] 中共中央宣传部：《习近平新时代中国特色社会主义思想学习纲要》，学习出版社、人民出版社，2019 年，第 68 页。

赖。为保证中国人权发展道路走向高质量的发展，能够符合国家新要求和人民新期待，必须凸显中国共产党的领导力和引领力、凝聚力的地位和角色，坚持在"党领导一切"的基础上，全面有序地推进中国人权发展道路现代化。

（一）中国人权发展道路现代化的主体性

"以人民为中心"的中国人权发展道路，其发展现代化的立足点是"人民"，即现代化的出发点是为了人民能获得更多更好更高水平的人权保障；发展现代化的驱动力是"人民"，即发展现代化要依靠人民的广泛参与；发展现代化的评价是"人民"，即对人权发展道路的好坏、水平高低由人民来评价；发展现代化的落脚点是"人民"，即人权发展现代化的成果是否惠及人民、是否由人民共享，要看人民的认同度、满意度。从上述意义上来说，人民是促进中国人权现代化的主体。

（二）中国人权发展道路现代化的内生性

中国人权发展道路现代化在本质上走的是一条内生的发展道路，是遵循中国人权发展和成长进程中蕴含的历史、文化和现实逻辑而逐步形成的。

与此同时，中国人权发展道路现代化的内生性，绝非自我封闭，而是开放包容的。它始终坚持在平等尊重的基础上，通过国际人权对话沟通以形成人权共识，通过承担大国责任以推动世界人权事业发展。近年来，中国政府一直强调人权事业也是需要国际社会共商共建共享。《国家人权行动计划（2021—2025 年）》要求中国政府和民间力量更加主动地参与最近的国际人权领域工作，履行国际人权条约义务表达中国的人权主张，深度参与联合国人权机制工作，开展建设性人权对话与合作，尤其是与西方发达国家、金砖国家、发展中国家的人权对话，改革完善全球人权治理，为世界人权事业作出中国贡献。[①]

（三）中国人权发展道路现代化的发展性

中国人权发展道路现代化的发展性，是指中国的人权事业是随着人权现代化的实践发展而不断丰富完善的。习近平强调，在人权问题上没有完成

① 黄真：《中国特色人权发展道路的六大特征》，《当代世界》，2017 年第 8 期。

时，只有进行时；没有最好，只有更好。所以，国家通过实施"国家人权行动计划"，促进中国人权发展道路现代化的发展，从 2009—2010 年的第一期国家人权行动计划，到 2016—2020 年的第三期行动计划，充分体现了中国人权发展道路随着中国社会主义现代化的事业发展而发展的特征。

从第三期国家人权行动计划看，主要新增了三个方面内容，一是增加了"平等推进"和"合力推进"原则，形成了体现中国特色人权发展道路的五大原则；二是增加了"财产权利"专节；三是对人权教育提出了更高、更明确的要求，包括将人权知识纳入党委（党组）的学习内容，列入各级党校、干部学院、行政学院的课程体系等等。

2018 年 11 月，在联合国人权理事会关于中国的第三轮国别人权审议会议上，20 多个国家称赞中国制定实施国家人权行动计划，这在国别审议中是不多见的。从 2021 年 9 月 9 日发布的第四期《国家人权行动计划（2021—2025 年）》来看，《国家人权行动计划（2016—2020 年）》实施以来，行动计划得到全面实施，主要目标和任务如期实现，几十项指标提前或超额完成。

第四期国家人权行动计划站在了新的起点，推进中国人权发展道路现代化。计划指出："全面建设社会主义现代化国家是中国人权事业发展的新起点。"[1] 2021—2025 年是中国在全面建成小康社会、实现第一个百年奋斗目标之后，乘势而上开启全面建设社会主义现代化国家新征程、向第二个百年奋斗目标进军的第一个五年。此时的中国，一方面已经进入高质量发展阶段，中国人权事业发展具备了多方面的优势和条件；另一方面，社会主要矛盾已经转化为人民日益增长的美好生活需要和不平衡不充分的发展之间的矛盾，人民对美好生活的向往更加强烈，对人权保障的要求不断提高。同时，当今世界正经历百年未有之大变局，叠加全球新冠肺炎疫情大流行，国际环境日趋复杂，不稳定性不确定性明显增强，中国和世界人权事业发展面临新挑战。接下来的五年，我们重任在肩。

在第四期国家人权行动计划中，增加了"生命权""个人信息权益"等

---

[1] 国务院新闻办公室：《国家人权行动计划（2021—2025 年）》，《人民日报》，2021 年 9 月 10 日。

章节，把"环境权利"单章叙述，强调"参与全球人权治理"……这些都是立足中国国情，立足新发展阶段，带有中国特色的人权保障措施，也反映了中国人权发展道路现代化的发展性特征。

站在中国人权事业发展的新起点上，中国人民的各项权利必将得到更高水平的保障，中国人民将更加享有尊严、自由和幸福；未来，世界将因中国而更加繁荣发展，中国也必将为推动世界人权事业发展作出更大贡献。

（四）中国人权发展道路现代化的协同性

中国人权发展道路的现代化协同性体现在政府、社会与人民在保障人权方面的高度共识与协同行动。在西方的人权理念中，政府与人民是天然对立的，自人民把天赋人权以"让渡"的契约方式赋予政府之后，政府就可能滥用或者乱用权力，侵害人权。正是为了防止政府的"恶"，西方国家才设计出了以"三权分立"为核心，不同权力相互制衡的制度架构。[1]

而与之根本不同的是，中国共产党在人权保障体系中的核心和绝对主导地位。中国共产党在尊重和保障人权的理念下，对人权保障的体制、制度、法治建设作出宏观安排，这种执政党主导政府部门和社会机构、社会组织共同参与、协同推进的人权发展道路现代化模式，与西方的国家主导型人权发展道路有根本区别。[2]

（五）中国人权发展道路现代化的世界性

中国从世界各国借鉴了尊重和保护人权的经验和教训，将国际社会绘就的蓝图在中国的土地上付诸实践，结合中国的社会实际，参照立法、保障实施，提升中国人权保护的水平，使人权成为中国人民生活的一部分。中国探索出一条符合国情的人权发展现代化道路，成为影响和推进世界人权事业发展的重要力量。

一是大大提升世界整体人权发展水平。中国人口占世界的1/5，这样的数量规模意味着，中国人权状况的任何变动都会对世界人权产生重要影响。中国社会更加自由、人权得到更好保障，自然就会改善世界整体人权状况。改革开放以来，中国有7亿多人摆脱贫困，对世界消除贫困作出巨大贡献。

---

[1] 黄真：《中国特色人权发展道路的六大特征》，《当代世界》，2017年第8期。
[2] 同上。

从《2015 年联合国千年发展目标》提供的数据看，1990 年中国农村贫困人口占农村人口的 60%以上，2014 年下降到 4.2%。中国对全球减贫的贡献率超过 70%。国际舆论普遍认为，全球在消除极端贫困领域所取得的成绩主要归功于中国。时任世界银行行长金墉说，中国在消除极端贫困方面发挥了人类历史上最大的作用。联合国粮农组织总干事若泽·格拉齐亚诺·达席尔瓦说，中国的努力是使全球贫困和饥饿人口减少的最大因素。世界银行中国局局长罗兰德说，如果没有中国的扶贫成就，联合国千年发展计划目标就难以实现。[①]

二是开辟了发展中国家依靠本国资源和力量推进人权发展道路现代化的新范式。人权发展的现代化要把生存与发展权无差别地给予每个人，是一种普遍赋权行为。在人权发展的各个阶段，西方国家依靠从世界各地榨取资源来建立和维持国内人权保障体制。中国不可能也不会采取殖民主义和帝国主义方式掠夺世界资源，不可能也不会利用不合理的国际经济秩序榨取其他国家的资源，而是通过开发国内资源来发展人权。中国人权发展道路现代化的最大特点，就是依靠国内资源推进公民权利和政治权利发展，保持社会政治稳定，创造一个更加自由、更加开放和更多公民政治参与的社会。[②]

三是为发展中国家提供人权文明发展经验。尽管各国国情不同，社会政治制度有异，但中国在人权发展的现代化过程中正确处理了人权全面发展与优先选择的矛盾，正确处理了扩大自由的要求与保持社会政治稳定的需要之间的关系，做到了既维护国家主权又促进国际人权合作，中国人权发展道路现代化经验对其他发展中国家有很大的参考价值。

## 第二节　中国人权发展道路现代化治理体系

中国人权发展道路现代化治理体系，属于中国人权发展道路现代化的一个板块。它与人权发展道路的治理能力现代化、"资本"的社会现代化，"三位一体"地夯实中国人权发展道路现代化基石。中国人权发展道路现代化治理体系，由人权治理政策现代化、人权治理格局现代化和人权治理制度现代

---

① 李云龙：《中国人权发展道路的特点和世界意义》，《人民日报》，2018 年 8 月 12 日。
② 同上。

化三个方面内容构成。

## 一、人权治理政策现代化

人权治理政策规定着一定时间和空间内应达到的奋斗目标、必须坚守的行动原则、道路明确的执行策略以及步骤翔实的工作方法，推进人权发展道路现代化发展。基于此理解，结合政策的实际应用状况，可大致将人权治理政策形式概括为基于各种权利的章程、规范、通知和规划等，基本定位了人权治理政策目标所指及其应用范围，具体可从两个方面予以阐释。

其一是传承要义。人权治理政策现代化需要包容已有政策的规制要点。1949 年新中国成立，既标志着中国国家和社会建设迈入新阶段，也昭示了中国人权发展事业进入新的历史机遇期。在 1993 年 1 月"中国人权研究会"成立之前，中国保障公民权利、推进中国人道事业的工作主要由中国红十字会承担。

1960 年 6 月，中华人民共和国卫生部和中国红十字会总会联合发出《关于开展红十字会工作的通知》，调整了中国红十字会工作重心，一定意义上成为爱国卫生运动委员会的附属机构，以开展群众卫生事业为主。到了 1985 年，人权治理政策出现转型，该年制定的 1986—1990 年第七个五年规划中，明确提出了社会主义民主和法制建设，切实保护公民的合法权益。"七五"期间，"要有步骤地建立起具有中国特色的社会主义的社会保障制度雏形"。这表明中国人权发展道路开始行走在"依法定行、以制定轨"的原则基础上，配以具体政策手段付诸行动，推动了人权治理主体、职责、策略和行为等方面的体系健全，实现了中国人权事业行动开始有序开展。

其二是继往开来。人权治理政策现代化需要与时俱进，按照新的现代化发展要求作出新的政策安排。人权组织里的政策涉及对象广泛，内容很多，这里以中国有关残疾人人权的保障和治理政策来说明。

中国探索依法保障残疾人公平享有人权，在先后四期制定和实施的国家人权行动计划中，都明确指出，要完善对残疾人等特定群体权益的平等保障和特殊保护，并强调在后疫情时代，建立常态和非常态相结合的保障机制。

从中国各城市广泛开展无障碍环境建设看，已将其作为一个国家和社会文明的标志，积极完善无障碍相关立法体系。中国已经形成以《残疾人保障法》和《无障碍环境建设条例》为核心，以无障碍环境建设地方实施办法和相关国家标准为重要内容，以具体领域的专门规定为补充的无障碍法律规范体系。从 1988 年国家制定《方便残疾人使用的城市道路和建筑物设计规范（试行）》开始，截至 2022 年 2 月，有 10 部法律、4 部行政法规、14 部部委规章、34 部现行生效的国家标准直接规定了无障碍环境建设相关内容。①2021 年，北京、上海、深圳等多个大型城市制定或修订了无障碍环境建设规范，体现出人权治理创新的特色。

此外，从随处可见的无障碍设施，到智能化无障碍服务平台；从体育赛事的手语播报系统，到真诚热情的志愿者，北京冬残奥会处处体现出人文关怀，成为外界了解中国人权理念的一扇窗口。据中国相关方面介绍，目前，中国基层综合服务设施中有 81% 的出入口、56% 的服务柜台、38% 的厕所进行了无障碍建设和改造②；城市公交车配备车载屏幕、语音报站系统；无障碍信息终端产品供给也在不断增加。这是中国人权保护的一个缩影。

可以看出，在中国人权发展道路的现代化进程中，残疾人事业也是与时俱进。中国切实履行了"全面建成小康社会，残疾人一个也不能少"的承诺——残疾人平等参与社会生活，共享发展成果。国际残奥委会主席安德鲁·帕森斯认为，"中国正在向世界传递一种非常强有力的包容信息"。

目前，残疾人约占世界总人口的 15%，他们是人类大家庭的平等成员，在全球范围内推进可持续发展，必须"一个都不能少"。北京冬残奥会如同一面镜子，在带给人们温暖与感动的同时，折射出中国人权的发展进步，向世界展示了包容性发展的重要性，为完善全球人权治理贡献了中国智慧。

## 二、人权治理格局现代化

人权治理格局是指从宏观视角搭建的人权事业多主体协同发展格局，主要涉及上层设计、基层治理实践、内部结构和外部环境塑造四个方面的内

① 丁鹏：《大型城市治理中的无障碍环境建设研究》，《残疾人研究》，2022 年第 1 期。
② 国务院新闻办公室：《中国残疾人体育事业发展和权利保障》白皮书，https://www.gov.cn/xinwen/2022-03/04/content_5677057.htm。

涵，每个层面之中又包容着各自不同的表现。

第一，在上层设计中，政府均赋有积极性和主动性，引领人权治理格局的构建和发展。政府作为行使公共权力、计划性地分配国家和社会资源以及维护人权事业秩序和促进人权发展道路现代化的行政组织，应注重于提升政治判断力、政治领悟力和政治执行力，不断提高把握新发展阶段、贯彻新发展理念，以形成新发展格局构建的政治能力、战略眼光和专业水平，更好地彰显政府在引领人权治理格局现代化中的地位和作用。

第二，在基层治理实践中，现代化人权治理格局构建应侧重激发人民群众参与人权治理实践，维护人民群众的各项权利。在人权治理格局现代化推进中，应时刻坚持党的群众路线，从群众中来，到群众中去，与人民群众打成一片，构成紧密的联系，将人权治理塑造为民意所向的重要工程。同时不断吸引怀揣共建、共治、共享责任意识和爱党、爱国、爱人民的家国情怀并愿意为国家和社会各项人权事业发展提供人力、物力和财力的仁人志士参与，扩大人权治理格局的成员参与空间，实现传统封闭式格局向现代开放式格局的转型。

第三，在内部结构中，将企事业单位、社会组织等多元主体吸纳到人权治理环节之中，构建合作共赢的治理体系结构。按照标准统一、整体联动、功能协同的总体要求，打通不同主体人权参与壁垒，发挥协同合力，形成人权治理平台，从而塑造共建、共治、共享的人权善治形象，涵盖政通人和、和衷共济、和睦相处、和谐有序、尚同一义、博爱互助等中国传统人权意蕴，充分顺应中国古人追求的"大同世界"，也符合西方人向往的"理想国"愿景。

第四，强化外部环境塑造，加强风险防控和声誉管理，动员更多的组织和个人参与传播中国人权发展道路的文化。在进一步强化合法性、透明性、责任性、法治性、回应性和有效性等治理要求的同时，积极号召各类组织和人士都应有义务为中国人权事业发展提供一系列志愿性宣传服务，积极传播人权精神、传播人权文化和营造人权氛围，号召全社会为国奉献、为民造福，强调沟通、协商和共同参与，以此为中国人权事业发展营造天朗气清的舆论环境。

综合以上四个方面，立足当下充满变数和不确定性的国内外环境，对于中国人权发展道路现代化践行之道，应更加需要"以人民为中心"的人权理念引领，动员广大干部群众共同在"十四五"社会主义现代化国家建设之中，打造辐射力更强、影响面更广的人权治理格局，有效推进当代中国人权事业发展，充分保障少数民族、妇女、儿童、老年人、残疾人等特定群体权利，实现全国人民都能享有充分人权，具备全面发展机会，共享美好幸福生活。

### 三、人权治理制度现代化

推进人权治理制度的现代化，可从正式制度与非正式制度两个视角分析。

（一）人权治理正式与非正式制度

人权治理制度是基于人权治理政策和格局基础上的一种更为系统完整的宪法、法律法规、规则要求，以及在人权治理过程中形成的体制和机制。如人权治理所涉及的相关司法部门、保障部门等，要形成一个整套人权治理现代化的组织领导体制。但是，要让人权治理现代化的组织体制能运作起来，形成各司其职、互补互动、协调一致的人权治理体制的现代化机制，这样才能全面系统推进人权治理体制和机制的现代化。如果说，以上是人权治理的正式制度，那么影响人权治理现代化的文化习俗、行为习惯、网络媒体等则是人权治理的非正式制度。

在中国人权治理制度现代化实践中，正式制度和非正式制度之间也存在着较为明显的区别：中国人权治理的正式制度直接框定了人权治理法定要求、客观规则，约束着人权治理的行动策略和方式选择；相对地，中国人权治理的非正式制度则更多侧重于潜移默化影响人权治理行动的主观判断，会在具体行为举止上体现出来，关乎治理行动是否合乎人民权益保障的需求，能否给予人权、人道的关怀。所以，人权治理制度现代化也应注重推进非正式制度现代化。

（二）人权治理现代化制度完善是一个过程

中国人权治理制度的现代化，最初是在 1954 年诞生了中华人民共和国宪法。围绕宪法这一根本大法，中国人权治理制度现代化不断推进完善。

如中国历史上第一部《劳动法》从广义上讲，是在 1931 年中国共产党领导下的革命根据地产生的。

1948 年 8 月第六次全国劳动大会，通过了《关于中国职工运动当前任务的决议》，对解放区的劳动问题提出了全面的、相当详尽的建议，对调整劳动关系提出了基本原则。各个解放区的人民政府，也曾先后颁布过不少劳动法规。这一切，都为中华人民共和国的劳动立法提供了丰富的经验。

中华人民共和国建立后，1950 年 6 月，中央人民政府公布《中华人民共和国工会法》；同年，劳动部公布《关于劳动争议解决程序的规定》；1951 年 2 月，政务院公布《中华人民共和国劳动保险条例》（1953 年 1 月经修正后重新公布）；1952 年 8 月，政务院发布《关于劳动就业问题的决定》；1954 年 7 月，政务院公布《国营企业内部劳动规则纲要》等。

在全面进行社会主义建设阶段，中国的劳动立法有了进展。1958 年，国务院公布了《关于工人、职员退休处理的暂行规定》等 4 项重要规定。1966—1976 年，劳动立法基本上处于停滞状态。

1956 年，中国曾起草《劳动法》，由于历史原因，中途夭折。1979 年第二次起草《劳动法》，1983 年 7 月曾由国务院常务会议讨论通过《草案》，但因很多问题难以妥善解决，未提交全国人大审议。1990 年代初期第三次起草《劳动法》，1994 年 7 月 5 日八届人大通过，1995 年 1 月 1 日起正式施行《中华人民共和国劳动法》。显然，全面保障劳动权益的劳动法，其逐渐完善的过程恰恰从一个侧面反映了中国人权治理现代化的历史进程。

（三）人权治理非正式制度的现代化

与人权治理正式制度现代化相匹配的是人权治理非正式制度的现代化。为了推进"以人民为中心"的人权发展道路的现代化，就需要围绕正式治理制度，营造有利于人权保障、人权发展的非正式制度氛围。从现行的 1982 年第四部宪法（以后又经历了 1988 年、1993 年、1999 年、2004 年、2018 年五次修订）来看，在中国共产党领导下，围绕人权发展道路现代化要求，要营造适应于人权事业现代化发展需求的社会文化氛围，要依托报刊、通信、广播、电视以及自媒体以外的网络等媒体，以及"两微一端"（微博、微信、抖音等）新媒体技术传播国家宪法，让广大干部群众学宪法、懂宪法，增强宪法意识，弘扬宪法精神，为全面推进依法治国营造良好的法治氛围。

同时要将这些非正式制度内容与现代化人权治理教育培训等紧密结合，在国民中积极普及人权精神文化，在巩固不同人群的中国人权发展道路现代化认知基础上，加深政府、企业和社会组织等多元主体对人权治理现代化非正式制度的认识和理解，规范有序地参与并推进人权发展道路的现代化治理。

## 第三节　中国人权发展道路现代化治理能力

中国人权发展道路现代化治理体系，为中国人权事业发展构建了良好的政策、格局和制度等宏观性和方向性的规划指引，但要将其转化为实践，还要有与之相匹配的促进人权发展道路现代化的保障能力、维稳能力、应急管理能力和环保能力。这四种能力从不同侧面、不同层面发挥其作用，又形成整体促进中国人权发展道路现代化的合力。

### 一、人权发展道路现代化保障能力

中国人权发展道路现代化的根本保障是坚持党的领导，坚持中国特色社会主义制度。同时，要着力于以下两个方面的保障能力建设，确保有序推进中国人权发展道路现代化。

（一）提供纪律保障促进人权发展道路现代化

中国共产党作为领导中国人权发展道路现代化的核心，要通过提升监督质量效果，增强保障执行作用，为人权发展现代化道路提供纪律保障。

一是要围绕建立健全制度机制，维护党纪国法权威，强化制度刚性约束。扎紧制度笼子，有效规范全体公职人员的行为，让每一项公权力，每一个具体工作都能做到有章可循，有据可依，最大限度地防止公职人员随意和任性，督促党员干部养成依法行政、照章办事的行为习惯，从而推动形成公道正派、无私奉献的严谨工作作风，在为民服务、加快发展各方面，客观公正地行使权力，坚持一切为了群众、一切为了发展的思想，结合实际谋划工作，推进工作。

二是要经常性地开展理想信念教育和党风党纪教育。引导全体党员和公职人员践行"不忘初心，牢记使命"，自觉地投身于推进现代化建设的伟大进程中，把实现和维护人民群众的利益作为自己工作的出发点，加大对党纪法规的宣传工作，让党员干部真正知晓党纪国法，懂得敬畏权力敬畏纪法，培养遵规守纪、勇于开拓、敢于负责的工作作风，在脱贫攻坚中自觉做到忠诚干净担当。

（二）提高社会保障治理能力，促进人权发展道路现代化

从中国人权发展实践来看，国民参与社会保障制度的规划、决策、实施及评估监督过程是政府的合法性的典型表现，主要基于三个方面：一是人民群众参与社会保障制度的各个环节是对国家政治的认同，也就是对于政府合法性的认可；二是能够增强政府部门的社会治理能力，从而为政府社会保障治理能力现代化提供积极的发展动力；三是参与机制有助于维护整个社会稳定。人民群众参与是一种最直接的民主形式，人民群众直接参与社会保障的事务规划、决策、实施、评估监督等环节，提高了公共政策的稳定性，使得社会保障的相关制度和政策更符合绝大多数人民群众的期望和诉求，可以提供更多的创新性想法和更加畅通的诉求性渠道，扫清社会保障行政部门管理体制改革理论与现实之间存在的认知"盲区"，可以在更大程度上规避社会保障政策在"顶层设计"过程中的设计偏差和执行环节中的"利益转移"问题。①

在很多情况下，人民群众参与机制的缺失致使政府"自上而下"出台的社会保障政策隐含着某些制度漏洞与现实弊病。为了保证群众按照法律规定，以独立、规范的方式来行使参与权，就要将社会保障治理落实到决策、实施和监督各个环节。一是在决策环节上，要涵盖社会保障制度建立、修订和立法，在这个过程中，群众参与的形式是多样的，如参加立法听证会、政策意见咨询会、民意调查等形式；二是在执行环节上，群众要通过基层组织及非政府等社会组织来参与，如工会组织参与职工社会保障利益维权②；三是在监督环节上，社会参与是相对缺乏的。鉴于此，中国社会保障体系治理

---

① 王增文，林闽钢：《中国社会保障治理能力现代化问题》，《贵州社会科学》，2015 年第 3 期。
② 同上。

能力现代化，应该建立和完善社会保障制度参与机制。

## 二、提高维稳能力，促进人权发展道路现代化

当前，面对国内外形势深刻变化给国家安全带来的各种风险，面对经济下行压力加大情况下影响社会稳定的各种因素，我们必须增强忧患意识、责任意识，认清形势、把握规律，加大源头防范和治理力度，处理好事关国家安全和社会稳定的重要关系，不断提高人权发展道路现代化水平。[①]

一是改革发展和稳定的关系。当前，我国社会大局总体稳定，但影响稳定的问题和矛盾仍然不少，并且带有明显的阶段性特征。比如，一些历史遗留问题尚未得到有效解决，经济下行压力又带来新的矛盾纠纷，新旧矛盾相互交织，各种风险增多；全面深化改革带来社会关系和利益格局的调整，新型城镇化和农业现代化过程中不可避免出现一些新情况新问题，这些都有可能成为一些群体聚集上访的源头。

所以，在发展的进程中，要积极稳妥地推进各方面改革，统筹协调各方利益，解决制约经济社会发展的体制机制障碍，解决影响社会和谐稳定的深层次问题。同时，对西方敌对势力对我西化、分化的图谋要保持高度警惕，绝不能麻痹大意。

二是维稳和维权的关系。习近平强调，维护社会大局稳定是政法工作的基本任务，要处理好维稳和维权的关系。这一重要论述深刻阐明了维护人民群众合法权益是维稳工作的根本宗旨，彰显了深厚的为民情怀。

把群众合理合法的利益诉求解决好。对当前各类群体性维权事件，不能停留在治标层面，仅仅针对不稳定事件本身采取维稳措施，而要将调整、处理好利益关系作为维稳工作的治本之策，着力解决影响社会公平与和谐稳定的突出矛盾和问题。对群众合法合理的利益诉求，要将其纳入地方经济社会发展全局进行统筹考虑解决，不能久拖不决；对诉求有合理性但缺少政策依

---

① 马玉生：《打好新形势下维稳主动仗——深入学习习近平同志关于维护社会大局稳定的重要论述》，《人民日报》，2017 年 1 月 13 日。

据的，要在调查研究的基础上调整完善相关政策，逐步加以解决。[①]

三是秩序和活力的关系。习近平强调，要处理好活力和有序的关系，社会发展需要充满活力，但这种活力又必须是有序的，死水一潭不行，暗流涌动也不行。这就要求我们善于把握好维稳治理中的秩序与活力的关系，做到刚柔相济、宽严适度、管理与服务并重。只有这样，才能最大限度地减少不和谐因素，最大限度地激发社会活力。

四是防范新业态发展中的隐患。以"互联网+"为代表的信息技术在各行业各领域的广泛应用，催生了如网络约租车、网络借贷等大量新业态。这些新业态是对传统业态的补充，方便了群众，推动了产业升级，激发了经济活力。同时也不可避免地会产生一些问题和隐患，形成新的风险。要正确认识理解新业态，加强监管，防范化解不稳定因素，在维护社会稳定和市场秩序的同时，为新业态发展营造良好环境。

### 三、提高应急管理能力，促进中国人权发展道路现代化

在国内外形势复杂多变、面临的各种灾害风险挑战日益突出的情况下，推进中国人权发展道路的现代化进程中，会遇到各种突发事件、各种突发灾难。所以，不断提高应急防控各种风险灾害的能力，对于实现"以人民为中心"的人权保障，对于促进中国人权发展道路现代化具有重要意义。

（一）把握新发展阶段特点，加快应急管理能力现代化建设

认清机遇挑战，坚定迈向新发展阶段、全面建设社会主义现代化国家的信心和决心。中共十八大以来的成功实践充分证明，我国发展具有显著的政治优势、制度优势、民心优势、国情优势，能够继续战胜前进道路上的各种艰难险阻，在世界百年未有之大变局中赢得战略机遇期，要深入研究推进中国特色应急管理现代化。

我国应急管理现代化首先是人的现代化，是思想理念的现代化，要坚持"两个至上"，把人民生命安全放在第一位，把安全发展贯穿国家发展各领域全过程，坚持以防为主，打有准备之仗，实现应急处突的体系化、常态化，

---

① 马玉生：《打好新形势下维稳主动仗——深入学习习近平同志关于维护社会大局稳定的重要论述》，《人民日报》，2017年1月13日。

最大程度减少灾害事故给人民群众造成的损失；同时，要体现制度安排法治化和权威性，应急管理部门要积极谋划推动构建现代化应急管理体系，要体现方法手段的专业化和系统性，加快建设应急航空救援体系，要体现责任主体多元化和协同性，按照安全生产"三个必须"原则，筑牢防灾减灾救灾人民防线，推进救援装备、通信手段、研究机构、物资储备管理等能力建设，以信息化推进应急管理现代化。

（二）构建高效的跨区域、跨行业应急联动机制

第一，提升跨界区域应急管理机构组织体系的整体化和制度化水平，形成地区间、部门间的整体协同效应。[①] 建立跨界应急资源整合与共享的制度化平台，通过整体协调应对各类突发事件，特别是跨行业、跨领域、跨地域的重特大突发事件。

第二，加强应急管理跨界区域协作组织机构建设。根据地区之间自然地理环境的相似性、突发事件扩散迅速等特点，深化区域应急联动机制建设。[②] 建立多层次、网络状的跨界应急管理区域协作体系。

第三，加强跨界区域应急管理机构组织体系运行机制建设，推动应急管理区域协作流程化、常态化。要对现有各地的灾害管理部门进行结构与功能重组，从制度上、组织上做到无缝对接，实现预防预警、应急演练、应急处置、调查评估、信息发布、应急保障和区域救援等工作的统一。[③]

同时要加强灾害监测预报和预警能力。构建纵横贯通、全覆盖的复合型高效预警系统，实现监测微观化、泛在化、综合化，预测标准化、规范化、智能化，预警自动化、网络化、精准化，构建智慧的灾害事故监测、预测、预警系统，形成注重灾后救助向灾前转变的机制和能力。

## 四、提高环境治理能力促进中国人权发展道路现代化

习近平在中共十九届五中全会上强调，"我国建设社会主义现代化有许多重要特征，其中之一就是我国现代化是人与自然和谐共生的现代化"。要

---

① 孙世芳：《提升应急管理综合水平》，《经济时报》，2021 年第 11 期。
② 同上。
③ 同上。

实现人与自然和谐共生的现代化，就要有系统、有力的政策和措施，二氧化碳排放力争于 2030 年前达到峰值，努力争取 2060 年前实现碳中和，即实现"双碳"目标。"十四五"乃至更长时间内，中国人权发展道路的现代化，也是"人与自然和谐共生"的保障生态环境权，促进人权发展的现代化之路。

提高环境治理能力既是人权发展道路现代化治理能力的一大重要能力，也是中国人权发展道路现代化的一个重要追求。

## 第四节　中国人权发展道路现代化的实践

在第十七章已分析阐释了从"天人合一""天人互泰"到"人与自然和谐共生"作为人权发展道路文化精神第二种境界的历史文脉、历史传承，并在中国特色社会主义新时代促进环境权的实践中获得了新发展、新提升。这里再聚焦国内外环境权的现代化实践，反观中国人权发展道路现代化治理体系和治理能力在环境权保障和完善方面的现代化绩效。

### 一、全球现代化日益突出环境权在人权现代化中的地位

国际社会对人权、环境人权、环境人权法制的认识经历了一个不断拓展与深化的过程。人权就其本义而言是指人之所以为人所拥有的不可剥夺的权利，它不以公民资格、种族、肤色、宗教信仰、文化程度、财产状况等为前提，因而是必须得到所有社会和政府尊重的普遍性权利。

（一）环境权作为一项基本人权的发展过程

就环境人权而言，作为对 20 世纪 50 年代起不断出现的环境公害事件的回应，其发展完善经历了以下三个阶段。

第一阶段：1970 年以前。1969 年公布的美国《国家环境政策法》和日本《东京都防止公害条例》最先接受了这一概念。1970 年，在日本东京举行的由 13 个国家代表参加的国际会议发表的《东京宣言》中提出，"我们请求，把每个人享有其健康和福利等要素不受侵害的环境权利和当代人传给后代的遗产应是一种富有自然美的自然资源的权利，作为一种基本人权，在法律体系中确定下来"。

第二阶段：1972—1994 年前。1972 年，在联合国人类环境会议上通过的《斯德哥尔摩宣言》再次强调了环境权。该宣言"原则一"指出，"人类拥有在一种能够过尊严和富裕生活的环境中，享受自由、平等和充足生活条件的基本权利，并且负有保护和改善这一代和子孙后代的环境的庄严责任"。显然，该宣言明确承认了人类享有生态健康和物质惠益上的环境权利，同时也具有保护生态环境的现实与未来责任。

1992 年，联合国里约环境与发展大会上通过的《里约宣言》在"可持续发展"的背景与语境下阐发了环境人权议题。该宣言"原则一"指出，"人类是可持续发展关切的中心，人们有权过一种与自然和谐共生的、健康而有益的生活"。显然，联合国早在 1992 年就提出了人权发展现代化的目标是"人与自然和谐共生"。

第三阶段：1994—2002 年。1994 年，在联合国的一次人权与环境专家会议上首次提出了基于权利的环境人权表述。专家组提交的《人权与环境原则宣言（草案）》的"原则二"规定，"所有人都有权生活在一个安全、健康和生态良好的环境中。这项权利和其他人权，诸如民事、文化、经济、政治和社会等，都是普遍的、相互依存和不可分离的"。但是，联合国许多成员国并不愿意使之成为有约束力的法律文件。结果是 2002 年的世界可持续发展南非峰会也未能使环境人权朝向制度化可操作的进程走得更远，只是建议各国"承认环境与人权（包括发展权）之间可能存在联系"。[①]

（二）国际社会以公民权利方式承认环境人权

实际上，尽管许多国际法律师都会援引《斯德哥尔摩宣言》和《里约宣言》的权威性表述，但是，这两个宣言都不是具有国际法强制力的法律文件，而更多是具有宣示性、重要性的政治文件。

尽管如此，其他区域性组织和部分国家积极努力推进环境人权法律化工作。例如，《非洲人权与民族权宪章》宣称，"所有民族都有权享有有利于其发展的、总体上满意的环境"，而《美洲人权公约》则规定，"人人有权生活在健康的环境中，获取基本的公共服务"；泛美人权委员会（IACHR）在一

---

[①]　郇庆治：《环境人权在中国的法制化及其政治障碍》，《南京工业大学学报（社会科学版）》，2014 年第 13 期。

份关于厄瓜多尔人权状况的报告中指出，严重的环境污染可能引发当地居民的身体疾病、损伤和折磨，因而违背作为人所应受到尊重的权利，并强调在抵制环境问题危害人类健康的过程中，个人需要有知情权、参与相关决策权和获得司法救助等权利。①

1998 年联合国欧洲经济委员会在丹麦奥尔胡斯通过了《奥尔胡斯公约》，明确承认了公众参与对于推进环境健康的重要作用。

此外，世界上包括印度、菲律宾、哥伦比亚、智利、葡萄牙、美国在内的 90 多个国家的宪法规定了政府对其国民负有阻止环境破坏的义务，其中 50 多个国家以公民权利的方式承认了健康环境的重要性。

## 二、国际社会提出公民应享有受保护的 "环境权利系统"

经过半个世纪左右的不断演进，国际社会从人在环境中生存与保护的层面提出了 "环境权利系统"。

一方面，环境人权已经被国际法和联合国许多成员国确定为一项基本的独立性人权，明确了公民应享有和保护的 "环境权利系统"，如环境生态平衡权、环境资源共有权（清洁空气权、清洁水权、宁静权、风景观赏权和污染物排放权等）、环境生态人格权、环境生态代际公平权、环境精神美感权（包括宁静居住生活权、眺望风景赏析权、自然和文化遗产赏析权）等。②

另一方面，就像其他许多联合国人权条款一样，享受清洁、健康生态环境意义上的环境人权，从一开始就遭遇到 "硬法" 和 "软法" 的二元差序化划分甚或对立。尽管这项演进中的权利已经为一些国家的宪法和正式国际文件以及许多国家的法院所接受，但各国仍未找到足够明确的法律途径和框架来保证该项权利持续有效地实施，也就是尚未达到可以执行的 "硬法" 的程度。③

---

① 郇庆治：《环境人权在中国的法制化及其政治障碍》，《南京工业大学学报（社会科学版）》，2014 年第 13 期。
② 同上。
③ 同上。

### 三、中国以宪法和法律方式确立公民的环境权

如何超越国际社会环境权无"硬法"约束的困境，并以"硬法"与"软法"优化组合方式，保障公民环境权，对于促进人与自然和谐共生的人权发展道路现代化，具有重要意义。

（一）国内外环境法的"硬法"

1. 国际环境法"硬法"的渊源

一是国际环境保护条约。它是公认的国际环境法的主要渊源，对缔约国有拘束力，因而成为国家法院裁判案件的主要依据。目前，我国加入的环境保护条约（公约），包括《濒危野生动植物国际贸易公约》《关于保护臭氧层的维也纳公约》《关于控制危险废物越境转移及其处置的巴塞尔公约》《生物多样性公约》《卡塔赫纳生物安全议定书》等。

二是国家习惯。根据《国际法院规约》第38条规定："国际习惯，作为通例之证明而经接受为法律者。"相对于国际环境保护条约而言，国际习惯法更具有普遍的适用性，它在条约所未涉及的国家社会的环境保护领域起着不可替代的作用。

三是国际法院判例。依据《国际法院规约》第38条第1款的规定明确了"法院裁判除对于当事国和本案外没有约束力"。但在实践中国际法院为维护其司法一贯性，在判决中并不排斥对以往判决的引用。

2. 国内环境法"硬法"的渊源

国内环境法"硬法"的渊源主要有以下五个方面。马波在《论环境"硬法"与"软法"渊源的沟通与协调》一文中，做了较好的概括。

一是宪法。宪法是国家的根本大法，宪法中有关环境保护的规定具有指导性、原则性和政策性，它构成我国环境法制的宪法基础。

二是环境法律。即国家立法机关制定的法律，主要的表现形式是成文的实体法与程序法，包括基本法律和法律。

三是环境行政法规。是指国务院制定的有关合理开发、利用和保护、改善环境和资源方面的行政法规。如《自然保护区条例》《淮河流域水污染防治暂行条例》等。

四是地方环境法规。是指由各省、自治区、直辖市和其他依法有地方法规制定权的地方人民代表大会及其常务委员会制定的有关合理开发、利用和保护、改善环境和资源方面的地方法规。如《湖北省环境保护条例》《广东省饮用水源水质保护条例》等。

五是环境行政规章。是指国务院所属各部、委和其他依法有行政规章制定权的国家行政部门制定的有关合理开发、利用和保护、改善环境和资源方面的行政规章。如《环境行政复议办法》《危险废物出口核准管理办法》等。①

（二）环境法中的"软法"

软法（Soft Law）概念出自西方国际法学，在国际法学著述中，软法有多种表述形式，诸如"自我规制""志愿规制""合作规制""准规制"等。

实质上，"软法"有两种语境意义上的使用：一种是我们常见的国际法语境意义上的"软法"，主要是指一些国际条约中那些缺少强制性和明确义务性，不具有法律约束力的文件，如国际组织大会的宣言、决议、行动计划等；另一种是国内法语境意义上的"软法"。软法在国内法语境中极为复杂，而且不同的语境之下其运用也各有独特的进路和侧重点。

软法规则的形成主体具有多样性。既可能是国家机关，也可能是社会自治组织或混合组织等，后两者形成的规则需要得到某种形式直接或间接的国家认可。软法通常不具有像硬法那样的否定性法律后果，更多的是依靠自律和激励性的规定。②

（三）新时代中国"软硬"结合推进环境法完善

将环境权作为公民的一项基本权利，国家以宪法和法律形式加以明确规定，对于实现环境法治具有重要意义。在这样的宪法原则下，环境法也不能仅以损害预防为理念，而应根据环境权的积极面向——要求国家承担更为积极的环境质量改善义务，由消极的污染防治向积极的环境治理过渡，同时，再确立为环境硬法的核心原则。③

---

① 马波：《论环境"硬法"与"软法"渊源的沟通与协调》，《哈尔滨学院学报》，2010 年第 1 期。
② 同上。
③ 吕忠梅：《环境权入宪的理路与设想》，《法学杂志》，2018 年第 1 期。

国家治理战略和公民环境权保障的"软法"层面推进，并以"硬法"与"软法"优化结合方式，保障"软硬结合"。

1. 打造新时代环境权战略

中共十八大报告将生态文明建设纳入"五位一体"的治国理政整体战略，不仅坚持了对环境与发展的统筹考虑，而且更加强调生态文明建设对经济社会发展的引领作用，标志着对环境与发展关系的认识达到了新的高度，环境在执政理念中获得了与发展"平等"的地位，为协调和平衡两者的关系提供了世界观与方法论。[1]

十九大报告在总结十八大以来生态文明建设理论和实践的基础上，进一步把"美丽中国"上升到建设社会主义现代化强国的高度，同时把"人与自然和谐共生"作为新时代中国特色社会主义基本方略之一，丰富和完善了社会主义现代化的性质。[2]

2. 落实以"美好生活需求"为导向的公民环境权

2021 年 9 月 9 日，国务院新闻办公室发布《国家人权行动计划（2021—2025 年）》，将之前从属于"经济、社会和文化权利"的"环境权利"独立成章，并明确提出"不断满足人民群众日益增长的优美生态环境需要，促进人与自然和谐共生"。将"优美生态环境需要"作为加强"环境权利"人权保障的核心要求，体现了在我国当前主要社会矛盾转化的背景下，不断提升对公众环境权利人权保障水平的重要发展趋势。

3. 处理好"人与自然和谐共生"的关系

为了不断提高环境治理能力，推进"人与自然和谐共生"的人权发展道路现代化，要处理好以下三大关系。

一是把握好"顶层设计"和"落实落地"的关系，强化党政同责、一岗双责、齐抓共管的生态环境治理体系。生态环境治理是关系到党的使命宗旨的重大政治问题，同时也是关系到社会民生的重要现实问题。一方面，要坚持党对生态环境治理工作的集中统一领导；另一方面，要压实各级各部门生态环境治理责任。制定各级党委和政府部门生态环境保护责任清单和主要负

---

① 吕忠梅：《环境权入宪的理路与设想》，《法学杂志》，2018 年第 1 期。
② 同上。

责人年度重点工作任务清单，将生态环境治理工作开展情况纳入生态文明建设目标评价考核体系。

二是把握好"行业监管"和"社会协同"的关系，完善政府主导、企业主体和公众参与的生态环境治理格局。要强化企业的生态环境治理主体责任。严格执行生态环保有关法律法规，积极践行绿色生产方式，大力开展技术创新，加大清洁生产推行力度，减少污染物排放，实现资源节约、环境友好的绿色发展目标。要完善公众监督和举报反馈机制，对各类破坏生态环境问题和环境违法行为进行曝光。

三是把握好"依法治理"和"源头治理"的关系，健全系统全面、精准有力、奖惩分明的生态环境监管机制。一分部署，九分落实。必须加强源头管控和过程监管，依法依规开展生态环境监督管理有关工作。

## 第五节　中国人权发展道路现代化的新追求、新趋势

中国人权发展道路突出人民的生存权与发展权，以人权发展道路的法治为保障，以其文化精神为支撑，并在人权发展道路的现代化实践中彰显中国人权精神、中国人权模式的魅力，为国际人权理论注入了新鲜血液，为国际人权理论的发展作出了独特的贡献。"十四五"时期，信息化促进中国人权发展道路的现代化进入数字化发展、建设数字中国的新阶段。随着数字中国建设的推进，中国人权发展道路的现代化又开启了新的追求、新的发展历程。

### 一、以信用数字化保障数字人权

随着政府数字化转型的提质增效，数字治理（Digital Governance）范式与构架不断演化拓展[1]，数字治理体系和治理能力成为越来越凸显的焦点问题之一[2][3]，尤其是信用数字化问题已成为政府数字化转型的突出瓶颈。信用相关政府部门的职能条块化分割必然导致信用"数据孤岛"和"数据烟囱"

---

① Patrick Dunleavy, *Digital, Era Governance: It Corporations, the State and E-Government*, Oxford University Press, 2006: 45–69.
② 鲍静、贾开：《数字治理体系和治理能力现代化研究：原则、框架与要素》，《政治学研究》，2019年第3期。
③ 鲍静、张勇进：《政府部门数据治理：一个亟需回应的基本问题》，《中国行政管理》，2017年第4期。

问题①②，信用数据系统化集成不够严重影响政府数字化转型和政府治理效能。③ 刘淑春在《信用数字化逻辑，路径与融合》一文中概括了学术界关于保障"数字人权"要解决的四大问题。

（一）以信用数字化破解"市场柠檬化"问题

信用是促进市场交易和降低交易成本的"润滑剂"④，也是解决信息不对称导致的逆向选择问题特别是"柠檬市场"的关键突破口。⑤ 电信诈骗、套路贷、"裸贷"、P2P 非法网贷、假冒伪劣等市场秩序紊乱现象层出不穷的背后，深层次原因在于信用缺失和信用信息不对称导致的市场失灵失效。通过信用数字化重塑全社会征信系统，把信用信息孤岛互通成网，有助于破解信任甄别机制缺失问题、信息不对称问题以及交易主体的机会主义行为⑥，这是重构数字市场生态系统的重要支撑。⑦

（二）以信用数字化破解"信用碎片化"问题

我国基础信用数据基本掌控在政府系统，对企业而言 56% 的征信数据掌握在政府系统，对公民而言 70% 的征信数据掌握在政府系统⑧，但这些信用数据普遍存在碎片化问题，表现在"条块分割、烟囱林立、孤岛密布"。政府部门纵向业务应用系统互不连通，部门自建物理隔离的专网系统和数据中心难以互通，无法实现跨部门跨层级跨领域信用信息全链条、协同式共享共用。⑨ 与此同时，地区之间、部门之间信用建设技术路线不统一、信用数据接口标准不统一、信用数据格式不统一⑩，出现大大小小的"业务孤岛、数据孤岛、系统孤岛、信用孤岛"。信用数字化的逻辑本质就是运用数字化技

① 黄璜：《数字政府的概念结构：信息能力、数据流动与知识应用——兼论 DIKW 模型与 IDK 原则》，《学海》，2018 年第 4 期。
② 易宪容，陈颖颖，位玉双：《数字经济中的几个重大理论问题研究——基于现代经济学的一般性分析》，《经济学家》，2019 年第 7 期。
③ 陈丽君，杨宇：《构建多元信用监管模式的思考》，《宏观经济管理》，2018 年第 12 期。
④ J. Ferris, "A Transactions Theory of Trade Credit Use." *The Quarterly Journal of Economics*, 1981, 96 (2): 243–270.
⑤ Morton Deutsch, "Trust and Suspicion". *Journal of Conflict Resolution*, 1958, 2 (4): 265–279.
⑥ G. Akerlof, "The Market for Lemons: Quality Uncertainty and the Market Mechanism", *Quarterly Journal of Economics*, 1970 (84): 488–500.
⑦ 刘淑春：《中国数字经济高质量发展的靶向路径与政策供给》，《经济学家》，2019 年第 6 期。
⑧ 谢新水，吴芸：《新时代社会信用体系建设：从政府赋能走向法的赋能》，《中国行政管理》，2019 年第 7 期。
⑨ 徐晓林，明承瀚，陈涛：《数字政府环境下政务服务数据共享研究》，《行政论坛》，2018 年第 1 期。
⑩ 李重照，黄璜：《中国地方政府数据共享的影响因素研究》，《中国行政管理》，2019 年第 8 期。

术将碎片化的信用数据串成线、连成面、织成网，构建跨部门跨层级跨领域信用系统融合、数据共享机制，打通各类信用系统的数据烟囱和信息孤岛。

（三）以信用数字化破解"监管割裂化"问题

"放管服"改革最难啃的硬骨头是"管"①，关键原因是"监管链"处于纵向层级之间、横向部门之间、时间上先后之间的割裂状态。这个割裂极可能导致"劣币驱逐良币"以及"违法者大行其道"。破解"监管割裂化"问题以及监管负荷过重、监管平均用力、监管资源不足等瓶颈约束，关键突破口是建立以信用为基础的新型市场监管体系，创新基于"大数据+云计算"双轮驱动的全要素、全链条、全生命周期监管模式②，建立全面覆盖企业、自然人、社会组织、事业单位、政府机构等主体的公共信用信息数据库③，形成事前提供查询、事中分类监管、事后记录信用的全流程闭环监管机制，使信用成为政府精准监管和高效治理的重要依据。

（四）将信用数字化与人权治理融合

探索将信用数字化建设嵌入社会治理数字化转型的框架之内，以"全网共享、全时可用、全程可控"为目标，把信用信息查询使用、第三方信用评价、信用报告核查等嵌入社会治理流程中，实现公共信用信息数字化平台和基层社会治理平台等系统互联互通，推动社会治理主体由单中心向多中心转变、治理手段由刚性管制向柔性服务转变、治理空间由平面化向网络化转变。健全信用风险预警与评估机制，运用数据挖掘技术和试验仿真技术等，构建信用风险评估体系，提升信用风险的识别能力和预警能力④，逐步形成关口前移、源头治理、预防为主的信用风险预警体系。利用数字信用的预警预测功能，构建"城市大脑""智慧交通""智慧医疗"等应用平台，形成"治理结果进信用、信用产品进治理"的双向闭环，在社会治理网格化管理中提升信用重点预警区域和人员的监管力度。⑤

---

① 段宇波，刘佳敏：《地方政府事中事后监管的困境与路径》，《经济问题》，2018 年第 6 期。

② 刘淑春：《数字政府战略意蕴、技术构架与路径设计——基于浙江改革的实践与探索》，《中国行政管理》，2018 年第 9 期。

③ Lester M. Salamon, "The New Governance and the Tools of Public Action." *Fordham Urban Law Journal*, 2002, 28（5）: 1611 – 1674.

④ J. Ferris, "A Transactions Theory of Trade Credit Use", *The Quarterly Journal of Economics*, 1981, 96（2）: 243 – 270.

⑤ 刘淑春：《信用数字化逻辑、路径与融合》，《中国行政管理》，2020 年第 6 期。

## 二、以大数据征信善治为依托保护"数字人权"

大数据技术使人类正处于一个变动不居的世界中,而这使得社会信用建设尤为紧迫。"世界的变化与突发事件使得人们无论行动与否都处在一种风险之中,风险是不可回避的。人们化解或预防风险之道在于信任,由于熟悉导致的信任变得有限,社会需要一种系统信任,即制度化的信用。"①

(一)大数据征信的善治要立足于社会信用

要构建一个以"善治"为核心的社会信用评价体系是时代所需所急,因为"善治本身蕴含了主体之间自觉、自愿、自发地达成善,而不是外界强加的治理理想状态"。② 而这也决定了大数据征信必须立足于社会信用这一时代主题。"社会信用治理中,制度、技术与文化三者不可或缺"③,其中,制度是关键。大数据不单纯意味着人类超算技术的突飞猛进,更昭示着一场法律制度"革命"的到来。如何实现"数据人→诚信人"的转变是大数据时代下征信法律治理必须积极回应的导向问题。④

(二)大数据征信法律治理要以自由、平等、协作、共享为导向

大数据征信是传统征信的升级换代,信息共享是征信功能效用最大化的保障。互联网下的征信大数据"主要涉及传统央行的征信数据、经营数据、身份数据、社交数据、消费/财务数据、日常活动数据、特定场景下的行为数据等"。⑤ 如果法律是从事物的本质出发来寻找其必然关系,那么大数据征信法律治理的进路就必须遵从互联网自由、平等、开放与共享的精神。自由与平等是社会发展的基础。如果我们认同这一观点,那么政府就必须恪守以市场为导向,激励征信机构使用新技术⑥,升级其产品与服务,营造良好的技术创新氛围。

大数据、互联网不仅是人类科学探索的进步,而且与人类苦求的自由、

① [英] 安东尼·吉登斯:《现代性的后果》,田禾译,译林出版社,2000 年,第 68 页。
② 何哲:《"善治"的复合维度》,《公共管理与政策评论》,2018 年第 5 期。
③ 程民选,李晓红:《社会信用协同治理:制度、技术与文化》,《华东师范大学学报(哲学社会科学版)》,2015 年第 3 期。
④ 黎四奇:《社会信用建构:基于大数据征信治理的探究》,《财经法学》,2021 年第 4 期。
⑤ 《互联网征信》课题组:《大数据时代下的互联网征信》,经济科学出版社,2016 年,第 168 页。
⑥ 技术是一柄双刃剑,如果技术缺乏伦理,那么就如同人缺乏良知。为了消除不确定性,在技术的研发与利用中,必须通过法律的方式对技术设定严格的伦理要求。

平等、协作等人文精神不谋而合。所以，大数据征信法律治理应以自由、平等、协作、共享精神为导向，既为其生存与发展留足市场空间，又体现中立、客观、公正的社会信用评价功能。值得注意的是，大凡数据，皆可反映信用，借助大数据及云计算等技术手段让数据"保真"与"发声"是大数据征信的根本所在。①

（三）大数据征信应体现互联网自由、平等精神

在大数据征信市场上，任何人都有依其意愿与法定条件享有决定入市或不入市的自由权利。就平等而言，一是不能因入市者身份、产权者等的不同而采取差别待遇，当禁止在立法与监管中进行不公正、不合理的分类时，在大数据征信平等对待的阶梯上，我们就朝前迈进了一大步；二是征信入市与征信业务机会均等。正如美国学者罗尔斯所言："每一个对于一种平等的基本自由之完全适当体制都拥有相同的不可剥夺的权利，而这种体制与适于所有人的同样自由体制是相容的。"② 就协作与共享而言，互联网之所以被称为互联网就在于其"相互"与"联接"，其传导的是"团结就是力量"的合作。在市场运转中，竞争从来不是目的，只是更有效合作的手段，对于大数据征信而言，其理亦然。③"任何社会在构想和建设社会信用体系时都隐含着对自身社会和文化的预设和理解，不同的社会和文化思维方式影响着社会信用的路径选择。"④ 在体现特色时，大数据征信应体现互联网精神。

## 三、大数据征信治理法律体系化保护"数字人权"

互联网开启了一个大数据的信息时代，在这个时代中的人都是数据化的信息人。信息安全与每个社会主体的生存利益密切关联。在丧失强力保护的情形下，人们无异在阳光下"裸奔"。虽然在大数据征信治理的变革中，平等、自由、共享等思想迎合了互联网精神的本质，但是在法律的治理中，必须优先考虑安全因素，因为安全是至高无上的法律，安全是利益平衡下大数

① 黎四奇：《社会信用建构：基于大数据征信治理研究》，《财经法学》，2021 年第 4 期。
② ［美］约翰·罗尔斯：《作为公平的正义——正义新论》，姚大志译，上海三联书店，2002 年，第 70 页。
③ 黎四奇：《社会信用建构：基于大数据征信治理研究》，《财经法学》，2021 年第 4 期。
④ 黄晓晔：《社会信用建设的逻辑及其路径选择——基于国外模式及国内经验的比较与思考》，《贵州社会科学》，2014 年第 5 期。

据其他价值实现不可或缺的基石。

（一）以大数据征信治理法律的体系化保障互联网安全

大家公认的是，发展依托于安全与秩序，自由与共享等也只有在安全的护佑中才具有真实性，因为"安全有助于使人们享有的生命、财产、平等和自由等其他价值稳定化，并使其尽可能地延续下去"。[①] 大数据征信法律治理保障互联网安全，提高"数字人权"安全享有的权益，重视人们能自由、平等和安全地享有"数字人权"。

一是走法典化的道路，尽可能地避免走"细则""暂行""试行"等解燃眉之急的老路。

二是实现辅助性法律对征信治理体系化的外部支撑。如可借鉴美国的做法。如除了《公平信用报告法》，其还专门配备了《公平债务催收法》《金融隐私法》等多部法律，形成了一个完整的征信法律体系。[②]

三是建立体系性的社会信用。政府信用、企业信用与个人信用体系是三大信用支柱，在大数据征信治理中，征信对象不仅应包括自然人、营利法人，同时也应包括社会团体、事业单位、社会服务机构、基金会等非营利性法人及特别法人，以最大可能地让大数据征信覆盖社会中的每一个角落，而无论其是权利者，还是权力者。[③]

（二）加强大数据征信中心的隐私权保护

大数据时代，由于个人信息的获取、存储、传播等所涉环节错综复杂，由此形成了一条盘根错节的黑色利益链。App 泛滥之下，对个人信息的过度开发与采集使公民的隐私面临前所未有的危机。客观上，"只有遵守保护个人信用信息隐私权的一系列原则，征信活动才能在正当范围内进行"。[④] 大数据征信蕴藏着巨大的公共利益与秩序，隐私代表着私人空间与权利。大数据技术加剧了隐私的"电光化"风险，为了防止征信机构等权利/权力的滥用，那么就有必要出台专门性的"个人信息保护法"，加强对个人隐私权的保护。

在数字化、信息化高速发展的新时代，严格控制与规范金融、征信、电

---

① Christian Bay, *The Structure of Freedom*, Stanford University Press, 1958, p. 19.
② 张晓军：《论征信活动中保护个人信用信息隐私权之目的特定原则》，《中国人民大学学报》，2006 年第 5 期。
③ 黎四奇：《社会信用建构：基于大数据征信治理的探究》，《财经法学》，2021 年第 4 期。
④ 张晓军：《论征信活动中保护个人信用信息隐私权之目的特定原则》，《中国人民大学学报》，2006 年第 5 期。

信、交通、教育、医疗等大众型服务机构对消费者的信息保密义务。同时，对政府部门利用公权力泄露个人信息的行为进行重点遏制。在个人信息采集上，确立有序开放原则[①]，即"个人信用信息的开放、收集、加工、披露和使用，都应制定并遵守一定的法律规则，力戒个人信息无序开放和随意滥用现象的发生"[②]。

① 黎四奇：《社会信用建构：基于大数据征信治理的探究》，《财经法学》，2021 年第 4 期。
② 吴国平：《个人信息开放与隐私权保护》，《法学杂志》，2005 年第 3 期。

# 第十九章　全球治理视域下的中西方人权比较

建党百年来，马克思主义人权观的"中国化"实践、中国化道路，推动了中国人权事业的发展，在中国特色社会主义新时代达到了一个新的境界、新的高度，形成了令世人瞩目的中国特色人权发展道路的法治保障、文化精神及其现代化的发展。为了进一步弘扬中国人权发展道路的全球意义、全球价值，本章进一步从全球人权治理的视域，对中西方的人权保障与治理作定性与定量的比较分析，揭示以"人民"还是以"资本"为核心主导人权发展，反映两种不同人权价值观的对立，反映两种不同社会制度的优劣。

## 第一节　比较研究中西方人权的意义与方法

近年来，随着综合国力的不断增强，中国逐渐成为具有全球影响力的现代化强国，促进了世界格局的变化和治理体系的变革。但是 2022 年 2 月爆发的俄乌战争，使"新冷战"阴影成为世界进入动荡变革期的重要注脚，正在改变世界治理体系治理秩序。美国为了保住其主导国际秩序的地位，以人权为由头，在国际人权领域大搞人权政治化，以"人权卫士"身份说人权，高举"人权"旗帜到处毁人权、谋霸权，引发全球人权治理的"赤字"。为了正本清源，亟待通过对中西方人权保障与治理的客观研究，揭露美国等西方国家破坏人权践踏人权、无真正人权保障、不能充分享受人权的客观现状。

### 一、为什么要开展中西方人权比较研究

法国是世界人权的发源地。1948 年 12 月 10 日在巴黎通过联合国的《世

界人权宣言》（第 217A［Ⅲ］号决议）以后，联合国于 1960 年通过了《给
予殖民地国家和人民独立宣言》；1963 年、1965 年先后通过了《消除一切形
式种族歧视宣言》和《公约》，并终于突破西方传统的人权概念，在 1966 年
通过的《公民和政治权利国际公约》的第一条上明确规定"所有人民都有自
决权"之后，1968 年纪念《世界人权宣言》发表 20 周年的国际人权会议通
过的《德黑兰宣言》，1977 年联合国通过的《关于人权新概念的决议》则以
更加强势的言辞谴责种族隔离、种族歧视、殖民主义，认为这些都是大规模
侵犯人权的罪恶，消除它们是人类刻不容缓的最迫切任务。应该说这些都是
对《世界人权宣言》的修正和完善。

　　遗憾的是：美国从 1977 年 2 月开始发表的《国别人权报告》，基本背离
了《世界人权宣言》的精神，把"人权"作为打压他国的工具。尤其是
2022 年 4 月 12 日美国的《2021 年国别人权报告》，评价了世界上包括美国
在内的 199 个国家的人权状况。美国的此次"人权报告"尽显双重标准，不
仅对美国国内存在的种族歧视、枪支泛滥、新冠疫情而导致的人权问题熟视
无睹，还对其他国家的人权状况指手画脚，试图想在全世界面前展示美国
"人权先锋"的形象，但这一无耻行径随后遭到了世界各国的广泛批评。值
得注意的是，1978 年成立于美国的"人权观察组织"（2021 年 5 月 13 日被中
国外交部批为"反华组织"）每年度发布《世界人权报告》。美国、英国等各
种人权报告常常是根据本国利益、资本利益，戴着有色眼镜评价各国人权。

　　到底应如何评价人权？如何对各国人权的保障和治理水平开展评价？为
了能更好地弘扬"世界人权宣言"中关于"人人生而自由，在尊严和权利上
一律平等""人权是人民和国家共同的实现标准"等人权精神，必须形成客
观合理的比较研究和评价世界各国人权保障和治理水平的方法，以真正推进
世界人权事业发展。

## 二、开展中西方人权比较研究的方法[①]

　　为了对《世界人权宣言》发布 74 年来的美英等国的人权保障和治理的

---

① 鲍宗豪：《比较方法的认识论意义》，《上海师范大学学报（哲学社会科学版）》，1985 年第 2 期。

真实状况作出客观的分析研究，必须科学运用比较研究的方法。要运用科学的比较研究方法对中西方人权作比较研究，首先必须阐释科学比较研究方法固有的本质特征。

（一）科学比较研究方法的本质特征

第一，比较研究的本义是把不同的过程、领域、阶段进行比较，比较它们在本质上的相同之点和相异之点。不过，这里讲的"相同"之点，是指事物关系（如因果关系、共存关系、对象属性的数量关系等）之间的相似，而不是一个物体（东西）与另一个物体（东西）相同。日本著名科学家、诺贝尔奖金获得者汤川秀树在强调类比的这个特征的时候，列举了牛顿发现万有引力定律的过程，指出："他并没有将一个物体与另一个物体看作相同，而是认为在某一种情况下物体之间的关系与在另一种情况下物体之间的关系是相同的。"① 贝弗里奇在他的《科学研究的艺术》一书中也强调："类比是指事物关系之间的相似，而不是指事物本身之间的相似。"② 只有明确了这一点，才能更好、巧妙地运用类比这个本质特征。

第二，比较研究是对事物、过程、本身内部矛盾的双方进行比较（对比）。比较矛盾双方的主次、地位、作用等，认识事物发展的根源，把握事物发展的阶段性和规律性。

第三，比较研究是对客观事物进行具体的创造性的比较。这就是说，科学的比较不仅要揭示客观事物的本质和规律，辨别真伪，把握真谛，还应该在比较分析中作出创造性的论证，来丰富和发展真理。

上述三个特征是紧密联系的，贯穿并体现在一切比较研究的过程中。当我们对各国人权进行比较的时候，只有对各国人权的特征进行分析、对比，才能在不同国家之间进行类比；而对不同国家人权发展水平进行类比，又可以帮助我们去深入揭示所考察的各国人权发展水平。可见，对各国人权的比较研究往往是极其错综复杂的。这样，在对各国人权的比较研究过程中就必须坚持普遍性和特殊性相结合的原则，对各国的具体国情作具体分析，研究不同国家人权发展的"多样性的统一"，不仅要抓住人权诉求的共同本质，

---

① 林定夷：《类比和联想》，《哲学研究》，1984 年第 6 期。
② 同上。

而且要把握不同国家人权诉求的区别，在共性和个性的统一中去揭示各国人权发展的本质和特点。

根据比较研究方法的本质特征，我们可以得出这样的认识：比较研究方法，也就是人们在认识和改造客观世界的实践中，把了解到的两个或两类事物加以分析、对比和鉴别，从而确定它们的相同点和不同点，找出它们的内在联系、共同规律和特殊本质，力求得出符合客观实际结论的一种思维过程和科学的认识方法。因此，运用比较研究方法对各国人权开展比较、研究，是客观反映各国人权发展水平的合理方法。

（二）开展中西方人权发展比较研究的作用

开展中西方人权发展比较研究，具有以下三个方面的作用。

第一，比较研究是鉴别人权保障和治理真假、是非的有力武器。任何事物的矛盾双方总是相互依存的。不仅矛盾的每一方以和它相对立的另一方作为自己存在的条件，而且矛盾的每一方都要从对方取得自己的规定性。如光明和黑暗对立双方互为前提，它们的内容、特点都是彼此限定的。光明只有同黑暗相对照时才显现出来，黑暗也只有同光明相比较时才能存在。同样，通过对不同国家人权发展的比较，就能鉴别真假、善恶、是非等等。这好比"两刃相割，利钝乃知，两论相订，是非乃见"。

当然，对人权保障和治理的真假、善恶、是非的鉴别，不像白天和黑夜那样简单明了，各种情况常常是相互交织在一起的，甚至可能相互颠倒。因此，比较不能只是简单的对照，形式主义的比附，科学的比较研究应该是建立在实践基础上的，包括论证与反驳的比较。各国活生生的人权实践是深入到人权发展之中的，它为证实正确的人权评价，驳斥错误的人权观，提供了客观的基础。在各国人权实践的基础上，对各国发布的人权报告、对人权状况好坏评价的论证与反驳，就能达到"去粗取精、去伪存真"，分辨真假、善恶、是非的目的。列宁在分析马赫主义者"只有成功才能把认识和谬误区分开来"的论点时，就通过把马克思主义的实践标准与马赫主义的"成功"标准相比较，论证了马克思主义实践标准的绝对性，驳斥了马赫主义夸大实践标准的相对性，抹杀它的绝对性，从而根本否认实践是检验真理的唯一标准的谬论。这样，列宁就帮助人们分清了在实践标准问题上的真假、是非。

同样，通过越来越多国家对美国人权报告的批驳，可分清谁是"人权"的真正维护者，谁是"人权"的破坏者。

第二，比较研究方法是理解人权保障和治理本质的钥匙。世界上的事物都是现象与本质的统一。事物的现象是错综复杂、多种多样的，有真象和假象，有普遍现象和特殊现象，有易逝现象和相对稳定现象等等。要认识事物的本质，就必须善于比较和区分"粗"与"精"、"伪"与"真"。

但是，对中西方人权保障和治理是停留于现象还是本质的比较与区分，不是一次就能完成的。它是一个在实践的基础上，经过由感性直观比较到理论思维的比较，再回到实践，通过对人权实践的检验，进而作出中西方不同国家人权发展水平的认定和评价。在感性直观比较中，人们通过眼睛看，分辨出是非黑白；通过耳朵聆听，区分出声音的抑扬顿挫；通过鼻子的嗅闻，分辨出芬芳香臭；通过舌头的品尝，辨别出甜酸苦辣等等。对中西方人权的认知和评价只是停留于各种侵犯人权的现象分析，还是不能从中进一步判断各国人权状况的。只有进入到理论思维的比较阶段，通过对中西方人权发展指标数据的定量和定性的比较分析，才能剔除表象中种种不确定、不真实因素，才能真正从整体上对中西方不同国家人权状况作出评价和判断。

第三，比较研究是对中西方人权进行科学研究，拓宽人权保障和治理研究领域的一种重要的理论思维方法。比较研究方法作为一种重要的理论思维方法，在中西方人权研究、拓展人权研究新领域中有着独到的功能。

（1）运用比较研究的方法，从对空间上同时并存的现象，认识时间上前后相隔的变化，从能够观察到的现象推知出不易直接观察到的运动和变化。如 1718 年，哈雷就是将自己在圣赫勒纳岛所作的观察，同一千多年前古希腊天文学家喜帕恰斯与托勒密所作的观察相比较，看到四颗恒星毕宿五、天狼、大角、参宿四的位置有明显的差异，而发现恒星的自行运动的。同样，对一个国家人权保障和治理方面的比较研究，也要将其置于一定的时空范围内作横向和纵向的比较，以把握中西方各国人权保障和治理的水平以及变化发展情况。

（2）运用比较研究的方法，可以追溯事物发展的历史渊源和确定事物发展的历史顺序。任何事物都有其发展过程。对于时间较短的过程，如蚕的个体发育过程，我们可以直接地观察研究，但是对于天上星体的演化，人类意识的起源，怎样直接观察呢？应该说，运用比较方法，根据有共同特征的事物可能具有共同起源的道理，可以追溯其历史渊源。例如，通过对儿童心理发展的研究，我们可以揭示人类意识起源过程中的规律，因为儿童精神发生是人类意识产生过程的重演。正如恩格斯指出的"孩童的精神发展则是我们的动物祖先、至少是比较晚些时候的动物祖先的智力发展的一个缩影，只不过更加压缩了"。① 因为它略去了发展的细节和偶然性。但是，不管怎样，它使不能追踪的人类意识起源的研究成为可能。同样，通过对美国、英国、加拿大、澳大利亚等国家种族歧视、种族隔离等践踏人权历史的分析，可以把握这些国家在这方面产生各种人权问题的原因。

（3）比较研究方法的广泛应用，促进了新的交叉边缘学科的兴起，拓宽了科学研究的领域。当代富有生命力的文化现象，往往都是比较研究了两个或两个以上的现有学科之后而兴起的边缘学科。20 世纪 80 年代的现代控制论，正是在将动物和机器某些机制加以比较之后，抓住了其中通讯和控制系统中所共有的特征，站在一个更概括的理论高度加以综合，所形成的一门具有更为普遍意义的新理论。仿生学，也是在把有生命的机体和机械进行比较后，所产生的新兴学科。这种交叉或边缘学科的生机勃勃的活力，若借用遗传学的术语来说，就在于"杂交"优势利用。它能免遭"单一品种"多代自交必然会发生的机体生活力降低的厄运退化、衰退和最后被淘汰。同样，如今的"数字人权"是信息化进入数字化阶段之后，数字技术在人权领域的应用。随着信息化、数字化的发展，与人权相交叉的研究领域还将出现，人权比较研究的范围将不断拓展。

## 三、运用比较方法开展中西方人权保障与治理评价

以上说明，运用比较研究方法对中西方不同国家的人权发展作出评价，是科学合理的方法，是让不同国家不同地区都能接受的科学合理方法。不过，在运用比较方法对中西方不同国家的人权保障和治理作比较分析、比较

---

① 《马克思恩格斯选集》第 3 卷，人民出版社，2012 年，第 997 页。

评价时，还有几个值得注意的问题。

第一，关于"可比性"问题。在客观世界中，并不是任意两个或两类事物都可以拿来比较的。比较要有前提——"可比性"。只有在质上相异的事物才有比较的必要，相异的事物中又有相同的方面，比较才有可能。因此"类同性"，即有着内在差异的类同性是比较的客观基础。那些不具备比较的客观基础的事物或概念，如"三角形"和"道德"、"粮食"和"智慧"、"鞋刷"和"哺乳动物"、"书"和"马"等等，就不能比较，这是我们运用比较方法中首先必须明确的。其次，比较必须根据同一标准。没有标准，无法进行比较，不同的标准，结果往往因人、因时、因地而异，谈不上客观的辩证的比较。由于上述两方面的原因，比较就有一定的限制，不能无限制地到处滥用比较方法。

"可比性"的问题比较复杂，还可继续讨论。但是笔者认为，对"可比性"一定要辩证地理解。一方面要看到，在一定条件下，比较的客观基础和标准是确定的；另一方面，随着实践的深入，认识的发展，可比的条件会有所变化，对"类同性"的认识也会不断发展、深化，从这个意义上讲，可比性又是不确定的。所以，"可比性"既是确定的，又是不确定的，两者是辩证的统一。割裂两者的辩证关系，否认比较的客观基础和标准，主张无限制地比较，或者孤立地、静止地看待"可比性"问题，都是片面的、形而上学的。

第二，关于"异"和"同"的问题。人权是人类普遍需求、普遍要保障的。但是，各国的历史、经济社会发展状况是有差异的，即"同"中有"异"。实际上，"同"和"异"的关系也可以说是事物的共性和个性的关系问题。任何事物都是共性和个性的统一。个别一定与一般相联而存在，一般只能在个别中存在，这就是"异中之同"。任何一般都是个别的一部分，它只是大致地包括个别，这就是"同中之异"。没有"异"就没有事物的个性，也就谈不上寻求事物的"同"，即使是"同"也不是绝对的，其中包含着"异"。

因此，正确地运用比较方法，不仅要寻求"异中之同"，也要把握"同中之异"。各国人民都需要人权保障，但保障水平会因不同国家的社会历史条件而不同，对不同国家人权发展开展比较分析、比较研究工作的意义，也正是在对象极为相似的情况下，鉴别出其间的根本性差别，即"同中之异"；在极不相同的对象间，如发达国家和发展中国家的人权保障，寻找出其间的相似点，即都是适应不同国家的国情和社会历史条件的人权保障，即"异中之同"。用黑格尔的话来说就是越好的比较就是在越同的地方找出异来，在越异的地方找出同来。

对异中之同和同中之异的辨别，还应该注意两点：一是事物的异和同，是在比较过程中不断发现的。在不同的比较过程中，有不同层次上的异和同，就是在同一个比较过程中，也有不同层次的异和同。因此，我们要善于区分不同层次上对异和同的辨别结果，使认识不断地从较低的层次进入到较高的层次。二是要对事物的异和同，从不同方面、不同特点及其相互联系作全面的历史的考察和对比。列宁指出："辩证法要求从相互关系的具体的发展中来全面地估计这种关系，而不是东抽一点，西抽一点。"① 要真正地认识事物的异和同，就应该把握、研究它的一切方面、一切联系和"中介"。当然，我们不可能完全做到这一点，可是，我们要更好地把握事物的本质，就必须从事物的发展和联系中，对异和同进行反复的、全面的比较。

第三，关于比较方法的具体运用问题。一般而言，比较的具体方法有纵向和横向的比较、质和量的比较、局部和全局的比较、逻辑的比较，等等。但是对中西方不同国家人权状况的比较，无论运用哪一种比较方法，都离不开辩证法思想的指导。就纵向比较和横向比较来说，两者总是相辅相成的。根据系统的观点，任何事物作为一个系统，其内在结构都是有层次的。如果把层次间的联系作为纵向联系，那么，每一事物和它处于同一系统的其他事物之间或一事物内在结构要素、属性之间，就构成横向联系。纵横两方面的联系又是相互渗透、相互一致的。

所以，对中西方不同国家人权保障和治理水平的比较分析，从横向说，必须要明确比较评价的结构要素，即要有不同的评价维度中的相关指标要素。这些不同评价维度及其指标要素，相互联系、相互渗透、相互作用，构

---

① 《列宁全集》第 40 卷，人民出版社，2017 年，第 290—291 页。

成一个有机的评价人权保障和治理的体系结构。对中西方不同国家人权保障和治理的比较评价，较多的是通过不同指标的纵向增长情况来反映。在这个意义上说，对中西方不同国家人权保障和治理水平的纵横向的比较，可形成一个评价中西方人权保障和治理的坐标系统。其中不同评价维度中的评价指标，又有统一的量化要求，不同量化指标又体现着评价的"质"的引导。

## 四、构建评价中西方人权保障和治理的逻辑体系

运用纵横相结合、体现着量和质要求的比较方法，开展中西方人权保障和治理的评价，还要形成相应的评价指标的逻辑体系。

### （一）如何构建比较研究中西方人权保障和治理的指标体系

国内对中西方人权的比较，主要从中西方人权概念、内涵和内容的差异以及主权与人权关系的本质区别作比较，但是种种比较研究，只是各讲各的人权，只是区分不同国家对人权的不同理解、不同的保障情况，并未从中找到并阐释必须保障的生命权、生存权价值，也没有形成具有"统一统计口径""统一来源"的指标数据、"统一权威出处"的比较评价指标体系。因此，很难发现不同国家人权保障与治理的好坏，更不能揭示人权保障和治理根植于不同制度的本质及其优劣。为此，本书以构建比较研究中西方人权保障和治理的指标体系为基础，运用该指标体系评价中西方不同国家的人权保障和治理水平，并进一步作定性比较研究，客观反映中西方人权保障和治理绩效。

1. 构建比较研究中西方人权保障和治理的指标体系

为了实现对中西方人权保障和治理进行比较研究的目标，先构建评价中西方 G20 国家的指标体系，我们需遵循以下原则筛选指标。

（1）"可比性"原则。要对中西方不同国家的人权保障和治理进行比较，一定要遵循"可比"的原则：一是选取指标"可反映"不同国家的人权保障和治理情况；二是所选指标的数据"可采集"，如果所选指标不能从权威部门（如国家统计部门）或权威机构（如世卫组织、世界人道主义数据库）等采集相关数据，该指标就是不可采纳的指标；三是评价人权保障和治理的数据"可跟踪"。因为人权保障和治理是一个过程，要体现不同国家纵向变动

的情况，相关指标数据不能仅仅停留于当前，而要有几年的数据，这样才可以作纵向比较。

（2）"统一性"原则。对中西方人权保障和治理的评价，要有"统一"的指标（名称）、"统一"的评价"口径"、"统一"的标准。只有筛选的评价不同国家人权保障和治理的指标是统一的、评价口径是统一的、评价标准是统一的，才可保证对中西方不同国家人权保障和治理的评价是运用"一把尺"比较衡量，才可保障评价不同国家人权保障和治理的结果是客观合理的。

（3）"相关性"原则。对中西方不同国家人权保障和治理评价的一级指标（或称作评价维度）之间具备内在的逻辑紧密"相关性"。

比如，对"人权保障"的评价，本书选择了"生命权"、"生存权"和"发展权"三个维度的一级指标；从这三个方面评价中西方不同国家的人权保障最客观、最具说服力；对人权治理的评价则把"人口安全"维度作为一级指标。因为"人口安全"水平、人民的安全感对人权治理绩效反映更直接、更客观。本书通过"生命权"、"生存权"、"发展权"和"人口安全"四个具有内在"相关性"的评价维度作为一级指标，并进一步运用"熵权法"等方法，筛选四个评价维度中的 10 个指标，全面系统地评价中西方不同国家的人权保障治理水平。

2. 形成评价 G20 国家人权保障和治理水平的指标体系

为了更好地实现对中西方不同国家开展人权保障和治理水平进行比较研究的目标，根据上述有关评价中西方不同国家人权保障和治理水平的"三原则"要求，经综合分析研判，本书第一阶段先以 G20 国家中的 18 个国家为评价对象，构建评价 G20 国家人权保障和治理水平的指标体系。因为对 G20 国家人权保障和治理水平的评价，能更好地反映全球百年未有之大变局加速演进下的中西方不同国家的人权发展事业、人权发展水平。

表 19 - 1　中西方 G20 人权保障和治理的评价指标

| 生命权 | 1. 新冠肺炎（COVID-19）累计病例数（每 10 万人） |
| --- | --- |
|  | 2. 每千人口病床数（张） |

| | |
|---|---|
| 生存权 | 3. 劳动参与率（%） |
| | 4. 失业率（%） |
| 发展权 | 5. 人均国内生产总值（美元） |
| | 6. 社会医保支出占政府卫生支出比率（%） |
| | 7. 每千人口病床数（张） |
| 人口安全 | 8. 枪支暴力死亡率（%） |
| | 9. 故意杀人罪犯罪比例（%） |
| | 10. 枪支暴力的女性受害者比例（%） |

（二）中西方 G20 国家人权保障和治理评价指标体系的逻辑

如上所述，本书从"生命权""生存权""发展权""人口安全"四个维度内涵、10 个评价指标，"四位一体"地构建"中西方 G20 国家人权保障和治理评价指标体系"（以下简称 G20 国家人权评价体系），对 G20 中的 18 个国家开展评价。该评价体系的构建遵循以下理论逻辑和实践逻辑的要求。

1. 构建中西方 G20 国家人权发展评价体系的理论逻辑

理论逻辑主要体现在以下两个层面：（1）全面系统性。"四位一体"的中西方 G20 国家人权评价体系，从逻辑起点—人的"生命权"到逻辑归宿—人口的"安全权"，全面系统地反映中西方人权发展的内在逻辑关联，涵盖人权发展的内容和要求。（2）内洽合理性。一是人的"生命权"与人的"生存权"的内洽一致性。"生命权"是"生存权"的基础，没有人的"生命权"有机体，人的生存就是无主体的生存；剔开了"生存权"的保障人的"生命权"也不可能延续。二是人的"生存权"与"发展权"的内洽一致性。"发展权"的实现要以人的基本"生存权"保障为基础，"发展权"的实现促进人的"生存权"质量的提升。三是人的"发展权"与"人口安全"的内洽一致性。人的"发展权"的不断进步、发展，要有人的"安全权"为保障，如没有人的安全发展环境，人口的安全不断受到威胁和挑战，人的"发展权"必然受到限制，发展权的实现必然下滑。

2. 构建 G20 国家人权评价体系的实践逻辑

中西方 G20 国家人权评价体系的"实践逻辑"，某种意义上是一种转化为人权发展行动的"实践逻辑"。所以，对当代中西方人权发展评价指标的筛选要具备"一强三可"的特性。即每一评价指标，要具有解释力度强和数据可采集、可比较、可跟踪的特性。即使有的指标设想"再好"，由于不具有可比性，不具有可持续引领人权事业发展的功能，也就不能选用。

据此，本书从《国际统计年鉴》、世界卫生组织（World Health Organization）数据库、世界人道主义数据和趋势（World Humanitarian data and trends）、小型武器全球暴力死亡数据库（The Small Arms Survey Database on Violent Deaths）等初选 15 个评价指标，经过"一强三可"的反复评价、审核，最终确认其中 10 个指标能实现对 G20 国家人权保障和治理的相关评价，进而按照构建中西方 G20 国家人权评价体系"理论逻辑"与"实践逻辑"相统一的要求，形成 G20 国家人权保障和治理的指标体系。

构建评价中西方 G20 国家人权保障和治理指标体系的"实践逻辑"，既是针对当今全球人权发展的现状，以及未来较长时间内引导全球改善"人权发展"的需要，也是确保全球"人权发展""理论逻辑"的认知价值能转化为"实践价值"的需要。正因为如此，强调筛选评价人权保障和治理指数指标，架构人权保障和治理评价体系的"理论"和"实践"相统一的逻辑，具有科学合理性，评价结果具有"信度"高、"可比性"强、"指导性"好的功能。

## 第二节　对中西方人权保障与治理水平的评价

通过从《国际统计年鉴》、世界卫生组织（World Health Organization）数据库等采集美国、日本、德国、中国等 20 国（G20）2020 年和 2021 年的 10 个指标数据，并通过运用统计学常用的"指标值"计算方法，计算 G20 中 18 个国家的人权发展水平。

### 一、G20 国家人权保障与治理水平比较

（一）G20 国家人权保障与治理水平综合得分计算方法

为了能更好地比较 G20 国家的人权保障与治理综合水平，此处将具体的

指标数值转化为绝对数。根据人权保障和治理指数相关指标数据可采集、可跟踪、可比较的原则，采集了 10 个评价指标的相关数据，评价 G20 中 18 个国家人权保障和治理的水平。通过数学建模分析，截至 2022 年 5 月，G20 的 18 个国家人权保障和治理指数综合得分可反映出中国、美国、英国、德国、俄罗斯等 18 个国家的人权发展水平。

1. 正向指标计算方法

共 4 项指标，每项指标满分为 100 分，将单项指标的最高分设为 100 分，其余国家的分数计算为：国家指标数÷最高指标数×100。

例如，劳动参与率（%）这一指标，排在首位的日本为 79.2，得分为 100 分；中国为 75.6，得分为 75.6÷79.2×100＝95.45 分。

2. 逆向指标计算方法

共 6 项指标，每项指标满分为 100 分。将单项指标的最低分设为 0 分，其余国家的分数计算为：100-（国家指标数÷最低指标数×100）。

例如，新冠肺炎累计病例数（人）这一指标，排在最后的法国为 42 270.15，得分为 0 分；中国为 43.21，得分为 100-43.21÷42 270.75×100＝99.9 分。

G20 的 18 个国家人权保障与治理综合得分排序，见表 19－2。

表 19－2　G20 的 18 个国家人权保障与治理综合得分表

| 排　名 | 国　家 | 生命权 | 生存权 | 发展权 | 人口安全 | 总　分 |
|---|---|---|---|---|---|---|
| 1 | 日本 | 90.81 | 95.96 | 84.43 | 99.54 | 94.06 |
| 2 | 德国 | 60.62 | 94.36 | 75.45 | 98.26 | 85.39 |
| 3 | **中国** | 90.48 | 91.41 | 45.12 | 99.45 | 85.18 |
| 4 | 韩国 | 57.86 | 87.32 | 72.14 | 99.27 | 83.17 |
| 5 | 澳大利亚 | 68.00 | 90.01 | 37.56 | 98.35 | 78.45 |
| 6 | 加拿大 | 80.79 | 89.62 | 31.03 | 95.27 | 78.40 |
| 7 | 法国 | 44.49 | 80.78 | 70.23 | 95.94 | 77.48 |

续　表

| 排　名 | 国　家 | 生命权 | 生存权 | 发展权 | 人口安全 | 总　分 |
|---|---|---|---|---|---|---|
| 8 | 俄罗斯 | 78.33 | 89.07 | 39.96 | 89.21 | 77.16 |
| 9 | 美国 | 62.53 | 89.34 | 71.15 | 80.92 | 76.97 |
| 10 | 英国 | 54.91 | 92.27 | 28.62 | 98.70 | 74.64 |
| 11 | 印度尼西亚 | 69.36 | 87.75 | 11.27 | 99.49 | 73.47 |
| 12 | 意大利 | 63.93 | 74.11 | 25.59 | 98.23 | 72.02 |
| 13 | 阿根廷 | 62.02 | 76.49 | 36.07 | 86.26 | 69.42 |
| 14 | 土耳其 | 66.22 | 63.06 | 33.81 | 87.44 | 67.59 |
| 15 | 印度 | 46.21 | 73.42 | 3.36 | 95.96 | 62.98 |
| 16 | 墨西哥 | 78.12 | 84.52 | 28.09 | 20.27 | 46.25 |
| 17 | 巴西 | 65.03 | 44.44 | 9.93 | 19.79 | 31.80 |
| 18 | 南非 | 68.72 | 37.94 | 4.05 | 14.50 | 27.94 |

（二）G20 国家人权保障与治理水平的 5 个梯队

根据国家人权保障与治理综合得分，18 个国家可分为 5 个梯队。

1. 第一梯队：4 个国家

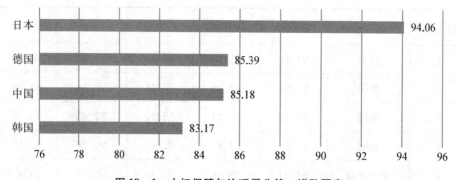

图 19－1　人权保障与治理得分第一梯队国家

人权保障与治理综合得分在 80 分以上的国家为第一梯队，共 4 个国家，分别是日本、德国、中国、韩国。

中国的人权保障和治理综合得分在 18 个国家中排第三，得分为 85.18 分。10 项指标中，中国有 3 项排在首位，分别是新冠肺炎累计病例数、枪支暴力死亡率、枪支暴力的女性受害者比例；5 项排在前十位，分别是劳动参与率、失业率、社会医保支出占政府卫生支出比率、每千人口病床数、故意杀人罪犯罪比例；新生儿死亡率、人均国内生产总值两项均排在第十一位。

2. 第二梯队：5 个国家

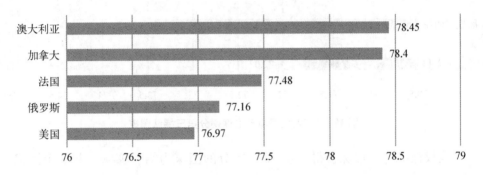

**图 19‑2　人权保障与治理得分第二梯队国家**

人权保障与治理综合得分在 75—80 分的国家为第二梯队，共 5 个国家。分别是澳大利亚、加拿大、法国、俄罗斯、美国。

其中人权保障与治理综合得分第二梯队前三位的是澳大利亚、加拿大、法国。排名第一的澳大利亚，得分 78.45。第二至第四名为加拿大得分 78.40，法国得分 77.48，俄罗斯得分 77.16，最后一名为美国得分 76.97。

澳大利亚的人权保障和治理综合得分排在第五位，得分为 78.45；加拿大的人权发展指数得分排在第六位，得分为 78.40；俄罗斯的人权发展指数得分排在第八位，得分为 77.16；美国的人权发展指数得分排在第九位，得分为 76.97；英国的人权发展指数得分排在第十位，得分为 74.64。

值得关注的是：美国的人权保障和治理综合得分仅为 76.97 分，中国的综合得分比美国高 8.21 分。这说明中国的人权发展水平高于美国。10 项指标中，中国有 7 项领先于美国。其中美国的新冠肺炎累计病例数为 25 162.21 人/10 万人，中国的仅为 43.21 人/10 万人，美国比中国多 25 119 人/10 万人①，美

---

① 参见百度疫情实时大数据报告 2022 年 4 月 26 日发布数据，https：//voice.baidu.com/act/newpneumonia/newpneumonia/？from＝osari_aladin_banner。

国的患病率是中国的 582. 37 倍；美国的每千人口病床数为 2.9 张，中国的为 6. 46 张，中国比美国多 3. 56 张①；美国的枪支暴力死亡率为 3.8%，中国的 为 0，美国比中国高 3.8 个百分点。②

3. 第三梯队：3 个国家

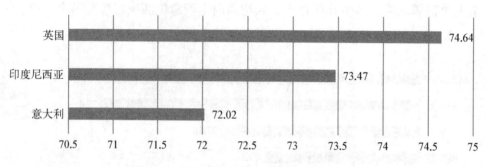

**图 19 - 3　人权保障与治理得分第三梯队国家**

人权保障与治理综合得分在 70—75 分的国家为第三梯队，共 3 个国家，分别是英国、印度尼西亚、意大利。

其中排名第一的是英国，得分 74. 64；第二名为印度尼西亚，得分 73. 47；最后一名为意大利，得分 72. 02。

4. 第四梯队：3 个国家

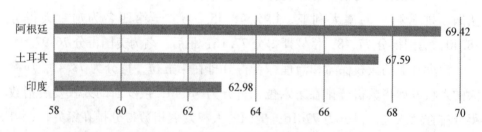

**图 19 - 4　人权保障与治理得分第四梯队国家**

人权保障与治理综合得分在 60—70 分的国家为第四梯队，共 3 个国家，分别是阿根廷、土耳其、印度。

其中排名第一的是阿根廷，得分 69. 42；第二名为土耳其，得分 67. 59；

---

① 《国际统计年鉴》2021 年版，中国统计出版社，2021 年，第 340 页。
② 参见小型武器全球暴力死亡（GVD）数据库 2020 年发布数据。

最后一名为印度，得分 62.98。

5. 第五梯队：3 个国家

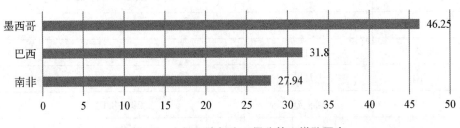

**图 19 - 5　人权保障与治理得分第五梯队国家**

人权保障和治理综合得分在 60 分以下的国家为第五梯队，共 3 个国家，分别是墨西哥、巴西、南非。

其中排名第一的是墨西哥，得分 46.25；第二名为巴西，得分 31.80；最后一名为南非，得分 27.94。

## 二、中国在 G20 国家中领先的人权保障和治理指标

中国的 10 项人权保障和治理指标有 5 个处于领先地位。

（一）新冠肺炎累计病例数（每 10 万人）

G20 国家"新冠肺炎累计病例数"的具体指标数值如下（详见表 19 - 3）。

**表 19 - 3　G20 国家新冠肺炎累计病例数**　　　　单位：每 10 万人

| 排　　名 | 国　　家 | 新冠肺炎累计病例数<br>（截至 2022 年 4 月 26 日） |
| --- | --- | --- |
| 1 | **中国** | **43. 21** |
| 2 | 印度尼西亚 | 2 254. 77 |
| 3 | 印度 | 3 203. 38 |
| 4 | 墨西哥 | 4 529. 96 |
| 5 | 日本 | 6 089. 76 |
| 6 | 南非 | 6 522 |
| 7 | 加拿大 | 9 913. 03 |

续　表

| 排　名 | 国　家 | 新冠肺炎累计病例数<br>（截至 2022 年 4 月 26 日） |
| --- | --- | --- |
| 8 | 俄罗斯 | 12 360.74 |
| 9 | 巴西 | 14 482.92 |
| 10 | 土耳其 | 18 317.61 |
| 11 | 阿根廷 | 20 188.01 |
| 12 | 澳大利亚 | 22 772.32 |
| 13 | 美国 | 25 162.21 |
| 14 | 意大利 | 26 767.08 |
| 15 | 德国 | 29 197.33 |
| 16 | 韩国 | 32 830.50 |
| 17 | 英国 | 33 280.01 |
| 18 | 法国 | 42 270.15 |

G20 国家"新冠肺炎累计病例数"指标的比较，详见图 19 - 6。

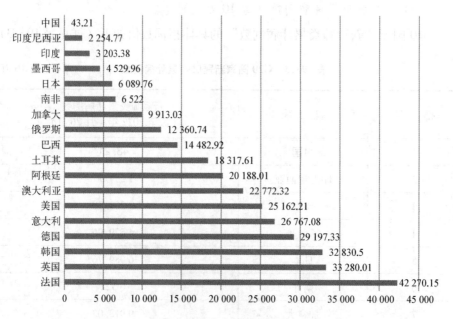

图 19 - 6　新冠肺炎累计病例数（每 10 万人）比较

截至 2022 年 4 月，中国的新冠肺炎累计病例数为 43.21 人/10 万人，在 18 个国家中排在首位。排在末位的法国为 42 270.15 人/10 万人，中国比法国少 42 226.94 人/10 万人。

其中，美国的"新冠肺炎累计病例数"为 25 162.21 人/10 万人，中国比美国少 25 119 人/10 万人。

德国的"新冠肺炎累计病例数"为 29 197.33 人/10 万人，中国比德国少 29 154.12 人/10 万人。①

（二）失业率（%）

G20 国家"失业率"的具体指标数值如下（详见表 19-4）。

表 19-4　G20 国家失业率排名　　　　　　　　单位：%

| 排　　名 | 国　　家 | 失　业　率 |
|---|---|---|
| 1 | 日本 | 3.0 |
| 2 | 韩国 | 4.1 |
| 3 | 印度尼西亚 | 4.1 |
| 4 | 德国 | 4.3 |
| 5 | 英国 | 4.3 |
| 6 | 墨西哥 | 4.7 |
| 7 | 中国 | 5.0 |
| 8 | 俄罗斯 | 5.7 |
| 9 | 澳大利亚 | 6.6 |
| 10 | 印度 | 7.1 |
| 11 | 美国 | 8.3 |
| 12 | 法国 | 8.6 |

---

① 参见百度疫情实时大数据报告 2022 年 4 月 26 日发布数据，https://voice.baidu.com/act/newpneumonia/newpneumonia/? from＝osari_aladin_banner。

续　表

| 排　名 | 国　家 | 失　业　率 |
|---|---|---|
| 13 | 意大利 | 9.3 |
| 14 | 加拿大 | 9.5 |
| 15 | 阿根廷 | 11.7 |
| 16 | 土耳其 | 13.9 |
| 17 | 南非 | 28.7 |

G20 国家"失业率"指标的比较详见图 19-7。

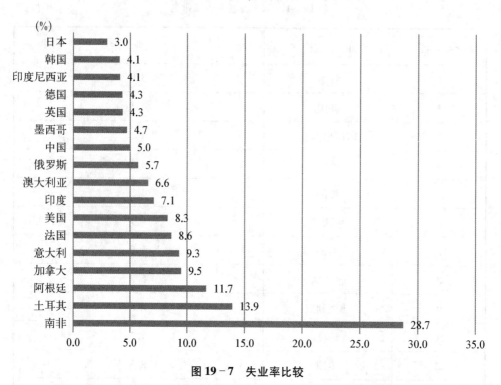

图 19-7　失业率比较

由于巴西的失业率相关数据未统计，此处仅比较其他 17 个国家的失业率。截至 2020 年，中国的失业率为 5.0%，在 18 个国家中排在第七位。排在末位的南非为 28.7%，中国比南非低 23.7 个百分点。

其中，美国的"失业率"为 8.3%，中国比美国低 3.3 个百分点。

加拿大的"失业率"为 9.5%，中国比加拿大低 4.5 个百分点。[①]

（三）枪支暴力死亡率（%）

G20 国家"枪支暴力死亡率"的具体指标数值如下（详见表 19－5）。

表 19－5　G20 国家枪支暴力死亡率　　　　　　单位：%

| 排　　名 | 国　　家 | 枪支暴力死亡率 |
|---|---|---|
| 1 | 中国 | 0 |
| 2 | 日本 | 0 |
| 3 | 韩国 | 0 |
| 4 | 印度尼西亚 | 0.1 |
| 5 | 澳大利亚 | 0.1 |
| 6 | 德国 | 0.1 |
| 7 | 英国 | 0.2 |
| 8 | 意大利 | 0.3 |
| 9 | 印度 | 0.3 |
| 10 | 法国 | 0.5 |
| 11 | 加拿大 | 0.7 |
| 12 | 俄罗斯 | 0.7 |
| 13 | 土耳其 | 2.6 |
| 14 | 阿根廷 | 2.9 |
| 15 | 美国 | 3.8 |
| 16 | 南非 | 12.6 |
| 17 | 墨西哥 | 20.2 |
| 18 | 巴西 | 22.3 |

---

[①] 《国际统计年鉴》2021 年版，中国统计出版社，2021 年，第 127 页。

G20 国家"枪支暴力死亡率"指标的比较详见图 19 - 8。

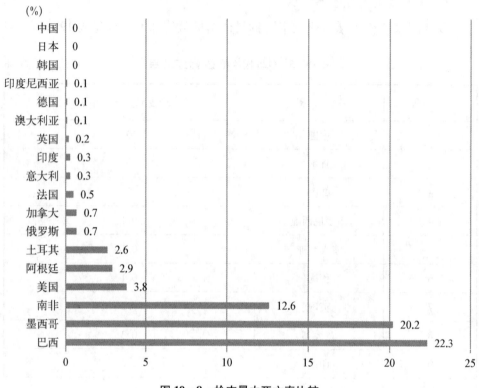

图 19 - 8　枪支暴力死亡率比较

中国的枪支暴力死亡率为 0，在 18 个国家中与日本、韩国并列第一位。

其中，美国的"枪支暴力死亡率"为 3.8%，中国比美国低 3.8 个百分点。

加拿大的"枪支暴力死亡率"为 0.7%，中国比加拿大低 0.7 个百分点。[①]

排在末位的巴西为 22.3%，中国比巴西低 22.3 个百分点。

（四）故意杀人罪犯罪比例

G20 国家"故意杀人罪犯罪比例"的具体指标数值如下（详见表 19 - 6）。

---

① 参见小型武器全球暴力死亡（GVD）数据库 2020 年发布数据，http：//www.smallarmssurveg.org/database/global-violent-deaths-gvd。

表 19 - 6　G20 国家故意杀人罪犯罪比例　　　　　单位：%

| 排　名 | 国　家 | 故意杀人罪犯罪比例 |
|---|---|---|
| 1 | 日本 | 0.5 |
| 2 | 印度尼西亚 | 0.4 |
| 3 | **中国** | 0.6 |
| 4 | 韩国 | 0.8 |
| 5 | 英国 | 1.1 |
| 6 | 澳大利亚 | 0.9 |
| 7 | 德国 | 1 |
| 8 | 意大利 | 0.7 |
| 9 | 印度 | 3.2 |
| 10 | 法国 | 1.4 |
| 11 | 加拿大 | 1.8 |
| 12 | 俄罗斯 | 9.2 |
| 13 | 土耳其 | 4.3 |
| 14 | 阿根廷 | 5.1 |
| 15 | 美国 | 5 |
| 16 | 墨西哥 | 27.5 |
| 17 | 巴西 | 31.3 |
| 18 | 南非 | 36.6 |

G20 国家"故意杀人罪犯罪比例"指标的比较详见图 19 - 9。

中国的故意杀人罪犯罪比例为 0.6%，在 18 个国家中排在第三位。排在末位的南非为 36.6%，中国比南非低 36 个百分点。

其中，美国的"故意杀人罪犯罪比例"为 5%，中国比美国低 4.4 个百分点。

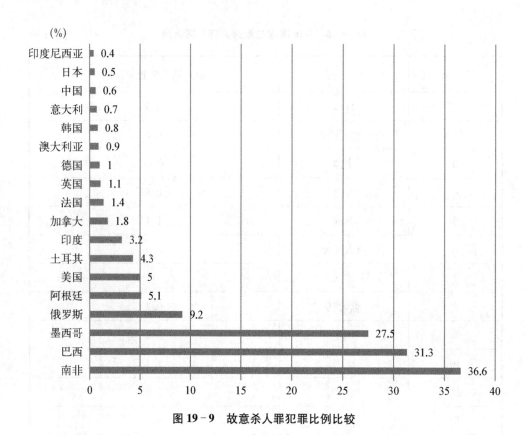

**图 19-9 故意杀人罪犯罪比例比较**

加拿大的"故意杀人罪犯罪比例"为 1.8%，中国比加拿大低 1.2 个百分点。①

（五）枪支暴力的女性受害者

G20 国家"枪支暴力的女性受害者"的具体指标数值如下（详见表 19-7）。

表 19-7 G20 国家枪支暴力的女性受害者 单位：%

| 排　名 | 国　　家 | 枪支暴力的女性受害者 |
|---|---|---|
| 1 | 中国 | 0 |
| 2 | 印度尼西亚 | 0 |

① 参见小型武器全球暴力死亡（GVD）数据库 2020 年发布数据，https：//www. smallarmssurvey. org/database/global-violent-deaths-gvd。

| 排　名 | 国　家 | 枪支暴力的女性受害者 |
|:---:|:---:|:---:|
| 3 | 日本 | 0 |
| 4 | 韩国 | 0 |
| 5 | 英国 | 0 |
| 6 | 澳大利亚 | 0.1 |
| 7 | 德国 | 0.1 |
| 8 | 意大利 | 0.1 |
| 9 | 印度 | 0.1 |
| 10 | 俄罗斯 | 0.2 |
| 11 | 法国 | 0.3 |
| 12 | 加拿大 | 0.3 |
| 13 | 土耳其 | 0.7 |
| 14 | 阿根廷 | 0.7 |
| 15 | 美国 | 1.3 |
| 16 | 巴西 | 2.7 |
| 17 | 墨西哥 | 3.6 |
| 18 | 南非 | 4.9 |

G20 国家"枪支暴力的女性受害者"指标的比较详见图 19 - 10。

中国的枪支暴力的女性受害者比例为 0，在 18 个国家中与英国、印度尼西亚、日本、韩国并列第一位。排在末位的南非为 4.9%，中国比南非低 4.9 个百分点。

其中，美国的"枪支暴力的女性受害者"为 1.3%，中国比美国低 1.3 个百分点。

加拿大的"枪支暴力的女性受害者"为 0.3%，中国比加拿大低 0.3 个

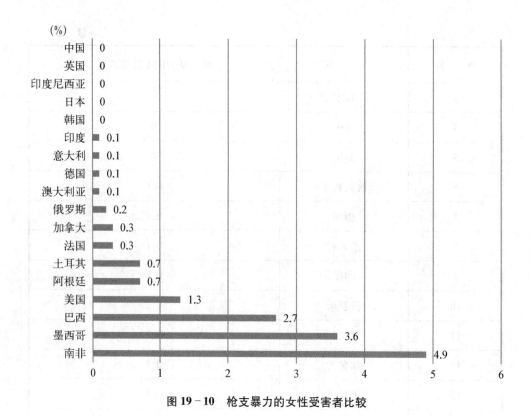

**图 19－10　枪支暴力的女性受害者比较**

百分点。①

## 三、中国在 G20 国家中进步显著的人权保障与治理指标

以上，从 10 个评价指标中选取 5 个中国领先的指标作客观比较，这里进一步选取其中四个指标，观察中国近 3 年在人权保障与治理方面进步显著的指标，以确保中国与 G20 部分国家的整体与部分、纵向与横向比较的客观合理性。

（一）失业率

在"生存权"维度下，中国、美国、印度、加拿大、澳大利亚的"失业率"三年指标数据变化，见图 19－11。

由下图可见，虽然 5 个国家的"失业率"均呈上升趋势，但是中国的"失业率"与其余 4 个国家相比，仍是最低且涨幅最小的。中国的"失业率"

---

① 参见小型武器全球暴力死亡（GVD）数据库 2020 年发布数据，https：//www. smallarmssurvey. org/database/global-violent-deaths-gvd。

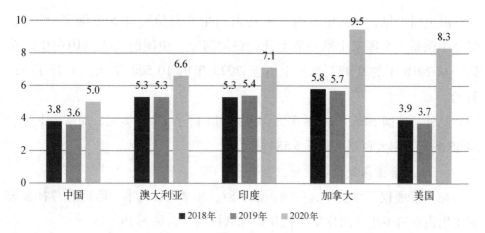

**图 19-11　"失业率"三年指标数据**

从 2018 年的 3.8% 上升至 2020 年的 5.0%，上升了 1.2 个百分点。

此外，澳大利亚上升了 1.3 个百分点，印度上升了 1.8 个百分点，加拿大上升了 3.7 个百分点，美国上升了 4.4 个百分点。[①]

（二）人均国内生产总值

在"发展权"维度下，中国、意大利、英国、加拿大、澳大利亚的"人均国内生产总值"三年指标数据变化，见图 19-12。

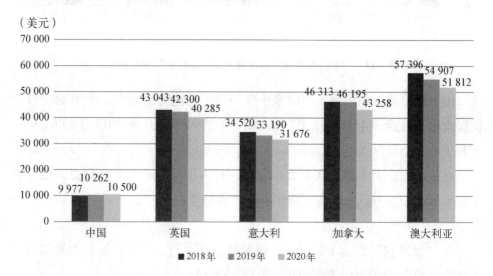

**图 19-12　"人均国内生产总值"三年指标数据**

---

① 《国际统计年鉴》2021 年版，中国统计出版社，2021 年，第 127 页。

由上图可见，虽然中国的"人均国内生产总值"在 5 个国家中较低，但是中国是 5 个国家中唯一呈上升趋势的国家。中国的"人均国内生产总值"从 2018 年的 9 977 美元上升至 2020 年的 10 500 美元，上升了 523 美元。

此外，英国下降了 2 758 美元，意大利下降了 2 844 美元，加拿大下降了 3 055 美元，澳大利亚下降了 5 584 美元。①

（三）社会医保支出占政府卫生支出比率

在"发展权"维度下，中国、俄罗斯、加拿大、日本、印度的"社会医保支出占政府卫生支出比率"两年指标数据变化，见图 19-13。

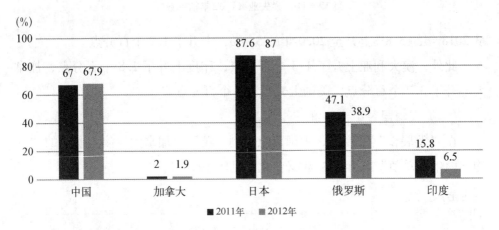

图 19-13　"社会医保支出占政府卫生支出比率"两年指标数据

由上图可见，中国是 5 个国家中唯一呈上升趋势的国家。中国的"社会医保支出占政府卫生支出比率"从 2011 年的 67% 上升至 2012 年的 67.9%，上升了 0.9 个百分点。

此外，加拿大下降了 0.1 个百分点，日本下降了 0.6 个百分点，俄罗斯下降了 8.2 个百分点，印度下降了 9.3 个百分点。

（四）每千人口病床数

在"发展权"维度下，中国、俄罗斯、意大利、英国、加拿大的"每千人口病床数"两年指标数据变化，见图 19-14。

———————————
① 《国际统计年鉴》2021 年版，中国统计出版社，2021 年，第 21 页。

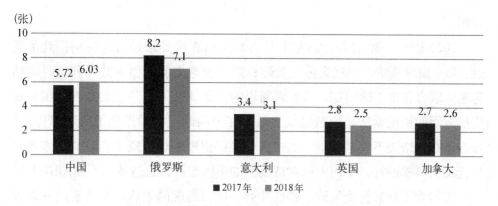

图 19‑14　"每千人口病床数"两年指标数据

由上图可见，中国的"每千人口病床数"是 5 个国家中唯一呈上升趋势的，从 2017 年的 5.72 张上升至 2019 年的 6.03 张，上升了 0.31 张。

此外，俄罗斯下降了 1.1 张，意大利下降了 0.3 张，英国下降了 0.3 张，加拿大下降了 0.1 张。①

## 第三节　对中西方人权保障和治理的理论分析

对 G20 国家人权保障和治理的量化评价比较研究，从而客观反映 G20 中 18 个国家的人权保障和治理水平，从中可进一步作出以下的理论分析。

### 一、对人权发展水平的比较，反映 G20 国家人权发展的客观真实状况

通过"G20 国家人权保障和治理水平"的评价比较，不仅能对中西方 G20 国家人权发展的真实现状有一个客观的认识和评价，而且有助于揭穿美英等国高喊"人权"的真面目：实质是为了掩盖其无视生命健康权保障的现实。从 2019 年 12 月全球新冠疫情暴发以来，美国由于无视并不顾人民的生命健康权，没有提供及时充足的医疗资源等人道权益保障，截至美国东部时间 2022 年 6 月 9 日，美国新冠肺炎确诊病例数超过 197 万例，死亡病例超 11

---

① 《国际统计年鉴》2021 年版，中国统计出版社，2021 年，第 340 页。

万例。①

2022 年 5 月 30 日联合国秘书长古特雷斯在接受采访时还特别提到了两点：第一面对疫情，出现集体性失败；第二全球未能在面对共同利益时团结起来，联合作出正确决定。古特雷斯说的"集体性失败"主要指西方国家在疫情方面的错误做法。疫情暴发之后，在中国制定科学严格的隔离措施时，西方还在纠结要不要戴口罩，当中国全民都积极配合抗疫工作时，西方还在举行反戴口罩游行。中西方面对待疫情的不同态度，也造就了不同的结果。

美国为了转移抗疫失败、种族冲突、社会撕裂的矛盾，常常制造并设置种种"陷阱"。如果针对美国等西方国家高举的"人权"大棒，只是揭穿谎言、自证清白，结果还是在西方设置的赛道和话语体系里打转、绕圈，难以摆脱被打压、被抹黑的状况。还有诸如新冠病毒的政治溯源等话题，实质上都是美国等西方国家的"政治陷阱"。我们除了要给予坚强有力的回击之外，还要善于打组合拳，及时转换赛道，从反映全球真实抗疫的需求出发，设置"G20 国家人权保障和治理水平"的议题，以评价 G20 国家人权保障和治理水平，打破美国等西方国家的政治阴谋。

## 二、G20 国家人权保障和治理水平客观上反映了社会主义和资本主义两种不同制度的优劣

面对全球新冠疫情大流行，不同国家如何开展抗疫，这不仅反映了不同国家的人权保障、人权治理和人道精神，而且反映了不同的制度安排，反映了社会主义制度与资本主义制度两种不同制度的优劣。

美国的疫情失控的背后是：资本主义制度是以"资本"的扩张为根本利益和价值追求的制度安排、制度运行规律所决定的。对"资本"至高无上的追求导致政治和经济寡头们把持的抗疫政策制定，服从"资本"的利益，导致抗疫的政令不一，出现种种无视生命、无视死亡率居高不下的"非人道"抗疫现象。

新冠肺炎从 2020 年初的"欧洲大流行"到"全球大流行"，反映了西方

---

① 参见百度疫情实时大数据报告 2022 年 6 月 9 日发布数据，https：//voice. baidu. com/act/newpneumonia/ newpneumonia/？from＝osari_ aladin_ banner。

以"资本"为核心和宗旨的资本主义制度安排，不可能关注并重视"公共卫生资源"的建设，也不可能快速统筹调配全社会的医疗救治和防控资源的制度性"短缺"。如截至 2020 年底，中国的"每千人口病床数"是 6.46 张／千人，而美国是 2.9 张／千人，加拿大是 2.73 张／千人。正因为"每千人口病床数"等公共卫生资源的短缺，所以"资本"必然戴着种族歧视、贫富歧视的"有色眼镜"，不能公平公正地对待每一位"新冠"患者，因而要"选择"先医治谁，其死亡率也必然不断攀升。

导致疫情在西方国家流行的直观现象似乎是医疗体系的脆弱无力，深层根源则是以"资本"为根本制度安排的资本主义，不同于以"人民"为根本宗旨和价值取向、以"社会"为根本制度安排的中国特色社会主义。社会主义制度下的"抗疫"战争是一场以"人民生命至上"的"保障人权"的战争，资本主义制度下的"抗疫"，进行的是一场以"资本"和少数政治精英、经济寡头利益至上的无视人权的战争。

疫情防控是一场人民战争，要打赢这场战争，要有社会面的防控机制。它虽然带有严格"管控"的要求，对来自疫区或有疑似的病例要隔离安置；但是中国的"社会管控"，是一种突出人文关怀，以人民为本，人的生命至上的社会治理模式，它能为全国人民接受、认同。也正是在这个意义上说，中国特色的人权治理是以"人道"、"人性"、人文关怀为根本特征的社会治理。

### 三、G20 国家人权发展的不同特质，彰显了中国是"人类命运共同体"建设者的形象

G20 国家人权发展水平不仅反映了美国等西方国家，由于全球新冠疫情期间的社会冲突居高不下，枪支暴力死亡率不断攀升，所以美国等西方国家的国内人道危机不断，而且由于美国发动的战争、输出的动乱导致了世界持续的人道危机。

"二战"以来，几乎所有美国总统在任内都曾发动或介入过对外战争。从后果来看，美国发动的对外战争，引发了各种各样的地区和国际危机。如美国打烂阿富汗，然后撤军了。美国的"反恐战争"成为一系列"反人类罪

行"。据《南华早报》报道，自联合国阿富汗援助团在 2009 年开始收集数据以来，已经记录至少 11 万名阿富汗平民伤亡，其中 3.55 万人死亡。叙利亚也是美国"输出动乱"的受害者。截至 2020 年 12 月，叙利亚战争导致 38.7万人死亡，其中 11.6 万为平民，更为可怕的是，20.5 万失踪人口数据并未计算在内。[①]

战争直接导致了当事国的人道主义灾难，带来一系列复杂的社会问题，包括难民潮、社会动荡、生态危机、心理创伤等。人道主义与霸权主义存在内在的根本对立，期待霸权主义国家去捍卫他国人权无异于与虎谋皮。只有丢弃私利至上的霸权思维，才能避免"人道主义干预"变成人道主义灾难，才能实现互利共赢，才能使各国人民都能真正享有各项基本人权。

如何治理人道危机？2020 年 11 月 17 日，习近平总书记在金砖国家领导人第十二次会晤视频会议的重要讲话中强调：发展是解决一切问题的总钥匙。无论是消除疫情影响、重回生活正轨，还是平息冲突动乱、解决人道主义危机，根本上都要靠以人民为中心的发展。G20 国家人权发展水平也充分展示了新中国建立以来，无论是应对各种自然灾害还是 2020 年初以来的新冠肺炎疫情，中国共产党始终坚持以"人民"为中心的发展，让全世界看到中国坚持以人为本、以人民为中心的抗疫和危机控制模式，有效规避与化解了危机，降低全球危机治理成本，促进人类命运共同体构建的光辉形象。

正是在上述意义上说，开展对 G20 国家人权发展水平的评价，比较中西方不同国家人权发展的不同特质，有助于我们向国际社会传播中国特色人权发展道路、中国特色人权事业，掌握国际社会人权领域的话语权，争取"全球治理"道义上得分与获取现实利益相结合，推动构建规范有序和利益共享的世界经济新秩序，推动人类命运共同体建设，进而"润物细无声"地自然而然地成为全球治理中的负责任的新兴大国。

---

① 程是颖，王雯雯，陈欣，丁雨晴，柳玉鹏：《从阿富汗到叙利亚、伊拉克……美国给世界留下多少烂摊子》，《环球时报》，2021 年 7 月 7 日。

# 第四节　以保障"资本"利益为根本宗旨的 西方人权发展模式

前面两节对中西方 G20 中 18 个国家人权发展的定量和定性比较分析，中国在人权保障和治理方面的领先水平，不仅反映了中国特色社会主义制度的优越性，而且展示了中国的人权发展道路已在融入全球人权治理过程中，真正树立起了"人类命运共同体"建设者形象的丰碑。

当代中西方不同人权保障和治理发展水平上的差距，其深层的根源是以"人民"还是以"资本"主导人权保障和治理、引领人权发展道路，反映了中西方两种对立的人权价值观所导致截然不同的结果。这里着重分析西方以"资本"为主导，追求"资本"的自由、平等、民主权利的发展宗旨、发展的价值取向。

"资本"在资本主义人权发展道路的演进中扮演了不同的角色：从烙有"资本"的印记—掩盖"资本"逐利的真面目—为"资本"的势力范围发动殖民战争—以人权新战略、"新干涉主义"助力"资本"摆脱系统性制度危机，"资本"在资本主义人权发展道路中虽有不同的特征，但是资本主义一切围绕"资本"、一切为了"资本"、"资本"利益高于人的权益的本质是不变的。

## 一、"资本"主导人权发展道路演进的不同特征

西方以"资本"为主导的人权发展道路，在其演进过程中所呈现的四大特征，只是以不同的方式、不同的形式维护"资本"的利益。

（一）西方"人权"形成之日起就留有"资本的印记"

在本书第一章"马克思主义人权观之发轫"中，已分析说明 17—18 世纪荷兰的政治思想家格劳秀斯提出"天赋人权"，以后英法资产阶级启蒙思想家洛克、卢梭等人对"天赋人权"的进一步系统化、理论化。但是，他们要争取的是少数拥有"资产"的有产阶级的人权。

最典型的可从洛克的自由民主人权理论中获得佐证，洛克似乎一开始就

站到西方自由民主文明的制高点上。但 300 年后，在美国政治哲学家麦克弗森看来，洛克的理论本质上是有产者的理论。他指出，人们习惯于从洛克的政治思想中读出很多自由主义民主的假设，如基于同意的政府、多数统治，等等，但这些都是误读，因为这些假设属于后来的时代，而不属于洛克所生活的 17 世纪的英国。① 麦克弗森分析指出，洛克强调了多数统治的原则，但他这里所说的大多数不包括人数占一半以上的无产者，是指有一定财产同时拥有完全公民身份和完整的政治权利的有产者，多数统治的本质是有产者的多数统治。处于统治地位的永远是有产的少数，而占人口多数的劳动阶级只能被迫接受永久被统治的"正义状态"。麦克弗森认为，洛克的惊人成就就是把财产权建立在自然权利和自然法之上，然后把所有对自然权利的限制从这种权利中清除出去。②

麦克弗森强调，洛克把劳动阶级看作一个政治社会的必要组成部分，但由于他们并不真正关心财产的保存（因为他们没有财产），而且他们没有也不可能过一种完全理性的生活，因此不是政治体的完全成员，亦即不享受完整的政治权利，特别是没有选举权。显然，洛克的民主理论是为资本服务的，同样，他的自由理论也是如此。③

这种天赋的自由就是要保护资产者的财产自由、贸易自由、剥削自由。所以，马克思在谈到自由时说道："先生们，不要用自由这个抽象字眼来欺骗自己吧！这是谁的自由呢？这不是每个人在对待别人的关系上的自由。这是资本榨取工人最后脂膏的自由。"④ 显然，资产阶级革命之初要追求的"自由"，实质上是"资本"压榨劳动者的自由。

（二）资产阶级革命成功之后，以"资本"主导的西方人权，被"人权宣言""人权公约"等所掩盖

随着资产阶级革命的成功以及资本主义经济的发展，"天赋人权"论的局限性不断显现，所以一些资产阶级思想家开始对其改造，尤其是形成了各种人权宣言、人权公约。

---

① 辛向阳：《西方的民主自由人权是带有狼性的价值观》，《北京日报》，2014 年 8 月 26 日。
② ［加］C. B.麦克弗森：《占有性个人主义的政治理论：从霍布斯到洛克》，张传玺译，浙江大学出版社，2018 年。
③ 同上。
④ 《马克思恩格斯全集》第 4 卷，人民出版社，1958 年，第 457 页。

1776 年 7 月 4 日，美国发表《独立宣言》，该宣言第二部分阐释政治体制思想，即自然权利学说和主权在民思想。随后在 1789 年 8 月 26 日，法国大革命获得胜利后，颁布了《人权宣言》（即《人权和公民权宣言》），宣告了人权、政治、自由、公权、平等和保护私有财产等基本权利。德国学者耶利内克（Georg Jellinek）认为人权宣言以美国的各州宪法的权利法案为蓝本，甚至"基本上是抄袭北美各州权利法案而来的"。① 再到 1948 年 12 月 10 日通过的《世界人权宣言》宣称："对人类家庭所有成员的固有尊严及其平等的和不移的权利的承认，乃是世界自由、正义与和平的基础"，"人人生而自由，在尊严和权利上一律平等"。这对后来世界各国人民争取、维护、改善和发展人权产生了深远影响，自然也就看不出"资本"驱动"人权"的动机。

从美国的《独立宣言》到《世界人权宣言》，前后经历了 172 年时间，反映了西方资产阶级从革命成功到资产主义为巩固其统治地位，把资产阶级思想家的"人权"理论转变为"人权宣言"、转变为人类的权利诉求、转变为追求人的自由平等民主权力的实践行动。这在客观上遮蔽了以"资本"为主导的西方人权发展之初的本质特征。

（三）19 世纪末 20 世纪初，由于资本主义世界发展的不平衡，该阶段发生了两次世界大战，资本主义世界不断地进行争夺殖民地的战争，以"资本"为主导的资本主义人权的本质显现

1. 美国、英国等西方国家完全背离《世界人权宣言》精神，为了重新划定势力范围，进行殖民扩张。

19 世纪末 20 世纪初，主要资本主义国家美、德、英、法、日、俄等，相继进入了帝国主义阶段。由于资本主义世界发展的不平衡，20 世纪初短短 30 年间发生了两次世界大战，给全世界人民的生命和财产造成了空前的浩劫。两次世界大战的背后，就是西方资本主义为了扩张"资本"的势力，为了能获得更多"资本"利益、一切以"资本"为核心、"资本"利益高于一切而发动战争的本质，完全背离了《独立宣言》和《世界人权宣言》精神。

---

① 王建学：《1789 年人权和公民权宣言的思想渊源之争》，法律出版社，2013 年，编译说明，第 4 页。

从 1840 年到 1949 年 100 多年中，几乎所有帝国主义国家都参与了对中国的侵略和掠夺。西方列强在中国的活动，几乎都是以自由民主人权等口号为掩盖、以享受条约所赋予的种种特权为特征的。它们通过表面上平等、实质上极为不平等的条约在中国取得种种特权，如设立港口、自由进出中国的内河，设立租界，开矿设厂，修筑铁路，设立银行、商行，驻扎军队，建立教堂、传播宗教，划分势力范围，享有领事裁判权和片面最惠国待遇，控制中国海关等。回顾近代以来中国丧权辱国、外国人在中国横行霸道的悲惨历史，中华民族遭受的苦难之重、付出的牺牲之大，在世界历史上是罕见的。①

2. 西方资本主义以"资本"为主导的人权发展模式，是一种只讲"权利"，不讲"义务"；只讲"资本"需求"资本"利益，不讲人权保障和治理义务的"资本"利益高于一切的人权。

马克思主义人权观的精神实质是：权利与义务的辩证统一。离开了义务讲"权利"，实际上是个人、小团体、小圈子谋取的"私利"，或者是少数人、少数集团、少数国家所追求的"资本"的利益。它必然违背大多数人的利益，违背社会进步、社会发展给多数人享受生命质量和生活水平提高的人权。当然，讲义务、讲对社会对人类发展的义务和责任，也不能离开"权利"，离开了"权利"讲"义务"，"义务"的履行纯粹只是一种对他人、对社会、对国家的奉献，"义务"的履行将不可持续。因此，世界上不存在只讲人的"权利"，不讲人的"义务"的人权；也不存在只讲人的"义务"，不讲人的"权利"的人权。

在资产阶级革命时期，资产阶级为了动员人民起来反对封建统治，高喊争"民主、自由、平等"的人权，尽管这是为了资产阶级的根本利益，这种"人权"是抽象、虚伪的，却并不完全抹杀"人权"的"义务"。所以，法国 1789 年 8 月由制宪会议通过的《人权和公民权宣言》，体现了联邦资产阶级倡导的和"权利"与"义务"相统一的精神，它不仅是法国历史上的第一部人权宣言，也是体现马克思主义人权观精神实质的宣言。但是，资本主义在经历了 200 多年的发展之后的美国等西方国家高喊的"人权"，完全背离

---

① 辛向阳：《从西方殖民史看它们的自由民主人权》，《北京日报》，2014 年 8 月 25 日。

了美国的《独立宣言》和《世界人权宣言》等倡导的"人权"的根本精神。所以，"人权"在美国、英国、加拿大等西方国家那里，必然只是一根"大棒"，一根可以到处随意打压、侵略的"大棒"。美国高喊的"人权"实质是为了美国"资本"的国家利益、美国的垄断资本金融资本的利益。

（四）20世纪末至2020年，为摆脱世界资本主义危机而实现全球跨国资本扩张的人权新战略，试图重新包装美国等西方国家"人权卫士"的形象

20世纪70—90年代，西方资本主义经济从"滞胀"到低速增长再进入温和衰退。从20世纪90年代到2020年，资本主义又发生了四次国际性金融危机，即欧洲货币体系危机、墨西哥金融危机、东南亚金融危机、美国次贷危机。

受2008年美国金融危机的影响，西方发达资本主义国家开始普遍面临主权债务危机。主权债务危机是金融资本主义的主要危机形态，是资本主义制度各种危机深化的集中表现。资本主义为了摆脱系统性的制度性危机，必然要实施全球跨国资本的扩张。当跨国资本的全球扩张受阻时，资本主义惯用的手法便是以"人道主义干涉"的策略，侵犯他国主权，或是以布热津斯基的"人权战略"、西方的"新干涉主义"侵犯人权。

1. 冷战结束后，西方国家以改头换面的"新干涉主义"侵犯人权

整个冷战时期西方的人道主义干涉行为并不多，有两个原因：一个是主权原则起到了重要作用，《联合国宪章》明确禁止干涉他国内政，人道主义干涉的正当性降低；另一个是两极格局的权力制衡。

冷战结束后，人权保护开始得到西方国家的明确支持和前所未有的重视，他们重新拾起"人权"旗帜，以"新干涉主义"作为西方国家应对人权保护问题的主要举措。其原因有三点：一是冷战结束打破了国际层面的权力平衡，西方的人道主义干涉行为不再受到权力结构的制约。二是苏联的解体，面对倏忽而至的胜利，西方国家希望找到不战而胜的秘诀。在这一过程中，尊重和保护"普世性"的人权价值观被西方认为是取得胜利的关键因素之一，继续实施人权保护就成为彰显其价值观的必需。三是冷战结束初期，国际社会在维持和平、保护平民、提供全球公共产品等方面陷入某种僵局。

1993 年索马里维和失败、1994 年卢旺达种族大屠杀、1995 年塞尔维亚斯雷布雷尼察惨案等事件，造成严重的人道主义灾难，对人类良知产生极大震撼，引起各界人士的深刻反思。这表明联合国相关行动的不确定性与不完善，无法充分实现预期的目的。① 所以，西方国家必须要找到实施"新干涉主义"的工具——人权。这个时候，西方资本主义为"资本"权益而推进的种族屠杀、人道主义干涉已完全彻底公开。

2. 布热津斯基"人权"战略的本质

美国前国务卿布热津斯基在 2009 年 4 月出版的《大失败》一书中，为美国"制订具有远见卓识的战略"——"人权战略"。他认为，人权是现时代最具吸引力的政治概念，西方资本主义要在世界上彻底战胜社会主义，对共产主义专制国家"具有远见卓识的战略"，就是要把"人权"奉为"战略武器""倡导尊重人权""大声疾呼尊重人权"。这种"人权战略"乃是加速和消灭"共产党国家"的"法宝"，威力无比，"神奇"得很。② 这也说明，"人权"在美国等西方资本主义国家只是一种"战略工具"，实现"人道主义干涉"的遮羞布，就是借"人权""民主"之名，明目张胆地要在世界上搞垮和消灭"共产主义国家"，以"人道主义干涉"为名践踏人权、侵犯人权，凸显了美国长期称霸世界的险恶用心和帝国主义的本质。布热津斯基的"人权战略"由于背离世界人权宣言精神，资本主义的"人权战略"成了"司马昭之心，路人皆知"。同时，也由于社会主义人权发展道路的生机活力，几年后，布热津斯基的"人权战略"很快退出了历史舞台。

从以上西方国家为争夺"资本"权益、促进"资本"全球扩张、谋利全球的"人权"战略可以看到："资本"为了实现全球扩张、增殖的目的，只要遇到对手、遇到阻力，必然会以"人权"为口号、旗号，以"人权"为幌子，践踏人权、侵犯他国人权。这不仅反映了西方"人权"的"先天病根"、畸形发展，而且暴露了西方高喊"人权"的本质及其险恶用心。

---

① 韩爱勇：《冷战后西方人道主义干涉的发展流变》，《学习时报》，2019 年 1 月 25 日。
② ［美］兹·布热津斯基：《大失败》，军事科学院外国军事研究部译，军事科学出版社，1989 年。

## 二、以"资本"为主导的人权发展模式已"式微"

200多年来，西方以"资本"为主导的人权发展模式，在百年未有之大变局中面临多元人权文明、不同人权发展道路等挑战，已开始"式微"。所以，以"美式人权"为代表的西方人权，不惜以背离其《独立宣言》《世界人权宣言》的精神，任凭国内的种族歧视、枪支暴力泛滥，挥舞"人权"大棒，侵犯他国人权，破坏全球治理。

（一）以"资本"为主导的美式人权使国内人权状况不断恶化

1. 枪支暴力严重危害民众生命安全

美国是世界上枪支暴力最严重的国家。根据枪支暴力档案网站2022年1月5日发布的统计数据，美国枪击事件导致的死亡人数从2019年的39 558人上升到2020年的43 643人，2021年进一步上升到44 816人。2021年共发生693起大规模枪击事件，比2020年增长10.1%。《密尔沃基哨兵报》2021年10月5日报道，根据儿童保护基金会的数据，美国的儿童和青少年死于枪击的可能性比其他31个高收入国家的总和还要高15倍。2021年8月1日至9月15日的开学季，美国校园至少发生了30起枪击事件，导致至少5人死亡、23人受伤，是有记录以来的最高值。

2. 警察暴力执法草菅人命

据"警察暴力地图"网站数据统计，2021年美国至少有1 124人死于警察暴力，大部分人都是在非暴力犯罪或没有犯罪行为的情形下被警察杀害。《今日美国报》网站2021年6月21日报道，美国警察每年射杀约1 000人。自2015年以来，警方已经射杀了6 300多人，但只有91名警察因此被捕，仅占涉案人数的1%。

3. 种族歧视加剧社会分裂

美国长期存在系统性种族歧视，少数种族选举权遭到限制，执法司法领域种族歧视未见改善，仇恨犯罪猖獗，少数种族处于极度不利地位。

一是系统性种族歧视遭到联合国批评。联合国消除种族歧视委员会第九十三届会议报告，以及联合国当代形式种族歧视问题特别报告员根据联合国大会决议撰写的报告指出，美国社会长期存在白人至上、煽动种族歧视和仇恨言论等现象。美国政府未能明确拒绝和遏制有关种族主义暴力事件和示威，包括总统在内的政府高官宣扬仇外的民族民粹主义言论，利用纸质媒体和社交媒体发表种族主义和仇外言论。①

二是少数族裔遭受司法歧视。《纽约时报》网站 2018 年 6 月 7 日报道，截至 2017 年，在舆论广泛关注的 15 起警察枪杀非洲裔案件中，只有一名警察被判入狱。美国死刑信息中心 2018 年 12 月 14 日发布的全国死刑与种族统计数据显示，1976 年以来的跨种族犯罪被执行死刑的案件中，有 290 名非洲裔因杀害白人而被执行死刑；相比之下，在白人是凶手而非洲裔是受害者的案件中，被执行死刑的白人仅有 20 人。《华盛顿邮报》网站 2018 年 7 月 29 日报道，根据对近 10 年美国大城市杀人案的统计数据，杀死白人的犯罪嫌疑人被捕的可能性为 63%，而杀死非洲裔的犯罪嫌疑人被捕的可能性则为 47%。②

三是涉种族歧视的仇恨犯罪再创新高。《洛杉矶时报》网站 2018 年 11 月 13 日报道，联邦调查局发布的报告显示，2017 年美国的仇恨犯罪创 2001 年以来的最大年度涨幅，上升超过 17%。在 7 175 起仇恨犯罪案件中，约 60% 的犯罪涉种族歧视，近 50% 的受害者是非洲裔。③

4. 亚裔面临日趋严重的歧视和暴力攻击

在美国政客的种族主义操纵下，针对亚裔的袭击事件大幅增加。"停止仇恨亚裔及太平洋岛民"组织 2021 年 11 月 18 日发布的报告显示，2020 年 3 月 19 日至 2021 年 9 月 30 日，该组织共收到 10 370 起针对亚裔的种族主义攻击事件报告，大多数事件发生在街道、工作场所等公共空间。纽约市警察局 2021 年 12 月 8 日发布的数据显示，该市 2021 年针对亚裔的仇恨犯罪比 2020 年猛增 361%。

5. 对穆斯林的欺凌和仇视有增无减

彭博社 2021 年 9 月 9 日报道称，"9·11"事件后的 20 年间，美国对穆斯林的歧视呈上升趋势。美联社 2021 年 9 月 9 日报道，调查发现，53% 的美国人对伊斯兰教持负面看法。美国—伊斯兰关系委员会 2021 年发布的报告

① 国务院新闻办公室：《2018 年美国的人权记录》，《人民日报》，2019 年 3 月 15 日。
② 同上。
③ 同上。

称，该组织每年都会收到更多与欺凌和仇视穆斯林相关言论的投诉。该组织加利福尼亚州分支 2021 年 10 月 28 日发布的报告显示，加利福尼亚州超过50% 的受访学生表示会因为自己的穆斯林身份受到欺凌，在学校感到不安全，这是自 2013 年以来的最高值。加州大学伯克利分校他者与归属感研究所2021 年 10 月 29 日发布的调查数据显示，67.5% 的穆斯林受访者经历过"伊斯兰恐惧症"带来的伤害，93.7% 的穆斯林受访者表示他们的身心健康受到"伊斯兰恐惧症"的影响。[①]

6. 政治选举权沦为金钱游戏

美国有线电视新闻网 2019 年 2 月 7 日报道，2018 年美国中期选举的支出高达 57 亿美元，甚至超过了 2008 年总统选举花费的 53 亿美元，成为有史以来最昂贵的国会选举。其中，佛罗里达州联邦参议员竞选耗资最为庞大，共花费 2.09 亿美元，最终胜选的共和党候选人里克·斯科特在竞选中投入了 6 300 多万美元的个人财产。同时，秘密捐助资金和"黑钱"大行其道。美国全国广播公司新闻网 2018 年 7 月 21 日报道，美国财政部宣布不再要求大多数非营利组织报告捐赠来源，大大降低选举的透明度。在 2018 年美国中期选举中，候选人竞选委员会以外的外部团体花费的"黑钱"达到了创纪录的 9 800 万美元。在外部团体为影响国会选举而播放的电视广告中，超过40% 是秘密捐赠者资助的。在参议院和众议院竞选中，有超过四分之一的广告资助来自不披露捐赠者的团体。上次中期选举以来，联邦竞选中由这类"黑钱"团体播放的广告次数增加了 26%。[②]

（二）美国以"资本"为核心的人权破坏全球治理

美国对各国实施人权制裁、强加美式人权的行径，严重危害全球治理进程，导致全球治理经常陷入失灵。

1. 危及全球治理

在当今世界，只有以联合国为核心的国际体系和以国际法为基础的国际秩序。主权原则是当代国际体系最根本的一项国际制度，也是国际体系有效运转的基石。《联合国宪章》明确规定，各国之间的关系应基于尊重主权平

① 中华人民共和国国务院新闻办公室：《2021 年美国侵犯人权报告》，新华社，2022 年 2 月 28 日。
② 《今日美国报》网站（https://www.usatoday.com），2018 年 7 月 12 日、11 月 16 日。

等原则，各国内政不应被他国随意干涉。主权国家是全球治理的最重要行为体，美式人权主张"人道主义干预"，将人权凌驾于主权之上，严重违反《联合国宪章》的基本原则，妨碍主权国家在全球治理中的主体作用，破坏各国对全球治理机制的信任。

2. 破坏全球人权治理

保护人权是全球治理的重要内容与目标。1993 年联合国召开的世界人权大会通过了《维也纳宣言和行动纲领》，其中明确写道："一切人权都是不可分割的、相互依存的，国际社会须以公平、平等的态度全面地对待人权。"然而，美国参与全球人权治理从来都是以狭隘的国家利益为优先，频繁用武力输出美式人权，还大搞双重标准，只批评别国人权，不改善自身人权问题。这些霸权主义行为恶化了许多国家的人权状况，破坏了各国推进全球人权治理的努力。

美国坚持狭隘的人权观，阻碍了不同人权观念之间的正常对话，将联合国人权机构变为政治对抗的战场。2018 年美国单方面退出联合国人权理事会，招致其盟国、联合国和人权组织的广泛批评。美国虽然加入了联合国《公民权利及政治权利国际公约》，但对其实施提出了大量限制。美国至今未加入联合国《经济、社会及文化权利国际公约》，甚至是全球唯一没有批准《联合国儿童权利公约》的国家。这些做法不仅影响了全球人权事业的发展，也使美国自身的人权状况长期得不到改善。

3. 加剧全球安全治理困境

美国强行输出人权加剧全球冲突，破坏全球安全治理。从 1945 年二战结束到 2001 年，世界上 153 个地区发生了 248 次武装冲突，其中美国发起的就有 201 场，约占 81%。[①] 美国的操作模式往往是以人权为借口拱火，在各地制造冲突和分裂，从中牟利，事后却甩手不管，拒不承认责任，将灾难留给当地人民。被美国干涉的地区往往战火纷飞、生灵涂炭，长期得不到和平与发展。

美国到处制造颜色革命，破坏世界的和平稳定。美国国家民主基金会是

---

① 《人民网钟声：美国"战争成瘾症"给世界带来灾难》，载人民网，http：//baijiahao. baidu. com/s? id =178376312512551605&wfr=spider&far=pc。

美国政府传播美式人权、输出美式民主的马前卒。美国政府利用该组织颠覆他国合法政府，培植亲美势力。自 1991 年起，该基金会每年颁发"捍卫人权和民主"的民主奖，鼓励俄罗斯、乌克兰、伊朗、古巴、缅甸、委内瑞拉等各国的异见人士传播美式人权观。苏联解体、格鲁吉亚的"玫瑰革命"、乌克兰的"橙色革命""阿拉伯之春"等颜色革命的背后都有该基金会的黑手。美国政府多次以民主基金会的名义拨款，在俄罗斯境内培植亲美的人权非政府组织，以推动人权的名义插手俄罗斯内政，煽动俄罗斯反对派举行游行示威。该基金会曾出资 1 400 万美元，煽动 2014 年乌克兰的大示威，推翻了当时的亚努科维奇政府。这一行径直接造成乌克兰与俄罗斯的关系紧张，为当前的俄乌冲突埋下祸根。该基金会还大肆炒作中国新疆"人权危机"，在国际社会开展涉疆负面宣传，危害中国新疆地区的稳定与繁荣。

4. 损害他国的发展权，阻碍全球发展治理

美国频繁利用其霸权地位对他国实施人权制裁。这严重损害他国的发展权，妨碍全球发展治理。在 1994—2020 年间，美国一共对 34 个主权国家实施过 42 次制裁，其中与保护人权或促进民主有关的制裁多达 29 次。按照《联合国宪章》的规定，国际制裁应当由安理会授权，但美国往往以国内法为依据，以保护人权为由，对他国实施单边制裁。美国的人权制裁不仅武断地以美式人权观作为评断他国行为的标准，而且在美国霸权的加持下制造出大量人道主义灾难。

## 第五节　以社会现代化为基础保障人民享有高质量权益

以"资本"为主导的人权保障和治理模式，反映的是西方以保障"资本"利益、"资本"增值、"资本"扩张需求的经济现代化。而以"人民"为主导的人权保障和治理模式，则是以"社会现代化"为基础及其价值取向为导向的中国人权发展道路模式，并随着社会现代化的发展，不断提高保障全体人民享有高质量的权益。

## 一、以人民为中心：内蕴规范"资本"的社会现代化取向

"现代化"的经典概念及其逻辑展开，无不致力于"经济现代化"。整个 20 世纪的"主流发展模式"无不受到这种思想的影响和牵制。这种"单一现代化"的发展思路在资本主义世界屡遭诟病，在发展中国家更是值得反思和批判。

笔者认为，真正的现代化应该是"社会现代化"，只有"社会领域"实现了现代化，才可能按照习近平所说的"依法规范和引导我国资本健康发展"[①]，既真正摒弃资本"非文明化"的各种弊端，又积极发挥"资本"在促进经济、保护生态、实现社会和谐方面的作用，这才是资本的"文明化"。"资本"的"文明化"才是中国特色社会现代化所需要的动力机制，也才可能区别于把现代化等同于财富积累和经济增长的"经济现代化"，区别于抽象地谈论人权、人性的自我实现、人类与自然和谐发展的哲学意义的"抽象"现代化。

以人民为中心的中国人权发展道路，本质上张扬的是一种保障人民各种权利需求又立足于经济和社会现实本身，又带有强烈未来意识的、综合性的、跨学科的、可持续发展的中国特色"社会现代化"，代表着人类权利文明发展的未来走向。[②]

## 二、"社会现代化"是对以"资本"为主导、基于"经济现代化"人权发展模式的扬弃

依法规范和引导资本健康发展的模式现代化，并非趋向于"西方化之路"，而是一条人类趋向于美好幸福生活的人类文明发展必由之路，其中既内涵对西方经济现代化之路的批判和借鉴，也包含着不同国家、不同民族、不同地区基于自身特殊性选择，走向人权的社会现代化发展之路。

---

① 《习近平在中共中央政治局第三十八次集体学习时强调　依法规范和引导我国资本健康发展　发挥资本作为重要生产要素的积极作用》，载新华网，http://www.news.cn/politics/2022-04/30/c_1128611985.htm。
② 鲍宗豪：《中国特色"社会现代化"的动力机制》，《天津社会科学》，2016 年第 2 期。

（一）"现代化" 的本义非 "经济现代化"

在许多被视为 "现代化" 经典的语词中，"现代化" 与 "工业化" 往往被视为一回事，或者关系更近的一对术语。我们尽管可以批判这种说法的狭隘性、片面性，尽管世界各国推进的 "现代化" 依然以经济现代化为核心；不过，有远见卓识的学者都意识到 "现代化" 本身的多重含义，故不能局限于 "经济现代化"。1966 年，美国学者布莱克在《现代化的动力》中强调，现代化不仅包括经济，更包括科技、文化和人际关系的深刻变革；1966 年以色列学者艾森斯塔德在《现代化：抗拒与变迁》中，从体制（社会动员、社会结构）、政治（权力合法性、权力集团）、经济（部门、行业的工业化，服务业比重）、生态（都市化）、文化（文化分工、娱乐和个性文化）等论述现代化的综合变革特征；1968 年，美国学者亨廷顿在《变化社会中的政治秩序》中，专门从政治参与、权力结构及政治权威变化的角度，论证现代化的政治反应及后果；1974 年，美国学者英格尔斯在《迈向现代化：六个发展中国家的个人变化》中，对现代化的家庭观、金钱观、宗教观、生育观、消费观及其行动模式进行分析，认为现代化的核心应该是个人的现代化。

与此相并列的，则是以贝尔、德鲁克、托夫勒、纳斯比特、卡尔逊、吉登斯等为代表的一些对现代化的反思者，他们提出后工业社会、知识社会、后现代社会、风险社会、可持续发展、反思性社会等新观念，不仅在研究视野、研究方法等方面丰富着现代化的理论和实践内容，而且凸显了 "现代化" 不等于 "经济现代化" 方面形成的共识，无论是从理论研究还是实践行动方面，都不能局限于 "经济的现代化"，以 "人民为中心" 的 "社会现代化" 是对以 "资本" 为主导的 "经济现代化" 的扬弃，社会现代化才是经济现代化发展的历史必然。

（二）以 "人民为中心" 的社会现代化是一个社会最剧烈、影响最深远的社会变革

以大家耳熟能详的西方现代化发展模式而论，笔者在 2015 年出版的《社会现代化模式比较》一书中，把它区分为 "盎格鲁撒克逊" 模式、德法的 "莱茵模式"、"四小龙" 的东亚模式、拉美模式以及民族复兴的中国模式等等。这些不同的模式绝非经济领域的因素所能涵盖，而是与不同国家的历

史文化、地理环境资源、社会运行的状态息息相关。

以"人民为中心"的"社会现代化"是对传统"现代化缺陷"的一种创新与纠正，它囊括了经济、政治、文化、科技、教育、环境治理等诸多方面，是一种让人民广泛参与、全面享有现代化成果的社会系统工程、社会综合创新、社会全面发展的新型现代化思想。但是，如果仅限于理论，那么也就表明该理论的不成熟性。

中国特色的社会现代化就在其趋于实践性，在于能成为广大民众的社会现代化实践。我国很多学者已经从西方现代化过程中意识到诸多问题和弊端，但是，在本国或本地区的现代化的实践中，则往往缺乏社会现代化的理念和意识，常常自觉或不自觉地从"经济领域"发端，然后才波及社会、政治、文化诸领域，所以，一些地区一而再、再而三地重复西方资本主义社会早期所出现的"片面现代化"特征，引发环境污染、生态危机、能源危机、人的异化、社会病、城市病以及社会阶层、社会结构不公平诸现象。

值得重视的问题是："经济现代化"为什么难以走向"社会现代化"？"社会现代化"为什么会常常被"边缘化"？因为"社会的现代化过程是一个社会最剧烈、影响最深远的社会变革，是打破传统社会的各种秩序、建立现代秩序的变革"。它不仅涉及物，更涉及人，以及人与物、人与人相互关系的社会变革。再从"资本"作为驱动"现代化"和"经济现代化"的动力机制看，它天然的就趋向"增值"，趋向以"经济的现代化"实现资本的增值。所以，"资本"只要不受"约束"，只要"资本"不拒斥"资本"的"非文明化"的各种弊端，那么，"社会现代化"必然是被搁置或"边缘化"的。

在上述意义上说，以人民为中心的"社会现代化"要不被搁置或边缘化，它也必须以"资本"为动力机制。如同习近平所说的："党的十一届三中全会实行改革开放以后，我们破除所有制问题上的传统观念束缚，认为资本作为重要生产要素，是市场配置资源的工具，是发展经济的方式和手段，社会主义国家也可以利用各类资本推动经济社会发展。"① 但是，社会现代化要以资本的"文明化"为动力机制，要将经济"现代化"全面嵌入社会运行

---

① 《习近平在中共中央政治局第三十八次集体学习时强调　依法规范和引导我国资本健康发展　发挥资本作为重要生产要素的积极作用》，载新华网，http://www.news.cn/politics/2022-04/30/c_1128611985.htm。

机理及其运行全过程，注重社会阶层和社会结构的和谐，强调人与自然、人与人、人与社会之间应该具有的和谐关系，驱动人类文明健康发展。

### 三、规范引导"资本"走向"文明化"，为人权的社会现代化提供动力机制

以"资本"的"文明化"为动力的社会现代化，就不能仅仅限于对"资本逻辑"的诸多批判，而忽视"资本"对社会现代化所具有的动力机制作用，尤其不能忽视在面对诸多社会挑战和压力的条件下，资本逐渐走向"文明化"的事实。对此视而不见，并不是马克思主义实事求是的态度，更不是对待"资本"的马克思主义辩证法的态度。正是基于这种"唯物辩证法"思路，笔者认为，在当下不可能"取消资本"的事实前提下，积极促进资本的"文明化"机制建构是现代社会走向文明的一个重要而现实的动力机制。在这个意义上，资本"文明化"必然积极扬弃资本"不文明"的诸多弊端，在推动中国特色"社会现代化"的过程中起到积极的作用。

（一）"资本"从"野蛮化"走向"文明化"

从西方近代以来发展历史看，其走向现代化的一个最重要动力，就在于对于财富追求和占有的合法化、普遍化。而且，财富获取、占有的公平，实际上成为社会"公平正义"的最直接、最重要内容。"财富"在任何意义上都不是一个"抽象概念"，而是一个与每一个人生活体验紧密相关的"经验性概念"，在其框架下，涵盖着土地、矿藏、黄金、货币、劳动等诸要素。而能把这些要素聚合在一起并发生"价值运动"的一个关键要素就是"资本"。

马克思对资本主义巨大的生产力和对整个社会关系的改造作用给予高度的评价，充分肯定"资本"对于整个人类文明发展所起的重要推动作用。除了《共产党宣言》中耳熟能详的话语外，马克思在《资本论》第 3 卷论证信用资本、金融资本的重要作用时指出，以股份制、金融资本为代表的资本新形式，是资本主义生产方式的一种扬弃，并把其称为没有私有财产的私人生产。这充分显示出"资本主义"在行进过程中，迫于各种压力不得不自我扬弃的客观必然性。

但是，"资本"在任何时候都不是一个纯粹的经济概念、经济逻辑，而是与整个社会的政治、文化、意识形态、社会风尚等有着直接的关联。正如马克思所言，尽管在实际生产中，资本已经转化为资本的生产资料，但是，资本不是物，而是一定的、社会的、属于一定历史社会形态的生产关系。脱胎于中世纪的欧洲资产阶级要获得经济的独立，首先必须获得"独立人格"，必须从"宗教控制""皇权控制"中走出来，突出以"个体主义"而不是通过教会、教皇信奉上帝的新观念，这也就是加尔文基督新教改革本身所具有的资产阶级精神。这种"宗教人格"的独立和自由，就是马克斯·韦伯倡导的"资本主义精神"的重要内容。也就是说，从人类文明发展史的角度看，"资本来到世间"，一方面滴着"血和肮脏的东西"，另一方面，"资本"又是以一种扬弃中世纪文明遗产的客观产物，推动着"欧洲文明"的更新和飞跃。而且，从意识形态革命的角度看，无论英国的"光荣革命"，还是法国的"大革命"，抑或美国"独立革命"，整个资产阶级所宣扬的"革命理念"都是致力于一种自由、民主、平等的现代社会，而不是一个单纯的"资本国家"，比之于前资本主义社会显然是一种伟大的历史进步。

问题在于，致力于自由、民主、平等的人类文明社会在资本主义初始阶段，尤其是资本原始积累阶段，资本的"野蛮化"却成为"资本"驱动社会发展的典型形式。这里，我们不重复马克思转引的莫尔"羊吃人"的话语，也不转引马克思对于贩卖黑奴、掠夺殖民地金银的强烈愤慨，仅就生产过程而言，马克思认为，追求剩余价值的贪婪欲望已经与整个资本主义生产制度融为一体，延长工作时间，增加劳动强度，无限制地压榨劳动者。这种情况，任何有良心的人都不能不站出来表示谴责。用一位资产阶级学者的话说，这种剥削"比西班牙人对美洲红种人的暴虐有过之而无不及"。[1] 伦敦《每日电讯》中对资本的"野蛮化"进行了详细的报道，儿童为了生活不得不从早晨一直干到深夜十一二点，"他们四肢瘦弱，身躯萎缩，神态呆滞，麻木得像石头人一样，使人看一眼都感到不寒而栗"。[2] 正是在资本极度"野

---

[1] 《马克思恩格斯全集》第44卷，人民出版社，2001年，第282页。

[2] 同上。

蛮化"的压榨下，工人身体退化，生命极度压缩。然而，当时虽然存在着对资本"不文明"的种种道德的谴责，但缺乏法律的限制，整个社会处于资本"野蛮化"的控制之下。

资本的"野蛮性"不仅存在于生产过程中，而且突出表现为"资本战争"。这里既包括资本家们的相互竞争，导致整个社会生产无政府状态，造成社会生产资源的巨大浪费，又表现为国家垄断资本之间为了争夺资本利润而发生的"国家战争"。如前所述，第一、二次世界大战的实质就是"资本战争"，显示出资本本身所具有的巨大"野蛮性"。而且，正是由于这一"野蛮性"引发人们对资本主义的普遍的不满，引发整个世界的社会主义运动，产生了第一个社会主义国家。

（二）资本的"文明化"融入以人民为中心的社会现代化的可能

人类社会进入 21 世纪之后，虽然我们依然能够看到资本"野蛮化"的诸多迹象，但是不可否认的事实是，资本的"文明化"程度越来越高：今天的资本已经远非 19 世纪、20 世纪的资本面貌，资本权力受到政治、法律、道德、舆论的诸多监督；全球企业社会责任运动已经从"企业公关"范畴，转换为"企业价值"增长的一个内在环节；而"在商场上，这意味要平衡顾客、雇员、供应商、环境和社区、社团的需要"。

2015 年 6 月 7 日笔者参加第 10 届国际怀特海大会暨第 9 届生态文明国际论坛，亲身感受许多西方学者对"限制"资本、抵制资本"非文明"化环保运动的场景。上万名环保主义者、学者为了保护地球、保护人类生存的家园，抵制石油和各种燃料的开采，还纷纷卖掉石油公司的股票，以限制资本的"不文明"。从越来越多的西方学者对于"资本"的各种反省、批判与革新努力看，在"拒斥资本"不可能的现实条件下，善于运用各种外在约束机制，并通过将生态环境成本、人力资源成本、社会福利成本等，内化为企业成本预算的机制，正在促使资本进一步走向"文明化"。

当然，尽管资本"文明化"体现出人类文明发展、进步的大趋势，但是如何处理"资本驱动"的内在动力和资源、环境、人文的外部约束之间的关系，始终是资本进一步走向"文明化"的一个重要课题。在资本主义制度框架内，资本"文明化"始终受到资本"绝对力量"的统治，"资本之外"的责任、义务和道德在许多情况下显得苍白、无力，所以美国仍然是世界上能源消耗最多、污染排放也最多的国家。美国人类学家、企业环境学家认为现状和未来很危险，但企业为了有便宜的能源提高竞争力，就希望降低环保要求。布什政府曾迎合企业"资本"增值的需求，降低节能减排标准，拒签《京都议定书》。这表明，在资本主义条件下，资本的"文明化"存在着诸多自身无法超越的限制。只有在中国特色社会主义条件下，资本的"文明化"机制建构才有可能，才能使中国特色社会现代化和资本"文明化"相融合并形成强大的内聚力，才可能真正规范"资本"，使"资本"在"文明化"的过程中推动中国特色社会现代化。

不过，将资本的"文明化"融入以人民为中心的中国特色的社会现代化，也有一个与中国社会现代化的国情相符、与中国社会需求的发育、发展相适应的过程。如果与社会需求相脱节，也会引发社会的诸多问题，阻碍社会的发展。总结东欧剧变、拉美模式、"阿拉伯之春"的经验教训可以看出，社会现代化要自由、民主、平等，需要公平、正义与开放。但是如果在社会现代化发育的初级阶段，进行全方位的自由与放开，推行西方发达国家所"示范"的"自由政策"，那么所谓现代化的"主体性"就会受到极大的挤压，最终丧失社会现代化的主动权，导致民族工业的畸形，最终损害社会现代化的"内生能力"。

以人民为中心的社会现代化，更关心人民社会福利水平的提高，包括教育、医疗、就业和住房的各种社会保障。社会福利水平是社会主义共同富裕的基本要求，也是"社会现代化"的应有之义，更是中国特色人权发展道路的重要特征。问题在于，现阶段我们能否像西方发达国家那样实现高度的社会福利？就我国还处于社会主义初级阶段而言，我们还不能实现"高福利"，因为这会弱化社会竞争的动力机制，还挤占社会积累，从而削弱社会现代化的综合动力。当一个社会还存在城乡二元结构、社会贫富差距较大，以及一个社会还未进入文明有序的状态时，"高消费"更多地将扭曲社会心态，进而导致挥金如土、炫耀身价，或者压抑、抑郁、抱怨、愤恨、嫉妒、攻击等种种不良的反常社会心理和行为。在"十四五"高质量发展时期，仍应该倡导与社会文明和谐有序发展相适应的消费观、消费模式，驱动中国特色社会现代化。

## 四、以"社会现代化"为基础保障人民有高质量权益的路径

在百年未有之大变局下，中国如何尽快从"发展中国家"迈向世界中高等发达国家，实现伟大的"中国梦"？我们不能仅限于"资本批判"，而要按照习近平在中央政治局第 38 次集体学习时所强调的，要"依法规范和引导我国资本健康发展，发挥资本作为重要生产要素的积极作用"，应该致力于一种中国特色社会主义资本"文明化"的积极建构，找到一条适合中国国情的利用资本、超越资本的保障人民享有高质量权益的"社会现代化"之路。

如果说资本主义社会的"资本"文明是一种缺乏"约束"、"调控"和"治理"的"不自觉文明"，那么，中国特色社会现代化对资本的需求和利用，则应使"资本"走出"野蛮化"状态，通过对"资本"有序和有效的"约束""调整"，使"资本"能走向"自觉文明"境界，使"资本"真正成为为人民大众谋福祉的工具。这里着重在依法治国框架内，提出构建中国特色社会现代化动力机制的三条路径。

（一）立足社会主义市场经济，规范并促进资本的"文明化"

社会主义市场经济所要解决的就是市场经济的效率和社会主义的公平问题。市场经济体制是现代社会运行机制的一个重要组成部分，其对整个社会的影响是全面而深远的。市场经济从来就不是一种纯粹的经济学意义的配置资源的含义，而是塑造一种"市场利益"至上的生活意识。这种切实的"市场利益"一旦成为整个社会运行的法则，那么，自然而然就会形成一种社会机制，每个人都关心公平的"交换价值"。

可以说，市场经济的日常公平交换是训练现代社会自由、民主、平等现代意识的最重要、最日常的学校。市场经济的"交换价值"直接指向每一个市场经济的参与者，这是"个体意识"觉醒的最直接、最现实的土壤。正是通过市场经济机制塑造出一种重视现实利益的客观选择，使得每个人注重现实生活，摒弃各种"乌托邦"的生活。也就是说，"市场经济"一开始就与任何意义的"乌托邦"背道而驰，造就出一种实实在在的普遍现实性的生活景象。正是基于这种现实性，决定了"市场经济"条件下的自由、民主和平

等具有最现实的"实用性"，任何不能通过市场经济获得利益的自由、民主、平等都被视为"非自由""非民主""非平等"。

正是由于"市场经济"本身所具有的这种复杂特征，决定了我们必须通过社会主义公有制和国家调控的力量，来限制"市场经济失灵"所带来的各种弊端，善于发挥社会主义和市场经济的双重优势。那么，如何让民众直接感受到市场经济微观机制和政府宏观调控相互结合的双重优势呢？我们认为，最直接、最现实的实现路径，就是依法规范并促使资本"文明化"（如健全资本发展的法律制度、国家信用体系建设等制度），使得我们的"资本"在充分发挥市场竞争力的同时，能够做到超越"资本逻辑"狭隘的利己主义，善于将外部成本内部化，而不是推卸"资本"应该肩负的社会责任；摒弃"资本"的种种"不文明"手段，使资本的"文明化"成为推进中国特色社会现代化的重要机制。

（二）有序推进新型城镇化，引导资本的"文明化"

当今中国，市场经济条件下的"资本文明化"建构作为一种普通的需求之外，又聚焦于中国新型城镇化进程中"资本"的文明化引领，这是反思中国 30 多年来快速城镇化进程中，由于"资本"的种种"不文明"现象导致交通拥堵、环境污染、生态危机、社会冲突等而提出来的。新型城镇化是中国社会现代化的最大"特色"。新型城镇化将在一定程度上影响着中国特色社会现代化的成效。以上有关快速城镇化进程中出现的种种资本的"非文明化"现象，根本上是由"土地资本化"的运作造成的。[①]

一是以"土地财政"为核心的"资本化"驱动，导致可持续城镇化的"社会悖论"。这集中表现为：（1）在"土地财政"模式下，难免产生高价地进而产生高价房，有悖于国有土地为全民所有这一基本属性；（2）在高价地、高价房的推动下，就会导致住房不断向富人、富裕家庭集中，大多数市民百姓获得住房的能力减弱、机会减少，有损社会公平；（3）城市扩展过程中，伴随着社会阶层的分化而出现的区域化、间隔化，弱势群体难以享受教育、就医等公共资源好的空间。

---

① 鲍宗豪：《文明城市：一种中国特色的可持续城市化新模式》，《马克思主义研究》，2011 年第 3 期。

二是以"土地财政"为核心的"资本化"驱动,导致可持续城镇化的"生态悖论"。过度的"土地财政",资本无限制地扩张需求,贪婪地掠夺一切可以利用的自然资源。越来越多的自然资源通过土地财政、土地资本"机器",变成废气、废水和垃圾排放出来,毒害生态环境。温室效应、水资源危机和城市垃圾危机越来越严重,生态链越来越脆弱,将人类的生存环境推向极限。

破解"土地资本"(土地财政)驱动新型城镇化的重要路径选择,是按照习近平所说的:"深化资本市场改革。要继续完善我国资本市场基础制度,更好发挥资本市场功能,为各类资本发展释放出更大空间。"①组建"土地资本国资委",改革集土地管理与土地经营于一身的行政体制,分离政府经营土地的职能,有效评估与监控"土地资本化"的规范运作;同时允许农民的"集体土地""私有土地"进入城市土地市场,通过市场机制运作,相关的收入可用于保障已变为市民的农民的长远生计,保障农民能真正得益;同时也有助于从源头上抑制土地财政的片面增长,化解社会矛盾,促进可持续城市化。

(三)以深化国有企业改革为示范,保证资本的"文明化"

与中国社会有着天然渊源关系的国有企业,在中国特色社会主义现代化中起着示范和引领的作用,因此,要实现资本"文明化",国有企业必须以主体角色发挥主导作用。以"国有资本"为本质特征的社会主义国有企业,区别于一般的"资本"运作逻辑就在于:"不能唯利是图"地追求经济效率,在促进资本积累的同时,要比非国有企业上缴更多的利润(不是一般意义的税收),而且肩负着社会主义改革开放事业的最后"兜底责任"。

在这个意义上,如果从西方主流经济学的角度来评判国有企业,这显然是片面的,本身带着意识形态的偏执。国有企业改制的目的,就是改变国有企业效率低下、创新动力弱的弊端,通过引入"混合经济"模式,将市场经济的竞争机制注入国有企业内部。在"资本"全球化的时代里,促使国有资本发展壮大,促使中国国有企业的"资本"以"文明化"的姿态走向世界。

---

① 《习近平在中共中央政治局第三十八次集体学习时强调　依法规范和引导我国资本健康发展　发挥资本作为重要生产要素的积极作用》,载新华网,http://www.news.cn/politics/2022-04/30/c_1128611985.htm。

另一方面，国家要通过更完善的法制、更有力的舆论监督，来促使各类"非国有企业"的资本"文明化"，不能重蹈西方资本主义早期所出现的"野蛮化"现象。

如果说西方资本的"文明化"还带着被迫的性质，那是因为它既是西方劳动者反抗的产物，也是资本主义为了减少社会主义文明的竞争压力，并向社会主义制度学习的产物。在东欧剧变后，欧美资本主义的这种"竞争压力"顿失，2008 年发生美国的金融危机和欧洲债务危机，这些都显示出西方在以"资本"为核心的制度安排下，所谓的资本"文明化"有其鲜明的局限："资本"的自我逻辑往往占据上风，其所谓的资本的"文明化"显得极其脆弱，不可持续资本的系统性危机难以摆脱。

"资本"在中国特色社会主义的制度安排下，既注重"资本"的逐利性，又通过"文明化"的方式，以法律法规约束和限制资本的"不文明"发展，使之朝着有利于中国特色社会主义现代化的方向发展，使"资本"能造福"中国梦"，使"资本"能造福人类文明的未来。

# 第二十章 构建引领全球人权治理的
# "命运共同体"

习近平在不同场合、不同时间多次反复强调："要积极推动全球人权治理，弘扬全人类共同价值观。"2021 年，第四期《国家人权行动计划（2021—2025 年）》为贯彻习近平关于"构建人类命运共同体"的要求，提出了"认真践行国际承诺，深度参与国际人权事务，推动完善全球人权治理体系，构建人类命运共同体"的行动。本章以"构建人类命运共同体"为目标追求，分析研究中国人权发展道路在融入全球人权治理、促进全球人权事业发展，推进"命运共同体"构建中彰显其内蕴的普遍价值。

"人类命运共同体"的思想，理论渊源是马克思的"真正共同体"思想。马克思的"真正共同体"思想又是对以往历史上的"共同体""虚幻共同体"的批判继承。

## 第一节 马克思主义之前的不同"共同体"思想

"共同体"一词源于古希腊语 Koinonia，原意指的是城邦设立的市民集体组织。① 共同体（英文单词为 Community）一般有三种含义：第一种是人们在共同条件下结成的集体；第二种是由若干国家在某一方面组成的集体组织，例如欧盟、非盟；而第三种则是在人类情感方面，指最具同心同力的一个集体，或指双方具有非常深厚的感情基础，可以做到同呼吸、同命运、同生活、同荣誉等。"共同体"，在社会学家那里往往理解为"社群""社区"，

---

① 马俊峰：《马克思社会共同体理论研究》，中国社会科学出版社，2011 年，第 23 页。

然而在政治哲学中，它却有着更为广泛和深刻的内涵。"共同体"在一般学者的理解中意义宽泛，指社会中存在的、基于主观上或客观上的共同特征而组成的各种层次的团体、组织，它既包括小规模的社会自发组织，也可指更高层次上的政治组织，还可以指国家和民族这一最高层次的总体。它可以是有形的，也可以是无形的。

## 一、古希腊时期的"共同体"思想

从柏拉图的理想国构思到亚里士多德的城邦共同体，再到后来以社会契约为基础的卢梭国家观和黑格尔伦理共同体的设想，共同体的思想和内容被不断发展，逐步丰富，在不同时期、不同哲学家的笔下，被赋予了栩栩如生、不尽相同的含义。

### （一）柏拉图试图寻求能团结城邦大多数民众的社会共同体

在古希腊时期，柏拉图及其学生亚里士多德论述了他们视域中的"共同体"。古代雅典城邦在接近入海口的地区，航海业甚为发达，其众多的港口为来自地中海其他地区的商船提供了便捷的停靠服务，使雅典的商业贸易较为发达。至公元前 413 年，正值雅典从全盛时期走向衰落，雅典的外部敌人斯巴达人和波斯人再度对这个城邦进行侵扰。面对强敌压境，雅典内部分裂为主和派和主战派，前者得到了广大富人的支持，他们希望斯巴达人的入侵能够恢复昔日的寡头制；后者则得到了广大穷人和中产阶层的支持，他们希望保卫自己的家园，捍卫自己的民主制。雅典城邦的历史教训与城邦现状促使柏拉图寻求一种能够团结绝大多数城邦民众的社会共同体理论，以解决人们之间的利益分歧与社会混乱，从而实现雅典的繁荣、有序与团结。①

在柏拉图看来，既然雅典社会在人口构成、社会分工与政治利益方面具有的多样性特点已成事实，并且，每个人都以他人的技艺作为自己需要的出发点，那么，城邦共同体作为对这种现状的回应必须以自己特有的意义或者目的找到它的立足点。②

---

① ［美］威尔·杜兰：《世界文明史：希腊的生活》，幼狮文化公司译，东方出版社，1999 年，第 144—145、352—353、355—357、580—584 页。
② 经理：《柏拉图的"共同体"思想研究》，《太原理工大学学报（社会科学版）》，2014 年第 2 期。

首先，城邦共同体存在的第一个目的便是满足公民的需要。它不能寄希望于具有雅典纯正血统的公民主持政事，也不能让某一个政治团体单独行使政事，而必须为每一种类型的人和其从事的职业划定其不可逾越的界限。

其次，城邦共同体存在的第二个目的便在于作为一个整体，共同体需要有人能够对其进行组织和管理，把最适当的人安排在最适合的岗位上，以便维持共同体的存续。在城邦中，多数人从事直接的体力劳动，少数人从事城邦的管理工作，维持城邦运转，两类人各自的本性决定了他们不同的社会分工。柏拉图不仅注意到了每个人的天资才能使他们适合于城邦中的特定工作，也注意到了这种才能并非固定不变，而是可以随着人的才能变化，在现有社会分工中适度改变。

最后，城邦共同体存在的第三个目的便是它能够依据自然法对公民进行管理，而不是依据偶然的机遇或是巧合来分配每个人的工作。柏拉图规定了在城邦生活中每一种人的位置，倘若现实情况与这种规定截然相反，他坚决反对有人在城邦中从事与其资质不符的工作。[1]

（二）亚里士多德的城邦伦理"共同体"

亚里士多德（公元前 384—公元前 322 年），古希腊哲学启蒙者和先驱者。他是柏拉图的学生，亚历山大大帝的老师。马克思称他为古希腊哲学家中最博学多才的一位，恩格斯盛赞亚里士多德是生在古希腊时代的黑格尔。

亚里士多德在其《政治学》中指出，我们看到的城邦都是一个种类的社会团体，其最终目标就是为了达到一种服务的高度，也是每一个人的努力方向。在亚里士多德看来，城邦在通常情况下会受到实际中伦理道德的支配，而城邦的存在也有很大原因来自这种道德的维持。这种观点无疑也是亚里士多德对城邦开始建立时的看法。也就是说，亚里士多德的这种城邦观其实就是自然而然形成的。对于城邦中的不同男女的组合，首要的表现形式就是家庭；作为一种最初级的形式，家庭无疑是一种类似村级的组织形式，这种组织形式是为了以家庭为基本单位的聚集而组合起来的；然后，逐级组合最终才形成了城市。

---

① 经理：《柏拉图的"共同体"思想研究》，《太原理工大学学报（社会科学版）》，2014 年第 2 期。

## 二、罗马共和国时期西塞罗的"共同体"思想

马尔库斯·图留斯·西塞罗（公元前106—公元前43年），罗马共和国时期出名的政治家、思想家、雄辩家。按照西塞罗的看法，在社会和大自然的面前，人与人都是一种平等的关系，而城邦则是处于其中的人们所形成的一种利益共同体，这无疑与亚里士多德所讲述的那种城邦观是基本一致的。另外，罗马地区地域较广，族别也较多，加上其他因素的影响，这就使得很多时候城邦的利益是高于人们的利益的。因此，西塞罗对此提出了自己的看法。西塞罗认为，这种城邦形式的国家无疑就是人民的利益表达，但身处其中的人们并不是随意予以集合的，而需要具有基本的利益共识才组合起来。

所以，对于西塞罗而言，为了能够使城邦的形式永远发展下去，就必须要具备一定的权力组织。首先，对于城邦共和国的法治原则，西塞罗认为，这应该是普遍被遵守的一种体制。不容置疑，自然法则就在于它是否依据正义而存在，因为这种法律就是建立在正义的基本共识上的，也就是说，没有正义的共识，法律也将不复存在。其次，要追求财富，就是要将焦点聚集在城邦的集体利益上。因为城邦的维系，依赖于一定的物质基础或公共财产在国防安全和安全机制的建设上，都需要一种被维护的公共的利益，以使得这种城邦的安全和发展落脚在共和上。

亚里士多德和西塞罗对公民生活的城市建设和规范制定作出了卓越的贡献，在古希腊和古罗马的政治思想史上都产生了深远而重大的影响，甚而影响到后世的城邦建设。古希腊的思想家受到当时稳定社会环境的影响，他们都希望建设一种统一的伦理价值去凝聚共同的思想目标。而在相对混乱的古罗马时期，思想家们所期望建立的城邦并不追求精神层次的价值，更注重现实的需求，最典型的便是社会的稳定和国家的发展。

## 三、洛克和卢梭的"社会契约论"中的共同体

在自由主义出现之前，"自由"概念是以"共同体"概念为背景出现的。洛克之后，自由概念仍然有以共同体（community）概念为背景来阐述的，这一典型的观念就是卢梭的自由观念。

那么，怎样使得人类社会成为自由的社会呢？在卢梭看来，其基础就是通过权利转让的契约建构的共同体。①

这里有必要回顾一下洛克的契约社会。洛克也是通过契约来构建一个政治社会的。他指出，人们需要政府的原因在于需要它来保护人民与生俱来的权利。这些权利就是生命权、自由权和财产权。在洛克看来，个人权利的维护是政府存在的合法性的基础。如果不能保护个人权利，使得人民重新回到奴隶地位，则人民有权利起来造反。在这样一个以契约为前提建构起来的社会中，个人权利是放在第一位的。

与洛克所提出的契约社会不同的是，卢梭反复强调的是由契约所建构起来的共同体或政治共同体的价值。在他看来，通过契约所建构起来的政治共同体，是人类平等的前提条件，也是使得人民获得自由的根本前提条件。而以往把人类成员中的一部分或多数成员变成奴隶的社会，根本不是共同体。

那么，什么是政治共同体呢？卢梭认为是这样一种结合形式："它能以全部共同的力量来卫护和保障每个结合者的人身和财富，并且由于这一结合而使每一个与全体相联合的个人只不过是在服从自己本人，并且仍然像以往一样地自由。"② 在卢梭看来，只有在真正的共同体中才有自由，而共同体是全体成员自愿结合的产物。

那么，它是怎样结合起来的呢？卢梭在《社会契约论》中有两种提法：一是"每个结合者及其自身的一切权利全部都转让给整个的集体"；二是"每一个因社会公约而转让出来的一切自己的权力、财富、自由，仅仅是在全部之中其用途与集体有重要关系的那部分"。③ 他还说道："国家由于有构成国家中一切权利的基础的社会契约，便成为他们全部财富的主人。"④ 卢梭式的自由共同体，有着明显的柏拉图理想国的影子，即所有社会成员放弃自己的财产，从而使自己成为理想国家中一个不可分割的成员。在某种意义上说，正是从卢梭开始，以柏拉图为代表的古典政治哲学开始发挥作用。

---

① 龚群：《论卢梭的共同体主义自由观》，《江西社会科学》，2013 年第 7 期。
② ［法］卢梭：《社会契约论》，何兆武译，商务印书馆，1980 年，第 23 页。
③ 同上书，第 23 页。
④ 同上书，第 31 页。

## 四、德国哲学家黑格尔的"共同体"思想

德国哲学家黑格尔的"共同体"思想，可以从两个方面阐释。

（一）黑格尔的伦理国家共同体

黑格尔认为从古希腊城邦灭亡——也就是自从人类精神沾染上个人主义——一直到黑格尔"创造"出一个伦理国家之前这一整个漫长时期中，人类都不曾享受过真正的共同体生活。罗马世界基于外在的强制性的法律将个体强行纳入整体之中，基督教的中世纪则由于政教分离，既拒"精神"于千里之外的彼岸，又剥夺了政治共同体的伦理性，从而使得政治与宗教均受到严重破坏。

代之而起的现代民族国家及与之相应的契约论国家观并不能够为政治共同体的秩序奠定坚实的理论基础与道义基础，最极端同时也最全面的证明，在黑格尔看来，正是法国大革命。这场革命彻底展示了个体自由逻辑的政治破坏力，一切权威——神权的、父权的、传统的——均被取消。这场试图任凭完全自由的道德个体经过完全自由的立约而建立完全自由的共和国的实践，其最终结局确属灾难，但是黑格尔决不能满足于仅仅找出社会学意义上的"偶然"原因，而是要在精神原则的高度上找出"必然"的道理。绝对的个体自由，这个原则将意味着人人都是上帝，但在黑格尔看来，只有特定族群的"整体"才有可能成为上帝的"显现"。

绝对的个体自由必将无可救药地导致无政府主义，任何实体的法律或制度都不可能承受自由个体的"纯粹否定性"的破坏力。法国大革命集中体现了个人主义原则政治化的灾难性，而更糟糕的是，即便经历了大革命的教训，人们仍然不能完全认识到个体自由原则的谬误，从而扬弃之并重新建立一个伦理共同体，反而是陷入了"美丽灵魂"这种自觉的"苦恼意识"之中。

出路在哪里？黑格尔的答案与"伦理"密切相关。在所有的政治共同体中，被黑格尔称为"伦理"的唯有古希腊城邦与《法哲学原理》中所描述的"国家"。"伦理"两字，意味着对个人主义的否定，它不是直接由原子化的个体所"组成"，而是所有个体通过各自所属的群体"结合"而成的。同样，每一个群体也不是由原子式的个体所组成的，而是由不同等级的"身份"结

合而成的。这些群体的划分对应于各自所承担的政治、经济或社会功能，通过这些不同的功能，这些群体又自动区分为不同的等级，其中承担政治统治功能的特殊群体就成了代表整个共同体之"普遍性"的统治集团，换言之，这个群体体现了整个共同体的统一性。

（二）黑格尔的有机共同体思想

黑格尔不仅从政治层面阐释了伦理国家共同体，而且把共同体看作是一个有机体即有机共同体。黑格尔认为，个体的满足与自由之间的统一是与一个有机共同体的社会特质相一致的。那么，他所理解的有机共同体是什么样的呢？

19 世纪末英国哲学家布拉德雷对黑格尔的有机共同体思想的认识，运用在一个共同体中成长的孩子的发展过程来阐释：孩子……出生……在一个活着的世界中，甚至还没有意识到他独立的自我。他随其世界一起成长，心满意足，自由自在。当他能把自己从那个世界中分开，知道有己与之分离时，他的自我，他那自我意识的对象，便会受到他人存在的潜入、感染和塑造。它的内容在每一方面都暗示着与共同体的联系。他学习说话，或者可能已经学会了说话；在这里他把其种族共同继承下来的东西占为己有，他自己所说的语言是其祖国的语言，这种语言……与其他人说的语言一样，这就给他的内心带来了种族的观念和情感……并且打上了不可磨灭的印记。他在一种范例和普遍习惯的氛围中成长……他内心中的灵魂被普遍的生活所浸透、浇灌和限定，他吸收了普遍的生活，由此形成了自己的本质，并把自身建立起来。他的生活与普遍的生活是同一的，如果他反对这种生活，那就是在反对自己。①

布拉德雷认为黑格尔的观点是，由于我们的需要和欲望是由社会塑造的，有机共同体会去培养那些对共同体最有益的欲望。此外，这个共同体还会灌输给其成员一种观念，即他们的身份就在于成为共同体的一部分，因此他们不会想到要脱离这个共同体而去追求自己的私利。就像我身体有机体的一部分（比如说，我的左臂不会想到要脱离我的肩膀，去寻找比把食物送到我嘴里更好的差事），我们也不应忘记，有机体与其组成部分之间的关系是相互的。我需要我的左臂，我的左臂也需要我。有机共同体不会忽视其成员

_____

① ［澳］彼得·辛格：《黑格尔》，张卜天译，译林出版社，2015 年，第 103—104 页。

的利益，一如我不会忽视我左臂受的伤。

如果可以接受这个有机共同体的模型，我们就会承认，它将结束个人利益与共同体利益之间的古老冲突。它与希腊共同体的区别何在呢？黑格尔认为，希腊共同体缺乏由宗教改革所提出并为康德的义务概念所把握（即使只是片面把握）的人类自由的基本原则。

黑格尔共同体中的公民之所以不同于希腊城邦的公民，恰恰是因为他们属于不同的历史时代，而且拥有罗马、基督教和宗教改革的成就作为其思想遗产的一部分。他们知道自己有追求自由的能力和依照良知作出决定的能力。那种惯常的道德之所以会要求遵守其规则，仅仅是因为遵守这些规则是出于习惯，它不能要求自由思想者去服从。自由思想者只能效忠于他们认为符合理性原则的制度。因此与古代共同体不同，现代的有机共同体必须建立在理性原则的基础之上。

## 第二节　马克思的"共同体"和<br>"真正共同体"思想

从古希腊罗马到德国哲学家，从伦理的或政治的不同层面提出了"城邦共同体""国家共同体"的构想，目的都是为了能寻找到一种人们能共同生活于其中而又避免贫富分化、冲突的共同体。但是，他们却是停留于理性思考层面的"共同体"设想，也不具备促进"共同体"形成的经济、政治和文化等条件，仅仅是美好的"共同体"愿景。

马克思的"真正共同体"思想是在吸收历史上各种"共同体"思想，并在批判"虚幻共同体"的过程中提出来的。

### 一、共同体的基本特征

根据马俊峰的研究，马克思主义之前的种种"共同体"理论具有以下四个特征。[①]

―――――――――

① 马俊峰：《马克思社会共同体理论研究》，中国社会科学出版社，2011 年。

（一）共同体的结构性

从古代的共同体的构成情况来看，共同体作为一个整体，每一个共同体成员都有着各自确定的位置和职责，作为整体的一部分发挥着作用，他们"各司其职，各尽所能"，而不僭越自己职责范围的事情，这样，整个共同体秩序井然有序，从而形成一种统治阶级与被统治阶级、支配阶级和被支配阶级的关系，这种关系是依赖共同体政治权威确立的。而这种政治权威是遵从自然的，凡自然的就是正当的、正确的、好的。

罗马共同体是由三种力量组合而成的，他们分别是执政官、元老院、公民大会，这三种力量之间相互争斗，他们各自借助修辞术，通过激烈的公开辩论，共同权衡各自利益，作出对各自都有益的决策。可以说，罗马的这种行政组织形式对防止罗马内部的内讧和腐败，尽可能公正地行使权力具有重要作用。罗马行政机构的这种结构性使得罗马变得坚实稳固和持久。

中世纪的人过着双重生活，一种是属于灵魂的生活，一种是属于肉体的生活。在灵与肉的斗争过程中，不仅形成一种"心灵共同体"或"信徒共同体"，而且也形成一种"市民共同体"，作为一个"市民共同体"的个人不仅是一个国家的臣民，也是一个基督教的信徒。这样，每个人都被这两种力量撕扯着，心灵得不到安宁，肉体也是处于痛苦之中。通过文艺复兴和启蒙运动，个人从这种社会结构之中解放出来。①

（二）共同体的普遍性

共同体是由每个特殊的个体组成的，而每个特殊的个体之所以能形成一个整体，那是以一种普遍的原则为基础的。共同体本身是组织化了的人群聚集体。它集中反映了共同体成员的共同目的和指向，它是一种共同体成员共同意志的凝聚，这种凝聚体现了人群的存在。共同体自身的稳定性、长久性就是依赖共同体的这种普遍性获得延迟。共同体成员是一个偶然存在，但可以借助这种共同体的普遍性，获得身份的认同，获得共同体成员之间的尊重和认可。② 共同体的精神一旦形成，反过来，共同体开始运用这些精神的东西，教化共同体成员，使他们在思想上和观念上统一起来，从而使每个共同

---

① 马俊峰：《"共同体"的功能和价值取向》，《石河子大学学报（哲学社会科学版）》，2011年第2期。
② 同上。

体成员成为具有同质性的个体。

（三）共同体的公共性

在古代，政治共同体的公共性主要体现在公共领域。城邦共同体的公民是生活在政治活动之中的，他们积极参与商讨城邦政治事务，参加一些政治辩论，担任陪审团职责等等，这样，城邦共同体公共活动就成为公民政治存在的前提条件，公民如果离开这种政治性的公共活动，公民很快就会丧失作为城邦的公民的资格，就得不到城邦共同体的保护，从而沦为奴隶。

中世纪的信徒共同体的公共性表现在一些基督教的教堂里，它是信徒会聚的地方，是从事宗教活动的场所，人们渴望得到上帝的恩赐，每个人在其中进行忏悔、倾听赞颂歌之后，心灵得以净化，纯洁的灵魂得到滋润。信仰者是由不同的人构成的，不管身份高低，肤色深浅，他们打开心灵的窗户，相互之间对话和交流，共同谈论信仰和生活，在这个意义上，教堂是一个公共空间。

近代以来，随着市民社会的发展，共同体的公共性表现在公民可以参加国家事务，公民通过自我组织、自我服务、自我管理，不断服务社会，与政府一起处理社会事务，进行社会建设。①

（四）共同体的生产实践性

共同体成员的活动是社会性的，没有人完全脱离社会而生产。一个人生产的产品，不仅为了满足自己的需要，而且为了满足别人的需要，这种产品不仅体现了自己的本质，而且体现了别人的本质。因此，在生产劳动的基础之上，个人的产品变成了社会的产品，个人变成了社会的人。正如马克思所说："人是最名副其实的政治动物，不仅是一种合群的动物，而且是只有在社会中才能独立的动物。孤立的一个人在社会之外进行生产——这是罕见的事，在已经内在地具有社会力量的文明人偶然落到荒野时，可能会发生这种事情——就像许多个人不在一起生活和彼此交谈而竟有语言发展一样，是不可思议的。"②

---

① 马俊峰：《"共同体"的功能和价值取向》，《石河子大学学报（哲学社会科学版）》，2011 年第 2 期。
② 《马克思恩格斯全集》第 30 卷，人民出版社，1995 年，第 25 页。

因此，生产劳动成为个体相互间团结交流的媒介，通过这种媒介人们形成一种社会关系，形成一定的组织，一定的共同体。共同体为了存在与发展下去，就必须占有一定量的物质财富，不管这种财富是动产还是不动产，这是共同体存亡的关键。共同体的成员恰恰是在不断的生产劳动中，不仅再生产着自身，而且再生产着共同体，这种再生产活动延续着共同体本身和共同体成员，他们又将这种再生产传承给下一代，这样不断发展下去，使得人的类群性得到再生。

一些思想家们就把这些组织、群体、国家、社会等称之为"共同体"，是否具有合理性、永恒性？是否可以改变？如果说不合理或者说可以改变，那么应该用什么样的"共同体"取而代之？

他们的观点尽管有所不同，但马克思恩格斯认为所有这些对经济关系、国家、社会等"共同体"的解读都是错误的。根源在于他们的历史观都是运用社会意识决定社会存在的唯心主义观点，其对于正在进行的无产阶级革命和社会主义运动是极其有害的。

## 二、马克思恩格斯在批判"虚幻共同体"过程中提出"真正共同体"思想

马克思主义使用的共同体概念包括最初的"自然共同体"、以资本主义国家为代表的"虚幻共同体"以及作为自由人联合体的"真正的共同体"。[1]

### （一）资本主义国家为代表的"虚幻共同体"

马克思恩格斯认为，国家是阶级利益、阶级矛盾不可调和的产物。所有社会成员不可能有共同的一致的利益，但出现了经济关系上占统治地位的统治阶级的共同利益，统治阶级自称是代表整个社会的"共同利益""普遍利益"。[2] 在国家这种"虚假的共同体"中，只有占统治地位的统治阶级的自由，绝对没有大多数人民的自由。

马克思恩格斯认为，这种"共同体"是阶级压迫的工具，因此对于被统

---

[1] 《马克思恩格斯选集》第 1 卷，人民出版社，2012 年，第 199 页。

[2] 同上书，第 24 页。

治阶级不仅是"虚幻"的性质，而且是阻碍社会发展和人的发展的绊脚石和"桎梏"。

马克思恩格斯把"国家"这种"共同体"看作"虚假的共同体"，这是对以前所有思想理论家把"国家"看作是社会"普遍利益""公共利益"的代表，而否认"国家"阶级性、否认国家"共同体"的虚伪性的唯心史观观点的揭露和批判。

马克思恩格斯批判形形色色的"虚假的共同体""冒充的共同体"，并不否定人类社会存在"共同体"的客观现象及追求新的"共同体"。马克思恩格斯还认为，资本主义社会的"共同体"特别是国家这种"虚假""冒充"的"共同体"是历史发展的产物，社会生产力生产关系、经济基础上层建筑的矛盾运动不仅决定其产生，也决定其必然灭亡，也必然为真正的、真实的根本利益一致的"共同体"所代替。①

只有在共同体中，个人才能获得全面发展其才能的手段，也就是说，只有在共同体中才可能有个人自由，才能有人的最大物质精神力量的发展和发挥。但这种"共同体"不是指阶级社会中的资本主义的"共同体"，也不是指"国家"这种"虚假""冒充"的"共同体"，而是"真正的共同体"。②

（二）资本主义国家为什么代表的是"虚幻共同体"

马克思之所以将资本主义国家指认为"虚幻共同体"，原因在于：

一是分工和私有制导致了"单个人的利益或单个家庭的利益与所有相互交往的个人的共同利益之间的矛盾"。整个社会日益分裂为两大对立阶级，阶级的"特殊利益"与共同体的"共同利益"矛盾凸显。马克思指出："正是由于特殊利益和共同利益之间的这种矛盾，共同利益才采取国家这种与实际的单个利益和全体利益相脱离的独立形式，同时采取虚幻的共同体的形式。"③ 但是这种"虚幻的共同体的形式"并不代表共同体全体成员的利益，它代表的仅仅是统治阶级的利益。而"每一个企图取代旧统治阶级的新阶级，为了达到自己的目的不得不把自己的利益说成是社会全体成员的共同利

---

① 《马克思恩格斯选集》第 1 卷，人民出版社，2012 年，第 199 页。
② 同上书，第 199 页。
③ 同上书，第 164 页。

益"。① 资产阶级通过宪法形式,名义上平等地赋予全体国民以民主、自由等权利,为资本主义国家这一虚幻共同体披上了华丽的外衣,具有很大的欺骗性和蒙蔽性,其实质依然是为了维护资产阶级的"特殊利益"。

二是资本主义作为人的社会存在和交往发展的"共同体",但是,在资本主义的商品交换中,人都生存于"货币共同体"之中,个人在货币资本的统治之下。共同体是人和社会存在的基本方式,也是人进行社会交往的基本环境。人是一切社会关系的总和,只有在共同体中,个人才能获得全面发展其才能的手段,才可能有个人自由。但是,在资本主义社会中,商品交换成为共同体成员主要的交往活动,追求交换价值成为共同体成员进行物质生产的主要动力。在商品交换过程中,货币取得了相对独立的形式,它使得人与人的交往成为偶然的东西。

随着货币和"自由人"劳动力商品的交换成为现实,货币就取得了资本的形式。当货币成为资本,它就独立成为一个异于个人的"货币共同体",在表现形式上凌驾于任何人。"资本是一种肯定与否定的消解的力量,不断否定着与其不相适应的东西"。正因如此,资本在资本主义社会占据着绝对的统治地位,人们所创造的社会生产力不再受人们控制,而为资本所控制,成为追求资本增值的工具。在货币共同体中,现实的个人拥有的只是一种抽象,因为它"对于个人只是外在的、偶然的东西……个人满足需要的手段"。② 个人在货币资本的统治下,逐渐沦落为依赖于物而存在的人。货币成为人们相互交换的直接目的,个人的生产和交换集中依赖于货币。正是在这样的境况下,人与人的关系被物与物的关系所取代。③

(三)马克思恩格斯的"真正共同体"思想

1."真正共同体"概念的提出

1844年,马克思首次在《评一个普鲁士人的〈普鲁士国王和社会改革〉》一文中指出:"那个离开了个人就会引起他反抗的共同体才是人的真

---

① 《马克思恩格斯选集》第1卷,人民出版社,2012年,第180页。
② 《马克思恩格斯全集》第46卷(上),人民出版社,1979年,第176页。
③ 胡小君:《马克思共同体思想诠释》,《中国社会科学报》,2020年第9期。

正的共同体，是人的实质。"①

在之后马克思、恩格斯合著的《德意志意识形态》一书中，他们提出：国家是一种虚幻的共同体，是一种使人与人的力量相异化的力量。首先，他们指出了以往国家理论的虚幻性，批判了黑格尔的国家理想主义，并揭示了鲍威尔和施蒂纳国家自由主义的本质。其次，他们揭示了现代资本主义国家的阶级本质，指出它是一种"虚幻的共同体"，是压抑个性发展的。再次，他们阐述了只有建立真实的共同体才能实现人的自由发展的思想，马克思、恩格斯的国家理论始终以人的自由全面发展为目的。

2. 运用唯物史观阐释"真正共同体"

同样在《德意志意识形态》里，马克思、恩格斯又对"真正的共同体"进行了唯物史观的阐述，指出在真正共同体中，各个个人在自己的联合中并通过这种联合获得自由。② 也即表示只有通过联合每个人才能获得真正的自由。正如他们在《共产党宣言》中所提到的：代替那存在着各种阶级以及阶级对立的资产阶级旧社会的，将是一个以各个人自由发展为一切人自由发展的条件的联合体。③ 由此，马克思提出了人的实质也就是人的真正的共同体的思想学说。

实际上，在《德意志意识形态》等著作中，马克思着力批判了体现阶级统治、资本逻辑和对物依赖性的资本主义"虚幻共同体"，阐释了走向"真正共同体"的条件与路径。在他看来，共同体是在论述人类社会发展时使用的基础性概念，体现了人的社会性本质。只有通过消除虚假的思想，也就是"虚幻共同体"对人们的影响，才能使人更好地发挥其自身的能力，拓展人的主动性，最终实现人的自我价值。而"真正共同体"才代表了人类未来发展的前景，在走向社会主义、共产主义的道路上，未来的人类"共同体"必将融入进这个伟大的社会之中。

3. 真正共同体的本质是消灭了私有制、不存在剥削和异化的"自由人联合体"

在马克思看来，"虚幻共同体"的本质和目的就是为少数剥削阶级服务

---

① 《马克思恩格斯全集》第1卷，人民出版社，1956年，第488页。
② 《马克思恩格斯全集》第3卷，人民出版社，1960年，第84页。
③ 《马克思恩格斯全集》第4卷，人民出版社，1958年，第491页。

和获利的。因此，真正的共同体必须是自由人的联合体，也必定是摧毁了私有制，不存在剥削和异化的联合体。只有在这样的一种条件下，人才能得以实现全面自由的发展，而与此同时，个人和共同体才能够完成真正意义上的融合与统一。真正的共同体意味着在一个消灭了剥削和劳动异化的社会里，生产力的极大进步和制度的领先优势帮助个体的人实现了全面自由的发展，同时可以享受到自己的劳动成果。而着眼于人的更好发展，不断改善劳动者的生存环境，让个体能够真正融入共同体中，最终实现人的全面解放，这才是马克思"真正共同体"思想的出发点和研究目的。

马克思认为，"无产者只有废除自己的现存的占有方式，从而废除全部现存的占有方式，才能取得社会生产力"。① 也就是说，未来真正共同体的实现要基于私有制的消灭。由于生产资料公有制的建立，个人与个人、个人与共同体之间的利益矛盾将消失，两者将趋于统一。这时，共同体的生产资料将实现由整个社会直接占有，共同体的成员将作为自由的个人联合起来共同占有和使用生产资料。与生产资料公有制相适应，共同体的生产将不再遵循商品经济的原则来追求交换价值，而是根据共同体成员的需要进行有计划有组织的生产，进而最大化实现使用价值，最终实现共同体所有成员共有共享。② 由于共同占有生产资料和共同组织生产，真正共同体因此能"社会的每一成员不仅有可能参加社会财富的生产……足以保证每个人的一切合理的需要在越来越大的程度上得到满足"。③

"真实共同体"思想的提出，表达了马克思对未来世界的思考。通过对资本主义"虚幻共同体"实质性的批判和对无产阶级现状的分析及未来的预判，马克思得出了"人的实质也就是人的真正的共同体"④ 的重要结论。也即是说，要实现人的自由全面发展，实现解放全人类的目标，就要从人的自身发展中找到出路，这条路就是完全彻底地推翻资本主义，坚定不移地走社会主义、共产主义的道路。

---

① 《马克思恩格斯选集》第 1 卷，人民出版社，2012 年，第 411 页。
② 钱文静：《马克思共同体思想的历史逻辑考辨及其启示》，《学术探索》，2020 年第 5 期。
③ 《马克思恩格斯全集》第 25 卷，人民出版社，2001 年，第 137 页。
④ 《马克思恩格斯全集》第 1 卷，人民出版社，1956 年，第 487 页。

## 第三节 "人类命运共同体"对马克思共同体思想的继承和发展

人类命运共同体是新时代马克思主义中国化的重大理论成果。自中共十八大报告首次提出"要倡导人类命运共同体意识"以来，习近平先后在国内外重大外交场合多次提及人类命运共同体，并深刻阐释了其蕴意。2017年2月，联合国首次正式将"人类命运共同体理念"写入决议。党的十九大报告强调，坚持推动构建人类命运共同体，建设一个持久和平、普遍安全、共同繁荣、开放包容、清洁美丽的世界。近年来，在"一带一路"建设和多个卓有成效的外交活动的引领下，"人类命运共同体"理念越来越被国际社会所认可，成为当下维护世界和平和促进世界发展的重要指导。

### 一、"命运共同体"对"真正共同体"思想的继承

从本质上看，人类命运共同体思想与马克思的共同体思想都是关于人类命运和世界发展的理论，可以说，前者是对后者的继承和发展，是马克思主义当代中国化的集中体现。

（一）"命运共同体"与"真正共同体"都以马克思主义唯物史观为其哲学根基

马克思根据社会历史的发展规律将共同体形式分为"自然共同体"、"虚假共同体"和"真实共同体"，这三个历史阶段正好分别对应着马克思主义唯物史观中人的原始依赖性状态、基于物质依赖性的独立性状态以及个体全面发展基础上的自由性状态。[①] 马克思认为，无产阶级实现大联合的目标必须基于社会生产力的普遍发展。只有社会生产力达到高度发展的程度，这种"共同体"形式才能摆脱传统意义上诸如地域、阶级等因素的影响，真正实现人的解放与自由。

马克思主义的唯物史观为其共同体思想提供了理论支撑，也为人类命运

---

[①] 肖晞，贾磊：《人类命运共同体：马克思共同体思想的继承与发展》，《中国浦东干部学院学报》，2020年第4期。

共同体的提出提供了思想源泉。人类命运共同体并不是一个简单的抽象概念，而是从全球化时代人类"你中有我，我中有你"的依存状态去理解当今世界的形势，从人类社会历史发展过程中的生产力与生产关系以及经济基础与上层建筑的矛盾运动去窥探世界发展的规律和前景，从当今全球面临的国际问题和严峻挑战出发思考适用于全球治理的可行方案和有效路径，并将全球所有人类当作一个整体和一种能动性力量去推动这一伟大构想的实现。[①]在这个意义上，人类命运共同体理念始终以马克思主义唯物史观作为其哲学根基和依据，与马克思的共同体思想同宗同源，一脉相承。

（二）"命运共同体"与"真正共同体"均以人类命途为根本关怀

马克思的共同体思想致力于在人类社会内部探讨如何实现人的真正自由与解放。马克思认为，实现"人的真正的自由全面的发展"，就必须建立一种理想的共同体模式——"真实共同体"。

同样，人类命运共同体思想将人类的整体命运作为其理念的根本出发点。在丛林法则主导的国际社会之中，西方资本主义对利益的追求导致冲突和战争，给人类命运共同体的构建造成了种种障碍。为了实现人类可持续发展，必须培育"同呼吸，共命运"的全球意识，在构建关于人类未来的"真正共同体"过程中，促进人类共同发展和进步。

（三）"命运共同体"和"真正共同体"具有共同的价值取向

在马克思看来，"真实共同体"是最理想的共同体模式，在真实共同体中，人的社会关系被置于人类群体的共同控制之下，从而达到人与社会融为一体。只有进入"真实共同体"的理想社会，才能实现个体自由而全面的发展。

人类命运共同体思想在价值取向上与马克思共同体思想高度一致，正如习近平指出的，世界各国应摒弃传统的冷战思维和零和思维，构建一种"对话而不对抗，结伴而不结盟"的国家交往模式，培育互利共赢、共生共享的新型发展理念，坚持互相尊重、兼容并蓄的文明交往方式，恪守尊重自然、绿色发展的可持续发展原则，最终促进个人自由而全面的发展。

当然，要实现"真实共同体"的目标还有很长的奋斗历程。所以，必须

---

① 肖晞、贾磊：《人类命运共同体：马克思共同体思想的继承与发展》，《中国浦东干部学院学报》，2020 年第4 期。

坚持人类命运共同体的价值取向，在构建人类命运共同体实践中，促进人类"真正共同体"的建设。

## 二、"命运共同体"对"真正共同体"思想的创新与发展

由上可见，习近平关于人类命运共同体的科学构想，与马克思主义"共同体"理论有着深厚的理论渊源和深刻的内在联系，是新的时代条件下对马克思主义"共同体"理论的创新与发展。

（一）人类命运共同体的科学构想坚持共同体个体之间的平等对话协商，提出正确处理国与国之间关系的科学主张

一是强调各国人民应共同享受尊严，尊重各国人民自主选择发展道路。2013 年 3 月 23 日，习近平在莫斯科国际关系学院发表题为《顺应时代前进潮流　促进世界和平发展》的重要演讲，强调和平、发展、合作、共赢成为时代潮流，这个世界，各国相互联系、相互依存的程度空前加深，人类生活在同一个地球村里，生活在历史和现实交汇的同一个时空里，越来越成为你中有我、我中有你的命运共同体。各国和各国人民应该共同享受尊严，要坚持国家不分大小、强弱、贫富一律平等，尊重各国人民自主选择发展道路的权利，反对干涉别国内政，维护国际公平正义；提出世界的命运必须由各国人民共同掌握，各国主权范围内的事情只能由本国政府和人民去管，世界上的事情只能由各国政府和人民共同商量来办。这是处理国际事务的民主原则，国际社会应该共同遵守。①

二是强调全人类共同体，打造人类命运共同体。2015 年 9 月 28 日，习近平在第七十届联合国大会上作题为《携手构建合作共赢新伙伴　同心打造人类命运共同体》的讲话，强调和平、发展、公平、正义、民主、自由，是全人类的共同价值，也是联合国的崇高目标。当今世界，各国相互依存、休戚与共。要构建以合作共赢为核心的新型国际关系，打造人类命运共同体，要建立平等相待、互商互谅的伙伴关系。世界各国一律平等，不能以大压小、以强凌弱、以富欺贫。主权原则不仅体现在各国主权和领土完整不容侵

---

① 《顺应时代前进潮流　促进世界和平发展——习近平在莫斯科国际关系学院的演讲》，载人民网，http：//theory. people. com. cn/n/2013/0325/c40531-20902911. html。

犯、内政不容干涉，还应该体现在各国自主选择社会制度和发展道路的权利应当得到维护，体现在各国推动经济社会发展、改善人民生活的实践应当受到尊重。要坚持多边主义，不搞单边主义。要奉行双赢、多赢、共赢的新理念，以对话解争端、以协商化分歧。[①]

三是坚持对话协商，推进命运共同体构建。2017 年 1 月 18 日，习近平在日内瓦万国宫出席"共商共筑人类命运共同体"高级别会议时发表《共同构建人类命运共同体》主旨演讲，提出共同推进构建人类命运共同体伟大进程，要坚持对话协商，建设一个持久和平的世界。国家之间要构建对话不对抗、结伴不结盟的伙伴关系，尊重彼此核心利益和重大关切，管控矛盾分歧，努力构建不冲突不对抗、相互尊重、合作共赢的新型关系，要坚持共建共享，建设一个普遍安全的世界。[②]

（二）坚持共同体个体之间的合作共赢，正确处理世界各国共同发展问题

一是谋求开放创新、包容互惠的发展前景。在莫斯科国际关系学院发表的演讲中，习近平提出各国和各国人民应该共同享受发展成果。每个国家在谋求自身发展的同时，要积极促进其他各国共同发展。[③] 在第七十届联合国大会上的讲话中，习近平提出要谋求开放创新、包容互惠的发展前景。各国应该秉承开放精神，推进互帮互助、互惠互利。共同营造人人免于匮乏、获得发展、享有尊严的光明前景。[④]

二是为构建人类命运共同体提供"中国方案"。在日内瓦万国宫发表的主旨演讲中，习近平全面阐述了通过"五个坚持"促进人类命运共同体构建的"中国方案"[⑤]，该方案表明了中国在寻求自身发展的同时，谋划世界的共同发展，不仅彰显了中国的大国责任、大国担当，也明确了人类命运共同体建设的路径和方法。

---

① 《携手构建合作共赢新伙伴，同心打造人类命运共同体》，载人民网，http：//theory. people. com. cn/BIG5/n1/2018/0104/c416126-29746010. html。
② 《共同构建人类命运共同体——在联合国日内瓦总部的演讲》，载中共中央党校网，https：//www. ccps. gov. cn/xxsxk/zyls/201812/t20181216_125661_1. shtml。
③ 《顺应时代前进潮流　促进世界和平发展——习近平在莫斯科国际关系学院的演讲》，载人民网，http：//theory. people. com. cn/n/2013/0325/c40531-20902911. html。
④ 《携手构建合作共赢新伙伴　同心打造人类命运共同体——在第七十届联合国大会一般性辩论时的讲话》，载新华网，http：//www. xinhuanet. com/politics/2015-09/29/c_1116703645. htm? isappinstalled=0。
⑤ 《坚定不移推进两个构建——学习习近平新时代中国特色社会主义外交思想》，载人民网，http：//world. people. com. cn/n1/2017/1110/c1002-29639408. html，2017 年 11 月 10 日。

（三）坚持公道正义、共建共享，正确处理共同体各个个体面临的世界安全问题

一是人类命运共同体构建面临诸多难题和挑战。在莫斯科国际关系学院演讲中，习近平指出，这个世界，人类依然面临诸多难题和挑战，国际金融危机深层次影响继续显现，形形色色的保护主义明显升温，地区热点此起彼伏，霸权主义、强权政治和新干涉主义有所上升，军备竞争、恐怖主义、网络安全等传统安全威胁和非传统安全威胁相互交织，维护世界和平、促进共同发展依然任重道远。面对错综复杂的国际安全威胁，各国人民应该一起来维护世界和平，促进共同发展。①

二是要营造公道正义、共建共享的安全格局。习近平在纽约联合国总部出席第七十届联合国大会一般性辩论的讲话中提出，要营造公道正义、共建共享的安全格局。要摒弃一切形式的冷战思维，要充分发挥联合国及其安理会在止战维和方面的核心作用，通过和平解决争端和强制性行动双轨并举，化干戈为玉帛。要推动经济和社会领域的国际合作齐头并进，统筹应对传统和非传统安全威胁，防战争祸患于未然。②

三是坚持共建共享，促进普遍安全世界的建设。在日内瓦万国宫出席"共商共筑人类命运共同体"高级别会议时，习近平指出，共同构建人类命运共同体，要坚持共建共享，建设一个普遍安全的世界。世上没有绝对安全的世外桃源，一国的安全不能建立在别国的动荡之上，"单则易折，众则难摧。"各方应树立共同、综合、合作、可持续的安全观。③

（四）坚持不同文明之间平等相待、互学互鉴、兼收并蓄原则，提出处理不同文明之间关系的正确主张

2014年3月27日，习近平在访问联合国教科文组织的演讲中阐明了中国人的文明观：文明是多彩的，人类文明因多样才有交流互鉴的价值；文明是平等的，人类文明因平等才有交流互鉴的前提；文明是包容的，人类文明

---

① 《顺应时代前进潮流　促进世界和平发展——习近平在莫斯科国际关系学院的演讲》，载人民网，http：//theory. people. com. cn/n/2013/0325/c40531-20902911. html。

② 《携手构建合作共赢新伙伴　同心打造人类命运共同体——在第七十届联合国大会一般性辩论时的讲话》，载新华网，http：//www. xinhuanet. com/politics/2015-09/29/c_1116703645. htm？isappinstalled=0。

③ 《共同构建人类命运共同体——在联合国日内瓦总部的演讲》，载中共中央党校网，https：//www. ccps. gov. cn/xxsxk/zyls/201812/t20181216_125661_1. shtml。

因包容才有交流互鉴的动力。只要秉持包容精神，就不存在什么"文明冲突"，就可以实现文明和谐。①

在第七十届联合国大会上的讲话中，习近平提出，要促进和而不同、兼收并蓄的文明交流。不同文明凝聚着不同民族的智慧和贡献，文明之间要对话，不要排斥；要交流，不要取代。要尊重各种文明，平等相待，互学互鉴，兼收并蓄，推动人类文明实现创造性发展。② 在日内瓦万国宫"共商共筑人类命运共同体"高级别会议上，习近平主张，要坚持交流互鉴，建设一个开放包容的世界。不同文明要取长补短、共同进步，让文明互鉴成为推动人类社会进步的动力、维护世界和平的纽带。③

### 三、"人类命运共同体"思想的时代价值

习近平在党的十九大报告中指出："中国将继续发挥负责任大国作用，积极参与全球治理体系改革和建设，不断贡献中国智慧和力量。"④ 并且强调中国人民愿同各国人民一道，推动人类命运共同体建设，共同创造人类的美好未来！因为，中国人民不仅希望自己过得好，也希望各国人民过得好。

冯颜利、唐庆在《习近平人类命运共同体思想的深刻内涵与时代价值》一文中，从三个方面阐释了"人类命运共同体"思想的时代价值。

（一）人类命运共同体思想为全球生态和谐贡献了中国方案和中国智慧

人类命运共同体，首先是生命共同体、生态共同体。尽管中国承载着巨大的发展压力，但是仍主动承担责任，将"绿色"列为"五大发展理念"的基本内容，作为经济社会发展的根本指南；同时推动经济结构转型升级、创新绿色科技，积极落实《巴黎协定》等国际合作项目。

（二）人类命运共同体思想为国际和平事业贡献了中国方案和中国智慧

作为世界人口最多的发展中国家，中国保持长期团结稳定、繁荣发展、

① 《习近平在联合国教科文组织总部的演讲》，载共产党员网，https：//news. 12371. cn/2014/03/28/ARTI1395947822811311. shtml? from=groupmessage&isappinstalled=0。
② 《携手构建合作共赢新伙伴　同心打造人类命运共同体——在第七十届联合国大会一般性辩论时的讲话》，载新华网，http://www. xinhuanet. com/politics/2015-09/29/c_1116703645. htm? isappinstalled=0。
③ 《共同构建人类命运共同体——在联合国日内瓦总部的演讲》，载中共中央党校网，https：//www. ccps. gov. cn/xxsxk/zyls/201812/t20181216_125661_1. shtml。
④ 《决胜全面建成小康社会夺取新时代中国特色社会主义伟大胜利——在中国共产党第十九次全国代表大会上的报告》，载新华网，http://www. xinhuanet. com/politics/19cpcnc/2017-10/27/c_1121867529. htm。

社会进步，同时，妥善处理好周边关系，广泛参与区域合作和全球事务。中国秉持和平、主权、普惠、共治原则，把深海、极地、外空、互联网等领域打造成各方合作的新疆域，而不是相互博弈的竞技场。人类命运共同体思想蕴含着中国维护生态和谐与世界和平的智慧，是变革全球治理体系应当遵守的基本价值规范。

（三）人类命运共同体思想为变革全球治理体系贡献了中国方案和中国智慧

"一花独放不是春，百花齐放春满园"，习近平在金砖峰会等多个国际场合，以此表达同世界各国共赢共享构建人类命运共同体的博大胸怀和历史担当。因为"中国的发展离不开世界，世界的繁荣也需要中国"。[①] 因此，中国积极推动"一带一路"倡议、派出维和部队、支持非洲建设，将共赢共享理念贯彻到实践中去。建设新型国际关系，变革全球治理体系，大国是关键。"国家之间要构建对话不对抗、结伴不结盟的伙伴关系。大国要尊重彼此核心利益和重大关切，管控矛盾分歧，努力构建不冲突不对抗、相互尊重、合作共赢的新型关系。"[②]

同时，习近平在多个国际场合的讲话中，还系统地阐述了推动构建全球公平正义新秩序的方案。这也是人类命运共同体思想为构建全球公平正义的新秩序贡献了中国方案和中国智慧。[③]

## 第四节 以全人类共同价值为取向推进
## 人类命运共同体构建

当今世界正在经历百年未有之大变局。正如习近平指出的，这场变局不限于一时一事、一国一域，而是深刻而宏阔的时代之变。特别是近些年来，时代之变和世纪疫情相互叠加，世界进入新的动荡变革期，人类正处在一个

---

① 《习近平：中国的发展离不开世界，世界的繁荣也需要中国》，载人民网，http：//politics. people. com. cn/n1/2020/1110/c1024-31926070. html。

② 《共同构建人类命运共同体——在联合国日内瓦总部的演讲》，载中共中央党校网，https：//www. ccps. gov. cn/xxsxk/zyls/201812/t20181216_125661_1. shtml。

③ 冯颜利，唐庆：《习近平人类命运共同体思想的深刻内涵与时代价值》，《当代世界》，2017 年第 11 期。

挑战层出不穷、风险空前增多的时代。当此之时，"世界怎么了、我们怎么办"，这是整个世界都在思考的问题。正是基于对这一世界之问的精准把握、深刻思考和科学解答，习近平提出了中国方案：弘扬全人类共同价值，构建人类命运共同体。人类命运共同体是生命共同体、利益共同体、责任共同体，核心是价值共同体。

人类命运共同体要得以构建和维系，关键就在于全人类要能凝聚价值共识。人类命运共同体事实上是以全人类共同价值为基础的共同体，全人类共同价值是人类命运共同体的价值内核所在。当今人类面临的各种挑战和危机，最深层、最内在、最根本的是价值冲突甚至价值撕裂，坚守和弘扬全人类共同价值以解答世界之问，是抓住根本对症下药。

## 一、全人类共同价值的科学内涵

习近平提出全人类共同价值这一重大理念时，专门引用了中国古代典籍《礼记》中"大道之行也，天下为公"这句话。"天下"是人们共有的，追求大同的理想社会要有能"为公"的道德品行高尚的人来担当。这才是人类的共识，也是人类共同追求的"价值"。

（一）何为全人类共同价值

全人类共同价值，既要内蕴不同文明、国家之间的价值共识，又要反映不同文明体之间的共同价值追求。

在其现实性上，和平、发展、公平、正义、民主、自由的全人类共同价值，既反映不同文明、国家间的价值共识，又反映诸个体之间的共同价值追求。不过，当今世界由不同文明、国家构成，习近平在论述全人类共同价值时，在强调人民主体的同时就特别突出"不同文明""不同国家"。也就是说，全人类共同价值固然也是不同个体、不同群体共存与美好之道，但首先是不同文明、国家实现共存与美好的大道。

全人类共同价值思想的提出既是对西方资本主义伪善外衣包裹下文化侵略的积极回应，也是正面传播中国价值与中国声音的确切需要。全人类共同价值的适时提出有力地反驳了"普世价值"的"颜色革命"阴谋，在人与世界一体化的关系中形成了世界性、未来性和理想性的价值引领与价值共通，缓解了世界各国因不同意识形态和国家利益所产生的地域冲突和国际争霸局面，实现了中国的话语从哀叹、呻吟、怒吼、救亡之声转化为响亮、正义、和平、发展的时代呼声。

（二）在全球一体发展关系中把握全人类共同价值

当今，虽然出现了种种反全球化、逆全球化的思潮，但是科技与社会的发展，使世界各国融入全球一体化发展是不可逆的，全球一体化发展关系也是割不断的。

在全球一体化关系的视域中看待全人类共同价值，其中"共同"两字所蕴含的哲学意蕴也不能只局限于人与人、国家与国家之间的价值共同，而应该着眼于人与自然、人与世界甚至是人与宇宙更高维度上的共同，乃至"共通"。因为人的全部力量都来源于自然，人只不过将自然的力量转换成了不同的方式为我所用，但自然依旧是高高在上的存在，我们需要敬畏自然，因为自然就是我们所拥有的全部，在这个意义上，我们永远都是"自然存在者"。这样一种人与自然的全新关系不是要求我们像古代人一样屈服于自然，也不是像近代人一样去征服自然，更不是像现代人一样与自然达成外在和解，而是要亲近自然、直面自然、体悟自然、融入自然，从而趋于一种"天人一体"的至上境界。全人类共同价值的价值旨趣必然是一种面向人类未来的价值理想和价值追求，其理论内部天然地就蕴含着人与自然、社会在更高级意义上的一体化想象。在这个意义上，全人类共同价值也就是马克思共产主义社会的最高理想。

全球一体化关系为我们理解不同的人类文明形态、思考全人类共同价值提供了全新的理论视角与思维导向。基于人与世界一体化关系的视域，东西方文明走向融合是全球一体化进程的必然结果。进而，我们应该看到，人与人、国家与国家间的对抗越激烈，彼此间的联系就越密切。全人类未来的发展方向，就不会只依靠一种冷战思维，一种中西对抗、非此即彼的对抗性思维方式，而是更加强调一种你中有我、我中有你，命运与共、兼收并蓄的合作性、开放性、包容性的一体化思维方式。

在此基础之上我们就可以更加深入地理解为什么共同价值的基本内涵只能是"和平、发展、公平、正义、民主、自由"这六个概念，因为这六个概念是解决全球一体化现实困境、延续人类文明所必需的最基本、最核心、最紧迫、最直接的首要价值理念，且从多维度、多层次、多视域中表明了人类世界未来发展方向最真实的一体化道路。

### 二、全人类共同价值是对西方"普世价值论"的批判

全人类共同价值的提出是对西方"普世价值"理论强有力的批判，打破了西方中心论和西方话语霸权，纠正了西方舆论界在价值观上对中国的抹黑和贬损，在国际政治理论和国际关系实践中占领了道义制高点。

为什么我们要批判"普世价值"呢？因为它本来就不是普世的，它在其中包含了许多资产阶级和资本主义社会具有的特殊政治理念和特定政治经济模式的内涵，体现的是少数强权国家的话语霸权，把它说成是普世的或普适的，具有欺骗性和虚伪性。①

具体而言，西方某些理论家和政客宣扬的所谓"普世价值"包括以下几个方面的内容：一是在西方自文艺复兴到启蒙运动时期形成的一些政治理念，例如自由、平等、博爱、民主、人权、法治等，可以说这些是在资产阶级革命时期形成的核心价值观；二是资本主义社会的政治经济制度模式，例如三权分立、多党制、普选制、私有化、市场经济等；三是与前两者相适应的一些道德准则和行为规范等。②

"普世价值"最初的产生是和西方基督教的历史文化传统联系在一起的，在资产阶级执掌国家政权之后，用制定宪法的手段，把资产阶级的根本利益和阶级意志用法律的形式确定并保护起来。例如，资产阶级的"宪政民主"就是通过英国的《权利法案》（1689）、《美国宪法》（1787）、法国的《人权和公民权宣言》（1789）等，就其推翻和取代封建主义制度而言，它们是革命的、进步的，它们一度成为西方许多国家纷纷效仿的制定宪法并实施宪政的范本。

所以，"普世价值"并不是全世界所有国家和民族都接受的理念，因为"普世价值"是少数西方国家主导的，以西方为中心的一种制度和文化的霸权和傲慢。

---

① 冯俊：《全人类共同价值与构建人类命运共同体》，《中国党政干部论坛》，2021年第9期。
② 同上。

习近平提出的全人类共同价值是从历史唯物主义出发的，是在承认每一个人、每一个民族、每一个国家的个性、特殊性、差异性基础上，还承认存在共性、普遍性和相似性。全人类共同价值不是把某一个或某几个民族、国家和人民的价值普遍化，强加给别的民族、国家和人民，它是所有民族、国家和人民的异中之同，是大家求同存异的结果。全人类共同价值的提出也是对西方某些政客和敌对势力在价值观念上抹黑中国最好的批判，站在道义的制高点上，打破了西方的政治傲慢和话语霸权。[①]

文明是价值得以生发的源泉与土壤，价值是文明得以存续的必要保证。"和羹之美，在于合异"。多样性是世界的基本特征，也是人类文明的魅力所在。文明没有高低优劣之分，每一种文明都扎根于自己的生存土壤，凝聚着一个国家、一个民族的无上智慧与精神追求，都有其独特的魅力和深厚底蕴，都是全人类共同的精神瑰宝。因此，在全人类共同价值的实践探索中，我们既反对文明的冲突，也反对文明的优越，倡导"要尊重世界文明的多样性，以文明交流超越文明隔阂、文明互鉴超越文明冲突、文明共存超越文明优越"，强调要在中西文明的交叉性视域中发展全人类共同价值，汲取中西不同文明得以生存和发展的必要精神养分，进一步丰富全人类共同价值深刻的理论内涵，彰显其对于世界多样性文明的人类性价值意蕴。

当然，我们也不能否认"普世价值"中反映更多表露出来的是西方人或西方文明，通过长期积淀所形成的具有文明独特性的价值观念和思维方式，其所宣扬的诸如自由、民主、平等、博爱、法治、人权等价值观念在人类历史的发展过程中起到了一定程度的积极作用，代表着特定历史阶段人类文明的发展方向。

## 第五节　在参与全球人权治理中
## 促进命运共同体构建

2017 年 1 月，习近平在联合国大会发表《共同构建人类命运共同体》的

---

① 冯俊：《全人类共同价值与构建人类命运共同体》，《中国党政干部论坛》，2021 年第 9 期。

主旨演讲，呼吁国际社会应从伙伴型关系、安全格局、经济发展、文明交流、生态建设等方面携手共同努力，构建持久和平、普遍安全、共同繁荣、开放包容、清洁美丽的世界和人类美好家园，这也是全球人权治理要实现的目标。

## 一、全球人权治理要以人类命运共同体构建为价值取向

以"人类命运共同体"构建引领全球人权治理，要体现以下四个方面的价值取向。

### （一）人权治理要体现"生命共同体"的价值

在气候变暖、极地冰川融化，世界环境污染，以及地球总人口超出 80 亿，全球正面临气候变暖、臭氧层破坏、生物多样性减少、酸雨蔓延、森林锐减、土地沙漠化、资源短缺、水环境污染严重等十分严峻的挑战。人类必须直面地球面临的挑战，以"生命共同体"为价值取向，实现可持续发展。

全世界人民生活在同一个地球之上，同呼吸，共命运，你中有我，我中有你。从本质上讲，这个地球是你的，也是我的，更是全人类共同所有的。爱护地球，珍惜资源，保护环境，善待生命，归根结底就是整个人类共同的使命。中国作为负责任的大国，敢于承担国际责任，不仅主动提出"绿色发展理念"，将绿色发展作为国家经济社会发展的根本指南，积极主动优化经济结构，发展低碳绿色技术，力争在 2030 年前实现碳达峰，2060 年实现碳中和。新时代，中国在践行以"人类命运共同体"为价值取向的人权发展道路中，通过一带一路、参与国际人权事务、人权会议、人权对话交流等，影响国际社会的人权治理中，体现"人类生命共同体"的价值取向。

### （二）人权治理要体现"和平共同体"的价值

对于身处于 21 世纪的人类而言，当今世界最为重要的主题，非和平与发展莫属。中国作为世界上人口最多的发展中大国，国内社会的稳定压倒一切，中国在确保国内长期稳定团结、经济繁荣、科技进步、社会发展的同时，还必须要广泛参与到区域合作和全球人权事务中去，妥善处理好与周边国家和地区之间的各种关系。与奉行霸权政治、单边主义的西方发达国家不同，中国不会走国强必霸的老路，亦不会谋求通过武力战争、颜色革命、经

济制裁等手段去干涉他国事务。这也是"人类命运共同体"中所蕴含的"和平共同体"价值取向。

人权治理要体现"和平共同体"的价值取向，就要在和平发展、合作共赢的基础上，通过人权、人道文化交流，加强与国际红十字组织和不同国家红十字会交流合作，参与国际人权治理规则制定，扩大中国在全球人权治理中的话语权和影响力，努力传播"和平共同体"的价值取向。加强人道主义援外宣传，发出中国声音，讲好中国故事。在实施中国人权发展战略、中国人权行动计划中，使"和平共同体"成为世界各国人民民心相通的重要力量。健全对外人道主义援助机制，提升对外援助能力和水平。发挥地方红十字会地缘及资源优势，与周边国家红十字会在防灾减灾、大病救助等方面的合作过程中，传播中国人权发展的"和平共同体"价值取向。

（三）人权治理要体现"治理共同体"的价值

当下的世界局势，虽然没有爆发全球性、全面性的战争，但在局部地区、部分国家之间却纷争四起，战事不断。前些年主要以中东的巴勒斯坦、叙利亚、伊拉克、土耳其和以色列之间，欧洲的俄罗斯与乌克兰之间，西亚的伊朗与美国之间，东亚的朝鲜与美国之间的冲突为甚，而他们之所以会卷入战争，或是因为领土问题，或是要求主权独立，或是由于经济利益，或是为了宗教信仰，抑或是兼而有之的理由。2022 年 2 月爆发的俄乌战争，引发全球能源危机、粮食危机，已超过 800 万人逃离乌克兰，不断有失去家园、财产、亲人，甚至生命的人沦为了这些战事的牺牲品和受害者……

无独有偶，殊途同归。除了战争之外，野蛮生长于很多国家和地区的恐怖主义，肆虐全球的新冠病毒，蔓延于各个国家的经济危机等等，越来越多不期而遇、不请自来的天灾和人祸让遭遇到的人们饱受苦痛，历经创伤。有鉴于此，不难发现，对于身处于同一个地球上的人而言，和平共处，自由发展，不受战争、灾难的影响，能够平安幸福地生活，其实才是他们最为迫切、最为实际的呼声和愿望。

中共十九届四中全会提出了"建设人人有责、人人尽责、人人享有的社会治理共同体"的理论和实践要求。中国人权发展道路在融入全球人权治理过程中，要体现"治理共同体"的理念和价值取向，就要善于在参与国际人权发展事业，参与制定全球人权治理规则的过程中，共同开创共赢、共享、共富、共生的良好局面，通过体现"治理共同体"价值取向的中国"人权治理""全球治理"，以维护国际社会的正常秩序，实现和平发展、合作共赢。

（四）人权治理要体现"秩序共同体"的价值

世界之大，容得下230多个国家和地区的共同发展；地球之圆，撑得起2 000多个民族一起进步。国家无特殊之分，只有特色之别。而随着全球化进程的不断加剧，事实上国家与国家、民族与民族之间的交往和沟通无疑是越来越频繁、越来越密切的。这既是一种不可逆转的趋势，又是一种不可阻挡的潮流。因此，在全球化大势无法逆转，国与国、人与人之间的交流和互动日臻密切的大背景之下，世界的秩序需要按照公平正义的要求来进行重新构建。

以"秩序共同体"为价值取向的人权治理，要秉承共商、共建的发展全新理念，积极参与国际人权事务，引领世界人权发展、人权治理，对当今世界的经济、政治和文化等秩序开展有效率、有目的、有计划的重构；在经济秩序上，要打破地方保护主义，避免狭隘偏颇的贸易战；在政治秩序上，要以"人道精神"促进国际合作，消灭恐怖主义，解决难民危机，避免武装冲突等；在文化秩序上，要以多元的"人权文化"促进不同国度、地区、种族和民族之间的平等交流和文化传播，让世界各国的文明交流互鉴、共同发展，共同走向辉煌。

## 二、广泛参与国际人权合作，推动国际人权保护机制完善

新中国成立后的20多年中，由于某些西方国家的阻挠，新中国长期处于联合国体系之外，少有机会参与联合国的相关活动。1971年，第26届联大通过决议恢复中华人民共和国在联合国的合法席位，自此中国政府开始派代表参加联合国大会、经济和社会理事会、人权委员会等联合国机构审议人权问题和制定国际人权标准的活动，为发展人权概念，共同促进国际人权事业作出了自己的贡献。

（一）广泛参与国际人权合作

中国重视国际人权文书在促进和保护人权方面的积极作用，一方面，积

极参与了《发展权利宣言》《儿童权利公约》《禁止酷刑和其他残忍、不人道或有辱人格的待遇或处罚公约》等许多重要国际人权文书的起草和讨论；另一方面，也从我国的具体情况出发，参加了联合国制定的多项国际人权公约①，截至目前中国已参加 26 项国际人权公约及相关议定书。

在所签署的众多国际人权条约中，中国政府于 1997 年 10 月签署的《经济、社会及文化权利国际公约》和 1998 年 10 月签署的《公民权利和政治权利国际公约》，是中国在人权保护方面借鉴国际人权标准的重大进展，反映了中国人权事业的跨越式进步，其所具有的政治意义和法律意义非同小可。

中国已于 2001 年批准了《经济、社会及文化权利国际公约》。中国认真履行公约中各项义务，采取立法、司法、行政等适宜措施，保障公民充分享有和实现各项经济、社会和文化权利。按照该公约要求，中国政府于 2003 年向联合国经济、社会及文化委员会提交首次履约报告，于 2010 年提交第二次履约报告；根据《国家人权行动计划（2016—2020 年）》，中国正撰写《经济、社会及文化权利国际公约》第三次履约报告并提交联合国经济、社会及文化权利委员会审议。

（二）推动国际人权保护机制的改进和完善

1985 年起，中国开始对包括人权委员会、防止歧视及保护少数小组委员会等在内的国际人权机制的改进和提升发表意见。对防止歧视及保护少数小组委员会的工作，中国整体上给予积极评价，赞赏其在致力于解决南部非洲和巴以等问题上作出的努力，以及在经济、社会和文化权利与妇女、儿童和土著人权利等方面开展的研究工作。② 同时，中国也指出了防止歧视及保护少数小组委员会存在的一些问题，如未能按照议事规则开展工作，"越来越倾向于进行政治辩论并肆意攻击主权国家的内政"③ 等；中国建议防止歧视及保护少数小组委员会纠正只有少数报告员来自发展中国家的不公正现象，对非政府组织参与会议的情况应实行有效控制，避免以无记名投票的方式进

① 刘楠来：《中国为何要签署〈公民权利和政治权利国际公约〉》，《人民日报》，1998 年 11 月 25 日。
② 康华茹：《"前白皮书时代"中国国际人权话语考略——以中国政府在联合国人权委员会的发言和立场文件为中心》，《人权研究》，2021 年第 2 期。
③ 同上。

行表决等。①

对人权委员会，中国也敏锐地指出了其工作中的"政治化"问题，表示"每年委员会的工作都是在冲突政治团体与反对意识形态之间激烈对抗的气氛中进行的"②，"双重标准、选择性和功利主义实践普遍存在"③，以至于"人权已成为政治斗争中的走卒，真相被扭曲，人权标准被歪曲，许多发展中国家的主权和尊严受到损害"。④ 所以，中国还提倡以协商一致的方式开展人权委员会工作。⑤ 此外，中国提出联合国秘书处人权事务中心在雇佣职员时，应遵守公平地域分配原则。⑥

### 三、在积极参加联合国维和行动中推动命运共同体构建

1971 年 10 月 25 日，第二十六届联合国大会以压倒性的优势通过第 2758 号决议，决定恢复中华人民共和国在联合国的一切权利，承认中华人民共和国政府代表是中国在联合国的唯一合法代表。截至 2021 年 10 月，中国共参与 29 次联合国维和行动，派遣 50 000 余名士兵，触及 20 多个国家和地区。2021—2022 年度维和经费中国贡献了 15%，是第二大维和摊款国。⑦

（一）中国参与联合国维和，从逐步融入到走向引领

中国恢复在联合国的合法席位之后，联合国成为中国了解世界和世界了解中国的重要窗口。伴随着中国的改革开放和中国政府在联合国框架下对国际事务的深入参与，中国军队逐步参与到联合国维和行动之中，从预做准备、适度参与、逐步扩大，直到全面发展。

---

① United Nations Economic and Social Council, Commission on Human Rights, Forty-Sixth Session, Summary Record of the 47th Meeting, E/CN. 4/1990/SR. 47 (1990), paras. 72–78；United Nations Economic and Social Council, Commission on Human Rights, Forty-Seventh Session, Summary Record of the 50th Meeting (Fist Part), E/CN. 4/1991/SR. 50 (1991), paras. 133–135.

② United Nations Economic and Social Council, Commission on Human Rights, Forty-Sixth Session, Summary Record of the First Part of the 50th Meeting, E/CN. 4/1990/SR. 50 (1990), para. 37.

③ United Nations Economic and Social Council, Commission on Human Rights, Forty-Seventh Sesion, Summary Record of the 22nd Meeting, E/CN. 4/1991/SR. 22 (1991), para. 77.

④ United Nations Economic and Social Council, Commission on Human Rights, Forty-Sixth Session, Summary Record of the First Part of the 50th Meeting, E/CN. 4/1990/SR. 50 (1990), para. 37.

⑤ United Nations Economic and Social Council, Commission on Human Rights, Forty-Fifth Session, Summary Record of the 43rd Meeting, E/CN. 4/1989/SR. 43 (1989), paras. 10–12.

⑥ United Nations Economic and Social Council, Commission on Human Rights, Forty-Fifth Session, Summary Record of the 23rd Meeting, E/CN. 4/1989/SR. 23 (1989), para. 73.

⑦ 人民网：外交部发言人赵立坚主持例行记者会发言，2022 年 5 月 30 日。

1981 年 12 月，中国投票支持了安理会延长驻塞浦路斯联合国维和部队驻扎期限的第 459 号决议，这是中国第一次明确支持联合国维和行动，并于次年开始支付联合国维和摊款。1986 年 5 月，应联合国邀请，中国军队派出一支三人军事考察小组赴中东实地考察了联合国维和行动，开始实质性了解联合国维和行动。1988 年 11 月，中国加入了联合国维持和平行动特别委员会，为之后的实质性参与预做准备。1989 年，中国派出 20 名文职人员参加联合国纳米比亚过渡时期协助团。1990 年 4 月，中国军队向联合国停战监督组织派遣了五名军事观察员，开启了中国军队参加联合国维和行动的序幕。此后，中国军队先后向联合国伊拉克-科威特边境、柬埔寨、西撒哈拉、莫桑比克等任务区派遣了军事观察员，并于 1992—1993 年向柬埔寨派遣了两批共 800 人次的工程兵大队，开启中国军队成建制部队参加维和行动的先河。

2002 年，中国正式加入联合国一级维和待命安排机制。2003 年 4 月，中国军队首次向非洲地区派遣成建制维和部队，参加联合国在刚果（金）的维和行动。此后，中国军队先后向联合国利比里亚、黎巴嫩、苏丹等任务区派出工兵、运输、医疗分队。2009 年，中国成为安理会五个常任理事国中派出维和人员最多的国家。

2013 年 12 月，中国军队向联合国马里多层面综合稳定特派团派遣一支 395 人的维和部队，其中包括一支 170 人的警卫分队，这支连队规模的战斗部队承担司令部的警卫工作，这是中国军队首次派出安全部队参加联合国维和行动。

我国参加联合国维和行动的力量多元拓展，从最初一年十多人的单个军事观察员，发展到目前的工兵分队、医疗分队、运输分队、直升机分队、警卫分队、步兵营等成建制部队和参谋军官等各类维和人员均参与到维和行动中。同时，维和职能任务多维延伸，中国维和官兵所执行的任务从监督停火、支援保障等基础任务拓展到稳定局势、保护平民、安全护卫等核心维和任务。

2022 年以来，中国军队组织"共同命运—2021"国际维和实兵演习、"共同使命—2021"维和特派团指挥所联合推演，举办线上维和经验交流会、线上维和人员国际日招待会、线上维和展览，发布维和宣传片等系列活动，展现了中方维护以联合国为核心的国际体系的坚定决心。

习近平指出："青山一道同云雨，明月何曾是两乡。"无论国际风云如何变幻，中国军队始终忠实践行人类命运共同体理念，恪守《联合国宪章》及维和行动基本原则，履行守护和平的庄严承诺，积极响应联合国"为维和而行动"倡议，一如既往支持和参与联合国维和行动，为联合国维和事业作出新的贡献。

（二）中国深度参与维和行动，携手共建人类命运共同体

中国军队在联合国维和行动中，始终牢记履行大国担当，维护世界和平，服务构建人类命运共同体的初心和使命，为世界和平英勇出征。中国军队认真践行《联合国宪章》宗旨和原则，为冲突地区实现和平发展带去更多信心和希望。新时代的中国军队，已经成为联合国维和行动的关键因素和关键力量，为世界和平与发展注入更多正能量。[①]

在积极主动参与联合国维和行动的过程中，中国不断提供中国智慧，贡献中国方案。在维和行动中，除了需帮助当地实现和平，还应当推动当地发展。正如习近平所说，"文明没有高下优劣之分，一个国家走的道路行不行关键要看是否符合本国国情"。西方国家强加的"民主和良政"已经造成多国水土不服现象，许多被改造的国家仍为经济发展而不断挣扎。只有发展才能带来稳定，只有稳定才能保障人民的权益。在"南南合作"中，中国为发展中国家提供了经济现代化的成功经验和智慧。

联合国是当今世界最具代表性和权威性的国际组织，中国离不开联合国，联合国也离不开中国。在全球安全与和平面临挑战，保护主义和单边主义抬头的情况下，中国始终践行以联合国为核心的多边主义原则。中国军队始终不渝地坚持通过多边主义支持联合国维和行动，积极参与全球治理的建设，坚定维护国际法公平正义的精神，在维和行动中传播"共商、共建、共享"的规范诉求，与世界各国携手建设一个持久和平、普遍安全、共同繁荣、开放包容、清洁美丽的世界。

## 四、在积极面对全球人权治理的挑战中奉献中国智慧

我们关注全球人权治理的出发点，首先是基于一个符合时代的对现实世

---

① 国务院新闻办公室：《中国军队参加联合国维和行动30年》，《人民日报》，2020年9月19日。

界的认识：人类命运休戚与共，各国人民应该秉持"天下一家"理念，共同推动构建人类命运共同体。全球人权治理是全球治理和世界人权事业有机结合的重要实践领域，也是中国为全人类的法治、人权、和平、发展、公平、正义、自由、民主等文明价值贡献智慧的重要研究领域。

（一）积极应对全球人权治理挑战

坚持积极参与全球人权治理，应对当前全球人权治理面临各种挑战的积极行动，既是中国人权发展的主要特征之一，又是我们在推进中国人权事业实践中取得的宝贵经验，要结合新的实践不断坚持好、发展好。为此要弘扬全人类共同价值，践行真正多边主义，积极参与全球人权治理体系改革和建设。

全球人权治理面临的挑战之一，是全人类共同面临的迫切挑战，亦即和平、发展和治理赤字背后深刻的人权危机以及全球治理面临的诸多重大挑战，军备竞赛、核武控制、恐怖主义、网络安全、气候变暖、环境问题、金融危机、全球贫困等传统与非传统安全威胁无一不与人权保障相关联。和平与安全、法治、人权都是全球治理必须应对的挑战。

挑战之二，当前的全球治理秩序中缺乏公平正义的问题，加剧了各国人民面临的人权危机。现行全球人权治理机制面临的一大挑战在于某些西方国家恶意利用国际人权机制，破坏多边主义和全球人权治理体系。其深层原因在于，国际政治、经贸领域的新变化，削弱了西方主导的国际秩序的自由主义价值基础，激化了各国的文化政治认同差异乃至价值冲突，并显著增加了全球人权治理议题的复杂性。

挑战之三，中西方人权理念的差异没有得到恰当理解，导致了人权对话的障碍，乃至诱发了人权话语的对抗。西方人权理念中缺乏实质平等要素，深陷形式主义和个人主义泥潭，不能回应深刻的社会矛盾。在国际交往中，一些西方国家惯于将人权理事会等国际人权机制当成"有用则取、不用则去"的工具，无视自己的人权问题，对别国实施双重标准、妄加评判和无理干涉，都未脱离国际旧秩序中强权国家的压迫逻辑及其意识形态藩篱。此外，在晚近的国际经贸合作纠纷中，贸易与人权治理的交叉视角也凸显出来。

挑战之四，新冠疫情凸显出全球人权治理的新挑战，在于应对普遍风险与人的脆弱性，提升制度和社会韧性。全球风险社会在后疫情时代的扩张，反映出现代社会治理的复杂性，也凸显出人的脆弱性，对完善法治、保障人权、实现全球公正提出了新的要求。现代社会应对风险的福利模式和法律控制模式，与普遍确立的人权标准尚有较大距离。以人的主体性和能动性为核心，提升国内及国际社会层面的法治韧性，这应是全球人权治理的关键目标所在。

（二）中国参与全球人权治理的定位和遵循

中国一直是全球人权事业健康发展的倡导者、践行者和推动者，反对将人权政治化或搞人权"双重标准"，推动国际社会以公正客观非选择的方式处理人权问题。中国参与和促进双边或多边人权对话，积极推动建设更加公平、公正、合理、包容的全球人权治理秩序。

中国深度参与与联合国多边人权机构的合作，包括宪章机构和条约机构，并在其中发挥越来越大的作用。中国表达的人权理念被写入了联合国人权理事会决议，成为全球人权话语的重要组成部分。中国在全球人权话语和人权治理机制的发展中已经并将继续起到负责任国家的积极作用。

中国不断完善国内治理体系、促进经济社会高质量发展、提高国内人权的实现水平，为全球人权治理作出贡献。中国坚持以发展为人"赋能"，持续扩大"对人的投资"，为人民自由发展提供更多可能性。

中国独立自主的法治与人权事业丰富了全球人权治理的思想资源和价值底蕴。中国共产党领导人民成功走出了一条符合中国国情、遵循法治规律、通向良法善治的法治现代化正确道路。这一模式具有开放性、包容性和科学性，既不同于英法德等西方国家内生演进型，也有别于日韩新等东亚国家外发推进型，而是走自上而下、自下而上双向互动推进法治现代化的新道路。

（三）中国促进全球人权治理体系改革和建设

首先，共商全球人权治理体系的改革和建设，应当以法治和权利作为共同语言，促进国际与国内法治的正向反馈。全球人权治理的着力点在于联合国，即在国际社会，法治、人权、民主属于"联合国的普遍和不可分割的核心价值与原则"，包含在《联合国宪章》之中。法治与人权已经成为国际对话的重要语言，也是全球治理产出的国际公共产品，可以促进基本人权和人类共同价值的实现。

其次，改革全球人权治理体系的根本动力，在于以发展促进人权，在发展中尊重保障和实现人权，以及实现人的自由全面发展。发展不平衡是当今世界最大的不平衡。许多国家在政治经济社会等领域发展的不充分、不平衡，造成了国家治理的失败、国家能力的软弱以及应对风险的脆弱性，进而导致了人权危机、人权发展灾难，对邻国、地区和国际秩序造成负面冲击。以发展促进人权的原则应贯穿于本国人权发展和全球人权治理良性互动的全部过程。

建设全球人权治理体系的基本策略，在于自主选择法治现代化道路。践行真正的多边主义，共同应对现代化、全球化挑战，就是要尊重各国自主选择，推动形成制度文化交流互鉴的价值标准：能否获得人民拥护支持，能否带来政治稳定、社会进步、民生改善，能否为人类进步事业作出贡献。

最后，完善全球人权治理体系的未来前景，在于促进民主和法治多样性，实现"和而不同""美美与共"的人类大同。全球法治、民主与人权治理模式的多样性，是各国自主选择现代化道路的必然结果，也是各国人民深刻反思和批判现代性困境所呈现的参差多态的文明结果。没有多样性，就没有人类文明。多样性是客观事实，将长期存在。各国应该在相互尊重、求同存异基础上实现和平共处，促进人权文明的交流互鉴，为全球人权治理事业和人类进步事业注入新的动力。

构建人类命运共同体理念为解决全球人权"治理赤字"提供了中国方案。人类命运共同体理念所秉持的对话协商、共建共享、合作共赢、交流互鉴、绿色低碳原则与全球人权治理的基本原则和价值追求高度契合。

人类命运共同体理念是中国为全球人权治理体系向着公正、平等、开放、包容的方向发展提供的重要公共产品，是构建具有中国特色、中国风格、中国气派的话语体系的最新成果。不过，新时代面对全球人权治理体系构建的新形势、新任务，中国哲学社会科学工作者亟须从全球人权治理的具体制度构建层面切入，为增强中国的国际规则制定权提供充分的学术储备。

# 参考文献

**一、经典文献**

《马克思恩格斯全集》1—50 卷，人民出版社，第 1 版（1956—1986 年出版）。

《马克思恩格斯全集》1—50 卷，人民出版社，第 2 版（1995—2022 年）。

《马克思恩格斯选集》1—4 卷，人民出版社，2012 年。

《马克思恩格斯论中国》，人民出版社，1950 年。

《列宁全集》1—60 卷，人民出版社，2017 年。

《列宁选集》1—4 卷，人民出版社，2012 年。

《毛泽东选集》（合订本），人民出版社，1964 年。

《毛泽东选集》，人民出版社，1991 年。

《毛泽东文集》1—8 卷，人民出版社，1993—1999 年。

《毛泽东书信选集》，人民出版社，1983 年。

《毛泽东著作选读》，人民出版社，1986 年。

《邓小平文选》，人民出版社，1993 年。

《江泽民文选》，人民出版社，2006 年。

《江泽民论有中国特色社会主义》（专题摘编），学习出版社，2002 年。

《江泽民思想年编》，中央文献出版社，2010 年。

江泽民：《论社会主义市场经济》，中央文献出版社，2006 年。

《习近平总书记系列重要讲话读本》，人民出版社，2016 年。

习近平：《论坚持推动构建人类命运共同体》，中央文献出版社，2018 年。

中共中央宣传部：《习近平新时代中国特色社会主义思想学习纲要》，学习出版社、人民出版社，2019 年。

**文集**

《独秀文存·随感录》，首都经济贸易大学出版社，2018 年。

《顾亭林诗文集》，中华书局，1983 年。

《中国近代思想家文库：胡适卷》，中国人民大学出版社，2015 年。

《陈独秀著作选》，上海人民出版社，1993 年。

《董必武政治法律文集》，法律出版社，1986 年。

《中国近代思想家文库：李大钊卷》，中国人民大学出版社，2014 年。

薄一波：《若干重大决策与事件的回顾》上卷，中共中央党校出版社，1991 年。

中共中央文献研究室、中央档案馆：《建党以来重要文献选编（1921—1949）》，中央文献出版社，2011 年。

中共中央文献研究室：《十四大以来重要文献选编》，人民出版社，1999 年。

中共中央文献研究室：《十五大以来重要文献选编》，人民出版社，2001 年。

全国人大常委会办公厅、中共中央文献研究室：《人民代表大会制度重要文献选编》（一），中国民主法制出版社、中央文献出版社，2015 年。

中央档案馆：《中共中央文件选集》，中共中央党校出版社，1989 年。

## 二、中文著作

董云虎，刘武萍：《世界人权约法总览》，四川人民出版社，1990 年。

高新民，张希贤：《中国共产党建设史》，中共中央党校出版社，2009 年。

韩大元，林来梵，郑贤君：《宪法学专题研究》，中国人民大学出版社，2004 年。

马俊峰：《马克思社会共同体理论研究》，中国社会科学出版社，2011 年。

熊子云，张向东译：《马克思早期思想研究译文集》，重庆出版社，1983 年。

张旭东：《全球化时代的文化认同：西方普遍主义话语的历史批判》，北京大学出版社，2005 年。

周辅成：《从文艺复兴到十九世纪资产阶级哲学家政治思想家有关人道主义人性论言论选辑》，商务印书馆，1966 年。

《互联网征信》课题组：《大数据时代下的互联网征信》，经济科学出版社，2016 年。

北京大学西语系资料组：《从文艺复兴到十九世纪资产阶级哲学家政治思想家有关人道主义人性论言论选辑》，商务印书馆，1971 年。

北京大学哲学系外国哲学史教研室：《十八世纪法国哲学》，商务印书馆，

1963 年。

北京大学哲学系外国哲学史教研室编译：《十六—十八世纪西欧各国哲学》，商务印书馆，1975 年。

北京大学哲学系外国哲学史教研室编译：《十八世纪末—十九世纪初德国哲学》，商务印书馆，1975 年。

北京大学哲学系外国哲学史教研室编译：《古希腊罗马哲学》，商务印书馆，1982 年。

法学教材编辑部西方法律思想史编写组：《西方法律思想史资料选编》，北京大学出版社，1983 年。

复旦大学法律系国家与法的理论、历史教研组：《马克思恩格斯论国家和法》，法律出版社，1958 年。

中国科学院历史研究所第三所近代史资料编辑组：《五四爱国运动资料》，科学出版社，1959 年。

中国人民解放军政治学院党史教研室：《中共党史教学参考资料》，中国人民解放军政治学院党史教研室，1979 年。

韩延龙、常兆儒：《中国新民主主义革命时期根据地法制文献选编》，中国社会科学出版社，1981 年。

中山大学历史系中国近代现代史教研组、研究室：《林则徐集　奏稿》，中华书局，1965 年。

## 三、中译著作

［德］乌·贝克，哈贝马斯：《全球化与政治》，中央编译出版社，2000 年。

［意］卜伽丘：《十日谈》，方平、王科一译，上海译文出版社，1981 年。

［日］池田大作，［英］阿诺尔德·汤因比：《眺望人类新纪元》，孙立川译，天地图书有限公司，2000 年。

［日］池田大作，［意］奥锐里欧·贝恰：《二十一世纪的警钟》，中国国际广播出版社，1988 年。

［美］凯文·奥尔森：《伤害+侮辱——争论中的再分配、承认和代表权》，高静宇译，上海人民出版社，2009 年。

［美］威尔·杜兰：《世界文明史：希腊的生活》，幼狮文化公司译，东方出版

社，1999 年。

［德］费尔巴哈：《费尔巴哈哲学著作选集》上卷，荣震华、李金山等译，商务印书馆，1984 年。

［德］黑格尔：《法哲学原理》，范扬、张企泰译，商务印书馆，1961 年。

［德］黑格尔：《精神现象学》上卷，贺麟、王玖兴译，商务印书馆，1979 年。

［英］霍布斯：《利维坦》，黎思复、黎廷弼译，商务印书馆，1985 年。

［英］安东尼·吉登斯：《现代性的后果》，田禾译，译林出版社，2000 年。

［法］拉伯雷：《巨人传》，刊载于北京大学西语系资料组编：《从文艺复兴到十九世纪资产阶级文学家艺术家有关人道主义人性论言论选辑》，商务印书馆，1973 年。

［法］皮埃尔·勒鲁：《论平等》，王允道译，商务印书馆，1991 年。

［法］卢梭：《论人类不平等的起源和基础》，李常山译、东林校，商务印书馆，1962 年。

［法］卢梭：《社会契约论》，何兆武译，商务印书馆，1980 年。

［英］洛克：《政府论》下篇，叶启芳、瞿菊农译，商务印书馆，1964 年。

［美］约翰·罗尔斯：《作为公平的正义——正义新论》，姚大志译，上海三联书店，2002 年。

［英］伯特兰·罗素：《西方哲学史》下卷，马元德译，商务印书馆，1976 年。

［荷兰］亨利·范·马尔赛文、格尔·范·德·唐：《成文宪法的比较研究》，陈云生译，华夏出版社，1987 年。

［德］马克思：《摩尔根〈古代社会〉一书摘要》，人民出版社，1978 年。

［英］梅因：《古代法》，沈景一译，商务印书馆，1959 年。

［法］孟德斯鸠：《论法的精神》上册，张雁深译，商务印书馆，1963 年。

［英］欧文：《欧文选集》第 2 卷，柯象峰、何光来、秦果显译，商务印书馆，1984 年。

［美］罗伯特·帕特南：《我们的孩子：美国梦的危机》，田雷、宋昕译，中国政法大学出版社，2017 年。

［法］托马斯·皮凯蒂：《21 世纪资本论》，巴曙松等译，中信出版社，2014 年。

［俄］普列汉诺夫：《普列汉诺夫哲学著作选集》，生活·读书·新知三联书店，1974 年。

［法］普鲁东：《贫困的哲学》第1卷，徐公肃、任起莘译，商务印书馆，1961年。

［英］莎士比亚：《亨利第五》，方平译，人民文学出版社，1958年。

［英］莎士比亚：《莎士比亚戏剧集》（三），朱生豪译，人民文学出版社，1962年。

［荷兰］斯宾诺莎：《神学政治论》，温锡增译，商务印书馆，1963年。

［法］托克维尔：《论美国的民主》上册，董果良译，商务印书馆，1989年。

［加］艾伦·伍德：《民主反对资本主义》，吕薇洲等译，重庆出版社，2007年。

［捷］奥塔·锡克：《经济·利益·政治》，王福民、王成稼、沙吉才译，中国社会科学出版社，1984年。

［澳］彼得·辛格：《黑格尔》，张卜天译，译林出版社，2015年。

［古希腊］亚里士多德：《政治学》，商务印书馆，1988年。

## 四、英文资料

United Nations Economic and Social Council, Commission on Human Rights, Forty-First Session, Summary Record of the 36th Meeting（First Part）, E/CN. 4/1985/SR. 36（1985）.

United Nations Economic and Social Council, Commission on Human Rights, Forty-Second Session, Summary Record of the 18th Meeting, E/CN. 4/1986/SR. 18（1986）.

United Nations Economic and Social Council, Commission on Human Rights, Forty-Fifth Session, Summary Record of the 23rd Meeting, E/CN. 4/1989/SR. 23（1989）.

United Nations Economic and Social Council, Commission on Human Rights, Forty-Fifth Session, Summary Record of thc 43rd Meeting, E/CN. 4/1989/SR. 43（1989）.

United Nations Economic and Social Council, Commission on Human Rights, Forty-Sixth Session, Summary Record of the 47th Meeting, E/CN. 4/1990/SR. 47（1990）.

United Nations Economic and Social Council, Commission on Human Rights, Forty-Sixth Session, Summary Record of the First Part of the 50th Meeting, E/CN. 4/1990/SR. 50（1990）.

United Nations Economic and Social Council, Commission on Human Rights, Forty-Seventh Session, Summary Record of the 22nd Meeting, E/CN. 4/1991/SR. 22（1991）.

P. Dunleavy, *Digital Era Governance: It Corporations, the State and E-Government.* Oxford University Press, 2006.

Christian Bay, *The Structure of Freedom*, Stanford University Press, 1958.


## 五、中文论文

《史料旬刊》第 3 期，故宫博物院，1932 年。

欧阳云梓：《论陈独秀的妇女人权保障思想》，《河北学刊》，2009 年第 3 期。

鲍静，贾开：《数字治理体系和治理能力现代化研究：原则、框架与要素》，《政治学研究》，2019 年第 3 期。

鲍静，张勇进：《政府部门数据治理：一个亟需回应的基本问题》，《中国行政管理》，2017 年第 4 期。

丛胜美，张正河：《粮作农民"体面劳动"指标体系建设——基于河南省 1 803 份问卷》，《农业经济问题》，2016 年第 7 卷。

程民选、李晓红：《社会信用协同治理：制度、技术与文化》，《华东师范大学学报（哲学社会科学版）》，2015 年第 3 期。

陈丽君，杨宇：《构建多元信用监管模式的思考》，《宏观经济管理》，2018 年第 12 期。

段宇波，刘佳敏：《地方政府事中事后监管的困境与路径》，《经济问题》，2018 年第 6 期。

何哲：《"善治"的复合维度》，《公共管理与政策评论》，2018 年第 5 期。

黄璜：《数字政府的概念结构：信息能力、数据流动与知识应用——兼论 DIKW 模型与 IDK 原则》，《学海》，2018 年第 4 期。

黄晓晖：《社会信用建设的逻辑及其路径选择》，《贵州社会科学》，2014 年第 5 期。

孟庆仁：《论马克思主义人道主义及其现实意义》，《山东社会科学》，2007 年第 3 期。

李重照，黄璜：《中国地方政府数据共享的影响因素研究》，《中国行政管理》，2019 年第 8 期。

刘淑春：《数字政府战略意蕴、技术构架与路径设计——基于浙江改革的实践与探索》，《中国行政管理》，2018 年第 9 期。

刘淑春：《中国数字经济高质量发展的靶向路径与政策供给》，《经济学家》，2019 年第 6 期。

刘训练：《"共和"考辨》，《政治学研究》，2008 年第 1 期。

齐延平：《论中国人权文化的正当性根基》，《法制与社会发展》，2018 年第 2 期。

宋鸿，刘伟，毛冠凤：《体面劳动问题研究的新进展与未来研究展望》，《经济与管理》，2013 年第 11 期。

宋立道：《佛教与中国文化》，《佛学研究》，2017 年第 1 期。

王贵明：《生产概念和两种生产在历史上的作用及相互关系》，《哲学研究》，1980 年第 6 期。

吴国平：《个人信息开放与隐私权保护》，《法学杂志》，2005 年第 3 期。

吴立保、杨欣烨、焦磊：《大学生非正规就业的体面劳动问题研究》，《江苏高教》，2016 年第 5 期。

谢新水，吴芸：《新时代社会信用体系建设：从政府赋能走向法的赋能》，《中国行政管理》，2019 年第 7 期。

徐晓林，明承瀚，陈涛：《数字政府环境下政务服务数据共享研究》，《行政论坛》，2018 年第 1 期。

徐岩，刘盾：《体面劳动的内涵与结构之再建构——对北京市 271 名工作者的质性访谈研究》，《社会科学》，2017 年第 6 期。

叶海涛：《共和主义：从古典到现代的嬗变》，《江海学刊》，2006 年第 4 期。

易宪容，陈颖颖，位玉双：《数字经济中的几个重大理论问题研究——基于现代经济学的一般性分析》，《经济学家》，2019 年第 7 期。

于米：《人力资本、社会资本对女性农民工体面劳动的影响——心理资本的调节作用》，《人口学刊》，2017 年第 3 期。

张晓军：《论征信活动中保护个人信用信息隐私权之目的特定原则》，《中国人民大学学报》，2006 年第 5 期。

郑有贵：《中共十六大至中共十八大全面建设小康社会的部署和成就》，《当代中国史研究》，2020 年第 6 期。

［美］路易·亨金：《美国人的宪法权利与人权》，李泽锐摘译，《环球法律评论》，1981 年第 6 期，原载美国《哥伦比亚法律杂志》，1979 年 4 月第 3 期。

## 六、英文论文

R. Anker, I. Chernyshev, P. Egger, F. Mehran, J. A. Ritte, "Measuring Decent Work with Statistical Indicators", *International Labour Review*, Vol. 142, No. 2, 2003.

S. Bisom-Rapp, A. Frazer, M. Sargeant, "Decent Work, Older Workers, and Vulnerability in the Economic Recession: A Comparative Study of Australia, the United Kingdom, and the United States", *Employee Rights and Employment Policy Journal*, Vol. 43, No. 63 (2011).

R. Kimberly, Marion Suiseeya, Susan Caplow, "In pursuit of procedural justice: Lessons from an analysis of 56 forest carbon project designs", *Global Environmental Change*, Vol. 23, No. 7, 2013.

J. S. Ferris, "A Transactions Theory of Trade Credit Use." *The Quarterly Journal of Economics*, Vol. 96, No. 2, 1981.

M. Deutsch, "Trust and Suspicion." *Journal of Conflict Resolution*, Vol. 2, No. 4, 1958.

G. Akerlof, "The Market for Lemons: Quality Uncertainty and the Market Mechanism", *Quarterly Journal of Economics*, No. 84, 1970.

L. M. Salamon, "The New Governance and the Tools of Public Action", *Fordham Urban Law Journal*, Vol. 28, No. 5, 2002.

J. S. Ferris, "A Transactions Theory of Trade Credit Use", *The Quarterly Journal of Economics*, Vol. 96, No. 2, 1981.

## 七、报纸和网络文献

国务院新闻办公室：《1998 年中国人权事业的进展》，《光明日报》，1999 年 4 月 14 日第 7 版。

任言实：《中美两国人权比较》，《光明日报》，1996 年 3 月 11 日。

李云龙：《中国人权发展道路的特点和世界意义》，《人民日报》2018 年 8 月 12 日。

刘楠来：《中国为何要签署〈公民权利和政治权利国际公约〉》，《人民日报》，1998 年 11 月 25 日。

周振国：《毛泽东人民主体思想及其当代价值——纪念毛泽东同志诞辰 120 周

年》,中国共产党新闻网,2013 年 12 月 25 日,http：//theory. people. com. cn/n/2013/1225/c40531-23945370. html？from=groupmessage&isappinstalled=0。

第一财经:《中国文化产品只占贸易额 1% 仍处产业链低端》,2012 年 12 月 24 日,https：//www. yicai. com/news/2363481. html。

国新网:《中国人权法治化保障的新进展》,2017 年 12 月 15 日,https：//www. scio. gov. cn/xwfbh/xwbfbh/wqfbh/44687/46065/xgzc46071/Document/1707247/1707247. htm。

国家统计局:《居民生活水平不断提高消费质量明显改善——改革开放 40 年经济社会发展成就系列报告之四》,2018 年 8 月 31 日,http：//www. stats. gov. cn/ztjc/ztfx/ggkf40n/201808/t20180831_1620079. html。

国家统计局:《中华人民共和国 2021 年国民经济和社会发展统计公报》,2018 年 8 月 31 日,http：//www. stats. gov. cn/xxgk/sjfb/zxfb2020/202202/t20220228_1827971. html。

山东广播电视台:《以人民为中心推进人权法治保障》,2018 年 11 月 14 日,https：//baijiahao. baidu. com/s？id=1617074628325927372&wfr=spider&for=pc。

新华社:《改革开放 40 年中国人权事业的发展进步》,2018 年 12 月 12 日,https：//www. gov. cn/zhengce/2018-12/12/content_5347961. htm。

新华社:《为人民谋幸福:新中国人权事业发展 70 年》,2019 年 9 月 22 日,https：//www. gov. cn/xinwen/2019-09/22/content_5432162. htm。

人民网:《习近平:要把人民群众生命安全和身体健康放在第一位 坚决遏制疫情蔓延势头》,2020 年 1 月 21 日,https：//baijiahao. baidu. com/s？id=1656294303241922315&wfr=spider&for=pc。

央视新闻:《联合国秘书长古特雷斯:新冠肺炎警醒人类必须团结》,2020 年 5 月 18 日,http：//m. news. cctv. com/2020/05/18/ARTIL2JAZpLxmqX6Zp5Pqlwe200518. shtml。

中国青年报:《中方代表 50 多国发言:加大力度打击针对非洲裔、亚洲裔的歧视和暴力》,2021 年 7 月 13 日,https：//baijiahao. baidu. com/s？id=1705149147764049940&wfr=spider&for=pc。

国新网:《"十三五"时期城镇新增就业 6 564 万人 就业局势保持总体稳定》,2021 年 8 月 30 日,http：//www. scio. gov. cn/32344/32345/44688/46688/zy46692/

Document/1711481/1711481. htm。

新华社：《国家人权行动计划（2021—2025 年）》，2021 年 9 月 9 日，http：//www. gov. cn/xinwen/2021-09/09/content_5636384. htm。

国家发展改革委政研室：《中国经济深度看 ┃ 就业形势总体平稳"十四五"就业工作实现良好开局》，2022 年 2 月 7 日，https：//www. ndrc. gov. cn/fzggw/jgsj/zys/sjdt/202202/t20220207_1314381_ext. html。

中国劳动保障报：《人社部新闻发布会：2021 年就业形势好于预期，为 45 万名农民工追发工资等待遇 56. 5 亿元》，2022 年 2 月 23 日，https：//www. clssn. com/2022/02/23/994276. html。

新民周刊：《18 岁枪手直播枪击，180 页"杀人宣言"再次揭开美国社会的丑陋伤疤》，2022 年 5 月 16 日，https：//www. 163. com/dy/article/H7G8UUR90550A0OW. html。

凤凰网：《联合国：人类或将面临二战后最大粮食危机，17 亿人将挨饿》，2022 年 5 月 19 日，https：//finance. ifeng. com/c/8G9DpKEN21k。

国家外汇管理局国际收支分析小组：《我国文化服务进出口规模突破千亿美元》，载《2021 年中国国际收支报告》，2022 年 3 月 25 日，https：//www. safe. gov. cn/safe/2022/0325/20772. html。

国新网：《国务院新闻办发布会介绍〈中国残疾人体育事业发展和权利保障〉白皮书有关情况》，2022 年 3 月 4 日，http：//www. gov. cn/xinwen/2022-03/04/content_5677057. htm。